utb 5750

Eine Arbeitsgemeinschaft der Verlage

Brill | Schöningh – Fink · Paderborn
Brill | Vandenhoeck & Ruprecht · Göttingen – Böhlau Verlag · Wien · Köln
Verlag Barbara Budrich · Opladen · Toronto
facultas · Wien
Haupt Verlag · Bern
Verlag Julius Klinkhardt · Bad Heilbrunn
Mohr Siebeck · Tübingen
Narr Francke Attempto Verlag – expert verlag · Tübingen
Ernst Reinhardt Verlag · München
transcript Verlag · Bielefeld
Verlag Eugen Ulmer · Stuttgart
UVK Verlag · München
Waxmann · Münster · New York
wbv Publikation · Bielefeld
Wochenschau Verlag · Frankfurt am Main

Theologie für den konfessionell-kooperativen Religionsunterricht

Ein Handbuch

herausgegeben von
Bernd Schröder und **Jan Woppowa**

Mohr Siebeck

Bernd Schröder ist Professor für Praktische Theologie mit den Schwerpunkten Religionspädagogik und Bildungsforschung an der Evangelisch-theologischen Fakultät der Georg-August-Universität Göttingen.

Jan Woppowa ist Professor für Religionsdidaktik am Institut für Katholische Theologie an der Kulturwissenschaftlichen Fakultät der Universität Paderborn.

ISBN 978-3-8252-5750-7 (UTB Band 5750)

Online-Angebote oder elektronische Ausgaben sind erhältlich unter www.utb.de.

Die Deutsche Nationalbibliothek verzeichnet diese Publikation in der Deutschen Nationalbibliographie; detaillierte bibliographische Daten sind im Internet über *http://dnb.dnb.de* abrufbar.

© 2021 Mohr Siebeck, Tübingen. www.mohrsiebeck.com

Das Werk einschließlich aller seiner Teile ist urheberrechtlich geschützt. Jede Verwertung außerhalb der engen Grenzen des Urheberrechtsgesetzes ist ohne Zustimmung des Verlags unzulässig und strafbar. Das gilt insbesondere für die Verbreitung, Vervielfältigung, Übersetzung und die Einspeicherung und Verarbeitung in elektronischen Systemen.

Das Buch wurde von Martin Fischer in Tübingen aus der Frutiger und Minion gesetzt und von Hubert & Co. in Göttingen auf alterungsbeständiges Werkdruckpapier gedruckt und gebunden. Coverabbildung: Paul Klee: Haupt- und Nebenwege, 1929, © akg images (AKG41825).

Printed in Germany.

Vorwort

Mit diesem „Handbuch" liegt erstmals eine Arbeitshilfe vor,
- die in konzentrierter Form *theologische Differenzen, Eigenarten und Gemeinsamkeiten* ausleuchtet, die im konfessionell-kooperativen Religionsunterricht eine Rolle spielen (sollen),
- die konfessionelle Kooperation in der Weise offen zu denken versucht, dass über die evangelischen und katholischen Lesarten des Christentums hinaus *weitere Denominationen christlicher Religion und zudem Religionen*, zumeist Judentum und Islam, in den Blick kommen, und
- die für den Unterricht ein *Gefüge aus didaktischen Leitlinien und elementaren Lernformen* vorschlägt, das Religionslehrerinnen und -lehrern die Strukturierung, Orientierung und Gestaltung ihres Unterrichts in diesem thematisch weiten Feld erleichtern soll.

Getragen ist dieses Unternehmen von der gemeinsamen Überzeugung, dass es wertvolle Lernchancen eröffnet und somit einen multiperspektivisch ausgestalteten Religionsunterricht bereichert, wenn solche Differenzen, Eigenarten und Gemeinsamkeiten wahrgenommen, bearbeitet und diskutiert werden: Denjenigen, die als Lernende und Lehrende konfessionell geprägt sind, helfen sie, sich ihrer Standpunkte bewusst zu werden und sie in einem ökumenischen Horizont zu verorten; denjenigen, die das von sich nicht sagen können oder nicht sagen wollen, mag dies die Vielfalt der theologischen Reflexionen, der Frömmigkeitsstile, der Erfahrungsmöglichkeiten innerhalb des Christentums so vor Augen stellen, dass sie ein Mehr an Zugängen zu dieser facettenreichen Religion eröffnen.

Wir danken an dieser Stelle allen Autorinnen und Autoren, die sich bereitgefunden haben, zu diesem Buch beizutragen: Auf relativ wenig Raum umfangreiche und komplexe Themen so zur Darstellung zu bringen, dass Grundlinien hervortreten, Differenzierungen hinreichend klar benannt werden und sich sowohl die jeweilige evangelische als auch die katholische Perspektive angemessen vertreten sehen, ist eine sachlich anspruchsvolle und zugleich implizit didaktische Aufgabe!

Zudem danken wir auch denjenigen, die in Paderborn und Göttingen über die Jahre hinweg an den verschiedenen Arbeitsschritten (Literaturbeschaffung, Korrektur, Registererstellung) auf dem Weg zu diesem Buch mitgewirkt haben: Katja Böning, Julian Heise und Lisanne Jungkunz. Dankbar sind wir zudem den Studierenden in Göttingen und Paderborn, die in den zurückliegenden Jahren an unserem gemeinsam verantworteten Seminar „Konfessionell-kooperativer Religionsunterricht" teilnahmen, die Texte lasen, diskutierten und kritisch kommentierten.

Schließlich freuen wir uns, dass der Mohr Siebeck Verlag und die Arbeitsgemeinschaft Uni-Taschenbücher (utb) diesen Band in ihr Programm aufgenommen haben. Dafür danken wir ebenso wie für die damit verbundene verlegerische Betreuung.

Dass der Band im – von der Arbeitsgemeinschaft christlicher Kirchen (AcK) ausgerufenen – „Jahr der Ökumene" (2021/22) erscheint, in das der 3. Ökumenische Kirchentag in Frankfurt am Main (Mai 2021) ebenso fällt wie die 11. Vollversammlung des Ökumenischen Rates der Kirchen in Karlsruhe (ÖRK; September 2022), mag seine Dringlichkeit und Relevanz anzeigen.

Göttingen / Paderborn,	Bernd Schröder und
Pfingsten 2021	Jan Woppowa

Inhaltsverzeichnis

Vorwort V
Verzeichnis der Lernformen XI

Bernd Schröder und *Jan Woppowa*
Einleitung 1

   1 Anliegen und Akzente dieses Buches 1

   2 Konfessionell-kooperativer Religionsunterricht – ein passgenaues Lernsetting für Schülerinnen und Schüler in ihrer religiös-weltanschaulichen Vielfalt?! 3

   3 Konfessionelle Kooperation im Religionsunterricht – empirische und rechtliche Bestandsaufnahme 5

   4 Begründungen und Ziele – religionspädagogische Orientierungspunkte 20

   5 Didaktische Leitlinien, Lernformen und religionspädagogische Professionalität 36

   6 Ökumene als Horizont 49

Bernd Kollmann und *Hans-Ulrich Weidemann*
Nach den Quellen des Christentums fragen:
Die Bibel und ihre Auslegung 63

Religionsdidaktischer Kommentar 97

Erwin Dirscherl und *Martin Hailer*
Nach den Ausdrucksformen christlicher Religion fragen:
Dialekte und Gestalten des Christentums 107

Religionsdidaktischer Kommentar 139

Stephan Goertz und *Michael Roth*
Nach dem Menschen in seiner Lebenswelt fragen:
Theologische Anthropologie und Ethik 151

Religionsdidaktischer Kommentar 181

Dorothee Schlenke und *Karlheinz Ruhstorfer*
Nach Gott fragen:
Gottesverständnis und Gottes Offenbarung 191

Religionsdidaktischer Kommentar 229

Cornelia Dockter und *Katharina Opalka*
Nach Jesus Christus fragen:
Person, Botschaft, Handeln Jesu und die Christologie 241

Religionsdidaktischer Kommentar 279

Cornelia Richter und *Bert Roebben*
Nach der Gemeinschaft der Christinnen und Christen fragen:
Kirche(n) weltweit und Ekklesiologie 293

Religionsdidaktischer Kommentar 331

Norbert Köster und *Heidrun Dierk*
Nach der Geschichte des Christentums fragen:
Das unterschiedliche Verständnis von Tradition 343

Religionsdidaktischer Kommentar 373

Klaus von Stosch und *Christiane Tietz*
Nach anderen Religionen fragen:
Christentum in Beziehung und Vergleich 385

Religionsdidaktischer Kommentar 415

Michael Roth und *Frank Ewerszumrode*
Nach tragfähigen Deutungen des Lebens fragen:
Identität und Sinn im Streit der Weltanschauungen 425

Religionsdidaktischer Kommentar 459

Autorinnen und Autoren 469
Sachregister 471

Verzeichnis der Lernformen

Lernform Nr. 1:	Biblisch-diskursives Lernen	99
Lernform Nr. 2:	Performatives Lernen	102
Lernform Nr. 3:	Spirituelles Lernen	141
Lernform Nr. 4:	An religiösen Artefakten lernen	144
Lernform Nr. 5:	Kontroverses Lernen	183
Lernform Nr. 6:	Ethisches Lernen	185
Lernform Nr. 7:	Ästhetisches Lernen	233
Lernform Nr. 8:	Komplementäres Lernen	236
Lernform Nr. 9:	Begriffsorientiertes Lernen	282
Lernform Nr. 10:	Symbolisches Lernen	285
Lernform Nr. 11:	Kirchenraumbezogenes Lernen	334
Lernform Nr. 12:	Ökumenisches Lernen	337
Lernform Nr. 13:	Narratives historisches Lernen	376
Lernform Nr. 14:	Kulturhermeneutisches Lernen	380
Lernform Nr. 15:	Multiperspektivisches Lernen	417
Lernform Nr. 16:	Ambiguitätsförderndes Lernen	419
Lernform Nr. 17:	Konfessorisches Lernen	462
Lernform Nr. 18:	Biografisches Lernen	464

Einleitung

Bernd Schröder und Jan Woppowa

1   Anliegen und Akzente dieses Buches

Konfessionell-kooperativer Religionsunterricht ist mittlerweile in vielen Regionen Deutschlands und Österreichs nicht nur etabliert, sondern bereits zu einem Regelfall des schulischen Religionsunterrichts geworden. Er wird also faktisch erteilt. Zudem stellen etliche Religionspädagogische Institute der Landeskirchen bzw. Schulabteilungen der Diözesen, z. T. auch Verlage didaktisch aufbereitete Materialien für die Hand von Religionslehrenden zur Verfügung.

Vor diesem Hintergrund will dieses Buch denjenigen, die konfessionell-kooperativen Religionsunterricht erteilen oder sich darauf vorbereiten, das erforderliche theologische Hintergrundwissen und didaktische Leitlinien bereitstellen.

In seiner *Einleitung* bietet dieses Handbuch näherhin

Hintergründe und didaktische Leitlinien

- ein Plädoyer für die Passung konfessionell-kooperativen Religionsunterrichts zu den jeweiligen Schülerinnen und Schüler (Abschnitt 2 dieser Einleitung),
- einführende Informationen über empirische und rechtliche Rahmenbedingungen konfessionell-kooperativen Religionsunterrichts (Abschnitt 3),
- sechs Begründungen für die Wahl des konfessionell-kooperativen Unterrichtssettings, eine Klärung seiner Ziele und den Hinweis auf schulorganisatorische Eckpunkte (Abschnitt 4),
- die Entwicklung von zehn didaktischen Leitlinien für diese Form des Religionsunterrichts und eine Auswahl elementarer Lernformen (Abschnitt 5),
- sowie die Ausleuchtung des ökumenischen Horizontes, in dem diese Regelform des Religionsunterrichts nach Art. 7.3 GG erteilt wird (Abschnitt 6).

Dem Umfang und der Sache nach stellen die theologischen Sachanalysen von neun klassischen Inhaltsfeldern des Religionsunterrichts in den Sekundarstufen I und II und deren didaktische Kommentierung das Herzstück des Buches dar.

Theologische Sachanalysen und didaktische Kommentare

Namentlich diese Sachanalysen sollen Religionslehrerinnen und Religionslehrern dazu verhelfen, bei der Vorbereitung, Durchführung und Reflexion ihres Unterrichts auf die – entdeckten bzw. neu gewonnenen – theologischen Gemeinsamkeiten sowie auf die – verbliebenen oder aufgebrochenen – interkonfessionellen Differenzen aufmerksam zu werden, die für die Schülerinnen und Schüler ein daseins- und wertorientierendes Potential entfalten können.

Evangelisch-katholisches Verhältnis und weitere Ökumene

Die Beiträge des folgenden Hauptteils sind deshalb so beschaffen, dass sie

- das Gewicht der Thematik im ökumenischen Horizont markieren (Abschnitt 1),
- grundlegende Einsichten zum Thema aus evangelischer und römisch-katholischer Theologie bzw. Kirche fokussieren (Abschnitt 2),
- darüber hinaus immer wieder Seitenblicke auf ausgewählte andere Konfessionen und Religionen freigeben sowie wichtige theologische Anliegen im Blick auf konfessionslose Schülerinnen und Schüler markieren (Abschnitte 3 und 4),
- mit Hilfe von pointierten Einschätzungen (passim) und Literaturhinweisen (Abschnitt 5) in einschlägige Diskurse einweisen,
- und durch eine knappe didaktische Kommentierung Wege in die unterrichtliche Erschließung eröffnen.

Alle Beiträge sind durch Tandems konfessionsverschiedener Autorinnen und Autoren – also in konfessionell-kooperativer wissenschaftlicher Arbeit – entstanden und verfasst. Die didaktischen Kommentare im zweiten Hauptteil gehen durchweg auf die beiden – ebenfalls konfessionsverschiedenen – Herausgeber zurück. So geben die Beiträge dieses Handbuches einen doppelten Dialog wieder: den Dialog zwischen Autorinnen und Autoren verschiedener Konfession und den Dialog zwischen Fachwissenschaftlerinnen bzw. Fachwissenschaftlern und Religionsdidaktikern.

2 Konfessionell-kooperativer Religionsunterricht – ein passgenaues Lernsetting für Schülerinnen und Schüler in ihrer religiös-weltanschaulichen Vielfalt?!

In diesem Buch geht es um *eine mögliche* organisatorische und inhaltliche Ausgestaltung von Religionsunterricht im Sinne von Art 7.3 GG sowie um die theologischen und didaktischen Einsichten, die dabei eine Rolle spielen können.

Das Buch geht davon aus, dass an vielen allgemeinbildenden Schulen in vielen Regionen Deutschlands und Österreichs eine – im Einzelnen durchaus sehr unterschiedlich geregelte und gehandhabte – konfessionell-kooperative Gestaltung des Religionsunterrichts für die Schülerinnen und Schüler angemessen ist – überall dort nämlich, wo die Mehrheit oder jedenfalls ein großer Teil der Schülerinnen und Schüler *im Horizont christlicher Religion* prüft, ob Religion für ihr Leben bedeutsam und gestaltgebend sein kann. „Im Horizont christlicher Religion" kann heißen: Sie sind Mitglieder einer der christlichen Kirchen und entsprechend sozialisiert, oder sie haben in ihrem Lebensumfeld christliche Religion als Referenzpunkt für religiöse Fragen vor Augen, oder sie sind in ihrer Religionskritik oder -distanz auf die hiesigen Kirchen bezogen, oder sie sind daran interessiert, mehr über die unseren Kulturkreis vorwiegend prägende Religion zu erfahren. Voraussetzung für diese Form des Religionsunterrichts ist also weder, dass die Schülerinnen und Schüler sog. hochverbundene Kirchenmitglieder sind, noch, dass sie ein ausgeprägtes, explizierbares konfessionelles Identitätsbewusstsein mitbringen. Vielmehr ist davon auszugehen, dass die Lerngruppen des konfessionell-kooperativen Religionsunterrichts *in religiös-weltanschaulicher Hinsicht heterogen* sind – und zwar an jedem Lernort in einer spezifischen Weise, die es zu erkunden und in der Gestaltung des Unterrichts aufzunehmen gilt.

Religiös-weltanschauliche Heterogenität der Lernenden

Diese Heterogenität wird hier nicht im Einzelnen nachgezeichnet – das geschieht jeweils aktuell in religionsdidaktischen Handbüchern, in empirischen Studien und in theologisch-religionspädagogischen Deutungsversuchen.

Sehr wohl hingegen ist diese Heterogenität der hier vorgelegten Didaktik des konfessionell-kooperativen Religionsunterrichts bewusst – sie soll bei der Planung und Durchführung des Unterrichts eine wesentliche Rolle spielen. In den Zielen (→ Kap. 4.3) und didaktischen Leitlinien (→ Kap. 5.1) wird näher entfaltet, was

Ökumenischer Reichtum als bildsame Vielfalt

das heißen kann. Kurzgefasst: *Die (konfessionelle) Vielfalt christlicher Religion bzw. ihr ökumenischer Reichtum kann und soll für alle Schülerinnen und Schüler bildsam ins Spiel gebracht werden. Die Lernenden gewinnen auf diese Weise mehr Möglichkeiten, Zugänge zur christlichen Religion zu finden, anregende Modelle der Lebensführung und -deutung aus dieser Tradition zu entdecken, die eigene plurale Lebenswelt im Spiegel eines seinerseits pluralen und pluralitätsfreundlichen Christentums zu reflektieren und wissenschaftsbasierte Möglichkeiten der theologischen Reflexion auf Religion kennenzulernen.* Das wiederum setzt voraus, dass die konfessionelle bzw. religiös-weltanschauliche Heterogenität der Lerngruppen im konfessionell-kooperativen Religionsunterricht einen wichtigen und sichtbaren Faktor einer differenzsensiblen und pluralitätsbefähigenden dialogischen Unterrichtsgestaltung darstellen kann und soll.

Differenzsensibilität und Pluralitätsfähigkeit

Darüber hinaus ist grundlegend und die Lektüre dieses Buches begleitend an Folgendes zu erinnern:

Offenheit und Anknüpfungsmöglichkeiten

- Konfessionell-kooperativer Religionsunterricht ist offen für die Teilnahme aller interessierten Schülerinnen und Schüler.
- Konfessionell-kooperativer Religionsunterricht ist kein konfessionskundlicher Unterricht, sondern er lebt als eine Spielart von Religionsunterricht nach Art. 7.3 GG von der reflektierten Positionalität der Lernenden und Lehrenden und er behandelt all die Themen, die im Religionsunterricht als Ort allgemeiner religiöser Bildung von Belang sind.
- Konfessionell-kooperativer Religionsunterricht ist nicht abgeschottet gegen die Auseinandersetzung mit nicht-christlichen Religionen bzw. nicht-religiösen Weltanschauungen, sondern bezieht diese bewusst mit ein und versteht sich durchaus als Wegbereiter für interreligiöse und interweltanschauliche Lernformate.
- Konfessionell-kooperativer Religionsunterricht gibt kein bestimmtes Lernarrangement vor, vielmehr bietet er Raum für die Nutzung (fast) aller didaktischen Ansätze und Methoden.
- Konfessionell-kooperativer Religionsunterricht ist keine Engführung von Religionsunterricht, sondern spannt ein Dach auf, unter dem nach innen (für die Schülerinnen und Schüler) wie nach außen (für die Öffentlichkeit) unverkennbar wird, dass Religionsunterricht ein dialogischer, zum Pluralismus befähigender Lernort ist.

3 Konfessionelle Kooperation im Religionsunterricht – empirische und rechtliche Bestandsaufnahme

Konfessionelle Kooperation ist in der deutschsprachigen Religionspädagogik seit einem Vierteljahrhundert ein gängiger Begriff – aufgebracht und geprägt durch entsprechende Vorschläge in der ersten Denkschrift der Evangelischen Kirche in Deutschland (EKD) zu Fragen des Religionsunterrichts unter dem Titel „Identität und Verständigung" von 1994.[1] Seinerzeit wurde die Idee durch die Deutsche Bischofskonferenz (DBK) unter Verweis auf die von ihr favorisierte sog. Trias, der zufolge römisch-katholische Lehrkräfte römisch-katholische Inhalte mit römisch-katholischen Schülerinnen und Schülern erschließen sollen, zunächst zurückhaltend aufgenommen,[2] ehe die Bischofskonferenz 1998 gemeinsam mit der Evangelischen Kirche in Deutschland Möglichkeiten der „Kooperation von Evangelischem und Katholischem Religionsunterricht"[3] vorstellte und bewarb. Ende des Jahres 2016 schließlich hat die Deutsche Bischofskonferenz im Grundsatz der – von ihr so genannten – „erweiterten Kooperation"[4] von römisch-katho-

25 Jahre KokoRU

1994 – 1998 – 2016

---

[1] *Kirchenamt der EKD (Hg.)*, Identität und Verständigung. Standort und Perspektiven des Religionsunterrichts in der Pluralität. Eine Denkschrift, Gütersloh 1994. Die Denkschrift plädiert für die Beibehaltung konfessionell gegliederten Religionsunterrichts („Prinzip konfessioneller Bestimmtheit"; 59), sieht aber zugleich „für die Zukunft die Form eines ‚konfessionell-kooperativen Religionsunterrichts' als angemessen an" („Prinzip dialogischer Kooperation", 59). Die jüngste Denkschrift „Religiöse Orientierung gewinnen. Evangelischer Religionsunterricht als Beitrag zu einer pluralitätsfähigen Schule" (hg. vom *Kirchenamt der EKD*, Gütersloh 2014) nimmt dies entschieden positiv auf (vgl. v. a. 45–49. 82–84 und 93–102).
[2] *Deutsche Bischofskonferenz*, Die bildende Kraft des Religionsunterrichts. Zur Konfessionalität des katholischen Religionsunterrichts (Die deutschen Bischöfe 56), Bonn 1996. Allerdings heißt es dort: Durch das Festhalten an der konfessionell homogenen Trias „ist es [...] dem Religionsunterricht nicht verwehrt [...], daß er kooperiert" (58). Vgl. zur Trias-Argumentation zudem *Deutsche Bischofskonferenz*, Der Religionsunterricht vor neuen Herausforderungen (Die deutschen Bischöfe 80), Bonn 2005, 5 und 23.
[3] *Evangelische Kirche in Deutschland* und *Deutsche Bischofskonferenz*, Zur Kooperation von Evangelischem und Katholischem Religionsunterricht, Bonn/Hannover 1998.
[4] *Sekretariat der Deutschen Bischofskonferenz (Hg.)*, Die Zukunft des konfessionellen Religionsunterrichts. Empfehlungen für die Kooperation des

lischem und evangelischem Religionsunterricht zugestimmt, deren Realisierung allerdings unter den Vorbehalt der Zustimmung des regionalen Bischofs gestellt.

<small>Definition konfessioneller Kooperation</small>

Hinter dem terminus technicus der konfessionellen Kooperation verbirgt sich in den genannten kirchlichen Erklärungen – ungeachtet mancher interpretativer Differenzen im Detail – *die rechtlich und schulorganisatorisch geregelte, theologisch und didaktisch reflektierte, zeitweilige oder auf Dauer angelegte gemeinsame Unterrichtung von verschieden konfessionellen Schülerinnen und Schülern durch ver-*

<small>Didaktischer Mehrwert</small>

schieden konfessionelle Lehrkräfte, die aus diesem konfessionsverschiedenen Miteinander einen didaktischen Mehrwert gewinnen will, kann und soll. Wie der Einsatz der verschiedenen konfessionellen Lehrkräfte zu gestalten ist, bleibt hier allerdings offen: Möglich sind Teamteaching, regelmäßiger Wechsel zwischen unterschiedlich konfessionellen Lehrkräften, gelegentliche Einladung anderskonfessioneller Lehrerinnen und Lehrer oder Unterrichtserteilung durch *eine* Lehrkraft, dies aber auf der Basis eines in der Fachkonferenz koor-

<small>KokoRU als Regelform des RU gemäß Art. 7.3 GG</small>

dinierten Lehrplans.[5] Konfessionell-kooperativer Religionsunterricht wird allseits als Unterricht gemäß Art. 7.3 GG verstanden, er gilt „als *eine Regelform des konfessionellen bekenntnisgebundenen Religionsunterrichts*" und ist „schulrechtlich Religionsunterricht der Religionsgemeinschaft, der die unterrichtende Lehrkraft angehört"[6].

<small>Offenheit für Kooperation mit weiteren Konfessionskirchen</small>

Die so verstandene Kooperation wurde und wird durchweg primär im Blick auf das Miteinander von evangelischen und römisch-katholischen Schülerinnen und Schülern bzw. Religionslehrerinnen und Religionslehrern entworfen und begründet; sie ist jedoch grundsätzlich offen für den *Einschluss weiterer christlicher Konfessionen,* namentlich aus der (orientalischen) Orthodoxie.[7] In

---

katholischen mit dem evangelischen Religionsunterricht (Die deutschen Bischöfe Nr. 103), Bonn 2016, 8 f. und 36. Die Rede von „erweiterter Kooperation" findet sich durchgängig (5 passim); sie meint im Unterschied zu der 1996 (s. o. Anm. 2) und 1998 (s. o. Anm. 3) befürworteten *punktuellen* bzw. *im Notfall* zur Meidung von Unterrichtsausfall *erforderlichen,* also „begrenzte[n]" Kooperation (8) die aus theologischen und pädagogischen Gründen *grundsätzlich* bejahte „Bildung von gemischt-konfessionellen Lerngruppen *über einen längeren Zeitraum*" (31; vgl. 25; eigene Hervorhebung).

[5] Vgl. etwa *EKD,* Identität 1994 (s. o. Anm. 1), 70 und *DBK,* Zukunft 2016 (s. o. Anm. 4), 33.

[6] So die exemplarische Formulierung in *Kirchenamt der EKD (Hg.),* Konfessionell-kooperativ erteilter Religionsunterricht. Grundlagen, Standards und Zielsetzungen (EKD-Texte 128), Hannover 2018, 10 und 13; vgl. etwa *DBK,* Zukunft 2016 (s. o. Anm. 4), 36 f.

[7] Vgl. etwa *DBK,* Zukunft 2016 (s. o. Anm. 4), 9.15 und 36, sowie *EKD,*

Deutschland ist diese Weitung verschwindend selten; in Österreich, insbesondere Wien hingegen ist sie zentraler Bestandteil entsprechender Projekte. Auch *über den Unterricht hinausgehende Begegnungen* zwischen evangelischem und katholischem Religionsunterricht, die nicht durch ein schulisches oder schulübergreifendes Regelwerk gesteuert werden, etwa in Gestalt von fächerübergreifenden Projekten oder im Bereich von Religion im Schulleben, gehören zum Gesamtfeld der konfessionellen Kooperation.[8]

Nicht unter den Begriff der konfessionelle Kooperation fällt hingegen zum einen die Zusammenarbeit mit andersreligiösem, namentlich jüdischem oder islamischem Religionsunterricht[9] und zum anderen ein – insbesondere an Grund-, Gesamt- und Berufsbildenden Schulen keineswegs seltener – Religionsunterricht im Klassenverband, der alle Schülerinnen und Schüler ungeachtet ihrer Konfessions- und Religionszugehörigkeiten adressiert und ohne entsprechende Übereinkunft unter den Religionsgemeinschaften sowie ohne schulaufsichtliche Genehmigung durchgeführt wird.[10]

KokoRU ≠ interreligiöses Lernen und RU im Klassenverband

Konfessionelle Kooperation im so definierten Sinne ist mittlerweile in einigen Bundesländern der Bundesrepublik Deutschland sowie in Österreich etabliert. In der Schweiz hingegen werden entsprechende Ansätze derzeit cum grano salis bereits wieder abgelöst. Im Folgenden sei ein knapper Überblick gegeben.[11]

Orientierung 2014 (s. o. Anm. 1), 82 und 84. Darüber hinaus finden sich Anregungen in diese Richtung bei *Mirjam Schambeck, Henrik Simojoki* und *Athanasios Stogiannidis (Hg.)*, Auf dem Weg zu einer ökumenischen Religionsdidaktik. Grundlegungen im europäischen Kontext, Freiburg u. a. 2019.

[8] Siehe dazu die o.g. (Anm. 3) gemeinsame Verlautbarung.

[9] Dazu *EKD*, Orientierung 2014 (s. o. Anm. 1), 49.86 u. ö. sowie *DBK*, Zukunft 2016 (s. o. Anm. 4), 14 und 30.

[10] Dazu *EKD*, Identität 1994 (s. o. Anm. 1), 65 f. sowie *DBK*, Zukunft 2016 (s. o. Anm. 4), 23. Einblick in Formen und Begründungen eines solchen Unterrichts bieten am Beispiel Nordrhein-Westfalen *Saskia Hütte* und *Norbert Mette*, Religion im Klassenverband unterrichten. Lehrerinnen und Lehrer berichten von ihren Erfahrungen, Münster 2003.

[11] Vgl. *Katja Boehme*, Modelle konfessioneller Kooperation in Deutschland in der Praxis, in: *Hans Schmid* und *Winfried Verburg (Hg.)*, Gastfreundschaft, München 2010, 102–115. *Friedrich Schweitzer*, Kooperativer Religionsunterricht, in: ZPT 65 (2013), 25–33. *Bernd Schröder* und *Albert Biesinger*, Konfessionelle Kooperation und der Stand ihrer religionspädagogischen Erforschung, in: Jahrbuch der Religionspädagogik 32 (2016): Ökumene im Religionsunterricht, 73–86. *Sabine Pemsel-Maier* und *Clauß-Peter Sajak*, Konfessionelle Kooperation in Baden-Württemberg, Niedersachsen und Nordrhein-Westfalen – eine zukunftsorientierte Zusammenschau, in: *Konstantin Lindner, Mirjam Schambeck, Henrik Simojoki* und *Elisabeth Naurath*

3.1 Deutschland

Niedersachsen

Beginn 1998 Auf der Basis vorgängiger Beratungen der beteiligten Kirchen (seit 1993) erließ das niedersächsische Kultusministerium bereits 1998 „Organisatorische Regelungen für den Religionsunterricht und den Unterricht Werte und Normen"[12], die u. a. die Möglichkeit eröffneten, auf Antrag für maximal die Hälfte der an einer Schulform angebotenen Schuljahre Religionsunterricht konfessionell-kooperativ zu erteilen. Die Genehmigung war von der Schulbehörde ‚im Einvernehmen mit den zuständigen kirchlichen Stellen' zu erteilen, sofern die Klassenelternschaft und die Fachkonferenz zugestimmt haben. Während die Vorlage eines inhaltlichen, pädagogischen und organisatorisch abgesicherten Schulcurriculums für den konfessionell-kooperativen Religionsunterricht obligatorisch vorgelegt werden musste, waren eine entsprechende Schulung der Lehrkräfte, eine weitergehende didaktische Konzeptentwicklung sowie eine Evaluierung nicht vorgesehen.[13] Jedenfalls galt und gilt der konfessionell-kooperative Religionsunterricht schulrechtlich als Religionsunterricht der Religionsgemeinschaft, der die unterrichtende

---

(Hg.), Zukunftsfähiger Religionsunterricht: konfessionell, kooperativ, kontextuell, Freiburg i. Br. 2017, 261–280, sowie *Konstantin Lindner* und *Henrik Simojoki*, Modelle der konfessionellen Kooperation an Schulen und Hochschulen in den Ländern der Bundesrepublik Deutschland: Eine Bestandsaufnahme im Horizont einer gesamttheologisch verantworteten Religionslehrerinnen- und Religionslehrerbildung, in: ZPT 72 (2020), 120–132.

[12] Leicht zugänglich ist der Runderlass vom 13. Januar 1998 in: Loccumer Pelikan 1998, H. 2, 95 f. Didaktische Grundsätze wurden nachlaufend für die Grundschule entwickelt (Erstfassung 2002): vgl. *Lena Kuhl* und *Franz Thalmann (Hg.)*, Konfessionelle Kooperation im Religionsunterricht der Grundschule, Loccum 2004, 6–39.

[13] In den ersten sechs Jahren wurden allerdings Berichte der kirchlichen Schulreferenten verfasst und veröffentlicht (vgl. *Konföderation evangelischer Kirchen in Niedersachsen/Katholisches Büro Niedersachsen*, Bericht kirchlicher Schulreferenten in Niedersachsen. Zu ökumenischer Zusammenarbeit im konfessionellen Religionsunterricht, Hannover 1999–2002). In den Jahren 2005/2006 wurden ausgewählte Lehrkräfte auf ihre Erfahrungen, aber auch auf weitergehende Optionen hin befragt, und zwar mit dem Ergebnis, dass nur ein Drittel den konfessionell-kooperativen, hingegen 83 % einen ökumenischen Religionsunterricht befürworten (vgl. *Carsten Gennerich* und *Reinhold Mokrosch*, Religionsunterricht kooperativ: Evaluation des konfessionell-kooperativen Religionsunterrichts in Niedersachsen und Perspektiven für einen religions-kooperativen Religionsunterricht, Stuttgart 2016).

Lehrkraft angehört und nach deren Grundsätzen der Religionsunterricht erteilt wird.

Der Erlass wurde 2005 und 2011 durchaus wesentlich modifiziert, denn der heute gültigen Fassung zufolge sind einerseits Lehrkräfte beider Konfessionen ‚regelmäßig' einzusetzen. Andererseits ist ein Antrag nur noch zu stellen, wenn die konfessionelle Kooperation über die Hälfte der Schuljahre einer Schule hinaus fortgeführt bzw. auf Dauer gestellt werden soll.[14] Seit dieser administrativen Ermäßigung kann man im Falle Niedersachsens mit einigem Recht von einer *weichen Lesart* konfessioneller Kooperation sprechen, die sich freilich gute Operationalisierbarkeit und hohe Akzeptanz zugute schreiben kann. Im Schuljahr 2016/17 nahmen ausweislich der ministeriellen Statistik über 20% der Schülerinnen und Schüler aller allgemeinbildenden Schulformen am konfessionell-kooperativen Religionsunterricht teil, der Spitzenwert wird mit fast 50% in der Sekundarstufe I an Integrierten Gesamtschulen erreicht.[15]

Erlass von 2011

Für Religionslehrende bieten Fortbildungen und Materialien des *Religionspädagogischen Instituts Loccum* und der Schulabteilungen der Bistümer Hildesheim und Osnabrück sowie des Offizialats Vechta Anregungen.[16]

Am 19. Mai 2021 gingen die evangelischen Kirchen in Niedersachsen (Braunschweig, Hannover, Oldenburg, Schaumburg-Lippe und die Evangelisch-reformierte Kirche) sowie die dort gelegenen katholischen Bistümer (Hildesheim, Osnabrück und das Offizialat Vechta) mit dem Vorschlag an die Öffentlichkeit, in Weiterentwicklung des konfessionell-kooperativen Religionsunterrichts einen bekenntnisorientierten, „gemeinsam verantworteten christlichen Religionsunterricht" erteilen zu wollen. Dieser „soll nach einer mit dem Land zu vereinbarenden Übergangszeit an die Stelle der Fächer Evangelische und Katholische Religion treten, und zwar auch in seiner konfessionell kooperativen Form, ohne dass der Rechtsanspruch auf einen eigenen Religionsunterricht der Kon-

---

[14] Abgedruckt und kommentiert (durch den zuständigen Ministerialrat) in: *Katholisches Büro Niedersachsen/Konföderation evangelischer Kirchen in Niedersachsen (Hg.)*, Religionsunterricht in Niedersachsen. Dokumente – Erklärungen – Handreichungen, Hannover 2012, 10–18, hier bes. 12 f., sowie 19–39, bes. 29 f.
[15] *Niedersächsisches Kultusministerium*, Die niedersächsischen allgemeinbildenden Schulen in Zahlen. Schuljahr 2016/17, Hannover 2018, 41.
[16] Vgl. etwa *Loccumer Pelikan*, H. 4/15 „Konfessionelle Kooperation" oder *Religion unterrichten*, H. 2/2018 „Konfessionelle Kooperation" sowie laufende Fortbildungsangebote.

fessionen aufgegeben wird". „Der gemeinsam verantwortete christliche Religionsunterricht soll als Pflichtfach für alle in der katholischen Kirche oder in einer der evangelischen Kirchen getauften Schüler*innen konzipiert werden. Er kann zugleich als Wahlfach von anderen Schüler*innen angewählt werden, die nicht am Unterricht im Fach Werte und Normen teilnehmen oder für die kein Religionsunterricht angeboten wird." Zur Unterstützung dieses Unterrichtsformats wurde ein „Portal für evangelische und katholische Religionslehrende" freigeschaltet: www.religionsunterricht-in-niedersachsen.de.[17]

Baden-Württemberg

Erprobungen seit 1993

In diesem Bundesland beschloss deren *Interkonfessionelle Schulreferententagung* bereits 1993 Empfehlungen für „Konfessionelle Kooperation an den Schulen, insbesondere im Religionsunterricht", die zu ersten Praxisprojekten führten. Nach deren Evaluation[18] und rechtlicher Klärung kam es 2005 zu einer – in ihren Grundzügen bis heute maßgeblichen – Vereinbarung über „Konfessionelle Kooperation im Religionsunterricht an allgemeinbildenden Schulen", die von den Bischöfen der vier beteiligten Landeskirchen (Württemberg, Baden) bzw. Diözesen (Rottenburg-Stuttgart, Freiburg i. Br.) unterzeichnet wurde. Sie sah u. a. eine Antrags- und Genehmigungspflicht (letzteres durch *beide* Konfessionen), die umfassende Information der Eltern, die Vorlage eines zweijährigen Unterrichtsplans, die obligatorische Teilnahme der Lehrkräfte an einer Einführungsfortbildung, eine generelle zeitliche Befristung der Kooperation und den verbindlichen Wechsel zwischen evangelischen und katholischen Lehrkräften (oder wo immer möglich sogar Teamteaching) vor. Angesichts dieser Voraussetzungen kann man von einer *harten*

---

[17] Dort finden sich unter dem Reiter „Aktuell" u. a. „Ein Positionspapier der Schulreferentinnen und Schulreferenten der evangelischen Kirchen und katholischen Bistümer in Niedersachsen" mit dem Titel „Gemeinsam verantworteter christlicher Religionsunterricht" (Hannover, Mai 2021).

[18] *Friedrich Schweitzer* und *Albert Biesinger* zusammen mit *Reinhold Boschki, Claudia Schlenker, Anke Edelbrock, Oliver Kliss* und *Monika Scheidler*, Gemeinsamkeiten stärken – Unterschieden gerecht werden. Erfahrungen und Perspektiven zum konfessionell kooperativen Religionsunterricht, Freiburg i. Br. u. a. 2002 sowie *Friedrich Schweitzer, Albert Biesinger, Jörg Conrad* und *Matthias Gronover*, Dialogischer Religionsunterricht. Analyse und Praxis konfessionell-kooperativen Religionsunterrichts im Jugendalter, Freiburg i. Br. u. a. 2006.

Lesart konfessioneller Kooperation sprechen. Im Zeugnis der Schülerinnen und Schüler wird die Note für den Religionsunterricht eingetragen, dessen Konfession sie angehören – vermerkt wird zudem: „Der Religionsunterricht wurde konfessionell-kooperativ erteilt."[19]

Vor dem Hintergrund der mittlerweile mehrjährigen Erfahrungen mit konfessionell-kooperativem Religionsunterricht wurden in einer erneuten qualitativ angelegten Evaluationsstudie 76 Stunden konfessionell-kooperativen Religionsunterrichts der Jahre 2005 bis 2008 analysiert, Gruppeninterviews mit Schülerinnen und Schülern sowie Einzelinterviews mit Religionslehrenden sowie eine schriftliche Vollbefragung aller beteiligten Lehrenden durchgeführt.[20] Demnach vermeidet der konfessionell-kooperative Unterricht das „Insistieren auf konfessioneller Trennung, aber auch eine über die nach wie vor bedeutsamen Unterschiede zwischen den Konfessionen einfach hinwegsehende lediglich an Gemeinsamkeiten orientierte Uniformität"[21]. Er bildet vielmehr eine „verantwortliche Ökumene"[22] ab und trägt konstruktiv zur „Pluralitätsverarbeitung"[23] bei – insbesondere dann, wenn zumindest phasenweise im konfessionell gemischten Lehrerteam unterrichtet wird. Insofern wird die Vereinbarung von 2005 als richtungsweisend bewertet. Gleichwohl markiert die Evaluation auch Desiderate, darunter ein adäquates Fortbildungsangebot sowie eine spezifische Didaktik für den konfessionell-kooperativen Religionsunterricht.[24]

Im Nachgang wurden die Regelungen in den Jahren 2009 und neuerlich 2015 leicht überarbeitet:[25] Ein Wechsel der Lehrkraft ist nun binnen eines sog. Standardzeitraums (in der Regel zwei Unter-

Evaluationen

Rahmenvereinbarungen 2015

---

[19] Zu Genese und Status Quo vgl. *Gebhard Böhm* und *Bernhard Bosold*, Konfessionelle Kooperation im Religionsunterricht, in: entwurf 3 (2005), 54–57, sowie *Birgit Hoppe*, Konfessionell-kooperativer Religionsunterricht. Geschichtlicher Kontext, Organisationsformen, Zukunftsperspektiven, Saarbrücken 2008, 79–107.

[20] Vgl. *Lothar Kuld, Friedrich Schweitzer, Werner Tzscheetzsch* und *Joachim Weinhardt* (Hg.), Im Religionsunterricht zusammenarbeiten. Evaluation des konfessionell-kooperativen Religionsunterrichts in Baden-Württemberg, Stuttgart 2009 (zum Design der Studie vgl. ebd. 17–22).

[21] Ebd. 204.

[22] Ebd.

[23] Ebd. 206.

[24] Vgl. ebd. 205–209.

[25] Verbindlicher Rahmen für den konfessionell-kooperativen Religionsunterricht [an verschiedenen Schulformen; Novellierung vom 1. August 2009], in: *Evangelische Landeskirche in Baden, Evangelische Landeskirche in Württemberg, Erzdiözese Freiburg* und *Diözese Rottenburg-Stuttgart* (Hg.),

richtsjahrgänge) obligatorisch, und zwar möglichst mit gleichen zeitlichen Anteilen für beide Konfessionen. Mit Ausnahme der 3. und 4. Jahrgangsstufe kann nun *in jeder Schulstufe* der allgemeinbildenden Schulen ein Antrag auf konfessionell-kooperativ erteilten Religionsunterricht gestellt werden. Nunmehr entscheidet – wie mittlerweile auch in Niedersachsen – die Konfession der Lehrkraft darüber, ob die Note für Evangelische oder Katholische Religion ausgewiesen wird; dass der RU konfessionell-kooperativ erteilt wurde, wird weiterhin im Zeugnis vermerkt.[26]

Wie viele Schülerinnen und Schüler der so definierte konfessionell-kooperative Religionsunterricht erreicht, wird staatlicherseits nicht statistisch ausgewiesen; aus Zahlen der Ev. Kirchen in Baden und Württemberg lässt sich schließen, dass etwa 15 % der ev. und kath. Schülerinnen und Schüler an ihm teilnehmen.[27] Anders als in anderen Bundesländern wird der konfessionellen Kooperation in Baden-Württemberg ein für alle Beteiligten verbindliches didaktisches Leitinteresse unterlegt, das mehrfach auf die Formel „Gemeinsamkeiten stärken – Unterschieden gerecht werden"[28] gebracht wurde.

Fortbildungen und Materialien für Religionslehrende bieten das *Pädagogisch-Theologische Zentrum* in Stuttgart-Birkach bzw. das *Religionspädagogische Institut* der Badischen Landeskirche in Karlsruhe[29] sowie das *Institut für Religionspädagogik* (IRP) der Erzdiözese Freiburg i. Br. an.[30]

Konfessionelle Kooperation im Religionsunterricht an allgemeinbildenden Schulen, Stuttgart 2009, 11–31.

[26] Verbindlicher Rahmen für den konfessionell-kooperativ erteilten Religionsunterricht an Grundschulen, Hauptschulen/Werkrealschulen, Realschulen, Gemeinschaftsschulen und allgemeinbildenden Gymnasien, Freiburg i. Br./Karlsruhe/Rottenburg/Stuttgart v. 1. Dezember 2015.

[27] *Ute Augustyniak-Dürr, Werner Baur, Susanne Orth* und *Christoph Schneider-Harpprecht*, Konfessionelle Kooperation im Religionsunterricht an allgemeinbildenden Schulen in Baden-Württemberg, o. O. 2017.

[28] So lautet auch der Titel der ersten Projektevaluation: *Schweitzer* und *Biesinger u. a.*, Gemeinsamkeiten stärken 2002 (s. o. Anm. 18). Vgl. allerdings auch schon Titel und Tenor einer älteren Studie: Das Gemeinsame stärken, das Differente klären: ökumenisches Lernen zwischen den Konfessionen, hg. vom Comenius-Institut in Verbindung mit der Hauptabteilung Schule und Erziehung im Bischöflichen Generalvikariat Münster (*Klaus Goßmann* und *Johannes Schneider*), Münster 1995.

[29] Gebündelt zugänglich über deren gemeinsame Homepage, abrufbar unter: https://www.ptz-rpi.de/schule-kita/konfessionelle-kooperation/ [Zu-

Nordrhein-Westfalen

In Nordrhein-Westfalen konnte seit 1998 im Anfangsunterricht der Grundschule für maximal zehn Wochen auf die konfessionelle Gliederung des Religionsunterrichts verzichtet werden; darüber hinaus konnte der Religionsunterricht für Schülerinnen und Schüler anderer Konfessionen geöffnet werden, doch sollte „der Religionsunterricht in konfessionell gemischten Lerngruppen die Ausnahme"[31] bleiben – so hatte es die letzte landesweit gültige Vereinbarung beider großen Kirchen im bevölkerungsreichsten Bundesland aus dem Jahr 1998 festgelegt. Für einzelne Landesteile wurden darüber hinaus gehende Regelungen getroffen. So bestand seit 2005 eine Vereinbarung zwischen der Lippischen Landeskirche und dem Erzbistum Paderborn, die es erlaubte auf Antrag Religionsunterricht in konfessionell gemischten Lerngruppen zu erteilen – allerdings mit hohen administrativen Hürden versehen und auf Ausnahmefälle beschränkt. Die ermöglichten Projekte wurden gleichwohl dokumentiert und insofern auf Multiplikation angelegt.[32]

Vorreiter Lippe/Paderborn

Nachdem die Deutsche Bischofskonferenz im Jahr 2016 schließlich katholischerseits grundsätzlich ‚grünes Licht' für die Einrichtung konfessionell-kooperativen Religionsunterrichts gegeben hat, können in fast allen Teilen des Landes – mit Ausnahme der Schulen auf dem Gebiet des Erzbistums Köln, das sich dem Kooperationsvertrag nicht angeschlossen hat – Schulen der Primarstufe und der Sekundarstufen seit dem Schuljahr 2018/19 auf Antrag den konfessionell-kooperativen Religionsunterricht einführen.[33] Der

Regelungen 2017

---

griff: 26.02.2021]. Einschlägig sind v. a. die Broschüren „Koko konkret – Unterrichtseinheiten gemeinsam planen".

[30] Siehe etwa unter https://www.irp-freiburg.de publizierte Unterrichtsmaterialien.

[31] Zur Konfessionalität des Religionsunterrichts. Votum der evangelischen Landeskirchen und der katholischen (Erz-) Bistümer in Nordrhein-Westfalen (14. Mai 1998), abgedruckt etwa in: *Werner Prüßner u. a. (Hg.)*, Informationen zum Religionsunterricht in Nordrhein-Westfalen, ⁷2013, 57–59.

[32] *Erzbischöfliches Generalvikariat Paderborn* und *Lippisches Landeskirchenamt Detmold (Hg.)*, Konfessionelle Kooperation in der Lehrerfortbildung und im Religionsunterricht der Grundschule im Erzbistum Paderborn und der Lippischen Landeskirche – Dokumentation der Projekte, Detmold/Paderborn 2005.

[33] Vgl. Den konfessionellen Religionsunterricht sichern und stärken. Perspektiven konfessioneller Kooperation. Vereinbarung zwischen dem Erzbistum Paderborn, der Evangelischen Kirche von Westfalen, der Lippischen Landeskirche und der Ev. Kirche im Rheinland zur konfessionellen Kooperation im Religionsunterricht, Juli 2017 sowie erläuternd dazu *Paul*

Religionsunterricht wird dann entweder von einer evangelischen oder einer katholischen Religionslehrkraft erteilt. Durch den verpflichtenden Fachlehrerwechsel ist gewährleistet, dass Schülerinnen und Schüler beide konfessionellen Perspektiven kennenlernen. Entsprechende Qualifizierungskurse für die Lehrkräfte sind obligatorisch. Über den Antrag zur Einführung des konfessionell-kooperativen Religionsunterrichts entscheidet die staatliche Schulaufsicht in Abstimmung mit den kirchlichen Behörden. Die nordrhein-westfälische Durchführung bewegt sich damit *zwischen* einer *harten* und einer *weichen Lesart* konfessioneller Kooperation.

Hessen

Zulässigkeit konfessionell-kooperativer Lerngruppen

Auf der Grundlage zwischenkirchlicher Vereinbarungen aus dem Jahr 1997 sah das Bundesland Hessen seit 1999 die Möglichkeit konfessionell gemischter Lerngruppen vor – allerdings nur als Notlösung: „Ist in einem Schuljahr die Bildung von Lerngruppen für beide Konfessionen [...] zum Beispiel wegen Mangel an Lehrkräften oder wegen schulorganisatorischer Schwierigkeiten nicht möglich, können die Schülerinnen und Schüler am Religionsunterricht jeweils der anderen Konfession unter folgenden Voraussetzungen teilnehmen: a) Die Schulleitung beantragt unter Angabe von Gründen die Zustimmung zur Erteilung von Religionsunterricht in einer konfessionell gemischten Lerngruppe über das Staatliche Schulamt bei den zuständigen Behörden beider Kirchen [...]. Sie fügt eine Stellungnahme der beiden Fachkonferenzen, soweit sie bestehen, sowie das Einverständnis der betroffenen Religionslehrerinnen und Religionslehrer bei. b) Nach Zustimmung der kirchlichen Behörden informiert die Schulleitung die Schülerinnen und Schüler, die am Religionsunterricht der anderen Konfession teilnehmen können, und deren Eltern [...]. 2. Grundlage des Unterrichts ist der jeweilige Lehrplan. Bei der Auswahl der Unterrichtsinhalte sollen die konfessionellen Besonderheiten und Prägungen mit dem Ziel gegenseitigen Verstehens behandelt werden."[34]

Platzbecker, Der konfessionell-kooperative Religionsunterricht in NRW. ‚Kokolores' oder ‚Modell der Zukunft?', in: Religionspädagogische Beiträge 80 (2019), 45–56.

[34] Erlass des Hessischen Kultusministeriums über den Religionsunterricht an öffentlichen Schulen in der Fassung vom 1. Juli 1999, zuletzt überarbeitet am 3. September 2014 (abrufbar unter: http://www.kirchenrecht-ekhn.de/document/18819#sl7300026 [Zugriff: 26.02.2021]), Abschnitt VII.

Aus evangelischer Sicht holt hier ein staatlicher Erlass lediglich ein, was bereits seit den 1970er Jahren für zulässig erklärt worden war und seit 1994 sogar als erwünscht galt.[35] Aus katholischer Sicht lässt der Erlass noch seine Prägung durch die bisherigen bischöflichen Verlautbarungen erkennen, die nach 2016 allerdings durch das nun ausdrückliche Zugehen auf konfessionelle Kooperation in dieser Frage obsolet geworden sind. Während es lange Zeit nicht um ein Reformprojekt ging, sondern um eine Maßnahme zur Gewährleistung von Religionsunterricht für Schülerinnen und Schüler, die einer Konfession mit Diasporastatus angehören, änderte sich dies im Jahr 2019. Nach einem Modellversuch[36] an nordhessischen Gesamtschulen in den Jahren 2016 bis 2018 haben die hessischen Landeskirchen und Diözesen gemeinsame Abstimmungen getroffen, konfessionell-kooperativen Religionsunterricht als eine Regelform einzuführen. Eine Vereinbarung mit der staatlichen Seite steht allerdings noch aus.

Modellversuch

In weiteren Bundesländern wie etwa *Sachsen*[37] und *Schleswig-Holstein*[38] regeln Erlasse konfessionelle Kooperation in der Weise, in der sie in der Vereinbarung von evangelischer Kirche und katholischer Bischofskonferenz 1998 angeregt wurde; dafür bedurfte und bedarf es keiner besonderen organisatorischen oder rechtlichen Bestimmungen.[39] In wieder anderen Bundesländern kommt es nicht zur Förderung konfessionell-kooperativen Religionsunterrichts – sei es weil die katholische Kirche nicht zustimmt (wie in *Rheinland-Pfalz*, im *Saarland*, in *Bayern* und – bislang – auch im Erzbistum Köln bzw. *westlichen Nordrhein-Westfalen*), sei es weil die geringe Zahl an katholischen Schülerinnen und Schülern keine Kooperation zulässt (wie in *Mecklenburg*, *Sachsen-Anhalt* oder *Thüringen*).[40]

Disparate Lage in den Bundesländern

---

[35] Vgl. Nachweise in *Bernd Schröder*, Religionspädagogik, Tübingen (2012) 2., erw. und überarb. A. 2021, § 3.
[36] Vgl. *Carsten Gennerich, David Käbisch* und *Jan Woppowa*, Konfessionelle Kooperation und Multiperspektivität. Empirische Einblicke in den Religionsunterricht an Gesamtschulen, Stuttgart 2021.
[37] Vereinbarung zur konfessionellen Kooperation im Religionsunterricht zwischen der Evangelisch-Lutherischen Landeskirche Sachsens und dem Bistum Dresden-Meißen vom 12. März 2002.
[38] Runderlass des Ministeriums für Bildung, Wissenschaft und Kultur des Landes Schleswig Holstein: Kooperation in der Fächergruppe Evangelische Religion, Katholische Religion und Philosophie vom 7. Mai 1997, hier Abs. I.
[39] Vgl. die entsprechende Darstellung bei *Daniela Bayer-Wied*, Ökumenisch ja – aber bitte getrennt? Konfessionelle Kooperation in der Grundschule, Frankfurt a. M. u. a. 2011, 237–325.
[40] Eine umfassende Übersicht über die verschiedenen Kooperations-

3.2 Österreich

KokoRU unter Einbezug altkatholischer und griechisch-orthodoxer Kirche

In Österreich haben die römisch-katholische und die evangelische, darüber hinaus auch die altkatholische und die griechisch-orthodoxe Kirche mit dem Schuljahr 2002/03 in Wien begonnen, konfessionell-kooperativen Religionsunterricht bzw. Religionsunterricht in gemeinsamer Verantwortung der Kirchen zu erteilen. Grundlage ist Art. 17 des Staatsgrundgesetzes (StGG), wonach – anders als in der Bundesrepublik Deutschland – „für den Religionsunterricht in den Schulen [...] von der betreffenden Kirche oder Religionsgesellschaft Sorge zu tragen" ist. Die inhaltliche Ausgestaltung des Religionsunterrichts zählt demnach zu den inneren Angelegenheiten der Religionsgemeinschaften im Sinne von Art. 15 StGG. Wurden diese Bestimmungen bis ins 21. Jh. von den Kirchen im Sinne eines konfessionell getrennt zu erteilenden Religionsunterrichts ausgelegt, markieren die Übereinkünfte der beteiligten Konfessionskirchen aus dem Jahr 2002, die unter dem Dach des *Ökumenischen Rates der Kirchen in Österreich* möglich wurden, einen Wendepunkt.[41]

Ökumenische Gestalt der Lehrerbildung

Auf die Projektvereinbarung der Kirchen hin wurden die Lehrpläne gesichtet, konfessionell-kooperative Unterrichtseinheiten entworfen sowie Fort- und Weiterbildungen aufgelegt.[42] Schließlich wurde in einer europaweit einzigartigen Weise die Ausbildung für Religionslehrerinnen und Religionslehrer für das Lehramt der Primar- und Sekundarstufe I an der *Kirchlich-Pädagogischen Hochschule (KPH) Wien/Krems* ökumenisch ausgestaltet. Neben konfessionsspezifischen Sequenzen umfasst sie eine von allen Studierenden zu besuchende „gemeinsam ausgewiesene Modulschiene verpflichtender konfessionell-kooperativer theologischer und religionspädagogischer Lehrveranstaltungen"[43]. Das Leitmotiv dieser

---

modelle der Länder bietet die vom Deutschen Katecheten-Vereins (dkv) verantwortete Internetpräsenz, abrufbar unter: www.konfessionelle-koop eration.info. Vgl. auch *Martin Rothgangel* und *Bernd Schröder (Hg.)*, Religionsunterricht in den Ländern der Bundesrepublik Deutschland. Neue empirische Daten – Kontexte – aktuelle Entwicklungen, Leipzig 2020.

[41] Vgl. *Martin Jäggle* und *Philipp Klutz*, Religiöse Bildung an Schulen in Österreich, in: *Martin Jäggle u. a. (Hg.)*, Religiöse Bildung an Schulen in Europa, Teil 1: Mitteleuropa, Göttingen 2013, 69–93.

[42] Vgl. die Beschreibungen und Analysen bei *Heribert Bastel, Manfred Göllner, Martin Jäggle* und *Helene Miklas (Hg.)*, Das Gemeinsame entdecken – das Unterscheidende anerkennen, Wien 2006.

[43] *Thomas Krobath* und *Georg Ritzer*, Konfessionelle Kooperation in der Ausbildung von (Religions-) LehrerInnen an der KPH Wien/Krems. Grundlegung und Erfahrungen, in: Theo-Web. Zeitschrift für Religions-

Ausbildung wie auch des Wiener Praxisprojektes lautet „Das Gemeinsame entdecken – das Unterscheidende anerkennen"[44].

Der konfessionell-kooperative Religionsunterricht in *Wien* sowie die konfessionell-kooperative Religionslehrerinnen und Religionslehrer-Ausbildung an der dortigen KPH haben ein hohes Maß an Begleitforschung erfahren. Zu Beginn und nach vier Halbjahren (also 2002 und 2004) wurden die projektbeteiligten Religionslehrenden befragt, und wiederholt haben Prozessbeteiligte ihre Wahrnehmungen mitgeteilt.[45] Auch die erste Kohorte des konfessionell-kooperativen Ausbildungsgangs, 26 Personen, wurde in Interviews zum Ertrag des Studiums um Selbstauskünfte gebeten.[46] Die Ergebnisse weisen den gesteigerten Lernertrag und die didaktische Qualität konfessioneller Kooperation aus; sie nähren aber durchaus auch Zweifel, ob konfessionelle Kooperation eine adäquate und hinreichende Reaktion auf die Herausforderung religiöser Pluralität darstellt.[47]

> Das Gemeinsame entdecken – das Unterscheidende anerkennen

Im Jahr 2015 starteten vier christliche Kirchen (evangelisch, römisch-katholisch, griechisch-orthodox, altkatholisch) das Projekt zum sog. dialogisch-konfessionellen Religionsunterricht (dk:RU) an 17 Schulen in der Stadt Wien. Es handelt sich dabei um eine Ausweitung und Fortführung konfessioneller Kooperation, gesteuert vom Schulamt der Erzdiözese und wissenschaftlich begleitet von der *KPH Wien/Krems*.[48]

> Dialogisch-konfessioneller RU – dk:RU

---

pädagogik 13 (2014), 155–166, hier 157. Für Details vgl. *Dies. (Hg.)*, Ausbildung von ReligionslehrerInnen. Konfessionell – kooperativ – interreligiös – pluralitätsfähig, Wien 2014.

[44] Vgl. Titel und Tenor des Bandes von *Bastel u. a.*, Das Gemeinsame entdecken (s. o. Anm. 42).

[45] Einblicke bei *Heribert Bastel* und *Helene Miklas*, „Ich bin informierter und persönlich gestärkt in meinem Glaubensverständnis", in: *Bastel u. a.*, Das Gemeinsame entdecken (s. o. Anm. 42), 43–57.

[46] *Krobath* und *Ritzer*, Ausbildung (s. o. Anm. 43).

[47] Bei *Helene Miklas*, Konfessionell-kooperativer Religionsunterricht, in: *Ökumenischer Rat der Kirchen in Österreich (Hg.)*, Begegnung und Inspiration. 50 Jahre Ökumene in Österreich, Wien 2014, 250–254, sowie *Sonja Danner*, KoKoRu. Konfessionell-kooperativer Religionsunterricht – ‚das Wiener Modell', in: ÖRF 23 (2015), 47–53, 51 f., wird ein skeptisches Fazit gezogen. So richtet *Philipp Klutz*, Religionsunterricht vor den Herausforderungen religiöser Pluralität. Eine qualitativ-empirische Studie in Wien, Münster 2015, sein Interesse auf die „Akzeptanz eines Religionsunterrichts für alle" (67).

[48] Vgl. *Thomas Krobath* und *Doris Lindner*, Konfessionelle Vielfalt in Begegnung. Perspektiven aus der Evaluation des dialogisch-konfessionellen Religionsunterrichtes in Wien, in: Österreichisches Religionspädagogisches Forum 25 (2017), 164–172.

3.3 Schweiz

Charakteristikum: kantonale Lösungen

„Der Religionsunterricht in der Schweiz zeichnet sich durch eine fast unüberschaubare Vielfalt von Varianten aus."[49] Unbeschadet dessen lässt sich in den deutschsprachigen Kantonen der Schweiz in den letzten Jahren eine doppelte Entwicklung erkennen: Zum einen sucht man einheitliche Rahmendaten zu setzen, etwa indem ein kantonsübergreifend verbindlicher Lehrplan entworfen wird („Lehrplan 21"), der cum grano salis religionskundliche Akzente setzt; zum anderen wird der Religionsunterricht organisatorisch und konzeptionell verändert: entweder in einen Fächerverbund aufgelöst (so etwa in *Bern, Appenzell-Ausserrhoden* und *Schaffhausen*), in ein kantonal verantwortetes, überkonfessionelles Fach überführt (so etwa in *Zug* und *Zürich*) oder aber aufgeteilt: Eine der Wochenstunden wird in staatlicher Verantwortung religionsübergreifend erteilt, die zweite Wochenstunde kann von den Religionsgemeinschaften mit konfessionellem Religionsunterricht gestaltet werden („Modell 1+1"; so in *Aargau, Graubünden* und *Luzern*).

Im Blick auf konfessionelle Kooperationen ist Folgendes bemerkenswert: Im Zuge solcher Reformen wird konfessionell-kooperativer Religionsunterricht entweder förmlich abgelöst (so 2011 im Kanton *Zürich*, wo er seit 1991, oder in *Waadt*, wo er seit den 1970er Jahren erteilt wurde) oder stillschweigend zurückgenommen (so im Kanton *Graubünden*), jedenfalls aber nicht als Modell mit Zukunft gehandelt.

3.4 Zwischenfazit

Regional unterschiedliche Verbreitung

Konfessionelle Kooperation ist ein namentlich in *Niedersachsen, Baden-Württemberg* und *Wien* gut eingeführtes, didaktisch unterschiedlich sorgfältig elaboriertes und empirisch vergleichsweise umfassend evaluiertes Modell der Weiterentwicklung eines Reli-

---

[49] *Monika Jakobs, Ulrich Riegel, Dominik Helbling* und *Thomas Englberger*, Konfessioneller Religionsunterricht in multireligiöser Gesellschaft, Zürich 2009, 15. Vgl. die Übersicht von *Thomas Schlag*, Religiöse Bildung an Schulen in der Schweiz, in: *Martin Jäggle u. a.* (Hg.), Religiöse Bildung an Schulen in Europa, Teil 1: Mitteleuropa, Göttingen 2013, 119–156, und *Dominik Heibling u. a.* (Hg.), Konfessioneller und bekenntnisunabhängiger Religionsunterricht, Zürich 2013.

gionsunterrichts gemäß Art. 7.3 GG – in einigen weiteren Ländern der Bundesrepublik Deutschland, namentlich *Nordrhein-Westfalen* und *Hessen*, ist es im Begriff eingeführt zu werden oder es befindet sich in der Startphase. Konfessionell-kooperativer Religionsunterricht wird von der Evangelischen Kirche in Deutschland (seit 1994) und der Deutschen Bischofskonferenz (seit 2016) aus der Einsicht in die religionsdemografischen Gegebenheiten an Schulen, aber auch aus (religions-)pädagogischen wie theologischen Gründen als „*eine Regelform des konfessionellen bekenntnisgebundenen Religionsunterrichts nach Artikel 7 Absatz 3 des Grundgesetzes*"[50] grundsätzlich bejaht. Doch „umso weniger vermag es einzuleuchten, dass bei weitem nicht in allen Bundesländern offizielle Vereinbarungen zur konfessionellen Kooperation getroffen werden konnten"[51] und bis heute nicht getroffen werden – insbesondere nach der mittlerweile erfolgten Zustimmung seitens der katholischen Bischöfe.

In der Überschau fällt auf, dass sich konfessionell-kooperativer Religionsunterricht dort bewährt, wo die zwei großen christlichen Konfessionen zu in etwa gleichen Teilen eine Mehrheit der Bevölkerung binden (*Baden-Württemberg*), aber auch dort, wo eine der beiden sich in einer Diasporasituation befindet und deshalb nur die Kooperation die Beschulung ihrer Angehörigen mit Religionsunterricht sicherzustellen vermag (so in weiten Teilen *Niedersachsens*). Wo hingegen der wachsende Anteil konfessionsloser Menschen (so in *Zürich*) oder eine vielgestaltige Religionspluralität (so in *Wien*) als wesentliche Herausforderung wahrgenommen wird, vermag konfessionelle Kooperation das Standing des Religionsunterrichts nicht entscheidend zu verbessern – hier bedarf es wohl der Öffnung hin zu interreligiösen Lernarrangements (wie etwa in *Hamburg*) oder hin zu einer Zusammenarbeit mit andersreligiösem Religionsunterricht.[52] Andernfalls droht in der Praxis ein inoffizieller, schulbehördlich wie religionsgemeinschaftlich nicht regulierter, didaktisch wenig vorstrukturierter Religionsunterricht im Klassenverband die Oberhand zu gewinnen.

Kirchliches Placet und rechtliche Zulässigkeit

Desiderat: Weitere interkirchliche Vereinbarungen

Passung zum religiös-weltanschaulichen Kontext

---

[50] So die Formulierung in *EKD*, Konfessionell-kooperativ erteilter Religionsunterricht 2018 (s. o. Anm. 6), 10.
[51] So die bereits 2014 getroffene Feststellung in: *EKD*, Orientierung 2014 (s. o. Anm. 1), 84.
[52] Vgl. etwa die abschließenden Thesen in *Bernd Schröder* (Hg.), Religionsunterricht – wohin? Neukirchen-Vluyn 2014, 193 f. sowie *Jan Woppowa u. a.* (Hg.), Kooperativer Religionsunterricht. Fragen – Optionen – Wege, Stuttgart 2017.

4 Begründungen und Ziele – religionspädagogische Orientierungspunkte

Konfessionell-kooperativer Religionsunterricht bedarf unstreitig über die rechtlichen und administrativen Regelungen hinaus – darauf wird in den kirchlichen Verlautbarungen selbst sowie in der einschlägigen Unterrichtsbegleitforschung unisono hingewiesen – der theologischen wie (religions-)pädagogischen Begründung und der didaktischen Konzipierung, insbesondere der Ausarbeitung konfessionell-kooperativer Unterrichtsarrangements und einer entsprechenden Anpassung der Aus- und Fortbildung von Religionslehrerinnen und Religionslehrern: „Der Ernst der Aufgabe ökumenischer Verständigung [sc. in diesen drei Hinsichten] beginnt jenseits der leicht herstellbaren Übereinkünfte."[53] Theologische und (religions-)pädagogische Begründung sowie didaktische Konzipierung sind die sachlich unerlässlichen Voraussetzungen dafür, dass konfessionell-kooperativer Religionsunterricht als „‚Mehrwert'-Projekt" (Albert Biesinger) erkennbar werden und seine Reduktion auf eine administrative Vereinfachung von Religionsunterricht sowie eine stillschweigende Nivellierung konfessioneller Reichtümer vermieden werden kann.

Theologische Begründung – didaktische Reflexion – Integration in Lehrerbildung

4.1 Begründungen

In Stellungnahmen von Kirchen, Religionslehrerverbänden, Wissenschaftlerinnen und Wissenschaftlern finden sich verschiedene Begründungen für die Einführung oder den Ausbau konfessioneller Kooperation. Aus unserer Sicht sind namentlich sechs zu unterscheiden:

Das rechtliche Argument: Die Möglichkeit zur Teilnahme an einem Religionsunterricht im Sinne von Art. 7.3 GG für alle christlich konfessionsgebundenen bzw. interessierten Schülerinnen und Schüler sicherstellen

Die faktisch wohl wirksamste, in der Sache aber schwächste Begründung konfessioneller Kooperation bietet der Blick auf die religionsdemografischen Konstellationen an Schulen.[54] Konfessionelle

---

[53] *EKD*, Identität 1994 (s. o. Anm. 1), 72.
[54] Vgl. etwa *DBK*, Zukunft 2016 (s. o. Anm. 4), 16 ff.

Kooperation wird dann bejaht, um einen Religionsunterricht nach Art. 7.3 GG auch dort anbieten zu können, wo die Schülerinnen und Schüler, die einer Konfession angehören, nicht zahlreich genug sind, um für sie Religionsunterricht *ihrer* Konfession einzurichten – in Niedersachsen bspw. etwa dann, wenn in einem Doppeljahrgang nicht mindestens 12 konfessionsgleiche Schülerinnen und Schüler zusammenkommen. Die entsprechenden Schülerinnen und Schüler sollen in diesem Fall am Religionsunterricht der zahlenmäßig stärker vertretenen Konfession teilnehmen, ehe sie ansonsten gar keiner religiösen Bildung in der Schule teilhaftig würden. Kommt es dazu, ist die Konfession, die den Religionsunterricht mitverantwortet, gehalten, auf die anderskonfessionellen Schülerinnen und Schüler kommunikativ, didaktisch und thematisch Rücksicht zu nehmen (Überwältigungsverbot).

Überwältigungsverbot

Die Häufigkeit einer solchen Konstellation nimmt zu und wird dies auch weiterhin tun, und zwar bedingt durch die rückläufige Zahl von Schülerinnen und Schülern, die an ihrer Schule als „ev" oder „rk" angemeldet werden, sowie durch die steigende Zahl von Schülerinnen und Schülern, die einer anderen christlichen Konfession bzw. Religion oder gar keiner Religionsgemeinschaft angehören.

Unbeschadet seiner pragmatischen Konnotation ist dieses Argument nicht gering zu schätzen. Immerhin geht es um es um die Wahrung eines hohen Rechtsgutes, nämlich darum, dem „Recht des Kindes auf Religion"[55] Rechnung zu tragen, und immerhin ist das entsprechende Vorgehen seit Jahrzehnten bewährt (und alternativlos) für alle Schülerinnen und Schüler, die sog. kleinen Religionsgemeinschaften angehören.[56] Allerdings geht es bei dieser Argumentation nicht eigentlich um konfessionelle Kooperation im eingangs beschriebenen Sinne, sondern – für die kleinere, ‚entsendende' Konfession – um die *Bereitschaft*, die ihr angehörenden Schülerinnen und Schüler einem Lernarrangement in Verantwortung einer Mehrheitskonfession anzuvertrauen und – für die ‚gastgebende' größere Konfession – um die *Zulassung* anderskonfessioneller Schülerinnen und Schüler zum eigenen Religionsunter-

Recht des Kindes auf Religion

---

[55] *Friedrich Schweitzer*, Das Recht des Kindes auf Religion: Ermutigungen für Eltern und Erzieher, Gütersloh 2000.
[56] Dazu *Bernd Schröder,* Vernetzung – Konfessionell-kooperativer Religionsunterricht und seine Brücken zu weiteren Konfessionen und Religionsgemeinschaften, in: *Lindner u. a.*, Zukunftsfähiger Religionsunterricht (s. o. Anm. 11), 297–317, hier 304–309.

richt[57] und die *Bereitschaft* bzw. das Signal, „dass die Erfahrungen und Einsichten der konfessionellen Minderheit in der Unterrichtsgestaltung angemessen berücksichtigt werden"[58].

Das pragmatische Argument: Die vielerorts faktisch bereits vollzogene Öffnung des evangelischen wie des römisch-katholischen Religionsunterrichts für jeweils anderskonfessionelle Schülerinnen und Schüler durch schulrechtliche Maßgaben ordnen und ihre unterrichtliche Qualität erhöhen

Vor allem pragmatischer Natur ist die Begründung konfessioneller Kooperation als nachträgliche Legitimation von Praxisformen, die bereits realisiert sind. Ohne dies schulstatistisch oder anderweitig empirisch belegen zu können, ist davon auszugehen, dass besonders in Berufsbildenden Schulen, in Gesamtschulen und wohl auch Grundschulen vielerorts alle Schülerinnen und Schüler – darunter evangelische und römisch-katholische, allerdings auch muslimische – gemeinsam an *einem* Religionsunterricht teilnehmen, der meistens als Religionsunterricht der Konfession ausgewiesen wird, der die Lehrkraft angehört. Angesichts dessen schaffen die interkirchlichen, mit der Schuladministration getroffenen Vereinbarungen nachlaufend einen rechtlichen Rahmen, mit dessen Hilfe die Unterrichtsqualität gefördert werden kann.

Vermeiden unterrichtlicher Grauzonen

Auch dieses Argument ist unbeschadet seiner pragmatischen Konnotation nicht gering zu schätzen. Immerhin eröffnet die Legitimation und administrative Regelung konfessioneller Kooperation die Möglichkeit, eine seit längerem geübte Praxis als solche anzuerkennen und damit die bestehende „Grauzone"[59] bearbeiten zu können – d. h. erstens die Wahrnehmung der schulisch-unterricht-

---

[57] Die Entscheidung darüber steht nach höchstrichterlicher Rechtsprechung den Religionsgemeinschaften zu (vgl. dazu *Entscheidungen des Bundesverfassungsgerichts* (BVerfGE), Bd. 74, Tübingen 1987, 244–256, hier 249). Die Evangelische Kirche in Deutschland hat bereits 1994 erklärt, dass alle interessierten Schülerinnen und Schüler zur Teilnahme an evangelischem Religionsunterricht nicht nur zugelassen, sondern eingeladen sind (*EKD*, Identität 1994 [s. o. Anm. 1], 66). Die Deutsche Bischofskonferenz fragt 2016, „ob die bestehenden [sc. restriktiven] Vorgaben zur Aufnahme anderskonfessioneller Schülerinnen und Schüler am katholischen Religionsunterricht nicht erweitert werden müssen" (*DBK*, Zukunft 2016 [s. o. Anm. 4], 18), ist bei der Beantwortung zögerlich (26 und 35 f.), kann sich am Ende aber doch zu einer uneingeschränkten Befürwortung durchringen (37).
[58] So bspw. *DBK*, Zukunft 2016 (s. o. Anm. 4), 32.
[59] *Hütte/Mette*, Religion im Klassenverband 2003 (s. o. Anm. 10), 3.

lichen Wirklichkeit realitätsnäher werden zu lassen, zweitens die Religionslehrenden und deren Praxis aus dem rechtsfreien Raum zu holen und drittens didaktisch-methodische Unterstützung in Form von Fortbildungen und Materialien anbieten zu können. Allerdings kann hier zu bedenken gegeben werden, dass die Praxis unter dem Label „Religionsunterricht im Klassenverband" in den seltensten Fällen als konfessionelle Kooperation beschrieben und didaktisch bearbeitet werden kann, denn in der Regel werden hier eher multireligiöse Lernarrangements notwendig.

Das schultheoretische Argument: Den Religionsunterricht im Sinne der inklusiven Schule als integratives dialogorientiertes Unterrichtsarrangement weiterentwickeln

Seitdem das „Übereinkommen über die Rechte von Menschen mit Behinderungen" am 13. Dezember 2006 von der Generalversammlung der Vereinten Nationen beschlossen wurde und am 3. Mai 2008 in Kraft getreten ist, seitdem insbesondere die Bundesrepublik Deutschland dieses Abkommen am 24. Februar 2009 ratifiziert hat, trug namentlich dessen Art. 24 zu einem schulpolitischen, z. T. auch schultheoretischen und didaktischen Paradigmenwechsel hin zur sog. inklusiven Schule bei. Legt die sog. UN-Behindertenrechtskonvention ‚nur' die gemeinsame Beschulung von Schülerinnen und Schülern *mit und ohne Behinderungen* nahe, hat sich im einschlägigen Diskurs der Ruf nach einer *diversitäts- bzw. heterogenitätsfreundlichen* Ausgestaltung des Schulsystems und jeder einzelnen Schule verstärkt. Stichworte sind etwa die Bevorzugung innerer vor äußerer Differenzierung, die Betonung von Diagnostik und Erhebung der Lernausgangslage, die Individualisierung der Lernwege u. ä. m.[60] „In einer sich immer stärker inklusiv verstehenden Schule gilt es, die Gemeinschaft der Verschiedenen unter Beachtung dessen, was Menschen heilig ist, zu gestalten [...]. Dies ist ein wesentlicher Beitrag zur gesamtgesellschaftlichen Integration."[61] Dieser Gestaltungsauftrag betrifft den Religionsunterricht ebenso wie die außerunterrichtliche Schulkultur – konfessionelle Kooperation vermag auf beiden Feldern ein Signal für das Miteinander

Inklusion als schulische Aufgabe

Innere Differenzierung – Individualisierung der Lernwege

Schulkultur

---

[60] Vgl. etwa *Katharina Kammeyer* und *Oliver Reis*, Kooperative Öffnung – Analyse der Differenzen aus der Sicht der Inklusion, in: *Jan Woppowa u. a. (Hg.)*, Kooperativer Religionsunterricht. Fragen – Optionen – Wege, Stuttgart 2017, 140–153.

[61] *EKD*, Konfessionell-kooperativ erteilter Religionsunterricht 2018 (s. o. Anm. 6), 9.

des Verschiedenen zu setzen, aber zugleich „die unterschiedlichen Wertvorstellungen, Wahrheitsansprüche und religiösen Praxen angemessen in ihrer Unterschiedlichkeit von einer bekenntnis-[...] transparenten Position her den Schülerinnen und Schülern zu vermitteln."[62]

Das (religions-)pädagogische Argument: Den Religionsunterricht unmissverständlich als identitäts- und dialogförderndes Bildungsangebot in einer pluralitätsfähigen Schule ausgestalten

Als ordentliches Lehrfach, das „in Übereinstimmung mit den Grundsätzen der Religionsgemeinschaften" (Art. 7.3 GG) erteilt wird, bedarf der Religionsunterricht einer in zweierlei Hinsicht tragfähigen Begründung, nämlich sowohl einer Begründung, die ihn der Religionsgemeinschaft und der Theologie gegenüber legitimiert, als auch einer Begründung, die ihn der Schule bzw. der Pädagogik gegenüber legitimiert – diese beiden Begründungen erweisen sich zwar nicht durchweg, aber doch im Wesentlichen als gleichsinnig.[63]

Der öffentlichen Schule gegenüber begründet sich der Religionsunterricht u.a. aus seiner Mitwirkung an deren Auftrag, junge Bürgerinnen und Bürger allgemein zu bilden, etwa indem er ihnen mit dem religiösen einen unter mehreren Weltzugängen erschließt und sie auf die Teilhabe an der modernen pluralen Gesellschaft vorbereitet,[64] und indem der Religionsunterricht „die religiöse Dialog- und Urteilsfähigkeit der Schülerinnen und Schüler [...] fördert und ihre religiöse Identitätsbildung unterstützt"[65].

In pädagogischen Kategorien ist die „bildende Kraft des Religionsunterrichts"[66] zu betonen, denn er dient im Bereich religiöser oder religionsbezogener Bildung der Entwicklung und Förderung

---

[62] Ebd. 11.

[63] Zum Problem der „Abbildbarkeit" theologischer und pädagogischer Aussagen vgl. *Karl Ernst Nipkow*, Grundfragen der Religionspädagogik, Bd. 1, Gütersloh 1975, 192–197. Vgl. auch die konvergenztheoretische Begründung des schulischen Religionsunterrichts zwischen Theologie und Pädagogik in: Der Religionsunterricht in der Schule, in: *Ludwig Bertsch u.a. (Hg.)*, Gemeinsame Synode der Bistümer in der Bundesrepublik Deutschland. Beschlüsse der Vollversammlung. Offizielle Gesamtausgabe I, Freiburg i. Br. / Basel / Wien 1976, 123–152.

[64] *DBK*, Religionsunterricht 2005 (s.o. Anm. 2), 7; vgl. *EKD*, Konfessionell-kooperativ erteilter Religionsunterricht 2018 (s.o. Anm. 6), 9.

[65] *DBK*, Zukunft 2016 (s.o. Anm. 4), 31; vgl. 12f.

[66] So der programmatische Titel von *DBK*, Die bildende Kraft des Religionsunterrichts (s.o. Anm. 2).

der Lernenden auf ihrem Weg zur Subjektwerdung und nimmt dabei als (religions-)pädagogisch zu reflektierendes Arrangement seinen Ausgang von der vorfindlichen religiös-weltanschaulichen Orientierung der Schülerin bzw. des Schülers.

Der Kirche bzw. Religionsgemeinschaft gegenüber begründet sich der Religionsunterricht etwa daraus, dass er Gehalte und Praxen des christlichen Glaubens öffentlich erschließt und sich zugleich offen zeigt für Schülerinnen und Schüler der jeweiligen Konfession und darüber hinaus für alle Interessierten, ausgewiesen vor dem Forum der theologisch geschulten Vernunft, „im Dialog mit den Erfahrungen und Überzeugungen der Schülerinnen und Schüler, mit dem Wissen und den Erkenntnissen der anderen Fächer, mit den gegenwärtigen Fragen der Lebens- und Weltgestaltung und mit den Positionen anderer Konfessionen, Religionen und Weltanschauungen"[67]. Indem er das tut, kann er der Ausbildung und Stärkung christlicher und möglicherweise auch konfessioneller Identität dienen, mindestens aber einer „konfessorischen Kompetenz"[68] als einer „Fähigkeit und Bereitschaft, sich mit Andersgläubigen und Nicht-Glaubenden zu verständigen"[69]. [Ökumenizität und konfessorische Kompetenz]

Dieser sowohl pädagogisch als auch theologisch ausweisbare Fokus auf Förderung von „Identität und Verständigung"[70] kann im Rahmen eines konfessionell-kooperativen Religionsunterrichts besser, d.h. facettenreicher und unmissverständlicher ausgewiesen werden als in einem Religionsunterricht, der auf konfessionelle Homogenität der Lehrenden und Lernenden bedacht ist. In konfessionell-kooperativen Lernarrangements kommt es nämlich zu jener Förderung nicht nur durch Auseinandersetzung mit den gleich- und anderskonfessionellen Unterrichtsgegenständen, sondern auch [Identität und Verständigung]

---

[67] *DBK*, Religionsunterricht 2005 (s. o. Anm. 2), 29 (zit. in *DBK*, Zukunft 2016 [s. o. Anm. 4], 12).

[68] *DBK*, Zukunft 2016 (s. o. Anm. 4), 11. Vgl. zu einer religionspädagogischen Lesart dieses Begriffs: *Jan Woppowa*, Das Konfessorische als Stein des Anstoßes. Aspekte eines kritisch-konstruktiven Gesprächs zwischen komparativer Theologie und Religionsdidaktik, in: *Rita Burrichter, Georg Langenhorst* und *Klaus von Stosch* (Hg.), Komparative Theologie: Herausforderung für die Religionspädagogik. Perspektiven zukunftsfähigen interreligiösen Lernens, Paderborn 2015, 15–30; *Ders.*, Grundlegung einer Didaktik der konfessionellen Kooperation im schulischen Religionsunterricht, in: *Ders.*, Perspektiven wechseln. Lernsequenzen für den konfessionell-kooperativen Religionsunterricht, Paderborn 2015, 5–17, hier 12f.

[69] *DBK*, Zukunft 2016 (s. o. Anm. 4), 10.

[70] So Titel und Programm der ersten Denkschrift der EKD zum Religionsunterricht 1994 (s. o. Anm. 1).

durch gemeinsame Lernerfahrungen in Auseinandersetzung mit gleich- und anderskonfessionellen Mitschülerinnen und -schülern und durch Auseinandersetzung mit der gleich- oder anderskonfessionellen Religionslehrerin bzw. dem Religionslehrer.

Das theologische Argument: Einer konfessionalistischen Engführung des Religionsunterrichts wie des eigenen Selbstverständnisses wehren und den Fortschritten ökumenischer Verständigung Rechnung tragen

Evangelische und katholische Kirche in Deutschland gehen darin einig, dass sie Konfessionalität nicht mit „Selbstbeharrung, Abgrenzung und Selbstisolierung"[71] bzw. „Konfessionalismus"[72] einhergehen lassen oder gar verwechselt sehen wollen. Konfessionalität ist vielmehr als Ausdruck „gesprächsfähige[r] Identität"[73] mit einem „ökumenischen Geist"[74] vereinbar, mehr noch als komplementär zu einer solchen ökumenischen Orientierung anzusehen.[75] Man kann somit aus Sicht beider Kirchen von der „wechselseitige[n] Angewiesenheit von konfessioneller Identität und ökumenischer Verständigung"[76] ausgehen. Oder schärfer formuliert: „In genau dem Maße, in dem eine bestimmte Kirche sich als unfähig oder unwillig zur dogmatisch reflektierten Anerkennung der Pluralität des Christlichen erweist und theologische Kommunikation mit anderen Konfessionskirchen prinzipiell verweigert, unterliegt sie dem naheliegenden Verdacht eines christlich illegitimen, weil die konstitutive Differenz von normativem Ursprung in Christus und faktischer geschichtlicher Existenz negierenden ekklesialen Absolutismus. Jede Kirche ist erst dann als eine Kirche Jesu Christi erkennbar, wenn sie sich dem Zwang zur Ökumene aussetzt."[77]

Ökumenische Verständigung und Zusammenarbeit

Hinzu kommt, dass auf den verschiedenen Ebenen ökumenischer Verständigung und Zusammenarbeit (wie Begegnung unter Kirchenmitgliedern vor Ort, gottesdienstliche Praxis, kirchliche Ver-

---

[71] *DBK*, Bildende Kraft 1996 (s. o. Anm. 2), 49 (zit. in *DBK*, Zukunft 2016 [s. o. Anm. 4], 10).
[72] *EKD*, Identität 1994 (s. o. Anm. 1), 61.
[73] *DBK*, Bildende Kraft 1996 (s. o. Anm. 2), 49.
[74] So heißt es in *EKD* und *DBK*, Kooperation 1998 (s. o. Anm. 6), 1: „Übereinstimmung besteht darin, daß konfessioneller Religionsunterricht immer auch in ökumenischem Geist erteilt wird."
[75] Vgl. *EKD*, Identität 1994 (s. o. Anm. 1), 63.
[76] *EKD*, Identität 1994 (s. o. Anm. 1), 65.
[77] *Friedrich Wilhelm Graf* und *Dietrich Korsch*: Jenseits der Einheit – Reichtum der Vielfalt, in: *Dies.* (Hg.), Jenseits der Einheit: protestantische Ansichten der Ökumene, Hannover 2001, 9–33, hier 23.

lautbarungen, theologische Lehrgespräche) in den letzten Jahren „bedeutsame Fortschritte"[78] gemacht wurden:

- „Das gemeinsame öffentliche Zeugnis, [...] ökumenische Gottesdienste und gemeinsame Bibel- und Glaubensgespräche sowie diakonische Aktivitäten belegen das Zusammenwachsen des Kirchenvolkes."[79]
- Die sog. Konvergenzerklärung des Ökumenischen Rates der Kirchen über „Taufe, Eucharistie und Amt"[80], das sog. Lima-Papier aus dem Jahr 1982, hat zumindest „was die Taufe anbetrifft" der Einsicht zur Geltung verholfen, dass römisch-katholische und evangelische Kirche in Vollzug und wechselseitiger Anerkennung der einen Taufe verbunden sind – die „Magdeburger Erklärung" hat dem 2007 auf deutscher Ebene eindrücklich Geltung verschafft.[81]

Lima-Papier und Magdeburger Erklärung

- Theologische Studien und kirchliche Vereinbarungen konnten zeigen, „daß viele der gegenseitigen Lehrverurteilungen aus der Reformationszeit den heutigen Partner nicht mehr treffen"[82].

---

[78] DBK, Zukunft 2016 (s. o. Anm. 4), 13. Vgl. im Detail *André Birmelé* und *Wolfgang Thönissen (Hg.)*, Auf dem Weg zur Gemeinschaft. 50 Jahre internationaler evangelisch-lutherisch/römisch-katholischer Dialog, Leipzig/Paderborn 2018.

[79] DBK, Zukunft 2016 (s. o. Anm. 4), 29.

[80] Taufe, Eucharistie und Amt: Konvergenzerklärungen der *Kommission für Glauben und Kirchenverfassung des Ökumenischen Rates der Kirchen*, Frankfurt a. M./Paderborn 1982.

[81] Am 23. April 2007 wurde sie unterzeichnet von Vertretern der Äthiopisch-Orthodoxen Kirche, der Arbeitsgemeinschaft Anglikanisch-Episkopaler Gemeinden in Deutschland, der Armenisch-Apostolische Orthodoxe Kirche in Deutschland, der Evangelisch-altreformierten Kirche in Niedersachsen, der Evangelischen Brüder-Unität – Herrnhuter Brüdergemeine, der Evangelischen Kirche in Deutschland, der Evangelisch-methodistischen Kirche, des Bistums der Alt-Katholiken in Deutschland, der Orthodoxen Kirche in Deutschland, der Römisch-Katholischen Kirche und der Selbständigen Evangelisch-Lutherischen Kirche.

[82] DBK, Bildende Kraft 1996 (s. o. Anm. 2), 49.
Hinzuweisen ist insbesondere auf folgende Publikationen: Dokumente wachsender Übereinstimmung. Sämtliche Berichte und Konsenstexte interkonfessioneller Gespräche auf Weltebene, Bd. 1: 1931–1982, hg. von *Harding Meyer u. a.*, Paderborn/Frankfurt a. M. 1983; Bd. 2: 1982–1990, hg. von *dens.*, ebd. 1992; Bd. 3: 1990–2001, hg. von *dens.*, ebd. 2003; Bd. 4: 2001–2010, hg. von *Johannes Oeldemann u. a.*, Paderborn/Leipzig 2012. „Lehrverurteilungen – kirchentrennend?" Im Auftrag des Ökumenischen Arbeitskreises hg. von *Karl Lehmann* und *Wolfhart Pannenberg*, Bd. 1. Rechtfertigung, Sakramente und Amt im Zeitalter der Reformation und heute, Freiburg

Ökumenische Kirchentage	– Ökumenische Kirchentage in Berlin (2003), München (2010) und Frankfurt a. M. (2021) – veranstaltet vom *Deutschen Evangelischen Kirchentag* (DEKT) und dem *Zentralkomitee der Deutschen Katholiken* (ZdK) als Träger der Katholikentage – ermöglichen Christinnen und Christen auf nationaler Ebene gemeinsame Erfahrungen, Diskussionen und Gottesdienste.[83]
Dankbarkeit füreinander und Selbstverpflichtung	– Aus Anlass der Erinnerung an die Reformation vor 500 Jahren haben die leitenden Geistlichen beider Kirchen 2017 die Schuld ihrer Kirchen aneinander bekannt, etwa diejenige, man habe „mehr Mühe darauf verwandt, die Fehler des anderen aufzuweisen, als das Evangelium zum Strahlen zu bringen", sie haben „für das" gedankt, „was wir aneinander haben", und sich „verpflichte[t ...], die grundlegenden Gemeinsamkeiten im Glauben [...] hervorzuheben [...], wo immer es möglich ist, gemeinsam zu handeln und einander aktiv zu unterstützen [..., und] alles zu unterlassen, was Anlass zu neuen Zerwürfnissen zwischen den Kirchen gibt"[84].
Differenzen in der Lehre – Asymmetrien in der Anerkennung	Zugleich ist bewusst zu machen: Mit den erreichten Fortschritten ist das Trennende in der dogmatischen Lehre und der kirchlichen Konstitution noch keineswegs aufgehoben. Sichtbar und erfahrbar wird dies an den kirchenamtlichen Festlegungen zur Zulassung zur Eucharistie,[85] an der fehlenden Anerkennung des evangelischen ordinierten Amtes (speziell bei Pfarrer*innen* und Bischöf*innen*)

---

i. Br. 1986, Bd. 2. Materialien zu den Lehrverurteilungen und zur Theologie der Rechtfertigung, Freiburg i. Br. 1989, Bd. 3. Materialien zur Lehre von den Sakramenten und vom kirchlichen Amt, Freiburg i. Br. 1990, Bd. 4. Antworten auf kirchliche Stellungnahmen, Freiburg i. Br. 1994. Die Gemeinsame Erklärung zur Rechtfertigungslehre [31.10.1999]: Dokumentation des Entstehungs- und Rezeptionsprozesses, hg. von *Friedrich Hauschildt*, Göttingen 2009.

[83] Vgl. die Internetpräsenz der ökumenischen Kirchetage unter www.oekt.de.

[84] Der „ökumenischen Buß- und Versöhnungsgottesdienst" wurde am 11. März 2017 in der Hildesheimer Michaeliskirche gefeiert; das liturgische Formular ist dokumentiert in *Sekretariat der Deutschen Bischofskonferenz/ Kirchenamt der EKD (Hg.)*, Erinnerung heilen – Jesus Christus bezeugen. Ein gemeinsames Wort zum Jahr 2017 (Gemeinsame Texte 24), Bonn/Hannover 2016, Zitate aus der Liturgie ebd., 74, 79 und 83 f.

[85] Die Orientierungshilfe *Sekretariat der deutschen Bischofskonferenz (Hg.)*, Mit Christus gehen – Der Einheit auf der Spur. Konfessionsverbindende Ehen und gemeinsame Teilnahme an der Eucharistie Orientierungshilfe, Bonn 2018, behandelt allerdings nicht einmal grundsätzlich die Teilnahme von Protestanten an der Eucharistie, sondern nur diejenigen evangelischer Ehepartner in konfessionsverbindenden Ehen.

seitens der römisch-katholischen Kirche[86] und an der geringschätzenden Qualifizierung der evangelischen Kirchen als „kirchliche Gemeinschaften"[87]. Allerdings existieren auch innerhalb der Konfessionen spannungsreiche Gegensätze, so verlaufen zum Teil „Trennungslinien quer zu den Konfessionen, und sie sind manchmal erheblich schärfer"[88] als diejenigen zwischen den Konfessionen.

Vor diesem Hintergrund kommen beide Kirchen sowohl darin überein, dass „die Trennung der Christen […] zweifellos ein zu überwindendes Übel" ist, als auch, dass „die konfessionellen Kulturen […] auch vom Reichtum des Christentums"[89] zeugen. Es gilt deshalb „das Gemeinsame inmitten des Differenten zu stärken, in einer Bewegung durch die Differenzen hindurch, nicht oberhalb von ihnen"[90]. Das heißt, „Ökumene [kann] nicht gelingen, wenn von den jeweiligen konfessionellen Prägungen einfach abstrahiert wird"[91], jedenfalls „ist das konfessionelle Vorverständnis hermeneutisch zu bedenken"[92]. Auch wenn „ein von beiden Kirchen gemeinsam verantworteter christlicher Religionsunterricht" angesichts bestehender Differenzen nach kirchenamtlicher Auffassung „noch nicht möglich [ist, …] bieten die beschriebenen Gemeinsamkeiten eine solide theologische Grundlage für eine erweiterte Kooperation von katholischem und evangelischem Religionsunterricht"[93]. Mehr noch: Die konfessionell-kooperative Gestalt des Religionsunterrichts vermag dem Ringen um (noch nicht erreichte) Ökumenizität im Durcharbeiten von konfessionellen und quer zu den Konfessionsgrenzen verlaufenden Trennlinien klarer Ausdruck zu verleihen als ein Religionsunterricht, der eine konfessionell homogene Trias anstrebt.

Trennung als Übel – Differenz als Reichtum

RU als Ort des Ringens um Ökumenizität

---

[86] Vgl. einführend zur Ämterfrage *Dorothea Sattler*, Kirche(n), Paderborn 2013, 121–136 sowie *Otto Hermann Pesch*, Katholische Dogmatik aus ökumenischer Erfahrung. Bd. 2: Die Geschichte Gottes mit den Menschen, Ostfildern 2010, 279–285.
[87] *Sekretariat der deutschen Bischofskonferenz (Hg.)*, Kongregation für die Glaubenslehre, Erklärung Dominus Iesus über die Einzigartigkeit und die Heilsuniversalität Jesu Christi und der Kirche, Bonn 2000, Nr. 17. Vgl. dagegen die dieser Erklärung entgegenstehende Rede von ‚den Kirchen' im Ökumenismusdekret des Zweiten Vatikanischen Konzils. Unitatis redintegratio Nr. 3 f.
[88] *EKD*, Identität 1994 (s. o. Anm. 1), 61.
[89] *DBK*, Zukunft 2016 (s. o. Anm. 4), 13.
[90] *EKD*, Identität 1994 (s. o. Anm. 1), 65.
[91] *DBK*, Zukunft 2016 (s. o. Anm. 4), 13.
[92] *EKD*, Identität 1994 (s. o. Anm. 1), 64.
[93] *DBK*, Zukunft 2016 (s. o. Anm. 4), 29.

Das religionssoziologische Argument: In einem zunehmend religionsdistanten und konfessionslosen Umfeld um die Deutung der Wirklichkeit im Licht des Evangeliums ringen und für die „Inanspruchnahme des Christlichen" (Albrecht Beutel) werben

Grundlegende Aufgabe: Inanspruchnahme des Christlichen plausibilisieren

Religionsdemografische Entwicklungen weisen auf einen Rückgang der Mitgliederzahlen der evangelischen wie der römisch-katholischen Kirche hin. Schon heute liegt der Anteil von Menschen ohne Mitgliedschaft in einer Religionsgemeinschaft bei einem guten Drittel der Bevölkerung, was zukünftig noch weitaus stärker zu Tage treten wird.[94] Damit gilt auch für religiöse Lerngruppen in den öffentlichen Schulen: „Die Grundsituation [ist immer häufiger diejenige] eines Religionsunterrichts, der [sc. keine religiöse Sozialisation und] kein Einverständnis im Glauben voraussetzen kann."[95] Angesichts einer solchen Lernausgangslage kann der Unterricht nicht von Erfahrungen und Identifikationen mit Konfessionen ausgehen, er muss vielmehr zuallererst Sorge dafür tragen, dass die Schülerinnen und Schüler überhaupt einer *religiös* imprägnierten Deutungsperspektive auf ihr Leben und die sie umgebende Wirklichkeit unter „Inanspruchnahme des Christlichen"[96] etwas abgewinnen können. Auf dieser Linie gilt es „Grundwissen über den christlichen Glauben" zu vermitteln, erfahrungsbezogen und reflexiv Zugang zu „Formen gelebten Glaubens" zu erschließen und die theologische Schulung der religionsbezogenen „Dialog- und Urteilsfähigkeit der Schülerinnen und Schüler"[97] zu fördern – kurzum ihnen zu erschließen, was es braucht, „um als Christ leben zu können"[98].

Aufbau von Kenntnissen und Zugang zu Lebensformen

---

[94] Vgl. dazu etwa die von *EKD* und *DBK* gemeinsam in Auftrag gegebene Studie: „Langfristige Projektion der Kirchenmitglieder und des Kirchensteueraufkommens in Deutschland. Eine Studie des Forschungszentrums Generationenverträge an der Albert-Ludwig-Universität Freiburg" (2019), abrufbar unter: https://www.ekd.de/langfristige-projektion-der-kirchenmitglieder-und-des-45767.htm [Zugriff: 25.07.2020].

[95] *EKD*, Orientierung 2014 (s. o. Anm. 1), 93. Vgl. *Kirchenamt der EKD (Hg.)*, Religiöse Bildung angesichts von Konfessionslosigkeit. Ein Grundlagentext der Kammer der EKD für Erziehung und Bildung [...], Leipzig 2020.

[96] *Albrecht Beutel*, Protestantische Konkretionen, Tübingen 1998, 5 f.

[97] Diese drei Aufgaben weist *DBK*, Zukunft 2016 (s. o. Anm. 4) als Säulen des „Fachprofil[s] des katholischen Religionsunterrichts" (13) aus.

[98] *Christian Grethlein*, Religionspädagogik ohne Inhalt? Oder: Was muss ein Mensch lernen, um als Christ leben zu können?, in: ZThK 100 (2003), 118–145; außerdem immer noch lesenswert: *Gottfried Bitter*, Glauben-Lernen als Leben-Lernen. Einsichten und Möglichkeiten alltäglicher Glaubens-

Das heißt, auch „die konfessionellen Differenzen sind so zu thematisieren, dass sie zu einem besseren Verständnis des Christusbekenntnisses und der Christusnachfolge beitragen"[99] – oder anders ausgedrückt: „Übertragen auf den Religionsunterricht ist [...] der evangelische Charakter dieses Faches dann gewahrt [...], wenn sich die Kirche unter Gott beugt und ihm allein in Jesus Christus die Ehre gibt. Sofern die evangelische Kirche sich so versteht [...], dient sie im Vollzug ihrer Evangelizität der Katholizität der Kirche als der einen wahren Kirche des Glaubens. Seinem inneren theologischen Sinne nach ist folglich der evangelische Religionsunterricht auf die eine Kirche Jesu Christi, das heißt, grundsätzlich ökumenisch auszurichten, und er kann nicht ökumenisch sein, wenn er nicht in dem genannten Verständnis evangelisch ist."[100] Allerdings ist dabei zu erwarten, dass Identitätsbildung unter religiös-weltanschaulich pluralen Bedingungen – ausweislich religionssoziologischer Bestandsaufnahmen sowie entwicklungspsychologischer Einsichten – weder im Referenzrahmen *einer* Konfession erfolgt und erfolgen kann noch überhaupt maßgeblich durch Impulse einer Konfessionskirche bzw. anhand des *Paradigmas Konfessionalität* angeregt wird. Vielmehr ist von „post-denominational identities", „multipler Identität" oder auch „transkonfessionelle[r] Verbundenheit"[101] mit christlicher Religion auszugehen.

4.2 Schulorganisatorische Rahmung

Konfessionell-kooperativer Religionsunterricht wird in den verschiedenen Bundesländern bzw. Ländern und Regionen auf gemeinsamer rechtlicher und argumentativer Grundlage kontextuell unterschiedlich ausgestaltet. Gleichwohl hat sich herauskristallisiert, dass auf der Basis „der ausdrücklichen Zustimmung der Diözesen und Landeskirchen und der Abstimmung mit den entsprechenden staatlichen Stellen"[102] für eine schulorganisatorische Realisierung

---

vermittlung, in: Katechetische Blätter 112 (1987), 917–930 sowie *Rudolf Englert, Ursula Frost* und *Bernd Lutz (Hg.)*, Christlicher Glaube als Lebensstil, Stuttgart u. a. 1996.
[99] *DBK*, Zukunft 2016 (s. o. Anm. 4), 29.
[100] *EKD*, Identität und Verständigung 1994 (s. o. Anm. 1), 63.
[101] *Kirchenamt der EKD (Hg.)*, Ökumene im 21. Jahrhundert. Bedingungen – theologische Grundlegungen – Perspektiven (EKD-Texte 124), Hannover 2015, 58–60, vgl. 26 f.
[102] *DBK*, Zukunft 2016 (s. o. Anm. 4), 36.

des konfessionell-kooperativ erteilten Religionsunterrichts, in der Regel folgende Eckpunkte verbindlich sind:

Eckpunkte

- „gemeinsam arbeitende Fachkonferenzen der evangelischen und katholischen Lehrkräfte einer Schule,
- der Einsatz von Lehrkräften beider Konfessionen im Wechsel in einer Klasse oder Lerngruppe,
- eine vorbereitende und begleitende Fortbildung,
- die Erarbeitung eines eigenständigen Schulcurriculums für den konfessionell-kooperativ erteilten Religionsunterricht auf der Basis der Kerncurricula für den evangelischen und katholischen Religionsunterricht der jeweiligen Schulform,
- die Lehrkräfte beider Konfessionen verstehen sich als Team und treten als Team auf (z. B. bei Klassenpflegschaftsabenden),
- die gemeinsame Fachkonferenz und die übrigen schulischen Entscheidungsgremien haben mehrheitlich ihre Zustimmung erteilt; dabei ist der Beschluss des Schulelternrates in besonderer Weise zu berücksichtigen."[103]

Zusammenarbeit mit Gemeinden und kirchlichen Einrichtungen

- „Die Lehrkräfte im konfessionell-kooperativ erteilten Religionsunterricht suchen die Zusammenarbeit mit den evangelischen und katholischen Gemeinden und Einrichtungen."[104]
- Es ist auf kirchlicher und wissenschaftlich-religionspädagogischer Seite gänzlich unstrittig, dass damit „weder Defizite in der Versorgung einer Schule mit Religionslehrkräften behoben noch schulorganisatorische Erleichterungen geschaffen werden"[105] sollen.

4.3 Ziele

Didaktische Profilierung

Über die rechtliche und schulorganisatorische Rahmung sowie die pädagogische und theologische Begründung hinaus ist „die didaktische Profilierung der Kooperation [...] für die Unterrichtsqualität von entscheidender Bedeutung"[106], und zwar zunächst hinsichtlich der Ziele des konfessionell-kooperativen Religionsunterrichts. Die *spezifischen* Ziele, die ein konfessionell-kooperativer Religions-

---

[103] *EKD*, Konfessionell-kooperativ erteilter Religionsunterricht 2018 (s. o. Anm. 6), 15 f.

[104] *EKD*, Konfessionell-kooperativ erteilter Religionsunterricht 2018 (s. o. Anm. 6), 16; vgl. *DBK*, Zukunft 2016 (s. o. Anm. 4), 20–23 und 33–37.

[105] *EKD*, Konfessionell-kooperativ erteilter Religionsunterricht 2018 (s. o. Anm. 6), 14.

[106] *DBK*, Zukunft 2016 (s. o. Anm. 4), 22.

unterricht im Blick auf die Schülerinnen und Schüler zu erreichen sucht, lassen sich im Blick auf die kirchlichen Grundlagenpapiere wie folgt beschreiben:[107]

- eine individuelle Standpunktfähigkeit erwerben und den christlichen Glauben in seinen konfessionellen Ausprägungen möglicherweise auch als Moment der eigenen Identität gestalten lernen bzw. einer kritischen Prüfung unterziehen,
- die eigene, erworbene oder schwebende Identität in gemeinsamem Lernen, Begegnung und Auseinandersetzung in Beziehung setzen zu Positionen und Identitäten im Rahmen der jeweils anderen Konfession und in einem ökumenischen Geist relativieren,
- Kenntnis und Erfahrung des lokalen, aber auch globalen Christentums in seiner konfessionellen Vielfalt, in seinen ökumenischen Bestrebungen, in der Pluralität seiner Theologien, Traditionen und Frömmigkeitspraxen vertiefen,
- ethische Fragen der Lebensführung und -deutung im Kontext der lokalen wie globalen Ökumene reflektieren,
- durch Konfessionalität, aber auch anderweitige Faktoren geprägte Stile und Prägungen des Christseins sowie Gemeinsamkeiten und Differenzen zwischen den Konfessionskirchen identifizieren, deuten, beurteilen und gestalten (bzw. sich dazu verhalten),
- eine Haltung der Achtung, Toleranz und reflektierten Positionalität gegenüber den konfessionellen, religiösen und weltanschaulichen Überzeugungen Anderer fördern.

4.4 Konfessionell-kooperativer Religionsunterricht und Ökumenisches Lernen

Konfessionell-kooperativ erteilter Religionsunterricht hat – wie auch dessen mögliche Weiterentwicklung zu einem ökumenischen bzw. christlichen Religionsunterricht[108] – im Licht des Gesagten Anteil an ökumenischer Verständigung und ökumenischem Lernen. Allerdings ist diese Form des Religionsunterrichts nicht mit

---

[107] Vgl. *EKD*, Konfessionell-kooperativ erteilter Religionsunterricht 2018 (s. o. Anm. 6), 17, sowie *DBK*, Zukunft 2016 (s. o. Anm. 4), besonders 14 und 31.
[108] Zu dessen Gestaltung vgl. *Rainer Lachmann*, Religionspädagogische Spuren, Göttingen 2000, 11–85 sowie die Vorschläge der niedersächsischen Initiative zur Einführung eines „gemeinsam verantworteten christlichen Religionsunterrichts" (vgl. dazu oben S. 9f. mit Anm. 17).

ökumenischem Lernen gleichzusetzen (→ Lernform Nr. 12). Denn zum einen hat der Religionsunterricht mehr und andere Aufgaben, Methoden und Themen als unter den Begriff des ökumenischen Lernens subsummiert werden können und zum anderen erschöpft sich ökumenisches Lernen als Konzept nicht in dem, was das spezifische Lernformat schulischer Religionsunterricht leisten kann und soll.[109]

Ökumenisches Lernen im Sinne des ÖRK

Ökumenisches Lernen ist als Konzept im Umfeld des *Ökumenischen Rates der Kirchen* entstanden, befördert durch seinerzeit dort tätige Vordenker wie Paulo Freire[110] und Ernst Lange[111]. Im Wissen darum, dass Christinnen und Christen sich angesichts der konfessionellen Zergliederung und Pluralität des weltweiten Christentums in die biblische Verheißung der Ökumene immer wieder aufs Neue einleben müssen, hat der *Ökumenische Rat der Kirchen* die in ihm zusammenwirkenden Kirchen schon 1968 explizit als

Kirche(n) als Lerngemeinschaft(en)

Lerngemeinschaften begriffen und im Jahr 1983 Lernen „in den Rang einer für die Kirche konstitutiven Dimension gehoben"[112]. Dies alles schwingt mit im Begriff des ökumenischen Lernens (Ecumenical Learning). Näherhin wird dies so ausgelegt:[113]

---

[109] Zu den ökumenischen Facetten des Religionsunterrichts vgl. etwa *Uwe Böhm*, Ökumenische Didaktik: ökumenisches Lernen und konfessionelle Kooperationen im Religionsunterricht deutschsprachiger Staaten, Göttingen 2001; *Monika Scheidler*, Didaktik ökumenischen Lernens am Beispiel des Religionsunterrichts in der Sekundarstufe, Münster 1999; *Harry Noormann, Ulrich Becker* und *Bernd Trocholepzy*, Ökumenisches Arbeitsbuch Religionspädagogik, Stuttgart (2000) 3., akt. und erw. Aufl. 2007 und *Christina Kalloch, Stephan Leimgruber* und *Ulrich Schwab*, Lehrbuch der Religionsdidaktik: für Studium und Praxis in ökumenischer Perspektive, Freiburg u. a. (2009) 3., überarb. Aufl. 2014.

[110] Der römisch-katholische Pädagoge Paulo Freire (1921–1997) war von 1970 bis 1980 als „Counsellor of the Office of Education" beim ÖRK in Genf tätig.

[111] Der evangelische Theologe Ernst Lange (1927–1974) war von 1968 bis 1970 als Direktor der Abteilung für „Ökumenische Aktion" beim ÖRK in Genf tätig; er hat initiiert, Paulo Freire für die Arbeit im ÖRK zu gewinnen.

[112] *Kirchenamt der EKD (Hg.)*, Ökumenisches Lernen. Grundlagen und Impulse. Eine Arbeitshilfe der EKD, Gütersloh 1985, 11–15, hier 15. Zur Begriffs- und Konzeptgeschichte vgl. im Detail *Martin Bröking-Bortfeldt*, Mündig Ökumene lernen: Ökumenisches Lernen als religionspädagogisches Paradigma, Oldenburg 1994, *Ralf Koerrenz*, Ökumenisches Lernen, Gütersloh 1994, sowie *Klaus A. Baier*, Ökumenisches Lernen als Projekt: eine Studie zum Lernbegriff in Dokumenten der ökumenischen Weltkonferenzen (1910–1998), Münster u. a. 2001.

[113] Zum Folgenden: *EKD*, Ökumenisches Lernen 1985 (s. o. Anm. 112), 17.

- „Ökumenisches Lernen ist grenzüberschreitend. Es überschreitet die Grenzen der Herkunft, Biografie, der eigenen Möglichkeiten von einzelnen und von Gemeinschaften, weil es sich auf den Zuspruch des Wortes Gottes und auf den umfassenden Horizont seiner Verheißung einlässt.   *Grenzüberschreitung als Merkmal*
- Ökumenisches Lernen ist handlungsorientiert. Es begnügt sich nicht mit Informationen, sondern möchte Christen zum Handeln befähigen [...].
- Ökumenisches Lernen ist soziales Lernen. Es geht darum, eine Beziehung zu anderen, zum Fernen und auch zum Fremden herzustellen. Deshalb steht die Beziehungs- und Gemeinschaftsfähigkeit der christlichen Gemeinde im Vordergrund. Zugleich ist ökumenisches Lernen verknüpfendes Lernen. Es gilt, das Globale im Lokalen, das Fremde im Bereich der eigenen Lebenssituation zu entdecken, um so die Situation in ihren Bedingungen und Verflechtungen wahrzunehmen. [...]
- Ökumenisches Lernen schließt interkulturelles Lernen ein. Es möchte die Begegnung zwischen einzelnen Kulturen, Traditionen und Lebensformen fördern, weil die Erweiterung des Blickfelds für die Vielseitigkeit der Gemeinde an aller Orten der Erde und auch für die Vielseitigkeit des Lebens auf dieser Erde erst den Reichtum der Schöpfung (Natur, Geschichte und Kultur) erfahren und erkennen lässt.
- Ökumenisches Lernen ist ein ganzheitlicher Prozeß. Das soziale Lernen und das religiöse Lernen fallen nicht auseinander, sondern bilden eine Einheit. [...]."

In der Spur dieser Wegweisungen ergibt sich ein weites Spektrum an ökumenischen Lernorten in Kirche und Gemeinde und mit Blick auf Erfordernisse vor Ort wie weltweit: Ortsgemeinden und christliche Gruppen, Gottesdienst und Stätten formaler Bildung, ethisches Engagement u. a. m.[114] Auch wenn das Konzept ökumenischen Lernens in der Theoriedebatte wie in der kirchlichen Praxis an Strahlkraft eingebüßt hat, wird es gleichwohl in beiden Hinsichten fortgeschrieben. Es ist keineswegs fokussiert auf den schulischen Religionsunterricht, aber diesen durchaus einbeziehend.[115] Die oben erwähnte ökumenische Hermeneutik stellt zugleich einige   *Ecumenical Learning jenseits von schulischem RU*

Ökumenische Hermeneutik

---
[114] Vgl. ebd. 46 ff.
[115] Vgl. dazu Zeitschrift für Pädagogik und Theologie 64 (2012), H. 3: Ökumenisches Lernen im Zeitalter der Globalisierung, und Jahrbuch der Religionspädagogik 32 (2016): Ökumene im Religionsunterricht – darin v. a. *Reinhold Boschki* und *Friedrich Schweitzer*, Ökumenisches Lernen braucht

Werkzeuge bereit, wie ökumenische Verständigungsprozesse angeregt und vorangetrieben werden können: etwa durch kritisch-konstruktive Lektüre kirchlicher Verlautbarungen und Indienstnahme der Denkfiguren, die darin entwickelt oder angewandt werden, z. B. die Denkfigur der „Hierarchie der Wahrheiten"[116] bzw. der Unterscheidung von Wesentlichem und Adiaphora,[117] das Gebot, sich in die Perspektive des Anderen bzw. der anderen Kirche hineinzuversetzen,[118] die Option, aus der Erinnerung an frühere Vergegnungen und aus der Anerkennung von Schuld die Kraft zur Umkehr zu schöpfen („Healing of memories"),[119] die Unterscheidung zwischen (legitimer) Verschiedenheit und (illegitimer) Zertrennung, und nicht zuletzt die Anerkennung von „Binnendifferenzierung"[120].

5 Didaktische Leitlinien, Lernformen und religionspädagogische Professionalität

5.1 Didaktische Leitlinien

Als didaktische Leitlinien, die in grundlegender und programmatischer Weise konfessionell-kooperative Lehr-Lern-Prozesse steuern sollen, haben sich in der 25-jährigen Geschichte dieses Unterrichtsarrangements v. a. folgende herauskristallisiert:[121]

---

eine gute Didaktik: Schülervoraussetzungen und Prinzipien interkonfessionellen Lernens, 87–97.

[116] So bspw. verwendet im Ökumenismusdekret des Zweiten Vatikanischen Konzils Unitatis redintegratio Nr. 11; vgl. auch *DKB, Zukunft 2016* (s. o. Anm. 4), 29.

[117] Dazu etwa *Wolfgang Thönissen*, Dogma und Symbol: eine ökumenische Hermeneutik, Freiburg u. a. 2008.

[118] *EKD*, Ökumene 2015 (s. o. Anm. 101), 54 f.

[119] *EKD*, Ökumene 2015 (s. o. Anm. 101), 52 f. Zu einer Ökumene der Umkehr vgl. auch die einschlägige Schrift der seit 1937 tätigen ökumenischen Arbeitsgemeinschaft *Gruppe von Dombes*, Für die Umkehr der Kirchen. Identität und Wandel im Vollzug der Kirchengemeinschaft, Frankfurt a. M. 1994.

[120] Gemeint ist die Einsicht, dass sich Positionen, die man traditionell der anderen Konfession zuschreibt, auch innerhalb der eigenen Konfessionskirche oder sogar als Facetten innerhalb der multiplen Identität eines Individuums finden. Vgl. dazu *Martin Hailer* und *Johann Hafner (Hg.)*, Binnendifferenzierung, Frankfurt a. M. 2011.

[121] Vgl. dazu *Mirjam Schambeck* und *Bernd Schröder*, Auf dem Weg zu einer Didaktik konfessionell-kooperativer Lernprozesse, in: *Konstantin Lindner u. a.*, Zukunftsfähiger Religionsunterricht (s. o. Anm. 11), 343–363.

Erstens: die (konfessionelle) Heterogenität der Lerngruppe als bildsame Differenz bejahen und fruchtbar werden lassen

Bildsame Differenz

Dieses grundlegende didaktische Postulat richtet sich auf die Haltung der Religionslehrerinnen und Religionslehrer. Denn gemessen an der viele hundert Jahre währenden Idealisierung konfessioneller Homogenität als bestmöglichem Nährboden religiöser Lernprozesse – verfestigt im 16. bis 20. Jh. in der Idee der konfessionshomogenen Schule und im 19. bis 21. Jh. im Ideal des konfessionshomogenen Religionsunterrichts in der christlichen Gemeinschaftsschule – ist eine fundamentale Neuorientierung gefordert: eine Neuorientierung hin zur Wertschätzung von (konfessioneller) Heterogenität als bildsamer Gelegenheit. Diese Haltung soll das unterrichtende Handeln (nicht nur im Religionsunterricht) leiten, denn es gilt, Differenzen als Bereicherungen und Lernanlässe und gerade nicht als zu beseitigende Störungen aufzugreifen. Zwar kann nicht jede Art und jedes Maß an Heterogenität per se als bildsam gelten, doch auf konfessionell bestimmte Differenzen trifft dies in einem zunehmend von Indifferenz und mangelndem Unterscheidungsvermögen geprägten religiös-weltanschaulichen Kontext in der Regel zu – auch wenn nicht zu übersehen ist, dass die Vielstimmigkeit der Religionen und Konfessionen als Infragestellung ihrer Wahrheitsansprüche wahrgenommen werden kann.[122]

Zweitens: die Wahrnehmung und Explikation vorhandener religiöser Ligaturen fördern

Förderung von Ligaturen

In einer Konstellation, in der sich Schülerinnen und Schüler in individuell sehr unterschiedlicher Weise zu kirchlich verfasster Religiosität verhalten (zwischen atheistisch motivierter Ablehnung und aktiv partizipierender Mitgliedschaft) und ihr Selbstverständnis immer seltener im Referenzrahmen einer traditionellen Konfession formen, ist der Religionsunterricht gut beraten, die Wahrnehmung und Explikation dieser unterschiedlichen Positionen – im

---

[122] Zur Einbettung dieses didaktischen Postulats vgl. *Schambeck* und *Schröder*, Weg (s. o. Anm. 121), hier 346 f. Bezogen auf die Religionslehrenden impliziert dies, dass sie ihr persönliches Kompetenzprofil in Orientierung an der COACTIV-Modellierung im Blick auf „Fachwissen", „Fachdidaktisches Wissen" und „Werthaltungen und epistemische Überzeugungen" prüfen und entwickeln sollten, vgl. dazu *Konstantin Lindner*, Professionalisierung für konfessionelle Kooperation in: *Ders. u.a.*, Zukunftsfähiger Religionsunterricht (s. o. Anm. 11), 364–382, hier bes. 371–377.

Sinne „elementarer Zugänge"¹²³ – als sachlich und in der Regel auch zeitlich ersten Schritt des Lernprozesses mit Bedacht zu gestalten.¹²⁴ Von Religionslehrenden verlangt dies im Kern, verbale wie nonverbale „Äußerungen von Schülerinnen und Schülern [...] genauso kundig lesen und interpretieren zu können wie theologische Texte"¹²⁵. Dabei gilt es zu beachten, dass Kinder und Jugendliche ihre eigene Religiosität oder weltanschauliche Verortung in den Religionsunterricht einbringen (sollen) und nur mit Vorsicht und in begrenztem Maße als Repräsentanten einer bestimmten Religion oder Konfession in Anspruch genommen werden können und dürfen.¹²⁶

Differenzsensibilität

Drittens: konfessionelle Differenzsensibilität aufbauen und pflegen

Zunächst die Religionslehrenden, dann aber auch die Schülerinnen und Schüler bedürfen in einem religionspluralen Kontext einer gesteigerten konfessionellen (und religiösen) Differenzsensibilität als hermeneutischem Horizont. Denn wer konfessionelle Charakteristika, Stärken und Schwächen oder Transformationen nicht kennt, kann sie auch nicht verstehen und bearbeiten, geschweige denn konfessionsbasierte Momente und Spurenelemente in Lebensführung und Lebensdeutung von Mitschülerinnen und Mitschülern identifizieren, deuten und beurteilen. Diese spezifisch theologisch zu schulende Differenzsensibilität umfasst bei Lehrenden wie Lernenden:

- erhöhte konfessionskundlich-theologische Wissensbestände,
- Einblick in Geschichte und Gegenwart sog. Konfessionskulturen und deren Transformationen,
- exemplarische Kenntnis personaler Ausprägungen von Konfessionalität, etwa am Beispiel von kirchengeschichtlichen Figuren, sog. local heroes, öffentlichen Zeitgenossinnen und Zeitgenossen,

---

¹²³ Zum Modell der didaktischen Elementarisierung vgl. *Karl Ernst Nipkow*, Elementarisierung, in: *Gottfried Bitter, Rudolf Englert, Gabriele Miller* und *Karl Ernst Nipkow (Hg.)*, Neues Handbuch religionspädagogischer Grundbegriffe, München 2002, 451–456.
¹²⁴ Vgl. dazu etwa *Theresa Schwarzkopf*, Lernausgangslage erheben (2018), in: Das Wissenschaftlich-Religionspädagogische Lexikon im Internet, abrufbar unter: https://doi.org/10.23768/wirelex.Lernausgangslage_er heben.200282.
¹²⁵ *EKD*, Identität und Verständigung 1994 (s. o. Anm. 1), Abs. 2,14.
¹²⁶ Anderweitig resultieren daraus entsprechende didaktische Gefahren, vgl. dazu *Jan Woppowa*, Religionsunterricht mit Schüler*innen unterschiedlicher Konfessionen, in: *Saskia Eisenhardt, Kathrin S. Kürzinger, Elisabeth Naurath* und *Uta Pohl-Patalong (Hg.)*, Religion unterrichten in Vielfalt. Konfessionell – religiös – weltanschaulich, Göttingen 2019, 87–101, hier 92–95.

– Erfahrungen mit Begegnungen oder Aufenthalten in verschieden-konfessionell geprägten Kontexten.

Viertens: Raum für Dialog zwischen ‚authentischen' Sprecherinnen und Sprechern schaffen Authentizität

Seit langem gehört die Thematisierung der römisch-katholischen Kirche zum Repertoire des evangelischen Religionsunterrichts und vice versa. Über weite Strecken handelte es sich jedoch um ein Reden *über* die römisch-katholische Kirche *in absentia* – nur relativiert durch die Einbeziehung von Texten aus der Feder römisch-katholischer Theologen, durch eben solche Medien und den Besuch von Kirchräumen, durch Einladung einzelner katholischer Gesprächspartner. Demgegenüber zielt konfessionelle Kooperation auf Mehr und Anderes: auf *Mehr*, insofern die Zwiesprache mit der jeweils anderen Konfession *durchgängige* Dimension des Religionsunterrichts werden soll, auf Anderes, insofern an die Stelle des Redens *über* das Reden *mit* treten soll. Das betrifft sowohl das in der Regel bereits gängige Reden katholischer Religionslehrkräfte mit ihren evangelischen Kolleginnen und Kollegen in der Fachkonferenz als auch ggf. im konkreten Unterrichtsgeschehen, vor allem aber auch das Reden evangelischer Schülerinnen und Schüler mit ihren katholischen Peers. Dieser Dialog ist Methode des konfessionell-kooperativ erteilten Religionsunterrichts, aber er ist zugleich sein Prinzip, sein Inhalt und sein Ziel.[127]

Fünftens: „Perspektivenverschränkung"[128] erproben und reflektieren Perspektivenverschränkung

Perspektivität ist eine unhintergehbare Gegebenheit menschlicher Wahrnehmung und Deutung. Niemand erfasst die Wirklichkeit oder einzelne ihrer Tatbestände an sich, sondern je nur aus der eigenen Perspektive. Diese je eigene Perspektive lässt sich nicht überwinden, wohl aber in der Weise kritisch-konstruktiv bearbeiten, dass sie realitätsnäher, komplexer, ihrer selbst bewusster und zur Selbstkritik fähig wird. Dazu tragen u. a. gesteigertes Wissen, weitere Erfahrung und metareflexive Schulung bei sowie nicht zuletzt der methodisch kontrollierte Perspektivenwechsel bzw. die Per-

---

[127] Zum Dialogbegriff im religionspädagogischen Diskurs vgl. etwa *Karl Ernst Nipkow*, Bildung in einer pluralen Welt, Bd. 2, Gütersloh 1998, Kap. 3.5 und 8–10.
[128] *DBK*, Zukunft 2016 (s. o. Anm. 4), 32. Vgl. dazu *Jan Woppowa (Hg.)*, Perspektiven wechseln, Paderborn 2015, und *Ders.*: Religionsdidaktik, Paderborn 2018, 185–191.

spektivenverschränkung, etwa durch Übungen zur Empathie, zur Imagination, zum szenischen (Rollen-)Spiel, zur advokatorischen Argumentation, durch die Arbeit mit medialen Realisierungen von Perspektiven, durch Begegnung und kommunikativen Austausch. Entsprechende Lernarrangements sind in anderen Unterrichtsfächern wie etwa im Deutsch-, Geschichts- und modernen Fremdsprachenunterricht gängig, und es gilt, diese nun für religiöse Lehr-Lern-Prozesse im konfessionell-kooperativ erteilten Religionsunterricht fruchtbar zu machen. Insbesondere erweist sich das ursprünglich geschichtsdidaktische Prinzip der Multiperspektivität im Umgang mit Quellen und Inhalten als tragfähig zur Grundlegung eines Religionsunterrichts, der die Perspektiven der Schülerinnen und Schüler in gleichberechtigter Weise mit inhaltlichen und auch konfessionsspezifischen Perspektiven zu verschränken versucht.[129]

Konfessionelle Binnendifferenzierung

Sechstens: „Konfessionelle Binnendifferenzierung"[130] praktizieren

Wie jede Lerngruppe muss auch die konfessionell heterogene Lerngruppe im Religionsunterricht nicht stets als ganze ziel- und aufgabengleich unterrichtet werden – im Gegenteil: Binnendifferenzierung bietet sich im Blick auf Themen, Methoden, Personen und eben auch im Blick auf den didaktischen Umgang mit Konfessionalität und Positionalität an. Grundformen sind:[131]

– Gemeinsame Problemstellung und Bündelung, aber Problemlösungserarbeitung in Arbeitsgruppen, die nach konfessioneller Zugehörigkeit oder konfessionsspezifischer Thematik differenziert sind (Themenbeispiel: „Meine Spiritualität"),
– Bearbeitung einer konfessionsspezifischen Thematik in konfessionsgemischten Gruppen (Themenbeispiel: „Reformation"),

---

[129] Vgl. dazu Jan Woppowa, Differenzsensibel und konfessionsbewusst lernen. Multiperspektivität und Perspektivenverschränkung als religionsdidaktische Prinzipien, in: Österreich-Religionspädagogisches Forum (ÖRF) 24 (2016) 2, 41–49 sowie Ders., Perspektivenverschränkung als zentrale Figur konfessioneller Kooperation, in: Konstantin Lindner, Mirjam Schambeck, Henrik Simojoki und Elisabeth Naurath (Hg.), Der RU auf dem Weg in die Zukunft: konfessionell, kooperativ, kontextuell, Freiburg i. Br. 2017, 174–192.
[130] DBK, Zukunft 2016 (s. o. Anm. 4), 32.
[131] Anschaulich beschrieben sind solche Differenzierungen bspw. in Unterrichtsmaterialien zum sog. Hamburger Weg: „Interreligiös-dialogisches Lernen", hg. von Akademie der Weltreligionen der Universität Hamburg, Landesinstitut für Lehrerbildung und Schulentwicklung Hamburg (LI) und Pädagogisch-Theologisches Institut der Nordkirche, München 2014 ff.

– Parallele Erarbeitung jeweils konfessionsspezifischer Themen oder Fragestellungen in jeweils konfessionshomogenen Gruppen im Interesse der Identitätsvergewisserung, mit abschließender Besprechung der Ergebnisse im Plenum (Themenbeispiel: „Kirche"),
– Bearbeitung konfessionsunspezifischer Themen in konfessionsunspezifischen Gruppen (Themenbeispiel: „Judentum").

Siebtens: „Konfessionelle Positivität"[132] der Lehrkraft und mancher Inhalte didaktisch ins Spiel bringen

Konfessionelle Positivität

Dass Religionslehrende einer Konfessionskirche angehören und von ihr per Vokation oder Missio canonica beauftragt werden, ist dank der rechtlichen Konstellation des Religionsunterrichts als gegeben anzunehmen. Nicht vorgegeben ist, wie sie die Positionalität als Person bzw. in ihrer Rolle als Lehrende in den Unterricht einbringen und fruchtbar machen können. Ausgeschlossen sind lediglich einerseits die Rücknahme dieser Positionalität bis zur Unkenntlichkeit, andererseits eine bevormundende oder überwältigende Dauerpositionalität. Demgegenüber ist eine *reflektierte Positionalität* vielmehr so einzubringen, dass der oder die Religionslehrende zur persönlichen Position auf reflexive Distanz zu gehen vermag und so auch den Lernenden Raum für verschiedene Weisen eines Sich-dazu-Verhaltens eröffnet. Im Einzelnen ergibt sich ein fein justierbares Spektrum an Verhaltensoptionen.[133]

Achtens: Brücken zur gelebten Religion schlagen

Gelebte Religion

Es gehört zu den besonderen Chancen eines Religionsunterrichts nach Art. 7.3 GG, dass er bei der Thematisierung *gelehrter Religion* auch *gelebte Religion* einbringen oder fruchtbar machen kann, darf und sogar soll. Denn man kann diesen Religionsunterricht mit gutem Grund so verstehen, dass hier gelernt wird, das Recht auf Religionsfreiheit in Anspruch und Gebrauch zu nehmen, anders gesagt: Möglichkeiten der Lebensdeutung und Lebensführung aus christlicher Perspektive wahrzunehmen.

Gelebte Religion kann aus verschiedenen Quellen in den Unterricht eingespeist werden:

– aus dem Erfahrungsschatz und Verhaltensrepertoire der Religionslehrenden,

---

[132] *DBK*, Zukunft 2016 (s. o. Anm. 4), 37.
[133] Vgl. dazu unten Abs. 5.2.

– aus dem Erfahrungsschatz und Verhaltensrepertoire der Schülerinnen und Schüler,
– aus dem Erfahrungsschatz und Verhaltensrepertoire, das in der Tradition und im gegenwärtigen ökumenischen Christentum gepflegt und via Medien (Texte, Filme, Fotos, social media u.a.) präsentiert wird,
– aus dem Erfahrungsschatz und Verhaltensrepertoire lokaler religiös bzw. konfessionell verorteter Gemeinschaften: Kirchengemeinden, Einrichtungen des Kirchenkreises bzw. Dekanats, Kommunitäten, Aktionsgruppen, ökumenische Arbeitskreise.

Im konfessionell-kooperativen Religionsunterricht kommt diesem Brückenschlag eine vielleicht noch größere Rolle zu als in konfessionshomogenen Lerngruppen: Hier kann er Schülerinnen und Schülern nicht selten erste oder vertiefte ökumenische Erfahrungen und Einsichten ermöglichen.

Neuntens: einen „ökumenische[n] Geist"[134], aber auch die Prüfung der Geister pflegen

Konfessionell-kooperativ erteilter Religionsunterricht thematisiert Unterschiede und Gemeinsamkeiten zwischen christlichen Konfessionen, thematisiert auch das elementar Christliche in einem unterrichtlichen Mehrschritt – es geht darum sie wahrzunehmen, zu verstehen, zu kommunizieren, methodisch und kriteriologisch geleitet zu beurteilen und für die eigenen Gestaltungsspielräume fruchtbar zu machen.

Die programmatischen Formeln „Das Gemeinsame entdecken – das Unterscheidende anerkennen"[135] bzw. „Gemeinsamkeiten stärken – Unterschieden gerecht werden"[136] fangen diesen Mehrschritt nur zum Teil ein. Denn sie lassen unausgesprochen, dass es in alldem durchaus um den Aufbau einer theologischen Unterscheidungsleistung gehen soll und nolens volens gehen wird: um die Unterscheidung zwischen solchen Unterschieden, die zu respektieren oder sogar als Bereicherung anzuerkennen sind (etwa Unterschiede in der Praxis des Gebets, in der Art und Weise theologischer Argumentation oder der Entfaltung prosozialen Engagements), und solchen Unterschieden, deren Berechtigung kritisch zu hinterfragen ist oder die als zu überwindendes Übel anzusehen sind (etwa

---
[134] *DBK*, Zukunft 2016 (s.o. Anm. 4), 20.
[135] S.o. Anm. 42.
[136] S.o. Anm. 18.

Unterschiede, die dominanz- und machtorientierten Strategien geschuldet sind – z. B. konfessionsspezifische Zulassungsregeln zu den Sakramenten). Im konfessionell-kooperativ erteilten Religionsunterricht gilt es theologische Kriterien für diese Unterscheidung zu entwickeln oder anzueignen, um allererst einem ‚ökumenischen Geist' Raum geben zu können. Das wiederum ist kein statisches oder bloß deskriptives Geschäft, vielmehr ein dynamisches, auf Veränderung zielendes Geschäft, denn es geht darum, im Reichtum des Christentums die Zuwendung des einen Gottes zu erkennen und erkennbar werden zu lassen. Zwei zentrale theologische Kriterien sind dabei in Anschlag zu bringen:

Prüfkriterien

1. Die Unterscheidung zwischen Gott und Mensch – Prüffrage: *Dient diese oder jene Praxis bzw. Denkfigur dem Ruhm Gottes oder den Eigeninteressen von Menschen und menschlichen Institutionen?*
2. Die Unterscheidung zwischen Evangelium und todbringenden Mächten und Gewalten – Prüffrage: *Dient diese oder jene Praxis bzw. Denkfigur der verantwortlich wahrgenommenen Freiheit und dem Leben oder erweisen sie sich als lebensfeindlich?*

Selbstredend sind diese Unterscheidungen nicht allein und nicht einmal zuerst auf die jeweils andere Konfession anzuwenden, sondern auch und zuerst auf die eigene. Insgesamt gilt es durch diese Unterscheidungen auch zu vermeiden, einen rein konfessionskundlichen oder gar rekonfessionalisierenden Unterricht zu erteilen, der die Frage nach Gott und Mensch bzw. nach dem elementar Christlichen aus dem Blick verliert.[137]

Zehntens: den Religionsunterricht offen halten für interreligiöse Zusammenarbeit sowie die Zusammenarbeit mit Ethik und Philosophie[138]

Offenheit für Zusammenarbeit

Zum didaktischen Baukasten konfessioneller Kooperation gehört schließlich auch, die konfessionelle Kooperation nicht an sich selbst genug sein zu lassen. Ein konfessionell-kooperativ erteilter Religionsunterricht bezieht thematisch immer wieder auch andere

---

[137] Vgl. dazu *Woppowa*, Religionsunterricht mit Schüler*innen unterschiedlicher Konfessionen (s. o. Anm. 126) sowie *Jan Woppowa* und *Henrik Simojoki*, Mehr Ökumene wagen. Eine Richtungsanzeige für den konfessionell-kooperativen Religionsunterricht, in: Una Sancta 75 (2020), 2–11.

[138] *EKD*, Konfessionell-kooperativ erteilter Religionsunterricht 2018 (s. o. Anm. 6), 17 f.

Religionen und Weltanschauungen ein, er entwickelt Lernarrangements, in denen die Arbeitsweisen der konfessionellen Kooperation geöffnet und überprüft werden können, und zwar im Verhältnis zu jenen weiteren Themenkreisen, die das Phänomen religiöser Pluralität und die Präsenz anderer Religionen und Weltanschauungen bereithält,[139] und er sucht die Zusammenarbeit mit den Religionsunterrichten anderer Religionsgemeinschaften oder mit dem Ethikunterricht.

5.2 Elementare Lernformen konfessioneller Kooperation

Elementarisierung

Folgt man dem strukturellen Ansatz des Elementarisierungsmodells,[140] dann resultiert die wechselseitige Bezogenheit zwischen den Personen (den Lernenden *und* Lehrenden) mit ihren Vorstellungen, Haltungen und Erfahrungen einerseits und der Sache bzw. den inhaltlichen Strukturen andererseits in die Gestaltung von elementaren Lernformen, in denen diese Dynamik zum Ausdruck kommt und die der Erschließung der Lerngegenstände des konfessionell-kooperativen Religionsunterrichts dienlich sind. Darüber hinaus konkretisieren die Lernformen noch einmal in besonderer Weise, was im vorliegenden Konzept in den didaktischen Leitlinien grundgelegt ist. Sie werden deshalb *elementare* Lernformen *konfessioneller Kooperation* genannt. Zusammengenommen bilden sie im Sinne von didaktisch-methodischen Bauelementen die Grundlage für die Gestaltung des konfessionell-kooperativen Religionsunterrichts. Dabei folgt die Auswahl jeder einzelnen Lernform einer doppelten Logik:

---

[139] Vgl. dazu etwa *Katja Böhme*, Interreligiöses Begegnungslernen (2019), in: Das Wissenschaftlich-Religionspädagogische Lexikon im Internet, abrufbar unter: https://doi.org/10.23768/wirelex.Interreligises_Begegnungsl ernen.200343 sowie *Jan Woppowa, Tuba Isik, Katharina Kammeyer* und *Bergit Peters* (Hg.), Kooperativer Religionsunterricht. Fragen – Optionen – Wege, Stuttgart 2017 und *Bernd Schröder* und *Moritz Emmelmann* (Hg.), Religions- und Ethikunterricht zwischen Konkurrenz und Kooperation, Göttingen 2018.

[140] Vgl. bspw. *Friedrich Schweitzer*, Elementarisierung im Religionsunterricht. Erfahrungen, Perspektiven, Beispiele, mit weiteren Beiträgen von *Karl Ernst Nipkow* u.a., Neukirchen-Vluyn ⁴2013 sowie als komprimierte Einführung in das Modell: *Jan Woppowa*, Religionsdidaktik, Paderborn 2018, 133–150.

Jede Lernform ist – erstens – in spezifischer Weise auf den konfessionell-kooperativen Unterricht bezogen, denn sie ermöglicht die Realisierung bestimmter didaktischer Leitlinien (bspw. den Aufbau konfessioneller Differenzsensibilität, den Brückenschlag zur gelebten Religion etc.). Umgekehrt ausgedrückt: Wenn Religionsunterricht in konfessionell heterogenen Lerngruppen die vorgeschlagenen Lernformen möglichst umfassend berücksichtigt, scheinen wesentliche Voraussetzungen für die Befolgung der didaktischen Leitlinien erfüllt zu sein. Darüber hinaus geben die Lernformen dem Unterricht in konfessionell heterogenen Lerngruppen ein unverwechselbares Gesicht, auch wenn hinter einigen Lernformen weitaus größere konzeptionelle Ansätze der Religionsdidaktik stehen (siehe dazu die jeweils integrierten Infokästen).

Affinität zwischen Lernformen und didaktischen Leitlinien

Die Zuordnung von je zwei Lernformen zu einem Inhaltsfeld zeigt – zweitens – eine besondere inhaltliche Affinität an (bspw. der Lernform des *Lernens an religiösen Artefakten* zum Inhaltsfeld der *Ausdrucksformen des Christlichen*, der Lernform des *narrativen Lernens* zum Inhaltsfeld *Tradition und Geschichte*). Allerdings versteht sich diese Zuordnung nicht exklusiv, sondern hat exemplarischen Charakter. Denn jede einzelne Lernform kann im Prinzip auch auf andere Lerngegenstände bezogen werden. Der unterrichtliche Einsatz der Lernformen sollte daher von einer möglichst hohen Flexibilität geprägt sein und dem didaktischen Grundsatz der Passung von Lerninhalt, Lernziel bzw. Kompetenzerwerb und Lerngruppe folgen.

Affinität zwischen Lernformen und Inhalten

Im Rahmen des religionsdidaktischen Kommentars, der jedem der neun Inhaltsfelder angefügt ist, werden die theologischen Erwägungen aus religionsdidaktischer Perspektive aufgenommen, um wesentliche subjektorientierte, pädagogische oder entwicklungspsychologische Aspekte ergänzt und auf ihre elementaren Strukturen hin befragt. Daraufhin können Lernchancen konfessioneller Kooperation in dem jeweiligen Inhaltsfeld benannt werden, die sich vorzugsweise durch die Nutzung jeweils zweier elementarer Lernformen realisieren lassen.

Daraus ergibt sich insgesamt ein Katalog von achtzehn Lernformen, die der Übersichtlichkeit halber nummeriert werden. Die Zählung stellt selbstredend keine Gewichtung oder gar Bewertung dar; sie bedeutet auch nicht, dass die Lernformen in dieser Reihenfolge eingeführt oder eingeübt werden müssten:

Achtzehn Lernformen

Lernform 1   *Biblisch-diskursives Lernen*
Lernform 2   *Performatives Lernen*

Lernform 3	*Spirituelles Lernen*
Lernform 4	*An religiösen Artefakten lernen*
Lernform 5	*Kontroverses Lernen*
Lernform 6	*Ethisches Lernen*
Lernform 7	*Ästhetisches Lernen*
Lernform 8	*Komplementäres Lernen*
Lernform 9	*Begriffsorientiertes Lernen*
Lernform 10	*Symbolisches Lernen*
Lernform 11	*Kirchenraumbezogenes Lernen*
Lernform 12	*Ökumenisches Lernen*
Lernform 13	*Narratives Lernen*
Lernform 14	*Kulturhermeneutisches Lernen*
Lernform 15	*Multiperspektivisches Lernen*
Lernform 16	*Ambiguitätsförderndes Lernen*
Lernform 17	*Konfessorisches Lernen*
Lernform 18	*Biografisches Lernen*

5.3 Positionalität der Religionslehrenden im konfessionell-kooperativen Religionsunterricht

Religionslehrerinnen und -lehrer bewegen sich ohnehin in einem komplexen Feld, das primär durch die Schule abgesteckt wird, dann jedoch auch durch ihre jeweilige Kirche und den Staat. In diesem Feld werden sie als Personen tätig und erkennbar, zugleich nehmen sie verschiedene Rollen ein: u. a. diejenige des staatlichen Beamten (mit der entsprechenden Weisungsgebundenheit) und diejenige der Fachlehrerin. Haben sie die meisten Rollen mit Lehrenden anderer Fächer gemein, so ergibt sich eine besondere Rolle aus dem Umstand, dass sie per missio canonica bzw. vocatio kirchlich beauftragt sind.[141]

Kirchliche Beauftragung

Diese Beauftragung ergibt sich aus Art. 7.3 GG, demzufolge der Religionsunterricht zu erteilen ist „in Übereinstimmung mit den Grundsätzen der Religionsgemeinschaft". Auf diese Linie dürfen

---

[141] Vgl. zu diesem Feld *Gottfried Adam*, Religionslehrerin/Religionslehrer: Beruf – Person – Kompetenz, in: *Martin Rothgangel u.a. (Hg.)*, Religionspädagogisches Kompendium, Göttingen ⁸2013, 292–309, sowie *Hans-Georg Ziebertz*, Wer initiiert religiöse Lernprozesse? Rolle und Person der Religionslehrerinnen und -lehrer, in: *Georg Hilger, Stephan Leimgruber* und *Hans-Georg Ziebertz*, Religionsdidaktik: ein Leitfaden für Studium, Ausbildung und Beruf, München Neuausg., vollst. überarb. 6. Aufl. der 1. Aufl. (2001) 2010, 206–226.

und sollen die Religionslehrenden im Unterricht Position beziehen – und zwar, jedenfalls in evangelischer Lesart, keineswegs allein als Sprachrohr ihrer Religionsgemeinschaft resp. ihrer Kirche oder als Zeugin bzw. Zeuge des Evangeliums, sondern so, „daß der Lehrer die Auslegung und Vermittlung der Glaubensinhalte auf wissenschaftlicher Grundlage und in Freiheit des Gewissens vornimmt"[142]. Es geht, in einem Wort, um reflektierte Positionalität. Sie ist auch im Religionsunterricht selbstredend einzubringen im Rahmen des sog. Beutelsbacher Konsenses – also so, dass die Schülerinnen und Schüler nicht ‚überwältigt' werden. Der Sache nach ist die Positionalität von Lehrkräften ein komplexes Phänomen. Sie kommt im Religionsunterricht zur Geltung, u. a.

Reflektierte Positionalität

Beutelsbacher Konsens

a) indem Inhalte und Medien, Zielsetzungen und Methoden bestimmter konfessioneller Provenienz eingebracht werden,
b) indem Phänomene und Diskurse kriteriengeleitet und als solches transparent beurteilt werden,
c) indem Lehrmeinungen bzw. theologisch begründete Praxen der je eigenen Konfessionskirche als „bestehende Wahrheiten"[143] bzw. als Einsichten, die Geltung beanspruchen, vorgestellt und eingebracht werden,
d) indem eine Einschätzung der Lehrkraft zum Ausdruck gebracht wird, die entweder der eigenen Rolle als kirchlich beauftragter Religionslehrender entspricht oder ihre persönliche Auffassung ist.

Letzteres ist nicht der Regelfall, sondern eine seltene, didaktisch kaum vorhersehbare, aber sachlich unaufgebbare Ausdrucksform von Positionalität. Dies alles gilt im herkömmlichen wie im konfessionell-kooperativen Religionsunterricht – wobei im konfessionell-kooperativen Lernsetting das Einbringen der eigenkonfessionellen

Takt

---

[142] Zu verfassungsrechtlichen Fragen des Religionsunterrichts. Stellungnahme der Kommission I der EKD, in: *Kirchenamt der EKD (Hg.)*, Die Denkschriften der Evangelischen Kirche in Deutschland 4/1: Bildung und Erziehung, Gütersloh 1987, 56–63, hier 60. Vgl. dazu etwa *Bernd Schröder*, Was heißt Konfessionalität des Religionsunterrichts heute? Eine evangelische Stimme, in: *Ders. (Hg.)*, Religionsunterricht wohin? Modelle seiner Organisation und didaktischen Struktur, Neukirchen-Vluyn 2014, 163–178.

[143] An diesem Begriff bzw. an der Einbringung solcher Wahrheiten macht ein Urteil des Bundesverfassungsgerichts die Eigenart des Religionsunterrichts nach Art. 7.3 GG (im Unterschied zur Religionskunde einerseits bzw. zum Moralunterricht andererseits) fest – siehe den Beschluss des BVerfG vom 25. Februar 1987 (in: BVerfGE 74, 244 ff., hier 252).

und eigenen Position noch taktvoller zu erfolgen hat, zumal hier möglichst gleichgewichtig auch anderskonfessionelle Positionen zu Gehör kommen sollen.

Im Unterrichtsgeschehen soll die Positionalität der Religionslehrenden nicht so (früh, autoritativ oder monolithisch) eingebracht werden, dass sie die Richtung des Lernprozesses präjudiziert. Das Einbringen von Positionalität soll nicht zur Ausbildung oder Stabilisierung eines sog. Religionsstunden-Ichs beitragen. Positionen – auch diejenigen, die von Lehrenden für tragfähig gehalten werden – sind im Unterricht immer als diskutabel und strittig zu behandeln. Die Schülerinnen und Schüler müssen sie hinterfragen und kritisch verwerfen oder aneignen können, ihre Position darf nicht Gegenstand der Bewertung werden; sehr wohl aber kann und soll Unterricht ihre Fähigkeit herausfordern, fördern und bewerten, sach- und fachgerecht begründete, eigene Urteile zu treffen. In jeden Fall kann und soll das Einbringen von Positionalität in den Religionsunterricht nicht naiv, ungebrochen, allein subjektiv bestimmt erfolgen. Das reflexive Moment des Einbringens setzt vielmehr voraus,

Meidung eines Religionsstunden-Ichs

- die eigene Position als solche wahrzunehmen (ggf. im Unterschied zu derjenigen von Kollegen oder Schülerinnen),
- eine positive Grundeinstellung gegenüber Religion, christlichem Glauben und Kirche zu pflegen bzw. aufzubauen,
- bei der Unterrichtsvorbereitung auf etwaige spezifisch konfessionell bestimmte Gegenstände, Vorgehensweisen und Sichtweisen auf den Gegenstand aufmerksam zu werden und sie als solche zu erkennen,
- bei der Unterrichtsvorbereitung den konfessionellen Schwerpunkt (Lerngegenstand, Vorgehensweise, Sichtweise) in Orientierung an den Schülerinnen und Schülern zu setzen, also den Grad der Alteritätszumutung zu reflektieren und lernwirksam anzupassen,
- die eigene Position zu relativieren, d. h. den eigenen Wahrheitsanspruch nicht zu verleugnen, ihn aber einzuklammern in die Einsicht, dass Gott größer („deus semper maior") als unser endliches Verstehen ist.[144]

---

[144] Sachgehalt und Wortlaut der drei letzten Abschnitte lehnen sich eng an ein unveröffentlichtes Positionspapier der Arbeitsgruppe „Lernende (Religions-)Lehrerbildung" am Lehrstuhl für Religionspädagogik der Universität Göttingen mit dem Titel „Positionalität im Religionsunterricht" (2018) an.

6 Ökumene als Horizont

Konfessionell-kooperativ erteilter Religionsunterricht kommt in seiner rechtlichen, schulorganisatorischen, argumentativen und didaktischen Auslegung weithin ohne Rekurs auf den Begriff der Ökumene aus – mehr noch: In seiner Bezeichnung und in kirchlichen Erläuterungen wird dieses Stichwort dezidiert gemieden. Denn konfessionell-kooperativer Religionsunterricht ist nach dem erklärten Willen der beteiligten Kirchen bislang nicht als *gemeinsam verantworteter*, also ökumenischer oder christlicher Religionsunterricht zu verstehen, sondern als Religionsunterricht der Konfession, der die Lehrkraft angehört, die ihn erteilt. Allerdings wird mittlerweile von jeder der beteiligten Kirchen begrüßt, dass es konfessionell kooperativ erteilten Religionsunterricht gibt, und dass dieser nach einem Curriculum erteilt wird, das auf der Ebene der Schule in der gemeinsamen Fachkonferenz evangelischer und katholischer Religionslehrender vereinbart wurde.

Diese Differenzierung mag von außen betrachtet spitzfindig erscheinen, und sie enttäuscht fraglos all jene, die die Zeit für einen gemeinsam verantworteten Religionsunterricht für gekommen halten. Aber sie birgt auch eine Chance: nämlich die Chance, den Religionsunterricht nicht in Dienst nehmen zu müssen als Abbild des jeweiligen Standes der Ökumene (wie sie sich in kirchlichen Verlautbarungen oder theologischen Stellungnahmen, ggf. auch in gemeinsamen Aktivitäten von Christinnen und Christen beider Konfessionen niederschlägt) oder als Instrument ihrer (positiven) Beeinflussung. Vielmehr ist der Religionsunterricht als *schulischer* Lernort relativ unabhängig von Krisen oder Fortschritten in der außerschulischen Ökumene. Als Lehr-Lern-Prozess, der um der Förderung der Schülerinnen und Schüler willen stattfindet, hat er von deren Ausgangslage auszugehen und – im Horizont allgemein fachbezogener Zielsetzungen – die für diese Lerngruppe als sinnvoll und weiterführend erachteten Ziele zu verfolgen. Und als intergenerationelle Interaktion zwischen den Lehrenden und den bestimmten Lernenden der jeweiligen Lerngruppe ist Religionsunterricht ein Prozess eigener theologischer Dignität. [Relative Selbständigkeit des Religionsunterrichts]

Gleichwohl bleibt die ökumenische Großwetterlage ein *Einflussfaktor* von Gewicht auch für den Religionsunterricht, gleichwohl ist die Ökumene als ein wichtiges *Thema* des Religionsunterrichts anzusehen, gleichwohl gilt der Religionsunterricht ein *locus theologicus*, der seinerseits ökumenische Fragen, Themen, Perspektiven – [RU als locus theologicus] eben diejenigen der nachwachsenden Generation – eröffnet.¹⁴⁵ Somit ist und bleibt es für Religionslehrende wichtig, Debatten um das angemessene Verständnis von Ökumene und den Stand ökumenischer Aktivitäten und Ergebnisse zu kennen und sich verstehend anzueignen. Doch dies geschieht nicht bzw. nur in Ausnahmefällen, um es unterrichtlich zu reproduzieren oder Schülerinnen wie Schüler in ökumenische Debatten einzuführen; vielmehr ist es primär ein wichtiger Bestandteil des für die Religionslehrenden unerlässlichen Hintergrundwissens.¹⁴⁶ Eben diese Konstellation eröffnet bzw. erhält die erforderlichen didaktischen Freiräume – umso mehr als sich das Verständnis von Ökumene, die Einschätzung ökumenischer Entwicklungen usw. keineswegs als einhellig darstellen, sondern vielmehr ihrerseits der unaufhebbaren individuellen und eben auch konfessionellen Perspektivgebundenheit unterliegen. Hinter diesem Vorzeichen seien hier einige ökumenisch-theologische Schneisen geschlagen.

6.1 Begriff und Sache der Ökumene

Begriff „Ökumene"

Der Begriff „Ökumene" (abgeleitet vom griechischen Wort „oikos" = Haus) wird in der Spur von Texten der Hebräischen Bibel bzw. Septuaginta schon im Neuen Testament in Gebrauch genommen, hat allerdings im Laufe der Zeit erhebliche Bedeutungsveränderungen erfahren. An biblischen Belegstellen wie Ps 24,1 (LXX), Lk 2,1 oder Mt 24,14 bezeichnet die Ökumene, in Übereinstimmung mit dem profangriechischen Sprachgebrauch, den ganzen Erdkreis bzw. die bewohnte Erde, an die sich die Verkündigung des einen Gottes bzw. des Evangeliums richten soll. In der Zeit der Alten Kirche werden durchaus auf dieser Linie Konzilien ökumenisch genannt, und zwar insofern ihre Beschlüsse für die ganze (damalige) Christenheit gelten sollen.

Ökumenische Konzilien

Für die ersten beiden Konzilien, die 325 in Nizäa und 381 in Konstantinopel stattfanden, trifft dies auch zu, denn ihre Beschlüsse verbinden bis heute alle christlichen Kirchen. Alle folgenden Konzilien hingegen erklärten theologische Denkfiguren für verbindlich, an denen sich die Geister schieden – mit der Folge, dass die Beschlüsse

---

¹⁴⁵ *DBK*, Zukunft 2016 (s. o. Anm. 4), 29 f. Vgl. *Norbert Mette* und *Matthias Sellmann*, Der Religionsunterricht als Ort der Theologie (QD 247), Freiburg i. Br. 2012.
¹⁴⁶ Zu dieser Figur vgl. *Bernd Schröder*, Hintergrundwissen. Historisch-kritische Methode und Praktische Theologie, in: ZThK 114 (2017), 210–242.

zur Christologie (→ *Dockter* und *Opalka*) des Konzils von Ephesus 431 von den sog. nestorianischen (assyrischen) Kirchen nicht mitgetragen werden, diejenigen des Konzils von Chalcedon 451 von den sog. non-chalcedonensischen Kirchen abgelehnt werden, die heute unter der Bezeichnung „orientalisch-orthodoxe Kirchen" zusammengefasst werden. Die Konzilien von Konstantinopel, die 553 und 680 stattfanden, sowie das (zweite) Konzil von Nizäa 787 verstärkten Konfliktlinien um theologische Fragen wie etwa die Bilderverehrung sowie um hierarchische Fragen, etwa um den Primat des Bischofs von Rom vor den Bischöfen von Konstantinopel, Antiochien, Jerusalem und Alexandrien. Solche Konfliktlinien führten 1054 schließlich zum Schisma zwischen Ost- und Westkirche bzw. (aus heutiger Sicht) zwischen orthodoxen Kirchen und römisch-katholischer Kirche. Im Zeitalter der Reformation kommt es, 1555 rechtlich geregelt, innerhalb der Westkirche zur Spaltung zwischen römisch-katholischer Kirche und den Kirchen der Reformation (Lutheraner, Anglikaner, Reformierte, Mennoniten u.a.m.).[147] Die jeweiligen Beschlüsse der Konzilien und die genannten theologischen Aufbrüche dienten faktisch also nicht dem Zusammenhalt der Ökumene, der ganzen Christenheit auf Erden, sondern sie führten nolens volens zu deren Trennung.

Schisma des Jahres 1054

Spaltung des Jahres 1555

Jede der genannten Kirchen bzw. Konfessionsfamilien (→ *Richter* und *Roebben*) entwickelt in der Folge eine eigene Perspektive darauf, welche Bestände der Tradition als ökumenisch, d.h. als für alle Kirchen verbindlich anerkannt werden.[148] Sie beginnen im Blick auf Gegenwart und Zukunft zu unterscheiden zwischen der eigenen partikularen Kirche und der von Gott verheißenen einen, heiligen, allgemeinen (griechisch: „katholischen") Kirche, von der das Apostolische Glaubensbekenntnis spricht – pointiert formuliert:

Ökumene als Gegenstand der Verheißung

---

[147] Vgl. *Friederike Nüssel* und *Dorothea Sattler*, Einführung in die ökumenische Theologie, Darmstadt 2008, 16–30, und *Johannes Oeldemann*, Kirchenspaltungen in Ost und West, in: Basiswissen Ökumene, Bd.1, hg. von *Michael Kappes, Ulrike Link-Wieczorek, Sabine Pemsel-Maier* und *Oliver Schuegraf*, Leipzig/Paderborn 2017, 37–58, sowie Bd.2, hg. von dens., Leipzig/Paderborn 2019, 61–86 (Schaubilder!).

[148] Je länger die Liste der als ‚ökumenisch' anerkannten Konzilien, desto ausgeprägter ist der eigene Anspruch, die Gesamtheit des Christentums zu repräsentieren: Die römisch-katholische Kirche versteht 21 Konzilien als ‚ökumenisch' (als jüngstes das Zweite Vatikanische Konzil von 1962 bis 1965), die orthodoxen Kirche nur die sieben altkirchlichen, die Kirchen der Reformation anerkennen die ersten vier altkirchlichen (aus den Jahren 325–451 n.Chr.) an und die altorientalisch-orthodoxen Kirchen nur die ersten beiden, diejenigen von 325 und 381.

Ökumene wird vom Begriff des Rechts und des Dogmas auch zum Begriff der Verheißung.

Ökumenische Bestrebungen

Gegenläufig zu dieser Entwicklungslinie haben Christinnen und Christen seit jeher über die Grenzen ihrer eigenen Kirche bzw. Konfession hinweg die Verbindung mit anders-konfessionellen Christen gesucht. Als (im Detail ganz unterschiedlich gelagerte) Beispiele können genannt werden: das von Rom ausgehende Streben nach Kirchenunionen (v. a. mit den altorientalischen Kirchen) im 13. und 15. Jh., die Suche nach christlicher Herzensfrömmigkeit in Pietismus und Erweckungsbewegungen seit dem 17. Jh., die moderne ökumenische Bewegung des 20. Jh.[149]

Ökumene – mehr als das evangelisch-katholische Verhältnis

Schon dieser kurze Durchgang macht deutlich: Das Verhältnis zwischen evangelischer und römisch-katholischer Kirche in Deutschland macht nur einen Bruchteil dessen aus, was mit dem Begriff Ökumene zur Debatte steht. Indem man es als ökumenische Frage behandelt, verortet man dieses Verhältnis vor dem Hintergrund der Christentumsgeschichte, im Kontext der Vielfalt der Konfessionen und der weltweiten Christentümer, und nicht zuletzt im Horizont der Verheißung der *einen* von Gott berufenen Kirche. Dadurch erfährt es einerseits eine Relativierung seiner Bedeutung, andererseits orientierende Hinweise für seine Klärung.

Wenn dieses Handbuch sich gleichwohl auf das Verhältnis von evangelischer und römisch-katholischer Kirche und deren Theologien konzentriert, dann ist dies dem Umstand geschuldet, dass diese beiden in Deutschland die mit Abstand mitgliederstärksten und unseren Kontext maßgeblich prägenden Gestalten des Christentums sind.[150] Zudem sind diese beiden als die größten mitverantwortlichen Anbieter von Religionsunterricht entscheidende Schrittmacher und verantwortliche Träger dessen, was allgemein konfessionelle Kooperation genannt wird.

---

[149] Vgl. dazu verdichtet *Dorothea Wendebourg u. a.*, Art. Ökumenische Bewegung, in: RGG VI (⁴2003), 514–534, und ausführlicher u. a. *Thomas Kaufmann, Raimund Kottje u. a.* (Hg.), Ökumenische Kirchengeschichte, 3 Bde., Darmstadt 2006–2008, sowie *Jutta Koslowski*, Ökumene im Aufbruch – Die Entwicklung der ökumenischen Bewegung im 20. Jahrhundert, in: Basiswissen Ökumene (s. o. Anm. 147), Bd. 1, 17–36, und Bd. 2, 23–59.

[150] Überblicke über weitere Konfessionen aus der jüngsten Zeit bieten etwa *Oliver Schuegraf*, Ökumene ist mehr als zwei: Von der Vielfalt des Christentums – Eine kleine Konfessionskunde, in: Basiswissen Ökumene (s. o. Anm. 147), Bd. 1, 59–85, und Bd. 2, 87–110, und *Johannes Oeldemann*, Konfessionskunde, Paderborn/Leipzig 2015.

6.2 Marksteine der Geschichte und Modelle der Ökumene

Der kurze Abriss im vorangegangenen Kapitel verdeutlicht es bereits: Die Geschichte der Ökumene beginnt nicht mit der „Weltmissionskonferenz von Edinburgh" (1910), auch wenn diese gemeinhin „als Beginn der modernen ökumenischen Bewegung [...] angesehen"[151] wird. Die Geschichte der Ökumene beginnt mit dem Wirken Jesu von Nazareth und dessen theologischer Verarbeitung. In der Zeit zwischen dem 1. und 20. Jh. gehören in diese Geschichte als Marksteine hinein:

Ökumenische Bewegung – nicht vor dem 20. Jh.

2000 Jahre ökumenischer Verständigung

- die Vielstimmigkeit des Neuen Testaments und der Prozess seiner Kanonisierung,[152]
- die altkirchlichen, z. T. ökumenisch genannten Konzilien,[153]
- die Ausdifferenzierung der Kirchenwesen, deren theologische Begründungen und geschichtlichen Umstände, Folgen und Transformationen,
- die verschiedenen Bestrebungen, konfessionskirchliche Grenzen zu überschreiten.[154]

Unbeschadet dieser vielfältigen Entwicklungen ist es allerdings erst die moderne ökumenische Bewegung, und innerhalb ihrer namentlich der 1948 gegründete *Ökumenische Rat der Kirchen* (ÖRK; *World Council of Churches*, WCC), unter dessen Dach gemeinsame soziale, ethische, diakonisch-karitative sowie missionarische Aktivitäten konfessionsverschiedener Kirchen und theologische Verstän-

Ökumenischer Rat der Kirchen

---

[151] *Nüssel* und *Sattler*, Einführung (s. o. Anm. 147), 21.

[152] Dazu etwa *Peter Lampe*, Das Neue Testament als kanonisierte Heterogenität, in: JRP 32 (2016): Ökumene im Religionsunterricht, Neukirchen-Vluyn 2016, 25–39.

[153] Dazu etwa *Karlmann Beyschlag*, Grundriß der Dogmengeschichte, Bd. 1, Darmstadt 2. neubearb. und erw. A. 1987, Bd. 2, Darmstadt 1991. Er unterscheidet – aus abendländischer Perspektive – zwischen den altkirchlichen Dogmen, die „wirklich [...] ökumenische Anerkennung" gefunden haben, und den „,Dogmen' der abendländischen Konfessionskirchen", bei denen es sich „durchweg um partikulare Bekenntnisse (prot.) oder Glaubensdekrete (kath.) mit lediglich ökumenischem *Anspruch*" handele (Bd. 1, 10). Vgl. auch *Josef Wohlmuth (Hg.)*, Dekrete der ökumenischen Konzilien/Conciliorum oecumenicorum decreta, Bd. 1: Vom Konzil von Nizäa (325) bis zum Vierten Konzil von Konstantinopel (869/70), 3., durchges. A., Paderborn 2002.

[154] Dazu jeweils als Grundorientierung *Kaufmann u. a.*, Ökumenische Kirchengeschichte (s. o. Anm. 149).

digungsbemühungen auf internationaler Ebene ein verbindendes ideelles Dach und einen organisatorischen Rahmen finden.[155] Diese Bewegung und der ÖRK sind als Gegenstände und Referenzpunkte ökumenischer Reflexion unverzichtbar, auch wenn sich die Römisch-katholische Kirche erst nach dem Zweiten Vatikanum entschloss, zumindest als Beobachterin teilzuhaben bzw. Mitglied in der Kommission für Glaube und Kirchenverfassung zu werden.

<small>Ebenen ökumenischer Verständigung</small>

<small>KEK und GEKE</small>

Daneben bleibt bewusst zu halten, dass es ökumenische Dachorganisationen und bi- oder multilaterale theologische Verständigungsbemühungen auf verschiedenen Ebenen gibt: auf *internationaler*, aber auch auf *kontinentaler* Ebene – in Europa etwa in Gestalt der 1959 konstituierten *Konferenz europäischer Kirchen* (KEK)[156] und der 2003 bzw. 1973 entstandenen *Gemeinschaft evangelischer Kirchen in Europa* (GEKE)[157] –, auf *nationaler* sowie *lokaler* Ebe-

<small>AcK</small>

ne – in Deutschland etwa in Gestalt der 1948 gegründeten *Arbeitsgemeinschaft christlicher Kirchen* (AcK)[158] – und zudem in Gestalt verschiedener regionaler bzw. lokaler Formate und Akteure.

Ökumene gibt es faktisch nicht anders als ein Mehr-Ebenen-Geschehen, dessen Akteure, Formate und Erträge in multipler Weise zusammenhängen und interagieren. Vereinfacht lässt sich das etwa wie folgt visualisieren (siehe Tabelle S. 55).

Namentlich auf den Ebenen des Gesprächs zwischen Kirchen und des theologischen Fachdiskurses ist bei einer Vielzahl von Themen zwischen unterschiedlichen Partnern Verständigung erreicht

<small>Modelle ökumenischer Verständigung</small>

worden.[159] Ein Ertrag ökumenischer Verständigung liegt in forcierter Metareflexion; im Zuge dessen sind insbesondere Modelle entwickelt worden zu einer der Grundfragen ökumenischer Verständigung: „Welche Gestalt soll die gesuchte Einheit der Kirche je erreichen?"[160]

---

[155] Vgl. dazu etwa: The World Council of Churches at Seventy, in: Ecumenical review 70 (2018), 393–595, sowie die Selbstauskünfte des ÖRK auf der Homepage, abrufbar unter: https://www.oikoumene.org.

[156] Abrufbar unter: http://www.ceceurope.org.

[157] Abrufbar unter: https://www.leuenberg.eu/ Die GEKE entstand 2003 aus der vormaligen *Leuenberger Kirchengemeinschaft*, die sich 1973 bildete.

[158] Abrufbar unter: https://www.oekumene-ack.de. Zu den Erträgen ihrer Arbeit gehört etwa die „Charta Oecumenica – Leitlinien für die wachsende Zusammenarbeit unter den Kirchen in Europa" (2001).

[159] *Nüssel* und *Sattler*, Einführung (s. o. Anm. 147), 45–119 sowie die oben (Anm. 82) bibliografierten Dokumente.

[160] Ebd. 120. Dort wird eine Übersicht über solche Modelle geboten, die der hiesigen Darstellung zugrunde liegt (ebd. 120–131). *Nüssel* und *Sattler* orientieren sich ihrerseits u. a. an Studien wie „Einheit vor uns" (Gemein-

Ebenen ökumenischer Verständigung	Reichweite	international	kontinental	national / regional	lokal
... zwischen Kirchen	Multilateral				
	Bilateral				
... zwischen theologischen Fachleuten	im Auftrag von Kirchen				
	in individuellem Interesse				
... im gemeinsamen – ethischen – diakonischen – missionarischen – gottesdienstlichen – kommunikativen – bildenden Handeln	von Institutionen und Gemeinden				
	von Aktionsgruppen				
	von Individuen				

Vergröbernd lassen sich folgende vier Typen unterscheiden:[161]

- Typ 1: Die gesuchte Einheit der Kirche besteht in deren *Einswerden* – sowohl in organisatorischer als auch in inhaltlicher Hinsicht: Bekenntnis, Sakramente, Ämter werden gleichsinnig verstanden oder vollumfänglich akzeptiert. Dieser Typ ökumenischer Vision kann sich als sog. *Rückkehrökumene* realisieren (d. h. eine abgespaltene Konfession kehrt zu ihrer Mutterkirche zurück) oder als *Organische Union* unter gleichrangigen Konfessionskirchen; als Beispiel kann die Bildung der altpreußischen Union (1817) dienen.[162]

Einheit

---

same römisch-kath./ev.-luth. Kommission, 1984), „The Nature and Mission of the Church" (ÖRK – Glaube und Kirchenverfassung, 2005), „Die Kirche Jesu Christi" (GEKE, 1994).
[161] Es ist hilfreich, das Maß an Übereinstimmung anhand des sog. Lambeth-Quadrilateral zu beschreiben, also anhand der (1) Anerkennung der Bibel, (2) der (altkirchlichen) Glaubensbekenntnisse, (3) der Sakramente Taufe und Abendmahl bzw. Eucharistie und (4) der Organisations- bzw. Leitungsform, namentlich des (historischen) Bischofsamts; vgl. dazu *Nüssel* und *Sattler*, Einführung (s. o. Anm. 147), 121.
[162] Vgl. dazu u. a. Gemeinsam evangelisch. 200 Jahre lutherisch-reformierte Unionen in Deutschland, hg. im Auftrag des Präsidiums vom Amt der UEK (Union Evangelischer Kirchen), Hannover 2016.

Kirchen-
gemeinschaft

- Typ 2: Die gesuchte Einheit der Kirche besteht in der *Anerkennung von Kirchengemeinschaft*:[163] Die Kirchen bleiben organisatorisch und inhaltlich unterschieden, erkennen jedoch ihre jeweiligen Lesarten der Organisation, des Bekenntnisses, der Sakramente, der Ämter als legitim und gleichrangig an. Dieser Typ ökumenischer Vision einer *Kirchengemeinschaft durch Konkordie* bzw. einer *Einheit in versöhnter Gemeinschaft* wurde durch den Abschluss der *Leuenberger Konkordie* (1973) unter konfessionsverschiedenen evangelischen Kirchen bereits Realität.[164] Im Verhältnis von evangelischer und anglikanischer Kirche befindet er sich nach der „Meissener Erklärung" (1991) in statu nascendi.[165]

Konziliare
Gemeinschaft

- Typ 3: Die gesuchte Einheit der Kirche besteht in *konziliarer Gemeinschaft*, d. h. die beteiligten Kirchen begeben sich auf die Suche nach gemeinsamer theologischer und/oder ethischer Urteilsbildung, obwohl sie organisatorisch getrennt und im Blick auf Bekenntnis, Sakramente und Ämter unterschiedlicher Auffassung sind (und bleiben). Ein prominentes Beispiel ist der *Konziliare Prozess für Frieden, Gerechtigkeit und Bewahrung der Schöpfung* (seit 1983).

Versöhnte
Verschiedenheit
und Ökumene
der Gaben

- Typ 4: Die gesuchte Einheit der Kirche ist eschatologischer Art. Die beteiligten Kirchen kommen überein, dass ihre Einheit

---

[163] Vgl. dazu *EKD*, Ökumene 2015 (s. o. Anm. 101), 43–47: „Dieses evangelische Modell der Kircheneinheit als Kirchengemeinschaft besteht somit aus drei Konstituenten: [erstens] aus einer Differenzierung [zwischen] grundlegendem Verständnis von Evangelium und Sakramenten und weiteren, nicht kirchentrennenden Differenzen, [zweitens] aus der [zeitlichen und sachlichen] Reihenfolge von a) Kirchen-Anerkennung nebst Kanzel- und Abendmahlsgemeinschaft und dann b) stetigem Dialog, [drittens] aus einem eschatologischen Verständnis von voller Kircheneinheit, die mit dem Evangelium bereits gegeben ist, aber zugleich im Miteinander gestaltet und geformt werden muss."

[164] Vgl. etwa *Michael Bünker* und *Bernd Jaeger (Hg.)*, 1973–2012. 40 Jahre Leuenberger Konkordie. Dokumentationsband zum Jubiläumsjahr 2013 der Gemeinschaft Evangelischer Kirchen in Europa, Wien 2014, sowie *Michael Weinrich u. a. (Hg.)*, Kirchen in Gemeinschaft – Kirchengemeinschaft, Neukirchen-Vluyn 2014.

[165] Vgl. Bereits erreichte Gemeinschaft und weitere Schritte, 20 Jahre nach der Meissener Erklärung. Beiträge zu den Theologischen Konferenzen von *Frodsham* und *Foxhill* (2005) und Düsseldorf/Kaiserswerth (2008) zwischen der Kirche von England und der Evangelischen Kirche in Deutschland (= Communion already shared and further steps: 20 years after the Meissen declaration), hg. von *Christopher Hill, Matthias Kaiser u. a.*, Frankfurt a. M. 2010 – darin u. a. die zweisprachige „Meissener Gemeinsame Feststellung und Erklärung" (1988), 603–629.

‚auf Erden' nicht verwirklicht werden kann und soll, denn die Verschiedenheit des Bekenntnisses, der Organisation und der Glaubenspraxis werden als Gaben Gottes wertgeschätzt. Im Anschluss an die „Charta Oecumenica" (2001) spricht man etwa von einer *Ökumene der Gaben*.[166] Als Beispiele eines solchen Umgangs miteinander im Paradigma *versöhnter Verschiedenheit* kann der Ökumenische Rat der Kirchen[167] oder auch die Arbeitsgemeinschaft christlicher Kirchen in Deutschland dienen.

Der konfessionell-kooperativ erteilte Religionsunterricht lässt sich in dieses Mehr-Ebenen-Modell und in die Typen ökumenischer Verständigung einzeichnen. Er bewegt sich primär auf der Ebene ökumenischer Verständigung durch gemeinsames Handeln, doch ist dieses Handeln ermöglicht worden u. a. durch Entwicklungen auf der Ebene des Gesprächs zwischen Kirchen wie auf derjenigen des theologischen Fachdiskurses.[168] Auch wenn sein Auftrag und sein Ziel weder darin bestehen, das Verhältnis der für den Religionsunterricht verantwortlichen Kirchen zueinander zu verändern, noch darin, gleichsam an Stelle der Kirchen theologische Differenzen und Gemeinsamkeiten zu sondieren, lässt sich seine Funktion durchaus im Licht jener Modelle beschreiben. So entspricht die Art der Ökumene, die hier praktiziert wird, am ehesten derjenigen der *konziliaren Gemeinschaft*, denn es geht um die gemeinsame Suche konfessionsverschiedener Menschen und Kirchen nach Antworten auf Fragen der Lebensführung und Lebensdeutung, ohne damit vorderhand den Anspruch zu verbinden, die Anerkennung der Bekenntnisse, Sakramente, Ämter und Institutionen zu erwirken. Sie steht außerdem einer *Ökumene der Gaben* nahe, denn es geht um Schulung eines differenzsensiblen, wertschätzenden, aber auch im Lichte der ökumenischen Verheißung kritisch prüfenden Umgangs mit der inneren Pluralität des Christentums.[169]

KokoRU – Element gemeinsamen Handelns

KokoRU – konziliare Gemeinschaft

KokoRU – Ausdruck der Ökumene der Gaben

---

[166] Vgl. die Abschnitte 1 und 3 der Charta Oecumenica (s. o. Anm. 158) und zudem *EKD*, Ökumene 2015 (s. o. Anm. 101), 48 f.
[167] Vgl. dessen revidierte Basis aus dem Jahr 1961.
[168] Vgl. dazu oben das theologische Argument (siehe Kap. 4.1).
[169] Vgl. dazu auch die ökumenisch-theologischen Überlegungen mit religionspädagogischen Implikationen von *Ulrike Link-Wieczorek*, Konfessionalität aus Sicht ökumenischer Theologie, in: *Woppowa u. a. (Hg.)*, Kooperativer Religionsunterricht (s. o. Anm. 52), 45–58 sowie *dies.*: Ökumene und Religionsunterricht. Plädoyer für eine Ökumene des dritten Weges, in: Katechetische Blätter 137 (2012), 52–59.

lex discandi – lex credendi

Die sog. „ökumenische Hermeneutik"[170], deren Einsichten sich im Wesentlichen aus der Reflexion auf die Praxis ökumenischer Verständigungsprozesse und deren immanente Logik speisen, lässt darauf aufmerksam werden, dass diese Art gemeinsamen Handelns nolens volens sehr wohl das theologische Denken und die Verhältnisbestimmung zwischen den Kirchen beeinflusst – oder pointiert formuliert: *lex discandi – lex credendi*.[171]

6.3 Stand und Herausforderungen der ökumenischen Verständigung in Deutschland

Konstitutiv für den konfessionell-kooperativ erteilten Religionsunterricht ist das Verhältnis zwischen der evangelischen und der römisch-katholischen Kirche und Theologie. Gemessen an dem über 450 Jahre währenden Gegeneinander evangelischer und römisch-katholischer Kirche und Theologie hat deren Verständigung binnen der zurückliegenden Jahrzehnte enorme Fortschritte zu verzeichnen. Wichtige Etappen und Dokumente wachsender Übereinstimmung, aber auch bleibende Schwierigkeiten wurden oben bereits benannt.[172]

Im folgenden Hauptteil dieses Buches werden Gemeinsamkeiten, Differenzen, Besonderheiten und weiterführende Impulse im

---

[170] Grundlegend ist die Studie: „Ein Schatz in zerbrechlichen Gefäßen". Eine Anleitung zu ökumenischem Nachdenken über Hermeneutik. Studiendokument der *Kommission Glaube und Kirchenverfassung*, hg. von *Dagmar Heller*, Frankfurt a. M. 1999. Vgl. dazu etwa Ökumenische Rundschau 52 (2003), H. 2: „Ökumenische Hermeneutik" und *Michael Weinrich*, Ist der Weg das Ziel? Zur aktuellen Debatte um die ökumenische Hermeneutik, in: Theologische Literaturzeitung 136 (2011), 831–847, sowie die Dokumentation der Tagung „Ökumenische Hermeneutik. Stand der Dinge, Defizite, Perspektiven" (Heidelberg 18./19. Januar 2019).

[171] Die Formulierung variiert die seit der Alten Kirche überlieferte Formel „lex orandi – lex credendi" („das Gesetz des Betens [ist] das Gesetz des Glaubens") sprachlich, setzt zudem in der Sache einen abweichenden Akzent, insofern dem Lernort Religionsunterricht eine eigene theologische Dignität zugesprochen wird.

[172] Zum Stand der evangelisch-katholischen Ökumene in Deutschland aus Anlass von 500 Jahren Reformation vgl. Heillos gespalten? Segensreich erneuert? 500 Jahre Reformation in der Vielfalt ökumenischer Perspektiven, hg. für den Deutschen Ökumenischen Studienausschuß (DÖSTA) von *Uwe Swarat* und *Thomas Söding* (Quaestiones disputatae 277), Freiburg i. Br. u. a. 2016. Vgl. dazu das theologische Argument oben in Kap. 4.1.

Blick auf einzelne Themenfelder dargestellt. Darüber hinaus sind die von evangelischer und römisch-katholischer Seite jeweils separat gepflegten Beziehungen und geführten Gespräche zu den in Deutschland nur in kleiner Zahl vertretenen Konfessionskirchen nicht aus dem Blick zu verlieren. Ohne Anspruch auf Vollzähligkeit seien genannt:

Bilaterale Ökumene

- *Evangelische Landeskirchen* und die *Evangelisch-methodistische Kirche* (EmK) haben sich soweit angenähert, dass sie seit 1987 Kanzel- und Abendmahlsgemeinschaft pflegen.[173] Zudem hat die EmK 2001 die „Charta Oecumenica" unterzeichnet, der *Methodistische Weltrat* hat sich 2006 die „Gemeinsame Erklärung zur Rechtfertigungslehre" zu eigen gemacht. Die Beziehungen kommen als Typ 2 der Kirchengemeinschaft (s. o.) gleich. Zwischen römisch-katholischer Kirche und EmK bestehen außer denjenigen unter dem Dach der AcK keine besonderen Beziehungen.
- *Römisch-katholische* und *orthodoxe Kirche(n)* stehen auf verschiedenen Ebenen im Gespräch. Einerseits ist es dabei schon 1969 zu bemerkenswerten Fortschritten wie der Tilgung der Bannsprüche aus der Zeit des Schismas von 1054 u. ä. gekommen, andererseits ist nach dem Fall des Eisernen Vorhangs die Konkurrenz der Kirchen wiederbelebt worden. Denn die *(Russisch-) Orthodoxe Kirche* sieht in der Einrichtung römisch-katholischer Bistümer und in der Stärkung mit Rom unierter Kirchen auf ‚ihrem' Territorium den Versuch des Proselytismus.[174]
- Auch die Evangelische Kirche in Deutschland und das *(Griechisch-)Orthodoxe Patriarchat von Konstantinopel* stehen seit mittlerweile fünfzig Jahren (1969) im Dialog. Zudem bestehen ähnlich kontinuierliche Gesprächszusammenhänge etwa mit dem *Moskauer Patriarchat der Russisch-Orthodoxen Kirche*. Übereinstimmung in Fragen des Amtes, des Bekenntnisses, der Sakramente und des diakonisch-ethischen Engagements ist nicht zu erwarten, vielmehr ist das dauerhafte Begehen des Weges der Verständigung das Ziel.[175]

---

[173] *Evangelisch-methodistische Kirche, VELKD, Arnoldshainer Konferenz, Vom Dialog zur Kanzel- und Abendmahlsgemeinschaft*, Stuttgart 1987.

[174] Vgl. als eine der jüngsten gemeinsamen Stellungnahmen die „Gemeinsame katholisch-orthodoxe Erklärung ‚In Frieden zusammenleben'" von *Papst Franziskus* und dem *Moskauer Patriarchen Kyrill I.* (2016).

[175] Einblick gibt die Buchreihe „Ostkirchen und Reformation", hg. von *Irena Zeltner Pavlović* und *Martin Illert*, Bd. 1: Dialog und Hermeneutik, Leipzig 2018, Bd. 2: Freiheit aus orthodoxer und evangelischer Sicht, Leipzig 2019, Bd. 3: Das Zeugnis der Christen im Nahen Osten, Leipzig 2018.

Teilhabe an außerschulischer Ökumene

Religionslehrende im konfessionell-kooperativen Religionsunterricht sollen im Interesse einer fortdauernden Aktualisierung ihrer fachwissenschaftlichen Kenntnisse und ihrer biografischen Erfahrungen diesen Verständigungsprozess beobachten und sich dazu theologisch und religionspädagogisch begründet verhalten sowie ggf. auch an außerschulischen ökumenischen Begegnungen und Dialogen partizipieren, um ihr religionsunterrichtliches Handeln im Horizont dieses Hintergrundwissens zu verstehen und zu orientieren.[176]

6.4 Ökumenisch relevante Entwicklungen vor Ort und in der Welt

In der modernen ökumenischen Bewegung im Allgemeinen und im ökumenischen Lernen im Besonderen hat das ebenso spannungsvolle wie unauflösbare Miteinander von Lokalität und Globalität seit jeher hohe Aufmerksamkeit gefunden (→ *Richter* und *Roebben*, Kap. 2.2.4). Man kann geradezu festhalten, dass Ökumene „als Bewegung verstanden [wird], die oíkos [sc. als ‚der für eine Gruppe von Menschen […] prägende Lebenszusammenhang'] und oikouméne [sc. als ‚das Gesamt der bewohnten Welt'] miteinander in Beziehung setzt"[177]. Der Ökumene wie auch dem ökumenisch aufgeschlossenen Religionsunterricht wachsen aus dieser *glokal* ausgerichteten Wahrnehmung erweiterte Aufgaben wie Themen zu,[178] etwa

– Südwanderung des Christentums und Relativierung des euroamerikanisch geprägten Christentums samt seiner Theologie,
– Wachstum von pfingstlerisch-charismatischen Kirchen ohne Referenz auf historisch gewachsene Konfessionen,

---

[176] Hilfsmittel sind u. a. die Zeitschriften „Ökumenische Rundschau" (begründet 1951) und „Catholica. Vierteljahresschrift für ökumenische Theologie" (begründet 1928) sowie der „Materialdienst" des *Konfessionskundlichen Instituts* der EKD in Bensheim (KKI). Darüber hinaus sei das auf 4 Bände angelegte Handbuch für Konfessionskunde und Ökumene, hg. vom *Johann Adam Möhler Institut* (JAM), genannt (bisher Bd. 1: *Oeldemann, Konfessionskunde* [s. o. Anm. 150]). Außerdem bestehen konkrete Planungen für eine gemeinsam von KKI und JAM verantwortete Internetdomain zu Ökumene und Konfessionskunde (Stand: Herbst 2020).

[177] *Klaus A. Baier*, Art. Ökumene III. Praktisch-theologisch, in: RGG VI (⁴2003), 511–513, hier 512.

[178] Vgl. etwa *EKD*, Ökumene 2015 (s. o. Anm. 101), 18–29.

- Ungleichheit und Ungerechtigkeit der weltweiten Lebensbedingungen und weltwirtschaftlichen Beziehungen,
- Frieden und Zähmung von Gewalt,
- Migration,
- Umgang mit ethnischer, kultureller, sexueller Pluralität,
- Pluralisierung des Christentums im deutschsprachigen Raum durch Gemeinden anderer Konfession und Sprache, darunter insbesondere orthodoxer und altorientalisch-orthodoxer sowie freikirchlicher Prägung,
- Individualisierung, Kirchendistanz und Post-Denominationalität unter dem Dach der (evangelischen und römisch-katholischen) Kirche,
- Konfessionslosigkeit als konkurrierendes Paradigma der Lebensführung und -deutung.

Nach den Quellen des Christentums fragen

Die Bibel und ihre Auslegung

Bernd Kollmann und Hans-Ulrich Weidemann

1 Einleitung

Katholizismus und Protestantismus haben unterschiedliche Auffassungen über die Bedeutung und die Autorität der Bibel, aber auch über den Umfang des Bibelkanons und die Reihenfolge der biblischen Schriften. Während das protestantische Schriftverständnis entscheidend durch das Prinzip des „sola scriptura" geprägt ist, welches die Bibel als einzige Quelle für das Wort Gottes und Richtschnur für die kirchlichen Lehren ansieht, fasst die katholische Seite die Schrift als – allerdings maßgeblichen – Teil der kirchlichen Überlieferung („traditio") auf und beruft sich neben der Schrift auf weitere Quellen theologischer Erkenntnis. Der katholische Bibelkanon umfasst zudem im Bereich des Alten Testaments eine größere Zahl an Schriften als der evangelische Bibelkanon. In der Anordnung der Schriften des Neuen Testaments weicht die Lutherbibel signifikant von der katholischen Einheitsübersetzung ab. Wenn es um die historisch-kritische Erforschung der Bibel und um hermeneutische Zugänge zu biblischen Texten geht, sind allerdings zwischen katholischen und evangelischen Exegetinnen und Exegeten gegenwärtig keine nennenswerten Unterschiede auszumachen. Diese sind eher bei der Gesamtsicht auf Schrift und Schriftauslegung festzustellen. Auch im Hinblick darauf, dass biblischem Lernen aus theologischen wie bildungstheoretischen Gründen eine unverzichtbare Rolle zukommt und die Bibel aus dem Religionsunterricht nicht wegzudenken ist, herrscht zwischen beiden Konfessionen ein weitreichender Konsens.

Verständnis der Schrift

Umfang der Schrift

Aufbau der Schrift

Exegese und Hermeneutik

2 Bibel und Bibelauslegung im evangelisch-katholischen Kontext

2.1 Bibeltext und Bibelkanon

2.1.1 Umfang des Bibelkanons

Während im Blick auf den 27 Schriften umfassenden Kanon des Neuen Testaments Einigkeit zwischen Katholiken und Protestanten herrscht, weicht die Zahl der heiligen Schriften im Bereich des Alten Testaments deutlich voneinander ab. Dies liegt daran, dass auf katholischer Seite das Alte Testament im Umfang der auf der Septuaginta basierenden Vulgata, auf evangelischer Seite hingegen im Umfang der hebräischen Bibel kanonisiert wurde.

Septuaginta   Die heiligen Schriften des Judentums, die als Altes Testament zum ersten Teil der christlichen Bibel wurden, waren bereits in vorchristlicher Zeit im ägyptischen Alexandria aus dem Hebräischen ins Griechische übersetzt worden. In diese als Septuaginta bezeichnete Bibel[1] nahm man auch Schriften wie die Weisheit Salomos und das 2. Makkabäerbuch auf, die von vornherein auf Griechisch abgefasst worden waren. In der Zeit des Urchristentums waren im Judentum die Grenzen des Bibelkanons noch nicht fest umrissen.

Hebräische Bibel   Als dann durch die Rabbinen die exakte Umfangsbestimmung der hebräischen Bibel erfolgte, fanden etliche Bücher, die in der Septuaginta vertreten sind, keine Berücksichtigung. Es handelt sich um Judit, Tobit, 1.–2. Makkabäer, Weisheit Salomos, Jesus Sirach, Baruch und den Brief des Jeremia. Zudem finden sich zu den biblischen Büchern Ester und Daniel noch griechische Zusätze, welche die Septuaginta über den hebräischen Text hinaus bietet. Die neutestamentlichen Autoren schrieben alle auf Griechisch und verwendeten die heiligen Schriften des Judentums überwiegend in Form der Septuaginta. Nachdem im 3. Jh. n. Chr. die Bildung des neutestamentlichen Kanons weitgehend zum Abschluss gekommen war, entstanden erste griechische Vollbibeln, in denen dem Neuen Testament das Alte Testament in Gestalt der Septuaginta vorangeht. Die lateinischsprachigen Bibeln der westlichen Kirche stellten Übersetzungen dieser griechischen Bibel dar. Durchsetzen konnte sich im Mittelalter die im Wesentlichen auf Hieronymus zurückgehende

---

[1] Vgl. dazu *Michael Tilly*, Einführung in die Septuaginta, Darmstadt 2005; *Wolfgang Kraus* und *Martin Karrer (Hg.)*, Septuaginta Deutsch. Das griechische Alte Testament in deutscher Übersetzung, Stuttgart 2009.

Textfassung, in der das aus dem Griechischen in das Lateinische übersetzte Alte Testament nochmals am hebräischen Urtext kontrolliert und korrigiert worden war. Diese Textfassung wurde zur Vulgata, der allgemein verbreiteten und üblichen lateinischen Bibel.

    Martin Luther griff bei seiner Bibelübersetzung auf das Alte und Neue Testament in der hebräischen bzw. griechischen Ursprache zurück. Während die Vulgata bezüglich der Anzahl der heiligen Schriften des Alten Testaments weitgehend der Septuaginta folgt, legten Luther wie auch die anderen Reformatoren den Umfang der hebräischen Bibel zugrunde und schieden alle nicht in hebräischer Textfassung vorliegenden Bücher und Buchteile aus dem Bibelkanon des Alten Testaments aus. Dies betraf Judit, Tobit, 1.–2. Makkabäer, Weisheit Salomos, Jesus Sirach, Baruch, den Brief des Jeremia und die Zusätze zu Ester und Daniel. Diese im Protestantismus als Alttestamentliche Apokryphen geltenden Bücher werden auch als deuterokanonische Schriften bezeichnet. Martin Luther vertrat die Auffassung, dass sie nützlich zu lesen, aber der Heiligen Schrift nicht gleichgehalten seien.[2]

    Von der katholischen Kirche wurde 1546 auf dem Konzil von Trient nochmals bekräftigt, dass die Bücher Judit, Tobit, 1.–2. Makkabäer, Weisheit Salomos, Jesus Sirach und Baruch (einschließlich dem Brief des Jeremia) als kanonisch gelten sollen. Daher sind sie integraler Bestandteil der Einheitsübersetzung und spielen im gottesdienstlichen Leben der katholischen Kirche eine wichtige Rolle. Obwohl die Kirchen der Reformation beim Umfang des Alten Testaments zum Bibelkanon des Judentums zurückgekehrt sind, folgen die evangelischen Bibeln in der Anordnung der alttestamentlichen Bücher nicht der Struktur der hebräischen Bibel mit ihrer Unterscheidung von Gesetz, Propheten und Schriften (s. u.), sondern haben die Systematik der Septuaginta bzw. Vulgata mit den vier Blöcken Pentateuch, Geschichtsbücher, Weisheitsbücher, Prophetenbücher beibehalten.[3] Bis auf die in evangelischen Bibeln fehlenden bzw. als Apokryphen in einem gesonderten Block angefügten deuterokanonischen Bücher stimmt damit die Reihenfolge der alttestamentlichen Schriften in evangelischen wie katholischen Bibeln grundsätzlich überein.

---

[2] *Martin Luther*, Biblia das ist die gantze Heilige Schrifft Deudsch, Wittenberg 1534: „Apocrypha. Das sind Bücher so nicht der heiligen Schrifft gleich gehalten vnd doch nützlich vnd gut zu lesen sind."

[3] *Erich Zenger u. a.*, Einleitung in das Alte Testament, hg. von *Christian Frevel*, Stuttgart (1995) ⁹2016, 30–34.

2.1.2 Urtext und offizielle deutschsprachige Übersetzungen der Bibel

Novum Testamentum Graece

Biblia Hebraica

Septuaginta-Editionen

Bei den deutschen Bibelübersetzungen ist es sowohl auf katholischer als auch auf evangelischer Seite eine Selbstverständlichkeit, auf den ältesten rekonstruierbaren hebräischen bzw. griechischen Text der Heiligen Schrift zurückzugreifen und den aktuellen Stand der Textforschung zu berücksichtigen. Für die durchweg auf Griechisch entstandenen Schriften des Neuen Testaments liegt den Bibelübersetzungen das *Novum Testamentum Graece* (28. Auflage) des „Instituts für Neutestamentliche Textforschung" in Münster zugrunde. Die Übersetzung der auf Hebräisch abgefassten Bücher des Alten Testaments beruht auf der *Biblia Hebraica Stuttgartensia* bzw. der noch im Erscheinen begriffenen *Biblia Hebraica Quinta*. Bei der Übertragung der auf Griechisch abgefassten oder weitestgehend nur noch auf Griechisch erhalten gebliebenen deuterokanonischen Bücher bzw. Alttestamentlichen Apokryphen ins Deutsche stellen die von Alfred Rahlfs herausgegebene Septuaginta-Handausgabe und die noch unvollständige Edition der Septuaginta der Göttinger Akademie der Wissenschaften den Bezugspunkt dar. Von den Büchern Jesus Sirach und Tobit sind allerdings mittlerweile auch zahlreiche hebräische oder aramäische Fragmente bekannt, die bei der Rekonstruktion des als Übersetzungsgrundlage dienenden Urtextes Berücksichtigung finden.

Lutherbibel

Die mit Abstand bekannteste deutsche Bibel ist die *Lutherbibel*.[4] Die von Martin Luther während seines Aufenthalts auf der Wartburg erstellte Übersetzung des Neuen Testament wurde 1522 als sog. Septembertestament veröffentlicht. Nach dem Abschluss der Übersetzung des Alten Testament erschien 1534 die erste vollständige Lutherbibel, der noch zu Lebzeiten Luthers sieben weitere Druckausgaben folgten. Seit dem späten 19. Jh. kommt es regelmäßig zu Revisionen der Lutherbibel, um diese an den Stand der Textforschung und Sprachentwicklung anzupassen. Bei der letzten Revision, die anlässlich des 500. Reformationsjubiläums in 2017 erfolgte, hat man viele sprachliche Modernisierungen der Ausgabe von 1984 wieder zurückgenommen. Zudem wurde die Übersetzung der Alttestamentlichen Apokryphen vor dem Hintergrund neuer Erkenntnisse zum Ursprungstext grundlegend überarbeitet. In den evangelisch-reformierten Kirchen ist die *Zürcher Bibel*, deren

Zürcher Bibel

---

[4] Vgl. *Margot Käßmann* und *Martin Rösel* (Hg.), Die Bibel Martin Luthers. Ein Buch und seine Geschichte, Leipzig/Stuttgart 2016; *Bernd Kollmann*, Martin Luthers Bibel. Entstehung – Bedeutung – Wirkung, Gütersloh 2021.

Anfänge auf die Bearbeitung des Luthertextes durch den Zürcher Übersetzerkreis um Huldrych Zwingli zurückgehen, die tonangebende Bibelübersetzung. Die Zürcher Bibel bewegt sich eng am Urtext und wird wegen ihrer nüchternen, klaren Sprache geschätzt. Die aktuelle Ausgabe von 2019 enthält neben dem revidierten Text des Alten und Neuen Testaments von 2007 auch die 2018 abgeschlossene Neuübersetzung der deuterokanonischen Schriften.[5]

Die offizielle Bibelübersetzung der römisch-katholischen Kirche im deutschsprachigen Raum ist die *Einheitsübersetzung*. Ihren Namen trägt sie als einheitliche Bibelübersetzung für alle katholischen Bistümer im gesamten deutschen Sprachraum. Sie soll in der kirchlichen Liturgie, aber auch in der Verkündigung, in der Katechese, im Schulunterricht, beim Studium und beim wissenschaftlichen Arbeiten, in Bibelkreisen usw. einsetzbar sein. Als erste kirchenamtliche deutsche Übersetzung der gesamten Heiligen Schrift wurde sie bereits 1961, also noch vor Beginn des Zweiten Vatikanischen Konzils (1962–1965) in Angriff genommen, erhielt aber durch dessen Entscheidung, neben der Verwendung der lateinischen Sprache auch den Gebrauch der jeweiligen Landessprache in der Liturgie zuzulassen, gewaltigen Auftrieb. Denn die im Anschluss an das Konzil erfolgte sukzessive Etablierung der Volkssprache in der Liturgie ergab die Notwendigkeit, eine einheitliche deutsche Bibelübersetzung für die liturgische Praxis in den Bistümern des deutschen Sprachraumes zu erstellen. Das Zweite Vaticanum hatte zudem angeregt, dass muttersprachliche Übersetzungen in Zusammenarbeit auch „mit den getrennten Brüdern", also auf ökumenischer Grundlage entstehen (Dei Verbum 22). An den 1962 begonnenen Übersetzungsarbeiten waren neben katholischen daher seit 1967 auch evangelische Exegeten beteiligt, die von der Evangelischen Kirche in Deutschland (EKD) offiziell beauftragt waren. Im Jahr 1970 schlossen die katholische Deutsche Bischofskonferenz und die EKD einen Vertrag über die gemeinsame Arbeit an der Einheitsübersetzung ab, die damit zu einem wichtigen Symbol der Ökumene wurde. Gemeinsam verantwortet wurden allerdings nur das Neue Testament und die Psalmen.

Die 1979 erschienene Einheitsübersetzung war knapp drei Jahrzehnte in Gebrauch, durch den ihre Stärken, aber auch ihre Schwächen immer deutlicher wurden. Im Jahre 2003 entschloss sich die

Einheits-
übersetzung

---

[5] Diese sind auch separat erschienen: *Kirchenrat der evangelisch-reformierten Landeskirche des Kantons Zürich (Hg.)*, Deuterokanonische Schriften, Zürich 2019.

katholische Kirche daher zu einer *Revision der Einheitsübersetzung*. Diese Revision, die 2016 mit der Veröffentlichung der revidierten Fassung zum Abschluss kam, erfolgte anhand mehrerer Kriterien. So wurde die Textgrundlage anhand der aktuellen wissenschaftlichen Textausgaben überprüft. Fehler und antiquierte Formulierungen wurden korrigiert. Vor allem aber sollte der biblische Urtext gegenüber der Zielsprache wieder deutlicher zu seinem Recht kommen, daher wurden (erläuternde) Zusätze eliminiert, biblische Wendungen wie „Und siehe!" wieder stärker in die Übersetzung einbezogen, sprachliche Glättungen rückgängig gemacht und biblische Metaphern wörtlich (und nicht abstrahiert) wiedergegeben. Im Alten Testament wurde das Tetragramm des Gottesnamens JHWH mit HERR (in Kapitälchen) wiedergegeben und auf Ausformulierungen wie „Jahwe" verzichtet. Außerdem wurden durch die Übersetzung von *adelphoi* mit „Brüder und Schwestern" Frauen stärker sichtbar gemacht, wie es auch in den Neuausgaben der Zürcher Bibel und der Lutherbibel geschieht.

Auch die Revision der Einheitsübersetzung war ursprünglich als Gemeinschaftsprojekt beider Konfessionen geplant. Allerdings kam es noch vor Arbeitsbeginn zu einem Konflikt zwischen der katholischen und der evangelischen Seite. Anlass war die römische Instruktion *Liturgiam authenticam* (2001), die für alle kirchenamtlichen Dokumente eine stärkere Berücksichtigung der Vulgata (schon) beim Übersetzungsprozess forderte. Da die katholische Seite die wissenschaftliche Revisionsarbeit nicht von der nachträglichen kirchenamtlichen Rekognoszierung (offizielle Anerkennung) trennen und die römische Instructio nicht nur auf letztere bezogen wissen wollte, kündigte die EKD im Jahr 2005 den Vertrag von 1970 auf.[6] Allerdings wurde schon die erste Fassung der Einheitsübersetzung auch in ihren ökumenischen Teilen auf evangelischer Seite in den knapp drei Jahrzehnten ihres Gebrauchs wenig rezipiert. Die prägende Kraft der Lutherbibel erwies sich dort einmal mehr als identitätsstiftend.

Bibelübersetzungen für ökumenische Arbeit

Als 2016/2017 die Revisionen der Einheitsübersetzung und der Lutherbibel fast zeitgleich fertig wurden, empfahlen die höchsten Repräsentanten der katholischen und der evangelischen Kirche *beide* Übersetzungen für ökumenische Gottesdienste. So sagten der Vorsitzende der Deutschen Bischofskonferenz Kardinal Rein-

---

[6] Ausführlich dazu Michael Theobald, Eine Partherschaft zerbricht. Zum Austritt der EKD aus der ‚Einheitsübersetzung', in: Orientierung 70 (2006), 18–22.

hard Marx und der EKD-Ratsvorsitzende Landesbischof Heinrich Bedford-Strohm anlässlich der Übergabe der Revisionen: „Mit den neuen Übersetzungen erinnern wir uns an unsere gemeinsame Grundlage – die Heilige Schrift – und bringen gleichzeitig unsere Wertschätzung für die jeweils andere Übersetzung zum Ausdruck. Für die ökumenischen Gottesdienste auf den verschiedenen Ebenen empfehlen wir, auf die Texte der revidierten Einheitsübersetzung und Lutherbibel zurückzugreifen und wenn möglich auch beide Übersetzungen zu Gehör zu bringen."[7] Einheitsübersetzung und Lutherbibel sind damit gemeinsame Grundlage für die ökumenische Arbeit insgesamt.

Für den Religionsunterricht kann es sinnvoll sein, ergänzend zu den genannten Bibeln auch modernere Übersetzungen wie die als evangelisch-katholisches Gemeinschaftsprojekt entstandene *Gute-Nachricht-Bibel* oder die in freikirchlichen Kreisen weit verbreite *Hoffnung für alle* heranzuziehen, bei denen die jugendgerechte Sprache allerdings auf Kosten der Texttreue geht. Die *Neue Genfer Übersetzung* bemüht sich ebenfalls um eine zeitgemäße Sprache, gibt aber in Randerläuterungen häufig die wörtliche Übersetzung an oder weist auf Deutungsvarianten hin. Seit 2021 liegt zudem mit der *BasisBibel* eine urtextnahe und zugleich gut verständliche Bibelübersetzung vor, die der Rat der Evangelischen Kirche in Deutschland (EKD) in Ergänzung zur Lutherbibel vor allem für die Arbeit mit Kindern und Jugendlichen sowie für die Erstbegegnung mit der Bibel empfiehlt. Wer über den Bibeltext hinaus umfassende weitere Informationen sucht, greift in der Regel zu der auf dem revidierten Luthertext beruhenden *Stuttgarter Erklärungsbibel* oder zu der evangelikal geprägten und um eine besonders wortgetreue Übersetzung bemühten *Elberfelder Bibel*.

Übersetzungen für die Arbeit mit Kindern und Jugendlichen

2.1.3 Abweichende Reihenfolge der neutestamentlichen Schriften in der Lutherbibel

Die lateinische Vulgata wie auch die überwältigende Mehrzahl der deutschen Bibeln drucken die neutestamentlichen Schriften in jener Reihenfolge ab, wie sie von der Mehrheit der griechischen Bibelhandschriften geboten wird. Dort steht der Hebräerbrief, den man in weiten Teilen der Alten Kirche fälschlicherweise für ein Werk des Paulus hielt, hinter dem Philemonbrief am Ende der Paulus-

---

[7] Abrufbar unter: https://www.ekd.de/pm22_2017_oekumenische_bibeltagung.htm [Zugriff: 17.03.2021].

Hebr, Jak, Jud, Offb briefsammlung, bevor der Jakobusbrief die Gruppe der sieben sog. katholischen Briefe eröffnet. Martin Luther hat dagegen in seiner Bibelübersetzung den Hebräerbrief und den Jakobusbrief eigenmächtig hinter die Johannesbriefe gerückt. Der Hebräerbrief zog die Kritik Luthers auf sich, weil er für Sünden, die nach der Taufe begangen werden, die Möglichkeit der Buße verneint (Hebr 6,4–6; 10,26–31; 12,14–17).[8] Am Jakobusbrief bemängelte Luther neben einer vermeintlichen Werkgerechtigkeit (Jak 2,14–26), die er gegen die paulinische Rechtfertigungslehre gerichtet sah, auch das Fehlen einer entfalteten Christologie und betrachtete ihn als

Kriterium: Christuszeugnis „stroherne Epistel"[9]. Letztlich kommen in der Lutherbibel mit dem Hebräerbrief, dem Jakobusbrief, dem Judasbrief und der Johannesapokalypse jene vier Schriften am Ende des Neuen Testaments zum Stehen, die der Reformator nicht zu den „Hauptbüchern des Neuen Testaments" rechnete, welche das Christuszeugnis hell und rein darbieten. Luthers Betrachtung des Jakobusbriefs als einer Schrift, in der die paulinische Theologie auf den Kopf gestellt und eine Heilsbedeutung der Werke proklamiert werde, wird allerdings auch von der protestantischen Bibelwissenschaft kaum noch geteilt. Vielmehr setzt sich die Überzeugung durch, dass der Briefautor lediglich eine in den Gemeinden eingetretene Fehlinterpretation der paulinischen Theologie, dass man im Horizont der Glaubensgerechtigkeit das ethische Handeln gänzlich vernachlässigen könne, bekämpfen will.[10]

2.1.4 Schreibweise der biblischen Personen- und Ortsnamen

In der katholischen Kirche etablierte sich für die biblischen Personen- und Ortsnamen die Schreibweise der Vulgata. Die evangelische Tradition wurde dagegen durch Martin Luther geprägt, der in seiner Bibelübersetzung für das Alte Testament auf die hebräischen und für das Neue Testament auf die griechischen Namensformen zurückgriff und sie in das Deutsche zu transkribieren versuchte. Diese konfessionell unterschiedlichen Traditionen führten zu einer verwirrenden Vielfalt bei der Schreibweise der biblischen Namen.
Loccumer Richtlinien Vor diesem Hintergrund erschien 1971 das von Vertretern beider

---

[8] *Heinrich Bornkamm* (Hg.), Luthers Vorreden zur Bibel (it 677), Frankfurt a. M. 1983, 214.
[9] Vgl. ebd. 215–218.
[10] Vgl. *Petr Pokorný* und *Ulrich Heckel*, Einleitung in das Neue Testament (UTB 2798), Tübingen 2007, 720–724.

Konfessionen erarbeitete ökumenische Namensverzeichnis[11], das die verschiedenartige Schreibweise der biblischen Eigennamen vereinheitlichen soll. Während die Einheitsübersetzung in der Urfassung von 1980 wie auch in der Revision von 2016 weitgehend diesen Richtlinien folgt, ist dies bei der Lutherbibel von 1984 wie auch 2017 nur eingeschränkt der Fall. Sie macht bei einer Vielzahl biblischer Namen, die in der evangelischen Tradition fest verankert sind und zum Allgemeingut der deutschen Sprache wurden, eine Ausnahme. So wird an Schreibweisen wie Noah, Elisa, Hiob, Hesekiel, Kapernaum, Genezareth oder Golgatha festgehalten, während die betreffenden Namen in der Einheitsübersetzung Noach, Elischa, Ijob, Ezechiel, Kafarnaum, Gennesaret und Golgota lauten.

2.2 Konfessionell geprägtes Schriftverständnis

2.2.1 Schrift und Tradition: Das römisch-katholische Schriftverständnis

Für eine Darstellung des römisch-katholischen Schriftverständnisses bietet es sich an, die einschlägigen aktuellen Dokumente des römischen Lehramtes zu konsultieren. Grundlegende Bedeutung hat dabei die 1965 verabschiedete Dogmatische Konstitution über die göttliche Offenbarung des Zweiten Vatikanischen Konzils, Dei Verbum (= DV).[12] Eine zusammenfassende Synthese der verbindlichen Lehre bietet der 1993 veröffentlichte Katechismus der Katholischen Kirche (= KKK).[13] Das wichtigste päpstliche Lehrschreiben seit

Dei Verbum

Verbum Domini

---

[11] *Ökumenisches Verzeichnis der biblischen Eigennamen nach den Loccumer Richtlinien.* Hrsg. von den katholischen Bischöfen Deutschlands, dem Rat der Evangelischen Kirche in Deutschland und der Deutschen Bibelgesellschaft – Evangelisches Bibelwerk. Im Auftrag der Ökumenischen Revisionskommission neu bearbeitet von Joachim Lange, Stuttgart (1971) ²1981.

[12] Die Konstitution stellt sich im Vorwort in eine Linie mit dem Konzil von Trient und dem Ersten Vatikanischen Konzil (DH 4201). Herausgefordert durch die Reformation hatte sich die römische Kirche auf dem Trienter Konzil 1546 in zwei Dekreten zum ersten Mal verbindlich über die Annahme der heiligen Bücher und der Überlieferungen (DH 1501–1505) sowie über die Vulgata-Ausgabe und die Auslegungsweise der Heiligen Schrift (DH 1506–1508) geäußert. Im zweiten Kapitel der Dogmatischen Konstitution über den Katholischen Glauben *Dei Filius* (1870) schloss das Erste Vaticanum daran an (DH 3004–3007).

[13] Von zentraler Bedeutung für das Schriftverständnis sind insbesondere die §§ 50–141.

dem Konzil zu diesem Thema ist das 2010 erschienene nachsynodale Apostolische Schreiben *Verbum Domini* von Papst Benedikt XVI. (= VD). Hinzu kommt das Dokument der Päpstlichen Bibelkommission „Die Interpretation der Bibel in der Kirche" von 1993.

Die Weitergabe der Offenbarung

Charakteristisch für das römisch-katholische Schriftverständnis ist die klare Unterscheidung von Offenbarung und Schrift und die Einbindung der Schrift in den Bereich der Weitergabe (*transmissio*) der göttlichen Offenbarung, d. h. die Überlieferung (*traditio*). Nach katholischem Verständnis *bezeugt* die Heilige Schrift die Offenbarung, sie ist aber mit ihr nicht deckungsgleich. Das Wort Gottes geht der Schrift voraus und über sie hinaus (VD 17). Deswegen ist der christliche Glaube auch keine „Buchreligion" (KKK 108; VD 7). Die Offenbarung Gottes zielt darauf, dass Menschen Anteil an seiner göttlichen Natur erhalten (DV 2), dass sie aus Sünde und Tod befreit und des ewigen Lebens teilhaftig werden (DV 4); es geht also nicht nur um die Mitteilung ewiger Wahrheiten, sondern um Erlösung und Heil. Die biblische Offenbarung ist tief in der Geschichte verwurzelt (VD 42). Sie wird als stufenweise sich entfaltender Prozess dargestellt, dessen Höhepunkt und Abschluss Person und Werk Jesu Christi, des inkarnierten Gottessohnes, darstellt (KKK 51–73). Die Offenbarung zielt auf den Glauben – sowohl des und der Einzelnen als auch auf den der Glaubensgemeinschaft, also der Kirche, wobei Glaube als ganzheitlich-personale Gemeinschaft mit Christus zu verstehen ist. Zur Offenbarung gehört also wesentlich das empfangende Subjekt, die Kirche. In deren Lehre, Leben und Kult vollzieht sich die Weitergabe der Offenbarung (DV 8), und zwar in der Form der Überlieferung bzw. Tradition.

Überlieferung und Schrift

Die Überlieferung gab es also schon, bevor die neutestamentlichen Schriften entstanden sind. Überlieferung und Schrift entspringen aus demselben Quell (DV 9). Grundlegend sind das Wirken und die Verkündigung der Apostel, ihre Predigt hat aber in der Heiligen Schrift besonderen Ausdruck gefunden (DV 8). Überlieferung bedeutet nach katholischer Auffassung zudem einen stetigen

Lehramt

kirchlichen Wachstums- und Vertiefungsprozess. Charakteristisch ist, dass es innerhalb der Kirche eine Instanz gibt, die diesen Überlieferungsprozess sozusagen steuert und das Erreichte verbindlich festlegt. Dies ist das sog. *Lehramt*. Ihm kommt die Aufgabe zu, das geschriebene und das überlieferte Wort Gottes authentisch auszulegen (DV 10; KKK 85). Das Lehramt ist nach katholischer Auffassung an das von den Aposteln eingesetzte und in der apostolischen Sukzession weitergegebene Bischofsamt in Gemeinschaft mit dem römischen Papst gebunden (DV 7; KKK 77 f. 85–87).

Dieses Schriftverständnis hat Stärken und Schwächen. Zweifellos wird hier dem Charakter der Bibel als geschichtlich entstandener Größe, die immer schon Überlieferung voraussetzt und in sich selbst Überlieferung ist, angemessen Rechnung getragen. Jeder Form von Biblizismus ist damit ein Riegel vorgeschoben. Allerdings ist nicht zu bestreiten, dass in der katholischen Kirche die Schrift als *kritisches* Korrektiv, als prophetisches Zeugnis, als herrschafts- und machtkritisches Instrument oft genug stillgestellt wurde, zumal oft nicht trennscharf zwischen kirchlichen Gebräuchen und der eigentlichen Überlieferung unterschieden wurde. Reibungen zwischen der Praxis der Kirche und der Schrift, die ja immenses kreatives Potenzial haben können, sind eigentlich nicht vorgesehen. Auch wurden die Grenzen des Lehramtes gegenüber der Schrift oft nicht streng genug gezogen. Innerkirchliche Reformbewegungen und theologische Aufbrüche gingen daher meist mit der Befreiung biblischer Texte aus den Korsetten ihrer tradierten Auslegungen und mit der Wiederbelebung quasi ruhiggestellter Schriften (wie z. B. denen des Paulus) einher.

Würdigung

2.2.2 Sola scriptura: Protestantisches Schriftverständnis

Das protestantische Schriftverständnis basiert auf dem reformatorischen Prinzip des „sola scriptura" (allein durch die Schrift), das Martin Luther in Auseinandersetzung mit der katholischen Kirche seiner Zeit entwickelte. Während diese ihre Autorität auf die drei Eckpfeiler Schrift, Tradition und lebendiges Lehramt stützte, ließ Luther ausschließlich die Schrift gelten, in der er eine vollständige Darstellung aller glaubensrelevanten Dinge vorfand. „Je mehr seine Gegner versuchten, ihn durch den Hinweis zu widerlegen, dass er sich im Gegensatz zur kirchlichen Lehre, Rechtssetzung und Praxis befand, desto pointierter hob er die einzigartige Autorität der vernünftig-methodisch ausgelegten Schrift hervor ..."[14] Als zentrales hermeneutisches Prinzip steht dabei das Axiom im Mittelpunkt, dass die Schrift ihr eigener Interpret ist. Einer als konsequente Schriftauslegung verstandenen Theologie kommt daher in den Augen Luthers die Aufgabe zu, der Selbstauslegung der Schrift ungehinderten Raum zu geben und den eigenen Geist vom Geist der

Sola scriptura

---

[14] *Martin Ohst*, Luthers „Schriftprinzip", in: *Hans Christian Knuth (Hg.), Luther als Schriftausleger. Luthers Schriftprinzip in seiner Bedeutung für die Ökumene*, Erlangen 2010, 21–40, hier 27.

Schrift überwinden zu lassen.[15] Dabei sieht er alle Gläubigen dazu befähigt, die Schrift zu verstehen, ohne dass es kirchlicher Autorität und Lehrgewalt als eines Garanten der richtigen Schriftauslegung bedürfte. Von der scholastischen Theorie des vierfachen Schriftsinns (buchstäblicher, allegorischer, moralischer und anagogischer, d. h. zur Hoffnung führender Sinn) grenzt Luther sich deutlich ab und tritt dafür ein, die Schrift wörtlich in ihrem einfachen Sinn zu verstehen. Sein Bibelverständnis, auch die Betrachtung des Alten Testaments, ist christozentrisch ausgerichtet. Christus gilt als die Mitte der Schrift, von der allein aus das volle Verständnis der Bibel in ihrer thematischen Vielfalt möglich sei. Das Alte Testament ist zwar für Luther in erster Linie ein Gesetzbuch und kein Gnadenbuch, doch seien darin auch die Windeln und Krippe zu finden, in denen Christus liege. Vor dem Hintergrund der christologisch qualifizierten Einheit der Schrift kann in Luthers Augen auch der alttestamentliche Psalter als Buch gelesen werden, das nahezu die gesamte Summe der Bibel in sich birgt. Die Einsicht, dass der Inhalt der gesamten Schrift auf Christus als deren sachliche Mitte zu beziehen ist, gab Luther zugleich das Kriterium zu der ihm notwendig erscheinenden Sachkritik an der Bibel in die Hand. Alle Schriften seien daran zu messen, ob sie „Christum treiben oder nicht", was im Fall des Jakobusbriefes zu einem negativen Urteil führt. Eine weitere Konsequenz von Luthers Schriftprinzip ist, dass mit Taufe und Abendmahl im Protestantismus nur jene beiden Sakramente Gültigkeit haben, die in der Bibel ausdrücklich von Jesus eingesetzt werden, während die katholische Kirche sieben Sakramente kennt.

Johannes Calvin, dessen Denken das Schriftverständnis der reformierten Kirchen entscheidend prägt, sieht in der Bibel als entscheidender Quelle der Erkenntnis Gottes den „Schlüssel, der uns das Reich Gottes öffnet" und den „Spiegel, in welchem wir Gottes Angesicht betrachten"[16]. Wie bei Luther ist sein Umgang mit der Bibel von den philologischen Methoden des Humanismus geprägt, deren Anwendung die Schrift in ihrer Einfachheit und Klarheit verstehbar mache, während die allegorische Auslegung den Sinn der biblischen Aussagen verdunkle. Charakteristisch für Calvins Schriftverständnis ist die Lehre von dem einen Bund, der beide Testamente umspannt und von den Anfängen bis hin zur Erscheinung

---

[15] *Albrecht Beutel (Hg.)*, Luther Handbuch, Tübingen ³2017, 494.
[16] Vgl. zu Calvins Schriftverständnis *Peter Opitz*, Calvins Bibelverständnis, in: *Veronika Albrecht-Birkner* und *Georg Plasger (Hg.)*, Calvins Theologie – für heute und morgen, Wuppertal 2010, 11–28.

Christi durch eine fortschreitende Zunahme des Lichts geprägt ist. Die Ähnlichkeit oder Einheit von Altem und Neuem Testament wird durch die Israel und Kirche zuteilwerdende Erwählung zur Hoffnung auf die Unsterblichkeit, durch die Kontinuität der Gnade Gottes und durch die Mittlerschaft Christi, der schon dem Volk Israel unter dem Gesetz bekannt gewesen sei und uns dann im Evangelium klar entgegentrete, konstituiert. Entsprechend ist die antithetische Gegenüberstellung von Gesetz und Evangelium weniger scharf ausgeprägt als bei Luther und die „Zeit unter dem Gesetz" nicht rein negativ qualifiziert.

Dass durch die biblischen Autoren der Geist spricht und die Schrift grundsätzlich von Gott eingegeben ist (vgl. 2 Tim 3,16), stand für die Reformatoren außer Frage. Die lutherische Orthodoxie entwickelte daraus im 17. Jh. die bis heute in evangelikalen Kreisen einflussreiche Lehre der Verbalinspiration, um das protestantische Schriftprinzip des „sola scriptura" gegen die katholische Lehre abzusichern, dass neben der Bibel auch die kirchlichen Überlieferungen für den Gläubigen autoritativ sind. Der Verbalinspiration liegt die Vorstellung zugrunde, der Heilige Geist habe den Verfassern der biblischen Bücher nicht nur die Inhalte, sondern auch den genauen Wortlaut der Schriften eingegeben und sich damit der Autoren gewissermaßen nur als schreibender Instrumente bedient.[17]

Lehre von der Verbalinspiration

Die von der Evangelischen Kirche in Deutschland anlässlich des 500. Reformationsjubiläums herausgegebene Schrift „Rechtfertigung und Freiheit" betont die bleibende Zentralstellung des „sola scriptura" für den Protestantismus, ohne dass sich dieses Prinzip ungebrochen noch in der gleichen Weise verstehen lasse wie zur Reformationszeit. Nach wie vor gelte, dass sich nach evangelischer Auffassung die Traditionen immer am Ursprungszeugnis wie der Mitte der Schrift orientieren und von dort aus kritisch bewertet und immer neu angeeignet werden müssten. Vor dem Hintergrund der historisch-kritischen Erforschung der Bibel nicht mehr aufrechterhalten lasse sich hingegen die Vorstellung der Reformatoren, Gott selbst habe die biblischen Texte eingegeben. Sie seien aber in dem Sinne Wort Gottes, dass sich in ihnen menschliche Erfahrungen mit Gott so verdichtet hätten, dass andere Menschen sich und ihre Erfahrungen mit Gott darin wiederentdecken könnten.[18]

Würdigung

---

[17] Vgl. die Quellenbelege bei *Emanuel Hirsch*, Hilfsbuch zum Studium der Dogmatik, Berlin/New York 1963, 314–319.

[18] *Kirchenamt der EKD (Hg.)*, Rechtfertigung und Freiheit. 500 Jahre

2.2.3 Wörtlich inspiriert und irrtumslos: Evangelikales Schriftverständnis

Lausanner Verpflichtung

Als evangelikal bezeichnet man unabhängig von der konfessionellen Zugehörigkeit eine theologische Richtung des Christentums, die sich auf die Bibel als göttlich inspiriertes, absolut zuverlässiges und in allen Fragen des Glaubens wie der Lebensführung autoritatives Buch stützt, wie es in der „Lausanner Verpflichtung" von 1974 festgeschrieben wird. Evangelikale Gläubige sehen in der Schrift das unantastbare Wort Gottes. Von vielen evangelikal ausgerichteten Ausbildungsstätten wird neben der „Lausanner Verpflichtung" die Chicago-Erklärung zur Irrtumslosigkeit der Bibel (1978) als normativ betrachtet. Daneben gibt es weitere Chicago-Erklärungen zur biblischen Hermeneutik (1982) und zur biblischen Anwendung (1986)[19], die aber weniger bekannt und einflussreich sind. Im Zentrum der Chicago-Erklärung zur Irrtumslosigkeit der Bibel steht das Bekenntnis zur völligen Autorität, Unfehlbarkeit und Irrtumslosigkeit der Schrift, die frei von Fehlern, Fälschungen oder Täuschungen sei. Die Bibel gilt in allen ihren Teilen bis hin zu den Worten des Urtextes als göttlich inspiriert, auch wenn von der Extremposition Abstand genommen wird, die biblischen Autoren nur als willenlose Schreibwerkzeuge Gottes und des Heiligen Geistes zu betrachten.

Chicago-Erklärung(en)

Skepsis gegenüber historisch-kritischer Exegese

Vor diesem Hintergrund stößt die wissenschaftliche Bibelauslegung mit ihren Quellentheorien und ihrer kritischen Hinterfragung der Verfasserangaben in den biblischen Schriften auf entschiedene Ablehnung. In Artikel 18 heißt es: „Wir verwerfen die Berechtigung jeder Behandlung des Textes und jeder Suche nach hinter dem Text liegenden Quellen, die dazu führen, dass seine Lehren relativiert, für ungeschichtlich gehalten oder verworfen oder seine Angaben zur Autorschaft abgelehnt werden." Zu den Eckpfeilern evangelikaler Hermeneutik zählt die Forderung, dem Wesen der biblischen Texte als inspiriertem Gotteswort gerecht zu werden und ihren Literalsinn herauszuarbeiten. Die angemessene menschliche Antwort auf die göttliche Offenbarung in der Schrift sei nicht Kritik und Hinterfragung, sondern genaues Verstehen, Glaube und Gehorsam.[20]

Reformation 2017. Ein Grundlagentext des Rates der Evangelischen Kirche in Deutschland (EKD), Gütersloh ⁴2015, 76–86.

[19] *Thomas Schirrmacher (Hg.)*, Bibeltreue in der Offensive. Die drei Chicago-Erklärungen zur biblischen Irrtumslosigkeit, Hermeneutik und Anwendung, Bonn 1993.

[20] *Helge Stadelmann*, Evangelikales Schriftverständnis. Die Bibel verstehen – der Bibel vertrauen, Hammerbrücke 2005.

2.3 Auslegung der Bibel

2.3.1 Exegetische Methoden

In der Bibelwissenschaft hat sich sowohl auf katholischer als auch auf evangelischer Seite ein fest umrissener Kanon exegetischer Methoden etabliert, mit deren Hilfe sich das Verständnis biblischer Texte tiefer erschließen lässt. Dabei handelt es sich überwiegend um philologische und literaturwissenschaftliche Zugänge zu den Texten, wie sie allgemein in allen wissenschaftlichen Disziplinen, die sich der Beschäftigung mit literarischen Zeugnissen aus Vergangenheit und Gegenwart widmen, zur Anwendung kommen. Den entscheidenden Anstoß zu der als Textkritik bezeichneten Suche nach dem Urtext der biblischen Schriften gab bereits der Humanismus. Eine historisch-kritische Betrachtung biblischer Texte im engeren Sinne setzte dann mit der Aufklärung ein. Die davon inspirierten Methoden Literarkritik, Traditionskritik, Religionsgeschichtlicher Vergleich, Formkritik und Redaktionskritik sind im 19. und 20. Jh. ausgeprägt worden. Die biblischen Texte werden dabei als von Menschen verantwortete literarische Zeugnisse betrachtet, die sich wie alle überlieferten Texte der Sachkritik zu stellen haben und deren Auslegung mit einer allgemein nachvollziehbaren wie überprüfbaren Methodik erfolgt. In den letzten Jahrzehnten kamen neue methodische Impulse aus der Linguistik und Literaturwissenschaft hinzu, die im Rahmen synchroner Textbetrachtung nach dem Aufbau, der Erzählstruktur, dem Funktionieren und dem Akt der Rezeption von Texten fragen. Ein Blick auf die gängigen Methodenbücher zur alttestamentlichen und neutestamentlichen Exegese zeigt, dass sich katholische und evangelische Bibelwissenschaftler und Bibelwissenschaftlerinnen grundsätzlich desselben methodischen Instrumentariums zur Analyse der biblischen Texte bedienen.[21] Anders sieht dies im evangelikalen Bereich aus, wo methodische Zugänge, die zu einer Relativierung oder Infragestellung der Historizität des Bibeltextes führen, in der Regel abgelehnt werden.[22]

Methoden historisch-kritischer Exegese

Transparenz der Methode und Sachkritik

---

[21] Die am meisten verbreiteten Methodenbücher zur Bibelexegese sind auf evangelischer Seite *Uwe Becker*, Exegese des Alten Testaments. Ein Methoden- und Arbeitsbuch, Tübingen (2005) ⁴2015; *Udo Schnelle*, Einführung in die neutestamentliche Exegese, Göttingen (1983) ⁸2014, und auf katholischer Seite *Bernhard Heininger* und *Martin Ebner*, Exegese des Neuen Testaments, Paderborn (2005) ⁴2018.

[22] Das bekannteste Methodenbuch aus dem evangelikalen Bereich ist *Heinz-Werner Neudorfer* und *Eckhard Schnabel (Hg.)*, Das Studium des

2.3.2 Gotteswort in Menschenwort: Römisch-katholische Hermeneutik

In seinem apostolischen Schreiben *Verbum Domini* von 2010 (= VD) widmet Papst Benedikt XVI. der „Hermeneutik der Heiligen Schrift in der Kirche" ein zentrales Kapitel (Nr. 29–49). Die Formulierung zeigt, dass nach katholischem Verständnis der kirchlichen Glaubensgemeinschaft eine grundlegende Rolle bei Schriftverständnis und Schriftauslegung zukommt. Laut Benedikt kann die authentische Bibelhermeneutik nur im kirchlichen Glauben angesiedelt sein, der im „Ja" Marias sein Urbild besitze (29). Daher ist der ursprüngliche Ort der Schriftauslegung das Leben der Kirche (VD 29) und die Gemeinschaft des Gottesvolkes (VD 30).

Doppelter Charakter der Schrift — Ausgangspunkt dieser Hermeneutik ist der in den neueren lehramtlichen Dokumenten immer deutlicher akzentuierte *doppelte Charakter der Schrift* als inspiriertes Wort Gottes einerseits und zeitgebundenes Menschenwort andererseits, als gegenwartsbezogenes Gotteswort einerseits und als geschichtlich gewordene, in der Vergangenheit entstandene Schriftensammlung andererseits. Dabei ist offensichtlich, dass die christologischen Formulierungen des Konzils von Chalcedon (451 n. Chr.) Pate gestanden haben, um die göttliche und die menschliche Dimension der Bibel zu unterscheiden, ohne sie zu vermischen oder zu trennen (vgl. VD 35).

Dieses Modell hat unbestreitbare Vorteile, ermöglicht es doch, den doppelten Charakter der Heiligen Schrift zu denken, ohne eine der beiden Dimensionen zu verkürzen oder gar aufzuheben. Die entscheidende Frage lautet dann, wie dem doppelten Charakter der Schrift als „Gotteswort in Menschenwort", als gegenwartsbezogen-aktualisierbares und als geschichtlich gewordenes Wort, hermeneutisch, aber auch methodologisch Rechnung getragen werden kann.

Zwei methodologische Ebenen — Die von Benedikt XVI. skizzierte Lösung nimmt ihren Ausgangspunkt bei der Unterscheidung zweier methodologischer Ebenen, der „historisch-kritischen" und der „theologischen". Mit dieser Unterscheidung soll die göttliche und die menschliche Dimension der Bibel Berücksichtigung finden (vgl. VD 34 unter Bezug auf DV 12). Zugleich ermöglicht es die produktive Verbindung der bereits auf dem Zweiten Vatikanischen Konzil vollzogenen Anerkennung der historisch-kritischen Methoden als auch deren Begrenzung und Ergänzung durch eine sog. theologische Auslegung.

Neuen Testaments. Einführung in die Methoden der Exegese, Wuppertal ³2006.

Indem das Lehramt der Kirche den Charakter der Schrift als „Menschenwort" (an)erkennt, kann es die historisch-kritische Exegese und die anderen Methoden der Textanalyse nicht nur anerkennen, sondern sogar ihren Nutzen würdigen. Ja, sie werden sogar als *unverzichtbar* für die katholische Sichtweise der Heiligen Schrift bezeichnet, was mit dem Realismus der Inkarnation (Joh 1,14) begründet wird (VD 32). Diese Haltung ist deswegen bemerkenswert, weil das Verhältnis des römischen Lehramtes zu den historisch-kritischen Methoden lange Zeit keineswegs ungetrübt war. Im Gegenteil wurden viele katholische Exegeten in der ersten Hälfte des 20. Jh. mit Zensur und Sanktionen belegt oder von ihren Lehrstühlen vertrieben.[23]

Die unerlässliche historisch-kritische Auslegung der Heiligen Schrift soll laut Benedikt XVI. nun aber ergänzt werden durch eine „theologische Auslegung", die der göttlichen Dimension der Schrift entspricht. So sei das Ziel der Interpretationsarbeit erst erreicht, wenn der Sinn des biblischen Textes als *gegenwartsbezogenes* Wort Gottes erfasst wurde (VD 33). Fragt man, was das in methodologischer Hinsicht bedeutet, so bleibt das Dokument hier eher im Vagen. Benedikt verweist insbesondere auf die traditionellen, bereits von den Kirchenvätern entwickelten hermeneutischen Prinzipien der *Einheit der ganzen Schrift* (die er – was nicht unproblematisch ist – in der sog. kanonischen Bibelauslegung realisiert sieht), der Berücksichtigung der lebendigen *Überlieferung der Gesamtkirche* sowie der *Analogie des Glaubens* (VD 34; vgl. DV 12). Das genannte dichotomische Modell hat auch die Konsequenz, dass sowohl eine einseitig historische Auslegung, die die Bibel auf ein Buch der Vergangenheit reduziert und mit anderen antiken Texten auf eine Stufe stellt, als auch die fundamentalistische bzw. biblizistische Auslegung scharf und eindeutig abgelehnt werden. Denn die fundamentalistische Auslegung leugne den geschichtlichen Charakter der Offenbarung und damit letztlich die Inkarnation, außerdem lasse sie die menschliche Vermittlung des Textes und seine Gattungen außer Acht (VD 44).

---

[23] Vgl. *Ingo Broer*, Gebremste Exegese. Katholische Neutestamentler in der ersten Hälfte des 20. Jahrhunderts, in: *C. Breytenbach* und *R. Hoppe (Hg.)*, Neutestamentliche Wissenschaft nach 1945. Hauptvertreter der deutschsprachigen Exegese in der Darstellung ihrer Schüler, Neukirchen-Vluyn 2008, 59–112.

Anknüpfung an die altkirchlichen Schriftsinne

Mit der Akzeptanz der historisch-kritischen Methoden und der Forderung nach ihrer Ergänzung durch eine „theologische Auslegung" stellt sich Benedikt ausdrücklich in die Tradition der altkirchlichen Unterscheidung von *sensus litteralis* und *sensus spiritualis* bzw. der traditionellen Lehre vom vierfachen Schriftsinn (vgl. VD 37). Durch den Bezug auf den Literalsinn wird die durchaus revolutionäre Akzeptanz der historisch-kritischen Methoden durch das Lehramt mittels der Tradition der Kirche legitimiert. Allerdings ist die Frage, ob man das, was die altkirchlichen und mittelalterlichen Autoren unter dem Literalsinn verstanden, einlinig mit dem identifizieren kann, was moderne Exegetinnen und Exegeten im Paradigma der historisch-kritischen Methoden erarbeiten. Umstritten ist auch, ob und inwieweit der *sensus spiritualis* biblischer Texte überhaupt im Kontext der exegetischen Wissenschaften – und wenn ja, mit welchen wissenschaftlichen Methoden – erhebbar ist. Denn der geistliche Schriftsinn wird ja als der Sinn definiert, den die biblischen Texte ausdrücken, wenn sie unter dem Einfluss des Heiligen Geistes im Kontext des österlichen Mysteriums Christi und des daraus folgenden neuen Lebens gelesen werden. Das österliche Geschehen, Tod und Auferstehung Jesu, hat demnach einen völlig neuen geschichtlichen Kontext geschaffen, der auf neue Art die alten Texte erhellt und zu einer Veränderung des Sinnes führt.[24] Dann ist der *sensus spiritualis* aber doch eher im liturgischen und geistlichen Kontext zu verorten und dort auch zu erheben. Dem entspricht, dass in der traditionellen Formulierung des vierfachen Schriftsinns der Literalsinn in der dritten Person, der dreifache geistliche Sinn aber in der zweiten Person formuliert ist.[25] Das „Du" des Auslegers und der Auslegerin ist in seiner zeitgeschichtlichen und kulturellen, aber auch kirchlichen Verortung also vom geistlichen Schriftsinn nicht ablösbar. Inwiefern dieser im wissenschaftlichen Kontext gleichsam objektivierbar und argumentativ begründbar ist, bedarf weiterer Diskussion.

---

[24] Vgl. dazu das Dokument der Päpstlichen Bibelkommission von 1993 unter II.B.2, außerdem VD 37.

[25] Vgl. dazu KKK 118 und VD 37: Littera gesta docet / quid credas allegoria / moralis quid agas / quo tendas anagogia (Der Buchstabe lehrt die Ereignisse / was du [!] zu glauben hast, die Allegorie / die Moral, was du [!] zu tun hast / wohin du [!] streben sollst, die Anagogie).

2.3.3 Kerygma und Entmythologisierung: Protestantische Hermeneutik

Wenn man in der Vielfalt der hermeneutischen Zugänge nach einem für den Protestantismus besonders charakteristischen Modell gegenwartsbezogenen Verstehens der Bibel fragt, kommt am ehesten die von Rudolf Bultmann begründete kerygmatisch-existenziale Auslegung biblischer Texte[26] in den Blick, die geradezu als eine mithilfe der Existenzphilosophie bewerkstelligte Transformation von Luthers Kreuzestheologie und Rechtfertigungslehre in die Neuzeit gelten kann. Das Kerygma (Glaubensbotschaft) von Kreuz und Auferstehung Christi soll so zum Klingen gebracht werden, dass dem modernen Menschen die lebendige Stimme des Evangeliums begegnet und der Glaube von ihm als rechtfertigende Tat Gottes verstanden wird. Bultmann geht von der Prämisse aus, dass man von Gott nicht unter Ausklammerung der eigenen Existenz reden kann und die von Gott bestimmte Existenz des Menschen das eigentliche Thema der Bibel darstellt, indem sich dort die existenziellen Grundstrukturen menschlichen Daseins wie Glück, Sorge oder Angst niedergeschlagen haben. Die biblischen Überlieferungen thematisieren demnach die gleichen menschlichen Grundfragen, die auch den modernen Menschen bewegen. Allerdings liegen die Existenzangebote der biblischen Überlieferungen nach Bultmann nicht offen zutage, sondern sind in die Form mythologischer Vorstellungen gekleidet, die das wirkliche Heilsgeschehen verhüllen. Zu diesen Mythen zählen bspw. Jungfrauengeburt, Himmelfahrt und Wunder. Das allerdings auch stark kritisierte Programm der Entmythologisierung verfolgt das Ziel, das mit dem Weltbild der Antike verpflichtete mythologische Denken als für den modernen Menschen nicht annehmbares Glaubenshindernis zu überwinden und den dahinterliegenden Kern der Texte freizulegen. Der Mythos soll nicht eliminiert, sondern existenzial interpretiert werden. Das zeitlos Gültige, das vom Mythos zum Ausdruck gebracht wird, ist das existenziale Wissen, dass der Mensch nicht Herr über die Welt und sein Leben ist, sondern die Welt und das menschliche Leben ihren Grund und ihre Grenze in einer Macht haben, die jenseits all dessen liegt, was sich im Bereich menschlicher Berechnung und Verfügung befindet. Der Kern der hinter den Mythen verborgenen Glaubensbotschaft ist für Bultmann das Ärgernis des Kreuzes. Es hält dem Menschen, der sein Leben aus eigenem Willen und aus

Beispiel: Kerygmatisch-existentiale Auslegung

Entmythologisierung

Ärgernis des Kreuzes

---

[26] Vgl. *Manfred Oeming*, Biblische Hermeneutik, Darmstadt (1998) ⁴2013, 163–174.

eigener Kraft glaubt gestalten zu können, seine Erlösungsbedürftigkeit vor Augen und stellt ihn in seiner alten Existenz radikal in Frage. Glaube bedeutet in diesem Kontext Preisgabe der menschlichen Selbstherrlichkeit im Angesicht des Kreuzes. Die kerygmatisch-existenziale Hermeneutik stellt auch im 21. Jh. einen wichtigen Zugang zur Bibel dar, der bspw. die in Wundergeschichten oder Gleichnissen verborgenen Möglichkeiten des Existenzgewinns aufzeigt, ist aber durch weitere Modelle wie etwa den sozialgeschichtlichen oder den tiefenpsychologischen Ansatz zu ergänzen.

2.3.4 Ökumenische Bibelkommentare

Kommentarreihen, die von katholischen wie evangelischen Exegetinnen und Exegeten gemeinsam herausgegeben und verantwortet werden, machen die Übereinstimmungen wie Unterschiede der Konfessionen in der Bibelauslegung in besonderer Weise sichtbar.

EKK Der seit 1975 im Erscheinen begriffene *Evangelisch-Katholische Kommentar zum Neuen Testament* (EKK) ist ein Produkt des großen ökumenischen Aufbruchs, der nach dem Zweiten Vatikanischen Konzil einsetzte. Er verfolgt die Zielsetzung, die theologischen Fragen, die zu unterschiedlichen Auslegungen des Neuen Testaments in der römisch-katholischen und in der protestantischen Tradition geführt haben, aufzunehmen und im Lichte der biblischen Texte zu diskutieren. Dabei liegt ein besonderer Fokus auf der Wirkungsgeschichte der biblischen Texte in den verschiedenen Konfessionen. Ein Grundprinzip lautet, dass zwei verwandte neutestamentliche Bücher, bspw. Matthäusevangelium und Markusevangelium oder Epheserbrief und Kolosserbrief, von einem evangelischen und einem katholischen Neutestamentler bearbeitet werden, die sich eng miteinander beraten und austauschen. Dabei geht es nicht um die Abgrenzung gegenseitiger Standpunkte, sondern um gemeinsame Vorstöße zu einem besseren Verstehen der biblischen Texte.

ÖTK Auch der *Ökumenische Taschenbuchkommentar zum Neuen Testament* (ÖTK), dessen erster Teilband 1977 erschienen ist, stellt ein Gemeinschaftswerk von Exegetinnen und Exegeten katholischen und protestantischen Glaubens dar. Seine Herausgeber beklagen, dass die Bibel allzu lange überwiegend zur konfessionellen Abgrenzung und Selbstbestätigung herhalten musste, ohne sie als verbindendes Element zwischen den Kirchen, christlichen Gruppen und theologischen Schulen zu begreifen. Vor diesem Hintergrund sollen in dem ökumenischen Kommentarwerk die aus der Kirchengeschichte bekannten interkonfessionellen Kontroversen hinsichtlich der Auslegung der Schrift neu bedacht und in einer sachlichen Form einer exegetisch verantworten Lösung nahegebracht werden. Damit verbindet sich die Hoffnung, einen Beitrag dazu zu leisten, dass sich Christinnen und Christen verschiedenen Bekenntnisses untereinander besser verständigen.

2.3.5 Interkonfessionell umstrittene Einzelfragen

Obwohl sich die katholische und evangelische Bibelwissenschaft eines weitgehend identischen methodischen Instrumentariums zur Analyse und Interpretation biblischer Texte bedienen, werden an einzelnen Stellen auch in der heutigen Exegese die konfessionell unterschiedlich geprägten Auslegungstraditionen noch sichtbar. Paradebeispiele sind die Jungfrauengeburt, die Geschwister Jesu und die Petrusverheißung.

Die Vorstellung der jungfräulichen Empfängnis Jesu bzw. der Jungfrauengeburt (Mt 1,18–25; Lk 1,26–38) spielt im Katholizismus vor dem Hintergrund der Marienfrömmigkeit eine größere Rolle als im Protestantismus. Daher ist es nicht verwunderlich, dass die in der Neuzeit aufgekommene historische Kritik an der Jungfrauengeburt maßgeblich von protestantischen Theologen wie Bruno Bauer, Daniel Friedrich Schleiermacher, David Friedrich Strauß und Rudolf Bultmann geprägt wurde. Auch in der neueren Exegese neigen evangelische Exegetinnen und Exegeten deutlicher dazu, die Jungfrauengeburt angesichts des reichen religionsgeschichtlichen Vergleichsmaterials und angesichts ihrer schwachen neutestamentlichen Bezeugung für historisch unwahrscheinlich zu halten,[27] während sich katholische Exegetinnen und Exegeten tendenziell zurückhaltender äußern.[28] Einig sind sich beide Parteien, dass es jenseits der historischen Frage um eine tragfähige theologische Interpretation der neutestamentlichen Aussagen von der Jungfrauengeburt gehen muss.

Jungfrauengeburt

---

[27] *Ulrich Luz*, Das Evangelium nach Matthäus (Mt 1–7) (EKK I/1), Düsseldorf/Zürich/Neukirchen-Vluyn (1984) ⁵2002, 155; *Matthias Konradt*, Das Evangelium nach Matthäus (NTD 1), Göttingen 2015, 36.
[28] *Joachim Gnilka*, Das Matthäusevangelium. Erster Teil (HThK I/1), Freiburg i. Br. 1986, 30, hält die Frage der Jungfrauengeburt für historisch nicht lösbar. Deutlicher *Peter Fiedler*, Das Matthäusevangelium (ThKNT 1), Stuttgart 2006, 54; Angesichts der Zielsetzung des Matthäus, die Transzendenz Gottes zu wahren, sei ein biologisches Verständnis der Jungfrauengeburt verfehlt.

Geschwister Jesu — Wenn in den Evangelien von den Brüdern und Schwestern Jesu die Rede ist (Mk 6,3; Mt 13,55–56), betrachtet die protestantische Bibelexegese diese einhellig als leibliche Geschwister Jesu, die später noch aus der Ehe von Josef und Maria hervorgingen. In der katholischen Exegese gibt es dagegen eine einflussreiche Auslegungstradition, welche die Brüder und Schwester in einem weitläufigeren Sinne als Cousins und Cousinen Jesu ansieht. In der orthodoxen Tradition wird in Anlehnung an das apokryphe Protoevangelium des Jakobus die These vertreten, es gehe um ältere Stiefgeschwister Jesu, die der verwitwete Josef aus einer früheren Ehe in die Ehe mit Maria einbrachte. Sowohl die katholische als auch die orthodoxe Auslegungstradition sind dem Glauben an die immerwährende Jungfräulichkeit Marias geschuldet. Dieses Mariendogma, das 553 vom Konzil in Konstantinopel festgeschrieben wurde, spielt in der protestantischen Tradition keine ausgeprägte Rolle. Der evangelische Neutestamentler Ulrich Luz meinte, in der katholischen Forschung eine „geradezu unglaubliche Vorsicht" beobachten zu können, die nur dogmatisch oder kirchenpolitisch verständlich sei. Die von der immerwährenden Jungfräulichkeit Mariens herrührende Problematisierung der Geschwister Jesu sei nicht ein Problem der Bibelwissenschaft, sondern der katholischen Dogmatik.[29] Neuere katholische Markuskommentare halten die Frage nach dem exakten Verwandtschaftsgrad für nicht eindeutig lösbar und lassen sie offen.[30] Immerhin werden die sog. Geschwister Jesu nirgendwo im Neuen Testament als Kinder Marias bezeichnet.

Petrusverheißung — Die Petrusverheißung in Mt 16,18–19 steht in besonderem Maße im Zentrum interkonfessioneller Auslegungskontroversen. Bis in die Gegenwart hinein ist das völlig unterschiedliche Verständnis des Textes, der in der katholischen Tradition zum „Kardinalbeleg" für den besonderen Autoritätsanspruch des römischen Bischofsstuhls wurde, Kernpunkt für die Spaltung der Kirchen. Nach dem Urteil des evangelischen Neutestamentlers Christfried Böttrich sind sich Exegetinnen und Exegeten beider Konfessionen darüber einig, dass die Auftragsworte an Petrus keine ausreichende Begründung des römischen Primats geben, sondern zunächst nur einmalige, auf

---

[29] *Ulrich Luz*, Das Evangelium nach Matthäus (Mt 8–17) (EKK I/2), Zürich/Neukirchen-Vluyn 1990, 387.
[30] *Joachim Gnilka*, Das Evangelium nach Markus (Mk 1–8,26) (EKK II/1), Zürich/Neukirchen-Vluyn 1978, 234–235; *Peter Dschulnigg*, Das Markusevangelium (ThKNT 2), Stuttgart 2007, 170.

Petrus bezogene Funktionen beschreiben.[31] In der protestantischen Exegese dominiert unter Einbeziehung von Mt 18,18 ein kollektives Verständnis der Petrusverheißung Mt 16,17–19, das die durch die Vollmacht zum Binden und Lösen umschriebene Lehrgewalt allen Gläubigen gegeben sieht. Nach Auffassung des katholischen Neutestamentlers Joachim Gnilka hat Matthäus noch nicht an eine Fortsetzung des einer einzelnen Person übertragenen Petrusamtes gedacht, wohl aber an eine Fortsetzung des Petrusdienstes, dem die Aufgabe zukomme, die Lehre Jesu in ihrer ganzen Kraft unverfälscht zur Geltung zu bringen. Die Frage der Petrusnachfolge könne von exegetischer Seite nicht entschieden werden.[32]

2.4 Rolle der Bibel im Religionsunterricht

Traditionell wurde aufgrund des Schriftprinzips in der protestantischen Religionspädagogik die Zentralstellung der Bibel im Religionsunterricht lange Zeit stärker betont als in der katholischen Religionspädagogik. Beispielhaft zeigt sich dies in der Evangelischen Unterweisung[33] als der nach dem Zweiten Weltkrieg im Protestantismus zunächst dominanten Konzeption des schulischen Religionsunterrichts, bei der die Bibel gemeinsam mit Gesangbuch und Katechismus als zentrale Urkunde des christlichen Glaubens im Mittelpunkt des Unterrichtsgeschehens stand. Durch die konsequente Orientierung an dem in der Bibel bezeugten Wort Gottes sollte der Religionsunterricht im rechten Umgang mit dem Evangelium unterweisen und von Überfremdung durch Ideologien befreit werden. Die Lehrkraft bezog im Konzept der Evangelischen Unterweisung ihre Legitimität aus dem Missionsbefehl Jesu (Mk 28,16–20) und war mit der Aufgabe betraut, als engagierter Zeuge oder Zeugin durch Auslegung der Schrift die Schülerinnen und Schüler zur Entscheidung gegenüber dem Anspruch des Wortes Gottes zu führen. Auf katholischer Seite lässt sich mit der Evangelischen Unterweisung die kerygmatische Bibelkatechese bzw. die

Evangelische Unterweisung und Materialkerygmatik

---

[31] *Christfried Böttrich*, Petrus. Fischer, Fels und Funktionär (BG 2), Leipzig (2001), ²2013, 274. Die Gegenposition von *Rudolf Pesch*, Die biblischen Grundlagen des Primats (QD 187), Freiburg i. Br. 2001, blieb auch innerkatholisch umstritten.
[32] *Joachim Gnilka*, Das Matthäusevangelium. Zweiter Teil (HThK I/2), Freiburg 1988, 68–79.
[33] Vgl. *Godwin Lämmermann*, Religionspädagogik im 20. Jahrhundert, Gütersloh ²1999, 63–94.

materialkerygmatische Konzeption des Religionsunterrichts vergleichen, bei der ebenfalls die Bibel als zur persönlichen Glaubensentscheidung aufrufendes Zeugnis vom Wort Gottes im Mittelpunkt des Unterrichtsgeschehens stand und der Lehrperson die Rolle des Verkündigers oder der Verkündigerin zugeschrieben wurde.[34]

Hermeneutischer RU und Hermeneutische Bibeldidaktik

Auch im maßgeblich von der existenzialen Theologie Rudolf Bultmanns geprägten Hermeneutischen Religionsunterricht, der in 1960er Jahren die Evangelische Unterweisung zunehmend verdrängte, blieb die Zentralstellung der Bibel im Unterricht gewahrt, wobei sie allerdings nicht mehr Wort Gottes im Sinne einer formell beschworenen Autorität war und alttestamentliche Texte angesichts der ausgeprägten Fokussierung auf das neutestamentliche Kerygma von Tod und Auferstehung Christi in den Hintergrund traten. Aus der nun schultheoretischen Begründung des Religionsunterrichts ergibt sich, dass in dessen Zentrum nicht die Verkündigung zur Glaubenserweckung, sondern die engagierte und methodisch reflektierte Interpretation von Texten steht, wie sie sich auch in anderen Fächern vollzieht. Unter dem Eindruck des Zweiten Vatikanischen Konzils, in dem sich die katholische Kirche stärker für die wissenschaftliche Bibelexegese öffnete, entwickelte sich auch in der katholischen Religionspädagogik eine stark vom Hermeneutischen Religionsunterricht inspirierte Hermeneutische Bibeldidaktik, die sich bei der Auslegung und Aneignung des Bibeltextes der Existenzphilosophie verpflichtet sah.[35]

Bibeldidaktische Aufbrüche

Nachdem die Bibel in den 1970er Jahren durch den problemorientierten Religionsunterricht einen weitreichenden Bedeutungsverlust im Unterrichtsgeschehen erlitten hatte, setzte eine Kehrtwende ein, an der gleichermaßen evangelische wie katholische Religionspädagogen beteiligt waren. Zu erwähnen sind neben Ingo Baldermanns Konzept von der Bibel als Buch des Lernens[36] und Georg Baudlers biblischer Korrelationsdidaktik[37] insbesondere die symboldidaktischen Ansätze von Hubertus Halbfas und Peter Biehl, in denen biblische Symbole in unterschiedlicher Weise eine tragende

---

[34] *Rudi Ott*, Lernen in der Begegnung mit der Bibel, in: *Hans-Georg Ziebertz* und *Werner Simon* (Hg.), Bilanz der Religionspädagogik, Düsseldorf 1995, 291–309, hier 291–292.

[35] *Ott*, Begegnung mit der Bibel (s. Anm. 34), 292–295.

[36] *Ingo Baldermann*, Die Bibel – Buch des Lernens. Grundzüge biblischer Didaktik, Göttingen 1980; vgl. *Ders.*, Einführung in die Biblische Didaktik, Darmstadt 1996.

[37] *Georg Baudler*, Korrelationsdidaktik. Leben durch Glauben erschließen (UTB 1306), Paderborn 1984.

Rolle spielen.³⁸ Gegenwärtig betonen evangelische wie katholische Religionspädagogen mit weitgehend deckungsgleichen bildungstheoretischen und theologischen Argumenten die Notwendigkeit biblischen Lernens im Religionsunterricht.³⁹ Zudem liegen von Vertreterinnen und Vertretern beider Konfessionen neuere bedeutsame Konzepte der Bibeldidaktik vor.⁴⁰

3 Die Bibel in der weiteren Ökumene christlicher Kirchen: Anglikanische und orthodoxe Perspektiven

3.1 Bibelkanon der anglikanischen Kirche und der orthodoxen Kirchen

Der Bibelkanon für die heute aus knapp 40 selbstständigen Gliedkirchen (u. a. Church of England; The Protestant Episcopal Church in the United States of America; Church of South India) bestehende anglikanische Glaubensgemeinschaft wird in den „Thirty-nine Articles of Religion" von 1563 verbindlich festgelegt. Wie in den Kirchen der Reformation wird den deuterokanonischen Büchern des Alten Testaments keine Autorität beigemessen. Ihre Lektüre ist zur Erbauung und Unterweisung erlaubt, doch es dürfen keine verbindlichen Lehren aus ihnen abgeleitet werden (Art. 6). Während die Bishop's Bible von 1568 und die King James Version von 1611 die deuterokanonischen Bücher des Alten Testaments als Anhang ent-

Anglikanischer Bibelkanon

---

³⁸ *Hubertus Halbfas*, Das dritte Auge. Religionsdidaktische Anstöße, Düsseldorf 1982; *Peter Biehl u. a.*, Symbole geben zu lernen Bd. I–II (WdL 6.9), Neukirchen-Vluyn 1989/1993.

³⁹ *Ulrich Kropač*, Biblisches Lernen, in: *Georg Hilger, Stephan Leimgruber und Hans-Georg Ziebertz (Hg.)*, Religionsdidaktik. Ein Leitfaden für Studium, Ausbildung und Beruf, München (2001) ⁶2010, 416–433, hier 417–421; *Michael Fricke*, Biblische Themen, in: *Martin Rothgangel, Gottfried Adam und Rainer Lachmann (Hg.)*, Religionspädagogisches Kompendium, Göttingen 2012, 374–388, hier 374–376.

⁴⁰ Vgl. auf evangelischer Seite *Horst Klaus Berg*, Grundriß der Bibeldidaktik. Konzepte – Modelle – Methoden, München/Stuttgart (1993) ³2003; *Gerd Theißen*, Zur Bibel motivieren. Aufgaben, Inhalte und Methoden einer offenen Bibeldidaktik, Gütersloh 2003; *Peter Müller*, Schlüssel zur Bibel. Eine Einführung in die Bibeldidaktik, Stuttgart 2009, auf katholischer Seite *Mirjam Schambeck*, Bibeltheologische Didaktik. Biblisches Lernen im Religionsunterricht (UTB 3200), Göttingen 2009.

hielten, wurden sie im 17. Jh. aus den anglikanischen Bibelausgaben verdrängt, da man sie als nicht göttlich inspiriert ansah.

Orthodoxe und Orientalisch-orthodoxe Bibelkanones

Die von den orthodoxen Kirchen benutzten Bibeln enthalten dagegen im Alten Testament einen umfangreicheren Schriftkanon. Neben den auch von der römisch-katholischen Kirche anerkannten deuterokanonischen Büchern des Alten Testaments werden im Allgemeinen auch das 3. Esrabuch (das in der Septuaginta als 1. Esrabuch begegnet), das 3. Makkabäerbuch und der 151. Psalm der Septuaginta als kanonisch betrachtet. In der Äthiopisch-orthodoxen Kirche erfreuen sich zudem auch das Henochbuch und das Jubiläenbuch kanonischer Autorität. Im Bereich des Neuen Testaments stützen sich die orthodoxen Kirchen nicht auf das *Novum Testamentum Graece*, sondern den 1904 vom Ökumenischen Patriarchat von Konstantinopel herausgegebenen und 1912 nochmals revidierten griechischen Text, der für die Evangelien mittlerweile auch in deutscher Übersetzung vorliegt.[41] In Österreich erschien die bislang einzige deutschsprachige orthodoxe Schulbibel für den Religionsunterricht. Sie beinhaltet die vier Evangelien, die Apostelgeschichte sowie ausgewählte Psalmen, wobei die Bibeltexte mit Ikonen aus unterschiedlichen orthodoxen Traditionen illustriert sind.[42]

3.2 Anglikanisches und orthodoxes Schriftverständnis

Anglikanisches Schriftverständnis

Für das Schriftverständnis der anglikanischen Kirche sind die auf die Bibel bezogenen Aussagen in den „Thirty-nine Articles of Religion" von konstitutiver Bedeutung. Die Schrift enthält alles Heilsnotwendige, womit das, was sich nicht in ihr findet, auch keine Bedeutung hat (Art. 6). Indem die Schrift in der anglikanischen Tradition als in einzigartiger Weise inspiriertes Zeugnis der Offenbarung Gottes die höchste Autorität darstellt, sind die Ausdrucksformen der Kirche für diese Offenbarung an ihrer Übereinstimmung mit der Schrift zu messen.[43] Das Alte Testament steht nach anglikanischer

---

[41] *Schweizerische Bibelgesellschaft (Hg.)*, Byzantinischer Text Deutsch: Die Evangelien, Biel 2018.

[42] Orthodoxe Schulbibel. Evangelien, Apostelgeschichte und ausgewählte Psalmen zur Verwendung für den orthodoxen Religionsunterricht ab der 5. Schulstufe, hg. im Auftrag des *Orthodoxen Schulamts in Österreich*, Wien 2015.

[43] Vgl. *Matthias Haudel*, Die Bibel und die Einheit der Kirchen. Eine Untersuchung der Studien von „Glauben und Kirchenverfassung", Göttingen (1993) ³2012, 98–103.

Auffassung nicht im Gegensatz zum Neuen Testament, sondern in beiden Teilen der Bibel wird durch Christus, den einzigen Mittler zwischen Gott und der Menschheit, das ewige Leben angeboten (Art. 7). Im Hinblick auf Bibelkritik und die Anwendung wissenschaftlicher Methoden der Textauslegung lässt sich innerhalb der anglikanischen Kirche keine einheitliche Haltung ausmachen, da in ihr neben liberalen auch evangelikale oder pietistische sowie streng konservative anglokatholische Richtungen vertreten sind.

Eine Darstellung *des* orthodoxen Schriftverständnisses ist schwierig, da im Unterschied zur römisch-katholischen Kirche eine zentrale Instanz, die ein solches verbindlich formulieren könnte, fehlt. Allerdings gibt es doch einige Autoren, die übergreifende Bedeutung haben und die umfassend rezipiert werden. Im Hinblick auf das Schriftverständnis ist dies insbesondere Georgij V. Florovskij (1893–1979).[44] Hinzu kommt, dass die einzelnen orthodoxen und altorientalischen Kirchen bislang in sehr unterschiedlichem Maße „westliche" Einflüsse rezipiert haben.

<small>Orthodoxe Schriftverständnisse</small>

Charakteristisch dürfte sein, dass die Heilige Schrift ungleich stärker als in den westlichen Konfessionen vernetzt mit kirchlichen Vollzügen ist. So sieht Florovskij die Bibel in erster Linie als Buch der Kirche, als Buch, in dem aber nicht nur das Wort Gottes, sondern die Antworten der Menschen darauf aufgezeichnet sind. Dementsprechend gilt die Liturgie, die in den orthodoxen Kirchen eine ungleich höhere theologische und hermeneutische Bedeutung als im Westen hat, als der genuine Ort der Schriftlektüre. Hier begegnen die Gläubigen auf Schritt und Tritt der Heiligen Schrift – aber immer schon als ausgelegter Schrift, ausgelegt durch den reichen Schatz kirchlicher Hymnodie, durch die Ikonen, die Gebete und das Glaubensbekenntnis. Diesem doxologischen Zugang zur Schriftauslegung korrespondiert, dass das Schriftverständnis und die Auslegungsmethoden der maßgeblichen Kirchenväter nach wie vor eine immense Bedeutung haben. In der orthodoxen Theologie herrscht daher große Reserve, die Heilige Schrift von diesen Kontexten (Väter, Liturgie, Spiritualität) zu abstrahieren und die Schrift gleichsam „direkt" und „für sich" auszulegen. Dennoch haben sich in vielen orthodoxen Kirchen inzwischen auch historisch-kritische Methoden der Exegese etabliert, auch wenn deren philosophischen Prämissen sowie den Ansprüchen der autonomen Vernunft mit Misstrauen begegnet wird. Viele zeitgenössische orthodoxe Theo-

<small>Beispiel: Georgij Florovskij</small>

<small>Schrift und Kirchenväter, Liturgie, Spiritualität</small>

---

[44] Grundlegend ist *Grigorij V. Florovskij*, Sobornost. Kirche, Bibel, Tradition (Werkausgabe Bd. 1), München 1989.

logen integrieren aber die neueren Methoden durchaus. Sie berufen sich dafür auf die natürliche Vernunft des Menschen, die diesem von Gott gegeben wurde, vor allem aber schließen sie an bestimmte Traditionen der Alten Kirche an, insbesondere an die antiochenische Schule mit ihrer Betonung des Literalsinns, aber auch an die Prinzipien und Methoden der antiken Homer-Exegese. Weitgehender Konsens herrscht allerdings dahingehend, dass ein historischer Zugang zur Bibel nur in Verbindung mit einer „theologischen" Hermeneutik legitim ist, gemäß derer die Schrift im Kontext der lebendigen Tradition der Kirche zu verstehen ist, die sich in den Glaubensbekenntnissen und Konzilsentscheidungen, aber auch der Liturgie, der Ikonographie und der Aszetik manifestiert. Dem historischen muss zudem ein „mystischer Zugang" korrespondieren, bei dem der Heilige Geist den in der Gemeinschaft mit Christus stehenden Auslegerinnen und Auslegern den geistlichen Schriftsinn erschließt.

4 Anknüpfungspunkte im Blick auf andere Religionen: Judentum und Islam

4.1 Judentum

Tanach

Der erste Teil der christlichen Bibel besteht aus den heiligen Schriften Israels. Die christliche Kirche hat nicht das dreiteilige Ordnungsschema der Bibel Israels übernommen, wie es sich in dem Kunstwort Tanach widerspiegelt, das aus den Anfangsbuchstaben von Tora (Gesetz), Nebiim (Propheten) und Ketubim (Schriften) gebildet wird.[45] Die Tora umfasst den Pentateuch (Gen – Dtn). Zu den „Propheten" zählen Geschichtsbücher (Josua, Richter, 1.–2. Samuel, 1.–2. Könige), die drei großen Propheten Jesaja, Jeremia und Ezechiel sowie die zwölf kleinen Propheten. Die „Schriften" umfassen neben der Weisheitsliteratur (Psalmen, Hiob, Proverbien, Hohelied, Kohelet) auch Werke, die im christlichen Alten Testament unter die Geschichtsbücher (Rut; Ester; Esra; Nehemia; 1.–2. Chronik) oder die Propheten (Klagelieder; Daniel) gerechnet werden.

Tora

Innerhalb des Tanach besteht eine qualitative Abstufung.[46] Die Tora stellt das uneingeschränkte Fundament dar und wird im Rahmen

---

[45] *Hanna Liss,* Tanach. Lehrbuch der jüdischen Bibel, Heidelberg (2005) ⁴2019.

[46] *Zenger u. a.,* Einleitung in das Alte Testament (s. o. Anm. 3), 22–24.

einer fortlaufenden Lesung beim synagogalen Sabbatgottesdienst vorgetragen. Aus den als Kommentare zur Tora geltenden „Propheten" werden für die liturgische Lesung solche Abschnitte ausgewählt, die den Kommentarcharakter besonders unterstreichen. Aus den „Schriften" kommt neben den Psalmen vor allem den fünf Megillot („Festrollen"), unter denen man die Bücher Rut (Wochenfest), Hohelied (Pesach), Kohelet (Laubhüttenfest), Klagelieder (Gedenktag der Tempelzerstörung) und Ester (Purim) versteht, besondere Bedeutung im Synagogengottesdienst zu. Eine hervorgehobene Rolle spielt zudem der Talmud („Belehrung", „Studium"), der um 400 n. Chr. Gestalt gewann und im Judentum der Tora vielfach gleichbedeutend zur Seite gestellt wird. In den Talmud sind neben der Mischna, die in thematisch ausgerichteten Ordnungen und Traktaten eine Art Kommentar zum Mosegesetz bietet, weitere Gesetzeslehren wie auch Erzählüberlieferungen eingeflossen. Der Talmud existiert in zwei Versionen, wobei der Babylonische Talmud den Palästinischen oder Jerusalemer Talmud sowohl vom Anfang als auch von der Bedeutung her in den Schatten stellt.

Talmud

Ähnlich wie das Christentum hat auch das Judentum viele Gesichter, die sich durch ein unterschiedliches Schriftverständnis auszeichnen.[47] Für das orthodoxe Judentum, das ein breites Spektrum mit unterschiedlichen Schattierungen bis hin zu ultra-orthodoxen Strömungen umfasst, sind der Buchstabe des Mosegesetzes und dessen Auslegung durch die rabbinischen Gelehrten, wie sie sich im Talmud niedergeschlagen hat, zeitlos verbindlich und entziehen sich jeder Hinterfragung. Das konservative Judentum versucht dagegen die jüdische Tradition mit den Anforderungen der Gegenwart ins Gleichgewicht zu bringen, um auf diese Weise ein Fortbestehen des jüdischen Volkes durch die Zeiten hindurch zu gewährleisten. Es geht ihm um die Bewahrung traditioneller jüdischer Bräuche bei gleichzeitiger maßvoller Öffnung vor dem Hintergrund moderner Erkenntnisse und Lebensumstände. Auch für konservative Jüdinnen und Juden ist die Tora das offenbar gewordene Wort Gottes, doch wird die Mitbeteiligung der Menschen bei der Interpretation der Tora in Rechnung gestellt und wahrgenommen, dass die Tora und die jüdischen Religionsgesetze im Laufe der Geschichte auch Wandlungen unterworfen waren. Dass die traditionellen Religionsgesetze einschließlich der Speisevorschriften (Kaschrut) einzuhalten sind, steht außer Frage. Dabei können aber einzelne rituelle Vorschriften der Tora vorsichtig an neue Gegebenheiten angepasst werden. Das

Schriftverständnisse in den Strömungen modernen Judentums

Orthodoxes Judentum

Konservatives Judentum

---

[47] Vgl. *Hanna Liss*, Jüdische Schriftauslegung, Tübingen 2020.

Liberales Judentum Reformjudentum hingegen lässt einen Umgang mit der Tora erkennen, der sich charakteristisch vom Schriftverständnis des orthodoxen Judentums wie auch des konservativen Judentums abhebt. Allein die ethischen Vorschriften des Mosegesetzes gelten als zeitlos gültige Offenbarung Gottes, während die rituellen Regelungen der Tora in den Hintergrund treten. Charakteristische Merkmale der Torafrömmigkeit wie die Beschneidung, die Begehung der Feiertage oder die Einhaltung der elementaren Speisegebote stehen zwar auch für das Reformjudentum außer Frage, doch nimmt es grundsätzlich gegenüber dem Ritualgesetz und der Tradition eine freizügigere Haltung ein.

Im orthodoxen oder traditionsgebundenen Judentum wird eine wissenschaftliche Bibelauslegung, die eine Herkunft der Tora von Mose bestreitet, sich um die Eruierung von Quellenschriften im Pentateuch bemüht und die Geschichtsdarstellung der biblischen Bücher kritisch hinterfragt, entschieden abgelehnt. Daneben existiert aber auch eine jüdische Schriftauslegung, die sich derselben historisch-kritischen oder literaturwissenschaftlichen Methodik bedient, wie sie von der christlichen alttestamentlichen Bibelwissenschaft geprägt wurde.[48]

4.2 Islam

Koran Die Heilige Schrift des Islam ist der aus 114 Suren bestehende Koran. Als unverfälschtes und direktes Wort Gottes erfährt er höchste Wertschätzung. Die 92. Sure des Korans spricht davon, dass er „in der Nacht der Macht" als Träger des göttlichen Wortes vom Himmel herabgeschickt wurde. Der Koran beinhaltet nach muslimischer Überzeugung jene Worte Allahs, die er durch den Engel Gabriel seinem Propheten Muhammad in arabischer Sprache eingab und die Muhammad dann öffentlich verkündigte. Nach dem Ort der Offenbarung wird zwischen Suren aus Mekka und Medina unterschieden. Die Offenbarung des Korans gilt als Wunder, das die Prophetenschaft Mohammeds beglaubigt. Im Koran selber wird die Überzeugung geäußert, dass sich dessen Text in einer Urschrift bei Allah im Himmel befindet (Sure 13,39). Inhaltlich bietet der Koran eine

---

[48] Vgl. *Günter Stemberger*, Schriftauslegung I. Judentum, TRE 30 (1999), 442–456, hier 454–455; *Annett Martini* und *Susanne Talabardon*. Bibelauslegung, jüdische, in: WiBiLex, abrufbar unter: https://www.bibelwissenschaft.de/stichwort/15261/ [Zugriff: 27.09.19].

Mischung von Predigten, Visionen, Offenbarungen und Rechtsvorschriften. Dazu zählt auch das Glaubensbekenntnis (Schahada) zum einen Gott (Sure 37,35; 47,19) und zu Muhammad als dessen Gesandten (48,29), das neben dem fünfmaligen täglichen Gebet, den Almosen, dem Fasten im Monat Ramadan und der Pilgerfahrt nach Mekka einen der fünf Grundpfeiler des Islam ausmacht. Die Diskussion darüber, wie der Koran zu lesen und zu verstehen ist, wird in den unterschiedlichen Schulen der Koranauslegung kontrovers geführt. Versuche liberaler islamischer Denker, den Koran im Kontext seiner Entstehungszeit zu verstehen und auch zu hinterfragen, gelten unter gläubigen Musliminnen und Muslimen weithin als Sakrileg. Die 2018 vorgelegte historisch-kritische Koranausgabe des tunesischen Islamwissenschaftlers Abdelmajid Charfi, die Überlieferungsvarianten zum kodifizierten Korantext abdruckt, wurde in Teilen der islamischen Welt verboten. Von großer Bedeutung ist das Kommentarprojekt „Der Koran als Text der Spätantike" von Angelika Neuwirth, in dem die Vernetzung des Korans mit den jüdischen, christlichen und altarabischen Diskursen seiner Umwelt rekonstruiert wird. Von dem Handkommentar, der die Suren in ihrer historischen Reihenfolge und thematischen Entwicklung auslegt, sind die ersten Bände erschienen.[49] Der Kommentar und seine textkritischen wie literaturgeschichtlichen Grundlagen sind auch online zugänglich.[50]

Schulen der Koranauslegung

Corpus Coranicum

Im Koran werden zahlreiche Erzählungen der jüdischen und christlichen Bibel aufgegriffen und zum größten Teil neu erzählt. Der Islam beruft sich in seiner Herkunft auf Abraham. Er zählt also mit dem Judentum und dem Christentum zu den abrahamitischen Religionen. Neben Abraham rechnet der Koran auch Gestalten wie Noah, Mose und Jesus zu den großen Persönlichkeiten, die von Gott auserwählt wurden. Zudem stimmt der Islam mit dem Judentum im Blick auf konstitutive rituelle Religionsvorschriften wie Beschneidung und Speisetabus (Verzicht auf Schweinefleisch, Forderung der Schächtung) überein. Jesus (Isa) findet im Koran an zahlreichen Stellen Erwähnung und gehört zu den großen Gesandten Gottes.[51]

Bezüge zwischen Koran und Tanach bzw. Bibel

---

[49] *Angelika Neuwirth*, Der Koran als Text der Spätantike. Ein europäischer Zugang, Frankfurt a. M. 2010; *Dies.*, Der Koran. Handkommentar mit Übersetzung. Bd. 1: Frühmekkanische Suren. Poetische Prophetie, Frankfurt a. M. 2011; Bd. 2/1: Frühmittelmekkanische Suren. Das neue Gottesvolk: ‚Biblisierung' des altarabischen Weltbildes, Frankfurt a. M. 2017.
[50] Abrufbar unter: https://corpuscoranicum.de.
[51] Vgl. *Martin Bauschke*, Jesus im Koran und im Islam, in: *Werner Zager* (Hg.), Jesus in den Weltreligionen, Neukirchen-Vluyn 2004, 87–114. *Mouha-*

Als Sohn Marias wird Jesus durch einen göttlichen Schöpfungsakt empfangen. Der Koran unterstreicht das Dogma der Jungfrauengeburt und verteidigt Maria ausdrücklich gegen den Vorwurf, sie habe ein uneheliches Kind zur Welt gebracht (Sure 3,42–47; 19,17–21). In einzelnen Schichten des Korans gilt Jesus auch als Messias, als Gesalbter Gottes, ohne dass dieser Titel eine göttliche Würde im christlichen Sinne impliziert. Vielmehr wird vom Koran eine Gottessohnschaft Jesu strikt verneint. Als Prophet und Gesandter Gottes bleibt er ein gewöhnlicher Mensch.

Auch im Blick auf die Kreuzigung Jesu vertritt der Koran eine vom Neuen Testament abweichende Theorie.[52] Für seinen Autor ist unvorstellbar, dass Gott seinen Gesandten den Händen der Frevler überließ. Von Pontius Pilatus und den Römern als den eigentlich für den Kreuzestod Verantwortlichen ist keine Rede. Den Juden als den Feinden Jesu gelang es nach der Darstellung des Korans nicht, ihn zu kreuzigen. Vielmehr sei ihnen eine ähnliche Gestalt erschienen (Sure 4,157–158). Diese Aussage ist wohl so gemeint, dass anstelle Jesu eine andere, ihm zum Verwechseln ähnlich sehende Person am Kreuz starb. Weniger plausibel sind Auslegungstraditionen dieser Koranstelle, denen zufolge die „ungläubigen Juden" sich lediglich einbildeten, Jesus gekreuzigt zu haben. In jedem Fall hat nach Überzeugung des Korans Gott in seiner Weisheit und Allmacht seinen Gesandten Jesus errettet, indem er ihn unmittelbar zu sich nahm. Wie alles, was im Koran steht, sind auch die Aussagen über Jesus für Musliminnen und Muslime unhinterfragt zu glauben. Paulus, der anders als Jesus im Koran nicht vorkommt, gilt in der islamischen Welt als Verfälscher der Lehren Jesu.[53] Insbesondere wird ihm vorgeworfen, dass er die Beschneidung und die Speisetabus außer Kraft setzte. Die christliche Trinitätslehre wird von Musliminnen und Muslimen als Widerspruch zum strengen Monotheismus betrachtet.

Auch wenn der Islam mit dem Judentum und dem Christentum den Glauben an den einen Gott sowie den Bezug auf Abraham und weitere biblische Propheten einschließlich Jesus teilt, kann er weder das Alte Testament noch das Neue Testament als Offenbarungsquellen anerkennen. Obwohl Juden und Christen im Koran als „Leute

---

nad Khorchide und Klaus von Stosch, Der andere Prophet. Jesus im Koran, Freiburg i. Br. u. a. 2018.

[52] Dazu vgl. Tobias Specker, Das Kreuz – der trennende theologische Skandal, in: Theologisch-praktische Quartalschrift 161 (2013), 243–252.

[53] Vgl. Timo Güzelmansur und Tobias Specker (Hg.), Paulus von Tarsus, Architekt des Christentums? Islamische Deutungen und christliche Reaktionen (CIBEDO), Regensburg 2016.

des Buches" besondere Wertschätzung erfahren, sind sie letztlich Ungläubige, gegen die in Sure 9,29 zum Kampf aufgerufen wird. Als Schriften von Religionen, die nicht im Islam aufgegangen sind, kommt dem Alten und Neuen Testament keine autoritative Geltung zu, zumal der Koran den Anspruch erhebt, die wahre Version der in der Bibel teilweise verfälschten Erzählungen wiederhergestellt zu haben.

5 Lesehinweise

Stefan Alkier (Hg.), Sola Scriptura 1517–2017. Rekonstruktionen – Kritiken – Transformationen – Performanzen, Tübingen 2019.
Ingo Broer und *Hans-Ulrich Weidemann*, Einleitung in das Neue Testament, Würzburg (1998/2001) ⁴2016.
Detlef Dieckmann und *Bernd Kollmann*, Das Buch zur Bibel. Geschichten – Menschen – Hintergründe, Berlin (2010) ²2016.
Klaus Dorn, Basiswissen Bibel. Das Alte Testament/Das Neue Testament/Lesen und Verstehen, 3 Bde., Paderborn 2015/2016/2017.
Martin Ebner und *Stefan Schreiber (Hg.)*, Einleitung in das Neue Testament, Stuttgart (2008) ³2020.
Friedmann Eißler, Schriftauslegung in Christentum und Islam, in: Materialdienst der Evangelischen Zentralstelle für Weltanschauungsfragen 72 (2009), 230–232.
Irmtraud Fischer u. a. (Hg.), Der Streit um die Schrift, Göttingen 2018.
Mohammed Gharaibeh und *Tobias Specker*, Voneinander wissen […]. Der Umgang mit dem Koran und der Bibel, in: Welt und Umwelt der Bibel 21 (2016), H. 80, 78–80.
Matthias Haudel, Die Bibel und die Einheit der Kirchen. Eine Untersuchung der Studien von „Glauben und Kirchenverfassung", Göttingen (1993) ³2012.
Bernd Kollmann, Neues Testament kompakt, Stuttgart 2014.
Bernd Kollmann, Neutestamentliche Schlüsseltexte für den Religionsunterricht, Stuttgart 2019.
Bernd Kollmann, Martin Luthers Bibel. Entstehung – Bedeutung – Wirkung, Gütersloh 2021.
Hanna Liss, Tanach. Lehrbuch der jüdischen Bibel, Heidelberg (2005) ⁴2019.
Hanna Liss, Jüdische Schriftauslegung, Tübingen 2020.
Susanne Luther und *Ruben Zimmermann (Hg.)*, Studienbuch Hermeneutik. Bibelauslegung durch die Jahrhunderte als Lernfeld der Textinterpretation, Gütersloh 2014.
Siegfried Meurer (Hg.): Die Apokryphenfrage im ökumenischen Horizont. Die Stellung der Spätschriften des Alten Testaments im biblischen Schrifttum und in den kirchlichen Traditionen des Ostens und Westens, Stuttgart (1989) ²1993.
Manfred Oeming, Biblische Hermeneutik, Darmstadt (1998) ⁴2013.

Hansjörg Schmid, Andreas Renz und *Bülent Ucar (Hg.)*, „Nahe ist dir das Wort ..." Schriftauslegung in Christentum und Islam, Regensburg 2010.
Nicolai Sinai, Die Heilige Schrift des Islam. Die wichtigsten Fakten zum Koran, Freiburg i. Br. u. a. 2012.
Konrad Schmid und *Jens Schröter,* Die Entstehung der Bibel. Von den ersten Texten zu den heiligen Schriften, München ³2020.
Udo Schnelle, Einleitung in das Neue Testament, Göttingen (1994) ⁹2017.
Ulrich Vollmer und *Hans-Joachim Klimkeit,* Schriften, heilige, in: TRE 30 (1999), 499–511.
Hans-Ulrich Weidemann, Historisch-kritische Exegese, in: *Mirjam Zimmermann* und *Ruben Zimmermann (Hg.),* Handbuch der Bibeldidaktik, Tübingen (2013) ²2018, 491–496.
Erich Zenger u. a., Einleitung in das Alte Testament, hg. von *Christian Frevel,* Stuttgart (1995) ⁹2016.

Nach den Quellen des Christentums fragen

Religionsdidaktischer Kommentar

Jan Woppowa und Bernd Schröder

1 Lernchancen

Dass der Stellenwert der Bibel einen konfessionellen Differenzpunkt zwischen Katholizismus und Protestantismus markiert, mag für Schülerinnen und Schüler auf Grund eines schwindenden oder gar nicht vorhandenen Konfessionsbewusstseins zunächst befremdlich erscheinen. Es stellt allerdings gerade deshalb eine gewinnbringende Lernchance dar.

Biblisches Lernen zählt zu den zentralen Aufgaben und Lernformen des schulischen Religionsunterrichts und beinhaltet neben der grundlegenden Ausbildung einer religiösen Sprachfähigkeit auch ein Orientierungswissen über Aufbau, Umfang und Kanon biblischer Texte. Mit den im vorliegenden Kapitel dargestellten kanonbezogenen Differenzen und unterschiedlichen Bibelübersetzungen sollte ein konfessionell-kooperativer Religionsunterricht arbeiten, um *erstens* auf einer sachbezogenen Wissensebene konfessionsspezifische Zugänge zur Bibel zu schaffen und um *zweitens* die damit aufscheinende Vielfalt als Bereicherung für das Verstehen biblischer Texte zu nutzen. Das bedeutet unmittelbar, dass ein konfessionsbewusstes Unterrichten auf die synchrone Arbeit mit verschiedenen Bibelübersetzungen zurückgreifen sollte,[1] allen voran die revidierte Lutherbibel sowie die revidierte Einheitsübersetzung aus den Jahren 2016/17. Im Blick auf die neue Einheitsübersetzung als einem letztendlich gescheiterten ökumenischen Projekt können sowohl Konflikte als auch neue Formen der Ökumene thematisiert werden. Die synchrone, vergleichende oder komplementäre Arbeit mit Luther- und Einheitsübersetzung zugleich bildet auch für den Religionsunterricht eine wesentliche „Grundlage für die ökume-

Verschiedene Bibelübersetzungen einsetzen

---

[1] Für ein unterrichtspraktisches Beispiel vgl. *Verena Jessing*, Schatzsuche Bibel. Eine einführende Lernsequenz zum Umgang mit der Bibel (Jahrgänge 5 bis 6), in: *Jan Woppowa (Hg.)*, Perspektiven wechseln. Lernsequenzen für den konfessionell-kooperativen Religionsunterricht, Paderborn 2015, 18–35.

nische Arbeit" (→ *Kollmann* und *Weidemann*, Kap. 2.1.2). Zu ergänzen sind solche Übersetzungen durch weitere (bspw. Zürcher Bibel, Gute-Nachricht-Bibel, Elberfelder Bibel, Byzantinischer Text Deutsch), um die Vielfalt konfessioneller Zugänge zur zentralen Quelle des Christentums aufzuzeigen.

Schriftverständnisse im Plural bewusst machen

Die bibel- und offenbarungstheologische Grunddifferenz zwischen dem reformatorischen Prinzip des „sola scriptura" einerseits und dem katholischen Verständnis der Schrift als Teil der kirchlichen Überlieferung („traditio") neben anderen Quellen theologischer Erkenntnis andererseits ist – vorwiegend in den höheren Jahrgängen – dazu geeignet, eine Wissensvernetzung zu erzielen und zwar auf der horizontalen Ebene zwischen verschiedenen Inhaltsbereichen. Denn das jeweils vertretene Schriftverständnis hängt auf das Engste mit einem entsprechenden Kirchenbegriff zusammen, wie auch mit der Frage nach den Möglichkeiten der Deutung von Offenbarungszeugnissen. Im Besonderen fällt das an den oben aufgezeigten interkonfessionellen Streitfragen zur Jungfrauengeburt, den Geschwistern Jesu oder zum Petrusamt auf, denn überall nehmen dogmatische und kirchenpolitische Argumente einen entscheidenden Einfluss auf eine Auslegung der Texte. Das heißt, eine konfessionsverschiedene Sicht auf den Inhaltsbereich Bibel kann in einem wissensvernetzenden Religionsunterricht durchaus zu einer Schärfung anderer theologischer Inhaltsbereiche dienen. Im scharfen Gegensatz zu diesen beiden konfessionellen Ausprägungen stützt sich ein evangelikales Schriftverständnis auf die Bibel als göttlich inspiriertes und in allen Fragen der Lebensführung autoritatives Buch. Eine solche – auch unter dem Dach des Christentums firmierende – Position steht damit in direkter Opposition zu den Erkenntnissen und Standards der modernen Bibelwissenschaft und der historisch-kritischen Exegese. Darüber hinaus wird hiermit aber auch eine christliche Haltung impliziert, nämlich die des unkritischen und absoluten Gehorsams gegenüber einem Literalsinn der Schrift. Das Phänomen evangelikaler Schriftauslegung und Wirklichkeitsdeutungen begegnet mittlerweile auch in der Öffentlichkeit (wenn auch medial eingespielt aus Süd- und Nordamerika) und sollte auch im Religionsunterricht biblische Lernprozesse auslösen, die in kritischer Weise solche und andere Tendenzen analysieren.

Mit fundamentalistischem Schriftverständnis auseinandersetzen

Korrelationen und Relevanzen suchen

Selbstverständlich fördert auch ein konfessionell-kooperativer Religionsunterricht die Anliegen einer modernen breit ausdifferenzierten Bibeldidaktik,[2] die sich in bildender Absicht einer korre-

---

[2] Vgl. *Mirjam Schambeck*, Art. Bibeldidaktik, Grundfragen, in: Wissen-

lativen Grundbewegung zwischen biblischem Text einerseits und subjektiver Aneignung des Textes andererseits verpflichtet weiß, einschließlich entsprechender konstruktivistischer, dialogischer oder rezeptionsästhetischer Zugänge (siehe dazu auch weiter unten die *Lernform des biblischen Lernens*). Demgegenüber steht ein schon lange zu beobachtender hinsichtlich unterrichtlicher Lernprozesse nicht unproblematischer Relevanzverlust biblischer Texte bei Kindern und Jugendlichen.[3] Möglicherweise können aus Sicht der Lernenden konfessionsspezifische Zugänge zur Bibel auffordernden Charakter annehmen, und zwar als exemplarischer Ausdruck bestimmter Lesarten der Bibel, die jeweils kontextabhängig, auf eine bestimmte Adressatengruppe bezogen und von spezifischer Lebensrelevanz (bspw. in den sog. Tageslosungen protestantischer Spiritualität) sind.

Elementare Lernchancen

Exemplarische Strukturen bzw. Lerngegenstände	Lebensweltliche Zugänge bzw. Erfahrungen
Schwerpunkt: Bibelübersetzungen – rev. Lutherbibel, rev. Einheitsübersetzung u. a. im Vergleich – komplementäre Vielfalt als Bereicherung und Hinweis auf die Begrenztheit einzelner Übersetzungen	– Anknüpfung an bekannte biblische Texte aus Familie, Religionsunterricht, Konfirmandenarbeit oder Katechese und Konfrontation mit neuen, anderskonfessionellen Übersetzungen
Schwerpunkt: Schriftverständnis – protestantisches Prinzip des „sola scriptura", christozentrisches Schriftverständnis bei Luther – katholisches Schriftverständnis laut kirchlicher Dokumente (mögliche Textpassagen s. o.) – kritische Auseinandersetzung mit einem evangelikalen Schriftverständnis	– Erhebung von Lernausgangslagen und Anknüpfung an das je individuelle Bibelverständnis der Lernenden, mitunter bereits konfessionell vorgeprägt – Verständnis der Bibel als Literatur, als literarische Sammlung von Texten in der Spannung zu einem Verständnis der Bibel als vielstimmiges Zeugnis des Glaubens – Erfahrungen mit fundamentalistischen bzw. evangelikalen Deutung biblischer Texte und theologischer Inhalte (bspw. im Kreationismus)

---

schaftlich-Religionspädagogisches Lexikon 2015, abrufbar unter: https://doi.org/10.23768/wirelex.Bibeldidaktik_Grundfragen.100038.

[3] Vgl. *Joachim Theis*, Art. Einstellungen zur Bibel, von Jugendlichen, in: Wissenschaftlich-Religionspädagogisches Lexikon 2017, abrufbar unter: https://doi.org/10.23768/wirelex.Einstellungen_zur_Bibel_von_Jugendlichen.100267.

Exemplarische Strukturen bzw. Lerngegenstände	Lebensweltliche Zugänge bzw. Erfahrungen
Schwerpunkt: Schriftauslegung – katholischer Zugang: Gotteswort in Menschenwort, historisch-kritische und theologische Auslegung – protestantischer Zugang: kerygmatisch-existenziale Auslegung – Streitfragen: Jungfrauengeburt, Geschwister Jesu, Petrusverheißung – katholisches und orthodoxes Mariendogma als sensibles Vorzeichen konfessionsspezifischer Schriftauslegung – ergänzende Auslegungen des AT aus dem rabbinischen Judentum	– Zugänge über problemorientierte Fragestellungen: Gibt der biblische Texte Gottes Wort unverstellt wieder? Müssen Christen die Bibel wörtlich nehmen? – direkte oder indirekte Erfahrungen mit biblischen Texten und Motiven in Werbung, (Pop-)Kultur, Musik, Film etc. Wie werden biblische Texte hier verwendet? Erfahren sie neue Deutungen? Begegnen dabei bestimmte (konfessionelle) Auslegungstraditionen oder Schriftverständnisse? – wertschätzender Einbezug individueller Deutungen biblischer Texte durch Lernende im Vergleich zu anderen, auch konfessionsspezifischen Deutungen

2 Orientierung an didaktischen Leitlinien konfessioneller Kooperation

Eine konfessionell differenzbewusste Bearbeitung des unterrichtlichen Inhaltsfelds Bibel stellt für den Religionsunterricht insofern einen Mehrwert dar und bietet entsprechende Lernchancen, als deutlich wird, dass mit der Bibel sogar die zentrale Quelle des christlichen Glaubens und theologischer Erkenntnis vielgestaltig und mehrdeutig ausgelegt wird, und zwar von Beginn der Christenheit an über die engere Zeit der Konfessionalisierung hinaus bis heute. Das ist ein Gewinn religiösen Lernens in kulturgeschichtlicher Hinsicht. Aber auch im engeren Bezug auf biblische Lernprozesse gilt, dass die Arbeit mit unterschiedlichen Textübersetzungen sowie mit konfessionellen oder ökumenisch inspirierten Deutungen und Wirkungsgeschichten von Texten den Horizont jeder und jedes Einzelnen erweitern kann, um ihre bzw. seine persönliche Leseerfahrung einschließlich entsprechender lebensrelevanter Deutungen zu machen. Ein konfessionell-kooperativer Religionsunterricht kommt deshalb nicht daran vorbei, wann immer er mit biblischen Texten arbeitet, sehr sorgsam eine Auswahl bzw. Zusammenstellung verschiedener konfessionell beheimateter Übersetzungen und Deutungen zu treffen.

Orientiert man sich dabei an den oben benannten didaktischen Leitlinien konfessioneller Kooperation, so treten insbesondere die ersten drei und die fünfte hervor. Im Blick auf die Bibel ist nicht nur die konfessionelle Vielfalt durch Übersetzungen, Schriftverständnisse und Auslegungen zu beachten, sondern ebenso Wahrnehmen und Fruchtbar-werden-lassen möglicher religiöser Ligaturen in der Lerngruppe, die sich durch konfessionelle Heterogenität auszeichnet (Leitlinien 1 und 2). Denn insbesondere vorhandene Leseerfahrungen von Schülerinnen und Schülern sind in den Unterricht zu integrieren, die zum einen ihren je individuellen Zugang aufscheinen lassen, aber zum anderen möglicherweise auch auf konfessionelle Prägungen durch Gottesdienstpraxis, Konfirmandenunterricht oder Firmkatechese hin zu befragen sind. Darüber hinaus können auch rein literarische Zugänge für Jugendliche eine Rolle spielen, die es ebenfalls im Sinne von Heterogenität als bildsamer Differenz aufzugreifen gilt. Ein solches biblisches Lernen erhöht nicht nur eine konfessionelle Differenzsensibilität (Leitlinie 3), sondern ermöglicht auch eine Perspektivenverschränkung (Leitlinie 5), hier konkret durch verschiedene individuelle und kollektive Textinterpretationen, Übersetzungen aus unterschiedlichen Perspektiven, Betrachtung unterschiedlicher Verwendungen biblischer Texte (als literarischer Text oder Glaubenszeugnis) etc.

Leitlinien 1, 2, 3 und 5

3 Elementare Lernform Nr. 1: Biblisch-diskursives Lernen

Ein mit konfessionellen Differenzen bewusst agierender Religionsunterricht muss aufzeigen können, dass Konfessionen nicht nur von historischem Interesse sind, sondern bis heute auch etwas aussagen können über die Lebensmöglichkeiten und Lebensformen des christlichen Glaubens. Dasselbe gilt für den Umgang mit biblischen Texten, wie Mirjam Schambeck deutlich gemacht hat: „Biblisches Lernen darf sich allerdings nicht im historischen Wissen über biblische Texte erschöpfen. Es muss die Frage gestellt werden, was die Texte bedeuten, was sie über Gott und den Menschen aussagen und was das, was man kennenlernen und verstehen konnte, auch für die eigenen Lebensdeutungen austrägt. Das bedeutet, dass in biblischen Lernprozessen die korrelative Signatur stets präsent und für die Planung und Durchführung leitend sein muss."[4] Eine Konvergenz

---

[4] *Schambeck*, Bibeldidaktik (s. o. Anm. 2).

beider Anliegen kann dadurch herbeigeführt werden, dass biblische Texte im Unterricht nicht nur, aber auch in konfessioneller Prägung eingespielt werden. Bspw. kann ein Psalm literarisch gelesen werden, als Element des monastischen Stundengebets katholischer Tradition und auch als persönlich bedeutsam gewordener Text anlässlich der eigenen Firmung oder Trauung. Zugleich erhöht man dabei bei Lernenden die „Sensibilität für die Wirkungsgeschichte von Texten"[5], die wiederum konfessionell und durch spezifische Verstehensgemeinschaften geprägt sein kann. Schon das Einspielen unterschiedlicher Übersetzungen eines Psalms, möglicherweise auch im Vergleich zu nahe am Original stehenden Übersetzungen, kann zu einer kognitiven Aktivierung führen, weil man über historische und sprachliche Angemessenheit streiten kann und zu einer eigenen Positionierung gedrängt wird. Das wiederum weist darauf hin, dass biblisches Lernen rezeptionsästhetische Zugänge verlangt, die in einen Dialog zwischen Leserin bzw. Leser und Text führen können, denn „Auslegungen müssen im Lebenskontext der auslegenden Subjekte situiert sein"[6]. Das kann darüber hinaus bedeuten, dass auch spezifisch konfessionelle Positionen der Auslegung eines Textes eingespielt werden, die noch einmal darauf hinweisen können, dass es konfessionelle Lesarten der Bibel gibt, die zu unterschiedlichen Deutungen kommen.[7]

Rezeptionsästhetische Zugänge

Biblisches Lernen in konfessionell heterogenen Kontexten ist damit insbesondere diskursives Lernen.[8] Denn „Sinn und Zweck von Diskursen ist es, eine eigene Position zu finden (und sei es auch nur probehalber und provisorisch). Dazu braucht es einerseits Offenheit, insbesondere Freiheit von Voraussetzungen und Vorannahmen, andererseits authentische Vorbilder und Zeugen. Diese sind im konfessionellen Religionsunterricht durchaus vorhanden (und das ist seine Stärke): die Lehrkraft und diejenigen Mitschülerinnen und Mitschüler, die religiös erzogen wurden bzw.

Diskursives Lernen

---

[5] Ebd.
[6] Ebd.
[7] Als Beispiel kann auf einen konfessionell differenten Umgang mit dem Gleichnis vom Vater und den zwei Söhnen verwiesen werden, einerseits als Geschichte unbedingter göttlicher Gnade und Barmherzigkeit insbesondere in reformatorischen Kontexten und andererseits als Allegorie für Umkehr und Buße in katholischen Katechismen (vgl. bspw. YOUCAT, Jugendkatechismus der Katholischen Kirche, München 2010, 134).
[8] Vgl. dazu *Martina Steinkühler*, Art. Bibeldidaktik, diskursiv, in: Wissenschaftlich-Religionspädagogisches Lexikon 2019, abrufbar unter: https://doi.org/10.23768/wirelex.Bibeldidaktik_diskursiv.200567.

sich selbst als christlich verstehen. Beides gehört zusammen: Bibeltexte werden diskursiv gelesen; zugleich werden Positionen in den Diskurs mit eingebracht: ‚Für mich persönlich bedeutet das ...', ‚Was mich betrifft, ich glaube ...'"[9]

Ein solches Sich-positionieren-Lernen, das auch als spezifische Lernform konfessionell-kooperativen Religionsunterrichts gilt,[10] kann also insbesondere mit Hilfe biblischer Texte geschehen, die vielfältigen Deutungen unterzogen werden. Aus methodischer Sicht kann dazu gehören:[11]

Sich-Positionieren-Lernen

- Neuerzählungen biblischer Texte mit konfessionellen Perspektivenwechseln,
- verschiedene Versionen biblischer Texte in Bild und Wort, auch Rezeptionen und Aktualisierungen im Rahmen ihrer Wirkungsgeschichte quer durch die Konfessionen,
- eigene Fortschreibungen, Deutungen und Verfremdungen der Schülerinnen und Schüler.

Damit dient eine insbesondere in konfessionell heterogenen Lernprozessen eingespielte „Diskursivität in der Bibeldidaktik" dazu, „mit der Bibel und mit anderen ins Gespräch zu kommen, Unterschiede und Varianzen wahrnehmen und als Chance zu begreifen, sich zu üben im Perspektivwechsel mit und an der Bibel; dabei Erfahrungen zu sammeln und Kompetenzen zu erwerben für eine gebildete Auseinandersetzung mit Glaubensfragen und Wahrheiten in der globalen Welt."[12]

> Die Lernform des biblischen Lernens zielt auf den größeren Kontext der Bibeldidaktik, die als spezielle Didaktik für den Umgang mit der Bibel im Religionsunterricht ein breit ausdifferenziertes Feld an Ansätzen und Methoden aufspannt. Die Erkenntnisse der Bibeldidaktik sind gerade in ihrer Vielfalt unverzichtbar für die Gestaltung religiöser Lern- und Bildungsprozesse aus biblischen Quellen heraus.
>
> Zur Orientierung: *Joachim Theis*, Biblisches Lernen, in: *Ulrich Kropač* und *Ulrich Riegel (Hg.)*, Handbuch Religionsdidaktik, Stuttgart 2021, 299–308; *Mirjam Zimmermann* und *Ruben Zimmermann (Hg.)*, Handbuch Bibeldidaktik, Tübingen (2013) 2., erw. A. 2018; *Bernd Schröder*, Religionspädagogik, Tübingen (2012) 2., erw. und überarb. A. 2021, § 33: „Sprache und ‚story' christlicher Religion verstehen – Bibeldidaktik".

---

[9] *Steinkühler*, Bibeldidaktik (s. o. Anm. 8).
[10] Vgl. dazu die Entfaltung unter Lernform Nr. 17.
[11] Angelehnt an *Steinkühler*, Bibeldidaktik (s. o. Anm. 8).
[12] Ebd.

4 Elementare Lernform Nr. 2: Performatives Lernen

Der oben beschriebene katholische Zugang zur Schriftauslegung zwischen *sensus litteralis* und *sensus spiritualis* (→ Kollmann und Weidemann, Kap. 2.3.2) kann jenseits einer notwendigen kritischen Diskussion innerhalb der Bibelwissenschaften darauf aufmerksam machen, dass eine relevanzerschließende Erarbeitung biblischer Texte in religiösen Bildungsprozessen auch eine spirituelle, verkündigende Dimension – oder allgemeiner gesagt: eine Ausdrucksdimension beinhalten sollte, in der ein Text seine Wirkkraft für das Leben von Menschen erweisen kann. Darum geht es im Kern auch jeder Bibeldidaktik, die auf die Rezipienten biblischer Texte schaut und einen Beitrag zur Identitätsentwicklung von Menschen leisten möchte. Es kommt in religiösen Lernprozessen also wesentlich auch darauf, *wie* ein Text gelesen und individuell verarbeitet wird. Damit kommt eine Lernform ins Spiel, die darauf abhebt, dass Menschen etwas zum Ausdruck bringen, dass sie handelnd und kreativ tätig werden, um so das Gelernte selbstständig weiter zu verarbeiten und sich selbst anzuverwandeln. Das soll hier mit der Lernform des performativen Lernens bezeichnet werden, und zwar in einem weiten Sinne auf dem psychologischen Begriff von Performanz basierend: im Sinne von Ausführung, Handlung, Ausdruck oder Leistung. Auch aus der Sicht eines kompetenzorientierten Ansatzes ist zu beachten, dass sich Kompetenz erst in der Performanz zeigt und ein Lernprozess mithin individuell angeeignetes Wissen auch zum Ausdruck bringen (Ausdrucksfähigkeit) bzw. den Umgang mit Religion als einer kulturellen Praxis sichtbar machen muss, statt träges Wissen anzuhäufen. Das heißt, performatives Lernen kommt als Lernform konfessioneller Kooperation nicht im Verständnis eines probeweisen Vollzugs religiöser Handlungen ins Spiel, sondern als religiöses Ausdruckslernen und als Sichtbarmachen biblischer Texte (oder auch anderer Inhalte des Unterrichts). Ein performativer Umgang mit biblischen Texten ist für den konfessionell-kooperativen Religionsunterricht relevant und gewinnbringend, weil er deutlich machen kann, dass konfessionelle Lesarten der Bibel und Deutungen biblischer Texte darum bemüht sind, den Text in einer spezifischen Weise bedeutsam werden zu lassen.

In diesem Sinne kann die Performanz (performance) beim Hören eines biblischen Textes durchaus einen Unterschied machen: bspw. ein bloßes Vorlesen des Johannesprologs im Vergleich zu seiner Lesung am ersten Weihnachtstag im katholischen Hochamt oder durch den Vortrag eines professionellen Schauspielers. Und auch ein orthodoxes Schriftverständnis hebt stark auf eine performative Einbettung biblischer Texte ab, insofern die Liturgie als „der genuine Ort der Schriftlektüre" (→ *Kollmann* und *Weidemann*, Kap. 3.2) gilt, in der die Gläubigen der Heiligen Schrift durch einen „doxologischen Zugang zur Schriftauslegung" (ebd.) in kirchlicher Hymnodie, in Ikonen und Gebeten begegnen.[13]

In methodischer Hinsicht können im Unterricht performative Lernprozesse angestoßen werden, in denen erfahrungsbezogene und kreative Zugänge eine Rolle spielen,[14] die zugleich einer steten kritischen Reflexion zu unterziehen sind, um den Ansprüchen religiöser Bildung gerecht zu werden.

<small>erfahrungsbezogene und kreative Zugänge</small>

Dazu können bspw.

- Zeugnisse aus kirchlichen Kontexten herangezogen und reflektiert werden, in denen biblische Texte in eine bestimmte Performance eingebunden werden (bspw. auf dem Evangelischen Kirchentag, in der Liturgie der katholischen Osternacht, in der orthodoxen Liturgie etc.);
- Zeugnisse von (konfessionell geprägten) Menschen einbezogen werden, in denen biblische Texte zum Ausdruck gebracht werden (bspw. in den Kantaten von Johann Sebastian Bach, in Bildern des katholischen Priesters und Künstlers Sieger Köder etc.);
- Schülerinnen und Schüler vom eigenen Erleben im Umgang mit biblischen Texten (bspw. in der Familie oder Kirchengemeinde, in Film und Musik etc.) erzählen;
- Schülerinnen und Schüler einen beliebigen Text selbst zum Ausdruck bringen (bspw. als Vortrag, in einem selbst gemalten Bild, in einer Verfremdung oder in einer eigenen musikalischen Performance).

Somit kann sich auf der Ebene personaler wie konfessioneller Ausdrucksformen und auch in der Performanz auf Ebene der Lernenden zeigen, dass die „Relevanz einer Auslegung [...] schließlich durch die Praxis definiert [wird]"[15] Denn: „Eine Auslegung kann dann als relevant gelten, wenn sie sich in der Praxis ausdrückt und

---

[13] Vgl. ergänzend *Yauheniya Danilovich*, Biblisches Lernen im christlich-orthodoxen Religionsunterricht, in: Wissenschaftlich-Religionspädagogisches Lexikon 2018, abrufbar unter: https://doi.org/10.23768/wirelex. Biblisches_Lernen_im_christlichorthodoxen_Religionsunterricht.200298.
[14] Vgl. *Steinkühler*, Bibeldidaktik (s. o. Anm. 8).
[15] Alle folgenden Zitate: *Schambeck*, Bibeldidaktik (s. o. Anm. 2).

als tragfähig erweist. Der Praxis kommt von daher sowohl der Charakter einer Bewahrheitung zu als auch der Charakter, Auslegungen zu verwirklichen, das heißt, sie Wirklichkeit werden zu lassen." Eine solche unterrichtlich eingebundene Ausdruckspraxis aber „ist nicht identisch mit dem gläubigen Vollzug, sondern umfasst auch die praktische Urteilsfähigkeit. Die Angelegtheit biblischer Texterschließung auf Praxis ist in einem viel weiteren Sinn zu denken. Damit ist gemeint, dass es zu wenig ist, wenn die Beschäftigung mit biblischen Texten nur im Privatissimum versinkt. Die Auseinandersetzung muss vielmehr auch einen Beitrag dazu leisten, die eigene Positionalität in Bezug auf bestimmte Fragestellungen in Sachen Religion [und ggf. auch Konfession; J. W.] auszubilden."

> Das performative Lernen bzw. die performative Religionsdidaktik verkörpert einen eigenen Ansatz innerhalb der Religionsdidaktik und geht der zentralen Frage nach, wie Religion in Lernprozessen erlebbar gemacht und erfahrungseröffnend bzw. handlungsorientiert gelehrt werden kann. Der performative Ansatz wird konfessionell unterschiedlich entfaltet.
>
> Zur Orientierung: *Hans Mendl*, Art. Performativer Religionsunterricht, katholisch, in: Wissenschaftlich-Religionspädagogisches Lexikon 2019 (abrufbar unter: https://doi.org/10.23768/wirelex.Performativer_Religionsunterricht_katholisch.200631); *Bernhard Dressler*, Art. Performativer Religionsunterricht, evangelisch, in: Wissenschaftlich-Religionspädagogisches Lexikon 2015 (abrufbar unter: https://doi.org/10.23768/wirelex.Performativer_Religionsunterricht.100017).

Nach den Ausdrucksformen christlicher Religion fragen

Dialekte und Gestalten des Christentums

Erwin Dirscherl und Martin Hailer

1 Einleitung

Christ oder Christin zu sein, ist eine konkrete Angelegenheit. Niemand ist dies „einfach so" oder in einer allgemeinen, alle Konfessionen übersteigenden Weise. Das liegt daran, dass Christentum ein konkreter, kommunikationsförmiger, leibgebundener, sozial interaktiver Lebensvollzug ist. Wegen dieser Konkretheit, Kommunikationsförmigkeit, Leibgebundenheit und Interaktionsförmigkeit ist Christsein an ein Ensemble bestimmter kirchlicher Ausdrucksformen christlichen Glaubens gewiesen. Es ist zwar gut möglich und wird immer wieder praktiziert, dass eine Person Anregungen aus mehreren Konfessionen empfängt, ja womöglich aus mehreren Religionen.[1] Aber selbst dann gilt: Es ist eine bestimmte Person, die niemals alle Ausdrucksformen, die der christliche Glaube hat, kennen, geschweige denn praktizieren kann.

Christsein als Lebensvollzug

Mit diesem Gedanken ist eine erste Einsicht in das Wesen der christlichen Konfessionen gegeben: Konfessionen sind Bündelungsapparaturen für Ausdrucksformen der christlichen Religion. Sie greifen jeweils auf das riesige und vielfältige semantische Potential der Bibel als Wort Gottes zurück und sie tun dies zugleich in Auswahl und Konkretion. Orthodoxe Frömmigkeit etwa ist ganz um das reiche und sinnenhafte Erleben des Gottesdienstes zentriert, während evangelische Christinnen und Christen in ihr vielleicht mitunter ethisches Engagement als Integral christlicher Existenz vermissen. Der katholischen Konzentration auf Sakramentalität als Wesenszug der Kirche, ja des individuellen Christseins entspricht, funktional betrachtet, die Konzentration auf das Geist-Erleben in

Bündelungsapparaturen für Ausdrucksformen christlicher Religion

---

[1] Vgl. *Reinhold Bernhardt* und *Perry Schmidt-Leukel* (Hg.), Multiple religiöse Identitäten. Aus verschiedenen religiösen Traditionen schöpfen, Zürich 2008.

charismatisch geprägten kirchlichen Gemeinschaften. Diese Aufzählung lässt sich sowohl noch fortsetzen als auch noch deutlich verfeinern. Festzuhalten ist hier aber nur: Christsein ist ein konkreter Lebensvollzug unter Einsatz einer endlichen Anzahl von Ausdrucksformen. Die Konfessionen bieten je unterschiedliche Vorzugswahlen an, die aus dem großen biblischen Motivinventar Bündel von Ausdrucksformen bereit halten.

Religion als Sprache

Dieser Sachverhalt lässt sich auch mit einer anderen, noch deutlicheren Metapher beschreiben: Religion ist wie eine *Sprache*. Sie beschreibt Realität, sie formuliert Glaubenssätze, sie ermöglicht es, diskursiv wie nichtdiskursiv mit der Welt zurande zu kommen. Eine Sprache besteht nicht nur aus Vokabeln, sie ist vielmehr ein ganzes Verweisungsgefüge, das gemeinschaftlich verfasst ist, das die Subjektivität Einzelner prägt und deren Logik bzw. Grammatik beschrieben werden kann.[2] Die Sprache namens christliche Religion ist nun von der Art, dass sie in einer ganzen Reihe von Dialekten gesprochen wird, die den Konfessionen vergleichbar sind. Niemand spricht alle Dialekte zugleich, auch ist eine vorgebliche Hochsprache nur ein Dialekt unter anderen. Die Dialekte aber ermöglichen es, den konkreten Lebensvollzug des christlichen Glaubens zu leben.

Konfessionen als Dialekte

Ihre Unterschiedenheit ist nichts weniger als notwendig, weil sonst die Konkretheit des Glaubens verloren ginge. Aber sie sind in ihrer Unterschiedenheit dennoch aufeinander verwiesen, weil sie je voneinander wissen, eben nur ein Dialekt zu sein und mit den anderen dieselbe Sprache zu teilen. Die Kooperation wird entsprechend nicht zu Gleichmacherei führen – wie in der Sprachwissenschaft, in der das Dialektsterben zurecht als Verarmung empfunden wird –, wohl aber zu der Wahrnehmung, dass die Sprache, an der der je eigene Dialekt partizipiert, je noch andere letztlich verwandte Ausdrucksformen bereitstellt. Einer Sichtung dieser sprachlichen Nachbarschaftsverhältnisse dienen die folgenden Überlegungen. Dazu muss zuerst ein Dialekt, eine Bündelung von Ausdrucksformen für sich betrachtet werden, um dann die Nähen und Fernen zum nachbarlichen Dialekt sehen zu können.

---

[2] *George Lindbeck,* Christliche Lehre als Grammatik des Glaubens. Religion und Theologie im postliberalen Zeitalter, Gütersloh 1994, 56 f.

2 Dialekte und Gestalten des Christentums als Themen im evangelisch-katholischen Verhältnis

2.1 Evangelisch(-Lutherisch)

Wo aber hat die Besichtigung einer Bündelung von Ausdrucksformen, eines Dialekts der christlichen Sprache zu beginnen? Antwort: Das Gebet ist der Anfang der Theologie und des Christseins, und also hat dies beim Gebet zu geschehen. Das Gebet macht also den Anfang, geschieht jedoch nicht voraussetzungslos. Deswegen steht am Anfang eine Überlegung, was Menschen eigentlich mitsetzen, wenn sie sich im Gebet – welcher Form auch immer – an Gott wenden.

<small>Gebet als Anfang des Christseins und der Theologie</small>

Die Formen des Betens sind in der Tat vielfältig: Vorformuliertes wie das Vaterunser oder Psalmgebete, das Stoßgebet, die stille Versenkung oder auch Hiobs wütende Anklage Gottes – dies und noch viel mehr gibt es. Gemeinsam ist allen diesen Formen die Überzeugung, dass es Möglichkeiten gibt, mit Gott in Kontakt zu treten. Zwischen der Sphäre der Menschen, die sich an Gott richten und der Sphäre Gottes muss es irgendeine Verbindung oder doch Kontaktmöglichkeit geben. Die Menschenwelt ist irgendwie sprach- und gleichnisfähig auf Gott hin – das ist schon eine ungeheure Behauptung. Noch größer und ungeheurer wird sie, wenn man andersherum formuliert: Gott hat es gefallen, in der Menschenwelt sprach- und gleichnisfähig zu sein. Wäre es anders, dann wäre keine Rede zu Gott – auch keine sprach-lose in der meditativen Versenkung – und keine wahrheitsfähige Rede von Gott möglich.

<small>Sprach- und Gleichnisfähigkeit</small>

Das traditionelle Lehrstück, mit dem diese Implikation jeden Mit-Gott-in-Kontakt-Tretens bearbeitet wird, ist die Lehre von der *Analogie*: Es muss eine irgendwie geartete Ähnlichkeitsbeziehung zwischen Gott und seiner Welt geben. Sie ist auf der Mitte zwischen zwei Extremen anzutreffen: Das eine ist *univokes* Sprechen, so als könne man von Gott in genau dem Sinn sprechen, in dem man von Weltdingen spricht. Die Anrede „Vater unser im Himmel" würde dann aber mitsetzen, dass Gott einen Körper hat, männlichen Geschlechts ist, selbst aus Zeugung und Schwangerschaft hervorging usw., was evidentermaßen unsinnig ist. Das andere Extrem ist *äquivokes* Sprechen: Ein Ausdruck heißt in der einen Sphäre eines, in der anderen Sphäre aber etwas völlig anderes. Wenn es sich so verhält, gibt es allerdings keinerlei Verbindung zwischen den

<small>univok – äquivok</small>

beiden Sphären. Die verschiedenen Formen analogen Sprechens sind zwischen diesen beiden Extremen angesiedelt.

Auf der Basis einer langen und aspektreichen Wirkungsgeschichte und ohne diese in ihrer Komplexität wirklich abzubilden,[3] ist im 20. Jh. vor allem mit dem Gegensatz *analogia entis* – *analogia fidei* operiert worden. Nach der ersten gibt es eine seinsmäßige Analogie von Gott und Mensch, z. B. so gefasst: Gott *ist* das Sein selbst, jeder Mensch *hat* am Sein *Anteil*. Die Reflexion auf das eigene Dasein gibt dem Menschen dann also die Möglichkeit, etwas von der Existenz und Größe Gottes zu ahnen. Die Befürworter des Modells sehen hier den großen Vorteil, dass Menschen auch ohne Offenbarungsbezug etwas von Gott ahnen können. Das genau ist für die Gegner das Problem: Sie befürchten den Eintrag einer fremden Sachlichkeit und eine falsche Selbstermächtigung des Menschen zum Sprechen von Gott. Ihre Programmformel *analogia fidei* – evangelisch nicht nur, aber vor allen von Karl Barth propagiert – besagt, dass von Gott nur geredet werden kann, weil und sofern er sich offenbart, also im Glauben, der Gottes Gabe selbst ist. Die Möglichkeit von und zu Gott zu sprechen, wird Menschen von Gott zugespielt, sie finden sie nicht als Anlage in sich vor.

Die basalen Ausdrucksformen des christlichen Glaubens in seinem evangelischen Dialekt sind mehrheitlich von der letzteren Lösung geprägt, also offenbarungstheologisch gestützt und christologisch geprägt.

Gleich, wie man in der Analogiefrage optiert, unstrittig ist, dass die Inhalte christlichen Betens aus dem Sprachvorrat der Bibel und der Erfahrung des Glaubens kommen. Bei aller Freiheit des (individuellen) Gebets ist es also durchaus nicht so, dass im Gebet gleichsam alles möglich wäre. Es gibt falsche und ganz gottwidrige Bitten, etwa um die Vernichtung der Feinde oder die fortdauernde Unterdrückung der Opfer, auch wenn manches psychologisch in einer Notsituation erklärbar sein mag. Auch für die Frage nach dem Inhalt des Gebets gilt also, dass es den Anfang von Theologie und Christsein ausmacht, aber nicht voraussetzungslos geschieht.

Die Orientierung an der *analogia fidei* ist deutlich erkennbar, wenn man sich die Grundformen des evangelischen Gottesdienstes und der evangelisch geprägten Spiritualität ansieht. Sie sind bei allem Variantenreichtum doch deutlich erkennbar auf das Vernehmen des Wortes Gottes ausgerichtet. Das gilt etwa für die vielerorts praktizierte Übung, den Tag mit den Herrnhuter Losungen zu beginnen,

---

[3] Vgl. *Joachim Track*, Art. Analogie, in: TRE 2 (1978), 625–650.

die bereits seit 291 Jahren ausgegeben werden: Ein alttestamentlicher und ein ihm thematisch zugeordneter neutestamentlicher Vers sind fester Bestandteil dieser Form der Morgenandacht. Das Verspaar wird in der Brüdergemeine Herrnhut einige Zeit vorab per Losentscheid dem jeweiligen Tag zugeordnet. Das spiegelt einerseits die gelegentlich in der Bibel bezeugte Praxis, per Losentscheid den menschlichen Willen bei wichtigen die Gemeinde betreffenden Entscheidungen auszuschalten (Apg 1,26), zum anderen soll deutlich werden, dass das Bibelwort für den Tag nicht nach Geschmack oder Bedürfnis ausgesucht wird, sondern gänzlich von außen auf die Beterin, den Beter zukommt.

Die Gestalt des evangelischen Gottesdienstes spiegelt dies durchaus wider: Er ist, landauf, landab, predigtzentriert angelegt, was in den unierten und reformierten Traditionen besonders deutlich zum Ausdruck kommt. Dieser Umstand reflektiert ein basales Anliegen der Reformation: Weil der Glaube aus dem Hören kommt, muss es allen Menschen möglich sein, Gottes Wort zu hören und zu verstehen. Deswegen kein Gottesdienst ohne Predigt, deswegen die sofortige Abschaffung des Lateinischen als Liturgiesprache dort, wo evangelische Gottesdienstordnungen eingeführt wurden, deswegen auch die Etablierung eines Schulwesens, das es allen ermöglicht, sowohl am gesellschaftlichen Leben teilzuhaben als auch selbst die Bibel zu lesen und zu einem mündigen Urteil über das in der Predigt Gehörte kommen zu können. Die Charakterisierung der Reformation (auch) als Bildungsbewegung meint keinen frühaufklärerischen Reflex vor der Zeit, sondern wurzelt in der Idee religiöser Mündigkeit, die nichts anderes sein kann als die Mündigkeit des Hörens und Verstehens.[4]

Es ist freilich nicht so, als hätte hier ein neues, wortbestimmtes Schema das veraltete, sakramentalistische Schema abgelöst oder sei – je nach eingenommmener Perspektive – ohne Not von der ehrwürdigen Wahrheit des alten Schemas abgefallen.[5] Was das „Wort"

---

[4] Zwei Schriften *Martin Luthers* machen das deutlich: Das eyn Christliche versamlung odder gemeyne recht und macht habe, alle lere tzu urteylen und lerer tzu beruffen, eyn und abtzusetzen, Grund und ursach aus der schrifft, WA 11 (1523), 408–416 und Ein Sermon odder predigt, das man solle kinder zur schulen hallten, WA 30.2 (1530), 526–588.

[5] In dieser Wechselseitigkeit halten sich eine betont modernekompatible Auslegung des Protestantismus einerseits und eine auf einem ekklesiologisch engeführten Sakramentsbegriff basierende Variante des Katholischen vor. Für dies eigentümliche Patt müssen beide Seiten aber beträchtliche Blindheiten in Kauf nehmen, vgl. anhand der Beiträge von Karl-Heinz

ist, das in der Mitte evangelischer Spiritualität und Frömmigkeit steht, muss entscheidend differenzierter dargestellt werden. Dies beginnt mit der Beobachtung, dass evangelische Gottesdienstordnungen im Reformationsjahrhundert das alte Messformular wohl modifizieren, nicht jedoch abschaffen. Die Messe wird in Wittenberg 1526 mit Bedacht zur „Deutschen Messe" umstrukturiert, aber nicht in einen Predigtgottesdienst verwandelt.[6] Es ist gültige liturgische Überzeugung im Luthertum bis heute, dass der Sonntagsgottesdienst Predigt und Abendmahl beinhaltet. Die Üblichkeit in vielen evangelischen Gegenden in Deutschland, nur sehr selten das Sakrament zu feiern, geht auf ein Abgrenzungsbedürfnis von der katholischen Seite und nicht zum Geringsten auch auf die Sorge zurück, das Mahl nicht würdig zu empfangen (1 Kor 11,27–29). Freilich bricht dies – abgesehen davon, dass die Auslegung der Paulusstelle in diese Richtung durchaus fraglich ist – mit einer reformatorischen Kernüberzeugung: Das auf uns kommende Wort Gottes ist *invisibilis* und *visibilis*, unsichtbar im Wort der Predigt gehört und sichtbar in den Elementen des Abendmahls zugleich. Dies ist Ausdruck einer christologischen Grundüberzeugung. Das zu hörende Wort, welches die *analogia fidei* herstellt, ist kein anderes als das eine Wort Gottes, nämlich Christus.

Dreifache Gestalt des Wortes Gottes

Das wird klassischerweise in der Lehre vom dreifachen Wort Gottes konzeptualisiert, die den Zusammenhang von Christus selbst, dem Schriftzeugnis von ihm und der Predigt meint: (1) Jesus Christus ist „das eine Wort Gottes, das wir zu hören, dem wir im Leben und Sterben zu vertrauen und zu gehorchen haben"[7]. Hier wird ganz vom Prolog des Johannesevangeliums her gedacht: Das ewige Wort Gottes wird in Christus Fleisch und ist leiblich, nicht etwa nur als Idee oder als religiöses Gefühl auf Erden anwesend. In Christus wendet Gott den Gläubigen und aller Welt sein eigenes Antlitz zu. (2) Die Bibel ist Wort Gottes, weil und sofern sie eben dies bezeugt.

Menke und Ulrich Barth *Martin Hailer*, Was ist Sakramentalität? Eine ökumenische Spurensuche in Sachen Ekklesiologie, in: Kirche als Passion. Festschrift für Matthias Zeindler, hg. von *Magdalene L. Frettlöh* und *Frank Mathwig*, Zürich 2018, 45–64.

[6] Eine vergleichende Übersicht über die liturgischen Stücke bei *Christian Grethlein*, Grundfragen der Liturgik. Ein Studienbuch zur zeitgemäßen Gottesdienstgestaltung, Gütersloh 2001, 94 f.

[7] Barmer Theologische Erklärung (1934), Art. 1, hier nach *Alfred Burgsmüller* und *Rudolf Weth (Hg.)*, Die Barmer Theologische Erklärung. Einführung und Dokumentation, Neukirchen-Vluyn 1983, 34.

Es wäre aber eine ganz falsche Verkürzung, die Schrift allein als Wort Gottes zu bezeichnen, wie dies in der interkonfessionellen Polemik als Selbst- wie als Fremdzuschreibung nicht selten geschah. Die unseligen evangelischen Versuche aus den zwei Jahrhunderten nach der Reformation, eine Lehre von der Verbalinspiration zu etablieren – so als sei der Bibel*text* wortwörtlich vom Heiligen Geist diktiert –, haben zu dieser nachhaltigen Beschädigung der Wort-Gottes-Theologie einiges beigetragen. So also nicht! Vielmehr gilt: Die Bibel zeigt sich als Zeugin für Christus. Deshalb ist sie Wort Gottes, nicht jedoch wegen irgendeiner Eigenschaft, die ihr als Buch bzw. als Büchersammlung zukommt. Dies ist, nebenbei gesagt, einer der Gründe, warum sich die evangelische Theologie zu Beginn der Aufklärungszeit und danach relativ leicht tat, die historisch-kritische Erforschung der Bibel zu akzeptieren. Die Konzentration auf die Bibel als Christus*zeugnis* führt sogar dazu, innerhalb ihrer unterschiedliche christusbezogene Akzentsetzungen zu sehen. So fand Luther etwa im Jakobusbrief wenig, was ihn auf Christus verwies, auch sind manche alttestamentlichen Bücher in evangelischer Wahrnehmung ja Apokryphen, d.h. beförderlich zu lesen, jedoch mit keinem substantiellen Neuerungswert in Bezug auf die Mitte der Schrift.[8] (3) Die dritte Gestalt des Wortes Gottes ist seine Vergegenwärtigung. Die evangelische Tradition denkt hier vorzüglich an die Predigt – aber eben nicht nur! In der Confessio Augustana von 1530 werden Predigt und Sakrament stets zugleich genannt. Beider Vollzugsweisen bedient sich Gott, um die ungeschuldete Rechtfertigung *propter Christum per fidem* (wegen Christus durch den Glauben) zu schenken. (Confessio Augustana [CA] IV) Und für beide Vollzugsweisen ist wichtig, dass sie nicht im unanschaulichen Inneren eines Menschen geschehen – etwa als Vision, als religiöse Gestimmtheit oder als Sondererfahrung eines religiösen Virtuosen –, sondern dass dieser Zuspruch von außen auf die Hörerinnen und Hörer zukommt. Die dritte Gestalt des Wortes Gottes ist von außen kom-

---

[8] Das gilt u.a. für die Makkabäerbücher und die Weisheit Salomos. Auf der Basis einer sehr speziellen Auslegung des Christusereignisses wurde unlängst der Vorschlag unterbreitet, das gesamte Alte Testament als apokryphe Schrift zu verstehen; ausweislich vieler Reaktionen aus nachgerade allen theologischen Lagern ist dies aber eine Einzelmeinung geblieben, vgl. *Notger Slenczka*, Vom Alten Testament und vom Neuen, Leipzig 2017, und als Reaktion u.a. H. Nr. 2 der Zeitschrift Evangelische Theologie 77 (2017), 83–160.

mender Zuspruch dessen, was Menschen nicht in sich vorfinden und sich auch nicht selbst sagen können.⁹

Hält man sich das klassische evangelische Lehrstück von der dreifachen Gestalt des Wortes Gottes vor Augen, so wird die Wortbezogenheit der basalen Ausdrucksformen christlicher Religion in ihrer evangelischen Lesart vielleicht verständlich. Es kommt nun einiges darauf an, den Wortbezug als unüberspringbares Kriterium nicht mit der Behauptung zu verwechseln, evangelisch sei nichts anderes möglich als die Predigt. Unverzichtbar ist das Kriterium nach evangelischer Überzeugung wohl, eine Vielfalt der Formen des Sprechens von Gott und zu Gott macht es gleichwohl möglich.

<small>Vielfalt der Formen des Sprechens von und zu Gott</small>

Das gilt nicht nur, aber wohl in besonderer Weise für die Musik als Ausdrucksform des Glaubens. Ihre klassische und wohl unüberholbare Gestalt hat sie in den Kantaten und Oratorien Johann Sebastian Bachs gefunden. „Typisch evangelisch" – soweit man dergleichen für geistliche Musik sagen kann – sind sie darin, dass Bach den Vorgang der Verkündigung und des Hörens musikalisch inszeniert. In den Sonn- und Festtagskantaten zeigt sich das darin, dass die in der Regel nicht-biblischen Texte der Kantaten stets auf die biblischen Lesungen des jeweiligen Gottesdienstes reagieren und deshalb auch nur in ihrem Kontext verständlich sind. In den Arien agiert das gläubige Subjekt, das den Bibeltext vernahm und nun auf sich wirken lässt, das also den Neu- oder Wiederanfang des Glaubens in aller inhaltlicher Vielfalt bei sich beobachtet und bestaunt. Der jede Kantate abschließende Choral ist die Bekräftigung des Gehörten durch die ganze Gemeinde. Noch deutlicher wird diese ‚evangelische Musik' in den Passionen und Oratorien Bachs, weil hier Bibelwort und gläubige Antwort der Hörerin und des Hörers einander direkt konfrontiert werden. Wenn z. B. im Weihnachtsoratorium die Weisen aus dem Morgenland mit Mt 2,2 fragen: „Wo ist der neugeborne König der Jüden, [...] wo?", dann antwortet das Alt-Solo unmittelbar mit: „Sucht ihn in meiner Brust,/ Hier wohnt er, mir und ihm zur Lust!"¹⁰ Die Musik lehrt nicht, sondern sie *führt auf*: Es geht nicht allein um die Geburt Jesu rund um das Jahr null unserer Zeitrechnung, sondern vielmehr um seine Präsenz in der gläubigen Antwort des Menschen jetzt und heute.

<small>Musik</small>

---

⁹ Dies Kontrastmotiv wird deutlich in dem pointiert geschriebenen Werk von *Charles Campbell* und *Johan Cilliers*, Was die Welt zum Narren hält. Predigt als Torheit, Leipzig 2015.

¹⁰ *Johann Sebastian Bach*, Weihnachtsoratorium BWV 248, Nr. 45, hg. von *Walter Blankenburg* und *Alfred Dürr*, Kassel u. a. ¹⁴2006, 219 f.

In der populären Kulturszene der Gegenwart – jedenfalls außerhalb der sog. Neuen Musik – ist dagegen zu unterscheiden zwischen explizit christlicher Pop- und Rockmusik einerseits und (christlich-)religiösen Motiven und Anspielungen bei weltweit bekannten Stars. Erstere ist aufs Ganze gesehen doch ein Nischenprodukt, bei letzteren sind die Anspielungen umso aufmerksamer beobachtet worden: Von Bon Jovi („I talk to Jesus", 1997) über Michael Jacksons Selbst-Messianisierung im Videoclip zu „Earth Song" (1995) bis zu Lady Gaga („Judas", 2011) und Nina Hagen („Personal Jesus", 2010) und darüber hinaus sind die Beispiele Legion. Die reflexhafte Abwertung von theologischer Seite ist schon länger reflektierten Beobachtungen und religionsdidaktischen Umsetzungen gewichen.[11]

Weniger leicht zu bestimmen ist das evangelische Verhältnis zur bildenden Kunst. Die Reformation ist nicht denkbar ohne die sog. Bilderstürme, die landauf, landab in den frühen 1520er Jahren die Heiligenbilder und anderen sakralen Schmuck aus den Kirchen entfernten und auf der reinen Verkündigung des Wortes bestanden, von der nicht durch Pracht oder Tand abgelenkt werden sollte. In der reformierten Christenheit und entsprechend spürbar auch in den Kirchen der Union hat sich dies weithin durchgesetzt und ist die Schlichtheit des gottesdienstlichen Raumes wie der Liturgie zum Markenzeichen des Evangelischen geworden. Das Luthertum nimmt hier eine eigentümliche Zwischenstellung ein: Es grenzt sich eindeutig von der katholischen Verehrung der Heiligen ab, aber es hält fest, dass man um der Stärkung des eigenen Glaubens willen der Heiligen gedenken und sich an ihnen ein moralisches Vorbild nehmen soll (CA XXI). Entsprechend sind Darstellungen biblischer und nachbiblischer Szenen in Evangelisch-Lutherischen Kirchen in teils reichem Maß anzutreffen, und dies nicht nur da, wo die Ausstattung einer vormals katholischen Kirche in evangelischen Besitz überging. Der Leitfaden ist auch hier: Wo Kunstgegenstände der Weckung und Erneuerung des Glaubens dienen, da sind sie willkommen. Anlass zu kritischen Rückfragen gibt es allerdings, wenn die Kunstwerke auf sich selbst reduziert werden, weil die Kirche dann zu einem unter mehreren Playern in der Bewahrung der Kulturschätze herabkäme.

Bildende Kunst

---

[11] Vgl. *Andreas Obenauer*, Too much Heaven? Religiöse Popsongs – jugendliche Zugangsweisen – Chancen für den Religionsunterricht, Münster u. a. 2002 und als Anwendungsliteratur *Peter Bubmann* und *Michael Landmann* (Hg.), Musik in Schule und Gemeinde. Grundlagen – Methoden – Ideen. Ein Handbuch für die religionspädagogische Praxis, Stuttgart 2006.

Das Spektrum evangelischen Gebetslebens und evangelischer Frömmigkeit ist größer als die hier erwähnten liturgischen Beispiele und auch musikalisch vielfältiger als die Orientierung an Bach allein. Freilich ist dies durchaus die organisierende Mitte, von der aus mitunter auch kritisches Licht auf liturgische und frömmigkeitliche Aufbrüche und Varianzen fällt. So war und ist es durchaus umstritten, ob es eine genuin evangelische Mystik gibt. Mit Blick etwa auf das Werk Gerhard Tersteegens (1697–1769) ist das schlicht nicht zu bezweifeln und dass Tersteegen die „Nachfolge Christi" des spätmittelalterlichen Theologen Thomas von Kempen ins Deutsche übersetzte, trug nicht wenig zur Ökumenisierung der Mystik bei. Doch wurde Tersteegen gefragt, ob er nicht zu viel vom „Gott in uns" statt vom „Gott auf uns zu" spricht. Das gilt auch, obwohl gerade die Anleihen gerade der frühen Reformation an mystischen Gedanken inzwischen klar gesehen werden: Der Luther der programmatischen Schrift „Von der Freiheit eines Christenmenschen" von 1520 dachte in mystischen Termini, und doch entwickelte er sie zu einer wortbestimmten Rechtfertigungslehre weiter.[12]

Mystik

Spirituelle Aufbrüche,[13] pietistische Einkehr, nüchterne aufklärerische Frömmigkeit, die Frömmigkeit der Erweckungsbewegungen, die ganz anders gelagerte liturgisch-sakramentale Konzentration der Berneuchener Tradition und der Michaelsbruderschaft, das seit Jahrzehnten ungezählte Evangelische anziehende spirituelle Leben der Communauté de Taizé – all dies und noch sehr viel mehr gibt es, und es wird mit gutem Grund evangelisch genannt. Das *unterscheidend* Evangelische daran mag sein, dass in all dieser Formenvielfalt gefragt wird: Dienen sie dem, dass Menschen das rechtfertigende Wort zu hören bekommen, dass sie sich nicht selbst sagen können und das genau deshalb die entscheidende Botschaft für ihr Leben darstellt?

Frömmigkeitsstile

Das Reden von und zu Gott setzt Reflexionsbedarf aus sich heraus, der ab spätneutestamentlicher Zeit zur Ausbildung der Theologie als Instanz dieser Reflexionsarbeit geführt hat. Der spezifisch evangelische Zungenschlag zeigt sich bei einem kurzen Blick auf die Leitbegriffe Dogma, Bekenntnis und Lehre.[14]

---

[12] Vgl. *Volker Leppin*, Die fremde Reformation. Luthers mystische Wurzeln, München 2016, bes. 117–138 („Transformationen der Mystik").

[13] Vgl. die eindrückliche Analyse zu Philipp Nicolais (1556–1608) bekanntem Choral „Wie schön leuchtet der Morgenstern" bei *Corinna Dahlgrün*, Christliche Spiritualität. Formen und Traditionen der Suche nach Gott, Berlin/New York 2009, 253–265.

[14] Vgl. zum Folgenden *Martin Hailer*, Art. Dogmatik, in: Das wissenschaft-

Dogmen sind nach evangelischem Verständnis Ergebnisse menschlicher Entscheidungsfindung. Sie werden Gott zugerufen, haben also letztlich doxologischen Charakter, ihnen eignet aber keine Offenbarungsqualität. Man könnte sie als „optimal bewährte Hypothesen" bezeichnen, mit denen die Aussage einhergeht, dass kein Fall und kein Gedanke denkbar sind, die ihre Modifikation möglich machen könnten oder nur erwartbar sein lassen. Dieser extrem hohe Anspruch setzt zugleich mit, dass Dogmen a) maximal abstrakt und allgemein formuliert sein müssen und dass es zugleich b) nur sehr wenige Dogmen gibt; mit diesen Bestimmungen ist zugleich gesetzt, dass c) die Zustimmung zu Dogmen die Zugehörigkeit zur Kirche Jesu Christi erklärt. Alle drei Charakteristika treffen auf das trinitarische Dogma von Nicäa-Konstantinopel (325/381) und das christologische Dogma von Chalcedon (451) zu. Die Erklärung, dass Gott ein Wesen in drei Personen ist und dass in Christus göttliche und menschliche Natur in einer Person unvermischt und ungetrennt zusammenkommen sind von denkbarer Abstraktheit und Allgemeingültigkeit, zugleich ist auf ihrem Level keine weitere Ergänzung sinnvollerweise denkbar. Wer ihnen zustimmt gehört überdies erkenntlich zur Gemeinschaft der Kirche.

Dogma

In diesem Sinne erkennt die Familie evangelischer Kirchen die Festlegungen von Nicäa/Konstantiopel und Chalcedon als Dogmen an. Zugleich ist klar, dass das Christsein nicht mit ihnen beginnt. Es ist vielmehr so, dass die Rückfragen aus christlich-religiöser Erfahrung, aus dem Hören der Schrift und aus der Nacherzählung der identitätstragenden Geschichte der Kirche zu ihnen führt. Sie sind letzter abstrahierender Abschluss-Begriff, der Gott zuruft, als wen Christinnen und Christen ihn glauben.

Bekenntnisse weisen in Absetzung zu Dogmen stärker situativen Charakter auf. In ihnen sagt eine kirchliche Gemeinschaft, was ihr angesichts einer entscheidenden Situation und zugleich über sie hinaus unüberspringbar wichtig ist. Das gilt etwa für die Confessio Augustana (1530), den Heidelberger Katechismus (1563) und die Barmer Theologische Erklärung (1934), wobei bei letzterer in den Jahrzehnten nach ihrer Entstehung der Bekenntnisrang v. a. auf evangelisch-lutherischer Seite umstritten war. Die Bekenntnisse setzen die Geltung des trinitarischen und des christologischen Dogmas voraus, was sich z. B. in der Tatsache zeigt, dass die Confessio Augustana mit den altkirchlichen Glaubensbekenntnissen beginnt.

Bekenntnis

---

lich-religionspädagogische Lexikon im Internet, permanenter Link zum Artikel: www.bibelwissenschaft.de/stichwort/100058/ [Zugriff: 05.03.21].

Hier zeigt sich ein weiterer wichtiger Punkt der Bekenntnisse: Sie haben häufig kirchengründenen Charakter – so, entgegen ihrer ursprünglichen Absicht, die Confessio Augustana – oder erklären den status confessionis gegenüber als häretisch eingestuften Meinungen, wie es bei der Barmer Erklärung der Fall ist. Zugleich aber werden sie als Bekenntnis zur einen Kirche Christi verstanden. Bekenntnis und Sektierertum sind also Gegensätze.[15]

Lehre   Unter den Begriff der *Lehre* fallen die großen Mengen von Äußerungen, die mit Anspruch auf Wahrheit vorgetragen werden, die sich im Rang aber unterhalb von Dogmen und Bekenntnissen befinden. Die evangelische Kirche kennt kein Lehramt, das letztinstanzlich zu urteilen befugt wäre. Gleichwohl aber gibt es mit Anspruch auf Verbindlichkeit vorgetragene Äußerungen etwa einer Synode oder von kirchenleitenden Personen, auch können von entsprechend eingerichteten Kammern Positionen von Amtsträgern überprüft werden, die womöglich in Konflikt mit Schrift und Bekenntnis stehen. Das kann im Ernstfall zum Verlust des Amtes führen. In einem vergleichbaren Sinn ist Lehre auch all das, was in theologischen Publikationen und im (akademischen) Unterricht besprochen wird. Lehre geschieht also mitnichten nur schriftlich. Deshalb – und nicht nur deshalb – partizipiert auch der schulische Religionsunterricht an der theologischen Lehre.

Es ist bewährte Praxis, verschiedene Grade von Verbindlichkeit in der Lehre zu unterscheiden. Diese Abstufungen an Verbindlichkeit sind insbesondere für das ökumenische Gespräch wichtig, weil es in ihm darum geht, das unbedingt Auszusagende von je unterschiedlichen Auslegungen zu unterscheiden. Diese Abstufungen werden „differenzierter Konsens" genannt, ihr bekanntestes Beispiel ist die *Gemeinsame Erklärung zur Rechtfertigungslehre* zwischen Römisch-Katholischer und Evangelisch-Lutherischer Kirche von 1999, die lehrt, dass es einen Konsens in Grundwahrheiten der Rechtfertigungslehre gibt, der auch durch bleibende Unterschiede in den Konkretionen nicht dementiert wird. Auf diese Weise konnte einer der großen Stolpersteine in der ökumenischen Verständigung beseitigt werden.

---

[15] Für die evangelisch-lutherischen Bekenntnisschriften wird dies durchgeführt von *Gunther Wenz,* Theologie der Bekenntnisschriften der evangelisch-lutherischen Kirche. Bd. 1, Berlin/New York 1996, 65 f., 129 u. ö.

2.2 Römisch-Katholisch

Der christliche Glaube geht vom biblischen Zeugnis her davon aus, dass Gott zu den Menschen gesprochen hat. Die Heilige Schrift gilt als „Seele der Theologie", so das Zweite Vatikanum in Dei Verbum 24. Daher kommt den biblischen Ausdrucksformen auch in der römisch-katholischen Kirche eine besondere Bedeutung zu. Im Sprechen Gottes und der Menschen geschieht nicht nur ein Informationsaustausch, sondern in erster Linie eine Selbstmitteilung. Wenn der Johannesprolog damit ansetzt, dass das Wort Gottes Fleisch, also Mensch geworden ist, dann wird genau dies ausgedrückt: Das Sprechen Gottes geschieht auf inkarnierte Weise, sein Wort wird verkörpert im Leben Jesu. Auch das menschliche Sprechen wird so verstanden, dass wir uns in der Sprache einander mitteilen, dass wir uns ansprechen und leibhaftig aussetzen durch das, was wir sagen.

Die Sprachformen der Bibel sind vielfältig. Die großen und spannenden Erzählungen der Heiligen Schrift über die Geschichte Gottes mit den Menschen im Alten und Neuen Testament führen zur konkreten Nachfolge und zu einem Nachdenken über die Bedeutung der Texte, die zunächst vieldeutig sind und daher immer neu gedeutet werden müssen. Die Narrativität der Gottrede wird heutzutage stark reflektiert, denn es geht hier auch um die Kunst, die Geschichten der Bibel so zu erzählen und zu übersetzen, dass ihre herausfordernde Bedeutung und Relevanz in jeder Generation neu als Anspruch Gottes an uns entdeckt werden kann. *Sprachformen der Bibel*

Die grundlegende Sprachform für die Menschen der Bibel ist das Gebet zu Gott, die Zwiesprache mit ihm. Das Gebet zeigt uns, dass wir Gott antworten, denn er hat den Dialog mit uns begonnen, schon seit der Schöpfung. Beten geschieht preisend, dankend, aber auch trauernd, klagend oder anklagend wie bei Hiob, voller Angst, aber auch voller Hoffnung und Freude wie in den Psalmen. Der Dank ist eine Ausdrucksform des Glaubens, die uns bewusst macht, wie viel wir von Gott empfangen haben vor all unserem eigenen Tun: Unser Leben, unseren Körper, die Eltern ... In der Feier der Eucharistie ist der Gedanke der Danksagung zentral. Die Liturgie der Sakramente der Kirche, der Wortgottesdienst oder das Stundengebet entfalten Zeit-Räume des Betens, die sich geschichtlich entwickelt haben und zuletzt im Zweiten Vatikanischen Konzil grundlegend reformiert wurden. Die Einführung der Muttersprache oder die neue Wertschätzung der Predigt lesen sich wie späte Reaktionen auf die Anliegen Martin Luthers und sind auch jener ökumenischen Annäherung geschuldet, die bereits vor diesem Konzil begann. *Gebet*

Der Jude Jesus kennt die Gebetstraditionen seines Volkes, er ist selbst ein großer Beter und auch sein Beten ist nicht fraglos: „Mein Gott, mein Gott, warum/wozu hast du mich verlassen?" (Mk 15,34) Das Gebet darf Fragen zulassen, es gibt den Fragen eine Richtung auf Gott hin. Das Gebet ist die Form der unmittelbaren Rede zu Gott und die Urform jeder Theologie. Das Gebet spricht nicht über Gott, sondern zu ihm. Auch in den Gebeten werden Bilder und Metaphern auf Gott angewendet, die sich der Erfahrung mit ihm in der Bundesgeschichte verdanken. Das Gebet des Einzelnen und der Gemeinschaft sind aufeinander hingeordnet und wechselseitig aufeinander bezogen. Der Mensch der Bibel, einzigartig bei seinem Namen gerufen und doch in ein Gottesvolk gestellt, existiert immer schon in gemeinschaftlichen Beziehungen vor Gott. Daher kann der Einzelne ebenso wie die Gemeinschaft als ganze in der Liturgie zu Gott sprechen und ihm auf sein Wort hin antworten, im Atem des Geistes Gottes, der das Sprechen im Gebet und im Lied trägt. Viele Psalmen sind Lieder. Der Glaube kann sich aber auch im Modus des Schweigens ausdrücken, das sich jenseits des Sprechens, vor oder nach dem gesprochenen Wort aufhält.

Performative Kraft der Sprache

Die Sprache kann die Wirklichkeit nicht nur auszusprechen versuchen, sondern auch verändern, darin besteht ihre Perfomativität. Papst Franziskus macht dies immer wieder klar, wenn er an den bevorzugten Platz der Armen im Volk Gottes erinnert (Evangelii Gaudium 197–201) und fordert, dass wir uns von ihnen evangelisieren und sie nicht alleine lassen. (EG 198) Die Option für die Armen zu leben ist für die Kirche eine entscheidende Ausdrucksform des Glaubens an den leidenden Christus und fordert dazu auf, die Wirklichkeit zu verändern. Denn Gottes Wort geschieht im menschlichen Wort, so lehrt es das Zweite Vatikanische Konzil (Dei verbum 12).[16]

Wir bringen Gott zur Sprache in und mit unseren Worten. Diese Worte können unter die Haut gehen und Leben verändern, sie können auch ungehört verhallen und fruchtlos bleiben. Wir können durch unsere Worte anderen Menschen Wege zu Gott eröffnen oder verstellen. Und es stellt sich die Frage: Kann man unseren Worten Glauben schenken? Das ist die entscheidende Frage nach der Glaubwürdigkeit unserer Worte und sie hängt mit der Erwartung zusammen, dass wir hoffentlich auch tun, was wir sagen und dazu stehen. Können wir anderen Menschen und Gottes Wort Glauben

---

[16] Vgl. dazu *Karl Lehmann* und *Ralf Rothenbusch (Hg.)*, Gottes Wort in Menschenwort (QD 266), Freiburg 2015.

schenken, das durch unser Zeugnis die Menschen erreichen will? Gerade in unserer Zeit, in der sich auch die römisch-katholische Kirche dem sexuellen Missbrauch und seinen Opfern stellen muss, ist die Frage nach der Glaubwürdigkeit von zentraler Relevanz. Wenn Vetrauen auf solche Weise zerstört worden ist, dauert es lange, das Vertrauen wiederzugewinnen, wenn es nicht für immer zerstört wurde. Dass auch die Kirche sündig und nicht nur heilig ist – das zuzugeben gehört mit zu ihrer Glaubwürdigkeit. Nicht nur die Glaubensbekenntnisse, auch das Bekenntnis der Sünden, Reue und Umkehr sind Sprachformen des Glaubens, die hier bedeutsam werden. Denn die Ausdrucksformen unseres Glaubens können durch Missbrauch von Macht und Sprache pervertiert werden. Dessen müssen wir uns auch im schulischen Religionsunterricht bewusst sein. Schon in der Sprache kann die Gewalt beginnen, nicht erst mit der Tätlichkeit. Ich kann jemanden mit Worten fertigmachen oder aufbauen, Worte können zu Waffen oder zum Ausdruck der Liebe und Wertschätzung werden. Das liegt an unserer Verantwortung! Wozu benutzt Du die Sprache? Und wenn Du von Gott redest: Wozu benutzt Du Gott? *Mißbräuchlichkeit von Sprache*

Jesus hat Gott und die Menschen nicht zu etwas benutzt, er hat sie nicht als Mittel missbraucht, um einen Zweck zu erreichen. Er hat nicht nur über die Liebe und den Willen Gottes gesprochen, der das Leben jedes Geschöpfes mit einem einzigartigen Wert versieht, sondern er hat sie auch gelebt. Daran hängt seine Glaubwürdigkeit. Seine Worte werden Fleisch, d.h. er tut, was er sagt. In ihm geschieht die rettende Nähe Gottes, er verkörpert die grenzenlose Liebe und den Willen Gottes, der das Heil aller Menschen will und auch Versöhnung ermöglicht. Das Leben der Kirche und auch jede ihrer Lehraussagen muss daher dem Heil der Menschen in einer universalen Weise dienen. Das ist die pastorale Grundrichtung des Zweiten Vatikanums, wie sie vor allem in Gaudium et spes 1 ausgedrückt wird. Als Grundvollzüge der Kirche gelten Martyria (Zeugnis ablegen), Leitourgia (Gottesdienst) und Diakonia (Dienst am Nächsten), in ihnen drückt sich der Glaube konkret aus. *Grundvollzüge der Kirche*

Jesus erzählt, so bezeugen es die Evangelisten, viele Gleichnisse, die starke und wirkmächtige Gottesbilder enthalten. Gleichnisse und Metaphern leben von der Möglichkeit, in der Welt, die Gott geschaffen hat, und in unseren menschlichen Erfahrungen Spuren der Nähe Gottes entdecken und sie als solche deuten zu können. Jesus würdigt die Schöpfung als Ort der Gegenwart Gottes und er sagt auch den Menschen, die Sünder geworden sind, die vergebende Nähe Gottes zu. Die Menschen erfahren und spüren in ihrem Glau- *Gleichnis* ben, dass sie in ihrer Begegnung mit Jesus Gott selbst berühren und von ihm berührt werden. Die Art wie Jesus redet und handelt zeigt: Der Glaube ist nicht allein auf Wissen und Erkenntnis, Wollen, Entscheidung und Handeln zu reduzieren, er lebt wesentlich von einem Vertrauen, das auch unser Gespür und unsere Emotionen, unseren Körper mit allen Sinnen einbezieht: „Fürchtet euch nicht!" Jesus kennt auch die Sprachform der Frage. In den Evangelien finden sich 37 Gleichnisse und über 220 Fragen Jesu an die Jünger, an die Menschen, die ihm begegnen. Jesus führt mehr durch Fragen zum Glauben als durch belehrende Reden, denn die offene Frage ist eine Form gewaltfreier Kommunikation, sie bringt den anderen nicht zum Schweigen, sie sucht das Gespräch und lässt dem Gesprächspartner seine Freiheit.[17] Ronchi erinnert an die Bedeutung des Wortes Manna in Ex 16,13–15: „Was ist das?"[18] Der Name für die Nahrung ist eine Frage! Die Fragen Jesu sind Worte Gottes auf dem Weg, sie öffnen Türen und bahnen Wege im Herzen.[19]

<small>Frage</small>

<small>Dialog</small> Der so eröffnete Dialog und das Gespräch mit den Anderen sind ebenfalls zentrale Ausdrucksformen des Glaubens, denn sie suchen die universale Gemeinschaft. Nicht nur die Gemeinschaft der Glaubenden in der Kirche, im konziliaren, synodalen oder ökumenischen Dialog, sondern die Gemeinschaft mit dem uns besonders nahen Judentum im jüdisch-christlichen, mit den anderen Religionen im interreligiösen Dialog und mit Agnostikern und Atheisten. Jesus drückt eine Haltung der liebenden Wertschätzung gegenüber dem Nächsten aus, die dem anderen Menschen Raum und Zeit für sein Leben eröffnet, die nicht alles schon immer besser weiß, sondern erst einmal danach fragt: „Was suchst Du?" Auch im Religionsunterricht wird es dann besonders spannend, wenn Fragen auftauchen und von Schülerinnen und Schülern gestellt werden, die offensichtlich nach etwas suchen.

Das Fragen und die Suche nach der Wahrheit (man denke an die Pilatusfrage: Was ist Wahrheit?) führt die Theologie von Anfang an zum Dialog mit der Philosophie und so werden auch deren Denkformen rezipiert, um dem Glauben Ausdruck zu verleihen und seine Verstehbarkeit und Rationalität so weit wie möglich zu begründen. Waren es über Jahrhunderte zunächst das platonische und später auch das aristotelische Denken, die bevorzugte Dialog-

---

[17] Vgl. *Ermes Ronchi*, Die nackten Fragen des Evangeliums, München 2017, 16.
[18] Ebd. 15.
[19] Vgl. ebd. 15 f.

partner auch in der interreligiösen Begegnung zwischen Christentum, Judentum und Islam waren, so werden heute darüberhinaus die vielfältigen Ansätze von der transzendentalen, phänomenologischen, (differenz-)hermeneutischen bis hin zur postmodernen und analytischen Philosophie von der Theologie aufgegriffen, um den Glauben auch im Diskurs mit den anderen Wissenschaften etwa im Raum der Universitäten mit einer breiteren Methodenvielfalt zu repräsentieren. Die aktuellen Debatten um den Stellenwert der Metaphysik zeigen, dass der Stellenwert der Ontologie als Rede vom Sein in der kath. Theologie (analogia entis) ebenfalls verstärkt diskutiert wird. Ist die Ontologie oder die Ethik die „erste Philosophie"?

Papst Benedikt XVI. hat darauf hingewiesen, dass die Vernunft den Glauben vor den Auswüchsen des Fundamentalismus schützen und der Glaube die Offenheit der Vernunft für Gott bewahren könne. Denn es gebe „Pathologien" der Religion und der Vernunft dort, wo sie sich beide absolut setzen wollen.[20] Der Glaube sucht das kritische Denken (fides quaerens intellectum), weil der in der johanneischen Tradition verwendete Begriff Logos nicht nur Wort, sondern auch Vernunft bedeuten kann und weil 1 Petr 3,15 dazu auffordert, jedem Rede und Antwort zu stehen, der Rechenschaft über die christliche Hoffnung fordert. Dann sind Argumente und Methoden gefragt, was Paulus auch bei seiner Areopagrede beherzigt. Ob und wie Gott gedacht werden kann, ist ein nicht endender Streit in der Theologie, der sich vor allem an dem Diskurs um die Unbegreiflichkeit Gottes ablesen läßt, die vor allem für die Rezipienten analytischer Philosophie in der katholischen Theologie eine bleibende Provokation ist. Kann das Denken Gott oder die Wirklichkeit eins zu eins abbilden? Können wir Gottes Gedanken denken? Ist die (von vielen gewünschte) fraglose Eindeutigkeit oder die sperrig bleibende Fraglichkeit und Ambivalenz des Lebens eine Ausdrucksform des Glaubens? Können Schülerinnen und Schüler mit Ambivalenzen auch im Glauben umgehen, oder muss immer alles ganz klar sein? *Kritisches Denken*

Die Bedeutung des sakramentalen Denkens in der römisch-katholischen Kirche verdankt sich einer schöpfungstheologischen und inkarnatorischen Denkform, die vor allem an das Konzil von Chalcedon gebunden ist. Wenn dort formuliert wird, dass Jesus Christus wahrer Gott und wahrer Mensch ist, eine Person in zwei Naturen, die nicht vermischt und nicht getrennt werden dürfen, *Sakramentales Denken*

---

[20] Vgl. *Josef Ratzinger*, Grundsatz-Reden aus fünf Jahrzehnten, hg. von *Florian Schuller*, Regensburg 2005, 157–169, 168.

dann wird von einer Einheit zwischen Gott und Mensch in bleibender Unterschiedenheit gesprochen. Diese Einheit bedeutet eine dynamische Beziehung zwischen Gott und Mensch und meint keine unterschiedslose Identität. Diese inkarnatorische Denkform wird auf das Verständnis der Sakramentalität angewendet. Sakramente sind Realsymbole, in denen auf sinnlich-zeichenhafte Weise die liebende Nähe Gottes geschieht, gefeiert und je neu zugesprochen wird. Die Sakramente, vor allem Taufe und Eucharistie (sacramenta maiora), sind zentrale Ausdrucksformen des Glaubens. Die unsichtbare Nähe Gottes wird unter sichtbaren Zeichen sinnlich erfahrbar, ja spürbar zur Sprache gebracht durch das Wort und die berührende Geste. Die Zuwendung Gottes geschieht auf inkarnierte, verkörperte, leibhaftige Weise. Das unterstreicht die Bedeutung der Liturgie in der Kirche: Die Erfahrung der Barmherzigkeit und Gerechtigkeit Gottes mit allen Sinnen spüren zu können, durch das Hören, das Sehen, das Riechen, das Schmecken und Tasten im Gottesdienst. Die Nähe Gottes geht uns spürbar unter die Haut, in der Eucharistie wird besonders deutlich, dass die Beziehung zu Christus auch unsere Innerlichkeit betrifft. Davon zeugt die reiche mystische Tradition über die Jahrhunderte, die Wege zur Erfahrung Gottes gesucht hat und faszinierende Sprachformen entwickelt hat, um dieser Erfahrung Ausdruck zu verleihen. Auch das Pilgern ist eine Verkörperung des Glaubens: sich auf den Weg machen und spüren, was unterwegs mit mir geschieht, wenn ich alleine bin, wenn ich Anderen, der Natur oder Gott begegne, wenn ich merke, dass meine Beziehungen nach Außen mit meiner Beziehung zu mir selbst zusammenhängen und eine Resonanz in meinem Inneren auslösen. Diese (neue) Aufmerksamkeit für den eigenen Körper und sein Gespür kann auch die Spiritualität junger Menschen prägen, die in digitalisierten Zeiten virtueller Realitäten den realen Kontakt zu sich selbst und ihren Sehnsüchten nicht verlieren wollen.[21]

Künste Spannend ist auch die Entdeckung der Suche nach gelingendem Menschsein in Kunst, in der Literatur, Lyrik, Poesie oder im Film. Für das katholische Denken kommt uns auch dort die Wahrheit und ihre vielfältige Artikulation entgegen, von der wir lernen können, weil Gott in allen Menschen, die ja Bilder Gottes sind, präsent ist.

---

[21] Vgl. dazu: *Ariane Martin*, Sehnsucht. Der Anfang von allem, Ostfildern 2005; *Simone Honecker (Hg)*, Im Aufwind. Spiritualität in der kirchlichen Jugendarbeit, Kevelaer 2000; *Klaus Müller*, Endlich unsterblich. Zwischen Körperkult und Cyberworld, Kevelaer 2011; *Stefanie Knauß*, Transcendental Bodies. Überlegungen zur Bedeutung des Körpers für filmische und religiöse Erfahrung, Regensburg 2008.

Und vor allem die Musik kann jene Ebene bedeuten, die sich anders als Sprechen und Schweigen im Klang zu Gott emporhebt und sich an ihn bindet. Das Lied, vom Text getragen und von den Tönen begleitet, bringt den unsagbaren sprechenden Gott auf eine Weise zum Klingen, die auch jenseits des Wortes anzusprechen vermag. Auch die Musik ist Gottesdienst, nicht nur, wenn sie in der Liturgie erklingt, sie steht für eine Öffnung des Menschen auf die Transzendenz hin, der seine Freude und Trauer auch in das Lied und den Klang hineinlegen kann.[22] Dafür steht auch die lange Tradition des Chorals in den Klöstern und in der Liturgie. Analoges gilt für die darstellenden Künste, die stärker im Medium des Bildes arbeiten als die Musik, die durch eine gewisse Bilderlosigkeit ausgezeichnet ist.[23]

Die Bilder, die die Kirchen über die Jahrhunderte schmücken, sind an biblischen Szenen und Vorbildern orientiert. Sie wollen die Heilsgeschichte mit dem Leben des Betrachters vebinden und ihn an das erinnern, was für ihn geschehen ist, sie wollen in ihren Himmelsdarstellungen voraus verweisen auf die noch ausstehende Vollendung der Welt und Hoffnung schenken. Die Bilder wollen die Anschaulichkeit des Wortes Gottes vermitteln, die sich auch in der Schönheit, Spannungsgeladenheit und Ästhetik der Kunst zeigen kann. Der Himmel ist in den Bildern oft voller Musik, so wie das Kirchenschiff, wenn in ihr die Musik erklingt zur Ehre Gottes und Himmel und Erde schon jetzt miteinander verbindet.

Bild

Im Unterschied zur Ostkirche kennt die römisch-katholische Kirche keine Bilderverehrung wie bei den Ikonen. Gott hat ein Bild von sich realisiert im Menschen, der nach dem Bild Gottes geschaffen ist. (Gen 1,26–28) Der Mensch ist Repräsentant/in Gottes in der Welt, d. h. er ist in die Verantwortung gestellt, als Stellvertreter/in Gottes für die Schöpfung als Haus aller Lebewesen zu sorgen

---

[22] Vgl. dazu *Christian Hörmann*, Begegnung mit dem Unaussprechlichen. Musik-Erfahrung und kairologische Rationalität, Mainz 2010. Hörmann bietet eine theologische Reflexion über den Transzendenzbezug der Musik vor allem im Dialog mit Hans Urs v. Balthasar und Theodor W. Adorno. „Musik ist ein Geschehen, das den Moment der Gegenwart auf spezifische Weise zur gefüllten Zeit werden lässt. Dies vermag sie, weil Schönheit ihr Kraftzentrum ist und sie antwortend auf einen unvordenklichen Anspruch, der in der Fraglichkeit des Daseins beim Menschen ankommt, reagiert." (414) Die ästhetische Erfahrung aber habe eine aporetische Struktur, denn in ihr begegnen sich „Emotionalität und unmittelbares Hingerissensein ebenso wie distanzhafte Fremdheit, die intellektuelle Auseinandersetzung voraussetzt und fordert." (416).

[23] Vgl. ebd. 419.

und das Leben zu mehren und zu bewahren. Diese Verantwortung zu übernehmen ist ebenfalls eine wesentliche Ausdrucksform des Glaubens, die dessen ethische Konsequenzen und das Heil aller im Blick hat.

Heiligenverehrung — Das gelungene Menschsein wird von der römisch-katholischen Kirche auch in der Heiligenverehrung gefeiert, wobei eine Anbetung der Heiligen ausgeschlossen ist, denn es kann nur zum dreieinen Gott gebetet werden. Der Blick auf Maria und die Heiligen soll den Blick auf die Erlösung und das durch Christus geheilte Leben richten, das uns allen verheißen ist und sich dereinst im ewigen Leben vollenden wird. Papst Franziskus hat betont, dass die Heiligen nicht nur die von der Kirche herausgehobenen Personen sind, sondern dass sie auch bei uns in der Nachbarschaft leben, wo Menschen die Nächstenliebe ohne großes Aufsehen in Familie und Beruf leben und so auch den Glauben ausdrücken mit ihren Taten. „Oft ist das die Heiligkeit ‚von nebenan', derer, die in unserer Nähe wohnen und die ein Widerschein der Gegenwart Gottes sind, oder, um es anders auszudrücken, ‚die Mittelschicht der Heiligkeit'" (Gaudete et exultate 7). Diese Heiligkeit ist kein Verdienst der Menschen, sondern gründet in der Kraft des Heiligen Geistes. Das ökumenische Dokument einer bilateralen Arbeitsgruppe der Deutschen Bischofskonferenz und der Kirchenleitung der VELKD mit dem Titel „Communio Sanctorum" hat im Jahr 2000 eine gemeinsame Basis für die Rede von der Heiligkeit in der Kirche formuliert.[24]

lex orandi und lex credendi — Spannend ist das Verhältnis von *lex orandi* und *lex credendi*, von der Ordnung des Betens und der Ordnung der Lehre. Beide hängen wechselseitig miteinander zusammen. Die Christologie und die Trinitätstheologie haben ihren Grund in der Gebetspraxis der frühen Gemeinden. Noch ehe im Konzil von Nizäa (325 n. Chr.) das „homoousios" definiert wurde, noch ehe im ersten Konzil von Konstantinopel (381 n. Chr.) und dessen Synodalbrief die Trinitätstheologie zur Sprache gebracht wurde, ist schon Entscheidendes passiert: Christinnen und Christen haben nicht nur zum Vater, sondern auch zum Sohn und zum Heiligen Geist gebetet. Die Gebetspraxis der Gemeinden wird zu einem gewichtigen Argument für die Lehre von der Gottheit des Sohnes und des Heiligen

---

[24] Abrufbar unter: https://www.dbk.de/fileadmin/redaktion/diverse_downloads/communio_sanctorum.pdf [Zugriff: 18.3.2019]. Druckfassung: *Bilaterale Arbeitsgruppe (Hg.)*, Communio Sanctorum. Die Kirche als Gemeinschaft der Heiligen, Paderborn/Frankfurt a. M. ²2003.

Geistes. Dies kann man z. B. am Nizäno-Konstantinopolitanischen Glaubensbekenntnis ablesen, wo es heißt: „Wir glauben an den Heiligen Geist, ... der mit dem Vater und dem Sohn angebetet und verherrlicht wird." Hier wird die Gebetspraxis explizit als Argument für die Konzilsentscheidung benannt. Hinzu tritt die Hoffnung, dass das Gebetsleben und die Liturgie der Gemeinden vom Heiligen Geist inspiriert ist und daher nicht in die Irre geht. So wird auch deutlich, warum die Pneumatologie von Anfang an bedeutsam ist. Das Leben der Gemeinde und ihres Gebetes ist vom Heiligen Geist getragen, es ist ein inspiriertes Geschehen, dem man Glauben schenken darf. So gründen die zentralen Dogmen der Alten Kirche wesentlich im Beten der Kirche und in einem Konsens des Glaubens, der vorausgesetzt wird, so lange es nicht zu expliziten Konflikten und Dissensen kommt. Auch die Glaubensbekenntnisse haben ihren Ort von Anfang an in der Liturgie der Taufe und der Eucharistie, sie sind nicht nur entscheidende Texte von und für Konzilien.

Dort, wo der Glaube fundamentalistisch wird oder den Konsens der Kirche verlässt, können das Lehramt der Kirche und die Theologie eine kritische Funktion ausüben und Grenzen ziehen, die, wie Karl Rahner betonte, jedoch nicht zu eng gezogen werden dürfen. Es gibt auch Beispiele, wo die Lehre die Liturgie veränderte: etwa als Johannes XXIII. die Karfreitagsfürbitte ändern ließ, die noch von den „perfidi judaei" sprach. Hier fordert das Lehramt eine Änderung der Liturgie, weil die bisherige Bitte theologisch nicht mehr haltbar geworden ist. Das Zweite Vatikanum und vor allem Johannes Paul II. werden dann die Rede vom ungekündigten Bund Gottes mit den Jüdinnen und Juden ermöglichen, so dass diese nicht mehr ungläubig genannt werden dürfen.

Um die Unsagbarkeit Gottes in Erinnerung zu halten, hat das 4. Laterankonzil im Jahr 1215 formuliert, dass zwischen dem Schöpfer und dem Geschöpf keine noch so große Ähnlichkeit formuliert werden könne, ohne dabei eine noch größere Unähnlichkeit festzustellen (DH 806). Joachim von Fiore war der Meinung, er könne das Geheimnis der Trinität erklären, indem er die göttlichen Personen mit einer bestimmten Abfolge der Heilsgeschichte in Zusammenhang brächte. Dies aber widerstritt der Auffassung, dass das Mysterium der Trinität für die Kirche ein unauflösbares ist. Es handelt sich um ein *Mysterium stricte dictum*. Von daher schärft das Konzil eine analoge Redeweise ein, bei der in aller Ähnlichkeit eine je größere Unähnlichkeit festzuhalten ist, weil auch für den Glauben die Differenz zwischen Schöpfer und Geschöpf Bestand

Analogie und Unverfügbarkeit

hat. Das verweist auf den Deus semper maior, auf den je größeren Gott, den unsere Worte nicht fassen und eingrenzen können. Gott bleibt der Unverfügbare, wir müssen unsere Vorstellungen für ihn offen halten, sie entgrenzen und auf ihn hin öffnen.

Dogma   Eine lehramtliche Festlegung dessen, was Dogma bedeutet, ist explizit erst seit dem 1. Vatikanum gegeben und hat auch kirchenrechtliche Konsequenzen. Dort heißt es: „Mit göttlichem und katholischem Glauben ist also das zu glauben, was im geschriebenen oder überlieferten Wort Gottes enthalten ist und von der Kirche in feierlichem Entscheid oder durch gewöhnliche allgemeine Lehrverkündigung, als von Gott geoffenbart zu glauben vorgelegt wird" (DH 3011).[25]

Zum Dogmenbegriff gehören zwei Elemente: a) die ausdrückliche und definitiv-verbindliche Vorlage einer Aussage, die als geoffenbarte Wahrheit qualifiziert ist, durch die Kirche, b) die Zugehörigkeit dieser Wahrheit zur göttlichen Offenbarung, wie sie in Heiliger Schrift und Tradition bezeugt ist. Bei der Art der Vorlage der Lehre unterscheidet die römisch-katholische Kirche zwischen a) feierlichem Entscheid, d. h. wenn allgemeine Konzilien und/oder der römische Bischof (ex cathedra) autoritativ und die ganze Kirche in Pflicht nehmend Aussagen machen, die explizit als irreversibel (infallibel) gekennzeichnet sind (vgl. LG 25; CIC can. 1323), und b) der gewöhnlichen allgemeinen Lehrverkündigung, welche die gesamte Verkündigung der Kirche umfasst, insofern sie von allen Lehrinstanzen geglaubt und gelebt wird. Zu diesen Instanzen gehören die Heilige Schrift und die Tradition, das bischöfliche Lehramt in seiner Strukturiertheit, die mit der Verkündigung beauftragten Männer und Frauen, die Theologie und das gesamte Volk Gottes aufgrund des sensus fidei.

Erfasst werden soll der synchrone Konsens der Kirche in der jeweiligen Gegenwart und der diachrone Konsens mit den vorhergehenden Generationen (Tradition) mit dem depositum fidei und dem Wort Gottes, wie es in der Ur-kunde der Heiligen Schrift vorliegt. Es wird eine Übereinstimmung im Glauben (Konsens) vorausgesetzt, ein Ruhen in der Wahrheit, das nur im Konfliktfall in Frage gestellt wird und nicht empirisch feststellbar ist. Die Kirche geht davon aus, dass der Glaube aller in seiner pluralen Bezugung auf den einen Gott zielt und ein Gespür (sensus fidei) für dasjenige hat, was unausgesprochen alle miteinander verbindet. Hier liegt

---

[25] *Josef Wohlmuth* (Hg.), Katholische Theologie heute, Würzburg ²1995, 259.

der Grund für die verbindende Verbindlichkeit des Glaubens, die der Heilige Geist trägt, der uns Einheit in Verschiedenheit leben lässt.

Für alle Dogmen gilt, dass sie relativ in Bezug auf die Heilige Schrift sind und aufgrund ihrer Vieldeutigkeit (man denke an das uneindeutige „homoousios": eines oder gleichen Wesens?) je neu gedeutet werden müssen. Daher geht die Dogmen- und Konziliengeschichte immer weiter. Dogmen erinnern an die in der Bibel bezeugte Offenbarung in der Geschichte Israels und der Menschwerdung, an die ergangenen Verheißungen einer gelingenden Zukunft in der Auferweckung von den Toten, und sie zielen auf die Verherrlichung und den Lobpreis Gottes. Dogmen sind Beziehungsaussagen. Sie handeln von der Beziehung Gottes zu den Menschen und von der Erfahrung der Menschen in ihrer Relation auf Gott hin. Sie beziehen das Gesagte auf das Geheimnis Gottes (reductio in mysterium) und verweisen in ihrer Gesamtheit auf einen nexus mysteriorum (DH 3016), sind also auch relativ im Bezug untereinander. Die Lehre kennt verschiedene Verbindlichkeitsgrade und die Glaubensbekenntnisse (Apostolikum, Nizäno-Konstantinopolitanum) bilden das verbindliche ökumenische Fundament, das mit der Taufliturgie im engsten Zusammenhang steht. Außerdem ist die Hierarchie der Wahrheiten zu beachten (Unitatis Redintegratio 11), denn nicht alle Lehraussagen beziehen sich auf Sachverhalte gleicher Bedeutung. Das ist auch für den ökumenischen Dialog und die Rede von einem differenzierten Konsens in der Gemeinsamen Erklärung zur Rechtfertigungslehre von zentraler Bedeutung. So geht das Lehramt z. B. bei der Frage nach dem Ablass oder den Schutzengeln davon aus, dass es hier nicht um heilsnotwendige Wahrheiten geht, d. h. der Einzelne kann entscheiden, ob es für ihn eine heilvolle Bedeutung hat oder nicht.

Hier ist die auch für den römisch-katholischen Glauben unhintergehbare Verantwortung des Gewissens herausgefordert, wie Papst Franziskus in der Tradition des Thomas v. Aquin betont. (Amoris laetitia 37) Das Sich-Verlassen auf die Kirche hat mit Vertrauen und der Inspiration des Glaubens durch den Heiligen Geist zu tun, der die Kirche (als heilige und sündige) in der Wahrheit leben lässt. Die Kirche ist Verkünderin, nicht Offenbarerin von Wahrheit. Daher gilt auch für Dogmen die Regel der analogen Gottrede, die eine je größere Unähnlichkeit zwischen Schöpfer und Geschöpf sowie die Unbegreiflichkeit Gottes zu respektieren hat.

3 Dialekte und Gestalten des Christentums als Themen der weiteren christlichen Ökumene: Ostkirchen und charismatische Bewegungen

Ostkirchen Dass der eigentliche Beginn der Theologie im Gottesdienst und im Gebet zu finden ist, ist eine in der Christenheit weithin geteilte Überzeugung. Die konfessionelle Vielfalt lässt sich nun gerade darin sehen, wie unterschiedlich dieser Ausgangspunkt theologischen Denkens verstanden wird. Das gilt zunächst für Leben und Lehre des christlichen Ostens.[26] Dass Theologie mit dem Gottesdienst

Gottesdienst beginnt, ist dann bereits eine erläuterungsbedürftige Aussage. Denn nach orthodoxem Verständnis gilt: „Wir halten nicht eigentlich Gottesdienst. Wir treten nur hinzu. Längst, bevor wir uns entschließen, Gottesdienst zu halten, findet Gottesdienst bereits im Himmel statt. Wir sind beim Beten nie allein. Immer ist da schon eine obere Schar, in die wir uns einreihen. Auch der einzelne Beter betet immer schon ‚in Konzelebration mit den Engeln‘."[27] Die Rede ist vom ewigen Gottesdienst der Seligen und der Engel: Immerwährend lobpreisen sie Gott und rufen ihm das „heilig, heilig, heilig" aus der Tempelvision des Jesaja zu. (Jes 6,3) Menschlicher Gottesdienst, der den Namen verdient, ist demgegenüber nichts Neues oder Anderes, sondern ein scheues und ehrfürchtiges Hinzutreten und Einstimmen in diesen himmlischen Gesang. Das erklärt den für westliche Ohren und Augen verschwenderischen Reichtum der Liturgie und ihrer Gesänge, und nicht zuletzt, warum sie immerhin „göttliche Liturgie" genannt wird.[28] Auch der orthodoxe Kirchenraum spiegelt den Teilhabecharakter der von Menschen vollzogenen Liturgie am immerwährenden Gotteslob der Engel und Seligen wider: In seiner Pracht ist er Abbild des himmlischen Thronsaals Gottes und die Ikonen machen menschliches Handwerk für die himmlische Wirklichkeit durchsichtig.

---

[26] Wir verwenden im Folgenden den einheitlich klingenden Terminus „Orthodoxie", auch wenn die Vielfalt der byzantinischen und orientalischen Kirchenfamilien groß ist. Eine gute Kurzübersicht bei *Ioan Moga*, Die Orthodoxe Kirche und die Orientalisch-Orthodoxen Kirchen, in: *Johannes Oeldemann (Hg.)*, Konfessionskunde, Paderborn/Leipzig 2015, 72–157.

[27] *Hans Christian Felmy*, Einführung in die orthodoxe Theologie der Gegenwart, Neuauflage Berlin 2011, 157.

[28] *Verein für Ostkirchliche Musik (Hg.)*, Die göttliche Liturgie des heiligen Johannes Chrysostomus (Die göttlichen Liturgien 1), und Die göttliche Liturgie des heiligen Basilios des Großen (Die göttlichen Liturgien 2), Gersau (CH) 1998.

Die Bedeutung der Ikonen, über deren Legitimität das 2. Konzil von Nizäa 787 n. Chr. entschieden hatte, hat ihren Grund nicht nur im Glauben an die Inkarnation, die in ihren kosmischen Dimensionen entfaltet wird, sondern hängt auch mit der platonischen Tradition zusammen, die bis heute für die Ostkirche relevant ist. Die Bilder, verstanden als Abbilder, ermöglichen den Zugang zu den Urbildern, die in ihnen präsent sind. Die irdische Liturgie bildet die himmlische Liturgie ab, sodass ein Teilhabe möglich wird. Bild und Abbild sind zu unterscheiden, aber sie bilden eine Einheit in Unterschiedenheit. Das Bild ermöglicht den Durchblick auf die Transzendenz. Das Schreiben der Ikonen ist entsprechend ein spirituelles Geschehen und unterliegt kanonischen Vorgaben, von der Auswahl der Farben und Formen bis hin zum Vorgang der Herstellung.

Ikone

Die Teilnahme am Gottesdienst versteht die Orthodoxie als kirchliche Erfahrung. Theologie nun ist nichts anderes als „Reflexion kirchlicher Erfahrung"[29]. Sie kommt aus ihr und führt wieder in sie zurück. Die Idee einer weitgehend unabhängig von Kirche und Liturgie sich vollziehenden wissenschaftlichen Theologie wird kritisch angesehen. Lehre und Unterricht sind entsprechend vor allem als Einweisung in die kirchliche Erfahrung und als Ermöglichung der Teilhabe an der liturgischen Dimension von Kirche und Christsein konzipiert. Das ist von den in rascher Folge sich abwechselnden Programmatiken einer evangelischen Religionspädagogik denkbar weit entfernt, da diese trotz all ihrer Diversität durchaus aufklärerisch geprägt und am Individuum und seinen Mündigkeitsprozessen orientiert sind. Wo dies allerdings in der religionsdidaktischen Konkretion mit dem Zugehen auf spirituelle Erfahrung einhergeht – beginnend bei Gebet und Kerze im Stuhlkreis –, ist eine Verbindung zur orthodoxen Lesart kirchlicher Erfahrung eben doch gegeben. Für die sich nicht zuletzt durch Flucht und Migration verändernde Zusammensetzung der Schülerschaft dürften sich hier interessante Anknüpfungspunkte ergeben.

Theologie als Reflexion kirchlicher Erfahrung

Das gilt auch für die wohl wichtigste materialdogmatische Pointe, die die orthodoxe Betonung der kirchlichen Erfahrung durch Teilhabe am immerwährenden Gottesdienst mit sich bringt. In ihr zeigt sich der gänzlich eschatologische Grundzug orthodoxer Theologie und Frömmigkeit: Das Leben der Christinnen und Christen – insbesondere in seiner gottesdienstlich stattfindenden Verdichtung – ist auf Gottes Vollendung hin ausgerichtet. Damit ist jedoch erst sekundär die Hoffnung auf ein Leben gemeint, das jenseits der

Eschatologischer Grundzug

---

[29] *Felmy*, Einführung (s. o. Anm. 27), 22.

Todesschranke bei Gott bewahrt ist. Der kirchlichen Erfahrung „entspricht vielmehr vor allem eine präsentische Eschatologie, freilich so, daß wie bei der Gotteserkenntnis die teilweise ‚schon jetzt' gewährte Erfüllung die Sehnsucht nach immer tieferer und vollkommenerer Erfüllung in der Zukunft immer wieder erneut anfacht und wachhält."[30] Westlich geprägte Religionspädagogik und Theologie tut gut daran, sich fragen zu lassen, ob sie dieser Dimension christlicher Existenz genug Spielraum gewährt – in ihrer Theoriebildung wie in der von ihr moderierten Praxis.

Charismatische und pfingstlerische Aufbrüche

Gleichsam vom anderen Ende des Spektrums der christlichen Konfessionen her werden Stimmen und Rückfragen zum Thema laut, die Theologie und Religionspädagogik, die durch die europäischen Großtraditionen geprägt sind, genauso aufmerksam hören sollten. Gemeint sind die charismatischen und pfingstlerischen Aufbrüche, die sich seit Beginn des 20. Jh. ereigneten, und die seit einiger Zeit die wohl wirkmächtigste Innovation innerhalb der weltweiten Christenheit darstellen.

Heiliger Geist

Was die ungemein vielfältigen Strömungen eint,[31] ist der Bezug auf den dritten Artikel des Apostolischen Glaubensbekenntnisses. Den etablierten Kirchentümern halten sie vor, die lebendige Erfahrbarkeit des Heiligen Geistes und seine wirklichkeitsverändernde Dynamik vergessen und verdrängt zu haben. Jedem Menschen, der sich für ihn öffnet, kann der Heilige Geist als unmittelbar zugängliche Erfahrung zuteil werden. Charismatisch geprägte Theologie betont dabei die Außerordentlichkeit solcher Erfahrungen: Sie sind grundstürzend, erfassen und erschüttern den ganzen Menschen und machen ihn zugleich der liebenden und heilenden Gegenwart Gottes gewiss. Unter charismatische Erfahrungen zählt etwa das Reden in Zungen oder fremden Sprachen, das körperliche Überwältigtsein oder die unmittelbare Erfahrung der lichtvollen und heilsamen Gegenwart Gottes. Der Gottesdienst ist entsprechend lebhaft und enthält ausgedehnte Lobpreis- und Anbetungszeiten. Bestimmte Strömungen – etwa die sog. Neo-Pentecostales in Brasilien – rechnen auch die konkrete Erfahrung des Exorzismus von lebensbeschädigenden Dämonen unter die außerordentlichen Erfahrungen. Insgesamt gelten sie als Taufe mit dem Heiligen

---

[30] Ebd. 297.
[31] Vgl. *Giovanni Maltese (Hg.)*, Handbuch pfingstliche und charismatische Theologie, Göttingen 2014; *Peter Zimmerling*, Die Charismatischen Bewegungen. Theologie – Spiritualität – Anstöße zum Gespräch, Göttingen ²2018.

Geist oder als persönliches Pfingsten. Die Taufe mit Wasser wird demgegenüber als zwar biblisch gebotener Ritus angesehen, der allein aber nicht ins volle christliche Leben führt. Entsprechend sind charismatische und pfingstliche Bewegungen grundständig institutionenkritisch ausgerichtet: Institutionalisierte Kirche und Frömmigkeit gelten ihnen geradezu als Agenten der Verhinderung der unmittelbaren und begeisternden Geisterfahrung.

Das heißt nun keinesfalls, dass charismatische Bewegungen in Sachen kirchlicher Institutionen nur deren Kritik betreiben. Vielmehr kam es zur Ausbildung förmlicher kirchlicher Strukturen, und wer einmal einen charismatischen Gottesdienst besuchte, weiß, dass auch er einer beschreibbaren Liturgie folgt. Nicht zum wenigsten zeigen sich charismatische Bewegungen auch darin, dass sie innerhalb etablierter Konfessionen auftreten, die sie nicht verlassen, wohl aber transformieren und weiterentwickeln wollen.[32]

Der evangelischen Konfessionsfamilie wie der römisch-katholischen Kirche halten die charismatischen und pfingstlichen Bewegungen gleichsam den Spiegel vor: Lassen sie, die mit jahrhundertelang geprägten Liturgien und Ämterstrukturen leben, der unverrechnbaren Freiheit des Heiligen Geistes angemessen Raum? Die Freiheit des Geistes und sein lebenschaffendes Wirken lehren sie nicht minder, so dass die Aufbrüche ‚im Geist' berechtigte Anfragen an sie, ihre Theologie und ihre Strukturen stellen. Das ökumenische Gespräch funktioniert aber auch in die andere Richtung: Evangelische Rechtfertigungs- und katholische Gnadenlehre haben sich in differenzierter Weise mit der Frage beschäftigt, wie ein Leben und Wachsen des Menschen in der Gnade aussehen kann und welche Rolle auch und gerade das Leben nach der Taufe dabei spielt. Die charismatische Kritik, hier blind geworden zu sein, trifft also keinesfalls auf eine Leerstelle in der Theologie der klassischen Konfessionen! Evangelisch ist etwa versucht worden, von einem *ordo salutis*, einer Wegstrecke im Leben mit dem Heil Gottes zu sprechen, die katholischen Gnadenlehren kennen ein differenziertes Miteinander der sakramentalen Heilsdarreichung einerseits und der gläubigen Antwort darauf andererseits.[33] Gemeinsam ist diesen

_{Kritik an ev. und kath. Kirche}

---

[32] Vgl. *Hans Gasper,* Die Charismatische Bewegung: Konfessionelle, nichtkonfessionelle und neocharismatische Gemeinschaften, in: *Johannes Oeldemann (Hg.),* Konfessionskunde, Paderborn/Leipzig 2015, 391–426, 394–401.

[33] Vgl. *Thomas von Aquin,* Summa Theologica I–II q 111 (De divisione gratiae = Bd. II der Marietti-Ausgabe, Rom ²³1942, 684–690). Für die evangelische Seite vgl. *Johann A. Steiger,* Art. Ordo Salutis, TRE 25 (1995),

Versuchen die Einsicht, dass es nicht darum gehen kann, eine eindeutige zeitliche Abfolge von ‚Gnadenereignissen' zu denken, weil dies zum einen lebensfern ist und zum anderen unweigerlich in eine Art religiösen Leistungssport umschlagen würde, der dem Grundgedanken der Gnade Hohn spräche. Mindestens die evangelische Seite betont, dass es sich bei der Rede vom ordo salutis um eine analytische Aufgliederung in Aspekte handle, die aber alle der einen, ungeschiedenen Rechtfertigung zugehören.

Das zieht eine sehr bedenkenswerte Pointe nach sich, nämlich den kritischen Blick auf Stufen- und Entwicklungsmodelle des Glaubens und den Einsatz entwicklungspsychologischer Denkmodelle in der Religionspädagogik:[34] Sind sie, bei aller Berechtigung ihres Themas, frei von einer subtilen Leistungsbeschreibung des Glaubens? So wird gleichsam theologisch ‚über Bande' gespielt: Die pfingstlerisch-charismatische Kritik erinnert die großkirchliche Theologie an eines ihrer ureigenen Themen. Dieses ist geeignet, ja nötig, um empirisch wagemute Konkretionen einer theologischen Kritik zu unterziehen. Wenn das ökumenische Gespräch über Ausdrucksgestalten des christlichen Glaubens zu solchen Ergebnissen kommt, dann scheint es zumindest nicht gänzlich auf dem falschen Weg zu sein.

4 Anknüpfungspunkte im Blick auf andere Religionen: Judentum und Islam

Judentum   Eine große Nähe ergibt sich zwischen Christentum und Judentum bezogen auf die Ausdrucksformen der Gottrede und Liturgie. Jesus war Jude und steht ganz in der Tradition seines Volkes. Die Ausdrucksformen der Bibel Israels, so weit sie zu seiner Zeit vorliegt, prägen ihn zutiefst in seinem Sprechen und Handeln. Er verkündigt den Gott Abrahams, Isaaks und Jakobs. Juden und Christen haben einen großen Teil der Heiligen Schrift gemeinsam und teilen die

---

371–376; *Eilert Herms*, Die Wirklichkeit des Glaubens. Beobachtungen und Erwägungen zur Lehre vom ordo salutis, in: EvTh 42 (1982), 541–566.

[34] Klassiker: *James Fowler*, Stufen des Glaubens. Die Psychologie der menschlichen Entwicklung und die Suche nach Sinn, Gütersloh 1991; *Fritz Oser* und *Paul Gmünder*, Der Mensch – Stufen seiner religiösen Entwicklung, Gütersloh ⁴1996. Aus den neueren Untersuchungen vgl. *Gerhard Büttner* und *Veit-Jakobus Dieterich*, Entwicklungspsychologie in der Religionspädagogik, Göttingen ²2016. Einige kritische Bemerkungen bei *Bernd Schröder*, Religionspädagogik, Tübingen 2012, 325 f.

Bedeutung der narrativen Gottrede. Beide suchen den Dialog mit philosophischem Denken, um je neu nach Gott zu fragen und betreiben Theologie. Auch wenn die Differenz in der Christologie und Trinitätstheologie gegeben ist, beten Jüdinnen und Juden sowie Christinnen und Christen den selben Gott an und teilen das monotheistische Gottesbild. Das ist mehrfach auch von jüdischer Seite aus anerkannt worden. Die biblische Weisung, sich von Gott kein Bild zu machen, erinnert uns bleibend daran, dass das Gottesbild, das wir uns machen, nicht mit Gott identisch ist. Auch für das Christentum gilt, dass Gott nicht einfach sichtbar geworden ist. Die Spannung zwischen der Andersheit und Unverfügbarkeit Gottes auf der einen Seite und seiner Erfahrbarkeit und Nähe in der Welt auf der anderen Seite auszuhalten und zur Sprache zu bringen, ist Jüdinnen und Juden sowie Christinnen und Christen gemeinsam aufgegeben. Die Formen der jüdischen Liturgie, die auch die christliche Form des Gottesdienstes geprägt haben, leben von sinnlichen Zeichen wie Brot und Wein bei der Pessachliturgie, vom Hören auf das Wort Gottes und vom Gebet, so dass die Nähe Gottes auf verschiedene Weise verkörpert und spürbar wird. Schülerinnen und Schüler können bei dem Besuch jüdischer Gemeinden und ihrer Synagogen diese Nähe auch zwischen Jüdinnen und Juden sowie Christinnen und Christen konkret erfahren.

Zum Islam ist diese Nähe so nicht gegeben, wozu noch ergänzend hinzutritt, dass er die strenge Einheit/Einzigkeit und Weltjenseitigkeit Gottes noch stärker betont als Christentum und Judentum, ja sich in dieser Hinsicht als deren Korrektur und Rückerinnerung hin zum ursprünglichen und unverstellten Monotheismus versteht. Gleichwohl geht auch der Islam davon aus, dass Gott in der Welt gesucht und gefunden werden kann – und er kennt auch eine reiche mystische Tradition. Sucht man nach einer Konkretion im Rahmen der Ausdrucksformen des Glaubens, so bietet sich der im christlich-islamischen Gespräch noch wenig berücksichtigte Weg über das *ästhetische Erleben* an: Zunächst wird dies als nochmalige Reduktion erfahren, da islamisch das strikte Gebot der Nichtabbildbarkeit Gottes gilt, in dessen Gefolge man auch Äquivalenzen zu Ikonen, Heiligenbildern usw. vergeblich sucht. Man muss aber nur das Glück gehabt haben, ein wenig Zeit in einer der großen Moscheen islamisch geprägter Länder zu verbringen, um unmittelbar zu erfahren, dass damit der Konnex aus Religion und Ästhetik keineswegs erledigt ist: Wer etwa in das geheimnisvolle Blau der Sultan-Ahmed-Moschee in Istanbul eintaucht, wird sich der einzigartigen Atmosphäre von Stille und Achtung kaum entziehen kön-

Islam

nen. Ästhetisches Erleben gilt aber nicht nur für die räumliche Inszenierung des Glaubens: Navid Kermani hat darauf hingewiesen, dass die Rezitation des Korans bei Musliminnen und Muslimen auf der ganzen Welt als überwältigendes ästhetisches Erlebnis gilt. Dies wurde zur Lehre vom *iʿğāz*, der Unübertrefflichkeit des Korans, ausgearbeitet.[35] Entsprechend ist die Beschäftigung mit seinem Inhalt anhand einer deutschen Übersetzung kaum etwas Falsches, übersieht aber den rezeptionsästhetischen Aspekt beinahe völlig. Gerade angesichts der oben kurz genannten Beispiele aus christlicher Kunst und Musik dürfte deshalb gelten: Sowohl dem akademischen Dialog der Religionen als auch seine schulischen Realisierungsformen dürften durch den Vergleich ästhetischer Ausdrucksformen des Glaubens noch reiche Einsichten beschert werden können. Und es ist daran zu erinnern, dass Judentum und Islam wie das Christentum verschiedene „Dialekte", d.h. konfessionelle Ausprägungen kennen, die wir hier nicht annähernd darstellen konnten.

5 Lesehinweise

Wolfgang Beinert (Hg.), Glaube als Zustimmung? (QD 131), Freiburg i. Br. 1991.
Wolfgang Beinert und *Ulrich Kühn*, Ökumenische Dogmatik, Leipzig/Regensburg 2013.
Erwin Dirscherl und *Markus Weißer*, Dogmatik für das Lehramt. 12 Kernfragen des Glaubens, Regensburg 2019.
Eva-Maria Faber, Einführung in die katholische Sakramentenlehre, Darmstadt 2009.
Walter Kasper, Theologie und Kirche, 2 Bde., Mainz 1987/1999.
Walter Kasper, Das Verhältnis von Schrift und Tradition, in: *Wolfhart Pannenberg* und *Theodor Schneider (Hg.)*, Verbindliches Zeugnis I, Freiburg i. Br./Göttingen 1992, 335–370.
Stefanie Knauß, Transcendental Bodies. Überlegungen zur Bedeutung des Körpers für filmische und religiöse Erfahrung, Regensburg 2008.
Karl Lehmann, Dogmengeschichte als Topologie des Glaubens, in: *Werner Löser, Karl Lehmann* und *Matthias Lutz-Bachmann (Hg.)*, Dogmengeschichte und Katholische Theologie, Würzburg 1985, 513–528.
Karl Lehmann, Dissensus, in: *Eberhard Schockenhoff* und *Peter Walter (Hg.)*, Dogma und Glaube, Mainz 1993, 69–87.
Klaus Müller, Endlich unsterblich. Zwischen Körperkult und Cyberworld, Kevelaer 2011.

---

[35] *Navid Kermani*, Gott ist schön. Das ästhetische Erleben des Koran, München ⁴2011, 10 u. ö. Für Hinweise zum Thema danken wir Anna E. Epah, Heidelberg.

Johannes Oeldemann u.a. (Hg.), Dokumente wachsender Übereinstimmung, 2001–2010, Leipzig/Paderborn 2012, hier: Lutherisch-Katholisches Studiendokument „Die Apostolizität der Kirche", 2006.

Johannes Oeldemann (Hg.), Konfessionskunde, Leipzig/Paderborn 2015.

Heinrich Ott, Erkenntniswege theologischen Denkens. Umrisse einer ökumenischen Fundamentaltheologie, Altenberge 2001.

Päpstliche Bibelkommission, Die Interpretation der Bibel in der Kirche (Verlautbarungen des Apostolischen Stuhls 115), Bonn 1993.

Wolfhart Pannenberg und *Theodor Schneider (Hg.)*, Verbindliches Zeugnis, 3 Bde., Freiburg i. Br./Göttingen 1992–1998.

Johanna Rahner, Einführung in die katholische Dogmatik, Darmstadt 2008.

Dietrich Ritschl und *Martin Hailer,* Grundkurs Christliche Theologie. Diesseits und jenseits der Worte, Neukirchen-Vluyn (2006) ^{4}2015.

Edmund Schlink, Ökumenische Dogmatik. Grundzüge, Göttingen (1985) ^{3}2005.

Thomas Söding (Hg.), Der Spürsinn des Gottesvolkes, Freiburg i. Br. 2016.

Wolfgang Thönissen (Hg.), Lexikon der Ökumene und Konfessionskunde, Freiburg i. Br. 2007.

Gunther Wenz, Kirche. Perspektiven reformatorischer Ekklesiologie in ökumenischer Absicht, Göttingen 2005.

Peter Zimmerling (Hg.), Handbuch Evangelische Spiritualität, 3 Bde., Göttingen 2017–2020.

Nach den Ausdrucksformen christlicher Religion fragen

Religionsdidaktischer Kommentar

Jan Woppowa und Bernd Schröder

1 Lernchancen

Der Blick auf Ausdrucksformen christlicher Religion kann Schülerinnen und Schüler darauf aufmerksam machen, dass Religion im Allgemeinen und Christsein im Besonderen eine konkrete Angelegenheit des persönlichen und gemeinschaftlichen Lebensvollzugs sind. Denn die Gefahr einer unterrichtlich vermittelten Bildungsreligion liegt in ihrer rationalistischen Verkürzung auf Kosten der alltagsprägenden und lebenspraktischen Dimension von Religion. Eine exemplarische und vergleichende Erarbeitung ausgewählter Konfessionen und ihrer Ausdrucksformen kann die Erkenntnis fördern, dass Konfessionen nicht mehr, aber auch nicht weniger sind als „Bündelungsapparaturen für Ausdrucksformen der christlichen Religion" (→ *Hailer* und *Dirscherl*, Kap. 1). Sie schöpfen aus einem vielfältigen Bedeutungspotenzial bspw. der Bibel und ihrer Überlieferungen und bieten ein je spezifisches „Bündel von Ausdrucksformen" (→ *Hailer* und *Dirscherl*, Kap. 1) an, das sich die bzw. der einzelne Glaubende zum individuellen konkreten Lebensvollzug allerdings erst anverwandeln muss: aus evangelischer Sicht möglicherweise eine starke bibel- und schriftbezogene Spiritualität, aus katholischer Sicht eine starke Konzentration auf die Sakramentalität des Glaubens, aus orthodoxer Sicht etwa ein reiches sinnenhaftes Erleben des Gottesdienstes.

Christsein als Lebensvollzug vorstellen

Für Schülerinnen und Schüler wird es daher zunächst im Sinne einer Wahrnehmungskompetenz darum gehen, zahlreiche Phänomene des religiösen Ausdrucks in seinen konfessionellen Prägungen kennen und verstehen zu lernen. Angesichts der aktuellen jugendsoziologischen Erkenntnisse wird man davon ausgehen müssen, dass es sich dabei – je nach Kontext und Zusammensetzung der Lerngruppe – nicht selten um Fremdbegegnungen handeln wird. Denn eine religiöse Praxis (Beten, Gottesdienstbesuch) scheint zunehmend im Schwinden begriffen, wenn auch konfessionell (katholisch, evangelisch) bzw. religiös (christlich, muslimisch) unterschiedlich.[1] Gerade weil aber eigene Praxis und Erfahrung auf Seiten der Lernenden eher gering einzuschätzen ist, hat es einen besonderen Wert, christliche Ausdrucksformen in ihrer (konfessionellen) Vielfalt zu präsentieren. Denn nur so kann einsichtig gemacht werden, dass die bzw. der Einzelne in ihrem bzw. seinem je eigenen historischen und gesellschaftlichen Kontext die Ausdrucksformen selbst entdecken muss und nicht einfach „das Christliche" oder „das Katholische" übernehmen kann. Diese Einsicht wird für Jugendliche und ihr Autonomiestreben notwendig, wenn die Lebensrelevanz des christlichen Glaubens und überlieferter Ausdrucksformen nachvollziehbar werden soll.

Vielfalt der Ausdrucksformen vor Augen stellen

Darüber hinaus kann und sollte man davon ausgehen, dass alle Kinder und Jugendlichen aus irgendeiner geistigen oder anderen Ressource heraus leben, die ihnen persönlich Sinn und Mitte ist und die es ihnen ermöglicht, sich selbst zu sammeln und zu zentrieren (bspw. beim Hören bestimmter Musik, beim Schauen einer Lieblingsserie, beim Sport oder auch in Alltagsritualen wie Tagebuch-Schreiben o.ä.). Die Ausdrucksformen des Christlichen können im Weiteren also dazu anregen, auch die individuelle Ausdruckskompetenz der Lernenden zu fördern, das heißt sich selbst auszudrücken und die eigene Mitte Gestalt werden zu lassen (in Wort, Bild, Gesten etc.). Dazu können tradierte Ausdrucksformen als Folie der Anregung und Abgrenzung dienen (vgl. dazu insbesondere die unten beschriebene *Lernform des spirituellen Lernens*).

Eigene Ressourcen wahrnehmen und zum Ausdruck bringen

---

[1] Vgl. *Mathias Albert, Klaus Hurrelmann* und *Gudrun Quenzel*, Jugend 2019. Eine Generation meldet sich zu Wort. 18. Shell Jugendstudie, Weinheim/Basel 2019, 154 f.

Elementare Lernchancen

Exemplarische Strukturen bzw. Lerngegenstände	Lebensweltliche Zugänge bzw. Erfahrungen
Schwerpunkt: Gebet und Gottesdienst – Beten als Möglichkeit der Beziehung zwischen Gott und Mensch, als das Zur-Sprache-Bringen Gottes in menschlichen Worten – Zentralität des Wortes in evangelischer Spiritualität und Gottesdienstkultur – Sakramentales Denken als Schwerpunkt katholischer Spiritualität – orthodoxer Gottesdienst als Eintreten in die „göttliche Liturgie" (→ *Hailer* und *Dirscherl*, Kap. 3) und als Erfahrung kirchlicher Gemeinschaft – Geisterfahrung als Kern charismatischer Bewegungen – Gemeinschaft von Taizé – Ähnlichkeiten zwischen den Ausdrucksformen im christlichen und jüdischen Gottesdienst (Wortverkündigung, Symbolik etc.)	– schwindende Erfahrungen mit Beten, zugleich individuelle Praktiken der eigenen Sammlung und Fokussierung – anthropologische Zugänge zum Gebet (das Zur-Sprache-Bringen des eigenen Lebens, individuelle Zentrierung und Orientierung) – Interesse an fremden religiösen bzw. konfessionellen Traditionen – Einzelerfahrungen und Begegnungen in Taizé – jugendliche Gemeinschaftserfahrungen in Schule oder Peer Groups als Analogien zu religiösen gemeinschaftskonstituierenden Elementen – Begegnung mit orthodoxen Mitschülern durch Flucht und Migration
Schwerpunkt: Analogielehre[2] – analogia entis (primär katholische Lesart) vs. analogia fidei (primär evangelische Lesart) – Analogielehre des IV. Laterankonzils: *Zwischen Schöpfer und Geschöpf kann keine noch so große Ähnlichkeit formuliert werden, ohne dabei noch größere Unähnlichkeit festzustellen.* – Lehre vom dreifachen Wort Gottes – biblische Sprachformen als Möglichkeiten, Gott zum Ausdruck zu bringen: Erzählungen, Gebet, Psalmen, Gleichnisse etc.	– Anknüpfung an ein Alltagsverständnis von Glauben/glauben – religiöse Sprachfähigkeit fördern – individuelle Formen aufgreifen, wie das Unsichtbare/Unsagbare zum Ausdruck gebracht werden kann (in selbst verfassten Texten, selbst erstellten Videos oder Bildern etc.)
Schwerpunkt: Dogma und Lehre – evangelisches und katholisches Verständnis von Dogma, Bekenntnis und Lehre	– Wahrnehmungen von Kirche und ihres Wahrheitsanspruchs in der Öffentlichkeit – Vorstellungen von Kirche und kirchlicher Lehre

---

[2] Vgl. dazu ergänzend: *Martin Hailer* und *Erwin Dirscherl*, Von Gott reden – aber wie? Bemerkungen aus evangelischer und katholischer Sicht, in: Religion unterrichten 1 (2020), 19–22.

Exemplarische Strukturen bzw. Lerngegenstände	Lebensweltliche Zugänge bzw. Erfahrungen
– Prinzip „Hierarchie der Wahrheiten" (UR 11) – Umgang mit Ambivalenzen und Mehrdeutigkeit – Verhältnis von lex orandi und lex credendi	
Schwerpunkt: kulturprägende Ausdrucksformen	
– Beispiele aus der Musikgeschichte und gegenwärtigen Popkultur – Beispiele für die Gottsuche des Menschen in bildender Kunst, Literatur und Film – ökumenischer und interreligiöser Dialog als Ausdrucksform eines Glaubens auf der Suche nach universaler Gemeinschaft – ästhetisches Erleben im Islam als Weg der Gotteserfahrung	– eigene Vorlieben in der Popmusik – Möglichkeiten des Sich-selbst-Ausdrückens durch Rückgriff auf Musik und Film (vgl. die social media-Praxis in youtube, instagram u. a.) – Aufdecken verborgener religiöser resp. konfessioneller Ausdrucksformen in popkulturellen Ausdrucksformen (bspw. Songtexte, TV-Serien u. a.) – Vergemeinschaftung von Jugendlichen durch bestimmte Ausdrucksformen (Stile, Interessen, Freizeitgestaltung etc.)

2 Orientierung an didaktischen Leitlinien konfessioneller Kooperation

Die konfessionsdifferente Erschließung des vorliegenden Inhaltsbereichs stellt insofern eine Bereicherung für religiöse Lernprozesse im konfessionell-kooperativen Religionsunterricht dar, als christlich-konfessionelle Ausdrucksformen deutlich machen können, dass sich christlicher Glaube bzw. christliches Glauben immer in konkreten, individuellen und gemeinschaftlichen sowie konfessionsspezifischen Formen zeigt und dass sich diese Formen durchaus different zueinander verhalten können und dürfen. Eine Vielfalt konfessioneller Ausdrucksformen aufzuzeigen kann daher bei Schülerinnen und Schülern die Erkenntnis fördern, dass Religion und Glaube per se nach Ausdruck suchen,[3] und dass in dieser Hinsicht insbesondere der christliche Glaube in sich plural zu verstehen ist. Damit ergeben sich Lernchancen: im Entdecken und Vergleichen unterschiedlicher Ausdrucksformen in den Kon-

---

[3] Vgl. *Bernd Schröder*, Fides quaerens expressionem. Frömmigkeit als Thema der Praktischen Theologie, in: IJPT 6 (2002), 169–197.

fessionen, in der Bewertung von Ausdrucksformen in ihrer ökumenischen Relevanz für den christlichen Glauben insgesamt (vgl. das Prinzip der „Hierarchie der Wahrheiten"), in der Beurteilung spezieller konfessionsspezifischer Formen nach ihrer Evangeliumsgemäßheit, im selbstständigen Erproben ausgewählter Formen etc.

Was auf der Inhaltsseite die Pluralität von konfessionellen Ausdrucksformen ist, stellt auf der Subjektseite die konfessionelle bzw. religiöse Heterogenität der Lerngruppen dar. Diese ist insbesondere im Blick auf das vorliegende Inhaltsfeld als bildsame Differenz zu bejahen (Leitlinie 1) und für den religiösen Lernprozess fruchtbar zu machen. Denn möglicherweise können die Schülerinnen und Schüler selbst bestimmte religiöse bzw. konfessionelle Ausdrucksformen oder entsprechende Erfahrungen damit in den Unterricht einbringen. Wichtig ist dabei, solche Ausdrucksformen aus der Individualität der Lernenden heraus zu thematisieren und nicht als quasi-repräsentativen Ausdruck einer Religion oder Konfession (Leitlinie 2). Neben Differenzsensibilität kann damit auch konfessionelle Positivität Einzug in das Unterrichtsgeschehen halten, denn Konfessionalität erscheint nun nicht lediglich als Sachinhalt, sondern vielmehr in der persönlichen und lebensrelevanten Brechung durch Lernende und auch Lehrende sowie weitere authentische Sprecherinnen und Sprecher (Leitlinien 4 und 7). Das alles weist schließlich auch darauf hin, dass sich im Blick auf Ausdrucksformen des Christlichen vielfältige Brücken zur gelebten Religion schlagen lassen (Leitlinie 8), die noch einmal den Mehrwert eines konfessionsübergreifenden und konfessionsverbindenden Unterrichts herausstellen können: Christlich glauben erscheint nun in sich plural, vielgestaltig und vieldeutig sowie zugleich individuell anverwandelt und lebensrelevant.

Leitlinien 1,2,4,7 und 8

3 Elementare Lernform Nr. 3: Spirituelles Lernen

Spirituelles Lernen zielt darauf ab, eine spirituelle, d. h. ausdrucksbezogene Dimension von Religion ins Bewusstsein zu heben und entsprechende religiöse Lernprozesse zu initiieren. Damit leistet es auch einen Beitrag gegen die rationalistische Verkürzung religiösen Lernens auf eine rein kognitive Dimension und schließt auch die emotionale und pragmatische Dimension religiösen Lernens bewusst mit ein. Im Blick auf schulische Lern- und Bildungsprozesse ist allerdings eine grundlegende Unterscheidung wichtig, damit das Potenzial spirituellen Lernens nicht überschätzt bzw. instrumentalisiert wird:[4]

Spiritualität im weiten Sinn

1) Ein spirituelles Lernen im weiteren Sinne setzt bei einem weiten, anthropologischen Verständnis von Spiritualität an. Menschen leben, auch unabhängig von religiösen oder konfessionellen Bindungen, aus einem Zentrum oder einer geistigen Mitte heraus, die sie selbst zum Ausdruck bringen, sei es durch konkrete Haltungen und Verhaltensmuster (bspw. aus einem humanistischen Ideal heraus tolerant und solidarisch zu leben), sei es durch praktizierte Rituale (bspw. tägliche stille Zeiten), sei es durch bestimmte kulturelle Vorlieben (bspw. in Film und Musik). Dort, wo Menschen diese geistige Mitte zum Ausdruck bringen, kann man von einer Spiritualität im weiteren Sinne sprechen.

Spiritualität im engeren Sinn

2) Spiritualität im engeren Sinne begegnet dort, wo es um die spirituellen Ausdrucksformen konkreter religiöser oder konfessioneller Traditionen geht. Eine christliche Spiritualität kann verstanden werden als zum Ausdruck gebrachte, Gestalt gewordene christliche Identität. Darüber hinaus lässt sich analog auch von jüdischer Spiritualität sowie von katholischer oder evangelischer Spiritualität sprechen, jeweils in sich noch einmal plural gedacht. Beispiele für solche alten und neuen Spiritualitäten finden sich zahlreich in den religiösen und konfessionellen Traditionen.

Spirituelles Lernen

Beiden Zugängen ist gemeinsam, dass Spiritualität eine geistige Mitte, eine religiöse Identität oder Glauben schlechthin zum Ausdruck bringt und Gestalt werden lässt. Spirituelles Lernen im schulischen Religionsunterricht, dessen Lerngruppen von religiöser und konfessioneller Heterogenität geprägt sind, muss bei einem weiten, anthropologischen Begriff von Spiritualität ansetzen und Lernprozesse initiieren, in denen Schülerinnen und Schüler zunächst auf die Suche nach ihrer geistigen Mitte gehen und diese dann auch auszudrücken lernen. Dazu dienen Übungen des Wahrnehmens, des Versprachlichens, des Förderns von Ausdrucks- und Reflexionsfähigkeit.[5] Bereichernd für einen konfessionell-kooperativen Religionsunterricht sind solche spirituellen Lernprozesse, weil sie deutlich machen können, dass Menschen auch unabhängig von Re-

---

[4] Vgl. dazu ausführlicher *Jan Woppowa*, Religionsdidaktik, Paderborn 2018, 192–201.

[5] Vgl. dazu den sog. „spirituellen Lernzirkel", der zwischen einem weiten und engen spirituellen Lernen unterscheidet: *Woppowa*, Religionsdidaktik (s. o. Anm. 4), 195–199.

ligionen und Konfessionen nach Selbstausdruck suchen – und sei es auf instagram, facebook oder youtube. Sie bieten daher einen guten Anknüpfungspunkt für das Verstehen religiöser Ausdrucksformen und Spiritualitäten: Denn nichts anderes stellen auf der Ebene des Christentums spezifische konfessionelle Ausdrucksformen dar, die jeweils auf ihre Weise den christlichen Glauben zum Ausdruck bringen und auch das wiederum in individuellen Lesarten tun. Schul- und unterrichtsadäquate spirituelle Lernprozesse zwischen einem weiten, anthropologischen und einem engen, christlichen bzw. konfessionellen Verständnis von Spiritualität können bspw. wie folgt aussehen:[6]

- in offener Form: Schülerinnen und Schüler lernen sich selbst und ihre Umwelt wahrzunehmen, bspw. in Natur- oder Stilleübungen. Sie bringen das Wahrgenommene anschließend kreativ zum Ausdruck (in einer Erzählung, einem Gedicht oder einem Bild).
- in offener Form: Schülerinnen und Schüler gehen Fragen nach sich selbst und nach ihrer eigenen Mitte nach („Wer bin ich und wer möchte ich werden? Woraus lebe ich? Gibt es bestimmte Formen oder Praktiken in meinem Leben, die mir Orientierung geben?") und teilen sich ihre Erkenntnisse gegenseitig mit.
- in engeren und spezifischen Formen: In der Schule werden wöchentliche Morgenimpulse während der Adventszeit mit den Tageslosungen der Herrnhuter Brüdergemeine gestaltet. – Zu Beginn der Fastenzeit besucht ein konfessionell gemischter Religionskurs einen katholischen Aschermittwochsgottesdienst und reflektiert anschließend die dort erlebte Symbolik.
- in engeren und spezifischen Formen: Im Unterricht erzählt ein Jesuit von seinen Erfahrungen mit den ignatianischen Schweigeexerzitien oder ein Benediktinermönch vom eigenen Leben nach der Ordensregel des *ora et labora*. Im Anschluss daran erörtern die Schülerinnen und Schüler die Relevanz solcher geistlichen Haltungen und Übungen für Menschen jenseits monastischer Lebensformen.

---

[6] Ein Fundus von Übungen und Methoden spirituellen Lernens (für Schülerinnen und Schüler sowie für Religionslehrkräfte) findet sich in: *Jan Woppowa*, Leben wahrnehmen und Leben gestalten: Spirituelles Lernen in der Schule, in: *Ludwig Rendle (Hg.)*, Ganzheitliche Methoden in der Schulpastoral, München 2013, 139–154; *Lisa Oesterheld* und *Jan Woppowa*, Dem Sonntag eine Seele geben. Spirituelle Begleitung von Lehrerinnen und Lehrern, in: ebd., 121–136.

> Die Spiritualitätsdidaktik stellt einen speziellen religionsdidaktischen Ansatz dar, der Spiritualität als eine Dimension menschlicher Erfahrung versteht, die auf Religion und Glauben bezogen, aber nicht damit identisch ist. Spiritualität stellt eine Domäne menschlicher Entwicklung dar und ist daher auch für religiöse Lern- und Bildungsprozesse zugänglich.
>
> Zur Orientierung: *Jan Woppowa*, Art. Spirituelles Lernen, in: Das Wissenschaftlich-Religionspädagogische Lexikon 2021, abrufbar unter: https://doi.org/10.23768/wirelex.Spirituelles_Lernen.200952; *Stefan Altmeyer u. a. (Hg.)*, Christliche Spiritualität lehren, lernen und leben (FS Gottfried Bitter), Göttingen 2006; *Bernd Schröder*, Religionspädagogik, Tübingen (2012) 2., erw. und überarb. A. 2021, § 37: „Dem eigenen Leben Gestalt geben – Liturgiedidaktik".

4 Elementare Lernform Nr. 4: An religiösen Artefakten lernen

Das aus dem Kontext des interreligiösen Lernens bekannte Lernen an religiösen Artefakten bzw. Zeugnissen[7] kann auch für den konfessionell-kooperativen Religionsunterricht eine gute Möglichkeit darstellen, konfessionelle Kulturen anschaulich werden zu lassen und in einen Bezug zur gelebten Praxis einer Konfession zu setzen.[8] So können zentrale Artefakte bzw. Zeugnisse christlicher Konfessionen (bspw. katholisch: Rosenkranz, Monstranz, Weihwasser, Osterkerze (auch lutherisch); evangelisch: Lutherbibel, Losungsbuch, Gesangbuch, Talar; orthodox: Ikone, Gesang) herangezogen werden, um konfessionsspezifische Praxen, Kulturen und Ausdrucksformen (bspw. die Liturgie der Osternacht als höchstem Fest im katholischen Kirchenjahr, die individuelle Lesung in der Bibel als Ausdruck einer evangelischen Schriftorientierung etc.) und

Artefakte

---

[7] Zur grundlegenden Einführung in diese Lernform vgl. *Karlo Meyer*, Zeugnisse fremder Religionen im Unterricht. „Weltreligionen" im deutschen und englischen Religionsunterricht, Neukirchen-Vluyn 1999; *Clauß Peter Sajak*, Das Fremde als Gabe begreifen. Auf dem Weg zu einer Didaktik der Religionen aus katholischer Perspektive, Münster 2005 sowie als praktisch orientiertes Arbeitsbuch *Clauß Peter Sajak (Hg.)*, Kippa, Kelch, Koran. Interreligiösen Lernen mit Zeugnissen der Weltreligionen. Ein Praxisbuch. Unter Mitarbeit von Katrin Gergen-Woll, Barbara Huber-Rudolf und Jan Woppowa, München 2010.

[8] Auf den spezifischen Wert dieser Lernform für den konfessionell-kooperativen Religionsunterricht hat erst kürzlich Hans Mendl aufmerksam gemacht: *Hans Mendl*, Religionsdidaktik kompakt. Für Studium, Prüfung und Beruf. Überarbeite Neuauflage, München [6]2018, 146 f.

auch Gemeinsamkeiten in der spirituellen Praxis zu erschließen. Schülerinnen und Schüler jeglicher Altersstufe können sich dabei mit ihrem – je nach religiöser bzw. kirchlicher Sozialisation – möglicherweise vorhandenen Erfahrungswissen einbringen; sonst obliegt es der Lehrkraft, dem Selbstverständnis der jeweiligen Konfession entsprechend in den religiösen Kontext eines Zeugnisses einzuführen.[9]

Der Ansatz des Zeugnislernens verfolgt ein konkretes Phasenmodell des Arbeitens mit religiösen Zeugnissen, in dem ein Lernprozess gestaltet wird, der es Lernenden ermöglicht, sich einem (fremden) Zeugnis anzunähern, sich aber auch in reflexiven Phasen davon zu distanzieren. Kurz gefasst und durch ein Beispiel (Osterkerze) angereichert sieht das Modell in seinen Ursprüngen folgende vier Phasen vor:[10]

Muster ihrer Erschließung

1. *Phase der inneren Beteiligung*: Das Interesse und die Aufmerksamkeit der Lerngruppe werden geweckt, indem das Zeugnis schrittweise präsentiert wird. – Bspw. kann bei jüngeren Schülerinnen und Schülern mit Verhüllungen gearbeitet werden, so dass etwa die Osterkerze und ihre einzelnen Elemente erst schrittweise sichtbar werden.

2. *Phase der Entdeckung*: Das Zeugnis wird genauer untersucht, die Lernenden sollen in seine Welt gleichsam eintauchen und auf Entdeckungstour gehen. – So können die Symbolik einer kunstvoll gestalteten Osterkerze beschrieben, die Bedeutung der griechischen Buchstaben Alpha und Omega erläutert und die fünf Wachsnägel in ihrer Bedeutung eingeordnet werden.

3. *Phase der Kontextualisierung*: Das Zeugnis wird in seinen religiösen (hier: konfessionellen) Kontext eingebettet und tiefergehend erschlossen. – Die Osterkerze symbolisiert das zentrale christliche Paschamysterium von Tod und Auferstehung Jesu und steht darüber hinaus stellvertretend für eine Lichtsymbolik, die besonders in der Feier der Osternacht zum Ausdruck kommt. Vertiefend kann mit Schülerinnen und Schülern bspw. das liturgische Osterlob gelesen

---

[9] Vgl. ebd. 146.
[10] Vgl. dazu *Sajak*, Das Fremde (s. o. Anm. 7), 116 f. Zur Vertiefung und Erweiterung des Phasenmodells in Auseinandersetzung mit dem Korrelationsdenken vgl. *Jan Woppowa*, Inter- und intrareligiöses Lernen. Eine fundamentaldidaktische und lernortbezogene Weiterentwicklung des Lernens an Zeugnissen der Religionen, in: *Claudia Gärtner* und *Natascha Bettin* (Hg.), Interreligiöses Lernen an außerschulischen Lernorten. Empirische Erkundungen zu didaktisch inszenierten Begegnungen mit dem Judentum, Münster 2016, 27–44.

oder auch ein Vergleich zur Lichtsymbolik in anderen Konfessionen, insbesondere der Orthodoxie, durchgeführt werden. Auch ein breiterer Bezug zum Kirchenjahr oder biblischen Texten ist leicht möglich. Hier können je nach spezifischem Fokus des Unterrichts entsprechende theologische oder konfessionsbezogene Schwerpunkte gesetzt werden.

4. *Phase der Reflexion*:[11] Die Lernenden setzen das Zeugnis in ein Verhältnis zu ihrem eigenen Leben, zu eigenen Erfahrungen oder markieren bewusst eine Differenz. – Jenseits der Frage, ob sich konfessionell beheimatete Schülerinnen und Schüler mit dem (katholischen bzw. lutherischen) Zeugnis der Osterkerze identifizieren können, kann das Zeugnis auf religiöse Lichtsymbolik als zentralem Lerngegenstand aufmerksam machen. Dazu ließen sich erfahrungsbezogene Anschlussmöglichkeiten schaffen, so dass sich Lernende zu diesem Zeugnis in ein reflexives Verhältnis setzen können (bspw. durch eigene Zeugnisse, in denen Licht eine Rolle spielt; bspw. durch die Bedeutung von Kerzenlicht in besonderen Lebenssituationen etc.).

Das Lernen an Artefakten oder Zeugnissen der Konfessionen eignet sich für alle Jahrgangsstufen bzw. Schülerinnen und Schüler jeder Altersstufe, weil man beliebig tief in den jeweiligen Kontext eines Zeugnisses einsteigen und die Komplexität der Erarbeitung flexibel erhöhen kann – etwa durch das Hinzuziehen verschiedener Quellen und Sekundärtexte, durch den Vergleich von mehreren Zeugnissen aus einer oder verschiedenen Konfessionen, durch interreligiöse Analogien etc. Im Blick auf den konfessionell-kooperativen Religionsunterricht lassen sich somit in der Vermittlung durch konfessionelle Zeugnisse „tiefergehende unterscheidbare Grunddynamiken und Kulturen der christlichen Konfessionen erschließen [...] – bspw. in Prägung der evangelischen Kultur durch das Wort Gottes (z. B. Lutherbibel), der orthodoxen durch das Moment der Anbetung Gottes (z. B. Ikonen) und der katholischen durch die Feier der Sakramente (z. B. Weihwasser, Aspergill)"[12].

---

[11] In der Weiterentwicklung des Phasenmodells bei *Woppowa*, Inter- und intrareligiöses Lernen (s. o. Anm. 10) wird zwischen einer ersten Phase der *Reflexion ersten Grades* sowie einer fünften Phase der *Reflexion zweiten Grades* unterschieden, um bereits vor der Begegnung mit einem Zeugnis an möglichen Erfahrungen der Lernenden anschließen zu können (vgl. ebd. 39–42).

[12] *Mendl*, Religionsdidaktik (s. o. Anm. 8), 146 f.

Zeugnislernen bzw. Lernen an religiösen Artefakten geht zurück auf den angelsächsischen Ansatz „A Gift to the child" (*John Hull* und *Michael Grimmitt*) und steht im Kontext des multireligiösen bzw. interreligiösen Lernens. Seine Adaption in der deutschsprachigen Religionsdidaktik ist konfessionell durchaus unterschiedlich erfolgt.

Zur Orientierung: *Karlo Meyer*, Zeugnisse fremder Religionen im Unterricht. „Weltreligionen" im deutschen und englischen Religionsunterricht, Neukirchen-Vluyn 1999; *Clauß Peter Sajak*, Das Fremde als Gabe begreifen. Auf dem Weg zu einer Didaktik der Religionen aus katholischer Perspektive, Münster 2005.

Nach dem Menschen in seiner Lebenswelt fragen

Theologische Anthropologie und Ethik

Stephan Goertz und Michael Roth

1 Einleitung

Die Frage nach dem Menschen in seiner Lebenswelt aus evangelischer und katholischer Sicht darzustellen, erweist sich als eine äußerst vertrackte Angelegenheit. Anthropologie (die Frage nach dem Menschen) und Ethik (die Frage nach dem guten Handeln) sind zwar theologische Themen ersten Ranges, können jedoch nie exklusiv theologisch bearbeitet werden. Die von Religionen angebotenen Deutungen der menschlichen Existenz und ihre moralischen Implikationen stehen seit jeher in Konkurrenz zu anderen religiösen oder nicht-religiösen Traditionen und geraten dadurch unter Rechtfertigungsdruck. Zudem sind moralische Fragen häufig konfliktträchtig. Differenzen zwischen Frömmigkeitsformen oder Kunstgeschmäckern werden von uns sehr viel eher toleriert als Differenzen zwischen Moralvorstellungen. Der Religionssoziologe Peter L. Berger hat dies sehr anschaulich einmal so ausgedrückt: „Und so bin ich zwar bereit, mir jedes religiöse Theorem respektvoll anzuhören, würde es aber ablehnen, mit Folterknechten oder Verfechtern der Folter in ein höfliches Gespräch einzutreten. (...) Das Publikum wird sich vielleicht amüsiert, aber sicher nicht geschockt zeigen von einem Talkmaster, der sagt: ‚Mr. Smith, Sie glauben also, dass Kohlköpfe reinkarnierte Menschen sind. Das ist sehr interessant. Können sie uns mehr darüber sagen?' Ich glaube nicht, dass viele Zuhörer ruhig blieben, wenn derselbe Talkmaster ein Gespräch mit einem Mr. Smith führt, dessen Hobby darin bestünde, Kinder zu quälen."[1]

Konkurrenz religiöser und nicht-religiöser Deutungen

Konfliktträchtigkeit

Moralische Aussagen sind *normativ*, sie konfrontieren uns mit einem *Sollen* („Du sollst keine Kinder quälen"), das wir als eine

Verhältnis von Religion und Moral

---

[1] *Peter L. Berger*, Sehnsucht nach Sinn. Glauben in einer Zeit der Leichtgläubigkeit, Frankfurt a. M./New York 1994, 205.

starke Gewissheit begreifen. Religionen hingegen zeichnen sich zunächst nicht durch ein Sollen, sondern durch die *Beziehung* zu einer – theistisch formuliert – göttlichen Wirklichkeit aus.[2] Mit anderen Worten: Der Moral geht es um die Unterscheidung zwischen Gut und Schlecht, der Religion um die Unterscheidung zwischen Immanenz und Transzendenz, zwischen dem Geschöpf und seinem Schöpfer, zwischen dem Glück im Hier und Jetzt und dem ewigen Heil. Das Christentum etwa betrachtet die Welt unter der Perspektive der Hoffnung, dass es einen allmächtigen und gütigen Gott gibt, der in Jesus Christus Mensch geworden ist. Solche religiösen Überzeugungen haben ohne Zweifel moralische Implikationen. Wenn ich „erstaunlicherweise glaube, dass Gott mich liebt, folgt daraus, dass er auch meine Mitmenschen liebt."[3] Um solche Verhältnisbestimmungen von Religion und Moral geht es, wenn nach dem Menschen in seiner Lebenswelt im Horizont des christlichen Glaubens und seiner konfessionellen Varianten gefragt wird.

Beschreibung und Begründung

Aber warum ist dieses Verhältnis ein so diffiziles, wie wir zu Beginn behauptet haben? Dies liegt daran, dass wir unterscheiden müssen zwischen *Beschreibungen* faktischer Zusammenhänge zwischen Religion und Moral, wofür die Geschichtswissenschaft, die Soziologie oder die Psychologie zuständig sind, und *Begründungsverhältnissen* zwischen Religion und Moral, die von der Philosophie und Theologie reflektiert werden. Empirisch kann eine wechselseitige *Beeinflussung* von Religion und Moral nicht geleugnet werden. Welche Bedeutung der Bezug auf religiöse Instanzen für die *Begründung* von Moral besitzt, ist dagegen bis heute umstritten.[4] Das gilt auch für unser Thema, dem Menschen in seiner Lebenswelt aus christlicher Perspektive.

Differenzen in der ethischen Beurteilung

Die Vorstellungen, wie der Mensch sein Leben im christlichen Glauben sittlich verantwortlich führen soll, weichen in Geschichte und Gegenwart zum Teil erheblich voneinander ab. Innerhalb und zwischen den Konfessionen gibt es tiefgreifende Differenzen in einer Reihe sittlicher Fragen, zum Beispiel im gesamten Bereich der menschlichen Geschlechtlichkeit (Sexualität, Geschlechtsidentität, Geschlechtergerechtigkeit), in dem „moderne" und „traditionelle"

---

[2] Vgl. *Richard Schaeffler*, Auf dem Weg zu einem philosophischen Begriff der Religion in: Handbuch der Fundamentaltheologie 1, Freiburg i. Br. 1985, 57–72.

[3] *Berger*, Sehnsucht (s. o. Anm. 1), 198.

[4] Vgl. *Ludwig Siep*, Moral und Gottesbild, in: *Ders.*, Moral und Gottesbild. Aufsätze zur konkreten Ethik 1996–2012, Münster 2013, 25–46.

Positionen aufeinanderprallen.[5] Aus moderner Sicht geht es wesentlich um die Gewährleistung und den Schutz von Freiheitsrechten, also z. B. darum, dass jede Person selbst entscheiden dürfen soll, wen sie lieben und wie sie ihre Geschlechtsidentität darstellen will. Aus traditioneller Sicht bedroht eine solche Liberalität die natürliche (oder besser: sozial konventionelle) Wertordnung des Geschlechterverhältnisses in Ehe und Familie. Solche Differenzen in und zwischen religiösen Gemeinschaften sind häufig ein Spiegel kultureller und gesellschaftlicher Unterschiede.

Religion, Kultur und Gesellschaft sind also auf vielfältige und komplexe Weise miteinander verflochten. Wir haben daher im Plural nach den Menschen in ihren Lebenswelten zu fragen, wenn wir dem Christentum als historisches Phänomen gerecht werden wollen. Da überdies die Geschichte des Christentums keine abgeschlossene Geschichte ist, sondern Menschen sich auch heute und in Zukunft fragen, was der Glaube an den Gott Israels und Jesu für ihr Leben bedeuten kann, verbietet es sich, so etwas wie eine überzeitliche Gesetzlichkeit für ein spezifisch christliches (oder katholisches, orthodoxes oder evangelisches) Leben zu formulieren. Wenn die Geschichte eine offene Zukunft hat, weil Menschen freie Wesen sind, dann ist jede Aussage über den Menschen in seiner Lebenswelt eine unter Vorbehalt. Vergangene Formen einer christlichen Lebensgestaltung legen uns von daher keine Fesseln an.

Pluralität und Vorläufigkeit

Aber es geht nicht lediglich darum, die zahlreichen wechselseitigen Beeinflussungen von Religion und Moral historisch, soziologisch oder psychologisch zu rekonstruieren. So lehrreich die Wahrnehmung der Pluralität und Disparität christlichen Lebens auch ist, weil sie Klischees demaskiert und Freiheitsräume eröffnet, Religionsunterricht, der sich darauf beschränkt, würde zu einer Christentumskunde, die darauf verzichtet, normative Fragen aufzuwerfen, also das Begründungsverhältnis zwischen Religion und Moral zu thematisieren. Die Geltungsfrage anzusprechen, bedeutet sich zu fragen: Wer definiert, was sittlich zu gelten hat – Gott, die Heilige Schrift, die Tradition, religiöse Autoritäten, die menschliche Vernunft und Freiheit?

---

[5] Weltweit und konfessionsübergreifend ist die Homosexualität das Konfliktfeld schlechthin, vgl. *Dagmar Heller*, Moralisch-ethische Urteilsbildung in der ökumenischen Diskussion, in: Una Sancta 69 (2014), 162–170.

2 Anthropologie und Ethik als Themen im evangelisch-katholischen Verhältnis

2.1 Konfessionelle Ordnungen des Lebensbereiches von Sexualität und Geschlecht

Sexualität und Geschlecht im Umbruch

Rund um den Globus, so lautet ein religionssoziologischer Befund, finden seit der Mitte des 20. Jh. Kämpfe um Geschlecht, Sexualität, Ehe und Familie statt.[6] Die Religionen sind darin als Akteure und Betroffene zugleich involviert, sie nehmen Einfluss auf die Ordnung des Geschlechterverhältnisses und reagieren auf die kulturellen und gesellschaftlichen Umwälzungen in diesem Lebensbereich. Vor allem für funktional differenzierte moderne Gesellschaften gilt dabei, dass die Religion, weil sie „nicht mehr für die Werte und Strebungen der Gesellschaft als Ganzes zuständig ist", sich mit dem „Versuch begnügen (muss), wenigstens ihren Einfluss auf das Privatleben der Individuen zu behalten."[7] In liberalen, demokratischen Gesellschaften wird die Lebenswelt der Geschlechtlichkeit stark geprägt von der Idee der Selbstbestimmung und der Akzeptanz von Vielfalt. Soziale Ordnungen von intimen Partnerschaften, von Ehe und Familie gelten nur dann noch als gerecht, wenn sie auf die gleichberechtigte Freiheit und Verantwortung von Männern und Frauen gleich welcher Geschlechtsidentität oder sexuellen Orientierung Rücksicht nehmen.[8] Die heterosexuelle Ehe und Familie hat im Zuge dieser Entwicklung ihre Bedeutung als moralisch einzig akzeptabler Ort für gelebte Sexualität und die Organisation des Geschlechterverhältnisses eingebüßt. Der neue Umgang mit nichtgegengeschlechtlichen Intimbeziehungen und Partnerschaften polarisiert Gesellschaften und Religionen wie kaum ein zweites moralisches Thema[9]; vergleichbar nur noch mit Fragen rund um den Schutz des menschlichen Lebens – vom Schwangerschaftsabbruch bis zur Frage der Selbstbestimmung am Lebensende.[10] Sozial-

---

[6] *Linda Woodhead*, Geschlecht, Macht und religiöser Wandel in westlichen Gesellschaften, Freiburg i. Br. 2018, 36.

[7] Ebd. 43.

[8] Vgl. *Axel Honneth*, Das Recht der Freiheit. Grundriß einer demokratischen Sittlichkeit, Berlin 2011, 252–276.

[9] Vgl. *Dennis Altman* und *Jonathan Symons*, Queer Wars. Erfolge und Bedrohungen einer globalen Bewegung, Bonn 2018.

[10] Vgl. *Rupert M. Scheule (Hg.)*, Ethik des Lebensbeginns. Ein interkonfessioneller Diskurs, Regensburg 2015.

ethische Fragen (Wirtschaft, Politik, Umwelt, Frieden, Digitalität, Bildung, Medien, Migration usw.) im klassischen Sinne, die sich aufgrund ihrer komplexen Struktur und notwendigen fachlichen Expertise einem unmittelbaren religiösen Zugriff schon von sich aus entziehen, scheinen sehr viel weniger geeignet, einen Anlass für eine tiefergehende Konfrontation zwischen Religion und moderner Lebenswelt zu liefern. Außerdem haben wir es hier oft mit historisch eher jungen Phänomenen und Entwicklungen zu tun, bei denen Religionen offenbar nicht um einen Geltungsverlust überlieferter Antworten fürchten.

2.1.1 Katholische Stellungnahmen und Perspektiven

Die Vorstellungen über die moralisch richtige Gestaltung der Lebenswelt von Sexualität und Geschlecht unterscheiden sich innerhalb und zwischen den Konfessionen zum Teil beträchtlich. Als Erstes soll dies am Beispiel des katholischen Christentums gezeigt werden. Der im Jahre 1992 von Johannes Paul II. (1978–2005) approbierte „Katechismus der Katholischen Kirche" (KKK) versteht sich als „sichere Norm für die Lehre des Glaubens" und möchte „den ökumenischen Bemühungen (...) eine Stütze bieten, indem er den Inhalt (...) des katholischen Glaubens genau aufzeigt" (Apostolische Konstitution „Fidei Depositum", Nr. 4). Die Thematik Sexualität und Geschlecht wird unter dem sechsten Gebot des Dekalogs („Du sollst nicht die Ehe brechen") in den Nummern 2331–2400 zusammenfassend behandelt. Anthropologie und Ethik werden dabei durch die Berufung des Menschen zu „Liebe und Gemeinschaft" (Nr. 2331) miteinander verknüpft. Die Geschlechtlichkeit sei eine Grunddimension unserer Existenz, denn sie „berührt alle Aspekte des Menschen" (Nr. 2332). Unmittelbar anschließend münden diese anthropologischen Aussagen in zwei ethische Prinzipien: Die Fruchtbarkeit sei der finale natürliche Zweck der sexuellen Liebesgemeinschaft (*Prinzip der Untrennbarkeit von Liebe und Fortpflanzung*) und die Anerkennung und Annahme der je eigenen Geschlechtlichkeit „in *Verschiedenheit* und *gegenseitiger Ergänzung*" (Nr. 2333) die Aufgabe von Mann und Frau (*Prinzip der Komplementarität der Geschlechter*). Für das Geschlechterverhältnis bedeutet das Prinzip der Komplementarität, dass die gleiche Würde von Mann und Frau sich in einer Lebensweise realisieren soll, die ihre Verschiedenheit umfassend achtet. Weil Männer und Frauen leiblich und seelisch verschieden geschaffen seien, solle diese ihre wesensgemäße Bestimmung im individuellen Handeln

Fruchtbarkeit als Zweck

Komplementarität der Geschlechter

und in der sozialen Welt respektiert werden. Erst auf diese Weise bleibe man dem Willen des Schöpfers treu, wie er „im Anfang" der Schöpfung (Gen 1,26–28) offenbart und von Jesus Christus (Mt 19,4–6) bestätigt worden sei.[11]

Ehe als wahrhaft menschliche Lebensform

Für den Katechismus wird die Geschlechtlichkeit dann „wahrhaft menschlich" (Nr. 2337) gelebt, wenn sie „in die Beziehung von Person zu Person, in die vollständige und zeitlich unbegrenzte wechselseitige Hingabe von Mann und Frau eingegliedert ist" (Nr. 2337), d.h. in die Ehe. Nicht mit diesen beiden Prinzipien zu vereinbarende sexuelle oder partnerschaftliche Lebensformen werden als unsittlich oder sündhaft beurteilt. Konkret betroffen ist jede nicht-eheliche Sexualität, jede Form der sog. künstlichen Empfängnisverhütung und jede homosexuelle Praxis. Außerhalb der Ehe sei Sexualität zu verurteilen, weil die körperlich-sexuelle Hingabe ohne eine entsprechende personale Verbindlichkeit gelebt werde. Gemäß dem Untrennbarkeitsprinzip (vgl. Nr. 2363) müsse die eheliche Sexualität immer zugleich liebevoll und offen gegenüber der Zeugung von Nachkommenschaft sein. Diese Offenheit verlange von den Eheleuten, die natürliche Möglichkeit zur Reproduktion nicht bewusst zu verhindern.[12] Homosexuelle Handlungen könnten niemals moralisch gebilligt werden, weil sie die „Weitergabe des Lebens" (Nr. 2357) ausschließen. Sie verfehlten das Prinzip der wechselseitigen Ergänzung der Geschlechter.[13] Diese negativen Gebote der Sexualmoral gelten als absolut verbindliche Vorgaben des göttlichen Plans für die menschliche Sexualität und Geschlechtlichkeit, wie er in der Heiligen Schrift und im Gesetz der Natur niedergelegt sei und vom Lehramt der Kirche verbindlich verkündet werde. Ein Gewissen, das von diesen Normen abweicht, befinde sich daher im Irrtum. Handlungen, die als „in sich schlechte"[14] Handlungen beurteilt werden, könnten unter keinen Umständen moralisch gerechtfertigt

Ablehnung nichtehelicher Sexualität

Ablehnung von Homosexualität

Absolute Verbindlichkeit

---

[11] Vgl. die kritischen Überlegungen in *Katharina Klöcker u. a. (Hg.)*, Gender – Herausforderung für die christliche Ethik, Freiburg i. Br. 2017.

[12] Zur Diskussion dieser Position vgl. *Konrad Hilpert* und *Sigrid Müller (Hg.)*, Humanae vitae – die anstößige Enzyklika. Eine kritische Würdigung, Freiburg i. Br. 2018.

[13] Vgl. *Stephan Goertz*, Auf dem Weg zur Akzeptanz? Katholisch-theologische Zwiespalte und Entwicklungen in der Bewertung von Homosexualität, in: *Eberhard Schockenhoff (Hg.)*, Liebe, Sexualität und Partnerschaft. Die Lebensformen von Intimität im Wandel, München 2019, 105–130.

[14] Die spezifische – so der Fachausdruck – *Deontologie* lehramtlicher Morallehre besteht in der Vorstellung, dass bestimmte Handlungen entweder aufgrund ihrer *Naturwidrigkeit* (z. B. Empfängnisverhütung oder Homosexualität) oder aufgrund *fehlender Berechtigung* (z. B. Ehescheidung

werden. Diese Festlegung begründet den besonderen Rigorismus der lehramtlichen Sexualmoral, den das Zweite Vatikanische Konzil (1962–1965) im Bereich der Ehemoral im Grunde überwinden wollte, indem es mehr von den Werten (Liebe, Personalität und Verantwortung) als von den Verboten sprach.

Die Verschränkung von theologisch-anthropologischen Aussagen, ethischen Prinzipien und konkreten sittlichen Normen, wie sie der Katechismus präsentiert, geht mit einem starken Geltungsanspruch einher, insofern man darin den göttlichen Plan für das menschliche Leben erkennt. Gott habe das kirchliche Lehramt, mit dem Papst an der Spitze, beauftragt, diesen Plan verbindlich zu interpretieren und mit Autorität vorzulegen.[15] Das individuelle Gewissen (oder: die praktische Vernunft) hat sich dieser religiösen Instanz letztlich zu unterwerfen, wenn es auf dem Weg der Wahrheit bleiben will.

Folgt man diesem dem Katechismus zugrundeliegenden Selbstverständnis des katholischen Lehramtes, wäre die Frage nach der Moral des christlichen Lebens im Bereich von Sexualität und Geschlechtlichkeit auf eine verbindliche und definitive Weise beantwortet. Das Katholische würde ganz in der zu einem bestimmten Zeitpunkt formulierten Lehre aufgehen und jede andere Meinung als nicht legitimierbare Abweichung verworfen. Zugleich wären dauerhafte Konflikte mit den zu Beginn skizzierten Umbrüchen im Geschlechterverhältnis unausweichlich, denn in liberalen Gesellschaften stehen die Prinzipien von Selbstbestimmung und Gleichheit in Vielfalt an erster Stelle. Wenn eine Religion eine moralische Ordnung sakralisiert (Plan Gottes), die gesellschaftlich ihre Überzeugungskraft verliert, gerät sie mit großer Wahrscheinlichkeit ins Wanken.[16] Jedenfalls tut sie sich schwer, Zustimmung zu finden bei denen, die die angesprochenen Veränderungen bei allen Ambivalenzen unter dem Strich als positive und befreiende Veränderungen

Konflikte zwischen Morallehre und Moral der Gläubigen

---

oder Selbsttötung) *in sich schlechte* Handlungen sind. Vgl. *Bruno Schüller*, Die Begründung sittlicher Urteile, Düsseldorf ³1987.

[15] Die katholische Kirche sei „Wächterin und Interpretin" des „göttlichen Rechts", so Papst *Pius XI.*, Enzyklika „Casti connubii" (1930) I, 3. Von den Gläubigen wird erwartet, dass sie ihr „Denken und Sinnen" den verbindlichen Lehren der Kirche unterordnen (ebd. III, 2). Nach dem *Katechismus* ist die katholische Kirche in moralischen Angelegenheiten „Mutter und Lehrmeisterin", daher sei es „nicht angemessen, das persönliche Gewissen und die Vernunft dem moralischen Gesetz oder dem Lehramt der Kirche entgegenzusetzen" (Nr. 2039).

[16] Vgl. *Woodhead*, Geschlecht (s. o. Anm. 6), 76.

erleben. Macht man sich bewusst, wessen und welche Sexualität im Katechismus verurteilt wird, dann ist der Kreis derjenigen groß, die durch eine Emanzipation von der lehramtlichen Sexualmoral ihr Leben eigenverantwortlicher gestalten können. Daher kann es nicht überraschen, dass es in der katholischen Kirche spätestens seit dem Ende der 1960er Jahre in vielen Ortskirchen zu einem weitgehenden Geltungsverlust derjenigen Morallehre gekommen ist, die der Katechismus noch einmal in betonter Unzeitgemäßheit den Gläubigen vorlegt. Viele Katholikinnen und Katholiken folgen inzwischen ganz selbstverständlich bei sexual- oder geschlechterethischen Themen ihren eigenen moralischen Überzeugungen und unterscheiden sich darin kaum von ihrer Umwelt. Sie fühlen sich in diesem Bereich ihres Lebens häufig eher beheimatet in den Wertüberzeugungen einer liberalen Demokratie als im Normenkorsett des Lehramtes, von dem sie erwarten, dass es vorurteilsfrei das Gute prüft und behält (vgl. 1 Thess 5,21), was sich in der Gegenwart zeigt. Das Katholische einer Lebensform erschöpft sich nicht in einer gehorsamen Affirmation lehramtlicher Vorgaben. Die Identität einer katholischen Moral kann nicht ein für allemal bis in einen klar definierten Katalog von sehr speziellen Normen hinein in einem Katechismus fixiert werden – so, als sei das letzte Wort gesprochen. Strittige Fragen im Bereich des Sittlichen lassen sich durch Entscheidungen der Hierarchie nicht der weiteren Diskussion entziehen, selbst wenn man das in der Vergangenheit versucht hat. Im Bereich der Sexualmoral und des Geschlechterverhältnisses hat dieses Missverständnis jahrzehntelang zu einer Blockadehaltung gegenüber jeglicher Weiterentwicklung der kirchlichen Lehre geführt.

Theologie als kritische Begleitung der Kirche

Als dritte Größe – neben dem Lehramt der Bischöfe und der Moral der Gläubigen – ist die den christlichen Glauben und seine ethischen Implikationen reflektierende wissenschaftliche Theologie zu nennen. Sowohl die biblische und historische Rekonstruktion, die intellektuelle Durchdringung und vernünftige Rechtfertigung des christlichen Glaubens als auch die Reflexion religiösen Handelns in praktischer Absicht zählen zum kirchlichen Auftrag der Theologie. Indem sie eine solche Theologie will, dokumentiert die Kirche ihr Interesse an einer sie kritisch begleitenden Instanz, die sie davor bewahrt, sich selbst mit der endgültigen Verwirklichung der wahren Kirche zu verwechseln. Theologie ist institutionell gewollte Korrektur von systemischer Selbstüberschätzung. So kann die theologische Forschung die Verkündigung der Morallehre daran erinnern, dass sie selbst immer nur ein Moment in einer wechselvollen Geschichte christlicher Selbstauslegung darstellt. Gerade die Geschichte der christlichen Sexualmoral zeigt, welche Wandlungen die Lehre vollziehen musste, bevor zum Beispiel auf dem Zweiten Vatikanischen Konzil erstmalig die Sexualität in der Ehe als Ausdruck der Liebe zwischen Mann und Frau vorbehaltlos gewürdigt werden konnte. Es ist historisch betrachtet ein langer Weg gewesen bis zu der Aussage von Papst Franziskus im Jahre 2016, „dass Gott das frohe Genießen des Menschen liebt" (Nachsynodales Schreiben „Amoris laetitia", Nr. 149) – solange es auf moralisch verantwortliche Weise gelebt wird. Es gab Zeiten, in denen der sexuelle Genuss gleichsam als menschenunwürdig oder gar sündhaft galt. Um zu einer grundsätzlich wohlwollenden Sicht auf die menschliche Sexualität zu gelangen, musste die katholische Theologie wirkmächtige Traditionen hinter sich lassen.[17] Heute geht es ihr darum, die Sexualität und das Geschlechterverhältnis um die beiden Prinzipien der Liebe und Würde herum moralisch zu regulieren.[18] Aus der christlichen Überlieferung übernimmt sie die Grundentscheidung, die menschliche Sexualität und das Verhältnis der Geschlechter sittlich verbindlich zu ordnen, weil Menschen (vor allem Kinder, Frauen und sexuelle Minderheiten) in diesem für Verletzungen anfälligen Lebensbereich sonst schutzlos der Willkür und Macht anderer ausgesetzt wären. Die geschichtliche Erfahrung und praktische Vernunft reichern in der Gegenwart diese sittliche Ordnung um Maßstäbe an, die zwar vielleicht nicht in jedem Fall genuin biblischen Ursprungs sind, die aber zum unverzichtbaren Bestandteil einer dem Menschen umfassend gerecht werdenden Moral zählen. Selbstbestimmung und Gleichberechtigung mögen in der Welt der Bibel und in der christlichen Tradition lange keine entscheidende Rolle gespielt haben. Dennoch gehen Christinnen und Christen zu Recht davon aus, dass beide Prinzipien heute moralisch verbindlich sind und sich auch von der biblischen Botschaft her begründen lassen, z. B. mit dem Bild eines liebenden Gottes, der die Freiheit des Menschen will und respektiert oder mit dem theologischen Gedanken der universalen Gleichheit aller Söhne und Töchter Gottes in ihrer Würde und ihren fundamentalen Rechten.

Liebe und Würde als Prinzipien

Selbstbestimmung und Gleichberechtigung

---

[17] Vgl. *Arnold Angenendt*, Ehe, Liebe und Sexualität im Christentum. Von den Anfängen bis heute, Münster 2015.
[18] Vgl. *Christof Breitsameter* und *Stephan Goertz*, Vom Vorrang der Liebe. Zeitenwende für die katholische Sexualmoral, Freiburg i. Br. 2020; *Eberhard Schockenhoff*, Die Kunst zu lieben. Unterwegs zu einer neuen Sexualethik, Freiburg i. Br. 2021.

2.1.2 Evangelische Stellungnahmen und Perspektiven

Kirchliche Ethik im Wandel

Die Auffassung über die moralisch richtige Gestaltung der Lebenswelt von Sexualität und Geschlecht hat auch in der evangelischen Kirche eine längere Entwicklung durchgemacht. Die Anerkennung nicht-ehelicher Lebensgemeinschaften, gleichgeschlechtlicher Partnerschaften oder des Adoptionsrechts in gleichgeschlechtlichen Partnerschaften hat sich erst langsam durchgesetzt, durchaus nicht der gesamtgesellschaftlichen Entwicklung vorangehend, sondern dieser im gemächlichen Schritt folgend.

Denkschrift 1971

Die Denkschrift zu Fragen der Sexualethik aus dem Jahr 1971 ist bereits getragen von dem Bewusstsein, in einem allgemeinen Wandel der zwischenmenschlichen Beziehungen zu leben, in der auch das Verhältnis der Geschlechter zueinander eine grundlegende Veränderung erfahren hat: „Entsprechend den jeweiligen sozialen und kulturellen Verhältnissen ist in der konkreten Gestaltung des sexuellen Lebens eine große Mannigfaltigkeit der Lebensformen zu beobachten. Dennoch hat der Glaube an die in Gottes Bund eröffnete Liebe und Treue bestimmte und für alle Gestaltungen menschlichen Zusammenlebens maßgebende Weisungen gegeben."[19] Festgehalten wird, dass Jesu Verkündigung das geschlechtliche Leben ausschließlich in der Einehe erfüllt sieht, einer auf Lebenszeit geschlossenen Gemeinschaft zwischen Mann und Frau.[20] Nur in der Ehe hat daher die Sexualität ihren angemessenen Ort, wenn auch „die Entscheidung in die Verantwortung der Partner [fällt], in welchem Abschnitt der Entwicklung ihrer Beziehung zur Ehe hin sie den Geschlechtsverkehr aufnehmen."[21] Deutlich ist auch die Stellung zu homosexuellen Lebensgemeinschaften: Zwar rühmt sich die Erklärung, anders als früher, nicht mehr die Bestrafung als angemessene Reaktion auf homosexuelles Verhalten zu unterstützen, aber Homosexualität wird dennoch als sexuelle Fehlform gedeutet. Homosexuelle Menschen werden einer seelsorgerlichen und therapeutischen Hilfe anempfohlen und „Kinder und Jugend-

---

[19] Denkschrift zu Fragen der Sexualethik. Erarbeitet von einer Kommission der Evangelischen Kirche in Deutschland (1971), (Die Denkschriften der Evangelischen Kirche in Deutschland 3: Ehe, Familie, Sexualität, Jugend. Mit einer Einführung von Erwin Wilkens), Gütersloh 1981, 139–173, hier 145.
[20] Vgl. ebd. 149.
[21] Ebd. 155.

liche müssen vor Verführung, Werbung und Propaganda für Homosexualität geschützt werden."[22]

Die Orientierungshilfe „Mit Spannungen leben" aus dem Jahr 1996 stellt einen weiteren Schritt dar. Zunächst wird auch hier einerseits konstatiert, dass in Bibel und Bekenntnis eine Vielzahl von Formen des menschlichen Zusammenlebens im Blick sind, andererseits wird betont, dass zwischen der damaligen und gegenwärtigen gesellschaftlichen Situation erhebliche Unterschiede bestehen.[23] Allerdings erfülle im Unterschied zu den anderen Formen des menschlichen Zusammenlebens nur die Ehe aus Sicht des christlichen Glaubens die für das menschliche Zusammenleben wesentlichen Funktionen: Freiwilligkeit, Ganzheitlichkeit, Verbindlichkeit, Dauer, Partnerschaftlichkeit, Geburt und Erziehung von Kindern. Im Blick auf diese Funktionsbestimmungen überrascht es nicht, dass für die Orientierungshilfe nur heterosexuell ausgerichtete Menschen in Betracht kommen, da Geburt und Erziehung von Kindern den gleichgeschlechtlichen Lebensgemeinschaften verwehrt sind. Der Triebverzicht wird zwar nicht als einzig möglicher Umgang mit Homosexualität gesehen, wohl aber als ein besonders lohnender. „Denjenigen, denen das Charisma sexueller Enthaltsamkeit nicht gegeben ist, ist zu einer vom Liebesgebot her gestalteten und damit ethisch verantworteten gleichgeschlechtlichen Lebensgemeinschaft zu raten."[24] Vehement wehrt sich die Orientierungshilfe gegen das Adoptionsrecht von gleichgeschlechtlichen Lebensgemeinschaften: „Mit einem solchen Schritt würden für die betroffenen Kinder neue Probleme geschaffen, die ethisch nicht verantwortet werden können."[25]

Einen ganz anderen Ton schlägt schließlich die Orientierungshilfe „Zwischen Autonomie und Angewiesenheit" aus dem Jahr 2013 an. Die Vorstellung wird abgewehrt, dass die Ehe der Natur des Menschen eingeschrieben sei, die Ehe wird konsequenterweise auch nicht als einzig mögliche Lebensform betrachtet.[26] „Alle familiären

Orientierungshilfe 1996

Orientierungshilfe 2013

---

[22] Ebd. 164.
[23] Vgl. Mit Spannungen leben. Eine Orientierungshilfe des Rates der Evangelischen Kirche in Deutschland zum Thema „Homosexualität und Kirche" (EKD-Texte 57). Herausgegeben vom *Kirchenamt der Evangelischen Kirche in Deutschland (EKD)*, Hannover 1996, 25; vgl. zum Folgenden ebd. 32–36.
[24] Ebd. 35.
[25] Ebd. 36.
[26] Zwischen Autonomie und Angewiesenheit. Familie als verlässliche Gemeinschaft stärken. Eine Orientierungshilfe des Rates der Evangelischen

Beziehungen, in denen sich Menschen in Freiheit und verlässlich aneinander binden, füreinander Verantwortung übernehmen und fürsorglich und respektvoll miteinander umgehen, müssen auf die Unterstützung der evangelischen Kirche bauen können."[27] Der tiefgreifende soziale und kulturelle Wandel zwinge dazu, Familie neu zu denken und auch die Vielfalt der nicht-ehelichen Lebensformen zu unterstützen und anzuerkennen. Programmatisch formuliert die Orientierungshilfe: „Die Bibel beschreibt im Alten und Neuen Testament das familiale Zusammenleben in einer großen Vielfalt. Das historisch bedingte Ideal der bürgerlichen Familie kann daher biblisch nicht als einzig mögliche Lebensform begründet werden. Die evangelische Kirche würdigt die Ehe als besondere Stütze und Hilfe, die sich auf Verlässlichkeit, wechselseitige Anerkennung und Liebe gründet. Gleichzeitig ist sie gehalten, andere an Gerechtigkeit orientierte Familienkonstellationen sowie das fürsorgliche Miteinander von Familien und Partnerschaften – selbst in ihrem Scheitern – zu stärken, aufzufangen und in den kirchlichen Segen einzuschließen."[28] Folglich werden von der Orientierungshilfe auch gleichgeschlechtliche Partnerschaften, in denen sich Menschen zu einem verbindlichen und verantwortlichen Miteinander verpflichten, als gleichwertig anerkannt.[29]

Stellungnahme 2017

Einen entscheidenden Schritt stellte das 2017 verabschiedete Gesetz zur Einführung des Rechts auf Eheschließung für Personen gleichen Geschlechts dar. Große Aufmerksamkeit hat die darauf bezogene Stellungnahme des Rates der EKD[30] erlangt, in der folgendermaßen argumentiert wird:

1. „Vertrauen, Verlässlichkeit und die Übernahme von Verantwortung" sind von zentraler Bedeutung für menschliche Beziehungen.

Kirche in Deutschland (EKD). Im Auftrag des Rates der Evangelischen Kirche in Deutschland herausgegeben *vom Kirchenamt der EKD*, Gütersloh 2013, 60.

[27] Ebd. 141.
[28] Ebd. 143.
[29] Vgl. ebd. 66.
[30] Abrufbar unter: https://ekd.de/Stellungnahme-des-Rates-der-EKD-zur-Debatte-um-die-Ehe-fuer-alle-24373.html [Zugriff: 01.05.2019]. Vgl. hierzu auch *Michael Roth*, Ehe für alle – Störfall für die Ökumene? Materialdienst des Konfessionskundlichen Instituts Bensheim (MD) 68 (2017), 73–78.

2. Die Institution Ehe bietet die „besten Voraussetzungen" für eine in Vertrauen, Verlässlichkeit und gegenseitiger Verantwortung gelebte Beziehung.
3. Wenn gleichgeschlechtlich liebende Menschen den Wunsch nach lebenslanger Partnerschaft und damit nach einer in Vertrauen, Verlässlichkeit und gegenseitiger Verantwortung gelebten Beziehung haben, ist es zu begrüßen, wenn die Ehe für sie geöffnet wird.

Der Gedanke ist klar, einfach und logisch. Wenn (a) Verlässlichkeit und Verantwortung zentral für menschliche Beziehungen sind und (b) die Ehe die beste Voraussetzung für in Verlässlichkeit und Verantwortung gelebte Beziehungen ist, dann muss (c) die Ehe für alle Menschen geöffnet werden, die eine Beziehung in Verlässlichkeit und Verantwortung leben wollen.

Verlässlichkeit und Verantwortung als Prinzipien

Eine ähnliche Entwicklung wie in den kirchlichen Dokumenten lässt sich auch in der evangelischen Sozialethik beobachten: Martin Honecker sieht 1995 in seiner Sozialethik die auf Lebenszeit angelegte Monogamie zwischen Mann und Frau als einzige dem christlichen Glauben angemessene Lebensform.[31] Daher sollen Theologie und Kirche für die gesellschaftliche und rechtliche Anerkennung der Institution der Ehe eintreten. Im Unterschied zu anderen Lebensgemeinschaften sei die Ehe gerade durch ihre Verbindlichkeit ausgezeichnet. Auch die Beziehung zwischen gleichgeschlechtlich liebenden Menschen steht unter ethischem Vorbehalt und Bedenken: „Es fehlt die Stabilität der Beziehungen, welche die Institution der Ehe kennzeichnet."[32] Empfohlen wird von Honecker daher die Sublimierung des homosexuellen Triebs.[33]

Evangelische Sozialethik im Wandel

Martin Honecker 1995

Einige Jahre später setzt Ulrich H. J. Körtner in seiner Sozialethik im Unterschied zu Honecker nicht auf die Empfehlung der Enthaltsamkeit, sondern fragt nach einer den Homosexuellen gemäßen Lebensform, die sich an den Kriterien der heterosexuellen Einehe orientiert und „auf analoge Weise durch Freiwilligkeit, Ganzheitlichkeit, Verbindlichkeit, Dauerhaftigkeit und Partnerschaftlichkeit bestimmt ist."[34] Solche Lebensgemeinschaften sollen beim Miet-, Versorgungs- und Erbrecht begünstigt werden, die Institution Ehe

Ulrich Körtner 1999

---

[31] Vgl. *Martin Honecker*, Grundriß der Sozialethik, Berlin/New York 1995, 173–176.
[32] *Honecker*, Sozialethik (s. o. Anm. 31), 224 f.
[33] Vgl. ebd. 225.
[34] *Ulrich H. J. Körtner*, Evangelische Sozialethik. Grundlagen und Themenfelder, Göttingen 1999, 245.

jedoch sollte nach Körtner heterosexuellen Paaren vorbehalten bleiben. Aufgrund ihrer Zuordnung zur Familienbildung verdienen sie nach Körtner den besonderen staatlichen Schutz und die kirchliche Wertschätzung.[35]

Klaas Huizing 2016

Im Jahr 2016 wird in der Ethik von Klaas Huizing auch die Ehe selbst für gleichgeschlechtlich liebende Menschen geöffnet, da die Verlässlichkeit auch für die sog. „Homo-Ehe" gilt: „Wenn Schwule auf die Ehe drängen, dann offenbar, weil sie den ehelichen Lebensstil trotz aller Deformationen für attraktiv halten: In der Institution Ehe sind Verhaltensniveaus von Zuverlässigkeit, Achtung, Alltagstoleranz, Sensibilität erarbeitet worden, die man übernehmen will. Offenbar wird auch das öffentliche Bekenntnis während einer Trauzeremonie für wichtig gehalten, um Verbindlichkeit füreinander nach außen hin zu demonstrieren."[36] Darüber hinaus fordert Huizing auch gleichgeschlechtlich liebenden Paaren das Adoptionsrecht zuzuerkennen, da empirische Studien in keiner Weise darauf hinweisen, dass das Kindeswohl durch gleichgeschlechtliche Partnerschaften beeinträchtigt werde.[37]

Vor allem im Blick auf kirchliche Erklärungen lässt sich feststellen:

Innerevangelische Differenzen

(1) In den Antworten auf die Frage nach der richtigen Gestaltung der Lebenswelt von Sexualität und Geschlecht lässt sich nicht eine katholische von einer evangelischen Position strikt abgrenzen. Zum einen zeigt sich, dass die kirchlichen Erklärungen einer Entwicklung unterliegen, zum anderen, dass auch in der Gegenwart in evangelischem Bereich noch ganz unterschiedliche Positionen anzutreffen sind. Die Tatsache bspw., dass die EKD die Ehe für alle begrüßt, hält der Generalsekretär der Deutschen Evangelischen Allianz, Hartmut Steeb, „für eine Katastrophe, die sich freilich schon lange abgezeichnet hat". Bereits in der Orientierungshilfe von 2013 „Zwischen Autonomie und Angewiesenheit. Familie als verlässliche Gemeinschaft stärken" habe sich die EKD auf die Adjektive „verbindlich", „verantwortlich" und „verlässlich" für die Beurteilung von gleichgeschlechtlichen Partnerschaften festgelegt und dadurch die Begriffe „Ehe" und „Familie" entwertet. Der Vorsitzende der Konferenz Bekennender Gemeinschaften in den evangelischen Kirchen Deutschlands, Pastor Ulrich Rüß (Hamburg), urteilt noch um-

---

[35] *Körtner*, Evangelische Sozialethik (s. o. Anm. 34), 246.
[36] *Klaas Huizing*, Scham und Ehre. Eine theologische Ethik, Gütersloh 2016, 297.
[37] Vgl. ebd.

fassender: „Der Beschluss markiert den endgültigen Verlust einer christlichen Werteorientierung in der Politik."³⁸

(2) Die kirchlichen Erklärungen sind jeweils Kinder ihrer Zeit, besser gesagt: Nachzügler ihrer Zeit. Wenn Jürgen Moltmann in seiner „Theologie der Hoffnung" davon spricht, dass die Hoffnungssätze der Verheißung „der Wirklichkeit nicht die Schleppe nachtragen, sondern die Fackel vorantragen [wollen]"³⁹, scheint dies nicht für die ethischen Erklärungen der evangelischen Kirche zu gelten, die keineswegs als Schrittmacher einer ethisch-moralischen Entwicklung bezeichnet werden kann. Wie in anderen Fragen, so hat es auch in dieser Frage die evangelische Kirche verpasst, irgendeine Vorreiterrolle einzunehmen. Das beste Beispiel ist, dass der von Peter Dabrock u. a. verfasste Text „Unverschämt schön"⁴⁰ gerade nicht als offizielles EKD-Dokument erscheinen konnte – damit war die letzte Chance vergeben, innovativ zu sein.

Nachzügler-Rolle

(3) Teilweise suggerieren die kirchlichen Erklärungen, eine theologische Urteilsbildung geschehe durch Auslegung der biblischen Schriften und ethische Weiterentwicklungen durch gründlichere Exegese biblischer Texte. Dies wird gerade in der Orientierungshilfe „Zwischen Autonomie und Angewiesenheit" deutlich. Hier wird insinuiert, Bibelstellen seien der Grund für bestimmte ethische Einsichten. Dies ist absurd: Ulrich Körtner ist darin zuzustimmen, wenn er kritisiert, dass mit der Behauptung, dass die Bibel das familiäre Zusammenleben in einer großen Vielfalt beschreibt, auch die Polygamie und die Polyamorie verteidigt werden können⁴¹, ebenso wie Peter Dabrock u. a. beizupflichten ist: „Es ist nur redlich festzustellen, dass homosexuelle Praktiken in der Bibel

Unterkomplexe Bibelhermeneutik

---

³⁸ Abrufbar unter: https://www.ead.de/2017/juni/30062017-generalsekretaer-ekd-position-zur-ehe-fuer-alle-ist-eine-katastrophe/ [Zugriff: 13.04.2019]; vgl. dazu *Stephan Goertz*, Zwischen Ablehnung und Anerkennung. Katholische Stellungnahmen zur gleichgeschlechtlichen Ehe in Deutschland, in: Family Forum 7 (2017), 35–54, abrufbar unter: https://czasopisma.uni.opole.pl/index.php/ff/article/view/82/41 [Zugriff: 01.05.2019].
³⁹ *Jürgen Moltmann*, Theologie der Hoffnung. Untersuchungen zur Begründung und zu den Konsequenzen einer christlichen Eschatologie, München 1964, 14.
⁴⁰ *Peter Dabrock, Renate Augstein, Cornelia Helfferich, Stefanie Schardien* und *Uwe Sielert*, Unverschämt – schön. Sexualethik: evangelisch und lebensnah, Gütersloh 2015.
⁴¹ *Ulrich H. J. Körtner*, Hauptsache gerecht. Wie die EKD Familie neu zu denken versucht, in: Zeitschrift für Evangelische Ethik 57 (2013), 243–248, hier 246.

weitestgehend abgelehnt werden."[42] So macht der Neutestamentler Friedrich W. Horn in seiner „Stellungnahme zur Orientierungshilfe: Zwischen Autonomie und Angewiesenheit"[43] deutlich, dass es gute theologische Gründe gibt, für homosexuelle Lebenspartnerschaften einzutreten, dass wir uns aber mit der Akzeptanz von Homosexualität klar gegen biblische Vorgaben positionieren. Nach Horn kann daher eine schriftgemäße Ethik nicht darin bestehen, die biblischen Weisungen befolgen zu wollen, weil dies den historischen Graben zwischen uns und der Zeit der biblischen Texte verkennt. Damit zeigt sich aber, dass die Bezugnahme kirchlicher Erklärungen auf biblische Texte hermeneutisch unterkomplex genannt zu werden verdient. Die größte Zahl der Probleme unserer Lebensführung steht aufgrund des historischen Abstandes und dem Wandel unserer Lebensformen den Autoren der biblischen Texte fern. Pointiert formuliert Christian Polke: „Es ist schlicht nicht wahr, dass man der Schrift zu Fragen etwa der Humangenetik oder auch der Wirtschaftsordnung irgendeine auf diese Probleme bezugnehmende Stellungnahme schlicht entnehmen könnte."[44] Die Vorstellung, dass wir aufgrund der Auslegung der Bibel zu (neuen) materialethischen Einsichten gelangen, ist falsch. Vielmehr werden neue ethische Einsichten in der Bibel (nachträglich) aufgespürt, positiv formuliert: mit biblischen Sätzen in Zusammenhang gebracht. Die Gleichberechtigung der Frau bspw. verdankt sich nicht Jesu Umgang mit Frauen, vielmehr wurde dieser Umgang Jesu erst von der Einsicht in die Gleichberechtigung der Frau betont. Dies ist auch der Stellung der Bibel angemessen: Der Kanon – so Friedrich Horn – ist „Richtschnur in dem Sinn, dass er die maßgebliche Lektüre für die Christenheit sein soll, nicht aber in dem Sinn, dass er in letzter Eindeutigkeit normativ verbindlich sein könnte."[45] Das heißt: Die Bibel (oder präziser: eine bestimmte Vertonung der Bibel) gehört zu dem Leben des theologischen Ethikers, die Bibel schafft u. a. neben Lied, Gebet, Bekenntnissen den Horizont seines

---

[42] *Dabrock* u.a, Unverschämt – schön (s. o. Anm. 40), 30.

[43] *Friedrich Horn*, Zwischen Autonomie und Angewiesenheit – Die Orientierungshilfe der EKD in der Kontroverse, hg. vom Kirchenamt der EKD, Hannover 2013, 21–24.

[44] *Christian Polke*, Was könnte das sein: theologische Ethik? Versuch einer thematischen Antwort, in: *Michael Roth* und *Marcus Held (Hg.)*, Was ist theologische Ethik? Grundbestimmungen und Grundvorstellungen, Berlin/Boston 2018, 153–176, hier 159.

[45] *Friedrich Wilhelm Horn*, Neutestamentliche Wissenschaft, in: *Michael Roth (Hg.)*, Leitfaden Theologiestudium, Göttingen 2004, 45–72.

Wahrnemens und Denkens.[46] Die Bibel hat somit (im Zusammenspiel u. a. mit Lied, Gebet, Bekenntnis) ihren Ort in der Liturgie und der Frömmigkeitspraxis des Ethikers bzw. der Ethikerin, in der Ethik aber argumentieren wir nicht mit „der" Bibel, sondern mit Bezugnahme auf die Phänomene und gewinnen von hier aus vernünftige, jedem mitteilbare Gründe. Dabei versuchen wir in einem weiteren Schritt auch immer wieder uns zu den biblischen Schriften in Beziehung zu setzen. Dies geschieht aber nicht so, dass wir zeigen, dass unsere einzelnen Aussagen durch einzelne Aussagen der Bibel gedeckt sind, sondern so, dass wir zu verstehen suchen, inwiefern unsere ethischen Einsichten dem Geist (nicht dem Buchstaben!) der biblischen Schriften entsprechen (wie wir ihn in der Gegenwart verstehen), selbst wenn sie (wie oft) den Buchstaben widersprechen. Alles andere wäre eine Verpflichtung der Ethik auf ein vergangenes Weltbild und ein Missverstehen des Glaubens als Für-wahr-Halten von biblischen Sätzen.

2.2 Christliche Ethik aus konfessioneller Perspektive

2.2.1 Theologie und Ethik aus katholischer Perspektive

Die Frage nach dem Menschen in seiner Lebenswelt lässt sich theologisch und ethisch betrachtet nicht reduzieren auf die ohnedies unerschöpfliche Beschreibung menschlicher Lebensführung in Geschichte und Gegenwart. Es geht im christlichen Kontext nach katholischem Verständnis auch um im eigentlichen Sinne normative Fragen. Nicht jede menschliche Praxis betrachten wir gleichermaßen als gut und gerecht, nicht jede gilt als vereinbar mit dem Glauben an Gott. Gibt es in der Ethik begründete universale und unbedingte Ansprüche, die auf eigener (autonomer) menschlicher Einsicht beruhen und den kritischen Maßstab bilden für Traditionen und Konventionen? Wie kommen wir zu tragfähigen Begründungen? Wie können wir erkennen, was sittlich geboten ist? Woher bezieht das Sittliche seine Geltungskraft, warum bindet uns das Gute?

Weil der christliche Glaube mit dem Anspruch einhergeht, den zur Einsicht fähigen Menschen zu seinem wahrhaftigen Mensch- | Glaube befreit zum Menschsein

---

[46] Vgl. *Michael Roth*, Sechzehn Thesen zur Autorität der Bibel für die Theologische Ethik aus lutherischer Perspektive, in: Journal of Ethics in Antiquity and Christianity 1 (2019), 54 f, abrufbar unter: https://jeac.de/ojs/index.php/jeac/article/view/115/100 [Zugriff: 24.04.2019].

sein zu befreien, ist einer stumpfen Gehorsams- oder Unterwerfungsmoral ein Riegel vorgeschoben. Gerade umgekehrt wird die authentische Erfahrung sittlicher Ansprüche zum Sprungbrett für die Entfaltung der zutiefst menschlichen Bedeutsamkeit des Glaubens. Noch einmal anders: Das moralisch empfindsame Subjekt, das Ungerechtigkeiten nicht einfach klaglos erträgt, richtet seine Hoffnung auf einen Gott, der abwischen wird „alle Tränen von ihren Augen" (Offb 21,4). Gott wird von Israel als der moralisch vollkommene Gott entdeckt, der im Kreis der Götter Gericht hält und Recht für die „Gebeugten und Bedürftigen" verlangt (vgl. Ps 82), der die Schreie seines Volkes hört (Ex 2,23–25) und es aus der Knechtschaft in Ägypten befreit (Ex 20,2).[47] Diesen Gott, den Leid, Unrecht und Tod nicht teilnahmslos lassen, verkündet und bezeugt der Jude Jesus von Nazareth auf eine so unbedingte und niemanden ausschließende Weise, dass ihn der christliche Glaube als den Sohn bekennt, in dem Gottes Barmherzigkeit und Liebe Mensch geworden sind.[48]

Sobald das Individuum mit seiner Endlichkeit hadert – und das bedeutet, die Verzweiflung zu spüren, wenn die Mächte und Gewalten dieser Welt wieder einmal brutal und rücksichtslos das Leben eines geliebten Anderen vernichten –, erwacht in ihm die Sehnsucht, es möge einen Gott geben, dessen Möglichkeiten am Ende über Leid und Tod hinausreichen. Das moralische Bewusstsein bringt also nicht irgendeinen, sondern einen *bestimmten* Gottesgedanken hervor. Die menschliche Moral formuliert den Maßstab, der an die Rede von einem moralischen Gott anzulegen ist, wenn diese Rede nicht inhaltsleer sein will.[49] Dieser Zusammenhang zwi-

---

[47] „Dieser mühsame Weg Israels (und eigentlich jedes Menschen) aus der Welt der Gewalt, Vergeltung und Ausgrenzung in die JHWH-Welt der universalen gewaltfreien, solidarischen Geschwisterlichkeit und Mitgeschöpflichkeit verläuft nicht linear wie eine ungebrochene Fortschrittsgeschichte; es gibt Rückfälle, Zwiespältigkeiten, unterschiedliche Positionen nebeneinander. Menschen projizieren eben auf Gott, was sie in ihrer Welt und im eigenen Herzen finden: Liebe *und* Hass, Zärtlichkeit *und* Gewalttätigkeit, Hegen *und* Töten, Wohlwollen *und* Rachsucht." *Hans Kessler*, Wie biblisch ist die Systematische Theologie?, in: JBTh 25 (2010), 221–240, hier 230.

[48] Vgl. die folgende christologische Kurzformel: „Und insofern meine ich nun tatsächlich, dass der Geschichte Jesu (…) die wesentliche Bedeutung zukommt, der *Erweis der unbedingt für die Menschen entschiedenen Liebe Gottes* zu sein", *Thomas Pröpper*, Theologische Anthropologie II, Freiburg i. Br. 2011, 1305.

[49] Vgl. *Armin Kreiner*, Das wahre Antlitz Gottes – oder was wir meinen, wenn wir Gott sagen, Freiburg i. Br. 2006, 458 f.: „Das Bekenntnis zur mora-

schen der authentischen moralischen Erfahrung und Erkenntnis des Sittlichen und dem Glauben an Gott wird von der *Autonomie der Moral* im Kontext der katholischen Theologie inzwischen ausdrücklich anerkannt.[50] Das Gute und Gerechte verdankt seinen bestimmten Gehalt nicht der Offenbarung oder Willenskundgabe einer religiösen Instanz. Denn am Ende könnte eine solche Theonomie in die Vorstellung münden, dass sich die Masse der Menschen in ihrer Verblendung denen zu unterwerfen hat, die für sich beanspruchen, einen privilegierten Zugang zum Willen Gottes zu besitzen. Die Frage, ob diese selbsternannten Autoritäten auch tatsächlich den moralisch vollkommenen Gott verkünden, wird dabei systematisch ausgeschlossen und eine Rechenschaftspflicht vor dem autonomen Moralbewusstsein verweigert. So driftet man in eine religiöse Sonderwelt ab, ohne Rückbindung an die Wirklichkeit. Ein historisches Beispiel wäre die in der katholischen Moraltheologie des 19. Jh. zuweilen vertretene Überzeugung, Sittlichkeit wäre dort zu finden, wo ein katholischer Christ sich den moralischen Lehren der Kirche beugt, *weil es die Lehren der Kirche sind.* Vom Standpunkt der Autonomie aus ist das Gute zu tun, *weil es das Gute ist.* Etwas ist nicht moralisch schlecht, *weil es verboten wurde*; etwas wird verboten, *weil es moralisch schlecht ist.* Die katholische Kirche hat ebenso wenig wie jede andere religiöse Instanz Definitionsmacht über das Moralische. Ihr Dienst liegt im exemplarischen Zeugnis von Glaube, Liebe und Hoffnung. „Letztlich geht es um die Zusage des Evangeliums, dass Gott selbst uns Menschen und der Welt in unbedingter Liebe zugewandt ist."[51]

Autonomie der Moral

Das Gute und Gerechte muss uns also aufgrund seiner inhärenten Eigenschaften einleuchten können. Die ethische Grundposition[52] lautet in diesem Fall, dass wir aus guten Gründen in der Wirklichkeit – zu der wir selbst gehören – Aspekte wertschätzen, die

Gutes und Gerechtes

---

lischen Vollkommenheit Gottes ist nur in dem Maße gehaltvoll, in dem es spezifizierbaren moralischen Kriterien entspricht und genügt." In moralischer Hinsicht darf Gott also nicht ein „ganz Anderer" sein – denn das setzt seine Liebens-Würdigkeit aufs Spiel.

[50] Vgl. die klassische Arbeit von *Alfons Auer*, Autonome Moral und christlicher Glaube (1971), Darmstadt ³2016; sowie *Stephan Goertz* und *Magnus Striet (Hg.)*, Nach dem Gesetz Gottes. Autonomie als christliches Prinzip, Freiburg i. Br. 2014.

[51] *Stephan Ernst*, Grundfragen theologischer Ethik. Eine Einführung, München 2009, 129.

[52] Vgl. *Michael Quante*, Einführung in die Allgemeine Ethik, Darmstadt 2003, 105–108.

für alle Menschen (und in diesem Sinne universal) gelten und die wir dann z. B. grundlegende Güter nennen, auf die Menschen ein Recht haben: Handlungs- und Entscheidungsfreiheit, individuelle Lebensführung, körperliche Integrität, Nahrung und Gesundheit, sexuelle Selbstbestimmung, ein soziales Miteinander und anderes mehr. Aus der „erhabenen Würde" und „grundlegenden Gleichheit aller Menschen" folgt für die katholische Kirche auf dem Zweiten Vatikanischen Konzil (1962–1965): „Es muss also alles dem Menschen zugänglich gemacht werden, was er für ein wirklich menschliches Leben braucht, wie Nahrung, Kleidung und Wohnung, sodann das Recht auf eine freie Wahl des Lebensstandes und auf Familiengründung, auf Erziehung, Arbeit, guten Ruf, Ehre und auf geziemende Informationen; ferner das Recht zum Handeln nach der rechten Norm seines Gewissens, das Recht auf Schutz seiner privaten Sphäre und auf die rechte Freiheit auch in religiösen Dingen" (Gaudium et spes Nr. 26).

Im Christentum, so sieht es katholische Theologie, ist die Universalität der eigenen Botschaft mit der Option für universale ethische Ansprüche untrennbar verknüpft: Kein unschuldiges Opfer der Geschichte soll vergessen werden; eines jeden Menschen Würde ist unbedingt zu achten und zu schützen.[53]

Konsequenzen für den Umgang mit der Heiligen Schrift

Am Umgang mit der Heiligen Schrift soll die Position der Autonomie der Moral im christlichen Kontext noch einmal verdeutlicht werden. Die Bibel hat in der Geschichte auf vielerlei Weise auf die menschliche Lebensgestaltung Einfluss genommen. Wohl schon immer haben Menschen aus der Lektüre oder Verkündigung biblischer Texte für sich oder andere moralische Konsequenzen abgeleitet. Biblische Figuren wurden zu Vorbildern im Guten oder zu Gestalten des Bösen. Einzelne Jesusworte dienen bis heute der Motivation von Liebe und Fürsorge (Lk 10,25–37) und „beflügeln die moralische Phantasie"[54], andere wurden benutzt, um Zwang und Gewalt zu rechtfertigen (Lk 14,23).[55] Mit der Sklaverei hat man sich über Jahrhunderte arrangiert und sah darin keinen grund-

---

[53] Vgl. *Johann Baptist Metz*, Die letzten Universalisten, in: *Carmen Krieg u. a. (Hg.)*, Die Theologie auf dem Weg in das dritte Jahrtausend (FS Jürgen Moltmann), Gütersloh 1996, 25–29.

[54] *Walter Lesch*, Ethische Potentiale der Bibel jenseits von Vorschriften, in: *Christof Breitsameter* und *Stephan Goertz (Hg.)*, Bibel und Moral – ethische und exegetische Zugänge, Freiburg i. Br. 2018, 226–243, hier 236.

[55] Vgl. *Arnold Angenendt*, Das Christentum zwischen Bibel und Schwert, Münster ^{9}2018.

sätzlichen Konflikt mit der biblischen Botschaft.[56] Vom Gottesfluch der Herrschaft des Mannes über die Frau (Gen 3,16) ist in der Bibel ebenso die Rede wie vom wechselseitigen Begehren der Liebenden (Hld 6,3). Ein und dieselbe biblische Geschichte kann divergente Deutungen hervorbringen, wie das Beispiel des sog. Sündenfalls zeigt (Gen 3,1–24). Für die einen steht dieser für die Bestrafung des menschlichen Ungehorsams und die Warnung vor falsch verstandener Freiheit, für die anderen erzählt die Vertreibung aus dem Paradies die Geschichte der erwachenden menschlichen Mündigkeit und der mit ihr einhergehenden Verantwortung. Es gibt wenige moralische Überzeugungen, für die sich nicht ein entsprechendes Bibelwort finden lässt. Der katholische Theologe und Ethiker Walter Lesch hat den pointierten Schluss gezogen: „Aus den Schöpfungsmythen der Genesis folgt keine ökologische Ethik, aus den Aussagen über die Fremden keine Migrationsethik, aus der Bergpredigt keine Friedensethik, usw."[57] Das heißt aber keineswegs, dass die biblischen Geschichten für uns heute keine Relevanz mehr besitzen können.

Was bedeutet diese scheinbare moralische Beliebigkeit im Umgang mit der Bibel? Von wem und vor allem nach welchen Kriterien kann beurteilt werden, welche Aussagen der Heiligen Schrift uns moralisch binden? Nach dem bisher Gesagten muss es eine externe Instanz sein. Das Lehramt der katholischen Kirche versteht sich bisweilen als diese Instanz. Aber diese „Lösung" verschiebt das Problem nur.[58] Nicht die Bibel oder die Kirche legt die Moral, die Moral legt die Bibel und die Kirche aus. Das moralisch Gebotene basiert auf einem Anspruch, der vom Guten selbst ausgeht – modern gesprochen bindet uns die Würde des Menschen. Sie verlangt, geachtet zu werden. Sie ist das Kriterium schlechthin. Was z. B. bedeutet, dass kein Mensch Opfer der blinden Willkür eines anderen werden darf, die auf dessen berechtigten Interessen überhaupt keine Rücksicht nimmt. Gleichfalls eine Verletzung von Würde wäre es, jemandem

---

[56] Vgl. *Heike Grieser* und *Nicole Priesching (Hg.)*, Theologie und Sklaverei von der Antike bis in die frühe Neuzeit, Hildesheim 2016.
[57] *Lesch*, Ethische Potentiale (s. o. Anm. 54), 243.
[58] „Die Geltung einer sittlichen Norm als solcher kann eben nicht allein auf einen autoritativen Akt, auch nicht auf das bloße Faktum des Bezeugtsein in Schrift und Tradition zurückgeführt werden, die Norm muss in der Sache selbst einsichtig sein", so *Franz Böckle*, Fundamentalmoral, München 1977, 292.

grundlos „die Chancen zu einem sinnvollen und erfüllten Leben gezielt vor(zu)enthalten."⁵⁹ Dem christlichen Glauben geht es am Ende mehr um die Grenzen der Moral als um die Begründung ihrer konkreten Inhalte. Unsere Liebe kann niemanden endgültig retten. Immer bleiben wir anderen Gutes schuldig. Schmerz und Leid im Übermaß können uns zerbrechen. Angesichts solcher Erfahrungen setzt die Bibel ihre Hoffnung auf einen barmherzigen Gott, der das „geknickte Rohr nicht zerbricht und den glimmenden Docht nicht löscht" (Jes 42,3).

2.2.2 Theologie und Ethik aus evangelischer Perspektive

Der Versuch, die Ethik durch den Handlungsbegriff grundzulegen und auf das Handeln zu zentrieren⁶⁰, hat – so der evangelische Theologe Johannes Fischer – zur Gefahr, „dass die Einheit von Leben und Handeln in Vergessenheit gerät."⁶¹ Die Folge dieses Defizites sei, dass „[d]ie Handlungsethik [...] von Voraussetzungen [zehrt], die sie in der Regel nicht reflektiert, für die sie sich jedenfalls nicht zuständig fühlt."⁶² Gegenstand der Ethik ist daher das menschliche Leben. Allerdings ist Ethik auch nicht als bloß deskriptive Beschreibung der menschlichen Lebenswelt zu verstehen, Ethik hat es immer auch mit Bewertungen hinsichtlich der richtigen, d.h. der (moralisch) guten Lebensführung zu tun.

Maßstäbe theologischer Ethik
Wie geschieht nun diese Bewertung? Konkret: Woher gewinnt die Theologie in ihrer Ethik ihre Bewertungsmaßstäbe? Häufig wird behauptet, in der Theologischen Ethik werde statt mit Hilfe der Vernunft durch den Verweis auf Gott und den Glauben (oder gar der Bibel) argumentiert. Diese Auffassung vertritt auch Annemarie Piper, wenn sie formuliert: „Ethik und Theologie sind somit durch ihr Interesse an einer normativen Begründung moralischen Handelns miteinander verbunden; im Unterschied zur Theologie bezieht sich die Ethik jedoch nicht auf einen göttlichen Willen, sondern auf den vernünftigen Willen des Menschen, der sich in autonomer Selbstverfügung im Verbund mit anderen Menschen dazu

---

⁵⁹ *Klaus Demmer*, Ökumenische Klippen im bioethischen Gespräch, in: Theologie der Gegenwart 46 (2003), 242–253, hier 247.
⁶⁰ So u. a. *Eilert Herms*, Grundzüge eines Begriffs der sozialen Ordnung, in: Ders., Gesellschaft gestalten. Beiträge zu einer evangelischen Sozialethik, Tübingen 1991, 56–94, bes. 62.
⁶¹ *Johannes Fischer*, Theologische Ethik. Grundwissen und Grundorientierungen, Stuttgart/Berlin/Köln 2002, 12.
⁶² Ebd. 15.

bestimmt, er selbst zu sein."⁶³ Damit wäre in der Tat der Adressatenkreis der Theologie und ihrer ethischen Reflexion beschränkt: Die Philosophische Ethik würde sich an jeden richten, der denkt, die Theologische Ethik nur an den, der glaubt (oder die Bibel als ethisches Gesetzbuch anerkennt). Darüber hinaus wäre der Glaubende jemand, der die ethischen Fragen eben nicht mit Hilfe der Vernunft und damit durch sein eigenes Nachdenken beantworten will, sondern durch Bezugnahme auf seine Glaubenstradition, und er würde sich so als jemand erweisen, der seine Verantwortung gerne an eine Autorität delegiert, zudem an eine solche, die der modernen Lebenswelt fremd ist.

Nun ist eine voraussetzungslose Vernunft genauso falsch wie eine auf Vernunft verzichtende und stattdessen auf Glauben und Bibel sich beziehende Ethik. Der Versuch, ethische Begründungsmaßstäbe rein aus der Vernunft zu ermitteln, wäre dazu verurteilt, sich einem überholten Vernunftkonzept zu verpflichten: Wir sprechen heute nicht mehr von „der" Vernunft als einem großen Subjekt, das sich als Garant unserer vernünftigen Weltorientierung in der Geschichte durchsetzt, sondern von unterschiedlichen Rationalitäten.⁶⁴ Der Vernunftbegriff wird nicht mehr substantiell, sondern dispositional verwendet, Vernunft ist eine Funktion.⁶⁵ In ihrem funktionalen Verständnis ist die Vernunft eine Funktion von etwas, das nicht selbst schon Vernunft ist. Zu erinnern ist etwa an Arthur Schopenhauer, der an der Dezentrierung der Vernunft seinen Anteil hatte, insofern er die Vernunft als bloßes Epiphänomen des Willens bestimmt hat.⁶⁶ Dieser Primat des Lebens gegenüber dem Geist wird auch von Friedrich Nietzsche geteilt. Vor allem aber die – auch von Nietzsche erkannte – Sprachlichkeit der Vernunft verbietet es von der Vernunft zu sprechen.⁶⁷ Vernunft ist abhängig von der Sprache, und Sprache gibt es nicht nur als eine einzige Sprache,

Dispositionaler Vernunftbegriff

---

⁶³ *Annemarie Piper*, Einführung in die Ethik, Tübingen ³1993, 111.
⁶⁴ Vgl. *Karl-Otto Apel* und *Matthias Kettner*, Die eine Vernunft und die vielen Rationalitäten, Frankfurt a. M. 1996.
⁶⁵ Vgl. *Herbert Schnädelbach*, Vernunft, Stuttgart 2007, 120 ff.
⁶⁶ Vgl. *Arthur Schopenhauer*, Die Welt als Wille und Vorstellung. Vollständige Ausg. nach der dritten, verbesserten und beträchtlich vermehrten Auflage von 1859, Köln 2009, 686 ff.
⁶⁷ Vgl. *Friedrich Nietzsche*, Ueber Wahrheit und Lüge im aussermoralischen Sinne, in: Sämtliche Werke. Kritische Studienausgabe in 15 Bänden, Bd. 1, hg. von *Giorgio Colli* und *Mazzino Montinari*, Berlin/New York ²1988, 873–890.

als Universalsprache. Vielmehr ist Sprache nur gegenwärtig in *verschiedenen* Sprachen.

Situierte Vernunft

Von daher können wir formulieren, dass „Vernunft" immer „Vernunft von ..." ist: Vernunft eines Menschen, eines Systems, eines Prozesses, einer Institution etc.[68] Vernunft ist stets situierte Vernunft. „Sie ist eingebettet in die leiblichen [...] Vollzüge menschlichen Lebens (leiblich situiert), und sie ist zusammen mit diesen eingebunden in konkrete Situationen und den Wechsel von Lebenssituationen in Interaktion mit wechselnden Umwelten."[69] Die Ethik kann nicht so tun, als ob es eine einzige ethische Vernunft gebe, die nicht immer in eine bestimmte Weltsicht eingebettet ist.

Voraussetzungshaftigkeit

Es lässt sich nicht gut bestreiten, dass unsere Wahrnehmung von Welt *grundsätzlich* nicht voraussetzungslos ist[70], sondern bestimmt durch in der Person liegende Voraussetzungen, nennt man diese Voraussetzungen nun Weltanschauung oder biographische Perspektive. Zu diesen Voraussetzungen gehören sicherlich auch die uns prägenden Glaubens-Traditionen. Aus der Voraussetzungshaftigkeit des Erkennens, Wahrnehmens und Urteilens folgt aber nicht, dass Menschen aus ihrer jeweiligen Weltanschauung ihr konkretes Erkennen, Wahrnehmen und Urteilen *ableiten*. Sätze der Theologischen Ethik sind keine Ableitungen aus dogmatischen Glaubenssätzen oder gar biblischen Aussagen. Daher begründen wir unser Handeln auch nicht mit unserer weltanschaulichen Perspektive, sondern geben vernünftige Gründe an, die wir allen, die auf vernünftige Gründe zu hören bereit sind, zumuten, nicht nur dem internen Kreis derer, von denen wir vermuten, dass sie unsere Weltanschauung teilen. In der Weise, sein Handeln aus seiner Weltanschauung zu begründen, verfährt allerdings der Ideologe: Der Ideologe macht nicht seine Wahrnehmung, sondern seine Weltanschauung zum *Grund* seines Urteilens, indem er von einem be-

Vernünftige Begründung

Unterscheidung von Ideologie

---

[68] Vgl. *Ingolf Ulrich Dalferth*, Fundamentaltheologie oder Religionsphilosophie? in: *Matthias Petzoldt (Hg.)*, Evangelische Fundamentaltheologie in der Diskussion, Leipzig 2004, 171–193, hier 172.

[69] *Ingolf Ulrich Dalferth*, Glaubensvernunft oder Vernunftglauben? Anmerkungen zur Vernunftkritik des Glaubens, in: *Friedrich Schweitzer (Hg.)*, Kommunikation über Grenzen, Gütersloh 2009, 612–627, hier 619.

[70] So etwa *Wilfried Härle*, Die weltanschaulichen Voraussetzungen jeder normativen Ethik, in: *Ders.* und *Reiner Preul (Hg.)*, Woran orientiert sich Ethik? Marburg 2001, 15–38; *Eilert Herms*, Theologie und Politik. Die Zwei-Reiche-Lehre Luthers als theologisches Programm einer Politik des weltanschaulichen Pluralismus, in: *Ders.*, Gesellschaft gestalten. Beiträge zu einer evangelischen Sozialethik, Tübingen 1991, 95–124.

stimmten Verständnis der Wirklichkeit im Ganzen intentional ausgeht und von hier aus deduziert, wie – dem für wahr gehaltenen Verständnis der Wirklichkeit im Ganzen angemessen – Einzelsachverhalte der Wirklichkeit beurteilt werden müssen. Wohlgemerkt: Kennzeichen des Ideologen ist nicht, dass er die Welt von einem bestimmten Standort aus versteht – dies tut jeder. Keiner kann seinen Standort hintergehen. Es macht aber einen erheblichen Unterschied, ob man davon ausgeht, dass jedes menschliche Erkennen und Verstehen von Einzelsachverhalten der Erfahrungswirklichkeit perspektivisch ist, oder ob man behauptet, dass jeweils aus einer bestimmten Perspektive abgeleitet wird, wie die Einzelsachverhalte der Erfahrungswelt zu verstehen sind.[71]

Der Glaube ist nicht etwas, aus dem heraus Wahrnehmungen und Urteile gefolgert werden können im Sinne von „aus dem Glaubensinhalt A folgt für die Situation B die angemessene Handlung C". Daher erscheint es auch unangemessen zu behaupten, die Ethik deduziere aus dem christlichen Wirklichkeitsverständnis die Konsequenzen für das Handeln.[72] Der Glaube ist keine Perspektive, aus der etwas abgeleitet werden kann (es sei denn man wolle die Theologische Ethik als Ideologie betreiben). Das Verständnis des Glaubens als Größe, aus der heraus deduziert werden kann, würde den Glauben zudem zu einem Für-wahr-Halten von Aussagesätzen verkehren, aus denen Ableitungen vorgenommen werden können.[73]

Absage an deduktive Ethik

In der Situation des weltanschaulichen Pluralismus sind am gemeinsamen Gestaltungsprozess der Gesellschaft Subjekte mit ganz unterschiedlichen Weltanschauungen und Lebensorientierungen beteiligt. Diesen Dissens kann auch das hier vorgetragene Verständnis der Theologischen Ethik nicht aus der Welt schaffen. Unterschiedliche Menschen stehen natürlich immer auch in unterschiedlichen Orientierungszusammenhängen praktischer Lebensführung und haben daher *unterschiedliche* Weisen, die Welt anzuschauen. Mit dieser Differenz kann die Theologische Ethik dann produktiv umgehen, wenn sie ihre Überzeugungen nicht mit einem Verweis auf christliche Glaubensaussagen und korrekten Ableitungen aus

Teilhabe am ethischen Diskurs

---

[71] Vgl. hierzu *Michael Roth*, Vernunft des Glaubens – Vernunft des Glaubenden. Überlegungen zur Gefahr einer unangefochtenen Theologie für den angefochtenen Glauben, in: *Friedrich Schweitzer (Hg.)*, Kommunikation über Grenzen. Kongressband des XIII. Europäischen Kongresses für Theologie, Gütersloh 2009, 657–675, hier 664 ff.
[72] So allerdings *Wilfried Härle*, Ethik, Berlin/New York 2011, VII.
[73] Vgl. *Michael Roth*, Zum Glück. Glaube und gelingendes Leben, Gütersloh 2011, 190 ff.

denselben begründet, sondern durch einen Verweis auf die Züge der Wirklichkeit, auf die der jeweilige theologische Ethiker bzw. die theologische Ethikerin aufmerksam geworden ist,[74] d.h. es ist vernünftig zu argumentieren, wissend, dass Vernunft nicht voraussetzungslos ist und Verstehen daher nicht erzwungen werden kann. Über die dargelegten Argumente kann – z.B. in Ethikkommissionen – produktiv gestritten werden: Unterschiedliche Züge der Wirklichkeit können einander vorgetragen und divergierende Gründe analysiert werden. Wir schauen dann auf die *Gründe* der anderen, nicht auf ihre Perspektive. So nimmt die Theologische Ethik – aus innerer Überzeugung – voll und ganz teil am *allgemeinen* ethischen Diskurs, ohne dabei aufzuhören, durch und durch *theologische* Ethik zu sein.

3 Anthropologie und Ethik als Themen der weiteren christlichen Ökumene: Russisch-Orthodoxe Kirche

In allen christlichen Konfessionen gibt es theologische Debatten und innerkirchliche Kontroversen um die Frage, wie die Umbrüche im Lebensbereich von Sexualität und Geschlechtlichkeit zu bewerten sind, die vor allem nach dem Zweiten Weltkrieg im Bereich westlich-liberaler Gesellschaften und unter deren Einfluss global zu beobachten sind. Als „modern" gilt dabei die Überzeugung, dass Selbstbestimmung, Gleichberechtigung und Vielfalt die Wertschätzung individueller Menschenrechte zum Ausdruck bringen. Die Opposition gegen diese Überzeugung ist besonders ausgeprägt in der Russisch-Orthodoxen Kirche (ROK).[75] Die moralische Achtung von Individualität und Pluralität im Bereich von Sexualität, Ehe und Familie wird als gefährlicher säkularer Irrweg „des Westens" betrachtet, dem die ROK als Hüterin des wahren und unverfälschten christlichen Erbes zu widerstehen habe. Andere Konfessionen, die z.B. gleichgeschlechtliche Partnerschaften bzw. Ehen anerkennen

Kritik an westlich geprägter Ethik im Namen christlicher Tradition

---

[74] Vgl. *Michael Roth*, Narrative Ethik. Überlegungen zu einer lebensnahen Disziplin, in: *Ulrich Volp, Friedrich Wilhelm Horn* und *Ruben Zimmermann (Hg.)*, Metapher – Narratio – Mimesis – Doxologie. Begründungsformen frühchristlicher und antiker Ethik (WUNT 356), Tübingen 2016, 123–139.
[75] Vgl. *Regina Elsner*, Die Russisch Orthodoxe Kirche vor der Herausforderung Moderne, Würzburg 2018.

oder Frauen ordinieren, werden beschuldigt, die christliche Tradition zu verraten.

Die das eigene Selbstverständnis dominierende Kritik an den modernen, demokratischen Prinzipien von Liberalität und Pluralität basiert nach Regina Elsner auf (1) einer tiefen Skepsis gegenüber jeglicher Erneuerung; (2) auf der Idee der Einheit von orthodoxer Kirche und russischem Volk; (3) auf der Überzeugung einer theozentrischen Ordnung und schließlich (4) auf der Konstruktion des „Westens" als Bedrohung für die Wahrheit der traditionellen Werte.[76] Ungeachtet des Potentials der eigenen theologischen Tradition, zu einer Balance der Prinzipien von Einheit und Vielfalt zu gelangen, hat sich in der ROK eine Interpretation von Einheit durchgesetzt, die auf Kosten der individuellen Selbstbestimmungsrechte von Minderheiten, aber auch von Kindern und Frauen, die Überlegenheit traditioneller und kollektiver Ordnungsvorstellungen betont. Die Menschenrechte dürften die Geltung der überlieferten und theozentrisch begründeten christlichen Werte nicht in Frage stellen. Der „Westen" wird mit der Dominanz eines anthropozentrischen Menschenbildes identifiziert, das weder die Sünde des Menschen noch die gottgewollte Ordnung anerkenne. Die ROK sieht es als ihre Bestimmung an, die russische Zivilisation vor dem Vordringen eines „westlichen" Lebensstils mit seinen Prinzipien von Autonomie und Pluralität zu schützen. Dabei spielen zuweilen alte geschichtstheologische Ideen wie die von Moskau als dem „dritten Rom" (nach dem Fall Roms und Konstantinopels) oder der russischen Welt als dem auserwählten Volk eine legitimierende Funktion. Die ROK versteht sich als Kirche einer einheitlichen christlich-orthodoxen Gesellschaft und als die Stimme der traditionellen Werte der Mehrheit. „In theologischer Hinsicht war der Verweis auf den häretischen Westen der Grund für eine jahrhundertelange Selbstisolation vom westlichen theologischen Denken."[77] Die ROK hat keine mit dem Zweiten Vatikanischen Konzil (1962–1965) vergleichbare Öffnung zur Moderne vollziehen können, weshalb sie keine uneingeschränkt positive Grundhaltung gegenüber ethischen Leitprinzipien der Mo-

Hintergründe

---

[76] Vgl. ebd. 345f. sowie *Thomas Bremer*, Der ‚Westen' als Feindbild im theologisch-philosophischen Diskurs der Orthodoxie, in: Europäische Geschichte Online (EGO), hg. vom Leibniz-Institut für Europäische Geschichte, Mainz 19.3.2012, abrufbar unter: http://ieg-ego.eu/de/ [Zugriff: 04.05.2019].

[77] *Elsner*, Russisch Orthodoxe Kirche (s. o. Anm. 75), 179.

derne (Pluralität, Religionsfreiheit, Menschenrechte, Demokratie, Autonomie der Wissenschaften) entwickelt hat.[78]

Warnungen vor einer relativistischen, moralisch dekadenten westlichen Kultur sind aber kein orthodoxes Alleinstellungsmerkmal. Wenn es um die Verteidigung „traditioneller Werte" geht, kann es bei bestimmten politischen Fragen zu „strategischen Allianzen"[79] zwischen den christlichen Konfessionen kommen, die im Einzelfall auch islamische Länder einbeziehen. Die theologische Positionierung gegenüber dem, verkürzt formuliert, westlichen Wertesystem ist im 21. Jh. eine globale religiöse Herausforderung geworden, die für das friedliche Zusammenleben in einer kulturell und religiös pluralen Weltgesellschaft von nicht geringer Bedeutung ist.

4 Anknüpfungspunkte im Blick auf andere Religionen: Judentum

Offensichtlich steht das Unterfangen, am Beispiel von Sexualmoral und Ehekonzeptionen einen Einblick in Anthropologie und Ethik des Judentums zu geben, vor demselben Problem, das einleitend für die katholische und evangelische Perspektive festgehalten wurde:

Vielfalt des Judentums Eine Anthropologie und Ethik „des" Judentums gibt es schlicht nicht. Gegenwärtiges Judentum ist denkbar divers, auch im Blick auf diese Fragen. Insofern können an dieser Stelle nur skizzenhaft Grundzüge umrissen werden, die mehr exemplarisch Problembewusstsein zu wecken beanspruchen können als einen umfassenden Überblick zu geben.

Sexualität als traditionsreiches Thema Das Thema der Sexualität ist traditionellerweise in der jüdischen Religion kein vernachlässigtes oder tabuisiertes.[80] Das Hohelied etwa scheut die Erotik nicht und die rabbinische Tradition hat sich

---

[78] Vgl. *Vasilios N. Makrides*, Orthodoxes Christentum und westeuropäische Aufklärung: Ein unvollendetes Projekt? in: ÖR 57 (2008), 303–318. Im Verhältnis zur Welt versteht sich die katholische Kirche auf dem Konzil als zugleich gebende und nehmende. „Wie es aber im Interesse der Welt liegt, die Kirche als gesellschaftliche Wirklichkeit der Geschichte und als deren Ferment anzuerkennen, so ist sich die Kirche auch darüber im Klaren, wieviel sie selbst der Geschichte und Entwicklungen der Menschheit verdankt" (Gaudium et spes Nr. 44).

[79] Vgl. *Elsner*, Russisch Orthodoxe Kirche (s. o. Anm. 75), 333–335.

[80] Vgl. *Georg Schwikart*, Sexualität in den Weltreligionen, Gütersloh 2001, 53f; *Ayala Goldmann*, Enthaltsamkeit ist keine Tugend. Diskrete Leibfreundlichkeit im Judentum, in: *Klaus Hofmeister* und *Lothar Bauerochse*

über Jahrhunderte mit den Fragen von (angemessener) Sexualität, Geschlechtlichkeit und der Verbindung zur Ehe beschäftigt. Beispielhaft hierfür sind etwa die Festschreibungen zur Mikwe, die im orthodoxen Judentum noch immer zu den festen Bestandteilen der Religionsausübung gehört. Die Mikwe ist ein rituelles Reinigungsbad, das Frauen nach ihrer Menstruation zur kultischen Reinigung vollziehen. Erst danach ist der sexuelle Kontakt zwischen Mann und Frau wieder legitim.[81] Im orthodoxen Judentum hat dies etwa Auswirkungen auf die Praxis der Eheschließungen, da sich diese am Zyklus der Frau zu orientieren haben, insofern das Datum ihrer Schließung davon abhängig gemacht werden muss, wann sexuelle Interaktion erlaubt ist.[82] Gleichzeitig gibt es aber auch Tendenzen, die verpflichtende Mikwe vor der Hochzeit – die monatliche ohnehin – in Frage zu stellen. Es stehen sich, im Judentum nicht minder als in anderen Gemeinschaften, die den ethischen Diskurs pflegen, konservative und liberale Tendenzen gegenüber: Während die jüdische Sexualtherapeutin Ruth Westheimer provokativ formulieren kann: „In der jüdischen Hochzeitszeremonie ist die sexuelle Befriedigung Teil des Vertrags. Unter dem Hochzeitsbaldachin verspricht der Bräutigam der Braut, dass er ihr in angemessenem Umfang Nahrung, Unterkunft und sexuelle Befriedigung verschaffen wird. Selbst von den heiligsten Männern wird erwartet, dass sie heiraten. Enthaltsamkeit ist keine Tugend – der Orgasmus schon."[83], gibt es andererseits auch rückwärtsgewandte Tendenzen. So gibt es beispielsweise im ultraorthodoxen Judentum in Israel Bestrebungen, die kultische Trennung von Männern und Frauen, wie sie in orthodoxen Synagogen üblicherweise praktiziert wird, auch auf den Alltag auszuweiten. Israelische Frauenrechtlerinnen haben für diese Tendenzen die Begriffe der „Anstandsrevolution" und der „Geschlechterapartheit" geprägt.[84]

(Hg.), Himmlische Lust. Religion und Sexualität – eine spannungsreiche Beziehung, München 2011, 131–143, hier 131–135.
[81] Vgl. *Samuel Kottek*, Regeln des Sexuallebens im Judentum, in: *Caris-Petra Heidel (Hg.)*, Sexualität und Judentum, Frankfurt a. M. 2018, 19–26, hier 21 f.
[82] Vgl. *Lisa Anteby-Yemini*, Israeli Jewish Weddings, in: *Matthias Morgenstern, Christian Boudignon* und *Christiane Tietz (Hg.)*, männlich und weiblich schuf Er sie. Studien zur Genderkonstruktion und zum Eherecht in den Mittelmeerreligionen, Göttingen 2011, 373–389, hier 376–379.
[83] Zitiert nach *Goldmann*, Enthaltsamkeit (s. o. Anm. 80), 132.
[84] Vgl. *Goldmann*, Enthaltsamkeit (s. o. Anm. 80), 139 f.

Grundtendenz: Leibfreundlichkeit

Möchte man trotz der Diversität der unterschiedlichen Bewertungen und Umgangsweisen der jüdischen Religion mit Ehe und Sexualität so etwas wie eine Grundtendenz feststellen, dürfte man wohl von einer grundsätzlichen Leibfreundlichkeit bei gleichzeitiger Reglementierung sprechen. Wenn es heißt, dass in Sexualität und Liebe erlaubt sei, was vor Gott nicht erröten muss, dann ist damit ein Ausleben von beidem in geregelten Bahnen gemeint.[85] So kann Ruth Berger in ihrer Betrachtung von Sexualität, Ehe und Familienleben in der jüdischen Moralliteratur bis zum 20. Jh. feststellen: „Wenn es ein Leitmotiv der jüdischen Morallehre zu Sexualität, Ehe und Familienleben gibt, so ist es sicher das der Triebkontrolle. [...] Was den Menschen von anderen Geschöpfen abhebt und ihn zu einem religiösen und moralischen Wesen macht, ist nach diesem Menschenbild gerade die Fähigkeit zur Selbstkontrolle."[86]

5 Lesehinweise

Arnold Angenendt, „Lasst beides wachsen bis zur Ernte ...". Toleranz in der Geschichte des Christentums, Münster 2018.

Daniel Bogner und *Markus Zimmermann (Hg.)*, Fundamente theologischer Ethik in postkonfessioneller Zeit. Beiträge zu einer Grundlagendiskussion, Würzburg 2019.

Peter Brown, Die Keuschheit der Engel. Sexuelle Entsagung, Askese und Körperlichkeit am Anfang des Christentums, München 1991.

Christof Breitsameter und *Stephan Goertz*, Vom Vorrang der Liebe. Zeitenwende für die katholische Sexualmoral, Freiburg i. Br. 2020.

Peter Dabrock, Renate Augstein, Cornelia Helfferich, Stefanie Schardien und *Uwe Sielert*, Unverschämt – schön. Sexualethik: evangelisch und lebensnah, Gütersloh 2015.

Jürgen Habermas, Glauben und Wissen, Frankfurt a. M. 2001.

Franz-Xaver Kaufmann, Karl Kardinal Lehmann und *Franz-Josef Overbeck*, Freude und Hoffnung. Die Kirche in der Welt von heute und die Aktualität des Konzils, Ostfildern 2017.

Ludwig Siep, „Ohne Gott kein Gebot"? Religiöse und philosophische Ethik, in: *Johann S. Ach u. a. (Hg.)*, Grundkurs Ethik Bd. 1, Münster [4]2016, 197–218.

Magnus Striet, Ernstfall Freiheit. Arbeiten an der Schleifung der Bastionen, Freiburg i. Br. 2018.

Dietmar von der Pfordten, Menschenwürde. Eine Einführung, Bonn 2016.

---

[85] Vgl. *Schwikart*, Sexualität (s. o. Anm. 80), 53 f.
[86] *Ruth Berger*, Sexualität, Ehe und Familienleben in der jüdischen Moralliteratur (900–1900), Wiesbaden 2003, 337.

Nach dem Menschen und seiner Lebenswelt fragen

Religionsdidaktischer Kommentar

Jan Woppowa und Bernd Schröder

1 Lernchancen

Der anthropologische bzw. ethische Inhaltsbereich kann in exemplarischer Weise damit vertraut machen, dass religionsbezogene Fragestellungen in ihrer Pluralität abzubilden sind und folglich aus der Sache heraus angemessen nur multiperspektivisch erschlossen werden können (→ *Schröder* und *Woppowa*, Kap. 5.1). Das gebietet für das vorliegende Kapitel zum einen die diachrone Vielfalt individueller und kollektiver Lebensentwürfe entlang der Religions-, Christentums- und Konfessionsgeschichte und zum anderen die synchrone Vielfalt im jeweiligen Umgang der verschiedenen Religionen und Konfessionen mit den existenziellen Fragen der Menschen ihrer Zeit zu thematisieren. So ist die in der Kapitelüberschrift enthaltene Fragestellung im Unterricht selbst unbedingt plural zu weiten, denn es gilt im Blick auf die Pluralität religiöser und konfessioneller Phänomene und Überzeugungen *nach den Menschen in ihren Lebenswelten zu fragen* (→ *Goertz* und *Roth*, Kap. 1). Bereits in einer sensiblen Themenformulierung und Reihenplanung können solche elementaren Strukturen im Umgang mit anthropologischen und ethischen Inhalten bzw. moralischen Vorstellungen für die Lernenden sichtbar zur Geltung gebracht werden. Darüber hinaus gilt auch für die autonomen Begründungsfiguren theologischer Ethik, dass sie aufgrund unterschiedlicher Rationalitäten immer biographisch bedingt und perspektivisch zu nennen sind und als solche auch und gerade im Unterricht kenntlich gemacht werden müssen (→ *Goertz* und *Roth*, Kap. 2.2.2).

Diachrone und synchrone Vielfalt sichtbar machen

Die immanente Struktur des Inhaltsbereichs impliziert damit zugleich einen unterrichtlichen Zugang, der die Prinzipien von Multiperspektivität und Kontroversität ins Zentrum stellt. Denn erst in einer multiperspektivischen Weitung können bspw. normative Aus-

Kontrovers diskutieren

sagen einer bestimmten (kirchlichen) Moral kontrovers diskutiert werden, weil ihnen andere Perspektiven gegenübergestellt werden. Dass dies notwendig ist, zeigen die Aussagen des katholischen Weltkatechismus zum Bereich Sexualität und Geschlechtlichkeit, die in starker Differenz zu den Ansichten und dem Autonomiestreben vieler Jugendlicher stehen, für die solche Prinzipien wie Selbstbestimmung und Gleichberechtigung von hoher Relevanz sind.[1] Auch die letzte Shell-Jugendstudie hat darauf aufmerksam gemacht, dass Jugendliche in Deutschland in ihrer großen Mehrheit tolerant gegenüber anderen Lebensformen, Minderheiten und sozialen Gruppen sind.[2] Deren eigene Deutungsperspektiven, innerkatholisch zum Katechismus in Differenz stehende Aussagen des Zweiten Vatikanischen Konzils oder aus dem nachsynodalen Schreiben „Amoris laetitia" (2016) von Papst Franziskus, die innerevangelisch durchaus kontrovers diskutierte Positionierung der EKD aus dem Jahr 2013 sowie nicht zuletzt biblische Passagen in ihrer Zeitgebundenheit sollten als Quellen perspektivisch so miteinander verschränkt werden, dass eine offene Kontroverse und individuelle Urteilsbildung entstehen können.

Sexualethik als relevant für jugendliche Lebensführung thematisieren

Für ältere Schülerinnen und Schüler im Jugendalter geht es bei Fragen nach Geschlecht, Sexualität und Lebensformen insbesondere um deren individuelle „Zukunftsvisionen"[3] von der Gestaltung des eigenen Lebens, die in eine solche kontroverse Auseinandersetzung einfließen und miteinander geteilt werden können. Fast automatisch dürfte dabei im Sinne des unterrichtlichen Streits um „das

---

[1] Vgl. *Gerhard Büttner*, Entwicklungspsychologie, in: Wissenschaftlich-Religionspädagogisches Lexikon 2015, abrufbar unter: https://doi.org/10.23768/wirelex.Entwicklungspsychologie.100083; *Reinhold Mokrosch*, Ethische Bildung und Erziehung, in: Wissenschaftlich-Religionspädagogisches Lexikon 2016, abrufbar unter: https://doi.org/10.23768/wirelex.Ethische_Bildung_und_Erziehung.100188; *Monika Keller*, Moralentwicklung und moralische Sozialisation, in: *Detlef Horster* und *Jürgen Oelkers (Hg.)*, Pädagogik und Ethik, Wiesbaden 2005, 149–172.

[2] Vgl. *Mathias Albert* und *Klaus Hurrelmann/Gudrun Quenzel*, Jugend 2019. Eine Generation meldet sich zu Wort. 18. Shell Jugendstudie, Weinheim/Basel 2019, 86 f.

[3] Vgl. *Jutta Paeßens*, „Deutschland 2030" – deine Zukunft wartet nicht. Eine anthropologisch-ethische Lernsequenz (Jahrgänge 10 bis 12), in: *Jan Woppowa (Hg.)*, Perspektiven wechseln. Lernsequenzen für den konfessionell-kooperativen Religionsunterricht, Paderborn 2015, 98–118, hier 103, sowie den Einbezug der EKD-Orientierungshilfe aus dem Jahr 2013 (111 f.).

gewissmachende Wahre"⁴ die „Geltungsfrage" (→ *Goertz* und *Roth*, Kap. 1) aufbrechen, denn besonders Schülerinnen und Schüler im Jugendalter werden sich danach fragen, wer eigentlich definiert, was sittlich zu gelten hat, und wären damit – auch im wissenschaftspropädeutischen Sinne – unmittelbar am Kern theologisch-ethischer Urteilsbildung angelangt. Eine Synopse elementarer Lernchancen kann im Blick auf den vorliegenden Inhaltsbereich wie folgt aussehen:

Elementare Lernchancen

Exemplarische Strukturen bzw. Lerngegenstände	**Lebensweltliche Zugänge bzw. Erfahrungen**
Schwerpunkt: Umgang mit der Pluralität von Lebensformen	
– Aussagen des KKK zu Sexualität, Geschlechterverhältnis und Lebensformen bzw. zur Normativität der Ehe zwischen Mann und Frau – EKD-Orientierungshilfe „Zwischen Autonomie und Angewiesenheit" (2013), insbesondere Kapitel 5 (Theologische Orientierung)⁵ – Aussagen des II. Vatikanischen Konzils, insbes. GS 26 – markante Passagen aus dem nachsynodalen Schreiben von Papst Franziskus „Amoris laetitia" (2016), insbesondere Nr. 142–162 (Die leidenschaftliche Liebe) – Russisch-Orthodoxe Kirche: Verteidigung traditioneller Werte und Normen – jüdische Ethik: innere Pluralität der Bewertung moralischer Fragen, insbes. „grundsätzliche Leibfreundlichkeit bei gleichzeitiger Reglementierung" (→ *Goertz* und *Roth*, Kap. 4)	– individueller Umgang von konfessionell gebundenen Schülerinnen und Schülern mit dem katholischen Normensystem – Erfahrungen mit alternativen Lebensformen in der eigenen Lebenswelt, in Familie und Peers – persönliche Werte und Ideale – Visionen von der eigenen Zukunftsgestaltung
Schwerpunkt: Begründung moralischer Aussagen und Normen	
– Grundsätze theologischer Ethik bzw. zum Verhältnis von autonomer Moral	– Geltungsfrage: „Wer definiert, was sittlich gilt?"

---

⁴ *Karl Ernst Nipkow*, Elementarisierung, in: *Gottfried Bitter u. a.* (Hg.), Neues Handbuch religionspädagogischer Grundbegriffe, München 2002, 451–456, hier 453.

⁵ Vgl. auch die Textauszüge bei *Paeßens*, Zukunft (s. o. Anm. 3), 111f.

Exemplarische Strukturen bzw. Lerngegenstände	Lebensweltliche Zugänge bzw. Erfahrungen
und kirchlicher Morallehre: (1) „Vom Standpunkt der Autonomie aus ist das Gute zu tun, *weil es das Gute ist*. Etwas ist nicht moralisch schlecht, *weil es verboten wurde*; etwas wird verboten, weil es moralisch schlecht ist (→ *Goertz* und *Roth*, Kap. 2.2.1); (2) „Nicht die Bibel oder die Kirche legt die Moral, die Moral legt die Bibel und die Kirche aus." (→ *Goertz* und *Roth*, Kap. 2.2.1) – biblische Fundamente und Begründungen für moralische Prinzipien wie Selbstbestimmung und Gleichberechtigung	– Autoritätskritik und Autonomiestreben im Jugendalter – individuelle Suche von Jugendlichen nach verbindlichen moralischen Wertmaßstäben für ihr eigenes Leben
Schwerpunkt: Gesellschaftliche Debatten über alternative Lebensformen	
– Gesetz zur Einführung des Rechts auf Eheschließung für Personen gleichen Geschlechts (2017) – kirchliche Stellungnahmen und andere Reaktionen	– lebensweltliche Erfahrungen in einer pluralen Gesellschaft – Homosexualität als Thema in Medien und Popkultur

2 Orientierung an didaktischen Leitlinien konfessioneller Kooperation

Die ohnehin schon komplexe Gemengelage im Umgang mit Fragen von Sexualität und alternativen Lebensformen erfährt durch eine konfessionelle Differenzierung natürlich einerseits eine Komplexitätssteigerung. Andererseits geht mit einem konfessionsspezifisch differenzierten Zugriff auch ein Gewinn an Konkretisierung einher, so dass Schülerinnen und Schüler an markanten (amtskirchlichen) Positionen erkennen können, wie in diesen Fragen konkret argumentiert wird. So kann bereits an den oben genannten exemplarischen Texten deutlich werden, dass es innerchristlich und auch innerkonfessionell durchaus kontrovers zueinander liegende Positionen gibt. Darüber hinaus sind konfessionskirchliche und konfessionell geprägte theologische Äußerungen als Perspektiven in einem weitaus größeren Konzert von Stimmen zu Fragen der sexuellen Orientierung einzubringen. Dabei kann und soll deutlich werden, dass ethische Begründungsfiguren und mit dem Anspruch der Normativität antretende moralische Positionen immer perspektivisch und kontextabhängig sind und daher nie endgültig sein oder eine „überzeitliche Gesetzlichkeit für ein spezifisch christliches (oder katholisches, orthodoxes oder evangelisches) Leben" (→ *Goertz* und *Roth*, Kap. 1) für sich in Anspruch nehmen können. Das anthropologisch-ethische Inhaltsfeld kann deshalb exemplarisch für ein religiöses sowie insbesondere konfessionell-kooperatives Lernen stehen, das auf der reflektierten und kritischen Bearbeitung von Perspektiven basiert und die Lernenden zu Perspektivenwechsel und Toleranz im Umgang mit fremden Positionen befähigt.

Die vorliegenden Inhalte und deren kontroverse Bearbeitung in der Lerngruppe setzen in besonderer Weise voraus, dass die konfessionelle resp. religiös-weltanschauliche Heterogenität der Lerngruppe als bildsame Differenz (Leitlinie 1) bejaht, das heißt im Sinne der Erhebung von Lernausgangslagen wahrgenommen und insofern didaktisch-methodisch berücksichtigt wird, als die individuellen Stimmen der Schülerinnen und Schüler gleichwertig in das Unterrichtsgeschehen zu integrieren sind. Fast beiläufig kann durch die differenzbewusste Auswahl der Lerngegenstände als Auslöser für eine kontroverse Urteilsbildung eine konfessionelle und religiös-weltanschauliche Differenzsensibilität (Leitlinie 3) aufgebaut werden. Denn es werden zugleich konfessionskundliches Wissen erworben und spezifische Konfessionskulturen erschlossen. Schließlich kann an den oben exemplarisch benannten Lerngegenständen perspektivenverschränkendes Arbeiten (Leitlinie 5) eingeübt und in seiner Wirksamkeit zur religiösen und ethischen Positionierung der Lernenden erprobt werden, nicht zuletzt auch unter Einbezug von Perspektiven aus dem Bereich Philosophie und Ethik (Leitlinie 10).

Leitlinien 1, 3, 5 und 10

3 Elementare Lernform Nr. 5: Kontroverses Lernen

In seinen Ursprüngen innerhalb der Geschichtsdidaktik fächert sich das Prinzip der Multiperspektivität auf in eine *Multiperspektivität im engeren Sinne*, nämlich der Quellen selbst, in eine *Kontroversität* der Darstellungen und Deutungen dieser Quellen sowie schließlich in die *Pluralität* von Ansichten und Urteilen über einen historischen Sachverhalt innerhalb der Lerngruppe in der Auseinandersetzung der Lernenden mit multiperspektivischen Quellen und ihren kon-

Multiperspektivität – Kontroversität – Pluralität

troversen Deutungen.⁶ Das heißt historisches Lernen ist immer auch kontroverses Lernen oder sollte als ein solches gestaltet werden.⁷ Weil man durchaus von einer Analogie zwischen historischem und religiösem Lernen ausgehen kann,⁸ ist auch Letzteres kontrovers anzulegen, insbesondere dann, wenn es der didaktischen Leitlinie der Perspektivenverschränkung gerecht werden will. Kontroversität resultiert also zum einen aus den oben benannten exemplarischen Inhalten bzw. Lerngegenständen und ihrer konfessionell differenten Deutungsperspektiven. Zum anderen bringen die Lernenden selbst Kontroversität ein, indem sie ihre Wahrnehmungen und Deutungen bspw. von Sexualität, Geschlechtlichkeit und alternativen Lebensformen im Unterricht reflektieren und artikulieren. So entsteht bestenfalls eine kontroverse Auseinandersetzung über bestimmte konfessionell bzw. religiös-weltanschaulich begründete moralische Normen, die vor dem Hintergrund einer autonomen Moral kritisch zu beurteilen sind.

Beutelsbacher Konsens

Darüber hinaus ist auch für religiöses Lernen das aus der politischen Bildung und im sog. „Beutelsbacher Konsens"⁹ verankerte *Kontroversitätsgebot* analog zu berücksichtigen: Alles, was in Theologie und Kirche kontrovers ist, muss auch im Unterricht kontrovers erscheinen. Dabei kann die Religionslehrkraft die Aufgabe übernehmen, solche Standpunkte und Perspektiven besonders einzubringen, die den Schülerinnen und Schülern aufgrund ihrer religiösen resp. konfessionellen Herkunft zunächst fremd erscheinen.

Methodisch strukturierte Kontroverse

Unterrichtspraktisch kann ein solches kontroverses und urteilsbildendes Lernen bspw. mithilfe der Methode einer *strukturierten* oder *konstruktiven Kontroverse* angebahnt und eingeübt werden.¹⁰ Der Ablauf einer strukturierten Kontroverse erfolgt in einer festgelegten Abfolge von Schritten: beginnend mit der Vorbereitung einer Argumentation in Einzel- und Partnerarbeit über die Vor-

---

⁶ *Klaus Bergmann*, Multiperspektivität, in: *Ulrich Mayer, Hans-Jürgen Pandel* und *Gerhard Schneider (Hg.)*, Handbuch Methoden im Geschichtsunterricht, Schwalbach a. T. 2004, 65–77, hier 66.

⁷ Vgl. ebd. 72–75.

⁸ Vgl. *Jan Woppowa*, Differenzsensibel und konfessionsbewusst lernen. Multiperspektivität und Perspektivenverschränkung als religionsdidaktische Prinzipien, in: ÖRF 24 (2016) 2, 41–49.

⁹ Online abrufbar, bspw. unter: https://www.lpb-bw.de/beutelsbacherkonsens/ [Zugriff: 24.03.2021].

¹⁰ Vgl. bspw. *Paeßens*, Zukunft (s. o. Anm. 3), 113; *Ludger Brüning* und *Tobias Saum*, Neue Strategien zur Schüleraktivierung (Erfolgreich unterrichten durch Kooperatives Lernen 2), Essen 2009, 31f.

stellung und Diskussion der Argumentation in Gruppenarbeit sowie einen Positionswechsel von Pro- und Contra-Argumentationen zur Erweiterung der Argumentationsmuster bis hin zu einer abschließenden freien Diskussion und persönlichen Stellungnahme der Lernenden. Die ursprünglichen Stammgruppen können abschließend ein entsprechendes Produkt (Kommuniqué, Presseerklärung etc.) zur Ergebnissicherung vorstellen.

> Kontroverses Lernen bezeichnet keinen ausdrücklichen religionsdidaktischen Ansatz. Allerdings spielt im Religionsunterricht die Pluralität von religiösweltanschaulichen Standpunkten und Perspektiven eine so große Rolle, dass analog zum Geschichts- oder Politikunterricht und dem dort verankerten Kontroversitätsprinzip bzw. Kontroversitätsgebot auch im Rahmen religiösen Lernens die Berücksichtigung von Kontroversität unverzichtbar geworden ist. Kontroverses Lernen schließt die subjektiven Deutungsmuster der Lernenden ebenso mit ein wie es der Ausbildung individueller Urteilskraft dient und bewahrt vor einer differenzarmen Harmonisierung von inhaltlich differenten Positionen.
>
> Zur Orientierung: *Tilman Grammes*, Kontroversität, in: *Wolfgang Sander (Hg.)*, Handbuch Politische Bildung, Schwalbach/Ts. ^{4}2014, 266–275; *Jan Woppowa*, Religionsdidaktik, Paderborn 2018, 188 f.

4 Elementare Lernform Nr. 6: Ethisches Lernen

Weil sich ethische Fragestellungen in konfessioneller Hinsicht durchaus als kontrovers und lernförderlich herausstellen (neben dem vorliegenden sexualethischen Bereich etwa bioethische oder friedensethische Konfliktfragen[11]), stellt das ethische Lernen eine weitere elementare Lernform in einem konfessionell-kooperativen Religionsunterricht dar. Um das komplexe Feld ethischen Lernens im Religionsunterricht etwas einzugrenzen, sei hier auf drei Aspekte verwiesen, in denen in besonderer Weise der Beitrag eines konfessionell-kooperativen Religionsunterrichts zur ethischen Bildung aufscheinen kann:[12]

---

[11] Vgl. exemplarisch dazu: *Michaela Maas*, Leben ohne Leid? Eine Lernsequenz zur Auseinandersetzung mit der Präimplantationsdiagnostik, in: *Jan Woppowa (Hg.)*, Perspektiven wechseln. Lernsequenzen für den konfessionell-kooperativen Religionsunterricht, Paderborn 2015, 119–131.

[12] In Anlehnung an *Rudolf Englert*, Die verschiedenen Komponenten ethischen Lernens und ihr Zusammenspiel. Überlegungen zu einem Gesamtprogramm ethischer Bildung, in: JRP 31 (2015), 108–118, hier 114 ff.

- *Partizipation an moralsensiblen Gemeinschaften*: Als moralisch sensible Gemeinschaften gelten die Familie, Peer Groups, Schule und möglicherweise auch der Religionsunterricht selbst, sofern er die „Teilhabe an einer Kultur mitmenschlicher Aufmerksamkeit und sozialer Gerechtigkeit"[13] einübt und damit sogar über sich selbst hinaus und in die ganze Schulgemeinschaft einwirken kann. Ein Religionsunterricht in konfessionell heterogenen Lerngruppen kann dabei besonders deutlich machen, dass Gemeinschaften, die „[d]urch einen ‚christlichen Geist' oder durch ‚Inspirationen des Evangeliums' geprägt"[14] sind, je nach konfessioneller Herkunft durchaus unterschiedlich Moralvorstellungen propagieren und auf je eigene Weise zur Ausbildung einer moralsensiblen Kultur beitragen.

- *Auseinandersetzung mit einer Pluralität von Werten*: Wertentscheidungen zu treffen ist heute so schwierig, weil man mit einer Pluralität oft widerstreitender Werte konfrontiert wird. Ethisches Lernen greift daher diese Herausforderung auf, indem Wertekonflikte (wie hier bspw. der um den Wert der christlichen Ehe angesichts alternativer Lebensformen) bearbeitet werden bis hin zur kontroversen Auseinandersetzung mit ethischen Dilemmasituationen. Im konfessionell-kooperativen Religionsunterricht kann eine vorherrschende Wertepluralität dabei auf der einen Seite in exemplarischer Weise auf interkonfessionelle Differenzen zugespitzt und bearbeitet werden. Auf der anderen Seite können in ökumenischer Hinsicht verbindende universale christliche Werte deutlich machen, dass die Kirchen mit christlichen resp. biblisch begründeten Wertüberzeugungen überkonfessionell gegenüber politischen und gesellschaftlichen Herausforderungen agieren können und müssen.[15]

- *Fragen der moralischen und ethischen Urteilsbildung*: Ein in konfessioneller Hinsicht differenzsensibler Religionsunterricht kann dazu herausfordern, bestimmte Handlungsoptionen in Konfliktfragen probeweise aus konfessionellen Perspektiven heraus zu begründen sowie gegeneinander abzuwägen und damit die Fähigkeit zum Perspektivenwechsel einzuüben (vgl. dazu die oben bereits genannten Beispiele): „Wie begründen etwa offizielle

---

[13] Ebd. 114 f.
[14] Ebd. 115.
[15] So bspw. im gemeinsamen Wort der katholischen, evangelischen und orthodoxen Kirche in Deutschland zur Corona-Pandemie vom 20.03.2020, abrufbar unter: https://www.ekd.de/gemeinsames-wort-der-kirchen-zur-corona-krise-54220.htm [Zugriff: 31.03.2020].

Stellungnahmen der evangelischen Kirche und der katholischen Kirche ihre jeweilige Sicht auf alternative Lebensformen bzw. die christliche Ehe? Welche intrakonfessionelle Pluralität in der Argumentation zeigt sich, bspw. zwischen dem katholischen Weltkatechismus einerseits und dem päpstlichen Schreiben *Amoris laetitia* andererseits?" Ethische Lernformen sollen schließlich die individuelle ethische Urteilsbildung der Schülerinnen und Schüler fördern, das heißt sensibel dafür machen, „im Rückgriff auf welche Vorstellungen, Konzepte oder Prinzipien jemand seine moralischen Entscheidungen trifft und ethisch begründet"[16]. Dazu kann nicht zuletzt auch die im vorliegenden Inhaltsbereich beschriebene kritische Auseinandersetzung zwischen autonomer Moral, biblisch begründeter Moral und kirchlicher Morallehre mit entsprechenden konfessionsspezifischen Färbungen dienen.

> Ethische Bildung und Erziehung sowie ethisches Lernen sind zentraler Bestandteil des Religionsunterrichts und spannen das Feld eines speziellen und in sich ausdifferenzierten Ansatzes der Religionsdidaktik auf. Es geht dabei im Kern um die Ausbildung einer ethischen und moralischen Urteils- und Entscheidungsfähigkeit, einer genuinen Aufgabe religiöser Bildung.
>
> Zur Orientierung: Jahrbuch der Religionspädagogik 31 (2015): Ethisches Lernen, hg. v. *Rudolf Englert u. a.*, Neukirchen-Vluyn 2015; *Michael Winklmann* und *Ulrich Kropač*, Ethisches Lernen, in: *Ulrich Kropač* und *Ulrich Riegel (Hg.)*, Handbuch Religionsdidaktik, Stuttgart 2021, 292–298.

---

[16] *Englert*, Komponenten ethischen Lernens (s. o. Anm. 12), 117.

Nach Gott fragen

Gottesverständnis und Gottes Offenbarung

Dorothee Schlenke und Karlheinz Ruhstorfer

1 Einleitung

Die Frage nach Gott ist die religiöse Grundfrage schlechthin; ihre geschichtliche und offenbarungsbezogene Konkretisierung bestimmt die Identität einer Religion und der ihr reflexiv angebildeten Theo-logie (griech. theos: Gott; logos: Rede, Vernunft). Christliches Gottesverständnis ist bezogen auf die biblisch bezeugte, als letztgültig verstandene Offenbarung Gottes in Jesus Christus, wie sie sich im glaubenden Gottesverhältnis darstellt und als trinitarisches Bekenntnis formuliert ist. Im Sinne dieser grundlegenden innerchristlichen Gemeinsamkeit stellt das Gottesverständnis kein klassisches evangelisch-katholisches Kontroversthema dar. Dem langen „Gottesschweigen" (Christoph Schwöbel) in den ökumenischen Dialogen des 20. Jh. ist gegenwärtig u. a. durch den Deutschen Ökumenischen Studienausschuss mit seiner erstmals 2017 veröffentlichten Studie „Die Frage nach Gott heute" begegnet worden, wobei hier weniger lehrmäßige Differenzen als die gemeinsame Gotteserfahrung und christliche Lebensgestaltung im Fokus stehen. Gleichwohl eröffnen die Vielfältigkeit biblischer Gottesvorstellungen (2.1), die in das Glaubensverständnis (2.2) eingehenden, hier nicht vertieften Unterschiede in der theologischen Anthropologie und Erkenntnislehre sowie der formal-hermeneutische Charakter der christlich verbindenden, altkirchlichen Trinitätslehre (2.4) Spielräume für innerchristliche Differenzen und konfessionelle Profilierungen, die insbesondere im Offenbarungsverständnis (2.3), aber auch in den kritischen Herausforderungen des christlichen Gottesverständnisses (2.5) deutlich werden. Dies zeigt sich in der weiteren christlichen Ökumene entsprechend in den spezifischen Akzentsetzungen freikirchlicher Theologie (3.1) sowie in der fortbestehenden Differenz zu den orthodoxen Kirchen im Blick auf die Filioque-Problematik (3.2). In allen diesen Hinsichten wird deutlich, dass Unterschiede im Gottes- und Offenbarungsver-

Religiöse Grundfrage schlechthin

Kein klassisches Kontroversthema

Konfessionelle Prämissen und Profile

ständnis das Gesamtverständnis jeweiliger Theologie und weitere, hier nicht zu entfaltende dogmatische Themenbereiche (z.B. Ekklesiologie, Schriftverständnis) berühren. In seiner innerchristlich verbindenden Funktion markiert das trinitarische Gottesverständnis nach außen, im interreligiösen Dialog (4.), zugleich eine grundlegende Differenz des Christentums zu anderen Religionen.

2 Gottesverständnis und Gottes Offenbarung als Themen im evangelisch-katholischen Verhältnis

2.1 Gemeinsame Grundlage: Biblische Gottesvorstellungen

Eine systematisierte Gotteslehre entfalten die biblischen Texte nicht. Sie sind vielmehr zu verstehen als je gegenwartsbezogene Deutungen von Selbst- und Welterfahrung im Horizont kollektiver, geschichtlich vermittelter Gotteserfahrungen (Altes Testament) bzw. im Lichte der in Leben, Tod und Auferstehung Jesu Christi erschlossenen Nähe Gottes (Neues Testament). Den übereinstimmenden Richtungssinn alttestamentlicher und neutestamentlicher Rede von Gott bildet die Vorstellung eines ganzheitlich gelingenden, Individualität und Sozialität, physische und geistige Integrität sowie Vergangenheit, Gegenwart und Zukunft umfassenden Lebens auf der Grundlage eines intakten Gottesverhältnisses (Heil). In diesem Sinne sind die biblischen Gottesvorstellungen grundlegend *soteriologisch (heilsbezogen)* bestimmt.

Richtungssinn: Heil

2.1.1 Altes Testament

Wesentliche Grundzüge des alttestamentlichen Gottesverständnisses sind der literarisch stilisierten Offenbarung des göttlichen Eigennamens „Jahwe" (wörtlich: „der Ich-bin", Ex 3,14) zu entnehmen[1]: Mit diesem deutungsoffenen Tetragramm (JHWH) wird

Unverfügbarer Gott

---

[1] Vgl. dazu und zum Folgenden *Thomas Hieke*, I. Aspekte alttestamentlicher Gottesvorstellungen, in: *Karlheinz Ruhstorfer (Hg.)*, Gotteslehre (Theologie studieren: Modul 7), Paderborn 2014, 19–72 sowie umfassend *Walter Dietrich (Hg.)*, Die Welt der Hebräischen Bibel. Umfeld – Inhalte – Grundthemen, Stuttgart 2017, 383–468.

die Unverfügbarkeit Jahwes in seinem kontinuierlich identitätsstiftenden Handeln in der Geschichte Israels angezeigt. Jahwe wird erfahren und geglaubt als der die Israeliten aus ägyptischer Sklaverei befreiende und ihre Freiheit im Land Kanaan bewahrende Gott (Dekalog Ex 20,2-17 par Dtn 5,6-21). Die so begründete besondere Verbindung Jahwes zu Israel (Ex 6,2-8) manifestiert sich im Gedanken eines wechselseitigen Bundes (Ex 19; 24; 34; Dtn 7) als prägendem Deutekriterium israelitischer Geschichte im Horizont des Gottesverständnisses (Halten des Bundes/Heil – Bundesbruch/Gericht, Unheil, Exil). {Befreiender Gott}

Exilisch-nachexilisch entwickelte sich über religionsgeschichtliche Vorstadien ein theoretischer (absoluter) Monotheismus (Jes 43,8-15; 44,6-8; 45,5f; Dtn 4,35.39; 6,4f) mit soteriologischer Pointe: Im Vertrauen auf die Einzigkeit, Allmacht und Geschichtsmacht des Gottes Jahwe kann auch die Rückkehr aus dem babylonischen Exil nach Kanaan begründet erhofft werden. In diesem Zusammenhang generierte Vorstellungen Jahwes als Schöpfer (Gen 1; Ps 8; 104; 139; Hi 38-41) zielen daher nicht auf Weltentstehungserklärungen, sondern auf die soteriologische Deutung jeweiliger Gegenwart; dementsprechend wird die erhoffte Rückkehr nach Kanaan mit Schöpfungsmetaphorik beschrieben (Jes 43,19). {Monotheismus mit soteriologischer Pointe}

Im Horizont dieser geschichtsbezogenen Deutungen entfaltet sich alttestamentliches Reden von Gott als notwendig *bildhafte Bezeugung seines wirksamen Handelns*: Israels Erfahrung von Zuwendung, Schutz und Fürsorge (Hos 11,1-4) entspricht die Rede von Jahwe als Hirte (Ps 23,1; 80,2), König (Ex 15,18; Jes 44,6), Schöpfer (Gen 1+2) und Vater (Dtn 32,6; Jer 3,4.19) bei gleichzeitig genderflexibler Anwendung der Elternmetaphorik (Jes 1,2-4; 46,3f; 49,14-50,3; 66,10-13). Umgekehrt korrespondiert dem Bundesbruch Israels Jahwes Eifer(sucht), sein Zorn und strafendes Richten (Ex 34,14; Hos 11,5-7; Am 3,2; Jer 23,19f), wobei die (Straf)Gerechtigkeit Jahwes soteriologisch als in seiner Barmherzigkeit und Vergebungsbereitschaft aufgehoben verstanden wird (Ex 34,6f; Hos 11,8f). Diese erfahrene Immanenz Jahwes, deutlich in vielfältigen Anthropomorphismen (Gen 3,8; Ex 33,12; Jer 25,17; Hi 13,24; Jes 52,10), ist stets begleitet von der Betonung seiner unverfügbaren, bildlosen (2. Gebot Ex 20,4 par Dtn 5,8) Transzendenz (Theophanie Ex 19, 18f; Heiligkeit 1 Sam 2,2; Herrlichkeit Ps 104,31) und Verborgenheit (Jes 45, 3.5.19). {Bildhafte Rede}

2.1.2 Neues Testament

Kontinuität und Differenz

Christologische Konzentration

Insofern Jesus und die Mehrheit der neutestamentlichen Autoren im Judentum ihrer Zeit verwurzelt sind, zeigen sich in den Gottesvorstellungen des Neuen Testaments zum einen starke traditionsgeschichtliche Kontinuitäten, zum anderen charakteristische Differenzen[2] zum Alten Testament.[3]

Neutestamentliches Reden von Gott ist in Aufnahme alttestamentlicher Heilserwartungen (Neuer Bund: Lk 22, 20 par; 1 Kor 11,25/ Erfüllungszitate: Mt 1,22; 5,17; Lk 24,44 u. ö.) entschieden soteriologisch bestimmt, zentriert im Verständnis des Kreuzestodes Jesu als ein im Horizont seiner Auferstehung glaubend erschlossenes, eschatologisches (endzeitliches) Heilsereignis: Die allein von Gott bewirkte Versöhnung mit dem Menschen in und durch Jesus Christus (2 Kor 5,18–21) besteht zentral in der Sündenvergebung und so in der Eröffnung eines neuen, unverstellten Gottesverhältnisses, das in seiner Unverbrüchlichkeit (Röm 8,38 f) in der von Jesus erlittenen Todesangst (Gethsemane) und Gottverlassenheit (Golgatha) im Horizont seiner Auferstehung als bleibende Gottesgemeinschaft aus Gnade und Barmherzigkeit Gottes anschaulich wird. Im Glauben vollzieht sich die existenzielle Identifikation des Menschen mit dem Geschick Jesu (inklusive Stellvertretung bzw. Existenzvertretung) als symbolisches Mitsterben (Röm 6,6–11) und schöpferisches Neuwerden der Person (2 Kor 5,17.21) im Sinne eines erfüllten Selbst- und Weltverhältnisses im Gottesverhältnis. Die narrative Jesustradition der synoptischen Evangelien (Mk, Mt,

---

[2] So sind bspw. von der im Kreuz Christi symbolisierten, entschiedenen Gewaltlosigkeit frühchristlicher Gottesvorstellungen (Mt 5,3–11.44) deutlich abzugrenzen die alttestamentlichen Überlieferungen eines gewalttätigen Handelns Jahwes, bspw. als Kriegsherr im Rahmen der Exoduserzählung (Ex 7–15) und der „Landnahme" Israels (Jos 1–12). Diese Texte sind differenziert zu kontextualisieren sowohl in religionsgeschichtlicher (Integration polytheistischer Gewalttraditionen in den Jahwe-Glauben) und historischer (Ausdruck erlebter Gewalt und fiktionaler Gegenentwurf), als auch in hermeneutischer Hinsicht (intertextuelle Gegenstimmen); vgl. dazu *Hieke*, Aspekte alttestamentlicher Gottesvorstellungen (s. o. Anm. 1), 62–67.

[3] Eine die Eigenständigkeit und zugleich grundlegende Konvergenz von alt- und neutestamentlichem Gottesverständnis würdigende gesamtbiblische Gotteslehre bieten von evangelischer Seite *Reinhard Feldmeier* und *Hermann Spieckermann*, Der Gott der Lebendigen. Eine biblische Gotteslehre (Topoi Biblischer Theologie 1), Tübingen (2011) ²2017; von katholischer Seite *Christoph Dohmen* und *Thomas Söding*, Der Eine Gott. Perspektiven des Alten und Neuen Testaments (Die Neue Echter Bibel Themen 1), Würzburg 2018.

Lk) entfaltet diese Zuwendung Gottes in der heilsamen Zuwendung Jesu zu anderen Menschen im Horizont seines Gottesverhältnisses und seiner Verkündigung naher Gottesherrschaft. Diese *christologische Konzentration neutestamentlicher Gottesrede* im Sinne seiner kontrafaktisch (sub contrario) in Leiden und Kreuzestod Jesu im Horizont seiner Auferstehung (1 Kor 1,18) wahrzunehmenden Zuwendung in Liebe bei gleichzeitiger Wahrung seiner Unverfügbarkeit und Verborgenheit (Röm 11,33–35; 1 Kor 1,18–2,16) betont insbesondere Paulus; in anderer Weise auch das Johannesevangelium durch die Vorstellung einer auf präexistenter Zuordnung (Joh 1,1 f) beruhenden, heilsgeschichtlich wirkenden Einheit (Joh 10,30.38) von Gott (Vater) und Christus (Sohn).

In der Perspektive dieser frühchristlichen Überzeugung unüberbietbarer Selbstoffenbarung des Gottes Israels in Jesus Christus (Hebr 1,1) werden in Aufnahme des alttestamentlichen Monotheismus (Mk 12,26 f; Röm 3,28–31) Erwählung und Befreiung durch Gott neutestamentlich auf die Lebensgeschichte Jesu konzentriert und im Glauben an Christus zugleich universalisiert (Röm 1,16; 3,21–30; Joh 3,15 f; 10, 9–13) unter Wahrung der Bundestreue Gottes und seiner Erwählung Israels (Röm 11, 1–10.25–29). In Kontinuität zum Alten Testament werden auch neutestamentlich Barmherzigkeit (Lk 1,50; 2 Kor 1,3; Eph 2,4), Gnade (Röm 3,24; 1 Kor 15,10), Liebe (Röm 8,35; 2 Kor 13,11; 1 Joh 4,16) und das Eintreten für Schwache und Marginalisierte (Lk 1,52 f; 2 Kor 9,9) als bestimmende Wesenszüge Gottes entfaltet, exemplarisch verdichtet im Vaterunser (Lk 11,2–4) und im Magnificat (Lk 1, 46–55). Mit dem Kernbegriff seiner Verkündigung, der Gottesherrschaft („Reich Gottes": Mt 6,33; Mk 1,15; 4,1–34), nimmt Jesus die alttestamentliche Rede vom Königtum Gottes auf; tradierte Vorstellungen vom Richten und Zorn Gottes (Mt 13,47–50; 3,7 par) sind durch die Umkehrpredigt Jesu (Mt 12,41 f; 18,23–35) und ihre Annahme im Glauben (Joh 5,24) grundlegender noch als im Alten Testament soteriologisch ausgerichtet.

<small>Kontinuität der Wesenszüge Gottes</small>

Die gesamtbiblische Gotteserfahrung bietet in ihrer geschichtsbezogen gedeuteten Einheit von Identität des einen Gottes in der Differenz seiner erfahrenen Wirkungsweisen die *Schriftgrundlage für die spätere Trinitätslehre* als dogmatischer Formulierung des spezifisch christlichen Gottesverständnisses (2.4). So nimmt Jesu durchgängige Anrede Gottes als Vater den alttestamentlichen Sprachgebrauch (2 Sam 7,14; Ps 2,6 f; Hos 11,1–4; Jer 31,20; Jes 63,16; Dtn 32,6) auf und betont zum einen seine durchgehende Einheit mit dem Vater (Mt 11,27), vermittelt durch den Geist Gottes bzw.

<small>Identität des einen Gottes</small>

den Heiligen Geist (Lk 10,21; 1 Kor 12,3), auch hier das alttestamentliche Verständnis der schöpferischen Gegenwart Jahwes im Geist (Gen 1,2; 2,7) aufnehmend. Zum anderen wird in der Selbstunterscheidung Jesu vom Vater (Mk 10,17 f; Joh 14,28) wie in seiner Selbstunterscheidung vom Geist als dem „anderen Beistand" nach seinem Weggang (Joh 14,16.26) mit durchaus eigenständiger Wirkweise (1 Kor 12,11: Röm 8, 16.26 f; Apg 8 ff; Joh 16, 8–14) die relative Selbständigkeit von Vater, Sohn und Geist anschaulich. Dieses Verhältnis von Identität und Differenz bzw. Einheit und Dreiheit in Gott wird biblisch nicht systematisiert entfaltet, sondern summarisch in den sog. triadischen Formeln (1 Kor 12,4–6; 2 Kor 13,13; Eph 4,4–6; Mt 28,19) in liturgischen Zusammenhängen zum Ausdruck gebracht.

Differenz seiner Wirkweisen

2.2 Glaube und Gottesverständnis

Christliches Gottesverständnis ergibt sich grundlegend aus der reflexiven Entfaltung des biblisch bezogenen, soteriologisch pointierten Gottesverhältnisses im Glauben. Für die *katholische Tradition* ist Glaube untrennbar mit Vernunft gekoppelt. So bezeichnet der Kirchenvater Augustinus Glauben als „mit Zustimmung denken"[4]. Einsicht ist eine Voraussetzung des Glaubens und zugleich dessen Folge. Der Johannesprolog (Joh 1,1) mit der darin angelegten Identifikation von Gott und Vernunft wird dabei als ebenso wegweisend für die weitere Entwicklung angesehen wie die Forderung des Paulus an die Glaubenden, ihre Vernunft zu erneuern (Röm 12,2). Für die Geschichte des christlichen Gottesbildes maßgeblich wird die Verbindung von jüdischem Offenbarungsglauben mit griechischer Rationalität. Schon die alttestamentliche Weisheitsliteratur kann wie die neutestamentliche Rede vom göttlichen Logos als Reflex auf die griechische Liebe zur Weisheit (philo-sophía) gedeutet werden. Damit aber erscheint eine Öffnung des jüdisch-christlichen Gottesverständnisses auf die universale Rationalität, wie sie bereits mit den Logos-Spekulationen Justins des Märtyrers (ca. 130 n. Chr.) einsetzt und ihren Höhepunkt einerseits in der mittelalterlichen Scholastik und andererseits in der neuzeitlichen Philosophie des Deutschen Idealismus hat, biblisch vorprogrammiert. Das johanneische Wort

Katholische Tradition: Glaube und Vernunft

---

[4] *Aurelius Augustinus*, De praedestinatione sanctorum, 2,5, in: *Ders.*, Schriften gegen die Semipelagianer, übertragen und erläutert von *Sebastian Kopp u. a.* Würzburg ²1987, 240–327, 247 (Patrologia Latina 44, 963, 4).

„Gott ist Geist" (Joh 4,24) gewinnt vor diesem Hintergrund ein besonderes Gewicht. Doch ist zu bemerken, dass sich vernünftiges Gottesverständnis und christlicher Glaube in der Neuzeit bis zu einem bestimmten Grad trennen und das religiöse Gottesverhältnis mehr zu einer Sache des Herzens wird. Es entwickelt sich eine Dialektik von Glauben und Vernunft.

Für die *evangelische Theologie* bis in die Gegenwart hinein prägend, hat Martin Luther den Zusammenhang von Glauben und Gottesverständnis in seinem Großen Katechismus 1529 im Rahmen seiner Auslegung des 1. Gebots programmatisch formuliert: „Ein Gott heißet das, dazu man sich versehen soll alles Guten und Zuflucht haben in allen Nöten. Also, dass ‚einen Gott haben' nichts anders ist, als ihm von Herzen trauen und glauben; [...] dass alleine das Vertrauen und Glauben des Herzens beide macht: Gott und Abgott. Ist der Glaube und das Vertrauen recht, so ist auch Dein Gott recht [...] Denn die zwei gehören zu Haufe (zusammen), Glaube und Gott. Worauf Du nun (sage ich) Dein Herz hängest und verlässest, das ist eigentlich Dein Gott."[5] Nicht rein theoretische Reflexion über Gott bestimmt nach Luther „rechtes" Gottesverständnis, sondern die Selbst- und Welterfahrung des Individuums ist der Ort, an dem sich das wahre Gott-Haben erschließt und bewährt. In der Beschreibung des menschlichen Lebensvollzuges zeigt Luther, dass der Mensch in der Abhängigkeit von den einzelnen, bedingten Gütern dieser Welt und von sich selbst unfrei bleibt und erst in einem existenzbestimmenden Vertrauen auf einen unbedingten, zugleich Sinn und Ziel seines Daseins wie der Wirklichkeit im Ganzen erschließenden Grund zu sich selbst und zur Freiheit kommt, indem er eben im Glauben zu Gott kommt.[6] Diese im Glauben erschlossene, gelingendes Leben ermöglichende Vermittlung von Selbst-, Welt- und Gottesverhältnis (Heil) hat Luther auf der Grundlage eines vertieften Sündenverständnisses in seiner Rechtfertigungs-

Evangelische Theologie: Erfahrung als Ort des Gott-Habens

---

[5] *Martin Luther*, Der Große Katechismus (1529), in: *Kurt Aland*, Luther Deutsch Bd. 3, Göttingen 1983, 11–150, hier 20. Der Katechismus ist Teil der lutherischen Bekenntnisschriften; vgl. Die Bekenntnisschriften der Evangelisch-Lutherischen Kirche. Vollständige Neuedition, hg. von *Irene Dingel*, Göttingen 2014, 912–1162, hier 930–932 [zit. als BSLK 2014].

[6] Siehe dazu ausführlicher *Christine Axt-Piscalar*, Was heißt einen Gott haben oder was ist Gott? Freiheitserfahrung im Lichte des ersten Gebots, in: *Dies.* und *Mareile Lassoga* (Hg.), Dimensionen christlicher Freiheit. Beiträge zur Gegenwartsbedeutung der Theologie Luthers, Leipzig 2015, 55–80.

lehre⁷ bekanntlich als ein im Blick auf den Einzelnen vollständig passives Geschehen, als passive Gerechtigkeit Gottes beschrieben: Allein durch Gottes Gnade (sola gratia) entsteht im Einzelnen in der Begegnung mit der biblisch bezeugten Selbstoffenbarung Gottes (solo verbo) unableitbar (durch Wirken des Heiligen Geistes) das je individuelle Wahrsein der in Jesus Christus (solus Christus) eröffneten Möglichkeit menschlicher Existenz im Gottesverhältnis durch Glauben (sola fide). In diesem Sinne ist protestantische Theologie durch die Betonung einer strikten Differenz zwischen Handeln Gottes und Handeln des Menschen bestimmt.

Im Unterschied zu diesem disjunktiven Verständnis betont die klassische *katholische Theologie* stets die innere Verwiesenheit von Glauben und Vernunft sowie von Gnade und Freiheit.⁸ Beide menschlichen Vermögen, Vernunft und Freiheit, werden ganz von der Wirksamkeit Gottes her gedacht, wobei die Gnade die Natur gerade nicht zerstört, sondern vollendet.⁹ Wie die Offenbarung die menschliche Einsicht vervollkommnet,¹⁰ so vollendet die Gnade das verdienstvolle Wirken der Menschen. Doch darf dabei nicht übersehen werden, dass die Gnade die erste Ursache für jede Aktivität menschlicher Freiheit bleibt, gemäß dem augustinischen Grundsatz: „Zuerst also die Gnade, dann die guten Werke"¹¹. Auch die freie Zustimmung des Menschen ist noch einmal als Wirkung göttlicher Vorsehung zu sehen. Gott bewirkt die Freiheit,¹² und er wirkt unfehlbar in ihr.¹³ Zugleich betont die katholische Theologie seit der frühen Neuzeit nachdrücklich Freiheit, Verantwortung und Mündigkeit des Menschen.¹⁴

---

[7] Vgl. dazu grundlegend *Eberhard Jüngel*, Das Evangelium von der Rechtfertigung des Gottlosen als Zentrum des christlichen Glaubens. Eine theologische Studie in ökumenischer Absicht, Tübingen (1998) ⁶2011.

[8] Zum Ganzen siehe *Karlheinz Ruhstorfer*, Sola gratia. Der Streit um die Gnade im 16. Jahrhundert, seine Auswirkungen für die Neuzeit und seine Virulenz in der Gegenwart, in: Zeitschrift für katholische Theologie 126 (2004), 199–210.

[9] *Thomas von Aquin*, Summa Theologiae p. I, q.1, a.8 ad 2 und p. I–II, q.99, a.2 ad 1 (Biblioteca de autores cristianos, vol. 2, Madrid 1951).

[10] Ebd. p. I, q.1, a.1.

[11] *Augustinus*, De praedestinatione sanctorum, 2,5 (s. o. Anm. 4).

[12] *Thomas von Aquin*, Summa Theologiae, I–II, 9,6 (Biblioteca de autores cristianos, vol. 2, Madrid 1951).

[13] Ebd. I–II, 10,4.

[14] Vgl. *Karlheinz Ruhstorfer*, Der Gnadenstreit „De auxiliis" im Kontext, in: *Dominik Burkard (Hg.)*, Der Jansenismus – eine „katholische Häresie" der frühen Neuzeit? (Reformationsgeschichtliche Studien), Münster 2014,

2.3 Offenbarung und Gotteserkenntnis

Seinem althochdeutschen Ursprung nach bezeichnet der Begriff „Offenbarung" in der Alltagssprache die Offenlegung, Enthüllung von bisher Verborgenem im Rahmen eines Erschließungsgeschehens, das für die beteiligte Person ganzheitliche und grundlegende Bedeutung erhält. Als religiöse Offenbarung sind diejenigen Erschließungsvorgänge zu verstehen, in welchen das Gegeben-Sein der darin erschlossenen Selbst- und Weltgewissheit der Person inhaltliche Bedeutung gewinnt, indem es als in der Gottesgewissheit (Glaube) begründet bewusst wird.[15] In der frühchristlichen Überzeugung unüberbietbarer Selbstoffenbarung (griech. apokalypsis, epiphaneia) des Gottes Israels in dem gekreuzigten und auferstandenen Christus und den damit verbundenen triadischen Verweisungszusammenhängen von Vater, Sohn und Heiligem Geist wird die Vielfalt des erfahrenen Offenbarungshandeln Gottes als in sich differenzierte Einheit gedeutet, wie sie dann in der christologischen und trinitarischen Lehrbildung der Alten Kirche klassisch entfaltet wird (2.4).

Offenbarung

Vor diesem Hintergrund betont die *katholische Tradition* bis heute die Vernünftigkeit der Offenbarung, die in der Geistigkeit Gottes selbst ihren Grund hat. Dieser rationale Charakter der Offenbarung spiegelt sich im Wirken Jesu sowie in der narrativen Theologie vor allem des Neuen Testaments.

Zum theologisch systembildenden Leitbegriff avancierte Offenbarung (lat. revelatio, manifestatio) im Hochmittelalter und fungierte hier sowohl als legitimierender Geltungsgrund wie als spezifische Zusammenfassung der Inhalte des christlichen Glaubens. Im gegenwärtigen ökumenischen Gespräch ist die Verhältnisbestimmung von Vernunft und Offenbarung, von natürlicher und übernatürlicher Gotteserkenntnis, nach wie vor umstritten.

---

57 70. Die fortgesetzte Rezeption neuzeitlicher Philosophie der Freiheit führte bereits bei Karl Rahner zur Theorie der direkten Proportionalität von Gnade und Freiheit (*Karl Rahner*, Über das Verhältnis von Natur und Gnade, in: *Ders.*, Sämtliche Werke. Bd. 5,1: De gratia Christi, Freiburg i. Br. 2015, 66–84).

[15] Zu dieser Verhältnisbestimmung von umgangssprachlichem und religiösem bzw. theologischem Offenbarungsbegriff vgl. im Einzelnen *Eilert Herms*, Offenbarung, in: *Ders.*, Offenbarung und Glaube. Zur Bildung christlichen Lebens, Tübingen 1992, 168–220, hier 174–182.

2.3.1 Vernunft und Offenbarung

Die theologische Auseinandersetzung über die fundamentale Frage nach der Möglichkeit wahrer natürlicher Gotteserkenntnis (lat. theologia naturalis) außerhalb der biblischen Offenbarungsgeschichte (lat. theologia supernaturalis) hat sich vor allem an den Aussagen von Röm 1,19–32 (vgl. auch Röm 2,12–16; Apg 14,8–18; 17,16–34) entzündet. Aus der konfessionell unterschiedlichen Bewertung der Bedeutung natürlicher Gotteserkenntnis für das Gottesverständnis ergaben sich theologiegeschichtlich zwei Offenbarungsmodelle:[16] ein die natürliche Gotteserkenntnis einschließend-inklusives und ein dieselbe ausschließend-exklusives Verständnis der Christusoffenbarung.

Katholisch: inklusives Offenbarungsverständnis

In grundsätzlicher Kontinuität zur altkirchlichen und mittelalterlichen Theologie gilt im *(lehramtlichen) Katholizismus* das *inklusive Offenbarungsverständnis* bis heute. Das Zweite Vatikanische Konzil (Dogmatische Konstitution über die göttliche Offenbarung „Dei Verbum") wiederholt daher die bereits im Ersten Vatikanischen Konzil (Dogmatische Konstitution „Dei Filius" über den katholischen Glauben) verabschiedeten Lehrsätze: Mit Verweis auf Röm 1,19 f wird die Zuverlässigkeit natürlich-vernünftiger Gotteserkenntnis „aus den geschaffenen Dingen" festgehalten. Die Notwendigkeit göttlicher Offenbarung wird begründet zum einen im Blick auf diejenigen „göttlichen Güter, die das Erkenntnisvermögen des menschlichen Geistes völlig übersteigen", zum andern mit der Steigerung der Allgemeinheit und irrtumsfreien Gewissheit der Vernunfterkenntnis durch Offenbarung.[17] Freilich gilt dieses neuscholastische Stockwerkdenken in der gegenwärtigen katholischen Theologie weitgehend als überwunden. Stattdessen wird die innere Verwiesenheit und Verbundenheit von sich offenbarendem Gott, existenzieller Gotteserfahrung und reflexivem Gottdenken betont und in sehr vielfältiger Weise akzentuiert. Bei aller Differenz von schöpferischem Geist und geschaffener Geistigkeit kann doch davon ausgegangen werden, dass der sich mitteilende Gott gerade im

---

[16] Zu dieser sachlichen und terminologischen Differenzierung vgl. *Rochus Leonhardt*, Grundinformation Dogmatik. Ein Lehr- und Arbeitsbuch für das Studium der Theologie, Göttingen (2001) ³2008, 148–155.

[17] Vgl. Zweites Vatikanisches Konzil, Konstitution „Dei verbum", Kap. 1, Nr. 6, in: *Henrici Denzinger* [zit. als DH], Enchiridion symbolorum definitionum et declarationum de rebus fidei et morum, verbessert, erweitert und hg. von *Peter Hünemann*, Freiburg i. Br. ⁴⁴2014, (DH 4206); Konstitution „Dei Filius", Kap. 2 (DH 3004 f). Siehe auch *Thomas von Aquin*, Summa Theologiae, p. I, q.1, a.1 (s. o. Anm. 9).

Anderen seiner selbst, also in der geschaffenen Wirklichkeit, gegenwärtig sein und zu sich kommen will. Die Schöpfung als solche, vor allem aber die menschliche Sphäre, verweist zurück auf deren Grund. So gewinnt gerade die Geschichte der Menschen im Singular und im Kollektiv einen inneren Bezug zur Selbstoffenbarung des trinitarischen Gottes.

Die *reformatorische Theologie* betont im Horizont eines *exklusiven Offenbarungsverständnisses*, dass die natürliche Vernunfterkenntnis lediglich zu einem abstrakten Gottesbegriff führe, nicht jedoch zu dem den Menschen existenziell bestimmenden, gnädigen Gott-für-mich (lat. Deus pro me), der sich – so Luthers für den Protestantismus bis heute bestimmende rechtfertigungstheologische Grundeinsicht – erst in der unableitbaren Entstehung glaubender Selbstgewissheit als das durch den Heiligen Geist qua Wort und Sakrament bewirkte Wahr-Sein der Christusbotschaft für die je eigene Existenz erschließt.[18] In *protestantischer Perspektive* ist diese freie Selbstvergegenwärtigung des trinitarischen Gottes als Offenbarungsgeschehen zu unterscheiden von der menschlichen, auch fehlbaren Offenbarungsbezeugung in Schrift, Verkündigung, Tradition und kirchlichem Amt.

Evangelisch: exklusives Offenbarungsverständnis

Evangelisch: Unterscheidung von Offenbarung und deren Bezeugung

In *katholischer Perspektive* sind hingegen Schrift, kirchliche Tradition und Kirche selbst „miteinander verknüpft" zur „Weitergabe der Offenbarung"[19]. Dabei kommt der Heiligen Schrift als Bezeugung der Offenbarung durchaus auch eine besondere Stellung innerhalb des Gefüges theologischer Erkenntnis zu, wird doch nur sie als Wort Gottes angesehen. Allerdings gewinnt die Tradition als kontinuierliche, aber zugleich immer auch gebrochene Interpretationsgeschichte eine unverzichtbare Bedeutung, da geschichtlich gewachsene Einsichten (Dogmen) – wie etwa die gottmenschliche Einheit in Christus oder die trinitarische Beschaffenheit Gottes – als

Katholisch: Verknüpfung von Offenbarung und Tradition

---

[18] Vgl. dazu *Luther*, Der Große Katechismus (s. o. Anm. 5), 86–93 (Auslegung des III. Artikels des Credos). Zu Luthers rechtfertigungstheologischer Profilierung des „gnädigen" Gottes vgl. ausführlicher *Friederike Nüssel*, Martin Luthers Suche nach dem gnädigen Gott, in: *Julia Knop (Hg.)*, Die Gottesfrage zwischen Umbruch und Abbruch. Theologie und Pastoral unter säkularen Bedingungen (Quaestiones Disputatae 297), Freiburg 2019, 94–108. In der grundsätzlichen Orientierung an einem exklusiven Offenbarungsverständnis stimmen die reformierten Bekenntnisse mit der lutherischen Theologie überein; vgl. *Jan Rohls*, Theologie reformierter Bekenntnisschriften. Von Zürich bis Barmen, Göttingen 1987, 34–41.

[19] Vgl. Zweites Vatikanisches Konzil, Konstitution „Dei Verbum" (s. o. Anm. 17): Kap. 2, Nr. 7 (DH 4207) und Nr. 10 (DH 4213f.).

unhintergehbar, wenngleich auch ihrerseits als stets neu zu deuten gelten. Durch die geschichtliche Dynamisierung kann der Offenbarungsinhalt vor Erstarrung bewahrt werden. Ebenso unverzichtbar wie diese diachrone Perspektive ist die synchrone Reflexion der Kirche als glaubender Gemeinschaft, die Schrift und Tradition für ihre jeweilige Gegenwart als lebensfördernde Wahrheit erschließt. Das Lehramt hat in diesem Kontext eine wichtige integrative Funktion für die Einheit und so weit wie möglich auch Einheitlichkeit der Kirche bei allem Respekt vor kulturellen und geschichtlichen Differenzen. Die Erschließung von Wahrheit und Verbindlichkeit ist nach katholischer Überzeugung nur bezogen auf die Vernunft und ihre Geschichte möglich.[20]

Ablehnung von Fideismus und Rationalismus

Einig sind sich *beide Konfessionen* in der Zurückweisung zweier Extrempositionen: des Fideismus im Sinne der Immunisierung des Glaubens gegen jegliche Vernunftkritik und des Rationalismus im Sinne der Beschränkung des Glaubens auf bestimmte Erscheinungsformen endlicher Vernunft.[21]

Kommunikativ-partizipative Selbstmitteilung Gottes

Für die neuere Offenbarungstheologie beider Konfessionen grundlegend ist die produktive Aufnahme aufklärerisch-rationaler Offenbarungskritik und Subjektphilosophie, verbunden mit der Überwindung eines „instruktionstheoretischen" Verständnisses von Offenbarung als lehrhafter Mitteilung übernatürlicher Inhalte zugunsten des biblisch und traditionell vorgeprägten, nun aber systembildend fungierenden Begriffs der *Selbstoffenbarung Gottes*.[22] Im Horizont dieses kommunikativ-partizipativen Verständnisses personaler Selbstmitteilung Gottes wurde im 20. Jh. in beiden Konfessionen Offenbarung sowohl anthropozentrisch, von mensch-

---

[20] Siehe *Karlheinz Ruhstorfer*, Einführung in die theologische Erkenntnislehre, in: *Ders. (Hg.)*, Systematische Theologie (Theologie Studieren im modularisierten Studium. Bachelor. Modul 3), Paderborn/München/Wien/Zürich (UTB) 2011, 15–88. Dabei ist mit einer Streuung der biblischen Wahrheit zu rechnen, so dass vernünftige Theorien, die scheinbar außer- und antichristlich sind, gerade in einer säkularen Welt für eine Deutung der Schrift unverzichtbar werden. Das kann an der Bedeutung marxistischer Gedanken für die Theologie der Befreiung oder dekonstruktiver Theorien für die Überlegungen feministischer Theologien veranschaulicht werden.
[21] Vgl. *Ulrike Link-Wieczorek* und *Uwe Swarat (Hg.)*, Die Frage nach Gott heute. Neue ökumenische Zugänge zu klassischen Denktraditionen. Eine Studie des Deutschen Ökumenischen Studienausschusses (DÖSTA), Leipzig (2017) ²2019, 95 [zit. als DÖSTA].
[22] Vgl. *Gunther Wenz*, Offenbarung. Problemhorizonte moderner evangelischer Theologie (Studium Systematische Theologie 2), Göttingen 2005, 36–41.

lichem Selbstverständnis ausgehend (evangelisch: Paul Tillich, katholisch: Karl Rahner), als auch theozentrisch, von Gottes selbstoffenbarender Zuwendung ausgehend (evangelisch: Karl Barth, katholisch: Hans Urs von Balthasar), neu perspektiviert. Im 21. Jh. ist im katholischen Bereich auch eine freiheitstheologische (Thomas Pröpper, Hansjürgen Verweyen)[23] sowie eine prinzipientheoretische Vermittlung von Offenbarung relevant (Ulli Roth, Karlheinz Ruhstorfer).[24]

2.3.2 Natürliche Theologie und Gottesbeweise

Auf der Grundlage eines exklusiven Offenbarungsverständnisses im Horizont passiver Konstitution grundlegender Glaubensgebundenheit begründet sich die Zurückhaltung *evangelischer Theologie* gegenüber allen Formen einer natürlichen Theologie als rein argumentativ entwickelter philosophischer Gotteslehre, deren Argumenten gleichwohl eine kritische Funktion für die vernünftig verantwortete, theologische Rede von Gott zuerkannt wird. Die ebenfalls außerhalb der Glaubensrelation liegenden Gottesbeweise können in evangelischer Perspektive daher nur eine glaubensentfaltende Funktion haben.

Auch in *katholischer Perspektive* können Gottesbeweise nicht als notwendige Bedingung für die Ausbildung des Glaubens angesehen werden, so dass die intellektuelle Begabung eines Menschen über den Zugang zu Gott entscheiden würde. Dennoch enthält jeder Glaube auch ein Moment der Vernünftigkeit und des Wissens, wie einst Augustin formulierte, „nicht jeder, der denkt, glaubt, aber jeder, der glaubt, denkt"[25]. Denken ist notwendig mit dem Menschsein verbunden, und deshalb kommt der Denkbarkeit Gottes eine nicht unerhebliche Rolle zu. Für Thomas von Aquin war der Aufweis des Daseins Gottes eine notwendige Voraussetzung für die Ent-

---

[23] Vgl. dazu den Überblick bei *Klaus von Stosch*, Offenbarung (Grundwissen Theologie), Paderborn 2010, 74–81.
[24] Vgl. exemplarisch *Ulli Roth*, Die Grundparadigmen christlicher Schriftauslegung im Spiegel der Auslegungsgeschichte von Psalm 110, Münster/Berlin 2010 und *Karlheinz Ruhstorfer*, Inspiration – Geist – Vernunft. Die fundamentaltheologische Bedeutung der Inspirationslehre, in: *Ralf Rothenbusch* und *Karlheinz Ruhstorfer (Hg.)*, „Eingegeben von Gott" (2 Tim 3,16). Zur Inspiration der Bibel und ihrer Geltung heute, (Quaestiones Disputatae 296) Freiburg 2019, 205–230.
[25] *Augustinus*, De praedestinatione sanctorum, 2,5 (s. o. Anm. 4).

faltung der Theologie als Wissenschaft.[26] Es muss dabei aber klar sein, dass Gott nicht in der Weise eines Dings oder einer endlichen Sache „da" ist, sondern dass er als die Voraussetzung allen Daseins, allen Lebens und aller Erlösung bzw. Vollendung und so auch als Voraussetzung jeglichen Denkens angesehen werden kann. Damit kann einem „Gottesbeweis" seine Sache nicht äußerlich bleiben wie ein beliebiger Gegenstand.

Gerade weil und wenn Gott nicht begriffen werden kann, so ist doch seine Unbegreifbarkeit denkbar. Die Denkwürdigkeit Gottes verweist auf seine Glaubwürdigkeit, die sich im Leben des Menschen bewähren muss. Gerade in einem stark säkularisierten Umfeld gewinnt die rationale Fragwürdigkeit des liebenden und mithin erlösenden Daseins Gottes an Bedeutung, wenn denn die Frage nach Gott ernsthaft mit einer vernünftigen Antwort rechnen will. Darin stimmen *beide Konfessionen* überein.

2.4 Trinität – das spezifisch christliche Gottesverständnis

Aus der biblisch bezeugten (2.1), in der triadischen Verweisungsstruktur des Glaubens (2.2) reflektierten, in sich differenzierten Selbstoffenbarung Gottes als Vater, Sohn und Geist entstand für das frühe Christentum die doppelte Problemstellung, die geschichtlich erfahrene Einheit und Dreiheit Gottes gedanklich so zu vermitteln, dass weder die Einheit auf Kosten der Dreiheit (Monarchianismus) noch die Dreiheit auf Kosten der Einheit (Tritheismus) dominiert. Leitend war dabei die *soteriologische Grunddimension* des Glaubens, es in Erfahrung und Deutung des wirklichkeitsbegründenden (Vater: Schöpfung), das Leben im Gottesverhältnis erschließenden (Sohn: Versöhnung, Erlösung) und ermöglichenden (Heiliger Geist: Vergegenwärtigung und Vollendung) Wirken Gottes jeweils mit ein und demselben, ‚ganzen' Gott zu tun zu haben.

Weder Monarchianismus noch Tritheismus

2.4.1 Trinitarisches Bekenntnis und Trinitätslehre[27]

Im Unterschied zur katholischen Lehrentwicklung ist im neuzeitlichen Protestantismus die biblisch-theologische Angemessenheit

---

[26] Siehe *Thomas von Aquin*, Summa Theologiae, p. I, q.2 (s. o. Anm. 9).
[27] Zur Trinitätslehre und zum Folgenden vgl. aus evangelischer Perspektive *Volker Henning Drecoll (Hg.)*, Trinität (Themen der Theologie 2),

der Trinitätslehre, vor allem in ihren spekulativen Ausformungen, wiederholt programmatisch bestritten worden (Antitrinitarier, Pietismus, protestantische Aufklärungstheologie, Friedrich Daniel Ernst Schleiermacher, liberaler Protestantismus: Adolf von Harnack). Gegenwärtige *protestantische Theologie* spricht daher zurückhaltend von der Trinitäts*lehre* als „Hermeneutik christlicher Gottesrede"[28], als theologischer „Rahmen-"[29] oder „Metatheorie"[30], die selbst keinen Glaubensgegenstand darstellt. Die trinitarischen Glaubens*bekenntnisse* aus dem historischen Kontext der altkirchlichen Trinitätslehre (Nicaeno-Constantinopolitanum/NC, Athanasianum) neben dem späteren, trinitarisch strukturierten Apostolischen Glaubensbekenntnis sind jedoch für *beide Konfessionen* bis heute verbindlich.

Trinitätslehre – kein Glaubensgegenstand

Zusammenfassend besteht der Ertrag der beiden altkirchlich-ökumenischen, die griechisch-sprechende Ostkirche und die lateinische Westkirche verbindenden Konzile (325 Nizäa, 381 Konstantinopel) zum einen in der Feststellung der göttlichen Wesenseinheit (griech. homoousios) bzw. Wesensgleichheit Jesu Christi mit dem Vater (325 Nizäa: „wahrer Gott aus wahrem Gott"; „gezeugt, nicht geschaffen"), die der Sache nach dann auch auf den Heiligen Geist übertragen wird, der „aus dem Vater hervorgeht" und „mit dem Vater und dem Sohn angebetet und verherrlicht wird" (381 Konstantinopel). Zum anderen wird festgehalten, dass die Einheit Gottes (griech. ousia, lat. substantia) „unvermischt und ungetrennt" in der vermittelten Dreiheit von Vater, Sohn und Geist als eigenständiger Verwirklichungsformen (griech. Hypostasen, lat. personae) von Ewigkeit her als immanente oder Wesenstrinität besteht und sich eben deshalb auch dreifach als ökonomische Trinität (griech. oikonomia: Heilsplan) offenbart. Zwar werden diese heilsgeschichtlichen ‚Werke' der Trinität nach außen (lat. opera trinitatis ad extra) Vater (Schöpfung), Sohn (Erlösung, Versöhnung) und Geist (Vergegenwärtigung, Vollendung) jeweils besonders zugesprochen

Ertrag der ökumenischen Konzilien

Tübingen 2011 und aus katholischer Perspektive *Klaus von Stosch,* Trinität (Grundwissen Theologie), Paderborn 2017.
[28] *Ulrich H. J. Körtner,* Dogmatik (Lehrwerk Evangelische Theologie 5), Leipzig 2018, 235.
[29] *Christoph Schwöbel,* Die Trinitätslehre als Rahmentheorie des christlichen Glaubens. Vier Thesen zur Bedeutung der Trinität in der christlichen Dogmatik, in: *Ders.,* Gott in Beziehung: Studien zur Dogmatik, Tübingen 2002, 25–51.
[30] *Wilfried Härle,* Interview Trinität, in: Zeichen der Zeit 5 (2008), 30–33, hier 31.

(appropriiert), in ihnen ist jedoch ungeteilt ein und derselbe, ‚ganze' Gott im Glauben erfahrbar (lat. opera trinitatis ad extra sunt indivisa), insofern das trinitarische Sein Gottes in fortgehender wechselseitiger Durchdringung der trinitarischen Personen (Perichorese) besteht.

Augustin Für die westkirchliche Theologie wurde in der Folge der Kirchenvater Augustin prägend: Im Ausgang von der Einheit Gottes verstand Augustin die trinitarischen Differenzaussagen über die göttlichen Personen nicht als Differenzen im unveränderlichen Wesen Gottes (lat. essentia) selbst, sondern strikt als Aussagen über ihre innergöttlichen Beziehungen (lat. relationes). Die biblische Bestimmung Gottes als Geist (Joh 4,24) wie als Liebe (1 Joh 4,8.16) löste Augustin trinitätstheologisch so ein, dass er den Heiligen Geist in seiner Unterschiedenheit von Vater und Sohn als die beide verbindende Relation der Liebe versteht, die ihrerseits das relational verstandene Wesen Gottes ausmacht und durch welche der Mensch im Glauben (Röm 5,5) in die innergöttliche Liebesbewegung (Perichorese) einbezogen ist. Indem nach Augustin der Heilige Geist als die Vater und Sohn verbindende Liebe gleichursprünglich mit der immanent-trinitarischen Unterscheidung von Vater und Sohn anzusetzen ist, muss der Geist auch immanent-trinitarisch als gleichermaßen aus dem Vater (381 Konstantinopel) und dem Sohn (lat. filioque) hervorgehend verstanden werden. Diese christologische Bindung des Geistes führte in der Westkirche zur späteren Einfügung des Filioque in den ursprünglichen Text des NC („der aus dem Vater *und dem Sohn* hervorgeht") und wirkte mitverursachend in der Trennung von Ost- und Westkirche im Jahr 1054 (vgl. 3.2).

Augustins Ableitung der Dreiheit der Personen aus der vorausgesetzten Wesenseinheit Gottes (lateinischer Typus der Trinität)[31] ist für die westliche Theologie bis heute prägend. Entsprechend der Verschränkung von Offenbarung und Verborgenheit Gottes ist trinitätstheologisch vom Geheimnis Gottes (lat. mysterium trinitatis) die Rede.

---

[31] Zur Schematisierung der verschiedenen Trinitätstypen vgl. *Karlheinz Ruhstorfer*, Der dreieine Gott als Geschichte und Gegenwart, in: *Ruhstorfer*, Gotteslehre (s. o. Anm. 1), 263–351, hier 275.

2.4.2 Trinitätstheologische Konstellationen im ökumenischen Verhältnis

Dass die *Trinitätslehre kein klassisches kontroverstheologisches Thema* darstellt, liegt historisch darin begründet, dass die Reformatoren das altkirchliche Trinitätsdogma als schriftgemäß anerkannten[32] und rechtfertigungstheologisch seine soteriologische Rückbindung profilierten. Für beide Konfessionen war es die anti-dogmatische, anti-spekulative Ausrichtung der aufklärerischen Theologie und Religionsphilosophie, deren kritische Anfragen bereits im 19., verstärkt jedoch in der zweiten Hälfte des 20. Jh., zu einer *Renaissance der Trinitätslehre* mit konfessionsspezifischen Akzentsetzungen wie signifikanten Parallelen führten. Ökumenisch wurde vor allem die notwendige Entfaltung der Trinitätslehre aus der biblisch bezogenten, heilsgeschichtlichen Selbstoffenbarung Gottes (2.1) als *konkreter Monotheismus* betont, evangelischerseits (Karl Barth) in charakteristischer Wendung gegen die Erkenntnisansprüche natürlicher Theologie (vgl. 2.3.2), katholischerseits (Karl Rahner) mit dem Plädoyer für Erfahrungsbezug und dem umstrittenen Axiom der Identität von immanenter und ökonomischer Trinität.[33] Spezifisch *protestantische Akzentsetzungen* bestehen in der konsequenten Verankerung der Trinitätstheologie im Kreuzesgeschehen, insofern erst in Kreuz und Auferstehung Gott als leidensfähiger Gott und als Liebe im Sinne der „Gemeinschaft gegenseitigen Andersseins" (Eberhard Jüngel) offenbar werde. Im Rahmen interpersonaler, sozialer Trinitätstheologien avanciert die partizipatorisch verstandene innertrinitarische Gemeinschaft Gottes zum idealtypischen Modell menschlicher Sozialität (evangelisch: Jürgen Moltmann) mit befreiungstheologischen Implikationen (katholisch: Leonardo Boff). Spezifisch *katholische Akzentsetzungen* gegenwärtiger Trinitätstheologie setzen im Interesse einer modernen Reformulierung des altkirchlichen Personbegriffs freiheitsanalytisch (Magnus Striet, Georg Essen: Trinität als Gemeinschaft wechselseitiger Freiheit in Liebe) oder zeichen- bzw. vernunfttheoretisch (Thomas Schärtl,

Konfessionsspezifische Akzente

---

[32] Vgl. Apologie der Confessio Augustana (1531), Art. 1, in: BSLK 2014 (s. o. Anm. 5), 244.
[33] Zu den hier und im Folgenden skizzierten theologiegeschichtlichen und aktuellen Bezügen vgl. die Übersichtsdarstellungen bei *Matthias Haudel*, Gotteslehre. Die Bedeutung der Trinitätslehre für Theologie, Kirche und Welt, Göttingen (2015) ²2018, 140–173 sowie *von Stosch*, Trinität (s. o. Anm. 27), 82–136.

Karlheinz Ruhstorfer)[34] an, indem trinitarische Modelle als Konkretionen unterschiedlicher Rationalitätstypen rekonstruiert werden. Beide Konfessionen sind zugleich um elementarisierende Veranschaulichungen der Trinität als „Gott über uns" (Vater), „Gott mit, zwischen, unter uns" (Sohn) und „Gott in uns" (Heiliger Geist) bemüht.

Gemeinsame Grundhaltung In der von 2009 bis 2015 im Deutschen Ökumenischen Studienausschuss (DÖSTA) erarbeiteten, 2017 erstmals veröffentlichten Studie „Die Frage nach Gott heute"[35] stehen weniger lehrmäßige Differenzen im Fokus als vielmehr die „gemeinsame Grundhaltung der christlichen Konfessionen" (9) in der Suche nach der existenziellen „Erfahrbarkeit des lebendigen Gottes" (20), nach „Lebensdeutung im Glauben" (21) sowie nach der „Grundlage christlicher Wirklichkeitsperspektive" (8): Insofern trinitätstheologisch Gott als in sich differenzierte, dynamische Einheit von Transzendenz und Immanenz, Unverfügbarkeit und Mitteilung im Richtungssinn der Liebe verstanden wird, ermöglicht das trinitarische Bekenntnis, Gott „als lebensbegleitenden, erfahrbaren Gott zu begreifen" (84).

Spiegelungen in der Frömmigkeitspraxis Die zentrale Bedeutung des trinitarischen Bekenntnisses wird in vielfältiger Weise auch in der *kirchlichen Frömmigkeitspraxis beider Konfessionen* sichtbar: So in der konfessionsübergreifend zentralen Stellung der Trinität in der Liturgie, in der trinitarischen Taufformel (Mt 28,19), im nicht nur katholisch üblichen, sondern auch von Luther in seinem „Morgensegen" empfohlenen Gebrauch des Kreuzeszeichens sowie in weiteren liturgischen Texten (u. a. trinitarischer Eingangsgruß und Segen, Glaubensbekenntnis, Gloria Patri). Das Trinitatisfest (1. Sonntag nach Pfingsten) prägt das christliche Kirchenjahr durch die darauf bezogene Zählung der Sonntage bis zum Advent. Schließlich kommt die Trinität in der Kirchenmusik (Johann Sebastian Bach: Kantaten zum Trinitatisfest) und im traditionellen Kirchenliedgut beider Konfessionen (vgl. evangelisches Kirchengesangbuch bspw. Nr. 138–140.704–706; vgl. katholisches Gotteslob bspw. Nr. 352–355.820–822) vielfach zum Ausdruck.

---

[34] Vgl. *Ruhstorfer*, Der dreieine Gott (s. o. Anm. 31), 286–349.
[35] Vgl. DÖSTA (s. o. Anm. 21); die Seitenzahlen werden im Text in Klammern aufgeführt.

2.5 Christliches Gottesverständnis in der Diskussion

2.5.1 Zur Problematik theologischer Rede von Gott

Wie kann von Gott, christlich verstanden als trinitarisch strukturierter Grund, Sinn und Ziel aller Wirklichkeit in dynamischer Einheit von Transzendenz und Immanenz, Unverfügbarkeit und Mitteilung, mit den begrenzten und diskursiven Mitteln menschlicher Sprache angemessen gesprochen werden? In der biblischen Rede von Gott (2.1) dominieren nicht ohne Grund *bildhafte Sprachformen* (Metaphern, Symbole, Gleichnisse), die sowohl der Vielfältigkeit, ggf. auch Ambivalenz lebensweltlich bezogener Gotteserfahrung im Glauben (2.2) Ausdruck geben und durch ihren übertragenen Gebrauch auf die alles begriffliche Erkennen stets überbietende größere Wirklichkeit Gottes (lat. Deus semper maior) verweisen.

Biblische Bezüge (Jes 45,15; 1 Tim 6,16) aufnehmend, hält die dogmatische Gotteslehre deshalb an der *(relativen) Verborgenheit Gottes in seiner Offenbarung* fest, womit sowohl die Unverfügbarkeit Gottes in seiner Beziehung zum Menschen wie die Menschlichkeit des Menschen selbst gewahrt bleiben. Alles Reden von Gott als dem einheitlichen Grund, Sinn und Ziel aller Wirklichkeit bleibt daher stets fragmentarisch und steht im Sinne der christlichen Hoffnung auf eine letzte (eschatologische) Vollendung von Mensch, Welt und Gotteserkenntnis (Mt 5,8; 1 Kor 13,12; 1 Joh 3,2) unter dem sog. eschatologischen Vorbehalt.

Verborgenheit Gottes in seiner Offenbarung

Zur Gewinnung wahrer Aussagen über Wesen und Eigenschaften Gottes angesichts seiner stets größeren Wirklichkeit im Verhältnis zur Welt hat die ältere Dogmatik daher drei Erkenntniswege beschrieben: 1. den Weg der Verneinung (via negationis: z. B. Unwandelbarkeit, Unendlichkeit Gottes); 2. den Weg der Überhöhung (via eminentiae: z. B. Allgegenwart, Allmacht, Allwissenheit Gottes) und 3. den Weg der Ursächlichkeit (via causalitatis: z. B. Ewigkeit, Güte, Gerechtigkeit). Die dafür vorausgesetzte seinsmäßige Entsprechung (analogia entis) zwischen Gott (Schöpfer) und Welt (Schöpfung) ist von *protestantischer Seite* als Inanspruchnahme einer natürlichen Theologie (vgl. 2.3.2) kritisiert worden. In der gegenwärtigen *Dogmatik beider Konfessionen* besteht jedoch Konsens in der hermeneutischen Orientierung der dogmatischen Gotteslehre an der biblisch bezeugten, trinitarisch strukturierten und soteriologisch ausgerichteten Selbstoffenbarung Gottes in seinem Wesen als Liebe (1 Joh 4,8). So wird im gemeinsamen christlichen Glaubensbekennt-

Drei Erkenntniswege

nis (Apostolicum) Gottes Liebe als schöpferische (1. Artikel: Vater), versöhnende (2. Artikel: Sohn) und vollendende (3. Artikel: Heiliger Geist) Liebe verstanden; Wesen und Eigenschaften Gottes sind damit als grundlegende Dimensionen des Gottesverständnisses im Glauben entfaltet.

Analoge Rede von Gott   Menschliche Rede von Gott ist so als das eigene Selbst- und Weltverhältnis zugleich deutende Rede unvermeidlich vermenschlichend (*anthropomorph*) und im Blick auf die Unterscheidung wie Beziehung von Gott und Welt/Mensch notwendig nur analog zu verstehen. Auch die bildhafte (theistische) Rede von der Personalität Gottes meint nicht, dass Gott eine Person ist, sondern darin kommt die Erfahrung zum Ausdruck, sich im Gottesverhältnis des Glaubens des unverfügbaren Grundes, Sinnes und Ziels des je eigenen Personseins gewiss zu sein. In Kritik der traditionell vorwiegend männlich (*androzentrisch*) geprägten Gottesbilder als Reflex patriarchaler gesellschaftlicher Kontexte plädiert die überkon-

Gendergerechte Metaphorik   fessionell agierende feministische Theologie für eine sowohl den biblischen Sprachgebrauch als auch die trinitarische Vorstellung symmetrischer Beziehungshaftigkeit aufnehmende, gendergerechte Vielfalt bildlicher Rede von Gott, womit zugleich die Relativität jeder konkreten Metaphorik und damit die Unverfügbarkeit Gottes in jeder Gottesrede gewahrt bleibt.[36]

2.5.2 Gott und die Welt: Schöpfung

Die beiden Konfessionen gemeinsamen Grundlinien christlicher Rede von der Schöpfung[37] sind im Ersten Artikel des Apostolischen Glaubensbekenntnisses elementar zusammengefasst: „Ich glaube an Gott, den Vater, den Allmächtigen, den Schöpfer des Himmels

Schöpfung – Deutung von Wirklichkeit   und der Erde."[38] Schöpfung ist ein menschliche Selbst- und Welterfahrung im Lichte des Gottesverhältnisses im Glauben auslegender Deutungsbegriff. So zielen die alttestamentlichen Schöpfungserzählungen (Gen 1.1–2,4a und Gen 2,4b–25; vgl. 2.1.1) weder auf

---

[36] Vgl. bspw. *Magdalene L. Frettlöh*, Gott Gewicht geben: Bausteine einer gendergerechten Gotteslehre, Neukirchen-Vluyn 2006.

[37] Zur Schöpfungslehre vgl. von evangelischer Seite *Konrad Schmid (Hg.)*, Schöpfung (Themen der Theologie 4), Tübingen 2012; von katholischer Seite *Hermann Stinglhammer*, Einführung in die Schöpfungslehre, Darmstadt 2011.

[38] Der Text des Apostolischen Glaubensbekenntnisses ist einfach zugänglich im evangelischen Kirchengesangbuch Nr. 705 und 903 sowie im katholischen Gotteslob Nr. 2, Abschnitt 5.

Weltentstehung (Kosmogonie) noch auf eine objektive Verfasstheit und Entwicklung der Welt (Kosmologie), sondern sie deuten die jeweils gegenwärtige Gottesbeziehung in der historischen Umbruchssituation des Exils (Gen 1) bzw. in den lebensweltlichen Herausforderungen der frühen Königszeit (Gen 2). Die geschichtlich erfahrene Zuwendung Gottes wird dabei in ihrer gegenwärtigen und zukünftig erhofften Zuverlässigkeit im Sinne eines begleitenden Wirkens Gottes zugunsten des Menschen (Heil) als von Anfang geltend vergewissert, indem Gott als schlechthinniger Grund der Wirklichkeit im Ganzen (Gen 1,1: „Himmel und Erde") verstanden wird. Mit der christlichen Rede von Schöpfung ist daher ein *umfassendes Wirklichkeitsverständnis* thematisch, das durch stete Differenz und Nähe von Schöpfer und Schöpfung, durch offene entwicklungsfähige Transzendenz und Immanenz gekennzeichnet ist. In neutestamentlicher Perspektive gewinnt Schöpfung als wahre Beziehung von Gott, Mensch und Welt im Glauben an Jesus Christus, den „Schöpfungsmittler" (Joh 1,3; 1 Kor 8,6; Kol 1,15) als Modell menschlichen Gottesverhältnisses, in jeweiliger „Neuschöpfung" (2 Kor 5,17) des Selbst- und Weltverständnisses im Gottesverhältnis bestimmende Gestalt.

Mit dem Begriff der „creatio ex nihilo" (Schöpfung aus dem Nichts) nimmt die dogmatische Schöpfungslehre die biblische Vorstellung Gottes als transzendentes, voraussetzungsloses Gegenüber zur Welt auf, das sich zugleich in freier Souveränität (Allmacht) auf die Welt bezieht. Als fortgehende Schöpfung („creatio continua") wird dogmatisch das kontinuierliche, biblisch bezeugte und im Glauben vergewisserte geschichtliche Handeln Gottes zugunsten des Menschen (Heil) formuliert. Damit verbinden sich weitere Vorstellungen von der Vorsehung, Fürsorge und Treue Gottes (Vater) gegenüber seiner Schöpfung.

Welttranszendenz und Weltbezug Gottes als grundlegende Dimensionen eines solchen umfassenden christlichen Wirklichkeitsverständnisses können angemessen nur im Rahmen einer trinitarisch profilierten Schöpfungsauffassung entfaltet werden, indem Gott unabhängig von der Welt in sich selbst trinitarisch strukturiert gedacht wird (immanente Trinität) und eben deshalb in der Welt dreifach (ökonomische Trinität) offenbar wird. Im trinitarisch strukturierten Weltbezug Gottes ist dann zum einen die Differenz zwischen Schöpfer und Schöpfung/Geschöpf als Endlichkeit und relative Selbständigkeit eingeschlossen, wie sie in der Selbstunterscheidung Jesu als des Sohnes vom Vater anschaulich wird. Zum andern verkörpert der Heilige Geist die verbindende Kraft und Gemeinschaft zwischen Schöpfer und Schöpfung/Geschöpf, die als Solidarität und Mitleiden Gottes im Glauben erfahrbar wird (Kreuz und Auferstehung). Der Richtungssinn der im Allmachtsgedanken festgehaltenen unbedingten Souveränität Gottes entschlüsselt sich als trinitarisch strukturierte Liebe, in der Abfolge des Apostolischen Glaubensbekenntnisses als schöpferische (Vater), versöhnende (Sohn) und vollendende (Heiliger Geist) Liebe (vgl. 2.5.1).

Schöpfungstheologie im Dialog

Im Blick auf dieses im Gottesbegriff zentrierte umfassende Wirklichkeitsverständnis kann sich christliche Schöpfungstheologie der Verhältnisbestimmung zu anderen Wirklichkeitsdeutungen, insbesondere zu den empirisch orientierten Naturwissenschaften, nicht entziehen. In diesen ggf. kritischen Diskussionen kommt es darauf an, den Gottesbegriff nicht durch konfrontative Verhältnismodelle diskursiv zu erledigen, noch ihn durch das bloße Verharren in der Unterschiedenheit der Deutungsperspektiven für allgemein belanglos zu erklären. Sondern entscheidend ist, im kritischen Dialog die eigene schöpfungstheologische Deutungsperspektive und mit ihr den Gottesbegriff im Blick auf die gemeinsame Wirklichkeit anschlussfähig zu halten und ggf. weiterzuentwickeln.

Im Rahmen dieses grundlegenden Konsenses zeigen sich *konfessionelle Akzentsetzungen* entsprechend der aufgezeigten Differenzen im Offenbarungsverständnis und in der Frage der natürlichen Theologie (vgl. 2.3): Die sog. vestigia trinitatis, die Spuren der Trinität in der Schöpfung wie bspw. die Dreiheit von Quelle, Fluss und Strom (Tertullian) oder von Erinnerung, Einsicht und Wille (Augustin), lehnt *protestantische Theologie*[39] auf dem Boden eines exklusiven Offenbarungsverständnisses und der entsprechenden Zurückweisung natürlicher Theologie als Plausibilisierungen oder gar Erkenntnisgründe der Trinität strikt ab. Demgegenüber kann *katholische Theologie*[40] auf dem Boden eines inklusiven Offenbarungsverständnis und einer entsprechend begrenzten Würdigung natürlicher Gotteserkenntnis von der Schöpfung als „Bild der Trinität" sprechen. In der aufgezeigten Spannung zwischen Welttranszendenz und Weltbezug Gottes und der damit verbundenen Auslegung der Gottebenbildlichkeit des Menschen (Gen 1,26–28) ist katholisches Denken insgesamt stärker durch Vorstellungen

---

[39] Vgl. exemplarisch *Christiane Tietz*, Systematisch-theologische Perspektiven zur Trinitätslehre, in: *Drecoll*, Trinität (s. o. Anm. 27), 163–194, hier 186.

[40] Vgl. exemplarisch *Gisbert Greshake*, Der Dreieine Gott. Eine trinitarische Theologie, Freiburg 1997, 244–266.

der Teilhabe und Entsprechung von Schöpfer und Schöpfung/ Geschöpf bestimmt, während protestantische Theologie aus rechtfertigungstheologischer Perspektive (vgl. 2.2) eher die bleibende Differenz zwischen Schöpfer und Schöpfung/Geschöpf betont.[41]

2.5.3 Gott und das Leiden: Theodizee

Das bereits in der antiken Philosophie (Epikur) klassisch formulierte Problem der Rechtfertigung Gottes angesichts der Übel in der Welt (Theodizee, griech. theos: Gott und dike: Gerechtigkeit bzw. dikaioun: rechtfertigen) stellt sich verschärft unter den Bedingungen des christlichen, Schöpfung und Versöhnung einschließenden Monotheismus als ein Widerspruchsproblem, d. h. als Widerspruch zwischen dem theistischen Bekenntnis zu einem lebendig handelnden, personal verstandenen, zugleich allmächtigen wie allgütigen Gott und der realen Erfahrung vielgestaltiger Übel und Leiden in der Welt. Im Sinne des deutenden Charakters religiöser und theologischer Rede geht es in der Theodizee weniger um die Rechtfertigung Gottes als um die auch religionskritischen Einwänden standhaltende *Rechtfertigung menschlicher Gottesvorstellungen angesichts gegenläufiger Selbst- und Welterfahrungen* im Horizont des umfassenden Wirklichkeitsverständnisses des christlichen Glaubens (Schöpfung).[42]

Theodizee – Rechtfertigung von Gottesvorstellungen

Übel und Leiden kennzeichnen in christlicher Sicht die unabweisbare Ambivalenz und Endlichkeit menschlicher Selbst- und Welterfahrung und damit die schöpfungstheologisch begründete Differenz zwischen Gott und Welt, die mit dem geglaubten, heilvoll kontinuierlichen Schöpfungshandeln Gottes interpretierend zu vermitteln ist. Überkommene Deutungen des Leidens als Strafe Gottes für begangene Sünde und Schuld (Gen 3,16–18; Ps 38,4; Jes 53,1–6) oder als Wirkung des Teufels im feindlichen Gegenüber zu Gott (Hi 1,6–2,10) sind schon innerbiblisch überholt (Hi 42,7; Joh 9,2f; Mk 3,22f). Im Rahmen biblischer Vorstellungen der umfassenden Macht Gottes (Jes 45,7; Hi 33,4; Off 1,8) werden Übel und Leiden

---

[41] Zu den konfessionellen Gemeinsamkeiten und Differenzen im Schöpfungsverständnis vgl. ausführlicher *Heinrich Bedford-Strohm*, Schöpfung (Bensheimer Hefte 96: Ökumenische Studienhefte 12), Göttingen 2001.

[42] Für ausführlichere Darstellungen der Theodizee-Problematik vgl. aus evangelischer Perspektive *Christian Link*, Theodizee. Eine theologische Herausforderung (Theologische Bibliothek III), Göttingen 2016; aus katholischer Sicht *Klaus von Stosch*, Theodizee (Grundwissen Theologie), Paderborn (2013) ²2018.

als unbegreifliche Dimensionen des verborgenen bzw. fernen Gottes gedeutet (Jes 45,15; 1 Kor 2,7; Eph 3,9; Jer 23,23). Während in der *lutherischen Tradition* die Verborgenheit Gottes im Unterschied zu seiner in Jesus Christus offenbaren heilvollen Zuwendung als bedrohliche Dimension existenzieller Erschütterung des eigenen Glaubens in Leiden und Anfechtung beschrieben wird, kann *katholische Theologie* (Karl Rahner) die Verborgenheit Gottes als die jeder personalen Beziehung und so auch der Gottesbeziehung des Glaubens grundsätzlich innewohnende Geheimnishaftigkeit verstehen.[43]

Modifikationen der Allmacht Gottes

In beiden Konfessionen führt die mit der Vorstellung von der Verborgenheit Gottes verbundene Wahrung seiner Souveränität zu jeweils spezifischen Modifikationen der *Allmacht Gottes*: Im Anschluss an die lutherische Kreuzestheologie und unter dem Einfluss einer jüdischen „Theologie nach Auschwitz" (Abraham Joshua Heschel, Elie Wiesel, Hans Jonas) hat die *protestantische Theologie* des 20. Jh. (Dietrich Bonhoeffer, Jürgen Moltmann, Eberhard Jüngel sowie in feministisch-theologischer Akzentuierung Dorothee Sölle) das Kreuz als Symbol der wirksamen „Ohnmacht" Gottes in seiner beziehungsstiftenden Allmacht verstanden. Am Kreuz Jesu Christi erhält in dieser Perspektive das Widerspruchsproblem der Leidenserfahrung inklusive des leidenden Menschen einen trinitätstheologisch zu verstehenden Ort in Gott selbst zugleich mit der Hoffnung auf Überwindung von Leiden und Tod in der fortgehenden Gemeinschaft mit Gott (Auferstehung). Der so im „Wort vom Kreuz" (1 Kor 1,18) erschlossenen Allmacht der Liebe Gottes entspricht rechtfertigungstheologisch seine kontingente und vollständig passive Selbstvergegenwärtigung im je individuellen Glauben (vgl. 2.2). Gegenüber dieser Differenzperspektive wird *katholischerseits* im Sinne der stärkeren, schöpfungstheologischen Profilierung des Menschen als freies Vernunftwesen die Allmacht Gottes im Horizont einer Teilhabemetaphorik (vgl. 2.5.2) als eine den Menschen „ermächtigende Macht zur Freiheit"[44] verstanden.

---

[43] Zu konfessionellen Differenzen in der Rede von der Verborgenheit Gottes vgl. ausführlicher *Ulrike Link-Wieczorek,* Verzweiflung im Leiden und Ringen um den Gottesglauben, in: Dies u.a. (Hg.), Nach Gott im Leben fragen. Ökumenische Einführung in das Christentum, Gütersloh 2004, 20–46, hier 26–33.

[44] *Stephan Weber,* Warum greift der gute Gott nicht ein? Die Allmacht Gottes in zeitgenössischen Ansätzen und das Problem des *malum naturale,* Freiburg im Breisgau 2013, 259; zur evangelischen Akzentuierung des Allmachtsprädikats in der Theodizee-Diskussion vgl. *Michael Bachmann,* Gott

Konfessioneller Konsens besteht darin, dass die christlich zentrale Bezugnahme auf den gekreuzigten und auferstandenen Christus eine grundlegende Hoffnung auf letztliche (eschatologische) Leidensüberwindung durch Gott entbindet, deren kritische und wirklichkeitsgestaltende Kraft im Sinne einer gemeinsamen ökumenischen Aufgabe[45] sowohl gegen ein fatalistisches Missverständnis von Allmacht als auch gegen konkrete Gewalt und Ungerechtigkeit zur Geltung zu bringen ist. Gilt die Theodizee-Frage mit Georg Büchner als „Fels des Atheismus", so kommt es in der ggf. auch kritischen Diskussion um mögliche Sinndeutungen des Leidens darauf an, den Gottesbezug durch ein leidsensibles Sprechen offenzuhalten, unter Aufnahme biblischer Traditionen die Klage als Glaubensdimension in der Leiderfahrung (Klagepsalmen: Ps 3-14.22-26, Klagelieder Jeremias: Jer 11f.15.17.18.20; Hi 3.29-31) zu profilieren und so die kritische Revision theologischer Rede von Gott im Blick auf die kontinuierliche Veränderung menschlicher Selbst- und Welterfahrung fortgehend zu ermöglichen.

Gemeinsamer Referenzpunkt: Kreuzestheologie

3. Gottesverständnis und Gottes Offenbarung als Themen der weiteren christlichen Ökumene: Freikirchen und Orthodoxe Kirchen

3.1 Freikirchen

In der zumeist einem konservativen Protestantismus verpflichteten Theologie *evangelikaler Freikirchen* wird in ausdrücklicher Kontinuität zu den altkirchlichen Bekenntnissen der trinitarisch strukturierte Gottesbegriff vorausgesetzt, weniger jedoch aktualisierend entfaltet. Der Schwerpunkt evangelikaler Gotteslehre liegt auf dem im Glauben erfahrbaren „Gott in Beziehung" (Schrift und Offenbarung), wobei in gesamtbiblischer Bezugnahme die soteriologische Hinwendung Gottes zum Menschen betont wird, innerhalb derer im Horizont verbindlicher Christusnachfolge auch die bib-

Akzente evangelikaler Theologie

---

der Allmächtige. Der Pantokrator der Bibel und die Theodizeediskussion, Freiburg im Breisgau 2019, bes. 36-93 und 189-197. Zum konfessionell differenzierten Diskurs der mit dem Allmachtsprädikat verbundenen Vorstellung einer „Unwandelbarkeit" Gottes vgl. *Karlheinz Ruhstorfer (Hg.)*, Unwandelbar? Ein umstrittenes Gottesprädikat in der Diskussion (Beihefte zur ökumenischen Rundschau 112), Leipzig 2018.

[45] Vgl. dazu DÖSTA (s. o. Anm. 21), 54-56.

lische Vorstellung Gottes als Richter zum Tragen kommt.[46] In der nordamerikanischen evangelikalen Theologie, die nachhaltig auch die evangelikale Bewegung in Deutschland bestimmt, hat sich seit den 1990er Jahren ein „open view of God" oder „open theism" entwickelt im Sinne einer als dialogisch-interaktive Bundespartnerschaft vorgestellten Beziehung zwischen Gott und Mensch.[47]

Insofern sich mit der Christozentrik des persönlichen Erlösungsglaubens auch ein radikalisiertes Sündenverständnis verbindet, steht evangelikale Theologie auf der Grundlage eines exklusiven Offenbarungsverständnisses den Erkenntnisansprüchen einer natürlichen Theologie ablehnend gegenüber und gesteht den Gottesbeweisen vor allem „dienliche Funktionen"[48] (Doxologie, rationale Glaubensexplikation, missionarische Anknüpfungspunkte) zu. Allerdings können im Rahmen evangelikaler Ernstnahme der biblischen Texte als wörtlich durch Gott inspiriert und des damit verbundenen Verständnisses von Schöpfung als biblische Weltentstehungstheorie (Kreationismus) wie der Vorstellung Gottes als intelligentem Schöpfer (Intelligent Design) auch natürliche Offenbarung und die erkenntnistheoretische Plausibilität von Gottesbeweisen positiv gewürdigt werden.[49]

Charismatisch inspirierte Theologie

Die der klassischen Pfingstbewegung des 20. Jh. entstammenden *charismatischen Freikirchen* zeichnen sich im Blick auf ihr Gottesverständnis durch die zentrale Betonung des Heiligen Geistes im Sinne einer persönlichen Geisterfahrung des Glaubens mit ganzheitlicher Wirkung aus. Die daraus resultierende geistliche Erneuerung soll vor allem im Empfang neutestamentlicher Gnaden-

---

[46] Diese Ausrichtung evangelikaler Gotteslehre zeigt sich in Aufbau und Beiträgen des von der „Fachgruppe Systematische Theologie" des „Arbeitskreises für evangelikale Theologie" verantworteten Themenbandes: *Christian Herrmann (Hg.)*, Wahrheit und Erfahrung – Themenbuch zur Systematischen Theologie. Bd. 1: Einführende Fragen der Dogmatik und Gotteslehre (Systematisch-theologische Monografien 11), Wuppertal 2004.

[47] Vgl. dazu umfassend *Manuel Schmid*, Gott ist ein Abenteurer. Der Offene Theismus und die Herausforderungen biblischer Gottesrede (Forschungen zur systematischen und ökumenischen Theologie 167), Göttingen 2020.

[48] So *Ron Kubsch* und *Thomas Schirrmacher*, Natürliche Theologie. Was kann die Vernunft über Gott wissen?, in: *Herrmann*, Wahrheit und Erfahrung (s. o. Anm. 46), 119–131, hier 128.

[49] So bspw. *Reinhard Junker*, Evolutionstheorie und Schöpfungsglaube, in: *Christian Herrmann* und *Rolf Hille (Hg.)*, Verantwortlich glauben. Ein Themenbuch zur christlichen Apologetik, Nürnberg 2016, 118–138 sowie *Markus Widenmeyer*, Kann man die Existenz Gottes beweisen?, in: Jahrbuch für Evangelikale Theologie 30 (2016), 121–150.

als spektakulärer Geistesgaben (Charismen: 1 Kor 12–14) sichtbar werden. Zwar hat die charismatische Bewegung zur Überwindung einer gewissen „Geistvergessenheit" (Otto A. Dilschneider) in Gotteslehre und Theologie der westlichen Kirchen beigetragen; ihr Geistverständnis steht jedoch im Blick auf die fehlende trinitarische Entfaltung des Geistempfangs, seine individuelle Verengung und vermeintliche Unmittelbarkeit wie die spektakuläre Ausrichtung in der Kritik.[50]

3.2 Orthodoxe Kirchen

Orthodoxe Theologie geht grundlegend von der *Unerkennbarkeit des Wesens Gottes* aus (apophatische Theologie), betont jedoch zugleich die Möglichkeit ganzheitlich-personaler Erfahrung Gottes als Vater, Sohn und Geist insbesondere im kirchlich-liturgischen Leben.[51] Im Sinne eines inklusiven Offenbarungskonzepts wird die übernatürliche Offenbarung Gottes in Jesus Christus, bewahrt in Kirche, Schrift und Tradition, als Präzisierung und Vollendung der natürlichen Offenbarung und Erkenntnis Gottes in der Schöpfung verstanden.[52] Nach orthodoxem Verständnis wird die Einheit Gottes in der Dreiheit der Personen (Hypostasen) durch die *Vorrangstellung (Monarchie) des Vaters* gewährleistet, der in seiner Ursprungslosigkeit Garant und Ursprung der Gottheit von Sohn und Geist ist (Joh 15,26). Dem konkret personalen Charakter orthodoxer Gotteserfahrung entspricht so die personale Begründung trinitarischer Einheit in der Person des Vaters, verbunden mit der Betonung der relativen Selbstständigkeit der trinitarischen Personen, insbesondere des Heiligen Geistes. In der bekannten Dreifaltigkeitsikone des russischen Malers Andrej Rubljev (ca. 1360–1430) wird dies durch die kreisförmige, um eine eucharistische Brotschale zentrierte Anordnung der Personen einerseits sowie durch die gemeinsame

---

[50] Zu Kritik und Würdigung der charismatischen Bewegungen vgl. grundlegend *Peter Zimmerling*, Charismatische Bewegungen, Göttingen (2009) ²2018, bes. 69–73 und 120–122.

[51] Dazu und zum Folgenden vgl. ausführlicher *Karl Christian Felmy*, Einführung in die orthodoxe Theologie der Gegenwart (Lehr- und Studienbücher zur Theologie 5), (1990) ³2014, bes. 1–63 und 129–158.

[52] Vgl. exemplarisch *Dumitru Staniloae*, Orthodoxe Dogmatik Bd. 1, Gütersloh 1985, 17–46 und 109–131.

Kopfneigung von Sohn und Geist hin zum Vater andererseits anschaulich.⁵³

Kritik am Filioque
Die westkirchliche Einfügung des *Filioque* („Hervorgang des Geistes vom Vater *und vom Sohn*") in den lateinischen Text des NC (vgl. 2.4.1) unterliegt aus orthodoxer Perspektive vielfacher Kritik: Formal als unzulässiger Eingriff in einen normativen Konzilstext, theologisch als Gefährdung der Monarchie des Vaters bzw. der Einheit Gottes selbst sowie als Nivellierung der spezifischen trinitarischen Beziehungen zwischen Vater und Sohn bzw. Sohn und Geist und damit der personalen Eigenständigkeit des Geistes und schließlich als spekulative Bemächtigung des unerkennbaren Wesens Gottes. In der Konsequenz dieser Einwände haben die orthodoxen Kirchen 2006 im Ökumenischen Rat der Kirchen (ÖRK) eine normative Anerkennung des NC von 381 im Rahmen einer Satzungsrevision erreicht, welche die künftigen Mitglieder auf eine Stellungnahme zum NC verpflichtet.⁵⁴

In der anhaltenden Diskussion um das Filioque⁵⁵ werden aus westlicher Sicht sowohl die ostkirchliche Variante einer strikteren (Ausgang des Geistes nur vom Vater) als auch einer weiteren Fassung der Monarchie des Vaters (Ausgang des Geistes vom Vater durch den Sohn) als Formen der Unterordnung (Subordination) der trinitarischen Personen kritisiert. Im Beharren auf der mit dem Filioque zum Ausdruck gebrachten Symmetrie innertrinitarischer Beziehungen kommt das zentrale christologisch-soteriologische Motiv westlicher

---

⁵³ Zur ikonographischen Darstellung der Trinität, insbesondere auch zum sog. „Gnadenstuhl" (um 1120) als wichtigster Darstellung der heilsökonomisch profilierten Trinitätslehre der westlichen Kirchen vgl. *Greshake*, Der dreieine Gott (s. o. Anm. 40), 541–557.

⁵⁴ Vgl. dazu und zur orthodoxen Positionierung zum Filioque *Reinhard Flogaus*, Wurzel allen Übels oder soteriologische Notwendigkeit? Zum Verständnis des Filioque in der orthodoxen, römisch-katholischen und evangelischen Theologie des 20. Jahrhunderts, in: *Michael Böhnke, Assaad Elias Kattan* und *Bernd Oberdorfer (Hg.)*, Die Filioque-Kontroverse. Historische, ökumenische und dogmatische Perspektiven 1200 Jahre nach der Aachener Synode (Quaestiones Disputatae 245), Freiburg 2011, 134–179, hier 139–153.168.

⁵⁵ Zur Filioque-Diskussion vgl. grundlegend *Bernd Oberdorfer*, Filioque. Geschichte und Theologie eines ökumenischen Problems (Forschungen zur systematischen und ökumenischen Theologie 96), Göttingen 2001 sowie die ökumenischen Tagungsbände *Alfred Stirnemann* und *Gerhard Wilflinger (Hg.)*, Vom Heiligen Geist. Der gemeinsame trinitarische Glaube und das Problem des Filioque (Pro Oriente XXI), Innsbruck 1998 und *Böhnke, Kattan* und *Oberdorfer*, Filioque-Kontroverse (s. o. Anm. 54).

Trinitätslehre zum Ausdruck: Das im Glauben an Kreuz und Auferstehung Jesu Christi gnadenhaft, d. h. durch den Heiligen Geist geschenkte, rechte Verhältnis des Menschen zu Gott ist nur dann authentische Gemeinschaft mit Gott, wenn diese in der innertrinitarischen, gleichursprünglich durch den Geist realisierten Gemeinschaft von Vater und Sohn ihren ewigen und bleibenden Grund hat.

Diese mit der Filioque-Frage bezeichnete Differenz im trinitarischen Denken ist seit der zweiten Hälfte des 20. Jh. verstärkt Gegenstand *ökumenischer Verständigungsbemühungen*. In der Pluralität der konfessionellen Positionen findet sich neben vereinzelter orthodoxer Stilisierung des Filioque als grundlegend häretischer Unterscheidungslehre zwischen Ost und West, dem entschiedenen theologisch-dogmatischen Plädoyer für das Filioque durch katholische, reformierte und insbesondere lutherische Theologie auch eine überkonfessionelle Mehrheit westlicher Theologen der Gegenwart, die eine liturgische Streichung des Filioque aus dem Credo (NC) für möglich halten unter der Voraussetzung einer ostkirchlichen Anerkennung des christologisch-soteriologischen Anliegens des Filioque als nicht-häretisch.

Zwar wird auf evangelischer und katholischer Seite das Filioque im Allgemeinen nicht als kirchentrennend angesehen; aus orthodoxer Perspektive verhindert jedoch eine Differenz im Glaubensbekenntnis eine mögliche Kircheneinheit. Unter den westlichen Kirchen haben bisher nur die altkatholischen Kirchen bereits 1970 das Filioque aus dem NC gestrichen. Für die römisch-katholische Kirche hat 1995 der „Päpstliche Rat zur Förderung der Einheit der Christen" eine „Klarstellung" formuliert, die in Übereinstimmung mit dem 1993 veröffentlichten Katechismus der Katholischen Kirche (Nr. 246–248) die griechische Originalfassung des NC (ohne Filioque) und die lateinische Textfassung (mit Filioque) als komplementäre, d. h. als zwei gleichberechtigte, einander ergänzende Sichtweisen ansieht. Die liturgische Verwendung des filioque-freien NC bleibt daher in der katholischen Kirche „stets legitim"[56]. In den lutherischen Kirchen gilt der christologisch-soteriologische Sachgehalt des Filioque als unaufgebbar; in ökumenischen Gottesdiensten mit orthodoxer Beteiligung kann jedoch das griechische NC (ohne Filioque) verwendet werden.[57]

---

[56] Zu Text und ökumenischer Diskussion dieser „Klarstellung" vgl. *Stirnemann* und *Wilfinger (Hg.)*, Vom Heiligen Geist (s. o. Anm. 55).
[57] Vgl. dazu *Amt der VELKD (Hg.)*, Ökumenisch den Glauben bekennen. Das Nicaeno-Constantinopolitanum von 381 als verbindendes Glaubens-

4 Anknüpfungspunkte im Blick auf andere Religionen: Judentum und Islam

Im Verhältnis des Christentums zu den *östlichen Religionen* bestehen zwar tiefgreifende Differenzen hinsichtlich Gottesbegriff und Wirklichkeitsverständnis; gleichwohl lassen sich strukturelle Anknüpfungspunkte bspw. im buddhistischen Verständnis der letztgültigen Realität (Nirwana, Dharma, göttliche Attribute der Buddha-Natur und Drei-Körper-Lehre) aufweisen[58], die christliche Gotteslehre herausfordern und vertiefen können. Seinem Selbstverständnis nach steht christliches Gottesverständnis in expliziter heilsgeschichtlicher Kontinuität und besonderer Nähe zum Judentum (4.1) sowie in einem davon unterschiedenen Verhältnis zum nachchristlichen Islam (4.2), der sich seinerseits in heilsgeschichtlicher Vollendung des jüdisch-christlichen Gottesverständnisses sieht. Mit diesen Verhältnisbestimmungen verbinden sich unterschiedliche Positionen in der religionstheologischen Frage nach der Identität Gottes in den drei monotheistischen Weltreligionen (4.3).

4.1 Christliches und jüdisches Gottesverständnis

Der in der Geschichte Israels erfahrene Gott Abrahams, Isaaks und Jakobs (Ex 3,6) wird von Jesus als Vater bekannt und in der Geschichte Jesu als Sohn und letztgültige Offenbarung Gottes (Joh 14,6; 1 Joh 5,20) geglaubt, dessen bleibende Gegenwart in der Gemeinschaft der Christinnen und Christen durch seinen Geist verbürgt wird. Mit der trinitätstheologischen „Verhältnisbestimmung der drei identitätsstiftenden Geschichten Gottes"[59] wird die für christliches Selbstverständnis konstitutive Bindung an Israel bzw. an das *Judentum* gerade in der unterscheidenden Dimension christlichen Gottesverständnisses festgehalten. Denn auch das Christus-

---

bekenntnis. Stellungnahmen der VELKD (Texte der VELKD 139), Hannover 2007.

[58] Vgl. dazu ausführlicher *Lai Pan-chiu*, Die letztgültige Realität im chinesischen Buddhismus und die christliche Gotteslehre, in: *Markus Mühling (Hg.)*, Gott und Götter in den Weltreligionen: Christentum, Judentum, Islam, Hinduismus, Konfuzianismus, Buddhismus (Grundwissen Christentum 5), Göttingen 2014, 219–249.

[59] *Christoph Schwöbel*, Ökumenische Theologie im Horizont des trinitarischen Glaubens, in: *Ders.*, Christlicher Glaube im Pluralismus. Studien zu einer Theologie der Kultur, Tübingen 2003, 85–106, hier 93.

bekenntnis als wesentliche Differenz zum Judentum, das auf den Messias noch wartet, ist letztlich nur in einem trinitätstheologischen Horizont verstehbar.

Zentral für jüdisches Gottesverständnis[60] ist das Bekenntnis zur *Einzigkeit und Einheit Gottes* (Dtn 6,4) mit entsprechender Betonung der Unfassbarkeit seines Wesens (Bildlosigkeit, Unaussprechlichkeit des Gottesnamens, Ehrfurcht vor der Heiligkeit Gottes). In der damit verbundenen Abweisung spekulativer Gotteslehre sieht sich das liberale Judentum der Gegenwart mit dem Islam „einig in einem gemeinsamen Gottesbild und in ihrer Kritik an der christlichen Trinitätslehre als Abschwächung des Monotheismus"[61]. Gleichwohl stellt sich auch im Judentum eine trinitarischem Denken vergleichbare Herausforderung, traditionelle Ausdifferenzierungen der göttlichen Einheit im Dienste der dynamisch verstandenen Nähe Gottes zum Menschen mit seiner Einheit zu vermitteln: so bspw. im Blick auf die Schechina als geglaubte Gegenwart Gottes unter den Menschen, hinsichtlich kabbalistischer Vorstellungen einer Vielfältigkeit Gottes, weiterhin im Kontext jüdischer Rede von Weisheit, Geist und Wort Gottes sowie bezogen auf die Vielfalt der Verhaltensweisen Gottes (middot), unter denen insbesondere Barmherzigkeit, Gerechtigkeit und Bundestreue zentral sind.[62]

Nach rabbinischer Auffassung kommt der Mensch zu Gott nur durch seine Offenbarung in der Tora, die in ihrer Schriftform (Mose 1–5) einer fortgehenden, ggf. auch korrigierenden Auslegung in der ebenfalls im Sinaigeschehen offenbarten und in der Tradition weitergegebenen mündlichen Tora bedarf. Die vernunftgeleitete, Pluralität ausdrücklich einschließende Interpretation der Tora wird dabei als fortgehender Offenbarungsprozess verstanden. Strukturelle Analogien zum christlichen Offenbarungsverständnis liegen in der je nach jüdischer Schulrichtung unterschiedlich intensiven Differenzierung zwischen Offenbarungsgeschehen und Offenbarungszeugnis sowie im Verständnis von Offenbarung als Sprach- und Beziehungsgeschehen.

Einzigkeit und Einheit Gottes

---

[60] Zum jüdischen Gottesverständnis vgl. ausführlicher *Andreas Nachama, Walter Homolka* und *Hartmut Bomhoff*, Basiswissen Judentum, Freiburg 2015, 35–46.
[61] Ebd., 613.
[62] Vgl. dazu *Daniel Krochmalnik*, Echad. Monopolytheismus im Judentum, in: *Bernhard Nitsche, Klaus von Stosch* und *Muna Tatari* (Hg.), Gott – jenseits von Monismus und Theismus, Paderborn 2017, 95–110; *Karl E. Grözinger*, Gebet, Notschrei, Emotion. Jüdische Perspektiven auf die christliche Trinitätslehre, in: Zeitzeichen 6 (2017), 33–35.

4.2 Christliches und islamisches Gottesverständnis

Unter Berufung auf Abraham (Sure 3,65–68) als urbildliche Verkörperung der in schöpfungsmäßiger „Uroffenbarung" an Adam (Sure 30,30; 7,172) begründeten Gottergebenheit des Menschen („Islam") versteht sich der *Islam* als Wiederherstellung und Vollendung dieser geschichtlich zersplitterten, ursprünglichen Religion (Sure 5,3), begründet im Koran als normativem und letztgültigem Offenbarungswort (Sure 2,2–5; 26, 192–197; 38,29) des einen, religionsübergreifend identisch verstandenen Gottes (Sure 29,46).[63]

Einzigkeit und Einheit Gottes — Grundlegend für islamisches Gottesverständnis ist das Bekenntnis zur *Einzigkeit und Einheit Gottes* (Sure 6,102; 112) im Sinne eines strikten Monotheismus, wie er auch in der zum Eigennamen stilisierten Gottesbezeichnung „Allah" (al-ilah: der Gott schlechthin)[64] zum Ausdruck kommt. Die Unvergleichlichkeit Gottes besteht in islamischer Perspektive in seiner absoluten Welttranszendenz (Sure 16,74) und ontologischen Differenz zu allem anderen Seienden (Sure 42,11f; 112,3f) bei gleichzeitiger absoluter Nähe zum Menschen (Sure 50,116: „näher als die Halsschlagader") und weltimmanenter Allgegenwart (Sure 2,115). Im Unterschied zum jüdischen und christlichen Verständnis der Schöpfung als Deutungskategorie (heils)geschichtlicher Gotteserfahrung bringt der Schöpfungsgedanke im Islam vorrangig die unbedingte Souveränität Gottes (creatio ex nihilo: Sure 2,117; 3,47) zum Ausdruck bis hin zur Vorstellung des fortgehenden schöpferischen Handeln Gottes (creatio continua) im Sinne seiner Allkausalität für jedes Ereignis in der Welt (Occasionalismus: Sure 2,20.106 f.109). Absolute Transzendenz und Nähe Gottes, strikte Weltdifferenz und allgegenwärtiger Weltbezug werden in der islamischen Theologie weniger theologisch-diskursiv als vielmehr in der frommen Anschauung vermittelt, bspw. in der Erfahrung Gottes als Licht der Welt (Sure 24,35) oder in der strittig diskutierten, anthropomorphen Rede von Gottes Hand (Sure 48,10), Gottes Augen (54,14) und Thron (13,2).

---

[63] Vgl. dazu und zum Folgenden *Susanne Heine, Ömer Özsoy, Christoph Schwöbel* und *Abdullah Takim* (Hg.), Christen und Muslime im Gespräch. Eine Verständigung über Kernthemen der Theologie, Gütersloh 2014, 21–81. 109–124; *Klaus von Stosch*, Gott im Islam, in: *Mühling*, Gott und Götter (s. o. Anm. 58), 103–142.

[64] Zum Verständnis der aus dem vorislamischen Gebrauch im arabischen Polytheismus und Christentum übernommenen Gottesbezeichnung „Allah" als Eigennamen vgl. die Argumente bei *Heine, Özsoy, Schwöbel* und *Takim*, Christen und Muslime (s. o. Anm. 63), 54–57.

Innerislamisch führt die Überzeugung erkenntnismäßiger Unfassbarkeit Gottes (Sure 6,103) zu konsequenter Zurückhaltung gegenüber spekulativen Überlegungen zum Wesen Gottes und so zu strikter *Ablehnung des christlich-trinitarischen Gottesverständnisses* als „Beigesellung" anderer Götter (Sure 39,3), Götzendienst (Sure 29,17) und unvergebbare Sünde (Sure 4,116). Das trinitätstheologisch begründete Christusbekenntnis wird als Verfälschung der ursprünglichen Botschaft Jesu selbst (Sure 4,171; 5,72–74) kritisiert. Zwar hat die neuere Koranforschung nachgewiesen, dass diese antitrinitarische Polemik den vorislamischen Polytheismus und zeitgenössische Irrlehren arabischer Christinnen und Christen ebenso im Blick hat wie übertriebene Christus- und Marienverehrungen bis hin zum Missverständnis der Trinität als Kernfamilie aus Gott, Maria und Jesus (Sure 5,116). Wie jedoch gegenwärtige islamisch-christliche Dialoge zur Trinität zeigen,[65] markiert die Trinitätslehre nach wie vor eine bleibende Differenz im Gottesverständnis beider Religionen. Gleichwohl stellen die trinitätstheologisch bearbeiteten Fragen wie die Vermittlung von Transzendenz und Nähe, Weltdifferenz und Weltbezug, Einheit und Vielheit der Attribute Gottes bleibende Herausforderungen auch für die islamische Theologie dar. In der neueren islamischen Theologie[66] wird die fast alle Koransuren wie das tägliche Pflichtgebet eröffnende Barmherzigkeit als Wesenseigenschaft Gottes und seines liebenden Weltbezuges profiliert; hier bestehen Anknüpfungspunkte zum christlichen Gottesverständnis.

Kritik der Trinitätslehre

Offenbarungstheologisch liegen bleibende Differenzen zwischen Christentum und Islam in der universal verstandenen Letztgültigkeit des jeweils religionsbegründenden Offenbarungsereignisses: „Herabsendung" des Korans (Sure 42,52) bzw. Selbstoffenbarung Gottes in Jesus Christus. Über die koranische Wortoffenbarung hinaus vergegenwärtigt sich Gott nach islamischem Verständnis auf der Grundlage schöpfungsmäßiger „Uroffenbarung" an Adam (Sure 30,30; 7,172) auch in den „Zeichen" der äußeren Natur (2,164; 6,95–99). Die so ermöglichte natürliche Gotteserkenntnis hat innerislamisch zu einer relativ starken Gewichtung natürlicher Theologie unter Aufnahme christlich-theologischer Gottesbeweise, insbesondere des kosmologischen und teleologischen Arguments, geführt.

---

[65] Vgl. exemplarisch *Muna Tatari* und *Klaus von Stosch* (Hg.), Trinität – Anstoß für das islamisch-christliche Gespräch (Beiträge zur komparativen Theologie 7), Paderborn 2013.
[66] Vgl. grundlegend *Mouhanad Khorchide*, Islam ist Barmherzigkeit: Grundzüge einer modernen Religion, Freiburg (2012) ²2016.

Indem die Wortoffenbarung des Korans auf ein immateriell verstandenes, himmlisches „Urbuch" aller Offenbarungen Gottes (Sure 43,2–4; 13, 39) zurückgeführt wird, gewährleistet seine „Herabsendung" zugleich die Einheit und den letztgültigen Abschluss der Offenbarung (Sure 5,44–48). Damit verbindet sich innerislamisch die Diskussion über „Unerschaffensein" oder „Erschaffensein" des Korans, über sein wortwörtliches Verständnis auf dem Boden eines instruktionstheoretischen Offenbarungsbegriffs oder seine hermeneutisch offene Auslegung im Rahmen eines kommunikativ-relationalen Offenbarungsverständnisses[67] sowie die Frage der theologischen Vermittlung des „unerschaffenen" bzw. „erschaffenen" Korans mit der strikt differenzlos verstandenen Einheit Gottes. Auch an diesem Punkt zeigen sich strukturelle Analogien zu den in der christlichen Trinitätslehre bearbeiteten systematischen Fragen als bleibende Herausforderungen auch für islamisches Gottesverständnis.

4.3 Identität Gottes in verschiedenen monotheistischen Religionen?

Mit der Existenz mehrerer monotheistischer Religionen stellt sich die logische Frage nach der Identität des jeweils als einzig bekannten Gottes in der Verschiedenheit dieser Religionen. Im Verhältnis zum *Judentum* betonen evangelische und katholische Kirche seit den 1960er Jahren im Horizont des Bekenntnisses zur Gegenwart des Gottes Israels im Juden Jesus von Nazareth ihre besondere heilsgeschichtliche Verbindung zum Judentum und die theologische Anerkennung der Bundestreue Gottes in der bleibenden Erwählung Israels.[68] Von jüdischer Seite aus wurde in der Folge die grund-

---

[67] Für die gegenwärtige islamische Theologie vgl. dazu *Mouhanad Khorchide*, Gottes Offenbarung im Menschenwort. Der Koran im Licht der Barmherzigkeit (Herders Theologischer Koran-Kommentar 1), Freiburg 2018, 78–158.

[68] Zur dialogbezogenen Entwicklung dieser Einsichten vgl. *Reinhold Bernhardt*, Inter-Religio. Das Christentum in Beziehung zu anderen Religionen (Beiträge zu einer Theologie der Religionen 16), Zürich 2019, 147–159. Für die evangelische Kirche vgl. exemplarisch die EKD-Studien „Christen und Juden" (I–III 1975–2000) und *Kirchenamt der EKD (Hg.)*, Christlicher Glaube und religiöse Vielfalt in evangelischer Perspektive. Ein Grundlagentext des Rates der Evangelischen Kirche in Deutschland (EKD), Gütersloh 2015, 68–75; für die katholische Kirche vgl. die entsprechenden

sätzliche Identität des jüdisch wie christlich geglaubten Gottes ausdrücklich festgehalten, so bspw. in der 2000 erstmals veröffentlichten jüdischen Erklärung „Dabru Emet" („Redet Wahrheit").[69]

Im Verhältnis zum *Islam* zeigen sich konfessionelle Unterschiede in den kirchlichen Stellungnahmen: In der Überzeugung, dass der in Jesus Christus offenbarte, universale Heilswille Gottes nur in der *katholischen Kirche* authentisch bewahrt ist, spricht das Zweite Vatikanische Konzil von einer spezifischen „Hinordnung" aller Menschen auf die das geschichtliche Wirken der Kirche leitende „katholische Einheit des Gottesvolkes", welcher in abgestufter Reihenfolge die katholischen Gläubigen, dann die anderen christlichen Konfessionen, unter den nicht-christlichen Religionen zuerst das Judentum, dann der Islam und schließlich auch die nicht-religiösen Formen der Gottessuche angehören.[70] Unter der Voraussetzung der Gegenwart Gottes auch in den nicht-christlichen Religionen und Weltanschauungen betont die katholische Kirche im Blick auf die Musliminnen und Muslime, die im „Festhalten am Glauben Abrahams [...] mit uns den einzigen Gott anbeten" die grundlegenden Gemeinsamkeiten im Verständnis des einen identischen Gottes als allmächtigen Schöpfer und barmherzigen Richter.[71]

Im Unterschied dazu ist die religionstheologische Positionierung der EKD zum Islam mit besonderer Akzentuierung der Unterschiede in der Gotteslehre stärker differenzhermeneutisch geprägt:[72] Auf der Grundlage der reformatorisch strikt genommenen Offenbarungs- und Glaubensgebundenheit des eigenen Gottesverständnisses und angesichts der offensichtlichen Differenzen bezüglich der Trinitätslehre und des dadurch begründeten Christusbekenntnisses stellen Behauptungen der Identität des christlich und muslimisch geglaubten Gottes aus Sicht der EKD „leere Abstraktionen" dar,

---

Dokumente des Zweiten Vatikanischen Konzils, „Lumen gentium" und „Nostra Aetate", sowie die darauf bezogenen Folgeverlautbarungen.

[69] Vgl. *Rainer Kampling* und *Michael Weinrich (Hg.)*, Dabru Emet – Redet Wahrheit. Eine jüdische Herausforderung zum Dialog mit den Christen, Gütersloh 2003, 9–12.

[70] Vgl. „Lumen gentium" (s.o. Anm.17): 1. Kap. Nr.1 (DH 4101), 2. Kap. Nr.13 (DH 4132–4135) und Nr.16 (DH 4140) sowie „Nostra aetate" (DH 4195f).

[71] Vgl. ebd. 2. Kap. Nr.16 (DH 4140) und „Nostra aetate" Nr. 3 (DH 4197).

[72] Zur differenzhermeneutischen Position der EKD vgl. *Dorothee Schlenke*, Interreligiöse Annäherung? – Kontinuität und Wandel in der Haltung der EKD zum interreligiösen Dialog, in: *Hermann Josef Riedl* und *Abdel-Hakim Ourghi (Hg.)*, Interreligiöse Annäherung. Beiträge zur Theologie und Didaktik des interreligiösen Dialogs (Übergänge 23), Berlin 2018, 15–50.

welche die dialogkonstitutive Anerkennung religiöser Differenzen eher verhinderten.[73] Gleichwohl kann auch aus Sicht der EKD im Sinne der schöpfungstheologisch und soteriologisch begründeten Universalität des christlich geglaubten Gottes seine Gegenwart auch außerhalb des Christentums nicht ausgeschlossen werden; diese muss jedoch als Gegenstand von Hoffnung notwendig unbestimmt bleiben.[74]

Unhintergehbarkeit des trinitarischen Gottesverständnisses

Dass sich Judentum, Christentum und Islam gerade in dem gemeinsamen monotheistischen Bekenntnis noch einmal spezifisch unterscheiden, begründet die Notwendigkeit interreligiöser Verständigung und eröffnet zugleich die Spielräume für religions- und konfessionsbezogene Differenzen. Aus christlicher Sicht ist dabei deutlich zu machen, dass das trinitarische Gottesverständnis die christlich unhintergehbare Ausprägung des Monotheismus darstellt.[75] Inwiefern für Jüdinnen und Juden sowie Musliminnen und Muslime Anknüpfungen daran möglich sind, kann nur aus der jeweiligen religiösen Eigenperspektive entschieden werden. Interkonfessionelle und interreligiöse Verständigung in der Gotteslehre entbindet so Chancen für ein kritisch vertieftes Verständnis der eigenen Religion bzw. Konfession und erhellt im Blick auf die im Gottesbegriff repräsentierte Vermittlung von Selbst- und Welterfahrung die existenzerschließende Bedeutung von Religion überhaupt.

5 Lesehinweise

Hans-Martin Barth, Dogmatik. Evangelischer Glaube im Kontext der Weltreligionen, Gütersloh (2001) ³2008.
Hans-Jürgen Benedict, „Wär ich allmächtig, ich würde retten, retten". Aufsätze zur Gottesfrage in der deutschen Literatur, Stuttgart 2019.
Deutsche Bischofskonferenz (DBK), Ökumene, abrufbar unter: https://www.dbk.de/themen/oekumene/ [Zugriff: 8.2.2020].
Evangelische Kirche in Deutschland (EKD), Ökumene in Deutschland, abrufbar unter: https://www.ekd.de/Oekumene-in-Deutschland-10765.htm. [Zugriff: 8.2.2020].

---

[73] Vgl. *EKD*, Christlicher Glaube und religiöse Vielfalt (s. o. Anm. 68), 65.
[74] Vgl. *EKD*, Christlicher Glaube und religiöse Vielfalt (s. o. Anm. 68), 9 f., 19 f., 30–33.
[75] Vgl. ebd., 64 und *Sekretariat der Deutschen Bischofskonferenz (Hg.),* Der Glaube an den dreieinen Gott. Eine Handreichung der Deutschen Bischofskonferenz zur Trinitätstheologie (Die deutschen Bischöfe 83), Bonn 2006, 87 f.

Wilfried Härle, Warum Gott? Für Menschen, die mehr wissen wollen, Leipzig 2013.

Ludger Honnefelder, Gott denken? Eine Spurensuche in Literatur und Religion, Berlin 2009.

Anne Käfer, Jörg Frey und *Jens Herzer (Hg.)*, Die Rede von Gott Vater und Gott Heiligem Geist als Glaubensaussage. Der erste und dritte Artikel des Apostolischen Glaubensbekenntnisses im Gespräch zwischen Bibelwissenschaft und Dogmatik, Tübingen 2020.

Julia Knop (Hg.), Die Gottesfrage zwischen Umbruch und Abbruch. Theologie und Pastoral unter säkularen Bedingungen (Quaestiones Disputatae 297), Freiburg i. Br. 2019.

Eckhard Leuschner (Hg.), Das Bild Gottes in Judentum, Christentum und Islam. Vom Alten Testament bis zum Karikaturenstreit, Petersberg 2009.

Ulrike Link-Wieczorek und *Uwe Swarat (Hg.)*, Die Frage nach Gott heute. Neue ökumenische Zugänge zu klassischen Denktraditionen. Eine Studie des Deutschen Ökumenischen Studienausschusses (DÖSTA), Leipzig 2019.

Ulrike Link-Wieczorek, Ralf Miggelbrink, Dorothea Sattler, Michael Haspel, Uwe Swarat und *Heinrich Bedford-Strohm,* Nach Gott im Leben fragen. Ökumenische Einführung in das Christentum, Gütersloh 2004.

Markus Mühling (Hg.), Gott und Götter in den Weltreligionen: Christentum, Judentum, Islam, Hinduismus, Konfuzianismus, Buddhismus (Grundwissen Christentum 5), Göttingen 2014.

Burkhard Neumann und *Jürgen Stolze (Hg.)*, Heute von Gott reden. Freikirchliche und römisch-katholische Perspektiven, Paderborn 2019.

Karlheinz Ruhstorfer (Hg.), Gotteslehre (Theologie studieren: Modul 7), Paderborn 2014.

Nach Gott fragen

Religionsdidaktischer Kommentar

Jan Woppowa und Bernd Schröder

1 Lernchancen

Die Gottesfrage gehört ins Zentrum des Religionsunterrichts, unabhängig von seinem Bekenntnis oder seiner konkreten Organisationsform.[1] Sie ist daher durchgängig im Unterricht zu thematisieren, was sich auch darin zeigt, dass sie mit einigen anderen Inhaltsfeldern und theologischen Fragen (allen voran der christologischen, aber auch derjenigen nach den Ausdrucksformen christlicher Religion u. a.) unlösbar zusammenhängt. Aus religionspädagogischer und entwicklungspsychologischer Sicht geht es „um die Begleitung der Suchbewegungen von Heranwachsenden in der Gottesfrage, um die Förderung ihrer Entwicklung und des Verständnisses für die Komplexität und Vielschichtigkeit der Gottesfrage sowie der Entwicklung von Gotteskonzepten"[2]. Dabei gilt der Grundsatz einer offenen Auseinandersetzung mit der Gottesfrage und allen Formen des Gottesglaubens oder Nichtglaubens, mit der Vielfalt von Überzeugungen, mit Zweifeln, Anfragen und Kritik.[3] Denn aus jugendsoziologischer und empirischer Sicht ist einerseits die kontinuierliche Abnahme eines personalen Gottesverständnisses bei Jugendlichen zu beobachten – wie etwa in der Shell-Jugendstudie[4] und ihrer wiederholten Frage nach der Relevanz des Gottes-

Suchbewegungen begleiten

Offene Auseinandersetzung ermöglichen

---

[1] Bspw. *Jürgen Werbick* und *Burkhard Porzelt*, Art. Gott, in: Das Wissenschaftlich-Religionspädagogische Lexikon im Internet 2015, abrufbar unter: https://doi.org/10.23768/wirelex.Gott.100063 oder *Karl Ernst Nipkow*, Erwachsenwerden ohne Gott? Gotteserfahrung im Lebenslauf, München (1987) ⁵1997.
[2] *Gerhard Büttner* und *Veit-Jakobus Dieterich*, Entwicklungspsychologie in der Religionspädagogik, Göttingen 2013 (2., durchges. Aufl. 2016), 170.
[3] Vgl. ebd.
[4] Vgl. zuletzt *Mathias Albert, Klaus Hurrelmann* und *Gudrun Quenzel*, Jugend 2019. Eine Generation meldet sich zu Wort. 18. Shell Jugendstudie, Weinheim-Basel 2019, 153; vgl. auch *Büttner* und *Dieterich*, Entwicklungspsychologie (s. o. Anm. 2), 168.

glaubens. Andererseits kann nicht von einer grundsätzlichen Abkehr vom Gottesglauben ausgegangen werden. Vielmehr ist dieser geprägt von einer Formenvielfalt mit durchaus widersprüchlichen Zügen (Gott als „irgendetwas", als ein „Geheimnis", als fern und abwesend und zugleich nah und „im Menschen selbst" anwesend etc.) und von dem Wunsch, eine subjektive Gottesvorstellung als Antwort auf eigene Bedürfnisse zu entwickeln.[5] Man kann auf Basis empirischer Studien von einer Pluralisierung der Gottesvorstellungen im Jugendalter ausgehen.[6] Eine elementare Lernchance des hier präsentierten Inhaltsfeldes kann darin gesehen werden, das Fenster der Auseinandersetzung mit der Gottesfrage offenzuhalten bzw. zu öffnen und die ansonsten unausgesprochen oder in der Kommunikation unter Peers bleibende Frage nach Gott *ausdrücklich* werden zu lassen. Es gilt, die eigenen Vorstellungen zu artikulieren, eine Sprache anzubieten, weiterführende theologische Denkfiguren einzubringen und den Facettenreichtum der Gottesfrage an geeigneten Stellen aus christlich-konfessioneller Sicht mehrperspektivisch zu erschließen – mindestens aus katholischer und evangelischer, aber auch aus freikirchlicher und orthodoxer Sicht sowie im Blick auf den Trialog der monotheistischen Religionen.[7]

<small>Eigene Vorstellungen artikulieren und entwickeln</small>

Aus einem vermehrt auftretenden nach- bzw. nicht-theistischen Gotteskonzept kann man allerdings nicht folgern, dass bspw. die *Theodizeefrage* bei Jugendlichen keine Relevanz mehr hätte. Vielmehr „zeigen neuere Studien, dass in Schulklassen sehr wohl intensiv um die Theodizeethematik und um ein theistisches Gottesbild gerungen wird, vor allem dann, wenn die Schülerinnen und Schüler eigene, sie selbst berührende und aufwühlende Erfahrungen und Fragestellungen aufwerfen"[8]. So ergeben sich auch in dieser Hinsicht elementare Lernchancen aus dem vorliegenden Inhaltsfeld: Weil zunächst die biblischen Texte keine fixierte Gotteslehre bieten, sind

<small>Theodizeefrage bearbeiten</small>

---

[5] Vgl. *Büttner* und *Dieterich*, Entwicklungspsychologie (s. o. Anm. 2), 169.
[6] Vgl. etwa *Eva Maria Stögbauer*, Die Frage nach Gott und dem Leid bei Jugendlichen wahrnehmen. Eine qualitativ-empirische Spurensuche, Bad Heilbrunn 2011, 222 f, die sieben Typen im Umgang von Jugendlichen mit der Gottesfrage i.A. und der Theodizee i.Bes. unterscheidet: Gottesbekenner, Gottessympathisanten, Gottesneutrale, Gotteszweifler, Gottesrelativierer, Gottesverneiner und Gottespolemiker.
[7] Vgl. für einen mehrperspektivischen Zugang zur Gottesfrage das Themenheft „Gott" der Zeitschrift Religion unterrichten 1 (2020), abrufbar unter: https://www.vandenhoeck-ruprecht-verlage.com/zeitschriften-und-kapitel/55274/religion-unterrichten-2020-jg-1-heft-1 [Zugriff: 07.03.21].
[8] *Büttner* und *Dieterich*, Entwicklungspsychologie (s. o. Anm. 2), 185.

sie in narrativer Weise zu lesen, nämlich „als je gegenwartsbezogene Deutungen von Selbst- und Welterfahrung im Horizont kollektiver, geschichtlich vermittelter Gotteserfahrungen (Altes Testament) bzw. im Lichte der in Leben, Tod und Auferstehung Jesu Christi erschlossenen Nähe Gottes (Neues Testament)" (→ *Schlenke* und *Ruhstorfer*, Kap. 2.1). In diese Art des Lesens und Verstehens biblischer Texte können sich auch Jugendliche selbst hineinbegeben, indem sie ihre eigenen Biographien, Gotteserfahrungen, Gottesdeutungen, Anfragen und Zweifel den biblischen an die Seite stellen. Darüber hinaus sollte eine Bearbeitung der Theodizeefrage entlang religiöser Typen bzw. Stile geschehen,[9] so dass auch eine mehrperspektivische Thematisierung der Theodizeefrage sinnvoll und notwendig wird. Auch eine solche Möglichkeit eröffnet das vorliegende Inhaltsfeld, indem konfessionell verschiedene bzw. die Konfessionen verbindende Antworten und Aufgaben zur Sprache kommen: die Rede von der Verborgenheit Gottes (lutherisch, katholisch), die Deutung der Allmacht Gottes in der Paradoxie des Kreuzes (protestantisch) oder als eine den Menschen zur Freiheit befreiende Macht (katholisch), die ökumenische Hoffnung auf eschatologische Leidensüberwindung durch Gott einschließlich ihrer kritischen wirklichkeitsverändernden Kraft sowie die allen Konfessionen gemeinsame Aufgabe, die Gottesfrage durch ein leidsensibles Sprechen offen zu halten. In diese Mehrperspektivität können Schülerinnen und Schüler mit ihren Fragen und Erfahrungen einbezogen werden, denn: „Im Sinne des deutenden Charakters religiöser und theologischer Rede geht es in der Theodizee weniger um die Rechtfertigung Gottes, als um die auch religionskritischen Einwänden standhaltende *Rechtfertigung menschlicher Gottesvorstellungen angesichts gegenläufiger Selbst- und Welterfahrungen* im Horizont des umfassenden Wirklichkeitsverständnisses des christlichen Glaubens (Schöpfung)." (→ *Schlenke* und *Ruhstorfer*, Kap. 2.5.3)

Konfessionell verschiedene Antworten einbringen

In der neueren Entwicklungspsychologie wird im Blick auf die Entwicklung des Gottesbildes das *doppelte Akteur-Konzept* (Agency Concept) als neues Paradigma zu Grunde gelegt (und zwar gegen das lineare Entwicklungsmodell in der Folge der Stufentheorien Piagets u. a. von einem anthropomorphen zu einem abstrakten Gottesbild).[10] Das heißt, man geht von einer bereits frühkindlichen Fä-

---

[9] Vgl. ebd. 186f sowie *Stögbauer*, Die Frage nach Gott und dem Leid (s. o. Anm. 6).

[10] *Büttner* und *Dieterich*, Entwicklungspsychologie (s. o. Anm. 2), 162–167.

higkeit zur kategorialen Unterscheidung zwischen einem menschlichen und einem nichtmenschlichen, göttlichen Akteur aus, so dass Kinder *und* Erwachsene jeweils unterschiedliche, menschenähnliche (personale) und nichtmenschliche (apersonale) Gottesvorstellungen zeigen.

Schöpfung als Deutung von Wirklichkeit thematisieren

Auch in diesem Zusammenhang bietet eine konfessionsdifferente Bearbeitung bspw. der theologischen Deutungskategorie *Schöpfung* besondere Lernchancen. Denn die „Vorstellungen Jahwes als Schöpfer [...] zielen [...] nicht auf Weltentstehungserklärungen, sondern auf die soteriologische Deutung jeweiliger Gegenwart" (→ *Schlenke* und *Ruhstorfer*, Kap. 2.1.1). Es geht dabei also um Aussagen über die Beziehung zwischen Schöpfer und Schöpfung/Geschöpf bzw. über das Verhältnis zwischen Gott und Mensch sowie über ein daraus folgendes Offenbarungsverständnis, was konfessionell jeweils unterschiedlich gewichtet wird: katholisch eher einschließend-inklusiv (natürliche Gotteserkenntnis, innere Verwiesenheit von Gott, Gotteserfahrung und Gottdenken), reformatorisch eher ausschließend-exklusiv (Christusoffenbarung, starke Trennung zwischen göttlichem und menschlichem Handeln). Diese Differenzen können dann auch unterrichtlich im Blick auf das bezeugende Handeln und das Selbstverständnis der christlichen Gemeinschaft konkret werden: „In *protestantischer Perspektive* ist diese freie Selbstvergegenwärtigung des trinitarischen Gottes als Offenbarungsgeschehen zu unterscheiden von der menschlichen, auch fehlbaren Offenbarungsbezeugung in Schrift, Verkündigung, Tradition und kirchlichem Amt. In *katholischer Perspektive* sind hingegen Schrift, kirchliche Tradition und Kirche selbst ‚miteinander verknüpft' zur ‚Weitergabe der Offenbarung' ..." (→ *Schlenke* und *Ruhstorfer*, Kap. 2.3.1)

Trotz der naturgemäß großen Schnittmenge zwischen einer entweder katholisch oder evangelisch verankerten Gottrede und der damit einhergehenden ökumenischen Verpflichtung im gemeinsamen Wachhalten der Gottesfrage können exemplarische konfessionsspezifische Perspektiven und besondere Lesarten bzw. Akzentsetzungen jenseits der Verästelungen eines dogmatischen Fachdiskurses in gewinnbringender Weise die Bearbeitung dieses zentralen Inhaltsfeldes bereichern, sofern sie gerade im Unterricht einen erfahrungsbasierten und soteriologisch ausgerichteten Ausgangspunkt nimmt.

Der Gottesfrage im interreligiösen Gespräch nachgehen

In der Lebenswelt von Kindern und Jugendlichen begegnet die Gottesfrage schließlich im *interreligiösen Gespräch*, insbesondere durch muslimische Mitschülerinnen und Mitschüler. Die religiös jeweils spezifisch perspektivierte, traditionelle Rede vom einen

Gott, dessen Vergegenwärtigung in der Alltagssprache, im rituellen Gebet, in der Beachtung von Verhaltensregeln, kann als Chance aufgegriffen werden, um die Relevanz der Gottrede und des Gottesglaubens für die je eigene Lebensführung und -deutung zu thematisieren und die Vielheit der Konfessionen und Religionen als Zeugen Gottes wie auch bleibende Differenzen zwischen ihnen im Blick auf die religionsübergreifende Identität bzw. Nicht-Identität Gottes (→ *Schlenke* und *Ruhstorfer*, Kap. 4.2) in den Wahrnehmungshorizont von Heranwachsenden zu rücken.

Elementare Lernchancen

Exemplarische Strukturen bzw. Lerngegenstände	Lebensweltliche Zugänge bzw. Erfahrungen
Schwerpunkt: Grundlagen	
– Vielfalt biblischer Gottrede als Ausdruck und Zeugnis menschlicher Gotteserfahrungen (→ *Schlenke* und *Ruhstorfer*, Kap. 2.1)	– offene Suchbewegungen und Subjektivierungswunsch von Jugendlichen im Umgang mit der Gottesfrage angesichts individueller Erfahrungen und Probleme
– biblische Erfahrungszeugnisse als Schriftgrundlage der dogmatischen Trinitätslehre, die ihrerseits als trinitarisches Bekenntnis in Frömmigkeitspraxis der Konfessionen sichtbar wird (→ *Schlenke* und *Ruhstorfer*, Kap. 2.4)	– Pluralisierung jugendlicher Gottesvorstellungen, Typen im Umgang mit der Gottesfrage
– konfessionelle Unterschiede im Offenbarungsverständnis und in der Offenbarungsbezeugung der Kirchen (Schrift, Verkündigung, Tradition) (→ *Schlenke* und *Ruhstorfer*, Kap. 2.3)	– Erfahrungen von Sinn und Sinnstiftung in und durch Beziehungen
Schwerpunkt: Die Gottesfrage in der Diskussion	
– analoge Gottrede (→ *Schlenke* und *Ruhstorfer*, Kap. 2.5.1)	– doppeltes Akteur-Konzept, anthropomorphe und symbolische bzw. abstrakte Gottrede, personale und nichtpersonale Gottesvorstellungen
– Schöpfung als Deutungskategorie (→ *Schlenke* und *Ruhstorfer*, Kap. 2.5.2)	– Konflikt zwischen naturwissenschaftlichen und theologischen Wirklichkeitsdeutungen
– Theodizeefrage (→ *Schlenke* und *Ruhstorfer*, Kap. 2.5.3)	– Entwicklung komplementären Denkens
	– Schlüsselposition der Theodizeefrage bei der Entwicklung des Gottesbildes
Schwerpunkt: Konfessionen und Religionen	
– freikirchlich: „Gott in Beziehung" (evangelikal), Geisterfahrung (charismatisch)	– Beispiele und Zeugnisse freikirchlicher Frömmigkeit

Exemplarische Strukturen bzw. Lerngegenstände	Lebensweltliche Zugänge bzw. Erfahrungen
– orthodox: Unerkennbarkeit Gottes und personaler Charakter der Gotteserfahrung in den drei trinitarischen Personen, Filioque-Streit – Judentum und Islam: Einzigkeit und Einheit Gottes; Verhältnisbestimmungen von Transzendenz und Nähe, von Weltdifferenz und Weltbezug; Umgang mit Trinität und Christusbekenntnis – Trialog der monotheistischen Religionen: Identität bzw. Nicht-Identität Gottes und bleibende Differenzen in Gottesbild und Offenbarungsverständnis der Religionen aus katholischer und evangelischer Sicht	– neue Begegnungen mit orthodoxen Christinnen und Christen im Zuge der Migrationsbewegungen des 21. Jh. – Analyse und Deutung des Gottesbildes orthodoxer Ikonen als Zugänge der bildenden Kunst – religiöse Zeugnisse aus Judentum und Islam, Besuch von Sakralräumen und Deutung im Blick auf die vorherrschenden Gottesvorstellungen – politische Instrumentalisierung von Gottesbildern in fundamentalistischen Strömungen aller drei Religionen

2 Orientierung an didaktischen Leitlinien konfessioneller Kooperation

Eine konfessionell differenzbewusste Bearbeitung des unterrichtlichen Inhaltsfelds zur Gottesfrage stellt für den Religionsunterricht – wegen seiner hohen interkonfessionellen Kongruenz durchaus überraschend – einen Mehrwert dar und bietet entsprechende Lernchancen. Dies wird daran deutlich, dass die Vielfalt konfessioneller Akzentsetzungen bereits eine Mehrperspektivität eröffnet, die für die Entwicklung des Gottesbildes bei Jugendlichen im Sinne eines existenziellen, deutungsoffenen und diskursiven Lernprozesses[11] notwendig wird. Darin eingeschlossen sind die Anfragen und Zweifel von Jugendlichen, die ihrerseits eine Entsprechung in der erfahrungsgesättigten biblischen Gottrede haben aber auch in den verschiedenen Deutungen der (konfessionell geprägten) Christentumsgeschichte erkennbar werden. Orientiert man sich dabei an den oben benannten didaktischen Leitlinien konfessioneller Kooperation, so sollte hinsichtlich der Pluralität jugendlicher Gottesbilder eine möglicherweise in Erscheinung tretende konfessionelle Heterogenität ebenso aufgegriffen werden wie vorhandene religiöse bzw. konfessionelle Ligaturen in ihrer je individuellen Ausprägung (Leitlinien 1 und 2). Damit korrespondiert auf inhaltlicher Seite eine

Leitlinien 1, 2, 3, 5 und 9

---

[11] Vgl. bspw. die didaktischen Konturen bei *Werbick* und *Porzelt*, Gott (s. o. Anm. 1).

differenzsensible und perspektivenverschränkende Erarbeitung des Inhaltsfeldes (Leitlinien 3 und 5), das einerseits zwar als *die* grundlegende Basis eines christlichen und ökumenisch verbindenden Theologietreibens beschrieben werden kann (Leitlinie 9), andererseits aber in exemplarischer Weise deutlich werden lässt, dass auch hier konfessionsspezifische Akzente und Deutungsansätze vorliegen, die ein gemeinsames Nach-Gott-Fragen bereichern können.

3 Elementare Lernform Nr. 7: Ästhetisches Lernen

Bemüht man zur Legitimation der Gottesfrage als zentralem Bestandteil des schulischen Religionsunterrichts die folgenden drei Begründungsstränge, dann legen sie einen Unterricht entlang der Lernform des ästhetischen Lernens nahe.[12] Aus *kulturhistorischer* Sicht „befasst man sich mit Gott, um kulturelle Phänomene zu begreifen, die aus dem Gottesglauben herrühren und bis heute – auch für Nichtgläubige – prägend sind, bspw. in Kunst, Literatur, Film oder unserem Kalender". Aus *religionspolitischer* oder *sozialpsychologischer* Sicht wird die Beantwortung der Gottesfrage relevant, „um mit gottesgläubigen Mitmenschen respektvoll zusammenleben zu können, auch wenn man sich selbst als areligiös betrachtet". Schließlich – aus *anthropologischer* Sicht – begegnen Menschen in ihrem Alltag und angesichts existenzieller Erfahrungen mit unbeantwortbaren Fragen zwischen Leben und Tod, Glück und Leid, Freude und Trauer etc. Sie ringen dabei „um Worte, um Bilder, um Gedanken für das Unbegreifbare der eigenen Existenz. Unzählige Filme, Romane, Gedichte und Lieder, Essays, Artikel und Gespräche ranken sich um die Mysterien des Alltags", die für gläubige Menschen in der Gottesfrage gipfeln. Aus Sicht aller drei Begründungen geht es zuallererst um die Wahrnehmung (aisthesis) relevanter Zeugnisse, Erfahrungen und menschlicher Lebensformen, was zugleich die erste Dimension ästhetischer Erfahrung und damit den *ersten Schritt* eines ganz elementar verstandenen ästhetischen Lernens beschreibt.[13] *Zweitens* geht es einem ästhetischen Lernen um die

Drei Begründungen

Lernschritte

---

[12] Die folgenden Zitate stammen aus: *Werbick* und *Porzelt*, Gott (s. o. Anm. 1).

[13] Vgl. *Georg Hilger*, Ästhetisches Lernen, in: *Ders., Stephan Leimgruber* und *Hans-Georg Ziebertz*, Religionsdidaktik. Ein Leitfaden für Studium, Ausbildung und Beruf. Neuausg., München ²2012, 334–343.

Befähigung zur Gestaltung (poiesis) von Wirklichkeit als Ausdruck menschlicher Freiheit und Würde. Schließlich zielt ästhetisches Lernen *drittens* auf eine ästhetische Urteilsfähigkeit (katharsis), aus der heraus „im Interesse der Freiheit des Subjekts und universeller Solidarität"[14] kritisch mit ästhetischen Ausdrucksformen und der Verwendung ästhetischer Mittel umgegangen und für die Wahrnehmung und Deutung von Differenzen sensibilisiert wird. Aus dieser letzten Dimension heraus geht es ästhetischem Lernen – oder hier treffender: ästhetischer Bildung schließlich auch darum, das Individuum zu persönlicher Stellungnahme und Positionierung zu befähigen. Angewendet auf konfessionell-kooperative Lernprozesse im vorliegenden Inhaltsfeld könnte daraus bspw. abgeleitet werden:

Aisthesis *Schritt 1 (aisthesis):* Die Pluralität von Gottesbildern, ihr Spiel mit dem Unsagbaren, ihre Metaphorik und Symbolik sowie die daraus folgenden verschiedenen Interpretationen erfordern eine Wahrnehmung mit allen Sinnen und ein Lernen der „produktiven Verlangsamung"[15]. Gerade ein differenzbewusstes Lernen im konfessionell-kooperativen Religionsunterricht muss deshalb auch Wahrnehmungsschule sein für die Vielfalt religiöser und darin auch konfessioneller Quellen und Zeugnisse, deren Differenz insbesondere hinsichtlich des vorliegenden Inhaltsfelds zunächst unscheinbar wirkt, bei genauerem – verlangsamtem – Betrachten aber durchaus anregend und lernförderlich werden kann: bspw. hinsichtlich eines katholisch bzw. evangelisch verschiedenen Umgangs mit der Theodizeefrage und eines damit einhergehenden Gottesbildes, hinsichtlich einer konfessionell unterschiedlich akzentuierten Sicht auf die relative Selbstständigkeit der trinitarischen Personen, insbesondere des Heiligen Geistes (Orthodoxie) oder auf die Priorität von Geisterfahrungen (charismatische Bewegung).

Poiesis *Schritt 2 (poiesis):* So wie das Gottesbekenntnis, insbesondere das trinitarische Bekenntnis, in vielfältiger Weise auch in der spirituellen Praxis der Konfessionen sichtbar ist und Ausdrucksformen gefunden hat – bspw. in der trinitarischen Taufformel, im Gebrauch des Kreuzzeichens, im christlichen Kirchenjahr, in der Kirchenmusik etc. (→ *Schlenke* und *Ruhstorfer*, Kap. 2.4.2) –, können auch Jugendliche lernen, ihre individuelle Gottesvorstellung, ihre Fragen und Zweifel angesichts der Gottesfrage zum Ausdruck zu bringen. Das kann und soll in vielfältiger Weise geschehen, damit Individualität und Deutungsoffenheit gewahrt bleiben: bildlich, sprach-

---

[14] Ebd. 336.
[15] Ebd. 342.

lich, narrativ, poetisch, musikalisch, körperlich-gestisch, handelnd etc. Selbstredend können dabei auch mögliche religiöse Ligaturen und konfessionelle Prägungen der Schülerinnen und Schüler zum Ausdruck kommen.

Schritt 3 (katharsis): Die Instrumentalisierung Gottes in Politik, Religion und Gesellschaft auf Kosten menschlicher Freiheit und Solidarität ist ebenso kritisch zu beurteilen wie konfessionelle Vereinseitigungen oder Verzerrungen von Gottesvorstellungen und Deutungen des Offenbarungsgeschehens (bspw. im instruktionstheoretischen Modell des Ersten Vatikanischen Konzils) auf Kosten einer erfahrungsbasierten und mehrperspektivischen Gottrede. Schülerinnen und Schüler können dabei lernen, dass konfessionelle Spezifika kontextuell bedingt und kontingent sind sowie in den größeren Zusammenhang christlicher Wahrheitssuche eingeordnet werden müssen. Auch auf diese Weise kann eine religiöse Positionierungs- bzw. Standpunktfähigkeit gefördert werden.

Katharsis

Schließlich ermöglicht der Zugang über die Ästhetik bzw. das ästhetische Lernen in besonderer Weise, die ästhetische Gotteserfahrung im Islam bzw. Koran zu thematisieren. Mehr als in Judentum und Christentum spielen hier ästhetische Erfahrung, Poesie und sinnliche Wahrnehmung der Schriftrezitation als Offenbarung und Gotteserfahrung eine bedeutende Rolle: „Absolute Transzendenz und Nähe Gottes, strikte Weltdifferenz und allgegenwärtiger Weltbezug werden in der islamischen Theologie weniger theologisch-diskursiv als vielmehr in der frommen Anschauung vermittelt, bspw. in der Erfahrung Gottes als Licht der Welt (Sure 24,35) oder in der strittig diskutierten, anthropomorphen Rede von Gottes Hand (Sure 48,10), Gottes Augen (54,14) und Thron (13,2)." (→ *Schlenke* und *Ruhstorfer*, Kap. 4.2)[16]

> Ästhetisches Lernen geht weit über die hier vorgestellte Lernform hinaus und steht im Kontext einer ästhetischen Bildung nicht nur, aber besonders auch im Religionsunterricht. Grundlegend ist dabei eine gewisse Analogie zwischen ästhetischer und religiöser Erfahrung, weshalb ästhetischen Erfahrungen durchaus religiöse Relevanz beigemessen werden kann.

---

[16] Vgl. dazu etwa den Zugang bei *Navid Kermani,* Gott ist schön. Das ästhetische Erleben des Koran, München 2011 und die Auseinandersetzung damit bei *Klaus von Stosch,* Herausforderung Islam. Christliche Annäherungen, Paderborn 2016, 74–78 sowie eine darauf aufbauende Unterrichtsidee in: Sensus Religion. Vom Glaubenssinn und Sinn des Glaubens – Unterrichtswerk für die Oberstufe, hg. von *Rita Burrichter* und *Josef Epping,* München 2013, 40 f.

> Zur Orientierung: *Gottfried Bitter*, Ästhetische Bildung, in: *Ders. u. a. (Hg.)*, Neues Handbuch religionspädagogischer Grundbegriffe, München 2002, 233–238; *Claudia Gärtner*, Ästhetisches Lernen, in: *Ulrich Kropač* und *Ulrich Riegel (Hg.)*, Handbuch Religionsdidaktik, Stuttgart 2021, 266–272; *Wilhelm Gräb*, Art. Ästhetik, in: Handbuch Praktische Theologie, hg. von *Wilhelm Gräb* und *Birgit Weyel*, Gütersloh 2007, 737–747.

4 Elementare Lernform Nr. 8: Komplementäres Lernen

Komplementarität

Das Prinzip der Komplementarität (lat. complere, vervollständigen) hat seine Prägung aus der Quantenphysik erhalten und ist davon ausgehend in Entwicklungstheorien komplementären Denkens eingegangen.[17] In der Pädagogik wird darunter verstanden, „eine Sache oder ein Fragestellung von verschiedenen Seiten aus zu betrachten, auch wenn diese Perspektiven einander zu widersprechen scheinen"[18], was insbesondere angesichts einer mehrperspektivischen Welt- und Wirklichkeitsdeutung von hoher Relevanz ist. Eine besondere religionspädagogische Rolle spielen diese Denkstrukturen in der Auseinandersetzung mit naturwissenschaftlichen und theologischen Wirklichkeitsdeutungen (Schöpfung und/oder Evolution), wie in diesem Inhaltsfeld im Blick auf die Deutungskategorie Schöpfung bereits angeklungen ist. Darüber hinaus wird komplementäres Denken und auf dem Weg dorthin das komplementäre Lernen auch in konfessioneller Heterogenität relevant. Denn weil es Christentum nicht abstrakt, sondern nur in seinen konkreten konfessionellen Ausprägungen gibt, kann bzw. muss sich der konfessionell-kooperative Religionsunterricht von einer Theologie her verstehen, „die ökumenische Pluralität würdigt und als Zeichen der Fülle und Vielfalt des Geistes Gottes interpretiert"[19]. Konfessionelle Vielfalt kann deshalb als „Reichtum christlichen Glaubens"[20] gelesen werden, den es lernend zu entdecken gilt. Das wiederum heißt für unterrichtliche Lernprozesse, dass konfessionelle Diffe-

---

[17] *Büttner* und *Dieterich*, Entwicklungspsychologie (Anm. 2), 96–102.
[18] *Hans Mendl*, Art. Komplementarität, in: *Ders.*, Taschenlexikon Religionsdidaktik, München 2019, 150 f.
[19] *Mirjam Schambeck* und *Bernd Schröder*, Auf dem Weg zu einer Didaktik konfessionell-kooperativer Lernprozesse, in: *Konstantin Lindner u. a. (Hg.)*, Der RU auf dem Weg in die Zukunft: konfessionell, kooperativ, kontextuell, Freiburg i. Br. 2017, 343–363, hier 344.
[20] *Schambeck* und *Schröder*, Auf dem Weg (s. o. Anm. 19), 345.

renzen im Verhältnis einer die verschiedenen Positionen nicht ausschließenden, sondern einschließenden Komplementarität zu lesen und didaktisch fruchtbar zu machen sind. Ebenso möchte das zu einer „ökumenischen Denkform"[21] gewordene Prinzip der Komplementarität auf der Basis einer Figur der Einheit in versöhnter Verschiedenheit konfessionsspezifische Perspektiven nicht hinter sich lassen, sondern in ihrer Unterschiedlichkeit auf das gemeinsame christliche Zentrum (Christusbekenntnis) hin denken.

Im vorliegenden Inhaltsfeld betrifft das die interkonfessionellen Spannungsfelder im Verhältnis von Glauben, Gnade und Vernunft bzw. Offenbarung und natürlicher Gotteserkenntnis. Die beiderseitigen Akzentverschiebungen verhindern in der komplementären Zusammenschau das Abdriften in Extreme (Fideismus und Rationalismus) und schaffen Möglichkeiten, sich der Unverfügbarkeit und Unbeantwortbarkeit der Gottesfrage möglichst breit und umfassend nähern zu können. Insgesamt scheint die Gottesfrage das primäre Inhaltsfeld zu sein, das auf den Prinzipien von Pluralität und Mehrperspektivität aufbaut, denen sich wiederum nur komplementär genähert werden kann, um sowohl der Sache als auch den vielfältigen Zugängen der Lernenden gerecht werden zu können. Eine unterrichtliche Behandlung von Kirchenräumen und kirchlicher Liturgie – als Ausdrucksformen der Gotteserfahrung und Gottesbegegnung – müsste bspw. beachten, dass konfessionsspezifisch akzentuierte liturgische Formen (Wortverkündigung, Eucharistie bzw. Abendmahl) sowie konfessionell konnotierte Artefakte (Tabernakel und Ambo, Predigtkanzel) komplementär zu erschließen wären. So stellen etwa der im katholischen Christentum verwendete Tabernakel und die weithin evangelisch verortete Predigtkanzel nicht lediglich zwei mehr oder weniger konfessionsspezifische Merkmale von Kirchenräumen dar, sondern können weit darüber hinaus als Ausdruck konfessionsspezifischer Akzentsetzungen und in komplementärer Hinsicht als Zeichen für sich ergänzende Orte bzw. Vollzüge christlich-liturgischer Gottesdienstpraxis (Wortgottesfeier und Schriftauslegung sowie Feier des Erinnerungsmahls und der Gegenwart Christi) erschlossen werden. Schülerinnen und Schüler können auf diese Weise eine tiefere Einsicht darüber gewinnen, was die doppelte Mitte christlicher Er-

Themen: Glaube und Vernunft, Offenbarung und natürliche Gotteserkenntnis

Nachhall: Kirchenraum und Liturgie

---

[21] *Wolfgang Thönissen*, Anwalt des Dialogs aus Überzeugung. Plädoyer für eine ökumenische Denkform der Komplementarität, in: *Harald Baer* und *Matthias Sellmann* (Hg.), Katholizismus in moderner Kultur, Freiburg i. Br. 2007, 185–198.

innerung und Glaubenspraxis ausmacht. In formaler Hinsicht wird damit ein Umgang mit Differenzen eingeübt, der eine rein binäre oder dichotome Logik hinter sich lassen kann.

Die Denkform der Komplementarität bzw. das komplementäre Denken steht ursprünglich im Zusammenhang mit dem Themenbereich „Naturwissenschaft und Glaube/Theologie" und zielt auf die Fähigkeit ab, verschiedene (auch sich scheinbar widersprechende) Perspektiven zur Beschreibung eines Sachverhalts zueinander ins Verhältnis zu setzen (z. B. Evolution und Schöpfung). In einer nicht nur naturwissenschaftlich, sondern darüber hinaus durch eine Vielfalt von Deutungsperspektiven geprägten Welt ist komplementäres Denken (auch zur Überwindung hybriden Denkens) eine zentrale Herausforderung und Aufgabe religiösen Lernens sowie wesentlicher Baustein des Erwerbs einer Fähigkeit zum Perspektivenwechsel.

Zur Orientierung: *Gerhard Büttner* und *Veit-Jakobus Dieterich*, Zwischen Hybridisierung und Denken in Komplementarität, in: *Dies.*, Entwicklungspsychologie in der Religionspädagogik, Göttingen 2013 (2., durchges. Aufl. 2016), 88–102; *Ulrich Kropač*, Perspektivübernahme und Perspektivenwechsel, in: *Ders.* und *Ulrich Riegel (Hg.)*, Handbuch Religionsdidaktik, Stuttgart 2021, 317–324, hier 320–322.

Nach Jesus Christus fragen

Person, Botschaft, Handeln Jesu und die Christologie

Cornelia Dockter und Katharina Opalka

1 Einleitung

Im ökumenischen Diskurs werden christologische Fragestellungen eher implizit thematisiert: Es lassen sich jedoch markante Akzentsetzungen finden, insofern bestimmte Weichenstellungen in der Christologie zu unterschiedlichen Argumentations- und Begründungsfiguren in anderen Themen der theologischen Reflexion führen. Der grundsätzlich enge Zusammenhang von Christologie und Soteriologie führt dazu, dass den christologischen Vorüberlegungen und Ausdifferenzierungen dennoch eine hohe Relevanz zukommt, die im aktuellen ökumenischen Diskurs im Vergleich zu anderen Themen recht einvernehmlich ist. So schreibt Friedrich Schleiermacher 1830/31: „Dies ist das Grundbewußtsein eines jeden Christen von seinem Gnadenstande, auch bei der allerverschiedensten Auffassung des Christentums."[1] Das zeigt sich auch daran, dass in der Praxis die Christologie nur dort im ökumenischen Dialog thematisiert wird, wo sie andere Themenfelder berührt: Das gilt z. B. für die Sakramentenlehre in der Frage der Präsenz Christi im Abendmahl oder dann, wenn christologische Figuren als Begründung für Kirchenstrukturen herhalten. Eine im Folgenden ausführlich diskutierte Ausnahme ist die Frage nach der Göttlichkeit und Menschlichkeit Jesu Christi, die oft unter der Chiffre „Zweinaturenlehre" zusammengefasst wird.

Christologie als weichenstellender Topos

In der Praxis, z. B. in der Liturgie, führt das nicht zu grundlegenden Unterschieden, sondern eher zu verschiedenen Profilierungen. Karfreitag und Ostern werden traditionsübergreifend gefeiert, wenn auch z. B. bestimmte Traditionen eher die tröstende Kraft

---

[1] *Friedrich Daniel Ernst Schleiermacher*, Der christliche Glaube nach den Grundsätzen der evangelischen Kirche im Zusammenhange dargestellt, zweite Aufl. (1830/31), hg. v. *Rolf Schäfer*, Berlin/New York 2008, 25, § 91.

des Kreuzes betonen und andere eher die mit der Auferstehung verbundene Zuversicht und Hoffnung. Die auf diese Praxen bezogenen christologischen Narrative wie „Kreuz" und „Auferstehung" können in ökumenischer Perspektive als ein Integrationspunkt verschiedener Traditionen dienen, in denen gemeinsam nach Formen gesucht wird, die christologischen Überlegungen für existentielle Erfahrungen relevant zu machen. Das gilt z. B. für das Gebet am Kreuz am Freitagabend in der ökumenischen Gemeinschaft von Taizé, bei dem eine russisch-orthodoxe Praxis als Hintergrund für das individuelle Gebet in einem durch katholische und protestantische Elemente geprägten liturgischen Rahmen genutzt wird.

<small>Kreuz und Auferstehung als integrative Narrative</small>

2 Jesus und die Christologie als Themen im evangelisch-katholischen Verhältnis

In der Christologie macht sich das evangelisch-katholische Verhältnis an verschiedenen Diskussionszusammenhängen fest, so dass eine scharfe Trennung des folgenden Kapitels in *römisch-katholisch* und *protestantisch* nicht sinnvoll ist. Die Entwicklungen bis zur Reformation und besonders die Konzilien werden *eher* aus römisch-katholischer Perspektive analysiert, die Christologie seit der Reformation in Einbeziehung von Aufklärung und Existenzialphilosophie *eher* aus protestantischer Perspektive. Die anthropozentrische Wende, die durch Kant angestoßen und von der Philosophie aus spätestens im Zuge des 20. Jh. auch die Theologie erreicht, spielt in der christologischen Diskussion katholischer- *und* evangelischerseits eine große Rolle.

2.1 Die biblischen Grundlagen christologischer Überlegungen

Die christliche Rede von Jesus Christus als dem Sohn Gottes, der uns durch seinen Tod am Kreuz von den Sünden erlöst, speist sich aus dem Zeugnis der Heiligen Schrift. Hier kann zwischen einer *impliziten* und einer *expliziten* Christologie unterschieden werden. Implizit zeigt sich die Sohnschaft Christi durch seine Botschaft von der anbrechenden Gottesherrschaft (Mk 1,14 f.), seine Zuwendung zu den Schwachen und den gesellschaftlich Ausgegrenzten (Mt 9,9–13; Lk 1,15 f.; 5,17–32), sein Wunderwirken (Mt 14,13–33; 20,29–34),

<small>Implizite Christologie</small>

seine Sündenvergebung (Mt 9,2) und sein grenzenloses Vertrauen auf seinen Vater im Himmel (Mk 14,36; Mt 7,21; Lk 2,49; 23,34.46). Der evangelische Theologe Wolfhart Pannenberg spricht hier von der „Dialektik der Sohnschaft"[2] Jesu Christi, da sich Jesus einerseits voll und ganz vom Willen seines Vaters leiten lässt, sich beständig auf ihn als Richtschnur seines Lebens bezieht und sein eigenes Handeln als Handeln des Vaters, seines Abbas, identifiziert (Mk 1,22; Joh 5,17–47). Andererseits macht Jesus klar, dass er selbst nicht der Vater ist (Mk 13,32). Sein himmlischer Vater ist sein Gegenüber, von dem er sich gesandt weiß, von dem Jesus sich allerdings selbst unterscheidet. Das Zugleich von Gottesbezug und Selbstunterscheidung macht das Reden und Handeln Jesu Christi aus und lässt ihn somit schon zu Lebzeiten als Sohn Gottes erkennbar werden.[3] Dieses *implizite* Zeugnis seiner Sohnschaft wird im Leiden und Sterben Christi durch das Auferweckungshandeln Gottes bestätigt (Röm 1,3f.). Die neutestamentlich bezeugten Erfahrungen des Auferstandenen sowie die Jesus Christus zugesprochenen christologischen Titel (*Herr/Kyrios, Messias/Christus, Menschensohn*) sind *explizite* Bekenntnisse der Göttlichkeit Christi im Licht Osterns. Entsprechend sind auch die geistgewirkte Empfängnis und Geburt Jesu aus der Jungfrau Maria (Mt 1,18.20; Lk 1,35) sowie die Beschreibung der Taufe Jesu Christi (Mk 1,9–11; Mt 3,16; Lk 3,22) theologische Zeugnisse und Reflexionen des österlichen Bekenntnisses von der Göttlichkeit Christi.

Explizite Christologie

Der aszendenzchristologische Ansatz (*Aufstiegschristologie*) bei Jesu Leben, Sterben und Auferstehung findet seine deszendenzchristologische Entsprechung (*Abstiegschristologie*) in der Logoschristologie des Prologs des Johannesevangeliums. In Anlehnung an die im Alten Testament bezeugte hellenistisch-jüdische Theologie der Weisheit spricht Johannes vom göttlichen Wort (gr. *Logos*), das von Anfang an bei Gott war und Fleisch, das heißt Mensch, geworden ist (Joh 1,1.14).

Aszendenzchristologie

Deszendenzchristologie

---

[2] *Wolfhart Pannenberg*, Grundzüge der Christologie, Gütersloh 1964, 345–361.

[3] Das Verständnis Christi als Sohn Gottes wird durch die alttestamentliche Rede des Volkes Israel als Kind bzw. Sohn Gottes vorgeprägt (Ex 4,22; Dtn 32,6; Ps 2,7). Analog zum alttestamentlichen Sohnesverständnis, das die besondere Vertrautheit zwischen Gott und seinem Volk Israel heraushebt, wird auch im Falle Christi die starke Verbindung zwischen dem göttlichen Vater und Jesus Christus herausgehoben. Das alttestamentliche Propheten- und- Gesalbtenverständnis bildet einen unverzichtbaren Schlüssel zum angemessenen Verständnis der Gottesmittlerschaft Jesu Christi.

Allen biblischen Berichten ist gemeinsam, dass sie sowohl die Geschichte des Menschen Jesus wie auch seine göttliche Herkunft betonen. Durch den – mit den Worten des katholischen Theologen Thomas Pröpper gesprochen – Bedeutungszusammenhang von Leben, Tod und Auferweckung[4] wird deutlich, dass Jesus Christus die Selbstoffenbarung von Gottes unbedingtem Heilswillen ist. Durch sein Leiden und seinen Tod am Kreuz erfährt der Sohnesgehorsam seinen Höhepunkt. In den Erfahrungen des auferstandenen Christus wird den Jüngerinnen und Jüngern offenbart, dass der Tod nicht mehr das Ende der Gottesbeziehung des Menschen bedeutet. Durch das grenzenlose Vertrauen Jesu in den Vater und das gnadenhafte Rettungshandeln des Vaters bedeutet der physische Tod ein für alle Mal, das heißt *„für alle Menschen aller Zeiten"*[5], nicht mehr die Trennung von Gott. Wird Sünde verstanden als Abbruch der Beziehung zwischen Gott und Mensch, dann wird verständlich, inwieweit Jesu Tod am Kreuz und seine Auferweckung als Überwindung der Sündenmacht verstanden werden können: „Nur weil er [Jesus; C.D.] als wahrer Mensch in einer Beziehung zum Vater stand, die alles von Menschen Machbare übersteigt, konnte er das Symbol der Sünde, den physischen Tod (vgl. Röm 6,23), umqualifizieren von einem Realsymbol der Trennung von Gott in ein Realsymbol des Zugangs zu Gott (vgl. 1 Kor 15,54–56; Joh 14,6b)."[6]

Überwindung von Tod und Sünde

2.2 Menschlich oder göttlich? Die Christologie als zentraler Streitpunkt des Glaubens bei den Kirchenvätern

Das Bekenntnis zu Christus als göttlichem Sohn und Erlöser von unseren Sünden ist somit in den biblischen Berichten grundgelegt und wird von den frühen Christinnen und Christen zum zentralen Kern ihres Glaubens. Dies zeigt sich nicht nur in der Glaubenspraxis der frühen christlichen Gemeinden, sondern auch in den theologischen Auseinandersetzungen der ersten Kirchen-

---

[4] Vgl. *Thomas Pröpper*, Erlösungsglaube und Freiheitsgeschichte. Eine Skizze zur Soteriologie, München, zweite wesentlich erweiterte Aufl. 1988, 228.

[5] *Karl-Heinz Menke*, Jesus ist Gott der Sohn. Denkformen und Brennpunkte der Christologie, Regensburg 2008, 520.

[6] Ebd. 31.

väter. Dabei ist es der johanneische Gedanke der Inkarnation des Gottesworts in der geschichtlichen Person Jesus von Nazareth, der für die christologische Bekenntnisbildung der ersten Jahrhunderte leitend wird. So verbinden Kirchenväter wie Ignatius von Antiochien, Irenäus von Lyon, Justin der Märtyrer, Tertullian und Origenes die hellenistische Philosophie des Mittel- bzw. Neuplatonismus mit der biblischen Rede vom inkarnierten Gottessohn. Es ist gerade die Christologie des Theologen Origenes, die dabei Gefahr läuft, den Sohn nicht nur heilsgeschichtlich, sondern auch wesensmäßig dem Vater unterzuordnen (*Subordinatianismus*). Dieser Subordinatianismus wird vom alexandrinischen Presbyter Arius aufgenommen und auf die Spitze getrieben: Arius zufolge habe der vom Vater geschaffene Logos einen Anfang und sei dem Vater im Wesen untergeordnet, das bedeutet, selbst nicht göttlich. Das im Jahr 325 durch Kaiser Konstantin einberufene Konzil von Nicäa verurteilt den Subordinatianismus des Arius und hält die wahre Menschlichkeit sowie die wahre Göttlichkeit Jesu Christi fest (eines Wesens mit dem Vater; *homoousios*). Dieses Bekenntnis bildet den Ausgangspunkt für jede weitere Rede von Jesus Christus und stellt das verbindende Fundament aller christlichen Kirchen und Konfessionen dar.

Die Folgezeit des Konzils von Nicäa ist geprägt von der Frage, wie die bezeugte Menschlichkeit und Göttlichkeit in der einen Person Jesus Christus zusammengedacht werden kann. Die in der Tradition der alexandrinischen Schule stehende Christologie unterstreicht die Einigung der zwei Naturen Christi, der menschlichen und der göttlichen Natur, in der einen Person Jesus Christus. Die Schule von Antiochien hingegen verweist auf das bleibende Getrennt-Sein des Logos und des Menschen Jesus von Nazareth bzw. der göttlichen und der menschlichen Natur. Sie sehen sich nun mit der Herausforderung konfrontiert, erklären zu müssen, inwiefern das Getrennt-Sein des göttlichen Logos und des Menschen Jesus nicht die Person- und Subjekteinheit Jesu Christi untergräbt.

Während die Schule von Alexandrien also Gefahr läuft, entweder nur von einer *scheinbaren* Menschlichkeit Christi auszugehen (*Doketismus*) bzw. die menschliche Natur Christi zu negieren (*Monophysitismus*), müssen die antiochenischen Christologien verständlich machen, inwieweit sie Jesus Christus nicht nur als einen besonders begabten, zu Lebzeiten von Gott angenommenen Menschen verstehen (*Adoptianismus*). Wichtig ist hierbei der soteriologische Grundgedanke, dass ohne das Zugleich von wahrer Menschlichkeit und wahrer Göttlichkeit nicht gedacht werden kann, dass

Inkarnation als Grundgedanke

Konzil von Nicäa 325

Wahre Menschlichkeit und Göttlichkeit

Christus wirklich der Erlöser von unseren Sünden ist.[7] Nur wenn er voll und ganz Mensch war, kann Gottes Liebe für uns Wirklichkeit werden, da Liebe sich nicht anders ereignen kann als als ein interpersonales Beziehungsgeschehen, in das der Mensch in Freiheit einwilligen kann. Der Tod Jesu ist wirklich der Tod eines Menschen und die Überwindung dieses Todes somit kein rein innergöttliches Ereignis, sondern ein Beziehungsgeschehen zwischen Gott und Mensch. Gleichzeitig muss Jesus voll und ganz göttlich sein, damit Jesus Christus nicht nur ein besonders vorbildhaftes Beispiel für einen gottgefälligen Menschen darstellt, sondern uns in ihm und in seinem Handeln wirklich Gott selbst begegnet.

Die christologischen Diskussionen des vierten bis sechsten Jh. ringen um ein angemessenes Verständnis dieses außerordentlichen Personengeheimnisses Jesu Christi. Meilensteine des christologischen Streits zwischen den beiden Schulen sind die ökumenischen Konzilien.[8] An ihnen manifestiert sich nicht nur die Auseinandersetzung um ein dem biblischen Zeugnis gerecht werdendes Verständnis Christi. Sie markieren zudem die ersten institutionalisierten Glaubensspaltungen innerhalb der Geschichte der Kirche. So spaltet sich das im Bereich des damaligen Persiens beheimatete ostsyrische Christentum zu Beginn des fünften Jahrhunderts als „Apostolische Kirche des Ostens" von der Reichskirche ab. Diese zunächst vornehmlich politisch motivierte Abspaltung wird in der Ablehnung der christologischen Beschlüsse des Konzils von Ephesus (431) theologisch konsolidiert.

Konzilien als Meilensteine

Das Konzil von Chalcedon im Jahr 451 stellt nun den Versuch dar, einen wirklichen christologischen Kompromiss zwischen alexandrinischer und antiochenischer Christologie herzustellen. Chalcedon schafft eine christologische Grundlage, die einerseits ausschließt, den Unterschied der beiden Naturen Christi aufzuheben (Unvermischtheit und Unveränderlichkeit der Naturen), andererseits aber auch jeder Trennung der Naturen eine Absage erteilt (Ungetrenntheit und Unteilbarkeit der Naturen). Doch das christologische Bekenntnis von Chalcedon schafft es nicht, die anvisierte Einigkeit zu bringen. Um einer neuerlichen Spaltung innerhalb der Kirche zu entgehen, versucht die Reichskirche die alexandrinische Schule

Konzil von Chalcedon 451

---

[7] Vgl. ebd. 30 f.

[8] Die Bezeichnung „ökumenische Konzilien" verweist darauf, dass die jeweiligen Konzilien eine Versammlung des Bischofs-Kollegiums der *Gesamtkirche* darstellen. Hierzu gehören in erster Linie die sieben Synoden der ersten Jahrhunderte nach Christus zwischen 325 und 787.

durch die Beschlüsse des Zweiten Konzils von Konstantinopel (553) und durch die Bestimmungen der *neuchalcedonischen Enhypostasielehre* zu versöhnen. Die Bemühungen von Seiten der Reichskirche können allerdings die Abspaltung der heute als altorientalisch bzw. miaphysitisch[9] bezeichneten Kirchen nicht aufhalten. So spalten sich in der Folgezeit des Konzils von Chalcedon Teile des Patriarchats von Antiochien, des Patriarchats von Alexandrien sowie der äthiopischen und der armenischen Kirche von der Reichskirche ab.

Hier wird deutlich, dass die Herausbildung von konfessionellen Unterschieden innerhalb des Christentums der Spätantike neben kirchenpolitischen Gründen maßgeblich an christologischen Lehrentscheidungen festgemacht werden kann. Seit dem 20. Jahrhundert werden Gespräche zwischen den orientalisch-orthodoxen Kirchen[10] und den übrigen christlichen Kirchen geführt, die zur Aufarbeitung des konfliktvollen Erbes und zu einem gegenseitigen Verständnis der jeweiligen Lehrposition führen sollen. Eines der Ergebnisse dieser Gespräche ist die „Wiener Christologische Formel" aus dem Jahr 1971.[11] Dieses gemeinsame Bekenntnis der orthodox-orientalischen Kirchen und der römisch-katholischen Kirche formuliert einen Konsens in der Frage nach dem angemessenen Verständnis von Christi wahrer Gottheit und wahrer Menschheit. Eine entsprechende „Gemeinsame Erklärung zur Christologie" zwischen der orientalisch-orthodoxen Kirche und der orthodoxen Kirche folgt 1989.

Christologische Verständigungen im 20. Jh.

Die Betrachtung der Christologie der Spätantike verhilft nicht nur zu einem besseren Verständnis der historischen Gründe für die

Ökumenische Konzilien als Maßstab

---

[9] Hier sei darauf hinzuweisen, dass zuweilen immer noch die Bezeichnung „Monophysiten" für die alt-orientalischen, nicht-chalcedonischen Kirchen üblich ist. Dies ist entschieden abzulehnen, da die altorientalischen Kirchen nicht die Häresie des Monophysitismus vertreten, sondern in der Tradition der altkirchlichen alexandrinischen Theologie stehen.

[10] Hierzu zählen die Koptische Orthodoxe Kirche, die Äthiopische Orthodoxe Kirche, die Syrische Orthodoxe Kirche, die Armenische Apostolische Kirche und die Malankarische Orthodoxe Syrische Kirche.

[11] Vgl. hierzu *Johannes Oeldemann*, Einheit der Christen. Wunsch oder Wirklichkeit? Kleine Einführung in die Ökumene, Regensburg 2009, 76 f.; *Ders.*, Orthodoxe Kirchen im ökumenischen Dialog. Positionen, Probleme, Perspektiven, Paderborn 2014, 54–58; *Rudolf Kirchschläger* und *Alfred Stirnemann* (Hg.), Chalzedon und die Folgen. 1. Wiener Konsultation mit der Orientalischen Orthodoxie. Dokumentation des Dialogs zwischen der armenisch-apostolischen und der römisch-katholischen Kirche sowie des Dialogs zwischen chalzedonischer und nicht-chalzedonischer Orthodoxie. FS Bischof Mesrob K. Krikorian (Pro Oriente 14), Wien 1992.

Herausbildung der altorientalischen Kirchen und für die Besonderheit bspw. der syrischen Christologie. Gerade aus römisch-katholischer Sicht bleibt jede christologische Theoriebildung bleibend den Beschlüssen der ökumenischen Konzilien, maßgeblich den Beschlüssen Nicäas und Chalcedons, verpflichtet. Dies bedeutet, dass keine Christologie hinter das soteriologisch bedeutsame Bekenntnis von der wahren Menschlichkeit und der wahren Göttlichkeit Jesu Christi zurücktreten darf. Gleichzeitig zeigt die Auseinandersetzung mit den dogmengeschichtlichen Entwicklungen die Schwierigkeit, die Zweinaturenlehre so auszubuchstabieren, dass weder Jesu Göttlichkeit noch Jesu Menschlichkeit eine Überbetonung erfährt. Dass dieser Balanceakt noch heute die christologische Diskussion über die Konfessionsgrenzen hinweg prägt, wird mit einem Blick auf zeitgenössische christologische Entwürfe deutlich.

2.3 Christologie als Soteriologie in reformatorischer Perspektive

Christologie – um der Soteriologie willen

„Kreuz" und „Auferstehung" können als grundlegende Narrative der Christologie verstanden werden, die besonders dort relevant werden, wo sie eine Wirkung haben. Das kann als die Pointe der reformatorischen Theologie interpretiert werden: In der Christologie geht es im Wesentlichen um die Soteriologie – unter der Fragestellung, wie sich das Heil durch Christus aneignen lasse.[12] Diese Perspektive tritt ergänzend zu dem Bezug auf die Konzilien und die biblischen Texte hinzu und prägt den Umgang mit der Tradition und den traditionellen Gestalten der Christologie, die auf ihre Bedeutung für den Umgang mit existentiellen Erfahrungen hin befragt werden.[13] Das Leben und insbesondere das Leiden und Sterben Jesu Christi sind für Martin Luther (1483–1546) nicht deshalb der Betrachtung wert, weil es um den Zustand des Leidens an

---

[12] Vgl. *Dietrich Korsch*, Antwort auf die Grundfragen christlichen Glaubens. Dogmatik als integrative Disziplin, Tübingen 2016, 122.

[13] So schreibt Thorsten Dietz in seiner Einleitung in der Studienausgabe zu Luthers „Sermon von der Betrachtung der heiligen Leiden Christi": „Die biblischen Passions- und Ostergeschichten werden von Luther in diesem Sermon als ein existenzielles Muster in Anspruch genommen, in dessen Horizont das eigene Leben heilvoll gedeutet werden kann" (*Martin Luther*, Ein Sermon von der Betrachtung des Heiligen Leiden Christi [1519], übers. v. Thorsten Dietz, in: *Martin Luther*, Deutsch-deutsche Studienausgabe Bd. 1, Leipzig 2012, [27–29]30–43, nach WA 2, [131]136–142).

sich, den Akt des Gehorsams Jesu gegen Gott oder die relationalen Beziehungen im Gottesgedanken ginge. Auch dort, wo er sich auf diese Themen bezieht, diskutiert Luther nicht die Menschwerdung oder auch nur das Menschsein Christi an sich, sondern die sich – im Kreuzestod – zeigende Solidarität mit den Sünderinnen und Sündern, die sich diese aneignen können.[14] Es geht für Luther ganz grundsätzlich um die Frage, wie diese christologischen Figuren für Menschen in der Bewältigung ihrer Lebenserfahrungen relevant sein können.[15]

Das lässt sich exemplarisch an der Verarbeitung der Zweinaturenlehre zeigen: Für die reformatorische Theologie geht auch diese grundlegend von der Frage aus, wie die bereits geschehene Erlösung in Christus aktuell, je und je wieder angeeignet werden könne.[16] Luther verweist dazu in transformierender Aufnahme der Tradition auf die Sakramente: Diesen kommt eine besondere Bedeutung für die Christologie zu, insofern im performativ wirksamen Wort im Sakrament Christus so präsent ist, dass sich die Wirklichkeit dahingehend verändern kann, dass sich individuelle Heilsgewissheit einstellt.[17] Es ist die soteriologische Notwendigkeit, Idiomenkommunikation

---

[14] Vgl. *Notger Slenczka*, „Nondum considerasti quanti ponderis sit peccatum – Du hast noch nicht ermessen, welches Gewicht die Sünde hat". Die Bedeutung des Kreuzes für das Selbstverständnis des Menschen, in: Kerygma und Dogma 62 (2016), 160–182.

[15] Zu dieser Intention der Theologie vgl. *Cornelia Richter*, Ethik der Zwischenphänomene. Glaubensreflexion in lebensbegleitender Absicht, in: *Michael Roth* und *Marcus Held* (Hg.), Was ist eine theologische Ethik? Grundbestimmungen und Grundvorstellungen, Berlin 2018, 177–196, hier 182; sowie Dorothea Ugi, die für die Sermones entfaltet, inwiefern Luther hier um eine theologische Sprache bemüht ist, mit denen er situativ und kontextuell auf individuelle, existentielle Lebenserfahrungen eingehen kann (*Dorothea Ugi*, Den Tod vor Augen. Systematisch-theologische Blicke auf thanatologische Themen (MThS 135), Leipzig 2021); vgl. auch *Gerhard Ebeling*, Luthers Seelsorge an seinen Briefen dargestellt. Theologie in der Vielfalt der Lebenssituationen, Tübingen 1997.

[16] Das gilt allgemein für die Transformationen in den theologischen Themen, wie sie sich in der Reformation zeigen und die der Reformationshistoriker Volker Leppin folgendermaßen für den Gottesgedanken beschreibt. „Hier verschiebt sich die Akzentsetzung von einer Betonung der Gerechtigkeit als einer Gott leitenden kriterienhaften Urteilseigenschaft hin zu einer existentiellen Anwendung" (*Volker Leppin*, Transformationen. Studien zu den Wandlungsprozessen in Theologie und Frömmigkeit zwischen Spätmittelalter und Reformation, Tübingen 2015, 435).

[17] *Notger Slenczka*, Die Christologie als Reflex des frommen Selbstbewusstseins. „… darumb wirt die gottheyt Ihesu Christi … damit bekant,

diese (reale) Präsenz im Abendmahl zu begründen, die bei Luther dazu führt, dass er auf die Zweinaturenlehre zurückgreift und sie als „Idiomenkommunikation" entfaltet: In diesem Modell werden menschliche und göttliche Natur in Jesus Christus als sich gegenseitig dynamisch durchdringend verstanden, so dass auch in der – durch den Sprechakt hervorgerufenen – Präsenz Christi in den Sakramenten menschliche und göttliche Natur nicht voneinander zu trennen seien.

Kreuzestheologie

Diese soteriologische Ausrichtung ist nun – auf den ersten Blick überraschend – eng an den Tod Jesu und damit an die Kreuzestheologie gekoppelt: Mit einer in Gemeinden geläufigen Formulierung kann das als die Frage verstanden werden, „ob Jesus für unsere Sünden sterben musste"[18]. In der Entwicklung der lutherischen Theologie dient Luther selbst das Kreuz in Aufnahme der mittelalterlichen *ars moriendi* als Prüf- und Fokuspunkt der Christologie.

Anfechtung

In der lutherischen Theologie ist damit implizit angelegt, dass christologisches Denken auch die Bestimmung derjenigen menschlichen Phänomene und Zustände erfordert, die diesen Trost überhaupt nötig machen, so die Verzweiflung, das Leiden, die Angst, Scham und Schuld. Diese Zustände kann Luther an vielen Stellen unter dem Stichwort der „Anfechtung" zusammenfassen.[19] Diese menschlich-existentiellen Phänomene finden im Kreuz einen Ausdruck, so dass sie dem Glauben nicht entgegenstehen: Vielmehr können aus christologischer Perspektive, und besonders der Perspektive des Kreuzes, diese scheinbar negativen Zustände, auf die auch Schülerinnen und Schüler ansprechbar sind, ernst genommen werden.[20] Ein kurzer Text, in dem sich zeigt, wie – ganz praktisch

---

das wir ynn yhn ... glauben" (Luther, WA 7,215,15), in: *Jens Schröter (Hg.)*, Themen der Theologie. Christologie, Tübingen 2014, 182–241.

[18] So startet Dietrich Korsch in seinem Handbuch zu in der Gemeinde und Schule begegnenden Fragestellungen mit der Frage „Mußte Jesus für unsere Sünden sterben" (§ 9), um erst im Folgenden Paragraphen die Frage „Ist Jesus Gottes Sohn" (§ 10) zu thematisieren (*Korsch*, Antwort (s.o. Anm. 12), 116–147). Die soteriologische Perspektive ist der Gotteslehre in der Christologie zwar nicht in der Chronologie, jedoch in der Relevanz vorgeordnet.

[19] *Thorsten Dietz*, Der Begriff der Furcht bei Luther (BHTh 147), Tübingen 2009; *Notger Slenczka*, ‚Sich schämen'. Zum Sinn und theologischen Ertrag einer Phänomenologie negativer Selbstverhältnisse, in: *Cornelia Richter u.a. (Hg.)*, Dogmatik im Diskurs, Leipzig 2014, 241–261.

[20] Zu Luthers Erfahrungsbegriff vgl. Cornelia Richter, die gegen Loewenich festhält, dass Luthers Theologie sehr wohl als eine Erfahrungs-

gedacht – im Anschauen Jesu Christi dieser „Trost des Kreuzes" wirksam werden kann, ist der „Sermon von der Bereitung zum Sterben" (1519)[21]. Luther schlägt darin in tröstender Absicht vor, dass die Beschäftigung mit dem Tod nicht erst in der Sterbestunde geschehen sollte. Vielmehr solle man sich durch die Betrachtung des Kreuzes in die Auseinandersetzung mit dem eigenen Tod einüben, um darin Hoffnungsperspektiven entdecken zu können und die eigenen Ängste angesichts des Todes überwinden zu können: „Es geht so: Du musst den Tod im Leben, die Sünde in der Gnade, die Hölle im Himmel ansehen und dich von diesem Ansehen oder Blick nicht wegtreiben lassen"[22]. In diesem Sinne wird „Christus das Bild des Lebens und der Gnade und unser Trost gegen das Bild des Todes und der Sünde"[23]. Mit den praktisch ausgerichteten, auf Trost abzielenden Sermones kann gezeigt werden, welche Bedeutung die Christologie für die Bearbeitung von abgründigen Lebenserfahrungen und den Umgang mit Ängsten, Verzweiflung und der Furcht vor dem Tod haben kann. Die Verbindung von Christologie und Soteriologie, wie sie sich in den kreuzestheologischen Entwürfen spiegelt, ist ein Kennzeichen protestantischer und besonders lutherischer Christologie.[24]

---

theologie verstanden werden könne, die sich aus kreuzestheologischer Perspektive mit der „bleibende[n] Distanz zwischen Glaube und Erfahrung" auseinandersetze (*Cornelia Richter*, Luthers theologia crucis. Eine Erinnerung in systematischer Absicht, in: Luther 84 [2013], 81–90, hier 85; in Bezug auf: Walther von Loewenich, Luthers Theologia crucis [1929], München ⁶1982).
[21] In Bezug auf die konsolatorische Funktion und im Rahmen einer Bildhermeneutik Luthers ausgeführt bei *Ugi*, Tod (s. o. Anm. 15), 61–116.
[22] *Martin Luther*, Ein Sermon von der Bereitung zum Sterben [1519], übers. v. Thorsten Dietz in: *Martin Luther*, Deutsch-deutsche Studienausgabe Bd. 1, Leipzig 2012, [45–47]48–73, hier 55; nach WA 2, [680]685–697; WA 2, 688 f. Bei dieser Rede vom Kreuz im Sermon hat Luther vermutlich oft ein materiales „Kruzifix" vor Augen, das dazu dient, den leidenden Christus ganz plastisch in den Blick zu nehmen.
[23] *Luther*, Bereitung zum Sterben, Studienausgabe 57; WA 2 (s. o. Anm. 22), 690.
[24] Diese *theologia crucis* wird besonders im 19. Jh. als ein so distinkter Marker des Luthertums verstanden, dass kreuzestheologische Betrachtung lutherische Orthodoxie schon garantiert, vgl. *Michael Korthaus*, Kreuzestheologie. Geschichte und Gehalt eines Programmbegriffs in der evangelischen Theologie (BhTh 142), Tübingen 2007.

2.4 Christologie vor dem Forum aufgeklärter Vernunft

Dogmatischer Christus und historischer Jesus

Dazu kommt eine weitere Linie, die durch den Schriftgebrauch und den neuen Fokus auf die Person Jesu bei Luther vorgezeichnet ist: Die allgemeine Problemstellung, den Glauben in der Moderne nach der Aufklärung vor dem Forum der Vernunft zu begründen, macht sich in der Christologie an der Chiffre der Opposition „dogmatischer Christus und historischer Jesus" fest.[25] Auch wenn es auf den ersten Blick so scheint, ist das kein reines Aufgreifen der Zweinaturenlehre. Es geht von vornherein um eine Perspektivierung des Denkens und eine (apologetische) Neuausrichtung der Theologie unter der Fragestellung, wie sich diese in der Neuzeit behaupten kann. Die dahinterliegende existentielle Betroffenheit macht sich an der Frage nach der Auferstehung Jesu Christi fest: Wenn die Hoffnung auf die Überwindung des Todes nicht mehr (unreflektiert) aus den biblischen Schriften begründet werden kann, muss diese Hoffnung von historisierenden Überlegungen zum Vorgang der Auferstehung entkoppelt werden.

Friedrich D.E. Schleiermacher

Der protestantische Religionsphilosoph, Theologe, Pädagoge und Pfarrer Friedrich Daniel Ernst Schleiermacher (1768–1834) vollzieht nach, wie sich solche Glaubensaussagen in (kirchlicher) Gemeinschaft derart bilden, dass sie für das Selbstbewusstsein des Subjekts so relevant werden können, dass dieses sein unmittelbares Selbstbewusstsein als Gottesbewusstsein erfährt.[26] Damit rückt die Person Jesu Christi als ein herausgehobenes Subjekt in den Blick, dessen spezifische Form des Selbstbewusstseins als konstantes Gottesbewusstsein verstanden werden kann:[27] „Der Erlöser ist sonach

---

[25] Mit dem erneuten Aufkommen der Frage nach dem historischen Jesus in der sog. „Third Quest" in den exegetischen Fächern kommt dieses Thema auch in der Dogmatik in den Blick. Hier wird es besonders von Christian Danz behandelt, vgl. *Christan Danz*, Der Jesus der Exegeten und der Christus der Dogmatiker. Die Bedeutung der neueren Jesusforschung für die systematisch-theologische Christologie, in: NZSTh 51 (2009), 186–204; *Ders.*, Grundprobleme der Christologie, Tübingen 2013 sowie der Sammelband zu diesem Themenkomplex: *Christian Danz* und *Michael Murmann-Kahl (Hg.)*, Zwischen historischem Jesus und dogmatischem Christus. Zum Stand der Christologie im 21. Jh. (DoMo 1), Tübingen ²2011.

[26] Das zeigt sich schon am Titel seiner Dogmatik: „Der christliche Glaube nach den Grundsätzen der evangelischen Kirche im Zusammenhange dargestellt" (s.o. Anm. 1).

[27] In der Glaubenslehre verortet Schleiermacher die Christologie im Rahmen der „Entwicklung des Bewußtseins der Gnade" (86–169), und zwar spezifisch die Paragraphen, die auf den „Zustande des Christen, sofern er

allen Menschen gleich vermöge der Selbigkeit der menschlichen Natur, von Allen aber unterschieden durch die stetige Kräftigkeit seines Gottesbewußtseins, welche in eigentliches Sein Gottes in ihm war"[28]. Die durch Christus geschehende Erlösung ermöglicht die Form des Gottesbewusstseins zu erreichen, die Jesus Christus hat: „Der Erlöser nimmt die Gläubigen in die Kräftigkeit seines Gottesbewußtseins auf, und dies ist seine erlösende Thätigkeit"[29]. Für Schleiermacher ist deswegen die Frage nach dem historischen Jesus für das glaubende Subjekt nicht derart relevant, da seine Grundannahme immer schon von dem Glauben der Gemeinde und deren Glaubensaussagen ausgeht, die sich auf Jesus Christus als den Erlöser beziehen.

In direkter Auseinandersetzung mit seinem Lehrer Schleiermacher führt das für David Friedrich Strauß (1808–1874) zunächst zu einem gesteigerten Interesse an der Person des historischen Jesus. Strauß greift auf Hermann Samuel Reimarus (1694–1768) zurück und bearbeitet diesen mit dem geschichtswissenschaftlichen Forschungsstand des 19. Jh.: Die Evangelienberichte über Jesus Christus seien von vornherein nicht in der Absicht geschrieben worden, historische Aussagen zu treffen, sondern seien immer schon aus und für den Glauben der Urgemeinde geschrieben worden, ohne dass diese sagenhaften (mythischen) Ergänzungen bewusst intentional sein müssten.[30] Das eröffnet Strauß die Möglichkeit, die biblischen Berichte über Jesus mit geschichtswissenschaftlichen Methoden und Standards zu bearbeiten. Dieses Vorgehen ist nun ebenfalls von existentiellen Hoffnungen getragen, wie Albert Schweitzer (1875–1965) in seiner Analyse der sog. Leben-Jesu-Forschung im Jahr 1906 aufzeigt: Die Leben-Jesu-Forscher tragen ihre eigenen ethischen Ansichten und Lebenserfahrungen so in die Erzählungen über Jesus Christus ein, dass diese als Legitimation dienen können.[31] Spätestens seit der religionsgeschichtlichen Kritik Ernst Troeltschs (1865–1923) an historischen Rekonstruktionen zeigt sich jedoch, dass die Fokussierung der historischen Person Jesu nur eine begrenzte Tragkraft

Leben-Jesu-Forschung

---

sich der göttlichen Gnade bewußt" ist (91–112), in Wiedergeburt und Heiligung, hinauslaufen, vgl. *Schleiermacher*, Christlicher Glaube (s. o. Anm. 1).

[28] *Schleiermacher*, Christlicher Glaube (s. o. Anm. 1), 51, § 94.

[29] Ebd. 104, § 100.

[30] Vgl. *David Friedrich Strauß*, Das Leben Jesu, kritisch bearbeitet, Tübingen 1835/1836 sowie die populärwissenschaftliche Version davon: Das Leben Jesu für das deutsche Volk bearbeitet, Leipzig 1864.

[31] *Albert Schweitzer*, Geschichte der Leben-Jesu-Forschung (1906), Tübingen ⁹1984.

für eigene Glaubensüberzeugungen hat.[32] Ingolf U. Dalferth bringt das 1998 auf die provokant-programmatische Gegenüberstellung: „Volles Grab, leerer Glaube?"[33] Das Kreuz – und damit auch die krisenhaften Elemente der Christologie – kommt nun gegenüber der Auferstehung im europäischen Kontext im 20. Jahrhundert dort wieder prominent in den Blick, wo Theologinnen und Theologen mit den Krisenerfahrungen ihrer Zeit umgehen müssen.

2.5 Christologie als Verarbeitung der Krisenerfahrung des 20. Jahrhunderts

Die Christologie ist ein zentraler Aspekt derjenigen Entwürfe im 20. Jahrhundert, die sich mit dem (religions-)philosophischen Forschungsstand ihrer Zeit auseinandersetzen und Dogmatik für aktuelle Problemstellungen in den Ausdifferenzierungen der Moderne situativ relevant machen. In Aufnahme von Existenzialphilosophie und historischer Kritik der (religions-)geschichtlichen Schule ist dabei die folgende Fragestellung implizit oder explizit relevant: Wer kann der (historische) Jesus als der (überzeitliche) Christus heute für uns in den Krisenerfahrungen der Moderne sein?

Dietrich Bonhoeffer

Eine wirkmächtige Antwort, die besonders mit der Person des lutherischen Pfarrers und Theologen Dietrich Bonhoeffers (1906–1945) verbunden wird, lautet: Es ist der ohnmächtige Jesus am Kreuz, der sich in seiner Ohnmacht als Christus und damit als der mächtige Gott erweist. Bonhoeffers Christologie erreicht ihre Wirkmächtigkeit durch die hoch anschlussfähige Sprache, die in sog. „Spitzensätzen" existentielle Erfahrungen verarbeitet.[34] Für Bonhoeffers Theologie ist es unumgänglich, den Kontext mitzubedenken, insofern die christologischen Überlegungen eng mit der biographischen Situation Bonhoeffers verknüpft sind. Das gilt besonders für die vielzitierten Passagen zur Ohnmacht Jesu Christi im Gefängnisbrief vom 17. Juli 1944, der in der Hoffnung auf das

---

[32] Bei Strauß führt das lebensgeschichtlich schließlich zu einer Abkehr vom Christentum, insofern sich ihm dieses nicht mehr begründen lässt.

[33] *Ingolf U. Dalferth*, Volles Grab, leerer Glaube? Zum Streit um die Auferweckung des Gekreuzigten, in: ZThK 95 (1998), 379–409.

[34] Florian Schmitz beschreibt diese „Spitzensätze" Bonhoeffers und weist darauf hin, dass über diese Spitzensätze die Gefahr besteht, Bonhoeffers Theologie auf diese situativ gebundenen Sätze zu reduzieren, vgl. *Florian Schmitz*, Dem Rad in die Speichen fallen"? Zu einem Paradigma der Bonhoeffer-Forschung, in: Kerygma und Dogma 65 (2019), 126–144, bes. 142.

Gelingen des Stauffenberg-Attentats vom 20. Juli 1944 geschrieben ist.[35] Bonhoeffer startet damit, dass für die religionsmündigen Menschen der Moderne, die sich zudem mit den Erfahrungen der Weltkriege konfrontiert sehen, die Rede von der Allmacht Gottes vernünftigerweise keine Bedeutung mehr haben könnte.[36] Es läge daher an der Theologie, diese Rede zu reformulieren, um die Hoffnung auf eine Änderung der Situation aufrecht zu erhalten. Für Bonhoeffer kann das nur christologisch geschehen:[37] „Gott läßt sich aus der Welt herausdrängen ans Kreuz, Gott ist ohnmächtig und schwach in der Welt und gerade nur so ist er bei uns und hilft uns. Es ist Matthäus 8,17 ganz deutlich, daß Christus nicht hilft kraft seiner Allmacht, sondern kraft seiner Schwachheit, seines Leidens! [...] Die Bibel weist den Menschen an die Ohnmacht Gottes und das Leiden Gottes; nur der leidende Gott kann helfen. Insofern kann man sagen, daß die beschriebene Entwicklung zur Mündigkeit der Welt, durch die mit einer falschen Gottesvorstellung aufgeräumt wird, den Blick frei macht für den Gott der Bibel, der durch seine Ohnmacht in der Welt Macht und Raum gewinnt."[38]

Die Christologie, wie Bonhoeffer sie in diesen Passagen entfaltet, kann als eine Verarbeitung von Krisenerfahrungen verstanden werden, in der mit der eigenen Ohnmacht und Passivität anhand des Kreuzes so umgegangen wird, dass sie als Macht Gottes ge-

---

[35] Vgl. dazu: „Sehr froh bin ich, daß Klaus so guter Dinge sein soll! Er war längere Zeit so deprimiert. Nun, ich denke, alles, was ihn so bedrückt, wird bald wieder ganz in Ordnung kommen" (DBW 8, 528). Der Hinweis auf Klaus von Dohnanyi ist als Mitteilung an Bethge über das Fortschreiten der Attentatspläne gedacht. Wolfgang Huber macht darauf aufmerksam, dass es – eingedenk der Notwendigkeit, an der Gestapo vorbei zu kommunizieren – beeindruckend sei, in wie vielen Passagen Bonhoeffer direkt oder indirekt über die Widerstandspläne spricht (vgl. *Wolfgang Huber*, The Theological Profile of Bonhoeffer's Political Resistance, in: *Busch Nielsen, Wüstenberg* und *Zimmermann*, Rad, 15–33, hier 20).

[36] Auch für die ethischen und lebenspraktischen Überlegungen der Theologie müsse deswegen laut Bonhoeffer gelten, was für die Lebensführung der Menschen schon längst gelte, dass sie das Leben so führen, als ob es Gott nicht gebe, „etsi Deus non daretur" (*Bonhoeffer*, Brief vom 16.07. 1944 an Eberhard Bethge, in: DBW 8, 533).

[37] In diesem Brief vom 16.07.1944 an Eberhard Bethge arbeitet sich Bonhoeffer an der „nicht-religiösen Interpretation der biblischen Begriffe" ab (DBW 8, 529). Nach einem äußerst knappen theologiegeschichtlichen Überblick über alle weiteren zu verwerfenden Gottesvorstellungen (Gott als Arbeitshypothese) kommt er zu der Frage, wie dennoch ein intellektuell redlicher Gottesbegriff aussehen kann.

[38] *Bonhoeffer*, DBW 8 (s. o. Anm, 36), 534 f.

deutet werden kann.³⁹ Diese christologischen Überlegungen bei Bonhoeffer können dort eingespielt werden, wo es auch für Schülerinnen und Schüler um den Umgang mit Ohnmacht in vermeintlich passiven Lebenssituationen geht und im Blick auf das Kreuz um die Infragestellung von unterkomplexen Annahmen über die Macht Gottes. In der Praxis könnte daran anschließend gefragt werden, inwiefern z. B. in Karfreitagsgottesdiensten diese Ohnmacht und das Leiden Gottes in ihrem Eigenrecht ernst genommen werden oder im Verweis auf Ostern und die Auferstehung schon in das Leiden eine (verfrühte?) Hoffnungsperspektive eingezogen wird.

Karl Barth Ein weiterer Umgang mit den zeitgeschichtlichen Krisenerfahrungen findet sich bei dem reformierten Theologen Karl Barth (1886–1968). Auch für Barth ist die Christologie vordergründig und strukturell das Zentrum seiner „Kirchlichen Dogmatik" (1932–1967). Im Hintergrund stehen für Barth die heilsgeschichtlichen Überlegungen zur Erwählung und Erlösung, die er als soteriologischen Rahmen der Christologie begreift. Barth konzipiert das so, dass Christus der Fokuspunkt der Schöpfung ist: „Jesus Christus ist das eine, das einzige Wort Gottes"⁴⁰. Barth profiliert im Rahmen der Erwählungslehre, dass Jesus Christus dadurch herausgehoben wird, dass er die Wahl Gottes – nicht Ausdruck der Wahl, sondern die Wahl selbst – ist, sich „für dieses Sein unter diesem Namen, sein Sein in Jesus Christus"⁴¹ zu entscheiden. Barth führt das aus, indem er die Zweinaturenlehre heilsgeschichtlich umformt: Jesus Christus sei gleichzeitig der erwählende Gott wie der erwählte Mensch. Diese Bestimmung von Jesus Christus als Wahl Gottes erklärt, warum Barth das Kreuz fast ausschließlich unter der Perspektive der Erwählung betrachtet, in der die – im Kreuz dialektisch integrierte – Verwerfung jedoch schon überwunden ist. Die Pointe liegt für Barth nicht darin, dass Jesus am Kreuz stirbt, sondern dass

---

³⁹ Die dadurch erreichte hohe Anschaulichkeit besonders in Fragen von Macht und Ohnmacht führt zu einem Zweig der Christologie, in dem die Frage nach der Allmacht thematisiert wird, so besonders in dem auch populär erschlossenen Werk: *Walter Dietrich* und *Christian Link*, Die dunklen Seiten Gottes. Allmacht und Ohnmacht, Neukirchen-Vluyn ¹2000, ⁴2015.

⁴⁰ *Karl Barth*, KD (Kirchliche Dogmatik) IV/3, 109. Korsch deutet das als eine pluralitätsfähige Begründung der Theologie, da dieses eine Wort keinen anderen, biblisch-kirchlichen oder kulturellen Einschränkungen unterworfen werden kann; vgl. *Dietrich Korsch*, Christologie und Autonomie. Zu einem Interpretationsversuch der Theologie Karl Barths, in: EvTh 41 (1981), 142–170.

⁴¹ Ebd. 108, § 33.

er in diesem Tod – mit Phil 2,6 – gehorsam ist: Erwählung bedeutet Verwerfung, aber eine schon in der Solidarität mit Gott aufgehobene Verwerfung, insofern heilsgeschichtlich die Notwendigkeit dieses Aktes des Gehorsam schon durch die Auferweckung präfiguriert sei.[42] Barth endet dementsprechend mit der – soteriologisch grundierten – dogmatisch-normativen Aussage: „An Jesus glauben heißt: seine Auferstehung und sein Gebet vor Augen und im Herzen haben"[43]. Während für Bonhoeffer das Kreuz und damit die passive Ohnmacht der Fokuspunkt im Umgang mit den Krisen des 20. Jahrhunderts ist, setzt Barth den Fokus auf die Auferstehung und die aktive Überwindung der Krise.[44] Obwohl beide in der Gotteslehre von ähnlichen Voraussetzungen ausgehen, zeigt sich in der Christologie wie die Perspektivierung durch Kreuz und Auferstehung zu unterschiedlichen Formen des Umgangs mit der Krise führt. Schon in der Betrachtung von Bonhoeffer und Barth wird jedoch deutlich, dass diese nicht als diastatische Oppositionen betrachtet werden sollten, sondern als Formen des Verzweifelns an der Moderne ernst zu nehmen sind.

Kreuz als Umgang mit Krisen

Ebenso wie für Karl Barth bildet auch für den katholischen Theologen Hans Urs von Balthasar (1905–1988) das Zeugnis von Kreuz und Auferstehung einen wesentlichen Ausgangspunkt für seine Christologie.[45] Wie Barth denkt Balthasar von der Offenbarung Gottes in der Welt her und rückt dabei Gottes Selbstentäußerung am Kreuz in den Fokus seiner Theologie. Balthasar beschreibt das Geschehen am Kreuz dramatisch als Moment der absoluten Gottesverlassenheit und Gottesferne des Sohnes. In seinem Tod erfährt Jesus stellvertretend für alle Sünderinnen und Sünder den Abbruch der Gottesbeziehung. Gleichzeitig wird diese Zäsur begleitet von Jesu Sohnesgehorsam, seinem absoluten Vertrauen in den Vater. Durch dieses Zugleich von Verlassenheit und grenzenlosem Vertrauen wird der Tod Jesu zum einen als extremste Form der Gottesverlassenheit gekennzeichnet, da „[n]ur der Sohn […] erschöpfend [weiß; C. D.], was es heißt, vom Vater verlassen zu sein, weil er allein

Hans Urs von Balthasar

---

[42] Ebd. 134, § 33.
[43] Ebd. 136, § 33.
[44] Jürgen Moltmann interpretiert in diesem Sinne auch die o.g. Passagen bei Bonhoeffer zur Ohnmacht des Kreuzes als Grund einer „aktiven, politisch relevanten Nachfolge" (*Jürgen Moltmann*, Der gekreuzigte Gott. Das Kreuz Christi als Grund und Kritik christlicher Theologie, Gütersloh ⁹2007, 55).
[45] Vgl. *Hans Urs von Balthasar*, Theodramatik. Bd. I–IV, Einsiedeln 1973–1983.

weiß, wer der Vater ist und was die Nähe und Liebe des Vaters ist."[46] Zum anderen wird durch das Vertrauen Christi ein Licht in die Finsternis des Todes gebracht und der Tod damit für alle Menschen umgedeutet: „Seit Gott in Jesus an die Stelle der äußersten Gottesferne der Weltgeschichte getreten ist, hat die Hölle einen Ausweg für jeden Sünder, der sich von Christi Stellvertretung ergreifen lässt."[47] Jeder Mensch ist damit aufgerufen, in seinem eigenen sündigen Leben und seinem eigenen Leiden in die Stellvertretung Christi einzutreten und damit angesichts von Unrecht, Gewalt, Zerstörung, Verzweiflung, Tod und Hoffnungslosigkeit selbst zur Stellvertretung Gottes in der Welt und für andere zu werden.

2.6 Christologie als existentielle Erfahrung

Paul Tillich   Die bei Luther schon mitschwingende Einbeziehung von menschlichen Zuständen in die Christologie und die Verarbeitung der Krisen der Moderne findet bei dem protestantischen Theologen Paul Tillich (1886–1965) eine existenzphilosophische Zuspitzung. Tillich denkt – mit einem seiner Titel gesprochen – auf der Grenze.[48] Das zeigt schon an, dass jenseits dieser Grenze zwei komplementäre Kontexte liegen. Für Tillich ist das die grundlegende Bestimmung des Menschen in der Moderne, dass dieser durch Zweideutigkeiten geprägt sei und an diesen ein Unbehagen bis hin zur Verzweiflung empfinde.[49] Menschen suchen nach Antworten auf existentielle Fragen, wenn sie von Angst (*anxiety*), Verzweiflung (*despair*) oder der Empfindung, dass ihr Leben sinnlos wäre, betroffen sind.[50] Die (christliche) Theologie könne für diese Fragen Symbole anbieten, die einen anderen Umgang damit ermöglichen. Das Symbol „Jesus Christus" ist bei Tillich der Ausdruck der Hoffnung, dass die Zweideutigkeiten des Lebens essentiell, also grundlegend, überwunden werden können, gegen den existentiellen Augenschein. Tillich formuliert diese Erlösungsfigur für ein philosophisch-akademisch interessiertes Publikum als das „Neue Sein", das sich in

---

[46] *Hans Urs von Balthasar*, Der Christ und die Angst, Trier ⁶1989, 38.

[47] *Menke*, Jesus ist Gott der Sohn (s. o. Anm. 5), 400.

[48] *Paul Tillich*, Auf der Grenze (1936), in: GW XII, Stuttgart 1971, 13–57.

[49] *Paul Tillich*, Systematische Theologie III, hg. v. *Christian Danz*, Berlin/Boston ⁵2017.

[50] Als Einführung in die Theologie Tillichs, die zudem selbst einen hohen existentiellen Anspruch hat, eignet sich: *Paul Tillich*, Der Mut zum Sein [engl. Original: The Courage to Be, 1952], Berlin/München/Boston ²2015.

Christus zeige und den Umgang mit den Zweideutigkeiten des Seins ermögliche. Darin bleibe das Symbol Jesus Christus als „letztgültige Offenbarung" notwendig paradox: „Das Neue Sein in Jesus als dem Christus ist das Paradox der letztgültigen Offenbarung. Die Worte Jesu und der Apostel weisen hin auf das Neue Sein; sie machen es durch Erzählungen, Gleichnisse, Symbole, paradoxe Beschreibungen und theologische Auslegungen sichtbar. Aber keine dieser Weisen [...] ist selbst absolut und letztgültig."[51] Die Rede von der Zweideutigkeit und die damit verbundenen binären, sich ausschließenden Oppositionen werden der Vielfalt einer pluralen Lebenswirklichkeit nicht immer gerecht, in der auch scheinbar gegenläufige Erfahrungen nebeneinander bestehen können. Dennoch kann die Rede von der Zweideutigkeit gerade für Erfahrungen von Zerrissenheit bei Schülerinnen und Schülern relevant werden und der Sehnsucht nach Eindeutigkeit, die unter der Bedingung der Moderne nur im Modus der Hoffnung zu haben ist.

Auch einer der bedeutendsten katholischen Theologen des 20. Jh., der Jesuit Karl Rahner (1904–1984), versucht, Christologie für die existenziellen Erfahrungen des Menschen anschlussfähig zu machen. Er setzt bei einer „Christologie von unten" an, die als Ausgangspunkt das konkrete Menschsein Jesu Christi in den Blick nimmt.[52] Um Jesu Menschsein angemessen einordnen zu können, müssen allerdings zunächst die Kennzeichen des *allgemeinen* Menschseins bestimmt werden:[53] Der Mensch zeichnet sich Rahner zufolge im Wesentlichen dadurch aus, dass er dazu in der Lage ist, sich, seinen Ursprung und seine Bestimmung zu hinterfragen. Im Zuge der Sinnfrage, die sich der Mensch im Leben seiner Existenz

Karl Rahner

---

[51] *Paul Tillich*, Systematische Theologie I/II, Bd I, hg. v. *Christian Danz*, Berlin/Boston ⁹2017, 180.

[52] Vgl. zur Christologie Rahners *Karl Rahner*, Probleme der Christologie von heute, in: *Ders.*, Schriften zur Theologie Bd. 1, Einsiedeln u. a. ⁸1967, 169–222; *Ders.*, Zur Theologie der Menschwerdung, in: *Ders.*, Schriften zur Theologie Bd. 4, Einsiedeln u. a. ⁴1964, 137–155; *Ders.*, Grundkurs des Glaubens. Einführung in den Begriff des Christentums, Freiburg i. Br./Basel/Wien 1976; *Ders.*, Selbstmitteilung Gottes, in: *Ders.*, Sämtliche Werke. Band 17/2, Freiburg i. Br. 2002, 1280–1284; *Ders.*, Jesus Christus – Sinn des Lebens, in: *Ders.*, Sämtliche Werke, Band 30, Freiburg i. Br. 2009, 321–329.

[53] Rahners Herangehensweise kann als *transzendental-theologisch* bezeichnet werden, insofern er die Anthropologie nach den Möglichkeitsbedingungen einer „Gottesfähigkeit" hin befragt und die Christologie nach den Möglichkeitsbedingungen einer „Menschenfähigkeit" hin beleuchtet, vgl. *Bernhard Nitsche*, Christologie (Grundwissen Theologie), Paderborn 2012, 97 f.

mal mehr und mal weniger ausgeprägt stellt, werde deutlich, dass er nach etwas ausgreift, was den eigenen begrenzten Horizont übersteigt. Dieses Ausgreifen-Können des Menschen weise den Menschen als „Wesen der Transzendenz"[54] aus. Das Wovon-her und Worauf-hin des Menschen wird von Rahner nun als Gott selbst bestimmt. Der Mensch sei dank des göttlichen Gnadenhandelns mit einem „übernatürliche[n] Existential"[55] ausgestattet. Das bedeutet, dass der Mensch immer schon wesensmäßig auf Gott hin geordnet ist. Durch dieses übernatürliche Existential sei der Mensch nicht nur dazu in der Lage, Fragen zum Sinn seines eigenen Lebens und zum allgemeinen Sinn der menschlichen Existenz zu stellen. Als „Hörer des Wortes"[56], des göttlichen Wortes, könne er im Glauben Antworten auf diese seine existentiellen Fragen erhalten. Rahner geht noch einen Schritt weiter. Der Mensch sei nicht nur in der Lage, im Glauben Antworten auf die Fragen des Lebens zu finden, der Mensch selbst sei Gottes Antwort auf die Frage nach dem Sinn des Lebens. Dies werde deutlich, wenn Menschen Gottes Willen bewusst oder unbewusst in ihrem Handeln realisieren. Somit sei jeder Mensch Ereignis der Selbstmitteilung Gottes in der Welt. Die Grunderfahrung der menschlichen Frage nach dem Sinn des Lebens und die positive Zusage, dass jeder Mensch mit seinem Leben eine Antwort auf diese Sinnfrage sein kann, ist für das Suchen und Fragen von Schülerinnen und Schülern gerade im Stadium der Adoleszenz anschlussfähig.

Gleichzeitig führt die vermehrte Auseinandersetzung mit dem eigenen Selbst und dem Sinn des Daseins dazu, dass die eigenen Begrenztheiten und die Zwiespältigkeit des Lebens in den Vordergrund treten. In Rahners Worten: Das Ereignis der Selbstmitteilung Gottes, das der Mensch ist, bleibt immer ein vorläufiges, begrenztes. Kein Mensch kann dem Willen Gottes in seinem Leben voll und ganz entsprechen und wird so unweigerlich mit der eigenen Kontingenz konfrontiert. Von hier aus lässt sich eine Verbindungslinie zur Christologie ziehen. Mit Blick auf Jesus Christus wird Rahner zufolge deutlich, dass Christus derjenige ist, der die Botschaft und den Willen Gottes voll und ganz in seinem Leben und Sterben für seine Mitmenschen zum Ausdruck gebracht hat.[57] Jesus Christus

---

[54] *Rahner*, Grundkurs des Glaubens (s. o. Anm. 52), 42.
[55] Ebd. 132.
[56] *Karl Rahner*, Sämtliche Werke (Hörer des Wortes. Schriften zur Religionsphilosophie und Grundlegung der Theologie 4), Freiburg i. Br. 1997.
[57] Mit den Worten Rahners: „Da ist ein Mensch, der lebt in einer Haltung unüberbietbarer Gottesnähe, in reinem Gehorsam gegen Gott und gleich-

verweise nicht nur auf Gottes für den Menschen entschiedene Liebe, er mache sie für alle erfahrbar. Somit sei Christus nicht nur ein auf die Liebe Gottes verweisendes Zeichen, sondern das *Realsymbol* der Liebe Gottes. Jesus Christus sei die „unwiderrufliche, unüberbietbare und endgültige Selbstzusage Gottes an uns"[58]. Mit anderen Worten: An Jesus Christus werde für alle Zeiten ersichtlich, wie Gott zur Welt steht. Gleichzeitig könne der Mensch mit Blick auf Jesus Christus prinzipiell erkennen, was seine eigene Bestimmung und der eigentliche Sinn seines Daseins sei. Insofern ist das Paradoxe der Christologie Rahners, dass Christi Göttlichkeit sich gerade nicht dadurch erweist, dass er *weniger* Mensch ist, sondern dadurch, dass er das Menschsein auf vollkommene Art und Weise verwirklicht: „Die Menschwerdung Gottes ist daher der einmalig höchste Fall des Wesensvollzugs der menschlichen Wirklichkeit, der darin besteht, daß der Mensch – ist, indem er sich weggibt."[59]

Rahner zeigt also, dass Göttlichkeit und Menschlichkeit nicht als zwei sich ausschließende Prinzipien verstanden werden dürfen. Mit aller Entschiedenheit spricht sich Rahner dafür aus, Jesus im Sinne Chalcedons nicht nur als passives Instrument des Heilshandeln Gottes zu verstehen.[60] Er betont das *aktive* und *freie* Einstimmen des Menschen Jesus in das Liebesgeschehen zwischen Gott und Mensch. Hiermit stellt Rahner auch die Bedeutung der menschlichen Freiheit im allgemeinen Schöpfer-Geschöpf-Verhältnis heraus, dessen einmaliger Höhepunkt Jesus Christus ist.[61] Der Mensch habe die Möglichkeit, seine wesenhafte Bestimmung als natürliche Offenbarung Gottes in Freiheit anzunehmen oder eben auch abzulehnen, auch wenn er mit der Entscheidung *gegen* Gott seinem eigentlichen Wesen widerspreche.[62]

---

zeitig in einer unüberbietbaren Solidarität mit den Menschen, wie immer diese sich auch zu ihm verhalten mögen. Diese doppelte Solidarität zu Gott und zu den Menschen wird von Jesus bedingungslos durchgehalten. Das daraus resultierende Schicksal Jesu ist der Tod, in dem er sich endgültig und total unter Aufrechterhaltung seiner bedingungslosen Liebe zu den Menschen Gott und dessen unbegreiflicher Verfügung übergibt. In diesem Sturz in die völlige Ohnmacht des Todes ist er aber der von Gott endgültig Bejahte und Angenommene *und* wird von uns als solcher erfahren, eben als der ‚Auferstandene'." (*Rahner*, Sinn des Lebens (s. o. Anm. 52), 327).

[58] *Rahner*, Sinn des Lebens (s. o. Anm. 52), 329.
[59] *Rahner*, Menschwerdung (s. o. Anm. 52), 142. Vgl. auch ebd., 151.
[60] Vgl. *Rahner*, Probleme (s. o. Anm. 52), 176–182; *Ders.*, Menschwerdung (s. o. Anm. 52), 152.
[61] Vgl. ebd. 183.
[62] Vgl. *Rahner*, Grundkurs des Glaubens (s. o. Anm. 52), 194.

Dorothee Sölle

Die protestantische Theologin Dorothee Sölle (1929–2003) nimmt nun zu dieser existentiellen Perspektive sozialethische und politische Fragestellungen in die Theologie und besonders in die Christologie mit hinein. Sölle wendet sich in feministisch-kritischer und sozialpolitischer Absicht gegen das Bild eines patriarchal-allmächtigen Vatergottes, indem sie zunächst den leidenden Christus am Kreuz als Zentrum der Gotteslehre bestimmt, so in einer ihrer charakteristischen knappen und provokanten Formulierungen: „Gott ist nicht im Himmel, er hängt am Kreuz"[63]. Die Christologie hat daran anschließend bei Sölle immer schon eine empathisch-ethische Programmatik, die von Christinnen und Christen dieselbe Radikalität in Bezug auf das Leiden erwartet: „Christus ist ein Name, der für mich Solidarität ausdrückt, also Mitleiden, also Mitkämpfen"[64]. Die Texte von Sölle gewinnen ihre Wirkkraft über die sprachliche Gestaltung und Sölles Verbindung von eigenen, anekdotisch kunstfertig ausgebreiteten (Lebens-)Erfahrungen mit globalen Leiden und Krisen des 20. Jh. Die existentielle Ebene ist bei Sölle direkt in die theologische Sprache eingezogen, so dass die Christologie in ihren Texten sehr direkt und unmittelbar wird: „Das Leben zu wählen heißt, das Kreuz zu umarmen. [...] Wir überlieben das Kreuz. Wir wachsen im Leiden. Wir sind der Baum des Lebens"[65]. Sölle gibt in diesen Texten bewusst die reflexive Distanz auf und zielt auf direkte, lebensverändernde Aneignung. Um die Unmittelbarkeit der Leidenserfahrung, die sich mit dem Kreuz verbindet, vorzuführen, eigenen sich deswegen nicht nur die theologischen Texte Sölles,[66] sondern vor allen Dingen auch ihre poetischen Reflexionen.[67] In diesen deutet Sölle situative Lebenserfahrung vor dem Horizont der christlichen Sprache so, dass beide sich wechselseitig erschließen und kritisieren.[68]

---

[63] *Dorothee Sölle*, Leiden, Frankfurt a. M. ⁹2003, 167.

[64] *Dorothee Sölle*, Es muss doch mehr als alles geben. Nachdenken über Gott, in: Dies., GW 9. Gott denken, 240–410, hier 307.

[65] *Sölle*, Mehr als alles (s. o. Anm. 64), 317.

[66] So besonders die Passagen in „Gott denken" und „Leiden". Sölle führt hier – knapp und anekdotisch unterlegt – vor, wie Christologie von oben aus sozialkritischer, feministischer und mystischer Perspektive dekonstruiert werden kann (*Sölle*, Mehr als alles [s. o. Anm. 64], 300–311). Sie fährt fort, indem sie unter der Überschrift „Kreuz und Auferstehung" das Leiden als eine Form von sich sozialkritisch äußernder Hoffnung zu verstehen (ebd. 312–320).

[67] So *Dorothee Sölle*, Spiel doch von Brot und Rosen, Berlin 1981; Dies., Ich will nicht auf tausend Messern gehen, München 2002.

[68] Sölle schlägt eine sprachliche Erneuerung vor, die sich von formel-

2.7 Überlegungen zur christologischen Weichenstellung für das 21. Jahrhundert aus katholischer Perspektive

Die beschriebenen christologischen Entwürfe des 20. Jahrhunderts – katholische sowie evangelische – zeichnen sich dadurch aus, das Menschsein Jesu in den Fokus zu stellen. Rahner wird nicht müde zu betonen, dass die volle Menschheit Christi notwendige Voraussetzung dafür ist, in ihm die Selbstoffenbarung Gottes zu erkennen. Als Mensch ist Jesus Christus jedoch notwendigerweise auch an die Begrenztheiten eines menschlichen Daseins gebunden.[69] Damit ist klar, dass „Jesus Christus in seiner Menschheit nicht einfach mit Gott identisch"[70] ist. Rahner betont hier das bleibende Unvermischtsein, vor allem aber auch die bleibende Unterschiedenheit von göttlicher und menschlicher Natur in Jesus Christus.

Für das 21. Jahrhundert ergeben sich hieraus zwei entscheidende Fragen für die Christologie: *Erstens*: Wie viel Eigenständigkeit wird dem menschlichen Willen Jesu Christi zugedacht? Kann gedacht werden, dass das Denken und Fühlen Jesu Christi wirklich das Denken und Fühlen eines Menschen darstellt, der im Garten Gethsemane mit tiefer Todesangst ringt, der der Versuchung des Bösen zwar nicht nachgibt, sie aber zumindest am eigenen Leib erfahren hat und der von echter Wut, Trauer und Freude erfüllt sein kann?[71] Oder versteht man das Handeln Jesu Christi im Wesentlichen als Handeln des mit ihm identischen göttlichen Logos, so

Entscheidende Fragen

---

haften Formulierungen wie der Rede vom „Erlöser" zu lösen suchen, vgl. ihre Autobiographie, *Dorothee Sölle*, Gegenwind, Hamburg 1995.

[69] „Zum anderen ist diese Gestalt [gemeint ist Jesus Christus als Mittler der Liebe Gottes;] ‚nur' der begrenzte, endliche, bedingte Ausdruck des Unbedingten, also eine real-*symbolische* Vermittlung, die auf die *Differenz-*Einheit von Offenbarungssubjekt und -medium verweist." (*Magnus Lerch*, Die menschliche Freiheit Jesu als Selbstmitteilung Gottes. Überlegungen im Anschluss an Thomas Pröpper und Karl Rahner, in: *Julia Knop, Magnus Lerch* und *Bernd J. Claret (Hg.)*, Die Wahrheit ist Person. Brennpunkte einer christologisch gewendeten Dogmatik. FS Karl-Heinz Menke, Regensburg 2015, 151–179, hier 164).

[70] *Rahner*, Sinn des Lebens (s. o. Anm. 52), 209.

[71] Noch eindringlicher als Rahner vermag bspw. Edward Schillebeeckx die Erfahrungen von Leiden des Menschen Jesus und Jesu heilsvolle Lebenspraxis in den Fokus zu rücken und damit die Christologie mit der menschlichen Erfahrung von Gottverlassenheit und Negativität zu korrelieren: *Edward Schillebeeckx*, Jesus. Die Geschichte von einem Lebenden, aus dem Niederländischen übers. v. H. Zulauf, Freiburg i. Br. ³1976; *Ders.*, Christus

dass Christus gar keine andere Wahl hatte als den Willen des Vaters zu erfüllen und so Zeit seines Lebens vor den Abgründen der menschlichen Existenz geschützt war? Wie bereits diskutiert, haben die Weichenstellungen in der Christologie einen entscheidenden Einfluss auf das christliche Konzept von Erlösung. Inwieweit kann ich mich als Christin bzw. Christ mit meinen existenziellen Nöten und Fragen durch den Blick auf Christus verstanden, angenommen und getröstet fühlen? „Any or every salvation theory must respond to the negative experience of *ignorance, sin, guilt, suffering, and death*. Salvation today has to address the foundational experiences of bewilderment at the ultimate meaning of existence, of the evil that characterize human existence, of the moral failure in one's own personal existence, and of the finitude that is never secure, but is only diminished through suffering and with time, and culminates in the apparent annihilation that is death."[72]

Zweitens: Der Gedanke der Selbstoffenbarung impliziert, dass aus Sicht des Christentums Gott nicht anders gedacht werden kann als so, wie ihn uns Jesus Christus offenbart hat.[73] Trotzdem kann man die *Evidenz* der Offenbarung in Jesus Christus unterschiedlich stark denken. Wie stark ist die Erkennbarkeit Gottes an die geschichtliche Erscheinung Jesu Christi gebunden? Ist ein Mensch überhaupt dazu in der Lage, die Größe und Transzendenz Gottes zur Anschauung zu bringen? Dieser Fragenkomplex ist nicht nur relevant für die Frage, wie viel Freiheit dem Menschen im Beziehungsgeschehen zwischen Gott und Mensch zugestanden wird. Sie hat auch entscheidende Auswirkungen auf den interkulturellen und interreligiösen Dialog und die Möglichkeit der Erkennbarkeit Gottes in anderen Religionen. Aus diesem Grund wird das Thema weiter unten im Kontext der Geistchristologie der anglikanischen Tradition sowie bei den Anknüpfungspunkten im Blick auf die Weltreligionen noch einmal aufgenommen.

Diese beiden Fragen machen sich nicht an Konfessionszugehörigkeiten fest, sondern werden danach entschieden, wie sehr sich die jeweiligen christologischen Entwürfe am Gedanken der Göttlichkeit oder am Gedanken der Menschlichkeit Christi orientieren.

---

und die Christen. Die Geschichte einer neuen Lebenspraxis, Freiburg i. Br. 1977.
[72] *Roger Haight*, Jesus. Symbol of God, Maryknoll/New York 1999, 354 f.
[73] Vgl. *Menke*, Jesus ist Gott der Sohn (s. o. Anm. 5), 520.

2.8 Ein Vorschlag aus protestantischer Perspektive in ökumenischer Weite

Abschließend wird ein Vorschlag zu einer weiteren Variante eines postmodernen Verständnisses von Christologie gemacht, der sich – religionsphilosophisch reflektiert und praktisch orientiert – im Rahmen narrativitätstheoretischer Überlegungen verortet und Kreuz und Auferstehung in ihrer erzählerischen Gestalt und Funktion ins Zentrum der Christologie rückt. Die bisherigen Überlegungen schärfen das Bewusstsein für die Unauflösbarkeit des christologischen Paradox, wie es sich in der Zweinaturenlehre ausdrückt, zeigen die soteriologisch-funktionale Ausrichtung und die existentielle Relevanz christologischen Denkens auf, ermöglichen in der Auseinandersetzung mit der Leben-Jesu-Forschung eine neue Wertschätzung der Narrativität der Evangeliumserzählungen und lenken schließlich das Augenmerk auf die (implizite oder explizite) Normativität aller christologischen Äußerungen, die selbst-reflexiv bewusst gemacht werden müssen. Daran anschließend wird eine Variante der Christologie vorgeschlagen, die sich auf die Narrative von „Kreuz" und „Auferstehung" konzentriert, mit denen diese operiert. „Kreuz" und „Auferstehung" sind eng an die biblischen Erzählungen gekoppelt, die selbst polyvalent und interpretationsbedürftig sind.[74] So kann der traditionelle Ruf: „Er ist auferstanden!" Ausdruck zuversichtlicher Freude sein. In dem Osterruf kann jedoch auch – in Nähe zu Bonhoeffer und Sölle – so auf Karfreitag und das Kreuz verwiesen werden, dass die Macht der Auferstehung als eine gebrochene, den Tod integrierende Macht gedeutet werden kann. Kreuz und Auferstehung können als Kernpunkte der Christologie verstanden werden, die einer differenzierten, narrativitätstheoretisch fundierten Betrachtung würdig sind: Von Kreuz und Auferstehung kann erzählt werden, im Rückgriff auf die Traditionsbestände und im Bewusstsein für die Komplexität der dogmatischen Überlegungen. Die Narrative von Kreuz und Auferstehung können – implizit oder explizit – in Resonanzräume eingetragen werden, in denen sie eine Wirkung entfalten können.[75]

Christologie der Narrative

---

[74] Vgl. *Cornelia Richter*, Situative Polyvalenz, Figuration und Performanz. Was die Dogmatik immer wieder von der Schrift lernen kann, in: *Ursula Roth* und *Jörg Seip (Hg.)*, Schriftinszenierungen. Bibelhermeneutische und texttheoretische Zugänge zur Predigt, München 2016, 59–80.

[75] Vgl. *Cornelia Richter*, Gottesdienst. Resonanzraum für Gottessehnsucht und Gottespräsenz, in: *Elisabeth Gräb-Schmidt* und *Reiner Preul (Hg.)*, Gottesdienst (MJTh XXX) (MThSt 130), Leipzig 2018, 69–97.

Dieses Vorgehen rückt – im Ernstnehmen der Tradition – auch leib-phänomenologische Überlegungen in den Blick, die sich in nicht-reflexiven Formen auf die Christologie beziehen und deren implizite Narrativität erst noch gehoben werden muss: Dazu können z. B. das Herzensgebet, die Verdeckung des Altars an Karfreitag, das Gebet vor orthodoxen Auferstehungsikonen an Ostern und die impliziten Christologien einer Abendmahlsfeier gehören.

3 Jesus und die Christologie als Themen der weiteren christlichen Ökumene: Orthodoxe Kirche und anglikanische Tradition

3.1 Die Ikonenverehrung in der Tradition der orthodoxen Kirche

Wie bereits im Kontext der dogmengeschichtlichen Betrachtungen angesprochen, kommt es in der zweiten Hälfte des 20. Jahrhunderts zu Konsenserklärungen zwischen der orthodox-orientalischen und der römisch-katholischen beziehungsweise der orthodoxen Kirche mit Blick auf die christologisch motivierten Spaltungen des 5. Jahrhunderts. Doch nichtsdestoweniger prägen die unterschiedlichen religiösen und kulturellen Traditionen von Ost und West die christologische Theoriebildung auf ihre Weise. Hier ist die Bedeutung der Ikonen-Verehrung, wie sie insbesondere (wenn auch nicht nur!) in der Ostkirche praktiziert wird, zu betonen.[76] Die Ikonen gelten

Ikonen-Verehrung

---

[76] Zur Einführung in die Thematik der Ikonenverehrung in der orthodoxen Kirche siehe *Sergij N. Bulgakov*, Die Orthodoxie. Die Lehre der orthodoxen Kirche. Übers. und eingel. von *Thomas Bremer* (Sophia 29), Trier 1996, 211–218; *Hans-Christian Diedrich*, Das Glaubensleben der Ostkirche. Eine Einführung in Geschichte, Gottesdienst und Frömmigkeit der orthodoxen Kirche, München 1989, 90–107; *Johannes Irmscher*, Der Byzantinische Bilderstreit. Sozialökonomische Voraussetzungen – ideologische Grundlagen – geschichtliche Wirkungen, Leipzig 1980; Zum Zusammenhang von Christologie und Ikonenverehrung siehe insbesondere *Karl Christian Felmy*, Einführung in die orthodoxe Theologie der Gegenwart (Lehr- und Studienbücher zur Theologie 5), Münster 2014, 86–103; *Susanne Hausammann*, Alte Kirche. Bd. 4: Das Christusbekenntnis in Ost und West. Zur Geschichte und Theologie im 4./5. Jh., Neukirchen-Vluyn 2004, 229–324; Zur Ikonenverehrung in der altorientalischen Kirche siehe insbesondere *Christine Chaillot*, Die Rolle der Bilder und die Ikonenverehrung in den Orientalischen Orthodoxen Kirchen. Syrische, Armenische,

in der östlichen Frömmigkeit als Orte der Gottesbegegnung im Modus des Schauens. Durch die Betrachtung der Ikonen und die das Betrachten begleitenden Gebete und Rituale wird nicht die Ikone an sich, sondern der oder die bzw. das auf der Ikone Dargestellte verehrt. So formuliert das Zweite Konzil von Nicäa im Jahr 787: „Denn die Ehrung des Bildes geht über auf die Urgestalt, und wer das Bild verehrt, verehrt in ihm die Person des Dargestellten."[77] Entsprechend ist es wichtig, zwischen der nur Gott zukommenden *Anbetung* und der den Ikonen dargebrachten *Verehrung* zu unterscheiden. Ikonen sind Mittler der göttlichen Gnade – „Fenster zum Himmel"[78] – und zeichnen sich durch ihre sinnliche Dimension aus.[79] Gott wird nicht nur geistlich im Gebet, sondern auch im konkreten Schauen erfahren.

Hierbei spielt, neben den Darstellungen von Engeln und Heiligen, insbesondere die Abbildung Mariens und Christi eine herausragende Rolle in der Ikonenfrömmigkeit. Die Gestalt Christi ist es auch, die allererst eine Begründung für die theologische Zulässigkeit der Ikonenverehrung ermöglicht. Denn angesichts des Bilderverbots des Alten Testaments (Ex 20,3–5) stellt sich die Frage, ob eine Abbildung der heiligen Gestalten nicht als Götzendienst abgelehnt werden muss. Die Menschwerdung Gottes in der Person Jesus Christus und die damit einhergehende konkrete Erfahrbarkeit Gottes in der Welt bietet nun den theologischen Begründungshorizont für eine Rechtfertigung der Bilderverehrung. Das Urbild-Abbild-Schema wird theologisch dadurch legitimiert, dass auch schon der Logos Abbild des Vaters ist, und die Menschen als (unvollkommene) Abbilder des Logos verstanden werden. Vor diesem Hintergrund entwickelt sich ab dem fünften Jh. eine stärker werdende

Urbild – Abbild

Koptische und Äthiopische Traditionen (Studien zur Orientalischen Kirchengeschichte 56), Zürich 2018.

[77] Horos des Zweiten Konzils von Nicäa (787) (COD 1, 136 *Wohlmuth*). Die Formulierung geht zurück auf den Kirchenvater Basilius von Cäsarea (*Basilius von Cäsarea*, De Spiritu Sancto. Über den Heiligen Geist. Übers. und eingel. v. H. J. Sieben, FC 12, 208–211).

[78] *Martin Illert*, Wozu Ikonen?, in: *Petra Bosse-Huber, Martin Illert, Roland Fritsch* und *Philipp Walter*, Im Dialog mit der Orthodoxie. FS Reinhard Thöle (Beihefte zur Ökumenischen Rundschau 104), Leipzig 2016, 196–198, hier 196.

[79] Seit dem 16. Jh. wird dies durch die Weihe der Ikonen noch einmal gesondert hervorgehoben: „In der Weihe der Ikonen haben wir eine sakramentale Handlung, durch die eben die Verbindung zwischen Urbild und Abbild hergestellt wird, zwischen Darzustellendem und Darstellung." (*Bulgakov*, Die Orthodoxie [s. o. Anm. 76], 213).

Praxis der Bilderverehrung. Dabei kann festgehalten werden, dass das Bild im Westen eher die Funktion eines „Erziehungsmittels"[80] erhält und dafür genutzt wird, die Gläubigen über Glaubensinhalte zu informieren oder die Heilsgeschichte zur Anschaulichkeit zu bringen. Im Osten stellt sich vermehrt die Frage, wie „im materiellen Bild das Immaterielle, Geistige, Göttliche fassbar sein kann"[81]. Diese Frage erlangt durch Kaiser Konstantin V. im 8. Jahrhundert eine besondere Virulenz.

Intermezzo: Ikonenverehrung als Idolatrie

Kaiser Konstantin V. verweist auf die hypostatische Union von göttlicher und menschlicher Natur in der einen Person Christi. Aufgrund dieser hypostatischen Union gelte das Prinzip der Undarstellbarkeit nicht nur für die göttliche Natur, sondern ebenso für die enhypostatisch geeinte menschliche Natur. Aus diesem Grund argumentiert Konstantin für ein generelles Darstellungsverbot der Person Christi, brandmarkt die Ikonenverehrung als Idolatrie und lässt sie allgemein verbieten. Konstantins stark monophysitisch geprägte Position kann sich nicht lange halten. Nach seinem Tod wird im Jahr 787 das siebte ökumenische Konzil in Nicäa einberufen, das die Ikonenverehrung wieder erlaubt.[82]

Bildertheologie

Die orthodoxe Bildertheologie wird insbesondere durch die Mönche Johannes von Damaskus (7./8. Jahrhundert) und Theodor von Studion (8./9. Jahrhundert) geprägt. Sie verweisen auf die Bedeutung des christlichen Gedankens der *Mensch*werdung Gottes, um den Vorwurf der Ikonomachen bzw. Ikonoklasten zu entkräften, die in der Ikonenverehrung eine Form der Idolatrie sehen. Nicht Gott oder Gottes Wesen wird mit den Ikonen dargestellt, sondern Gott, wie er in Jesus Christus ein beschreibbarer Mensch geworden ist. Christus wurde zu einem „sichtbare[n] Abbild des unsichtbaren Gottes"[83]. Johannes von Damaskus unterstreicht die Bedeutung des Materiellen als Gnadenmittel und positioniert sich somit gegen leibfeindliche Tendenzen, die allein im Geistigen einen Weg zu Gott erkennen wollen. Der Gedanke der Menschwerdung

---

[80] *Hausammann*, Alte Kirche (s. o. Anm. 76), 250.

[81] Ebd. 250.

[82] In der Folgezeit kommt es – je nach herrschendem Kaiser bzw. Patriarch – zu erneuten Phasen des Ikonoklasmus, der jedoch endgültig im Jahr 843 durch eine Synode in Konstantinopel abgelehnt wird. Die Bilderverehrung wird durch die Synode von 843 zum Dogma der Orthodoxen Kirche erhoben. Seit dem Jahr 844 feiert die Orthodoxe Kirche in Gedenken an die Beschlüsse von 787 und 843 am ersten Sonntag der Fastenzeit das *Fest der Orthodoxie* (vgl. *Hausammann*, Alte Kirche [s. o. Anm. 76], 293).

[83] *Menke*, Jesus ist Gott der Sohn (s. o. Anm. 5), 276.

Christi gewährleistet die Vorstellung, dass Gott sich bleibend im Materiellen, sei es im Wort oder im Bild, zugänglich machen kann.

Der Westen lehnt die ikonentheologischen Bestimmungen des Ostens nicht ab, allerdings führt die im Zuge des Mittelalters sich immer stärker vollziehende Entfremdung von Ost und West dazu, dass sie auch in Fragen der Ikonenverehrung getrennte Wege gehen. Im Westen gelten Bilder weniger als Orte der Gottesbegegnung als vielmehr als Mittel der Wissensvermittlung und der Glaubenserinnerung.

Welche Auswirkungen hat die Ikonenfrömmigkeit der orthodoxen Kirche nun auf das allgemeine Verständnis der Christologie? Einerseits wird durch die Ikonenverehrung die *Mensch*werdung Gottes unterstrichen, andererseits geht es laut Leonid Uspenskij bei der Darstellung der Ikone in erster Linie um die Abbildung des „verklärte[n] von der Gnade erleuchtete[n]"[84] Fleisches. Zwar ist Christus der Menschgewordene, aber zugleich in erster Linie auch immer der Verherrlichte, der Erhöhte. Karl Christian Felmy zufolge zeigt sich hier die tendenziell *asymmetrische Christologie* der Orthodoxie: „Zwar ist auch der erhöhte und der wiederkommende Herr nicht nur wahrer Gott, sondern auch wahrer Mensch. Aber doch leuchtet durch seine Menschheit die Herrlichkeit der Gottheit so unverhüllt hervor wie bei der Verklärung, so weit unverhüllt, wie es die, die ihn sehen [...], fassen können. So ist bereits aus diesem Grunde die Gottheit Christi in der orthodoxen Theologie, vor allem aber in der orthodoxen Frömmigkeit, gegenüber seiner Menschwerdung stärker betont."[85]

[Randnotiz: Asymmetrische Christologie]

Erkennbar wird dies an der Ikonen-Darstellung Christi selbst, dessen Herrlichkeit stets durch entsprechende Symbolik, Aufschriften und Farben zum Ausdruck gebracht wird.[86] So lässt sich sagen, dass die orthodoxe Theologie eine besondere Aufmerksamkeit auf

[Randnotiz: Erfahrung Christi]

---

[84] *Leonid Uspenskij*, La théologie de l'icône dans l'Église orthodoxe, Paris 1980, 71; hier zitiert nach *Felmy*, Einführung in die orthodoxe Theologie der Gegenwart (s. o. Anm. 76), 93.

[85] *Felmy*, Einführung in die orthodoxe Theologie der Gegenwart (s. o. Anm. 76), 66.

[86] Siehe bspw. die Ikone „Erlöser inmitten der Engelmächte": „Christus wird hier als der Kommende dargestellt und zwar in deutlicher Anlehnung an die Gottesvisionen von Ez 1 und Apk 4,2–8. Er ist bekleidet mit einem goldschraffierten Gewand, das vor allem auf Verklärungs- und Auferstehungs-Ikonen als Hinweis auf Seine göttliche Herrlichkeit begegnet." (*Felmy*, Einführung in die orthodoxe Theologie der Gegenwart (s. o. Anm. 76), 95)

die Kategorie der (vor allem liturgischen) Erfahrung legt und ihre Christologie im Kontext dieses Erfahrungshorizonts verstanden werden muss. Die Erfahrung Christi im orthodoxen Gottesdienst ist die Erfahrung des auferstandenen, kommenden Erlösers, der uns in seiner menschlichen Gestalt Gott selbst offenbart.

3.2 Die Geistchristologie der anglikanischen Tradition

Die klassische inkarnationstheologische Verknüpfung des präexistenten Logos mit dem Menschen Jesus wird in der neueren christologischen Diskussion des 20. und 21. Jahrhunderts kritisch angefragt. Je stärker der Gedanke der Inkarnation des göttlichen Logos auf den spezifischen (historischen) Menschen Jesus bezogen und eingegrenzt wird, umso schwieriger wird die Annahme, dass der Logos sich auch in anderen Menschen und Traditionen zum Ausdruck gebracht hat.[87] Dies betrifft dann etwa die Betonung der Männlichkeit des Erlösers und einen damit verbundenen Ausschluss der Frauen vom Priesteramt,[88] sowie die Möglichkeit einer Antreffbarkeit des Logos in den anderen Weltreligionen.[89]

Geist- Die sich vornehmlich in der anglikanischen Tradition des 20. Jh.
christologien herausbildenden geistchristologischen Ansätze versuchen diese Engführung der Inkarnationschristologie aufzubrechen.[90] Hier weist die evangelische Theologin Ulrike Link-Wieczorek auf zwei verschiedene Formen der Geistchristologie hin:[91] auf der einen Seite Christo-

---

[87] Vgl. hierzu und zum Folgenden *Ulrike Link-Wieczorek,* Inkarnation oder Inspiration? Christologische Grundfragen in der Diskussion mit britischer anglikanischer Theologie (Forschungen zur systematischen und ökumenischen Theologie 84), Göttingen 1998, 11–38.

[88] Siehe hierzu bspw. die Kritik von *Mary Daly,* Jenseits von Gottvater, Sohn & Co. Aufbruch zu einer Philosophie der Frauenbefreiung, 5., erweiterte Aufl. München 1988.

[89] Siehe hierzu bspw. die Kritik von *John Hick,* The myth of God incarnate, London 1977; *Ders.,* An Inspiration Christology for a Religiously Plural World, in: *Stephen T. Davis* und *John B. Cobb (Hg.),* Encountering Jesus. A debate on Christology, Atlanta 1988, 5–22.

[90] Siehe hier insbesondere den geistchristologischen Ansatz *Geoffrey Lampes,* God as spirit. The Bampton lectures, Oxford 1977.

[91] Vgl. *Link-Wieczorek,* Inkarnation oder Inspiration? (s.o. Anm. 87), 236–248; *Karl-Heinz Menke,* Das heterogene Problem der Geist-Christologien, in: *George Augustin, Klaus Krämer* und *Markus Schulze (Hg.),* Mein Herr und mein Gott. Christus bekennen und verkünden. FS Walter Kardinal Kasper, Freiburg i. Br. 2013, 220–257, besonders 221–225.

logien, die versuchen, geistchristologische und inkarnationschristologische Ansätze miteinander zu versöhnen;[92] auf der anderen Seite geistchristologische Ansätze, die sich dezidiert als Gegenentwurf zur Inkarnationschristologie verstehen. Im Folgenden sollen jene geistchristologischen Entwürfe kurz skizziert werden, die einen anderen Weg einschlagen als die klassischen Formen der Deszendenzchristologie. Hierbei ist interessant, dass sich ihre kritische Sicht auf die Inkarnationschristologie unter anderem aus dem pastoralen Anliegen speist, einen christologischen Entwurf vorzulegen, der auch für ein nicht-akademisches Publikum anschlussfähig ist und die gesellschaftlichen und individuellen Herausforderungen der heutigen Zeit aufzunehmen in der Lage ist. Dies bedeutet unter anderem ein neues Verständnis der Menschlichkeit Jesu Christi. Für den zeitgenössischen Menschen muss nicht Jesu Menschsein erwiesen werden, sondern vielmehr erklärt werden, wie ein Mensch zugleich der Sohn Gottes sein kann und was die Rede von der Göttlichkeit Jesu Christi generell und im Besonderen für die eigene Existenz bedeuten soll bzw. kann.

Aufgrund des starken Fokus auf die Möglichkeiten einer Gotteserfahrung im Hier und Jetzt und einer Bezugnahme auf den biblisch bezeugten geschichtlichen Jesus Christus vermeiden geistchristologische Ansätze weitestgehend den spekulativen Rückbezug auf die präexistente Existenzweise des Logos und die trinitätstheologische Verortung Jesu Christi. Zur Verdeutlichung der Göttlichkeit Christi verweisen geistchristologische Ansätze stattdessen auf die allgemeine Geisterfülltheit der gesamten Schöpfung, die in Jesus Christus nicht auf qualitativ andere, sondern lediglich auf quantitativ höhere Art und Weise zum Ausdruck komme. Damit wird ein Band geknüpft zwischen der allgemeinen Schöpfer-Geschöpf Beziehung und der Christologie und die Person Jesus Christus *nicht* als von unserem Menschsein *verschieden* beschrieben. So wie jeder Mensch vom Geist Gottes erfüllt sei und damit zu einem Zeichen Gottes in der Welt werde, so sei auch Jesus Christus vom Geist erfüllt. Der Unterschied, der zwischen Christus und allen anderen Menschen bestehe, sei nicht darin zu suchen, dass er die Inkarnation des Logos sei, sondern in der Intensivität des Geistwirkens in ihm. Dieser Ansatz vermag nun auch die Selbstbestimmung des Menschen Jesus einsichtiger zu machen. Während inkarnationschristologische Ansätze dazu tendieren, das Handeln Jesu als Handeln des gött-

---

[92] Siehe bspw. die Christologie Walter Kaspers: *Walter Kasper*, Jesus der Christus (Gesammelte Schriften 3), Freiburg i. Br. 2007.

lichen Logos zu identifizieren und keinen Raum lassen für ein eigenständiges Handeln und Wollen des *Menschen* Jesus, besteht im Rahmen von geistchristologischen Ansätzen im wahrsten Sinne des Wortes ein größerer Handlungsspielraum. Das Handeln Jesu ist wirklich das Handeln eines Menschen, der allerdings in besonderer Weise vom Geist Gottes geleitet und inspiriert wird. Dies hat dann auch zur Folge, dass geistchristologische Ansätze Gefahr laufen, Jesu Göttlichkeit mit dem Moment der Geistbegabung Jesu (bspw. im Moment seiner Taufe) zu verknüpfen und damit in adoptianistische Fahrwasser zu geraten.

Durch die Verortung der Christologie in die allgemeine Beziehung Gottes zur Welt kommt es zu einer neuen Verbindung von Offenbarungs- und Erlösungswirken Gottes: „‚Erlösung' soll nicht als ein universal verdichtetes, einmaliges Handeln Gottes in Jesus Christus aufgefaßt werden, sondern als ein kontinuierlicher Prozeß der wirksamen Gegenwart Gottes in der Schöpfung, die im Wirken Jesu mit erneuter Kraft bestätigt und für den Menschen bewußt erfahrbar geworden (offenbart) ist."[93]

Dieses Erlösungsverständnis ermöglicht mit Blick auf die Inklusion der anderen Weltreligionen, dass das Heilswirken Gottes prinzipiell nicht nur in Jesus Christus, sondern auch in anderen Manifestationen Gottes auf die gleiche oder zumindest gleichwertige Art und Weise erfahren und erkannt werden kann. Kritiker der Geistchristologien sehen hier eine Depotenzierung der Göttlichkeit und Heilsbedeutung Jesu Christi sowie eine Relativierung des Wahrheitsanspruchs des Christentums.[94]

Dass Geistchristologien nicht nur in der anglikanischen Tradition rezipiert werden, sondern ein überkonfessionelles Phänomen sind, zeigen entsprechende protestantische und katholische Entwürfe. Auf protestantischer Seite ist hier Paul W. Newman zu nennen,[95] auf katholischer Seite der jesuitische Theologe Roger Haight.[96]

Was man an den geistchristologischen Ansätzen ablesen kann, ist der Versuch, das Offenbarungs- und Erlösungswirken Gottes aus seiner christozentrischen Verklammerung zu lösen und damit plu-

---

[93] *Link-Wieczorek*, Inkarnation oder Inspiration? (s.o. Anm. 87), 237

[94] Siehe bspw. die Notifikation der Kongregation für die Glaubenslehre zu „Jesus. Symbol of God" von *Pater Roger Haight*, SJ, Vatikan 2004. Veröffentlicht im L'Osservatore Romano, Februar 7–8, 2005.

[95] Vgl. *Paul W. Newman*, A spirit christology. Recovering the biblical paradigm of Christian faith, Lanham/New York/London 1987.

[96] Vgl. *Haight*, Jesus (s.o. Anm. 72); *Ders.*, The Future of Christology, New York 2005.

ralitätsfreundlicher zu machen. Angesichts der Herausforderungen der heutigen Welt, die durch Globalisierung und Individualisierung geprägt ist, stellt sich für jeden zeitgenössischen christologischen Entwurf die Frage, wie es ihm gelingen kann, das zu vermitteln, was Karl-Heinz Menke mit Blick auf das Christusgeschehen formuliert: Christus ist gestorben „*für alle Menschen aller Zeiten*"[97]. Die Herausforderung ist, diesen allgemeinen Heilswillen Gottes auch wirklich für alle Menschen und Kulturen existentiell anschlussfähig zu machen, sowie die Zeugnisse von Schrift und Tradition nicht aus dem Blick zu verlieren und der Selbstkundgabe Gottes in der Geschichte Rechnung zu tragen.

4 Anknüpfungspunkte im Blick auf andere Weltreligionen: Judentum und Islam

Das Christentum findet seine Wurzeln bleibend in der Tradition und dem Glauben des Judentums. Aufgrund der jüdischen Identität Jesu kommt dies insbesondere auch in der Christologie zum Tragen. So zitiert der katholische Theologe Bernhard Nitsche eine Stellungnahme der Deutschen Bischofskonferenz mit der Feststellung: „Wer Jesus begegnet, begegnet dem Judentum"[98]. Die einzigartige Beziehung zwischen Gott und seinem Volk Israel, die unter anderem in Vater-Sohn-Relationen beschrieben wird (Ex 4,22; Dtn 32,6; 2 Sam 7,14; Ps 2,7; Ps 89,27 f.), realisiert sich bereit alttestamentlich in der Figur des messianischen Mittlers (in Priestern, Königen und Propheten). Jesus selbst wird direkt zu Beginn des Matthäus- und Lukasevangeliums als Sohn Davids identifiziert und damit eindeutig in die messianische Linie des jüdischen Glaubens gestellt (Mt 1,16 f.; Lk 1;32). Als solcher ist er aber nicht nur Repräsentant des Volkes Israel, sondern zugleich Mittler des Heilswillens Gottes für *alle* Völker. Der zwischen Gott und dem Volk Israel geschlossene Bund wird durch Jesus vollzogen, bestätigt und auf die gesamte Menschheit hin universalisiert. So muss jede Christologie zunächst bei Jesu jüdischen Wurzeln ansetzen und kann nicht unabhängig von diesen formuliert werden.[99]

Christologie im Rückbezug auf den Juden Jesus

---

[97] *Menke*, Jesus ist Gott der Sohn (s. o. Anm. 5), 520.
[98] Über das Verhältnis der Kirche zum Judentum. Erklärung der deutschen Bischöfe (Die deutschen Bischöfe 26), Bonn 1980, 4; hier zitiert nach *Nitsche*, Christologie (s. o. Anm. 55), 61.
[99] Vgl. *Nitsche*, Christologie (s. o. Anm. 53), 69; *Gerhard Ludwig Müller*,

Islam: Christologie als Streitthema

Mit Blick auf die Verhältnisbestimmung von Christentum und Islam ist das Thema der Christologie neben der Trinitätslehre wahrscheinlich eines der polarisierenden Themen im islamisch-christlichen Dialog. So findet sich bspw. in der Offenbarung des Islam, dem Koran, die folgende Äußerung: „Ihr Buchbesitzer! Geht nicht zu weit in eurer Religion, und sagt nur die Wahrheit über Gott! Siehe, Christus Jesus, Marias Sohn, ist der Gesandte Gottes und sein Wort, das er an Maria richtete, und ist Geist von ihm. So glaubt an Gott und seine Gesandten und sagt nicht: ‚Drei!‘ Hört auf damit, es wäre für euch besser. Denn siehe, Gott ist *ein* Gott; fern sei es, dass er einen Sohn habe. Sein ist, was in den Himmeln und auf Erden ist. Gott genügt als Anwalt"[100] (Sure 4,171).

Aus dieser Äußerung lässt sich auf den ersten Blick dreierlei ableiten: erstens eine Absage an die christliche Lehre von der Dreifaltigkeit Gottes, zweitens eine Absage an die göttliche Sohnschaft Jesu Christi und drittens die Beschreibung Jesu Christi als Sohn der Maria und Gesandter Gottes. Die Bekenntnisse zur Dreifaltigkeit Gottes sowie zur Göttlichkeit Christi bilden nun aber die zentralen Glaubensinhalte des christlichen Glaubens. Vor diesem Hintergrund scheint es nicht möglich zu sein, mit Blick auf die Kerninhalte der jeweiligen Glaubensbekenntnisse im islamisch-christlichen Dialog zu einem Konsens zu gelangen. Dabei ist das Verhältnis der christlichen Kirchen zum Islam durchaus wertschätzend. So drückt bspw. das Zweite Vatikanische Konzil in seiner Erklärung zur Haltung der Kirche gegenüber den nichtchristlichen Religionen *Nostra Aetate* im vierten Kapitel seine Hochachtung gegenüber den Musliminnen und Muslimen aus und betont die vielen Übereinstimmungen zwischen der christlichen und der muslimischen Glaubenstradition.

Wertschätzung für den Propheten Jesus

Tatsächlich findet sich eine hohe Wertschätzung des Gesandten und Propheten Jesus im Koran. Die mekkanischen Sure 19, Sure *Maryam*, berichtet von der jungfräulichen Geburt Jesu aus seiner Mutter Maria.[101] Hier findet sich die außerordentliche Beschreibung des Säuglings Jesus, der bereits kurz nach seiner Geburt zu

---

Katholische Dogmatik. Für Studium und Praxis der Theologie, Freiburg i. Br., 4. Aufl. der Sonderausgabe 2012, 287.

[100] Der Koran. Aus dem Arabischen neu übertragen und erläutert von *Hartmut Bobzin* unter Mitarbeit von *Katharina Bobzin*, 2., überarb. Aufl. München 2017.

[101] Siehe auch Sure 21,19: „Und die [gemeint ist Maria; C.D.], die ihre Scham hütete. Da bliesen wir von unserem Geist in sie und machten sie und ihren Sohn zu einem Zeichen für die Weltbewohner" (vgl. auch Sure 66,12).

den Kritikern seiner Mutter spricht (Sure 19,29–33, vgl. Sure 3,46). Der frischgeborene Jesus stellt sich selbst als Knecht und Prophet Gottes vor, auf dem der Segen Gottes liegt. In der späteren, medinensischen Sure Āl 'Imrān wird festgehalten, dass Gott Jesus „das Buch (al-kitāb), die Weisheit (al-ḥik'mat), das Gesetz (al-tawrā) und auch das Evangelium (al-injīl)" (Sure 3,48) lehren wird.[102] Besonders auffällig ist, dass Jesus als derjenige präsentiert wird, der mit dem Geist Gottes gestärkt wird und dem die Beweise gegeben wurden (vgl. Sure 2,87.253 sowie Sure 5,110).[103] Eine weitere würdigende Beschreibung Jesu findet sich in der Ansprache Jesu durch die Engel als „Christus (Messias) Jesus"[104] und als einer der Gott Nahestehenden (Sure 3,45). Aus all diesen Bezügen auf Jesus lässt sich eine starke Hochschätzung seiner Person erkennen, die auch in der islamischen Tradition entsprechend aufgenommen und weitergetragen wird.

Nichtsdestoweniger macht der Koran eindeutig klar, dass kein Unterschied zwischen den Propheten gemacht werden soll (Sure 2,136). Jesus ist demnach trotz aller besonderen Auszeichnungen nicht weniger hoch zu achten als die anderen Propheten wie Mose oder Elijah und natürlich auch nicht höher als Muhammad selbst. Auch wenn Jesus einer von Gott Nahestehenden ist, so hat er nicht – anders als dies bei Mt 11,27 beschrieben wird – Einblick in das innere Wesen Gottes (Sure 5,116). Auch ist die koranische Referenz auf den Kreuzestod Jesu in Sure 4,157 f. eine für christliche Leserinnen und Leser zunächst schwer hinnehmbare Passage, da ja gerade der Kreuzestod Jesu eine fundamentale Bedeutung für den christlichen Glauben besitzt.[105] Zudem weist der Koran immer wieder darauf

---

[102] Siehe außerdem Sure 57,27 und 5,46 f.

[103] Der Gelehrte Az-Zamaḫšarī verweist darauf, dass mit den Beweisen die Wunder Jesu gemeint sein könnten (vgl. Sure 5,110); vgl. *Hüseyin İlker Çinar*, Maria und Jesus im Islam. Darstellung anhand des Korans und der islamischen kanonischen Tradition unter Berücksichtigung der islamischen Exegeten (Arabisch-Islamische Welt in Tradition und Moderne 6), Wiesbaden 2007, 111.

[104] Die Verwendung des Messias-Titel wird in der islamischen Tradition unterschiedlich interpretiert. Die Deutungen reichen von der direkten Übernahme des bereits etablierten Namens Jesu bis zu einer Interpretation, die das heilende Moment der Person Jesu Christi und zugleich die Reinheit seines Wesens veranschaulicht (vgl. bspw. Ar-Rāzī, der auf die Heilung von Kranken durch die Hand Jesu hinweist oder auf die Salbung Jesu bei seiner Geburt in Çinar, Maria und Jesus im Islam (s.o. Anm. 103), 41 f.).

[105] Zur Deutung der koranischen Kreuzespassage vgl. *Martin Bauschke*, Jesus – Stein des Anstoßes. Die Christologie des Korans und die deutsch-

hin, dass Menschen nicht zu Göttern erhoben werden sollen. Mit Blick auf das Christentum trifft dieser Vorwurf nicht nur Mönche oder Schriftgelehrte (Sure 9,31), sondern natürlich auch Christus, den Sohn Gottes, selbst (Sure 5,17.72–75). An diesen Stellen kann der Koran das Christentum daran erinnern, das Gleichgewicht zwischen Jesu Göttlichkeit und Jesu Menschlichkeit nicht zugunsten der Göttlichkeit Christi überzustrapazieren. Auch wenn also die bleibende Differenz besteht, dass Jesus im Islam nicht als Sohn Gottes verehrt wird, heißt das nicht, dass das koranische Zeugnis uns für den eigenen Glauben nichts zu sagen hat. Der Koran macht auf Gefahren aufmerksam und erinnert an Traditionslinien, die möglicherweise im Zuge der Religionsgeschichte vernachlässigt oder unzulässig stark betont wurden. Verfehlt wäre es allerdings, das koranische Zeugnis mit dem christlichen Bekenntnis zu Jesus Christus so vereinheitlichen zu wollen, dass die bleibenden Unterschiede eingeebnet werden. So ist Jesus gemäß dem neutestamentlichen Zeugnis und in Übereinstimmung mit den Konzilien von Nicäa und Chalcedon für das Christentum eben mehr als ein bloßer Mensch. Er ist die Selbstoffenbarung Gottes selbst.

Koran als Offenbarung

Gerade wegen dieses Fokus' auf Jesus als Offenbarung Gottes ist es schwierig, einen direkten Vergleich zwischen Jesus und Muhammad anzustellen. Muhammad nimmt eine der zentralen Positionen innerhalb des islamischen Glaubens ein und ist der Verkünder der Offenbarung Gottes. Die Offenbarung Gottes bzw. das Wort Gottes im Islam ist aber nicht der Prophet selbst oder ein Mensch, sondern der Koran. Das arabische Wort *Qur'ān* bedeutet *Rezitation* und verweist auf die Verkündigung des von Gott an Muhammad offenbarten Wortes Gottes sowie auf die Weitergabe dieses Wortes von Muhammad an die muslimische Gemeinde. Im Wesentlichen ist der Koran also als mündliche Verkündigung zu verstehen, die erst nach dem Tod des Propheten in der zweiten Hälfte des siebten Jh. verschriftlicht wurde.[106] Der islamische Theologe Milad Karimi beschreibt die Erfahrung der Rezitation des Korans im Wesent-

---

sprachige Theologie (Kölner Veröffentlichungen zur Religionsgeschichte; 29), Köln 2000, 163–178; *Mouhanad Khorchide* und *Klaus von Stosch*, Der andere Prophet. Jesus im Koran, Freiburg i. Br. 2018, 147–156; *Kenneth Cragg*, Jesus and the Muslim. An Exploration, London u. a. 1985, 168; *Hans Zirker*, Islam. Theologische und gesellschaftliche Herausforderungen, Düsseldorf 1993, 135–142.

[106] Somit hat der Prophet kein Buch oder Schrifttafeln von Gott erhalten und es verfehlt das islamische Offenbarungsverständnis hier von einer *Inlibration* zu sprechen.

lichen als „akustische, atmosphärische und mithin ästhetische Erfahrung"[107].

Die Erfahrung des Korans als Offenbarung der Gegenwart Gottes ist christlicherseits mit Blick auf die Sakramente anschlussfähig. So wie Christinnen und Christen im Empfang der Sakramente die Präsenz Gottes mit allen Sinnen erfahren können, so spielt das sinnliche (vornehmlich akustische) Erleben Gottes im Islam eine herausragende Rolle. Das Rezitieren des Korans auf Arabisch wird von gläubigen Musliminnen und Muslimen als Offenbarung der Schönheit Gottes verstanden.[108] Hier kommt auch die traditionelle Rede von der Unnachahmlichkeit des Korans zum Tragen, nach der der Inhalt, vor allem aber auch die *sprachlich-stilistische Form* des Korans auf seinen transzendenten Ursprung hinweist.

Vor dem Hintergrund des Zusammenhangs von Form und Inhalt im Offenbarungsgeschehen darf die ästhetische Ebene jedoch nicht auf Kosten der inhaltlichen Ebene verabsolutiert werden. Auch wenn viele Musliminnen und Muslime die Offenbarung noch instruktionstheoretisch als direkte Übermittlung des Willens Gottes ansehen und die Aussagen des Korans undifferenziert wörtlich verstehen, so bildet sich mehr und mehr ein kommunikationstheoretisches Offenbarungsverständnis heraus, das den Hörer und die Hörerin des Korans als Dialogpartner ernst nimmt. Der Koran enthält eine Reihe von ambigen Äußerungen, die interpretationsoffen sind und einer Auslegung bedürfen. Da der Koran der *geschöpfliche* Ausdruck des ungeschaffenen Wortes Gottes ist, lässt er sich angemessen nur verstehen, wenn er im Licht der historischen Situation seiner Verkündigung gehört und gelesen wird. Bei aller Kontextgebundenheit bleibt der Koran allerdings das authentische Wort Gottes.[109] So begegnet man bei der Auseinandersetzung mit

---

[107] *Milad Karimi*, Zur Frage der Erlösung des Menschen im religiösen Denken des Islam, in: *Klaus von Stosch* und *Aaron Langenfeld* (Hg.), Streitfall Erlösung (Beiträge zur Komparativen Theologie 14), Paderborn 2015, 17–37, hier 28f.

[108] Vgl. *Navid Kermani*, Gott ist schön. Das ästhetische Erleben des Korans, München ⁴2011; *Ahmad Milad Karimi*, Der Koran – Gottespoesie oder Menschenwort?, in: Communio 40 (2011), 457–465.

[109] Vor diesem Hintergrund wird auch verständlich, warum der Koran nicht eins zu eins mit der Bibel vergleichbar ist. Die Bibel ist aus christlicher Sicht eben nicht das Wort Gottes selbst, sondern Geist inspiriertes Bekenntnis des Heilswirkens Gottes in der Welt. Dies hat dann entsprechend auch Auswirkungen auf den muslimischen Umgang mit der historisch-kritischen Exegese, wie sie in der christlichen biblischen Exegese seit dem Zweiten Vatikanischen Konzil praktiziert wird.

dem Koran immer beiden Dimensionen – seinem transzendenten Ursprung und seiner weltlich geprägten Gestalt. Dieses dialektische Geschehen erinnert christlicherseits nun wieder an die beiden Naturen Jesu Christi. Die Offenbarung Gottes in der Welt bleibt sowohl christlich wie muslimisch ein symbolisches Geschehen, das einerseits zwar die authentische Begegnung mit Gott verbürgt, sich andererseits jedoch auf der Ebene des Menschen ereignet und dem Menschen so die Möglichkeit einer freiheitlichen Einstimmung in den Willen Gottes ermöglicht.

5   Lesehinweise

George Augustin, Klaus Krämer und *Markus Schulze (Hg.)*, Mein Gott und mein Herr. Christus bekennen und verkünden. Festschrift Walter Kardinal Kasper, Freiburg i. Br./Basel/Wien 2013.

Christian Danz, Kathy Ehrensperger und *Walter Homolka (Hg.)*, Christologie zwischen Judentum und Christentum. Jesus, der Jude aus Galiläa, und der christliche Erlöser (Dogmatik in der Moderne 30), Tübingen 2020.

Christian Danz und *Georg Essen (Hg.)*, Dogmatische Christologie in der Moderne. Problemkonstellationen gegenwärtiger Forschung, Regensburg 2019.

Marco Hofheinz und *Kai-Ole Eberhardt (Hg.)* unter Mitarbeit von *Jan-Philip Tegtmeier*, Gegenwartbezogene Christologie. Denkformen und Brennpunkte angesichts neuer Herausforderungen (Dogmatik in der Moderne 31), Tübingen 2020.

Aaron Langenfeld, „Dank Sonmi!" – dogmatische Christologie durch Filme neu aneignen, in: Katechetische Blätter 144 (2019), 145–149.

Stefan Orth, Jesus 2000. Der Nazarener in der Popkultur, in: Herder Korrespondenz 54 (2000) 255–259.

Klaus von Stosch, Jesus im Koran. Was Christen vom Islam für die Christologie lernen können, in: Herder Korrespondenz 72 (2018), 36–39.

Magnus Striet und *Jan-Heiner Tück (Hg.)*, Erlösung auf Golgota? Der Opfertod Jesu im Streit der Interpretationen, Freiburg i. Br./Basel/Wien 2012.

Jürgen Werbick, Jesus Christus, die Gottes-Spur in unserer Welt, in: *Klaus Müller (Hg.)*, Predigten mit Hintergrund. Christus predigen in der Vielfalt theologischen Fragens, Donauwörth 2006, 54–58.

Reinhold Zwick und *Thomas Lentes (Hg.)*, Die Passion Christi. Der Film von Mel Gibson und seine theologischen und kunstgeschichtlichen Kontexte, Münster 2004.

Nach Jesus Christus fragen

Religionsdidaktischer Kommentar

Jan Woppowa und Bernd Schröder

1 Lernchancen

Der enge Zusammenhang von Christologie und Soteriologie bietet die Lernchance, christologische Inhalte an lebensweltbezogene Fragen nach einem heilen und geglückten Leben (→ *Roth* und *Ewerszumrode*, Kap. 2) und damit an elementare Erfahrungen von Jugendlichen anzuschließen. Die gemeinsam mit Schülerinnen und Schülern gesuchten und gefundenen Antworten treten dabei neben die Antworten aus christlicher Tradition oder auch ihnen gegenüber und können dadurch eine kontroverse Auseinandersetzung über den soteriologischen Gehalt christologischer Aussagen eröffnen. Denn auch die auf Kreuz und Auferstehung bezogenen konfessionsspezifischen Praxen können, wie Dockter und Opalka schreiben, „in ökumenischer Perspektive als ein Integrationspunkt verschiedener Traditionen dienen, in denen gemeinsam nach Formen gesucht wird, die christologischen Überlegungen für existentielle Erfahrungen relevant zu machen" (→ *Dockter* und *Opalka*, Kap. 1). Als Beispiel dient die in Taizé geübte Praxis des Freitagsgebets am Kreuz, „bei dem eine russisch-orthodoxe Praxis als Hintergrund für das individuelle Gebet in einem durch katholische und protestantische Elemente geprägten liturgischen Rahmen genutzt wird" (→ *Dockter* und *Opalka*, Kap. 1). Im Zueinander verschiedener konfessionell geprägter Traditionen und nicht weniger auch individueller Praktiken und Vorstellungen kann damit nachvollziehbar werden, dass alle Praktiken je für sich auf ein gemeinsames Zentrum hin orientiert oder an einer verbindenden Frage ausgerichtet sind und sich möglicherweise sogar komplementär ergänzen können (→ Lernform Nr. 8: Komplementäres Lernen).

Christologie soteriologisch erschließen

In diesem Zusammenhang ist auf das ausdrücklich vom Zweiten Vatikanischen Konzil formulierte ökumenisch-hermeneutische Prinzip der „Hierarchie der Wahrheiten" (Ökumenismusdekret Unitatis Redintegratio, Nr. 11) zu verweisen, das hier in elementarer

Weise nachvollziehbar werden kann. Denn der Kern christlichen Glaubens, das Christusbekenntnis, verbindet die konfessionsspezifischen Lesarten des Christentums (auch wenn hier Unterschiede im Blick auf die altorientalischen Konfessionen auszumachen sind) und qualifiziert diese als partikulare Wege oder Praktiken in ihrer jeweiligen Ausrichtung auf diesen gemeinsamen Kern. In der Hierarchie steht das Christusbekenntnis an der Spitze und alle weiteren Bekenntnisse, Ausdrücke, Praktiken etc. sind abhängig von ihrer Nähe zu diesem unterschiedlich in ihrer Relevanz zu gewichten. Somit kann einsichtig gemacht werden: Die an der Spitze der Hierarchie stehende Wahrheit verbindet die Konfessionen mehr als weiter darunter angesiedelte konfessionsspezifische Wahrheiten sie trennen können.

Christologie subjektorientiert erkunden

In diese komplementär angelegte Suche nach elementaren Wahrheiten, ihren jeweiligen Ausdrucksformen und ihrem soteriologischen Gehalt sind nicht zuletzt auch die Erfahrungen und Antwortversuche von Jugendlichen mit aufzunehmen. Denn für das mittlere und höhere Jugendalter konstatiert die Entwicklungspsychologe im Blick auf die Domäne Christologie eine Tendenz zur Subjektivierung: „Die Aussagen der Jugendlichen sind zunehmend geprägt von der Erkenntnis, dass Jesus Christus – wenn überhaupt – ‚in ihnen' präsent oder wirksam sein kann. Im Sinne postmoderner radikaler Pluralität nehmen sie dies auch von ihren Nachbarn und Freunden an, denen sie jeweils je spezifische eigene Christologien zugestehen."[1] Das Konzept im Jugendalter ist entsprechend das einer an den individuellen Erfahrungen orientierten subjektorientierten Christologie, in der die „Bedeutung des ‚besonderen Menschen' Jesus als Repräsentant Gottes"[2] als theologisch relevant identifiziert werden kann. Weiterhin wird als charakteristisch für das Jugendalter festgehalten: eine Fokussierung auf ethische Fragestellungen (Jesu Praxis der Menschenliebe als Gottes Glaubwürdigkeit für die Menschen) sowie ein Relevanzverlust der Christologie insgesamt wie einzelner Teilaspekte (bspw. die Rechtfertigung des Menschen durch Jesu Kreuzestod und Auferstehung).[3] Mit Letzterem mag auch die im Jugendalter verstärkt auftretende Grundskepsis zusammenhängen, die zum einen Verunsicherung signalisieren und möglicherweise auch zu Relevanzverlust führen kann, zum anderen

---

[1] *Gerhard Büttner* und *Veit-Jakobus Dieterich*, Entwicklungspsychologie in der Religionspädagogik, Göttingen 2013 (2., durchges. Aufl. 2016), 198.
[2] Ebd. 199.
[3] Vgl. ebd. 201.

aber auch „die Freude am klaren und konsequenten Durchdringen von logischen Gedankengängen"⁴ ausdrücken kann. Das spräche dann wiederum dafür, christologische Konzepte als Lernchance für eine Auseinandersetzung mit Begrifflichkeiten (siehe unten zur Lernform des Begriffslernens) und Deutungen zu verwenden, wie das in der Darstellung des Inhaltsfeldes im Blick auf die altkirchlichen Dogmen geschehen ist. Die Christologie war zentraler Streitpunkt der alten Kirche, woraus Kompromissformeln entstanden sind, die es heute um ihrer Verstehbarkeit willen wieder zu rekonstruieren gilt und die möglicherweise an auch heute noch strittige Fragen wie die nach der Göttlichkeit Jesu von Nazareth anschließen können.

<small>Begriffe verwenden lernen</small>

Weitere Lernchancen liegen in dem christologischen Teilaspekt der Zwei-Naturen-Lehre, wegen seiner Zentralität sowohl aus theologischer Perspektive (→ *Dockter* und *Opalka*, Kap. 2.2 u. ö.) als auch aus entwicklungspsychologischer Perspektive. Denn es stellt sich dabei die religionsdidaktisch interessante Frage, „wie die beiden bei den Heranwachsenden ja bereits seit dem mittleren Kindergartenalter eigenständig entfalteten Akteurs-Konzepte (menschliche Akteurinnen und Akteure/göttlicher Akteur) sich wiederum zueinander verhalten, und dies in ein und derselben Person"⁵. Das chalcedonische Dogma stellt eine elementare Lernchance dar, weil es die Suche nach dem Kern des christlichen Glaubens bzw. des Christusbekenntnisses (Gott oder/und Mensch?) in der frühen Kirche als ein Ringen zwischen verschiedenen ‚konfessionellen' Perspektiven bewusstmachen kann. Die Formel kann dem weiteren Fortgang des Unterrichts als „hermeneutische Brille"⁶ dienen, weil Schülerinnen und Schüler daran lernen können, dass die nachösterliche Rede vom historischen Jesus immer auch christologische Rede ist und umgekehrt (einschließlich der oben getroffenen Unterscheidung zwischen einer biblisch verankerten impliziten und expliziten Christologie). Ihr hoher Abstraktionsgrad und ihre Paradoxie müssen im Unterricht in ihrem historischen Kontext erschlossen, theologisch durchdacht und mit erfahrungsbezogenen Beispielen versehen werden, wenn die chalcedonische Formel über ihre Verwendung als dogmatische Kompromissformel hinaus eine

<small>Christologische Denkfiguren nutzen</small>

---

⁴ Ebd. 200 f.
⁵ Ebd. 206.
⁶ *Jan Woppowa*, Erkennst du die Wahrheit? Die Formel von Chalkedon als Basis eines Christologiekurses. Eine Lernsequenz für den Religionsunterricht in der Oberstufe (11./12. Jahrgang) des Gymnasiums, in: RelliS. Religion lehren und lernen in der Schule 2 (2011), 50–58, hier 50.

Bedeutung bekommen soll. Dann kann sie auch in Erinnerung rufen, „dass keine Christologie hinter das soteriologisch bedeutsame Bekenntnis von der wahren Menschlichkeit und der wahren Göttlichkeit Jesu Christi zurücktreten darf" (→ *Dockter* und *Opalka*, Kap. 2.2), denn die Gefahren von theologischen Schlagseiten zeigen sich in der Theologiegeschichte.

Der Subjektivierungswunsch von Jugendlichen, der hohe Abstraktionsgrad vieler christologischer Aussagen und die konfessionell unterschiedlichen religiösen Praxen verlangen danach, die in diesen Aussagen, Praxen und Symbolen geronnenen Alltagserfahrungen zu rekonstruieren. So zeigen sich in der Darstellung dieses Inhaltsfelds einige Lernchancen, in denen konfessionsspezifische Perspektiven und Lesarten deutlich werden können: 1) in reformatorischer Lesart die Kreuzestheologie, Kreuzeserfahrung und der „Trost des Kreuzes" (Luther) als „Kennzeichen protestantischer und besonders lutherischer Christologie" (→ *Dockter* und *Opalka*, Kap. 2.3); 2) in erfahrungsbezogener Lesart die Verarbeitung der Krisenerfahrungen des 20. Jahrhunderts zwischen den zentralen Gottesattributen Ohnmacht und Macht bzw. Kreuz und Auferstehung (Bonhoeffer, Barth) oder als Kreuzesmystik in aktiver, politisch relevanter Nachfolge (Moltmann); 3) in katholischer Lesart die existenziellen Erfahrungen des Menschen als Ausgangspunkt einer „Christologie von unten" (Rahner), in der Jesus Christus zum „Realsymbol" (Rahner) wird (vgl. dazu unten die elementare Lernform des symbolischen Lernens); 4) in wiederum protestantischer Lesart – durchaus anschlussfähig an die im Jugendalter verbreitete Ethisierung der Christologie (siehe oben) – die sozialpolitische und ethische Dimension der Solidarität, ausgedrückt in Texten einer Theo- bzw. Christo-Poetik (Sölle); 5) in anglikanischer Lesart die sog. Geistchristologie, an der man den Versuch rekonstruieren kann, „das Offenbarungs- und Erlösungswirken Gottes aus seiner christozentrischen Verklammerung zu lösen und damit pluralitätsfreundlicher zu machen" (→ *Dockter* und *Opalka*, Kap. 3.2).

Elementare Lernchancen	
Exemplarische Strukturen bzw. Lerngegenstände	Lebensweltliche Zugänge bzw. Erfahrungen
Schwerpunkt: Christologie als Soteriologie – Christologische Praktiken als Ausdruck existenzieller Suchbewegungen des Menschen – Relevanz christologischer Aussagen für die existenzielle Suche des Menschen nach Glück und Heil	– individuelle Suche nach einem heilen und geglückten Leben – Tendenz zur Subjektivierung in jugendlichen Christologiekonzepten – Orientierung an Vorbildern, außergewöhnlichen Personen etc.
Schwerpunkt: Christologische Dogmen – altkirchliche christologische Dogmen als Ergebnisse von theologischer Deutung und Auslegungshoheit – Kompromissformel von Chalcedon (wahrer Gott und wahrer Mensch) – Ausdifferenzierung der Kirche in unterschiedliche Bekenntnisse	– Erfahrungen mit Phänomenen innerchristlicher Vielfalt in der Gegenwart – Bereitschaft zu logischer Durchdringung und Begriffsklärung theologischer Modelle – kindliche und jugendliche Akteurskonzepte (menschlich/göttlich) – Fähigkeit zu abstraktem und formallogischem Denken
Schwerpunkt: Christologische Lesarten – soteriologische Kreuzestheologie (Luther) – Kreuz und Ohnmacht (Bonhoeffer) – Auferstehung und Krisenüberwindung (Barth) – politische Christologie (Moltmann) – Christo-Poetik (Sölle) – anglikanische Geistchristologie	– Erfahrungen mit Ohnmacht und Krisen und deren Überwindung – politische und gesellschaftliche Relevanz von Theologie/Christologie – Pluralität von Gottes- und Christusbildern – Verfassen eigener (poetischer) Texte zu eigenen Gottes-/Christusbildern
Schwerpunkt: Glaubenspraxis – konfessionsspezifische Praktiken des Christusglaubens (bspw. Karfreitag, Ostern) – orthodoxe Ikonenverehrung	– Glaubenspraxis und konfessionelle Ausdrucksformen in der eigenen Lebenswelt – individuelle Zugänge zwischen Glauben und Skepsis – ethische Zugänge: Biographien der Christusnachfolge (Heilige, Local Heroes)

2 Orientierung an didaktischen Leitlinien konfessioneller Kooperation

Zunächst gilt, dass im vorliegenden Inhaltsfeld das Christusbekenntnis im Sinne des Konzils von Chalcedon im Zentrum steht, das – die „Hierarchie der Wahrheiten" (UR 11) anführend – als Ursprung und Ziel ökumenischer Verständigung gilt. Genau darin kann auch eine Lernchance konfessioneller Kooperation erkannt werden, denn das Maß, an dem alle differenzbewussten und konfessionsspezifischen Perspektivierungen zu messen sind, ist dieses elementare Bekenntnis. Wie es allerdings innerhalb der Christentumsgeschichte entstanden, tradiert, ausbuchstabiert und gedeutet worden ist und wird, stellt wiederum eine Lernchance dar, weil darin auch unterschiedliche konfessionsspezifische Akzentsetzungen deutlich und Prozesse der Abspaltung (nach dem Konzil von Chalcedon etwa der altorientalischen Kirchen) nachvollzogen werden können. Letzteres kann konfessionelle Differenzsensibilität aufbauen (Leitlinie 3), in der auch konfessionskundliche Wissensbestände eine Rolle spielen (dürfen). Dabei werden verschiedene historische und konfessionelle Perspektiven auf christologische Teilaspekte zusammenkommen (Leitlinie 3), die angesichts des verbindlich-verbindenden Christusbekenntnisses allerdings zugleich auch deutlich machen müssen, dass in der Zielperspektive des konfessionell-kooperativen Religionsunterrichts ein ökumenisches Bewusstsein und eine gemeinsame Suche nach dem elementar Christlichen stehen sollte (Leitlinie 9).

Leitlinien 3 und 9

3 Elementare Lernform Nr. 9: Begriffsorientiertes Lernen

Der präzise Umgang mit Begriffen gilt sicherlich für jede Disziplin, die Herausforderung des Begriffslernens damit auch für jedes Unterrichtsfach und ein entsprechendes fachbezogenes Lernen. Die Geschichtsdidaktik geht davon aus, dass diese Feststellung für das Fach Geschichte in erhöhtem Maße gilt, denn „hier geht es nicht nur um Begriffe aus unserer Gegenwartssprache, sondern auch um Begriffe aus vergangenen Zeiten, die einen spezifischen historischen Entstehungs- und Bedeutungskontext haben und zudem ggf. in ihrer Geschichte Bedeutungsveränderungen aufweisen können"[7].

---

[7] *Michael Sauer*, Begriffslernen und Begriffsarbeit im Geschichtsunterricht, Schwalbach a. T. 2019, 6.

Ähnliches wird man wohl für das Fach Religion und sein fachbezogenes Lernen beanspruchen können, insbesondere dann, wenn wie im Blick auf die historisch bedingte Sprache der Theologie zahlreiche Fachbegriffe und Fachtermini einen ausgedehnten Entstehungshorizont hinter sich haben. Insbesondere auch im konfessionell-kooperativen Religionsunterricht dürfte das einige Relevanz haben, weil das differenzbewusste Thematisieren von Konfessionen per se historische Kontexte aufruft.

Das christologische Inhaltsfeld kann in exemplarischer Weise dazu dienen, ein Begriffslernen und eine Begriffsarbeit im Unterricht zu verankern. Im Zentrum stehen dabei bspw. die dogmatischen Formeln der ökumenischen Konzilien, die für sich bereits eine eigene Textgattung verkörpern. Hier beginnt bereits ein religiöses Begriffslernen in der Unterscheidung von Bekenntnistexten (bspw. das Glaubensbekenntnis von Nicäa und Konstantinopel), lehramtlichen Texten wie dem Dogma (bspw. das christologische Dogma von Chalcedon), aber auch von Definitionen oder Paradoxa (wiederum bspw. die chalcedonische Kompromissformel, aber auch die christologische Rede von Tod und Auferstehung).[8] So regelt das Dogma in höchst verbindlicher Weise, was zu glauben ist, und hat den Charakter einer gültigen Sprachregelung (Definition). Dass das Lehramt dabei an die Gemeinschaft der Glaubenden gebunden ist und sich das Glaubensverständnis dieser Gemeinschaft im Dogma widerspiegeln muss, zeigt sich exemplarisch am christologischen Dogma von Chalcedon, das in seiner dogmenpolitischen Kompromissformel den Streit zwischen der Schule von Antiochien (Nestorianismus) einerseits und der Schule von Alexandrien (Mono- bzw. Miaphysitismus) andererseits abbildet. Bis heute wird seine Definition von der katholischen Kirche, den orthodoxen Kirchen sowie den protestantischen und anglikanischen Kirchen als verbindlich anerkannt.

Unterscheidung der Sprach- und Textformen

Ein „systematische Begriffsarbeit"[9] kann in mehreren Stufen erfolgen:

Systematische Begriffsarbeit

1) Zu Beginn eines systematisch angelegten Begriffslernens steht die intensive Arbeit an zentralen Begriffen, etwa mit Hilfe der oben

Conceptual change/enrichment

---

[8] Zur Unterscheidung von Textsorten und entsprechenden Beispielen für den Unterricht vgl. *Josef Epping*, Von Anekdote bis Wundergeschichte. Textsorten verstehen. Ein Arbeitsbuch für den Religionsunterricht, München 2009.

[9] *Sauer*, Begriffslernen (s. o. Anm. 7), 33, zu den folgenden Ansätzen vgl. ebd. 33–35.

erwähnten Definition und Abgrenzung bestimmter Textsorten.[10] Dabei spielt auch die Theorie des ‚conceptual change' eine Rolle: Schülerinnen und Schüler verfügen auch im Religionsunterricht „vorab immer schon über alltagsweltlich erworbene Vorstellungen – sogenannten Präkonzepte – zu Unterrichtsgegenständen ... Im Vergleich zu wissenschaftlichen Konzepten sind diese oftmals unterkomplex oder gar regelrecht falsch. Unterricht muss deshalb diese Schülervorstellungen zunächst diagnostizieren und dann ihre Veränderung anstreben: durch einen Austausch vorhandener Konzepte (‚conceptual change') oder in schwächerer Form durch deren Anreicherung (‚conceptual enrichment')"[11]. Das gilt bspw. für die Vorstellungen und das Verständnis von Auferstehung und ewigem Leben, von Dogmen oder von den biblisch erzählten Heilungswundern Jesu.

Concept Maps 2) Es kann hilfreich sein, begleitend zu Begriffsdefinitionen begriffliche Zusammenhänge auch grafisch mit Hilfe von Strukturskizzen, Concept Maps oder Begriffsnetzen zu veranschaulichen, in denen Begriffe in Relation zu anderen gestellt oder Abhängigkeiten dargestellt werden. Als Beispiel:

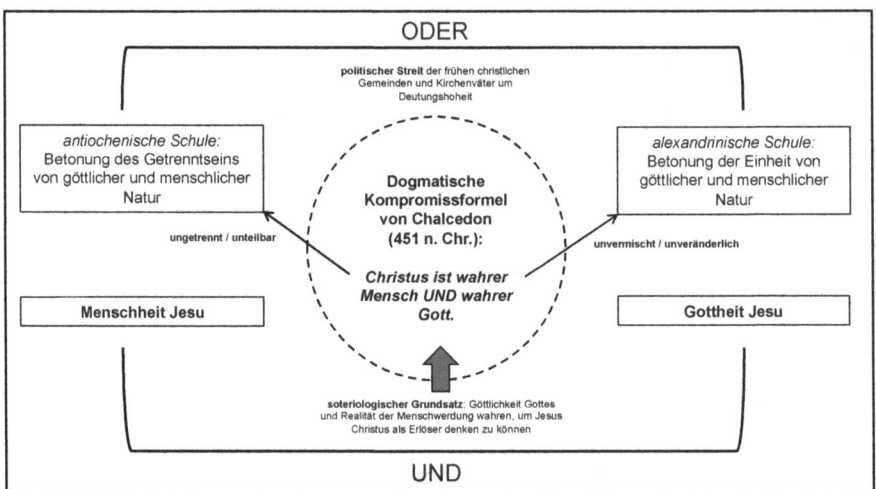

Begriffsvergleich 3) Die Arbeit mit Begriffsfeldern kann helfen, ähnlich gelagerte Begriffe miteinander zu vergleichen oder voneinander abzugrenzen – bspw. die biblisch begründeten christologischen Hoheits-

---

[10] Vgl. dazu bspw. die jeweilige Definition jeder einzelnen Textsorte bei *Epping*, Von Anekdote bis Wundergeschichte (s. o. Anm. 8).
[11] *Sauer*, Begriffslernen (s. o. Anm. 7), 15.

titel (siehe oben): *Sohn Gottes, Herr/Kyrios, Messias/Christus, Menschensohn, Logos*. Sie können als Ausdruck unterschiedlicher nachösterlicher Deutungsperspektiven auf Leben und Person Jesu und seine Göttlichkeit aufgefasst werden.

4) Schließlich kann ein Ausschärfen und Anreichern von Begriffen die Begriffsarbeit in präzisierender und differenzierender Weise abschließen – bspw. im Blick auf verschiedene christologische Ansätze und Lesarten: *soteriologische, politische, existenzielle* oder *poetische* Christologie.

Einordnung in christologische Konzepte

Ein begriffsorientiertes Lernen hat über das vorliegende Inhaltsfeld hinaus Bedeutung für den gesamten Religionsunterricht, insbesondere auch in konfessionell heterogenen Lerngruppen. Denn ein differenzbewusstes und perspektivenverschränkendes Arbeiten setzt voraus, dass Begriffe klar definiert und zueinander in Beziehung gesetzt werden, um Missverständnissen und Vorurteilen vorbeugen zu können (bspw. in der konfessionsverschiedenen Rede von der Kirche, von den Sakramenten, vom Amt, vom Priestertum etc.).

> Begriffsarbeit spielt in jedem Unterricht eine Rolle, dessen fachliche Grundlagen auf der Systematik und Sprache einer Bezugswissenschaft basieren. Daher bezeichnet das begriffsorientierte Lernen auch keine spezifisch religionsdidaktische Lernform, steht aber nicht weniger auch im Zentrum religiösen Lernens. Wie bspw. innerhalb der Geschichtsdidaktik ist hier zu unterscheiden zwischen einer einführenden, klärenden Begriffsarbeit (zugleich als Arbeit an den Alltagsvorstellungen von Lernenden und deren Veränderung im Sinne des *conceptual change*) sowie einem vernetzenden, erweiternden und vergleichenden Umgang mit Fachbegriffen im Sinne der Erweiterung religiöser Sprachfähigkeit.
>
> Zur Orientierung: *Michael Sauer*, Begriffslernen und Begriffsarbeit im Geschichtsunterricht, Schwalbach a.T. 2019; *Theresa Kohlmeyer* u.a., Wie meinst du das? – Begriffserwerb im Religionsunterricht, in: Theo-Web. Zeitschrift für Religionspädagogik 19 (2020), H.1, 334–344.

4 Elementare Lernform Nr. 10: Symbolisches Lernen

Symbolisches Lernen gehört zu den zentralen Lernformen des Religionsunterrichts, denn es steht im Zentrum des Erwerbs religiöser Sprachfähigkeit. Wer nicht fähig ist, Symbole bzw. symbolische Sprache zu lesen und ihre verborgene Sinnebene zu erfassen, wird kaum religiös sprachfähig genannt werden können. Religiöse Sprache *ist* symbolische Sprache, denn sie versucht, eine unsichtbare

Religiöse Sprache = symbolische Sprache

Wirklichkeit hinter den sichtbaren Dingen zur Sprache zu bringen und einen „Mehrwert an Sinn" (Gerd Theißen) bzw. mehrdeutige Sinnebenen zu eröffnen. Das gilt für biblische ebenso wie für liturgische Texte, für spirituelle Zeugnisse ebenso wie für Ausdrucksformen persönlicher Glaubensbiographien. Schließlich gibt es auch in religiösen Vollzügen „solche verweisenden Handlungen anhand von Symbolen: Wer ein Kreuzzeichen macht, begeht eine symbolische Handlung, die Taufe als Grundritual arbeitet mit dem Symbol Wasser, Ostern und Weihnachten wären schwer vorstellbar ohne die Lichtsymbolik."[12] Zugleich prägen Symbole unsere alltägliche Lebenswelt (in Werbung, Kultur und Musik), sind Ausdruck menschlicher Erfahrungen und Gefühle und spielen nicht zuletzt auch im Leben von Jugendlichen eine bedeutende Rolle.

Kreuz und Auferstehung als Symbole

Das christologische Inhaltsfeld kann in besonderer Weise dazu dienen, symbolisches Lernen zu fördern. Denn die zentralen christologischen Narrative von „Kreuz" und „Auferstehung" (→ *Dockter* und *Opalka*, Kap. 2.8) sind mit den Schülerinnen und Schülern symbolisch zu erschließen:[13] Inwiefern ist das Zeichen des Kreuzes durch einen christlichen Deutungshorizont zu einem Symbol für Heil und Erlösung geworden? In welchem Zusammenhang stehen das biblische Kreuzesgeschehen und die symbolische Rede von Auferstehung? Welche Narrative erzählen die biblischen Texte? Welche Rolle haben bei der Entstehung der Narrative die altkirchlichen Konzilien gespielt? Welche Ambivalenzen und Mehrdeutigkeiten lassen sich aus heutiger Sicht bspw. im Zeichen bzw. Symbol des Kreuzes erkennen, gerade dann, wenn man es aus unterschiedlichen Perspektiven (konfessionell, areligiös, alltagsbezogen etc.) in den Blick nimmt? Wenn man solchen Fragen mit Schülerinnen und Schülern auf die Spur geht, rücken „auch leib-phänomenologische Überlegungen in den Blick, die sich in nicht-reflexiven Formen auf die Christologie beziehen" (→ *Dockter* und *Opalka*, Kap. 2.8), was die Anbindung christologischer Inhalte an die Erfahrungsebene möglich und notwendig macht. So sind Narrative und die symbolische Ebene von bestimmten spirituellen Ausdrucksformen (wie dem Sich-Bekreuzigen, der Verdeckung des Kreuzes in der katholischen Fastenzeit oder des Altars am Karfreitag, des Gebets vor

---

[12] Mirjam Zimmermann, Art. Symboldidaktik, in: Wissenschaftlich-Religionspädagogisches Lexikon 2015, abrufbar unter: https://doi.org/10.23768/wirelex.Symboldidaktik.100018.

[13] Darauf hat namentlich Peter Biehl immer wieder hingewiesen, etwa in *Peter Biehl*, Festsymbole – zum Beispiel: Ostern, Neukirchen-Vluyn 1999.

orthodoxen Auferstehungsikonen an Ostern, der Lichtprozession an Ostern etc.) zu erschließen, nicht zuletzt auch in ihrer konfessionsdifferenten Verortung.

Mit der umfassenden religiösen Sprachlehre von Hubertus Halbfas lässt sich symbolisches Lernen als ein Lernen *mit* Symbolen charakterisieren, das über ein reines Verstehen symbolischer Sprache hinausgeht und die individuelle Ausdrucks- bzw. Symbol- und Sprachfähigkeit von Schülerinnen und Schülern in den Blick nimmt. Dazu eignet sich die Arbeit mit bildlichen Symbolen und Ausdrucksformen (bspw. auch mit orthodoxen Ikonen[14]), insbesondere aber auch mit Texten einer Theo- bzw. Christo-Poetik (wie oben erwähnt bspw. von Dorothee Sölle, aber auch Kurt Marti, Andreas Knapp u. a.). Dabei kann symbolisches Lernen auf drei Ebenen stattfinden: 1) auf der Ebene des Symbolverstehens in der Deutung der Texte selbst; 2) auf der Ebene des theologischen Verstehens, wenn christologische Aspekte in ihrer soteriologischen und erfahrungsorientierten Transformation sowie konfessionellen Prägung rekonstruiert werden; 3) schließlich auf der Ebene individueller symbolischer Ausdrucksfähigkeit, wenn Jugendliche eigene Texte produzieren.[15]

Ebenen der Arbeit an Symbolen

So kann das folgende Glaubensbekenntnis von Dorothee Sölle zum Lerngegenstand eines symbolischen Lernens werden und als methodischer Impuls dienen, in einen kreativen Schreibprozess einzuleiten, um symbolische Sprach- und Ausdrucksfähigkeit zu fördern. Sölles Text ist ein Zeugnis konfessionsübergreifender politischer Spiritualität und Christusnachfolge, denn er ist im Kontext eines vom „Ökumenischen Arbeitskreis Köln" (zu dem auch Heinrich Böll und Fulbert Steffensky gehörten) veranstalteten politischen Nachtgebets auf dem Katholikentag in Essen 1968 entstanden. Der Text löste damals eine massive Kritik der offiziellen Kirchenleitungen beider Konfessionen aus:

> Ich glaube an gott
> der die welt nicht fertig geschaffen hat
> wie ein ding das immer so bleiben muss
> der nicht nach ewigen gesetzen regiert
> die unabänderlich gelten
> nicht nach natürlichen ordnungen

---

[14] Vgl. zur Erschließung einer Christusikone bspw. *Woppowa*, Wahrheit (s. o. Anm. 6).

[15] Um die Wichtigkeit dieser dritten Ebene zu unterstreichen, sprach Peter Biehl von „Symbolisierungsdidaktik": Sie zielt darauf, dass die Lernenden Symbole in Gebrauch nehmen, auf ihre Tragfähigkeit prüfen und ‚produzieren' lernen – vgl. *Biehl*, Festsymbole (s. o. Anm. 13), 19 passim.

von armen und reichen
sachverständigen und uninformierten
herrschenden und ausgelieferten
ich glaube an gott
der den widerspruch des lebendigen will
und die veränderung aller zustände durch unsere arbeit
durch unsere politik
ich glaube an jesus christus
der recht hatte, als er
„ein einzelner, der nichts machen kann"
genau wie wir
an der veränderung aller zustände arbeitete
und darüber zugrunde ging
an ihm messend erkenne ich
wie unsere intelligenz verkrüppelt
unsere phantasie erstickt
unsere anstrengung vertan ist
weil wir nicht leben wie er lebte
jeden tag habe ich angst
dass er umsonst gestorben ist
weil er in unseren kirchen verscharrt ist
weil wir seine revolution verraten haben
in gehorsam und angst
vor den behörden
ich glaube an jesus christus
der aufersteht in unser leben
dass wir frei werden
von vorurteilen und anmaßung
von angst und hass
und seine revolution weitertreiben
auf sein reich hin
ich glaube an den geist
der mit jesus in die welt gekommen ist
an die gemeinschaft aller völker
und unsere verantwortung für das
was aus unserer erde wird
ein tal voll jammer hunger und gewalt
oder die stadt gottes
ich glaube an den gerechten frieden
der herstellbar ist
an die möglichkeit eines sinnvollen lebens
für alle menschen
an die zukunft dieser welt gottes
amen[16]
~ Dorothee Sölle

---

[16] *Dorothee Sölle*, meditationen und gebrauchstexte. gedichte, Berlin ³1976, 24 f.

In einem christologischen Kernsatz wie „Ich glaube an Jesus Christus/der aufersteht in unser Leben/dass wir frei werden/von ..." könnte sowohl die symbolische Ebene des Narrativs „Auferstehung in das Leben" als auch die Verbindung zwischen Christologie und Soteriologie bzw. zwischen Christusbekenntnis und Alltagserfahrung erarbeitet werden. Eine methodisch einfache, aber der Sache nach anspruchsvolle und je nach Lerngruppe differenziert zu realisierende Übung läge nun in der Aufgabe, den Satz individuell von den Schülerinnen und Schülern selbst verändern und fortsetzen zu lassen: „Ich glaube an Jesus Christus/der aufersteht in unser Leben/ dass wir frei werden/von ...". Oder auch: „Ich glaube nicht an Jesus Christus/der aufersteht in unser Leben/sondern ...". Diese hier nur beispielhaft angedeutete Übung zum symbolischen Lernen würde nicht zuletzt dem Subjektivierungswunsch von Jugendlichen im Blick auf christologische Konzepte (siehe dazu oben) nahekommen.

> Die Symboldidaktik stellt einen konzeptionell höchst wirksamen Ansatz der Religionsdidaktik dar, der den Diskurs über religiöse Bildung und den Religionsunterricht insbesondere auch aus historischer Sicht in entscheidender Weise geprägt hat. Symbolisches Lernen gilt als eine Kernaufgabe religiösen Lernens auf dem Weg zum Erwerb religiöser Sprachfähigkeit und wird in verschiedenen Ansätzen unterschiedlich entfaltet.
>
> Zur Orientierung: *Mirjam Zimmermann*, Art. Symboldidaktik, in: Wissenschaftlich-Religionspädagogisches Lexikon 2015 (abrufbar unter: https://doi.org/10.23768/wirelex.Symboldidaktik.100018); *Manfred Riegger*, Lernen mit Symbol-Zeichen – Symbolisieren lernen, in: *Ulrich Kropač* und *Ulrich Riegel* (Hg.), Handbuch Religionsdidaktik, Stuttgart 2021, 255–265; *Michael Meyer-Blanck*, Vom Symbol zum Zeichen. Symboldidaktik und Semiotik, Rheinbach 2., überarb. und erw. A. 2002.

Nach der Gemeinschaft der Christinnen und Christen fragen

Kirche(n) weltweit und Ekklesiologie

Cornelia Richter und Bert Roebben

1 Einleitung

Die Frage nach der Kirche gehört zu den zentralen Themen der theologischen Reflexion, weil Kirche immer mehr ist als sich in einem einzigen Begriff benennen lässt. Mehr noch: Das, was „Kirche" ist oder sein könnte, ist im Christentum keineswegs von Anfang an klar, sondern wird im Lauf der Geschichte mühsam errungen: Historische Ursprungsmodelle stehen neben pragmatischen Entwicklungsmodellen, hierarchische Institutionalisierungen mit hoher Rechtsförmigkeit stehen neben synodal organisierten, eher zufällig und auf Zuruf agierenden Gemeinschaften. In all dem lassen sich allerdings vier Dimensionen unterscheiden, die für jede christliche Konfession und für jede dem Christentum nahestehende sog. Weltreligion markant sind: (1) Kirche ist mindestens Gemeinschaft, (2) sie wird anhand markanter Gebäude, Riten und religiöser Praktiken wahrgenommen, (3) sie ist von theologisch-lehramtlichen oder gemeindepraktischen Theorien getragen, tritt mehr oder weniger institutionalisiert auf und (4) ist in all dem und über all das hinaus eine bis in die Gegenwart prägende symbolische Größe. Deshalb ist auch der ökumenische Diskurs nicht nur am Thema der Kirche interessiert, sondern findet in der Kirche statt. Schaut man sich durch die Geschichte hindurch an, was Kirche ist, dann stellt man schnell fest, dass sie ebenso vielfältig ist wie jede sonstige menschliche Gemeinschaft auch; entsprechend groß sind die konfessionellen und religiösen Unterschiede, in denen religiöser Glaube praktiziert wird. Die für den Religionsunterricht an deutschen Schulen wichtigste Unterscheidung ist die konfessionelle Unterscheidung zwischen der römisch-katholischen und der evangelisch-lutherischen Kirche, ergänzt durch reformierte, freikirchliche und orthodoxe Kirchen. Der wichtigste Vergleich im Kontext der sog. Weltreligionen ist jener mit dem Judentum und dem Islam.

Vier Dimensionen von Kirche

Gemeinschaft
Gebäude und Praktiken
Institutionalität und Theorieleitung
Symbolische Kraft

Ökumenisch-hermeneutische Arbeit

In diesem Beitrag formulieren wir gemeinsam unsere Sicht auf diese vier Dimensionen der Kirche. Wir verstehen unseren Beitrag als eine ökumenisch-hermeneutische Arbeit, die der interkonfessionell-didaktischen Vorbereitung und Umsetzung des Religionsunterrichts in der Schule dienen kann. In Anlehnung an das didaktische Konzept der Elementarisierung[1] werden hier die vier Schlüsselbegriffe der Kirche als Gemeinschaft, Gebäude, Institution und symbolische Ordnung elementarisiert, begrifflich konzeptualisiert, systematisch reflektiert und historisch entwickelt.

Kontextualität der Kirche

In der Diskussion zu diesem Thema wollen wir besonders betonen, dass Kirche kein isoliertes Gebilde ist, sondern kontextuell in Zeit und Raum verankert ist. Auf dieser Grundlage steht sie damals wie heute vor gesellschaftlich wichtigen Entscheidungen, die von ihr von außen verlangen, sich immer wieder nach innen zu verändern – oder in theologischer Sprache: sich zu bekehren. Diese theologische Reflexion über die Präsenz der Kirche in der Gesellschaft wird in diesem Beitrag interkonfessionell vollzogen.

Referenz: Erinnerung heilen – Jesus Christus bezeugen

Ein viel beachtetes Dokument in diesem Zusammenhang, das auch als Leitmotiv für diesen Beitrag dient, ist die gemeinsame Erklärung der Deutschen Bischofskonferenz und der Evangelischen Kirche Deutschlands anlässlich des Lutherjahres 2017: *Erinnerung heilen – Jesus Christus bezeugen. Ein gemeinsames Wort zum Jahr 2017*. Da heißt es: „Keine Kirche ist frei von der Versuchung, das eigene Selbstverständnis als theologisches Maß für alle Kirchen zu wählen. Jede Kirche muss dieser Versuchung widerstehen."[2]

Für Papst Franziskus sind die grundlegenden Unterschiede im ökumenischen Dialog als Wirken des Heiligen Geistes zu würdigen. Das Suchen nach Einheit sollte vor allem eine gemeinsame spirituelle Reise sein, die sich am Ende als eucharistische Gemeinschaft erfüllen wird. Ihr Ziel muss sich am gemeinsamen eucharistischen Altartisch finden.[3] Im Moment sind wir aber noch nicht so weit, weshalb das Gespräch, auch hier in diesem Aufsatz, noch überwiegend am Schreibtisch geführt wird.

---

[1] *Friedrich Schweitzer (Hg.)*, Elementarisierung im Religionsunterricht. Erfahrungen, Perspektiven, Beispiele, Neukirchen-Vluyn, ⁴2013.

[2] *Deutsche Bischofskonferenz und Evangelische Kirche in Deutschland (Hg.)*, Erinnerung heilen – Jesus Christus bezeugen. Ein gemeinsames Wort zum Jahr 2017, Hannover/Bonn 2016, 29.

[3] So umschreibt der katholische Theologe *Peter De Mey* die Position des Papstes bezüglich der Ökumene in: The Commemoration of the Reformation as the Starting Point for a Joint Declaration on Church, Eucharist and Ministry?, in: Ecclesiology 14 (2018), 32–50, hier 36.

2 Kirche(n) und Ekklesiologie als Themen im evangelisch-katholischen Verhältnis

Die thematische Auseinandersetzung erfolgt in zwei Schritten: systematisch und historisch. Ausgehend von der Realität von „Kirche heute" entwickeln wir zunächst systematisch vier konkrete Dimensionen von Kirche und drei Motive für ihr Entstehen und ihre Entwicklung im Laufe der Zeit. Dann lesen wir in der Zeit zurück, wie sich die Kirche bisher entwickelt hat, in der Spannung zwischen Kirche und Staat, zwischen Frömmigkeit (Mystik) und Öffentlichkeit (Politik), zwischen Identitätsstreben (nach innen) und Engagement (nach außen). Ziel ist es, diese Spannung kontextuell, (historisch) in ihrer Entstehungs- und Wirkungsgeschichte und (systematisch) in ihrer heutigen Form verstehen zu können.

2.1 Systematische Darlegung: Vier Dimensionen und drei Motive

Wenn wir in evangelischer und katholischer Perspektive nach der Gemeinschaft der Christinnen und Christen und nach der Kirche fragen, dann fragen wir gemeinsam nach vier sehr unterschiedlichen Dimensionen:

Zunächst können wir in einer *ersten Dimension* ganz unbeschwert fragen, wie denn die *Gemeinschaft von Christinnen und Christen weltweit* aussieht, und als Ergebnis bekommen wir ein kunterbunt gemischtes, engagiert wuseliges Bild mit einer fast unübersehbaren Vielfalt an äußeren Erscheinungsformen, Gestaltungsweisen und Lebenspraxen. Wir fragen dann danach, wer die Christinnen und Christen sind, wie sie Gottesdienst feiern und wie christliches Leben aussieht. Gemeinsam ist all diesen Christinnen und Christen z. B. der Glaube daran, dass wir diese Welt nicht selbst gemacht haben, sondern sie Gott verdanken (Stichwort Schöpfung); dass sich uns in Wort und Wirken Jesu Christi Gott selbst zeigt (Stichwort Jesus Christus); dass wir die aus dem Evangelium erwachsende gemeinsame Verantwortung für die Gemeinschaft ernst nehmen (Stichwort Nächstenliebe); dass wir das christliche Leben getragen sein lassen von „Gottesdienst" im weitest möglichen Sinne und dass wir aus der Zusage leben, dass mit dem Tod nicht alles aus ist (Stichworte Auferstehung, ewiges Leben). Diese Gemeinschaft der Christinnen und Christen ist weltweit verstreut und kann – je nach

Erste Dimension: Gemeinschaft

der Gesinnung ihrer Mitglieder – entweder über alle Grenzen von Sprachen, Kulturen und Traditionen hinweg fröhlich miteinander singen, beten, feiern und gesellschaftlich aktiv sein, oder sie kann sich in erbitterte Auseinandersetzungen begeben, die sich meist an moralisch-ethischen Fragen entzünden, etwa an Migration, dem Verhältnis von Religion und Politik, Homosexualität, vor- oder außerehelichen Beziehungen, Schwangerschaftsabbruch oder auch der Sterbehilfe.

Zweite Dimension: Kirchgebäude

In einer zweiten Dimension steht uns bei dem Begriff „Kirche" ganz schlicht das *Kirchengebäude* vor Augen, also der Ort, an dem Christinnen und Christen zusammenkommen, um Gottesdienste zu feiern. Ob wir dabei an große Kathedralen denken wie z. B. Notre Dame in Paris, an einen Dom wie z. B. den Petersdom in Rom oder den Kölner Dom, an ein Münster wie z. B. jenes in Ulm, an ein kleines barockes Kirchlein auf dem Land, an eine funktionale moderne Kirche in einer Stadt oder an eines der ganz neu gebauten architektonischen Kunstwerke wie z. B. die Herz-Jesu-Kirche in München-Neuhausen oder der Christuspavillon auf der Expo 2000 in Hannover. In jedem Fall handelt es sich um Gebäude, die an ihrer architektonischen Gestaltung, an ihrer Einrichtung und an ihrer symbolischen Ikonographie für geschulte Augen meist sofort und eindeutig als Kirchengebäude zu identifizieren sind; das gilt sogar für die ganz modernen, häufig minimalistisch eingerichteten Kirchengebäude. Die wichtigsten Erkennungsmerkmale sind von außen meist der Glockenturm bzw. ein Glockengeläut und das Symbol des Kreuzes, das entweder oben auf dem Turm oder vor dem Gebäude steht, oder in die Fassade eingelassen ist, sei es z. B. durch Metall oder Holz, sei es durch transparente Auslassungen oder dergleichen. In den meisten Fällen sind auch die Kirchenfenster mit buntem Glas gebaut oder zumindest so, dass ihre Anordnung für faszinierende Lichtspiele im Inneren des Kirchenraums sorgt. Das zentrale Merkmal einer Kirche ist allerdings in ihrem Inneren zu finden, und zwar der Altar mit Kreuz oder Crucifixus, Bibel und Kerzen. Dazu kommt eine Kanzel für die Wortverkündigung, d. h. für die Predigt, und eine häufig prächtige Orgel, die sich meist über dem Eingang, gegenüber dem Altar befindet. In evangelischen Kirchen, v. a. in reformierten Kirchen, kann das schon alles sein, was sich an Ausstattung so finden lässt. Sie sind häufig etwas nüchterner und zurückhaltender gestaltet, wenn auch keineswegs weniger freundlich und einladend. In katholischen Kirchen, die häufig deutlich farbenprächtiger und gestalterisch reicher sind als evangelische Kirchen, gehören dazu das sog. Heilige Licht und das Tabernakel (ein kleines Schränkchen, in dem Kelch und Hostien aufbewahrt werden), eventuell auch ein Reliquienschrein. In orthodoxen Kirchen hingegen dominiert eine ganz andere Symbolik, nämlich die der Ikonen: Die Kirchenräume sind voll mit vergoldeten oder versilberten Bildern von Heiligen, die nicht nur Heilige darstellen, sondern als Bilder selbst heilig sind und daher auch geküsst werden. Der Altar selbst ist hinter einer Wand aus Ikonen verborgen und darf im Sinne eines Allerheiligsten nur vom Priester betreten werden. Auch in den katholischen Kirchen ist der Altarraum den Priestern (samt Ministrantinnen und Ministranten) vorbehalten, aber er ist nicht mehr – wie in früheren Jahrhunderten – von einer Wand oder einem Zaun, dem sog. Lettner, von der Gemeinde abgetrennt. In evangelischen Kirchen wird der Altarraum von der Gemeinde ebenfalls mit hohem Respekt behandelt, aber er ist nicht in derselben Weise ein heiliger Raum. Denn während eine katholische Kirche geweiht ist, d.h. von der Aura des Heiligen durchtränkt, ist eine evangelische Kirche ein funktionales Gebäude; es hat den Zweck, dass die Gemeinde in ihm Gottesdienst feiert. Der Grund für all diese Unterschiede in der Gestaltung liegt nicht in den besonderen Vorlieben dieser oder jener Gemeinde, sondern er liegt in der Theologie und dem jeweils konfessionell geprägten Kirchenverständnis – und das ist der Punkt, an dem die Unterschiede zwischen katholisch und evangelisch komplizierter werden.

Die dritte Dimension betrifft die Frage nach der Gemeinschaft von Christinnen und Christen und Kirche als Frage nach ihren *institutionalisierten Formen*, d.h. wir fragen unter dem großen Dach der christlichen Religion nach dem *theologisch-lehramtlichen Begriff der Kirche, ihren Konfessionen und Denominationen*, wobei schon diese simple Unterscheidung strittig ist. Denn der Begriff der „Kirche" verweist nicht einfach auf etwas vorfindlich Gegebenes, sondern speist sich aus vielfältigen historischen und theologischen Geltungsansprüchen. Herausgebildet hat sich das, was wir später als „Christentum" oder „Kirche" bezeichnen, aus der jüdischen Synagogengemeinschaft, in der Jesus und all seine Jüngerinnen und Jünger selbstverständlich groß geworden sind – waren sie doch allesamt Jüdinnen und Juden. Die gemeinschaftliche Praxis des Volkes Israel als dem von Gott berufenen Volk hat also Jesus selbst und all jene geprägt, die sich später als Christusgläubige bezeichnet haben. Der Begriff „Kirche"[4] ist ursprünglich ein Lehnwort, das in der grie-

Dritte Dimension: Institution und Lehre

Begriff Kirche

---

[4] Vgl. zu diesem und dem folgenden Absatz die ausführlichere, leicht zugängliche Darstellung bei: *Christian Grappe*, Art. Kirche. III. Urchris-

chischen Sprache von kýrios (κύριος = der Herr, rechtmäßige Eigentümer) abgeleitet und auf Christus als den Herrn bezogen wird. Die theologische Begrifflichkeit hat sich über den Begriff der ekklesía (ἐκκλησία) gebildet, der sich bereits im Evangelium des Matthäus findet (Mt 16,18 und Mt 18,17) und vermutlich von den Jüngerinnen und Jüngern gebildet wurde, ziemlich sicher jedoch nicht von Jesus selbst stammt. Wahrscheinlich hat Paulus den Begriff zur „ekklesía Gottes" erweitert und auf diese Weise die „Gemeinde Gottes" sowohl in ihrer lokalen Gestalt als auch im Sinne der allgemeinen Gemeinde geprägt. Weil die ekklesía im Hebräischen zudem die Bedeutung einer himmlischen Versammlung haben kann, kann sie sowohl eine eschatologische Dimension haben als auch eine Heiligkeit der Gemeinde selbst zum Ausdruck bringen. Schon an diesen wenigen Hinweisen zur Etymologie wird deutlich, dass sich der Kirchenbegriff in theologisch höchst unterschiedlicher Weise auslegen lässt und im Lauf der Geschichte auch höchst divergent ausgelegt worden ist.

Vorrang des Petrus und Apostolische Sukzession

Die katholische Lesart orientiert sich an der Bildung des Jüngerkreises, den 12 Aposteln als Repräsentanten der 12 Stämme Israels (Mk 3,14), an dem nachösterlichen Sendungsauftrag in alle Welt und der Verheißung der künftigen Gegenwart des Auferstandenen (Mt 28, 18-20; Lk 24, 46-49; Apg 1,8) sowie vor allem an Mt 16,18 f.: „Und ich sage dir auch: Du bist Petrus, und auf diesen Felsen will ich meine Gemeinde bauen, und die Pforten der Hölle sollen sie nicht überwältigen. Ich will dir die Schlüssel des Himmelreichs geben: Was du auf Erden binden wirst, soll auch im Himmel gebunden sein, und was du auf Erden lösen wirst, soll auch im Himmel gelöst sein." Die Interpretation sagt – etwas verkürzt und stark pointiert –, dass Jesus hier Petrus vor allen anderen Jüngern eingesetzt und sich die Kirche seither aus der ununterbrochenen Kontinuität mit Petrus und den übrigen Aposteln gebildet habe; dies bezeichnet man als „apostolische Sukzession". Noch pointierter könnte man sagen: „Apostolische Sukzession" steht landläufig für die Vorstellung, dass seit der Einsetzung des Petrus durch Jesus selbst jeder weitere Papst in direkter Nachfolge durch die sakramentale Form der Handauflegung die Schlüsselgewalt übertragen bekommen habe. Dass diese

---

tentum, in: RGG[4] 4, 2001, 1000-1004. Das Lexikon „Religion in Geschichte und Gegenwart" gehört zu den Standardlexika der evangelischen Theologie. Das katholische Pendant ist das „Lexikon für Theologie und Kirche"; vgl. *Karl Kertelge*, Art. Kirche. I. Neues Testament, in: LThK[3] 5, Sonderausgabe 2006, 1453-1458.

Vorstellung von der historischen Forschung überholt ist, ist freilich längst Grundwissen der katholischen Theologie selbst. Niemand geringeres als Joseph Ratzinger, langjähriger Vorsitzender der römischen Glaubenskongregation und späterer Papst Benedikt XVI., hat sie als eine „Ursprungssehnsucht"[5] bezeichnet, die so stark geworden sei, dass die Handauflegung in der Geschichte wohl eher häufig formal äußerlich vorgenommen worden sei.

Die evangelische Lesart liest Mt 16,18 nicht als Höhepunkt der Klärung von Jesu Nachfolge, sondern eher als Vorgeschichte zu Mt 18,18: Hier wird die Gewalt zu binden und zu lösen nämlich nicht mehr nur einem einzigen Jünger, sondern *allen* Jüngern zugesprochen; auch Mt 18,20 wird als eine nicht hierarchisch eingesetzte, sondern sich stets neu zusammenfindende Gemeinschaft gelesen: „Wo zwei oder drei versammelt sind in meinem Namen, da bin ich mitten unter ihnen." – und zwar so, dass dieser Text einmündet in Mt 28,18–20 als Auftrag an *alle* Jünger: „Aber die elf Jünger gingen nach Galiläa auf den Berg, wohin Jesus sie beschieden hatte. Und als sie ihn sahen, fielen sie vor ihm nieder; einige aber zweifelten. Und Jesus trat herzu, redete mit ihnen und sprach: Mir ist gegeben alle Gewalt im Himmel und auf Erden. Darum gehet hin und lehret alle Völker: Taufet sie auf den Namen des Vaters und des Sohnes und des Heiligen Geistes und lehret sie halten alles, was ich euch befohlen habe. Und siehe, ich bin bei euch alle Tage bis an der Welt Ende." Um die Entwicklung dieser sich stets neu zusammenfindenden Gemeinschaft zu verstehen, müssen die soziokulturellen Entstehungsbedingungen in den frühen Gemeinden genauer betrachtet werden. Denn dass sich aus dem Kreis der Zwölf und der ersten Anhängerinnen und Anhänger Jesu erste Gemeinden und kirchliche Strukturen bilden konnten, dass diese im Zuge der Konstantinischen Wende zu einer Einheitskirche geformt wurden – all das könnte man angesichts der prekären Verfolgungssituation und der hohen Divergenz unter den ersten Gemeinden ja geradezu als ein Wunder bezeichnen.[6]

Soweit die beiden unterschiedlichen Interpretationen aus katholischer und evangelischer Sicht. An beide Interpretationen ist freilich eine entscheidende Frage zu stellen: *Wenn Jesus selbst nicht von*

> Gemeinschaft aller Jünger und Priestertum aller Getauften

---

[5] *Joseph Ratzinger*, Bemerkungen zur Frage der Apostolischen Sukzession, in: Ders., Kirche – Zeichen unter den Völkern. Schriften zur Ekklesiologie und Ökumene, GW 8/2, Freiburg/Basel/Wien 2010, 855–863, hier 861 f.
[6] Vgl. *Jörg Lauster*, Die Verzauberung der Welt. Eine Kulturgeschichte des Christentums, München 2014, 31.

einer Kirche im heutigen Sinn gesprochen hat – aus welchen Motiven könnte sie sich trotzdem herausgebildet haben? Drei Motive lassen sich nennen, die für die katholische wie für die evangelische Kirche gleichermaßen prägend sind.[7] Nur wenn man sie versteht, versteht man auch die theologischen Gründe, die im Verlauf der Kirchengeschichte für die Differenzen und Konflikte angeführt werden.

Nachfolge und Jüngerschaft

Das *erste Motiv* besteht in so etwas wie *Nachfolge und Jüngerschaft*: Jesus hat die Jüngerinnen und Jünger wiederholt aufgefordert, ihm nachzufolgen in dem Sinne, dass sie ihm nicht nur zwischendurch zuhören, sondern sich ganz und gar auf ihn und seine Predigt einlassen: „Jünger sein' und ‚nachfolgen' bezeichnen dabei ein und denselben Sachverhalt. Das geht aus einem Jesuswort hervor, das sich mit Mk 10,28 in ein und demselben Punkt trifft: ‚Keiner von euch, der nicht alles aufgibt, was ihm gehört, kann mein Jünger sein.' (Lk 14,33). Die Aufforderung, ‚Folge mir nach!' (Mk 1,17; 2,14; 10,21; Lk 9,59) heißt darum so viel wie ‚Lass alles liegen und stehen und komm mit mir mit!' (siehe auch Apg 12,8)."[8] Nach seinem Tod und den Ostererfahrungen wollten die Jünger seine Worte weitergeben, in seinem Sinne handeln und deshalb auch die Tischgemeinschaft im Sinne des Reich Gottes gestalten: offen und einladend für alle, ungeachtet ihres sozialen Status und ihrer Herkunft. Getragen vom Geist Jesu haben sich unter den zurückgebliebenen Jüngerinnen und Jüngern daher das Bekenntnis zu Jesus als Christus, die Tischgemeinschaft und die Taufe als Gabe des Geistes als ritueller Schritt der Zugehörigkeit zu Christus – noch nicht: zur christlichen Kirche! – herauskristallisiert. Die Formulierung „das Bekenntnis" greift dabei ein wenig zu kurz, denn es waren viele verschiedene Bekenntnisse, lange und kurze, komplizierte und einfache, schriftlich festgehaltene und mündlich gesprochene Bekenntnisse, die uns aus der Alten Kirche erhalten sind. Wie die frühe Glaubens- und Gemeindepraxis im Detail ausgesehen hat, wissen wir leider gar nicht so genau.[9]

Orientierung an Israel

Das *zweite Motiv* ist Jesu *Orientierung am gesamten Volk Israels*; er selbst war ja Jude, hat in seine jüdische Umwelt hinein gepredigt und hätte nicht einmal ahnen können, dass sich aus seiner Predigt

---

[7] In ähnlichen Varianten finden sich diese drei Motive auch in den beiden Grundlegungsartikeln in RGG und LThK (s. o. Anm. 4).

[8] *Michael Wolter*, Jesus von Nazaret (ThB VI), Göttingen 2019, 236.

[9] Vgl. *Wolfram Kinzig* und *Martin Wallraff*, Das Christentum des 3. Jahrhunderts zwischen Anspruch und Wirklichkeit, in: *Dieter Zeller (Hg.)*, Christentum I. Von den Anfängen bis zur Konstantinischen Wende (Die Religionen der Menschheit 28), Stuttgart 2002, 331–388.

einst so etwas wie eine christliche Kirche entwickeln würde. Er dachte sehr wahrscheinlich eher an eine Art Reformierung oder Weiterentwicklung der jüdischen Synagogengemeinschaft. Auch seine Jüngerinnen und Jünger waren allesamt im Judentum verwurzelt und hatten kein Bedürfnis, mit ihrer Herkunft in einer Art revolutionärem Akt zu brechen. Aber ihre Situation änderte sich insofern, als sie mit Jüdinnen und Juden, jüdischen Christusgläubigen und Heidinnen und Heiden zu tun hatten, die allesamt ihre Identität neu finden und bestimmen mussten. Die sog. Jerusalemer Urgemeinde war einer der wichtigsten Orte dieser Identitätsfindung mit Petrus, Jakobus und Johannes als den zentralen Gestalten (Gal 2,9). Sollten sich die Christusgläubigen weiterhin zur Synagoge rechnen, wie es v. a. Jesu älterem Bruder Jakobus vorschwebte? Dann sollten sie auch an der rituellen Zeichensprache des Judentums und am Tempelkult festhalten, also an Speisegeboten, Toragehorsam und v. a. an der Beschneidung. Oder sollten sich die Christusgläubigen eher offen gegenüber den Heidinnen und Heiden zeigen, die als Nicht-Jüdinnen und -Juden vom Tempelkult ausgeschlossen waren und v. a. auf die rituelle Beschneidung verzichteten? Das war die Überzeugung von Paulus und Barnabas, die damals in der Gemeinde von Antiochia wirkten. Man sieht an diesen Diskussionen in den frühesten Gemeinden, die über mindestens zwei Generationen hindurch geführt wurden, wie wichtig die rituelle Zeichensprache für die Identität einer Gemeinschaft ist.[10] Deshalb verbinden sich das erste und das zweite Motiv vor allem nach der Zerstörung des Tempels 70 n. Chr. sehr eng in der Herausbildung der für die Christusgläubigen charakteristischen rituellen Zeichensprache von Taufe und Abendmahl.

Das *dritte Motiv* ist *Jesu Predigt vom Reich Gottes*, mit der er keine politische oder militärisch zu verteidigende Größe meinte, sondern eine eschatologische Größe. Reich Gottes ist in Jesu Verkündigung kein „Gegenstandsbegriff, sondern [ein] Bestimmungsbegriff"[11]. Er nahm den Begriff aus der jüdischen Tradition: Das Reich Gottes stand hier erstens für Gottes universale und ewige Königsherrschaft, in der es zweitens zur Überwindung aller kosmisch-chaotischen Zustände kommen sollte. Die Rede vom Reich Gottes stand

Reich-Gottes-Verkündigung

---

[10] Vgl. zur Bedeutung des Rituellen für die frühchristliche Identität: *Gerd Theißen*, Die Religion der ersten Christen. Eine Theorie des Urchristentums, Gütersloh 2000, 227–233.

[11] *Michael Wolter*, Theologie und Ethos im frühen Christentum (WUNT 236), Göttingen 2009, 12; vgl. 12–17 und 23 f.

also für die in der Bergpredigt (Mt 5-7) neu aktualisierte Vision einer gerechten Welt, in der Gott selbst kommen, die Hungrigen speisen, die Weinenden trösten und schließlich einen neuen Tempel aufrichten wird. Jesus hatte sich dieser Vision des Reich Gottes verschrieben und sich deshalb über die allgemein üblichen sozialen Grenzen von Inklusion und Exklusion hinweggesetzt: Er rief zu Buße und Umkehr auf, er blieb den Armen zugewandt, er sprach mit Zöllnern und Sündern, mit physisch und psychisch Kranken, er verzichtete auf Familie und Besitz. Besonders in einem Punkt wich er von der traditionellen jüdischen Vorstellung des Reich Gottes ab: Er verstand sich offenbar nicht als einer, der wie ein Prophet die künftige Gottesherrschaft, d.h. das Kommen Gottes, ankündigte, sondern er verstand sein eigenes Wirken als Teil der anbrechenden Gottesherrschaft. Das meint „Bestimmungsbegriff": Jesus verstand sein Wirken nicht als Vorbereitung auf das künftige Reich Gottes hin, sondern er verstand sein Wirken als vom Reich Gottes her bestimmt. Für die Identität der frühen Christusgläubigen ist dieses dritte Motiv insofern entscheidend, als sie sich in der Nachfolge Christi (vgl. das erste Motiv) leicht in diese Dynamik einbezogen finden konnten. Und zwar in eine Dynamik, deren Ende für sie nicht abzusehen war, sondern sie fortwährend neue Grenzen zu überschreiten erforderte: Die Fürsorge für Arme und Kranke, die Überwindung der Standesgrenzen durch die Konzentration auf das Christusbekenntnis, die Gemeinschaft mit den Heiden – all das ließ die Christusgläubigen gewahr werden, dass sie auf dem Weg zu etwas Neuem waren, und zwar zu etwas Neuem, das Raum ließ für die Erwartung, Jesus Christus – der Messias – werde wieder kommen und das Reich Gottes endgültig aufrichten.

Vierte Dimension: Symbolische Größe

Nimmt man diese drei Motive zusammen – Nachfolge, Orientierung am Volk Gottes und Predigt vom Reich Gottes –, dann wird die *vierte Dimension* von „Kirche" deutlich: Kirche ist nicht nur die weltweite Gemeinschaft der Christinnen und Christen, sie ist nicht nur sichtbare kirchliche Praxis in Gebäuden und Gestaltungspraxen, und sie ist nicht beschränkbar auf ihre institutionalisierten Formen und Repräsentationen. Sondern in all dem ist sie darüber hinaus eine *symbolische Größe*, die nicht davon absehen kann, ihre Kernbestimmung mit minimaler Normativität stets neu zu artikulieren und vor allem: diese auch zu leben. Wie hoch diese Symbolkraft nach wie vor ist, zeigt sich in negativer Hinsicht an der Dramatik der Missbrauchsfälle; es zeigt sich in positiver Hinsicht an Unfallseelsorge, Notfallseelsorge, Telefonseelsorge, Krisenintervention oder der Fähigkeit von Kirche, z.B. nach einem schweren

Unglück, binnen Stunden zu einem Trauergottesdienst zu laden, der parteiübergreifend und öffentlichkeitswirksam vergleichsweise einmütig wahrgenommen wird. Diese Symbolkraft speist sich aus der Symbiose von Bekenntnis, religiöser Praxis und Lebensform. Sie wird sichtbar in den sinnlich wahrnehmbaren Formen von Liturgie und Musik, Licht, Raum und Bildwelt bis zu Amtskleidung, gelebter Stille, heilsamen Auszeiten und Rückzugsangeboten; darüber hinaus in Bildungsangeboten und in der tatkräftigen Verwirklichung des Doppelgebots der Liebe, wo den Nächsten geholfen und Gerechtigkeit gesucht wird. Sie wird spürbar in der Begleitung der Stationen des täglichen Lebens in der Kasualpraxis, nicht zuletzt dort, wo neue Kasualien entwickelt werden wie Gottesdienste für Schulanfängerinnen und Schulanfänger, Gottesdienste zu Beginn der großen Ferien, Erntedankgottesdienste im Kontext ökologischer Nachhaltigkeit bis hin zu Parlamentseröffnungsgottesdiensten oder Parteitagsgottesdiensten. In all dem ist es das der Kirche trotz aller Kritik nach wie vor häufig zugetraute Ethos, das eine nicht zu unterschätzende Ressource für ihre öffentliche Verantwortung darstellt. Dazu gehören symbolische Aspekte wie die Anmutung des Besonderen bis hin zum Heiligen, des großen Ganzen bis zum Transzendenten oder das Aufgehobensein der vielen einzelnen Lebensgeschichten im Gesamt des Lebens.

2.2 Historische Ausdifferenzierung: ein permanentes und komplexes Spannungsfeld

Die Kirchengeschichte zeigt, dass diese vier grundlegenden Dimensionen (Gemeinschaft der Christinnen und Christen, Kirchengebäude und -gestaltung, institutionalisierte Form und Repräsentation, symbolische Kraft) und die in ihnen genannten drei Motive (Nachfolge, Volk Gottes und Predigt vom Reich Gottes) immer wieder in unterschiedlichen Akzentuierungen ausgelegt worden sind, die z. T. zu heftigen Konflikten geführt haben.

2.2.1 Ost- und Westkirche

Indem sich *die christlichen Gemeinden nach Ost und West* immer weiter ausdehnen, wurden sie auch immer stärker durch die jeweiligen kulturellen Besonderheiten, Sprachen, Mentalitäten und Lebenspraxen der Menschen vor Ort geprägt. Da es in den ersten Jahrhunderten weder das eine Bekenntnis noch die eine Bibel oder

Alte Kirche: Christentum als Panoptikum …

die eine Theologie gab, sondern viele Bekenntnisse, viele Bibeltexte und viele Theologien, die in-, neben- und durcheinander gelesen und entwickelt wurden, haben wir bis ins 4. Jh. hinein Christentum und Kirche als buntes Panoptikum vor uns.[12] Seit dem Osterfeststreit um 155 zeugen die Schriften der Kirchenväter und die Debatten der ökumenischen Konzilien von 325 bis 787 vom steten Bemühen und Ringen um die rechte theologische Auslegung der Schrift, um die Formulierung gemeinsamer Grundsätze, um normative, d. h. allgemein verbindliche Gestaltungsformen christlichen Lebens und um ökonomische sowie politische Machtkonstellationen. Diese frühe Epoche der Alten Kirche ist deshalb von unschätzbarem Wert, weil hier die Kirche noch in ökumenischer Gemeinschaft gedacht, geschrieben und gestritten hat; sie ist daher bis heute gemeinsamer Bezugspunkt aller christlicher Konfessionen. Im Blick auf die Bestimmung der Kirche gilt dies besonders für das Nicaeno-Constantinopolitanum (381), in dem die Kirche bestimmt wird als „die eine, heilige, katholische und apostolische Kirche" (εἰς μίαν ἁγίαν καθολικὴν καὶ ἀποστολικὴν ἐκκλησίαν), im lateinischen Text als „una, sancta, catholica et apostolica".

Allerdings steckt in dieser Formulierung eine gehörige Sprengkraft für die *Dynamik der konfessionellen Ausdifferenzierung*: Denn das griechische Wort für „allumfassend" (καθολική) bedeutet einerseits die globale Glaubensgemeinschaft der Christenheit, andererseits markiert es den Geltungsbereich der Kirche im Römischen Reich. In der Folge kam zu vielfältigen Verbindungen von Kirche und Römischem Reich, die v. a. für das Kirchenrecht bedeutsam sind:[13] In der römischen Kaisertradition war es z. B. üblich, dass der Kaiser oberster Priester („pontifex maximus") des Kultes war. Auch Konstantin d. Große (270/288–337) hatte diese Position inne, belegte nun aber seine bisherige Verehrung des Sonnengottes („sol invictus") mit der Verehrung Christi und setzte das Christogramm in den kaiserlichen Lorbeerkranz. Außerdem stellte er die christlichen Priester den Kultpriestern gleich und gewährte den christlichen Gemeinden, Kirchengebäude zu bauen. Vor allem aber waren die

---

[12] Vgl. *Wolfram Kinzig*, Introduction, in: *Ders.*, Faith in Formulae. A Collection of Early Christian Creeds and Creed-related Texts, Vol. I–IV, Oxford 2017, Vol. 1, 1–32; vgl. *Elisabeth Gräb-Schmidt* und *Volker Leppin (Hg.)*, Kanon (MThST 131), Leipzig 2019.

[13] Eine sehr gute und pointierte Darstellung der im Folgenden dargestellten frühen Verbindungen findet sich bei: *Mathias Schmoeckel*, Kanonisches Recht. Geschichte und Inhalt des Corpus iuris canonici. Ein Studienbuch, München 2020.

Kaiser von nun an maßgeblich in die Einberufung und Durchführung der Konzilien involviert. Inwiefern sich Konstantin persönlich zum christlichen Glauben bekehrte oder den christlichen Glauben strategisch nutzte, lässt sich historisch nicht genau recherchieren. Entscheidend ist aber, dass seine Maßnahmen die rechtspolitische und religionspolitische Verknüpfung von Römischem Reich und Kirche initiiert haben. Unter Kaiser Theodosius I. (347–395) ist die Kirche dann zur alleinigen Reichskirche aufgestiegen.

Kirchengeschichtlich war auf diese Weise eine höchst brisante Mischung gegeben:

Erstens war seit den frühesten Gemeindebildungen die kulturelle Differenz zwischen den Gemeinden des griechischen Ostens rund um Alexandria und den Gemeinden des lateinischen Westens rund um Rom Thema vieler Auseinandersetzungen. Diese Auseinandersetzungen basierten nicht nur auf regionalen politischen Machtansprüchen der Bischöfe, sondern auch auf *theologischen Differenzen bezüglich der Christologie und der Trinitätslehre*. Besonders nach dem Konzil von Chalcedon (451) wurden die Auseinandersetzungen schärfer, wofür die Stichworte „Monophysitismus", „Monenergismus" oder „Monotheletismus" stehen. Knapp gesagt ging es um die Frage, inwiefern sich die göttliche und die menschliche Seite in Jesus Christus als eine (Monophysitismus) oder als zwei Naturen (so Chalcedon) verstehen lassen könnten, oder inwiefern in den zwei Naturen Christi eine Kraft (δύναμις) wirke (Monenergismus), oder inwiefern in Christus zwar zwei Naturen, aber nur ein Wille wirke (Monotheletismus).

Latein- vs. griechischsprachige Christenheit

Christologische Streitigkeiten

Ebenso bedeutsam war der sog. Bilderstreit im 8./9. Jahrhundert über die Frage, ob sich die christliche Ikonographie auf das Symbol des Kreuzes beschränken oder Ikonen, also bildliche Darstellungen des Göttlichen, v. a. in der Person Jesu, erlaubt sein sollten. 843 kam dieser Streit zu einem Abschluss und Ikonen wurden in den Ostkirchen zu einem zentralen Bestandteil der kirchlichen Frömmigkeit. Ein drittes Dauerthema war seit den trinitätstheologischen Streitigkeiten des 4. Jahrhunderts die Frage nach dem Heiligen Geist und dessen Verhältnis zu Vater und Sohn. Die lateinische Tradition des Westens sagte: Der Geist geht vom Vater und vom Sohn aus (*filioque*), weil es vor allem anderen um die Einheit Gottes geht. Die griechische Tradition des Ostens sagte: Der Geist ist die dritte trinitarische Person neben Vater und Sohn, weil es um die Dreiheit der göttlichen Personen geht. In allen drei theologischen Kontroversen zeigt sich, wie sich die lateinische und die griechische Sprachwelt immer stärker voneinander trennten und damit auch die Denk-

Bilderstreit

Streit um das Filioque

welten der Theologien einerseits, der rechtsförmigen Gestalt der Kirche andererseits unterschiedlich geprägt wurden.

Ringen um Macht — Zweitens kam es zum *Machtstreit zwischen Rom und Konstantinopel*: beide gehörten dem lateinischen Westen an, aber Konstantin löste die bisherige Vormachtstellung Roms zugunsten Konstantinopels, des späteren Byzanz, was wiederum die Machtstellung Alexandrias tangierte. Denn nun gab es nicht nur die Machtzentren Rom und Alexandria, sondern zuerst Konstantinopel, dann Rom und erst an dritter Stelle Alexandria. Konstantinopel stieg damit zur wichtigsten Metropole der christlichen Welt auf. Die Symbiose von Kirche und Reich, Rechtgläubigkeit und politischer Macht erreichte einen Höhepunkt mit weitreichenden Folgen. Maßgeblich mit befördert wurde diese Entwicklung, weil der Kaiser bzw. der jeweilige Herrscher im Osten als „lebendes Gesetz" verstanden wurde, als „Verkörperung des Gesetzes bzw. als Seele oder Geist des Gesetzes", weshalb die Kaiser ihre Herrschaft über und durch die Kirche ausbauen konnten. Im Osten „war der weltliche Herrscher auch ein Gesalbter des Herrn und Stellvertreter Christi"[14], so dass Kirche und Reich eine Symbiose eingingen – besonders eindrucksvoll symbolisiert in der Hagia Sophia, der ersten Kathedrale der Christenheit. Freilich galt diese religiös-politische Symbiose nur für die Seite der Herrschenden, nicht für die Seite des Klerus, dessen Aufgabe strikt auf den sakramentalen Bereich beschränkt blieb. Im lateinischen Westen war das Verhältnis von Kirche und Politik genau umgekehrt: Hier trat die Kirche zunehmend stärker als selbstbewusstes Gegenüber zum Kaiser auf und konnte durchaus die Aufgabe eines kritischen Korrektivs wahrnehmen. Die Gründe hierfür lagen einerseits in der schlichten Tatsache, dass der Kaiser in Konstantinopel weit weg und mit den Bedrohungen durch das Osmanische Reich befasst war, andererseits in der geographischen, kulturellen und politischen Erweiterung des römischen Einflusses durch die iroschottische Mission und die hohe Loyalität der Angelsachsen gegenüber Rom bis zu König Heinrich VIII. sowie durch die Mission des Frankenreiches. 1054 kam es schließlich, als letztes i-Tüpfelchen auf jahrhundertelangen Streitigkeiten, ausgelöst u. a. durch die Kontroverse um das „filioque", zur Trennung der beiden Kirchen (*Schisma*), begleitet von zahlreichen, von beiden Seiten initiierten militärischen Auseinandersetzungen bis hin zur Eroberung Konstantinopels durch die lateinischen Kreuzfahrer im Jahr 1204.

---

[14] Vgl. ebd. 70 f.

Diese Geschichte der dynamischen Entwicklung von Ost- und Westkirche ist so wichtig, weil sich an ihr verstehen lässt, wie komplex und wechselhaft die Beziehungen von Kirche und Staat, von Theologie und Jurisdiktion und Politik waren – und zwar weit über 1204 hinaus. *Folgen dieser markanten Auseinandersetzungen* finden sich z. B. in der Gründung der Church of England 1531 im Disput über die Annullierung der Ehe von Henry VIII., ebenso im Zusammenhang mit der Französischen Revolution bzw. bürgerlichen Aufklärung im 18. Jh. angesichts der Frage, wie sich das Streben nach individueller Freiheit und Autonomie mit der kirchennahen Theologie vereinbaren lassen könnte. Die hierarchisch geprägten Kirchen standen der Aufklärung auf katholischer wie evangelischer Seite über lange Zeit hinweg höchst skeptisch gegenüber.[15] Ebenso ist die Gründung der Altkatholischen Kirche im 19. Jh. zu nennen, die sich in Abgrenzung vom neu aufgestellten Dogma der Universaljurisdiktion und Unfehlbarkeit des Papstes gründete. Weiterhin ist auf die Auseinandersetzung mit dem Kommunismus hinzuweisen, der ebenfalls in beiden Konfessionen als große Bedrohung empfunden wurde, aber z. B. höchst einflussreich war für die lateinamerikanischen Befreiungstheologien.[16] Ein letztes Beispiel ist die konfliktreiche Auseinandersetzung beider Kirchen mit dem Nationalsozialismus, die mit wenigen Ausnahmen höchst unrühmlich verlaufen ist.[17] Denn auf evangelischer Seite dominierten die „Deutschen Christen", deren Begeisterung für Hitlers Politik nur von der zahlenmäßig kleinen Bewegung der „Bekennenden Kirche" und deren „Barmer Theologische Erklärung" von 1934 durchbrochen wurde; auf katholischer Seite wurde zunächst eine Politik des Appeasements verfolgt, bis sich Papst Pius XI. in der Enzyklika „Mit brennender Sorge" 1937 bemerkenswert scharf und explizit gegen Hitlers Politik positionierte. In der jüngsten Geschichte spiegeln sich die politischen Debatten v. a. in der Frage der Stellung zur nationalen und internationalen Migrationspolitik.

Kirche und Staat als Grundspannung

---

[15] Vgl. *Jan Rohls*, Protestantische Theologie der Neuzeit I. Die Voraussetzungen und das 19. Jahrhundert, Tübingen 1997.

[16] Vgl. *Joseph Ratzinger*, Einführung ins Christentum. Vorlesungen über das Apostolische Glaubensbekenntnis. Mit einem neuen einleitenden Essay (2000), München ³2005. Zur Befreiungstheologie vgl. *Gustavo Gutiérrez*, Theologie der Befreiung, München 1973.

[17] Vgl. *Jan Rohls*, Protestantische Theologie der Neuzeit II. Das 20. Jahrhundert, Tübingen 1997, 349–497; *Wolfgang Stegemann (Hg.)*, Kirche und Nationalsozialismus, Stuttgart ²1992.

2.2.2 Mönchtum, Ordens- und Klosterleben

Allerdings ist quer durch die Geschichte hindurch neben den Dynamiken der großen Kirchen in Ost und West noch *eine dritte kirchliche Größe* zu nennen, die für beide Gebiete gleichermaßen wichtig war und ist: *das Mönchtum samt zugehörigem Ordens- und Klosterleben.*[18] Erwachsen aus der Glaubens- und Bußpraxis der Gemeinden gab es ab dem 3. Jh. einzelne Gläubige, die sich vom allgemeinen Leben absonderten und für sich zu leben versuchten, z. B. wie der ägyptische Mönch Antonius (251–356), ein sog. „Wüstenvater", oder der Säulenheilige (*Stylit*) Simeon um 455. Einsamkeit, Askese und intensive Gebetspraxis waren für diese Eremiten kennzeichnend, aber sie blieben selten alleine. Denn bald scharten sich Schüler bzw. Anhänger um sie, die ihnen nacheiferten und ihren geistlichen oder seelsorgerlichen Rat suchten. Um das Zusammenleben dieser Gruppen zu organisieren, stellten erste Wüstenväter – zu ihnen gehörte Pachomios in Ägypten – Mönchsregeln auf und errichteten Klöster. Auch Basilius gründete im 4. Jh. solch ein Kloster, wurde dann Bischof von Caesarea und integrierte das Klosterleben auf diese Weise in die christliche Gemeinschaft der Stadt. In den Klosterbildungen der lateinischen Westkirche verband sich die asketische Glaubenspraxis der Mönche sehr viel stärker mit dem Bemühen um Bildung und Wissenschaft, und zwar sowohl auf dem Gebiet der antiken Bildung als auch auf dem Gebiet der landwirtschaftlichen, technischen und ökonomischen Entwicklung: Seit Benedikt von Nursia 529 das Klosterleben in Monte Cassino unter die Mönchsregel „bete und arbeite" (*ora et labora*) gesetzt hatte, wurden die Klöster über ihre Selbstversorgung hinaus zu großen Wirtschafts- und Bildungszentren mit großer regionaler Bedeutung. Gregor d. Große (540–604) war schließlich der erste Mönch, der zum Papst ernannt wurde und Spiritualität, Armenfürsorge und Seelsorge als Aufgaben der Kirche vertiefte. Auf ihn gehen zudem der gregorianische Kalender zurück, die gregorianische Choralmusik und die aus dem Bemühen um eine gerechte Bußpraxis erwachsenen Überlegungen zu einem neuen, gerechten Verfahrensrecht.[19] All dies ist wichtig zu wissen, weil aus der Geschichte deutlich wird, wie wichtig die Klöster und Ordensgemeinschaften für die gesellschaftliche Entwicklung waren: Die soziale Fürsorge für Arme und Kranke hat hier ebenso ihren Ursprung wie die

Eremiten

Koinobiten

Kulturelle Leistungen

---

[18] Vgl. *Schmoeckel*, Kanonisches Recht (s. o. Anm. 13), 72–83. Vgl. *Gudrun Kleba*, Kloster und Orden im Mittelalter, Darmstadt 2002.

[19] Vgl. *Schmoeckel*, Kanonisches Recht (s. o. Anm. 13), 81 f.

Entwicklung von Wissenschaftszentren bis hin zur Gründung der ersten Universitäten, v. a. durch die Bettelorden der Franziskaner und Dominikaner sowie durch die Jesuiten, die im 16. Jh. gegründet wurden. Die großen Ordensgemeinschaften haben dabei ihr je eigenes Profil entwickelt, sehr schön anschaulich verbunden mit der jeweiligen Ordenstracht (*Habit*). Solche alternativen Gemeinschaftsformen hat es als alternative Entwürfe zu den rechtsförmig institutionalisierten Kirchen quer durch die Jahrhunderte immer wieder gegeben, und zwar sowohl auf katholischer wie auf evangelischer Seite. In ihnen spiegeln sich in ganz besonderer Weise die jeweiligen zeitgeschichtlichen Prägungen: Zu denken wäre z. B. an die dem protestantischen Pietismus zugehörige Herrnhuter Brüdergemeine im 19. Jh., die sich von Aufklärung und Romantik ebenso abgrenzt, wie sie von ihnen fasziniert ist. Ein zweites Beispiel wäre die ökumenische Communauté de Taizé, deren Gründung im 20. Jh. in engem Zusammenhang mit den Weltkriegswirren und der Flüchtlingsbewegung stand.

2.2.3 Fragen der Kirchenverfassung von der Alten Kirche bis zur Reformation

Inmitten der Spannungen zwischen Ost und West sowie parallel zur Gründung der Klöster und Ordensgemeinschaften war die Geschichte der Kirche immer auch von der *Frage der lehramtlich repräsentierten Kirchenverfassung* bestimmt. In der Alten Kirche gab es zwar ab dem späteren 4. Jh. immer wieder Versuche des Bischofs von Rom, einen Vormachtanspruch zu erheben, sich als Stellvertreter des Petrus (*vicarius Petri*) zu etablieren und die Gesamtkirche zu leiten (*sollicitudo omnium ecclesiarum*). Aber die juridische und faktische Durchsetzung des römischen Primatsanspruchs in der Praxis war „selbst in den Kirchen des Westens weit mehr Programm als Realität"[20], vor allem in den nicht zu den römischen Kirchenprovinzen gehörenden Gebieten. Auch die altkirchlichen Konzilien wurden bis ins 4. Jh. hinein von den jeweiligen römischen Kaisern einberufen. Von einem Papstamt im strengen Sinne kann in der Alten Kirche daher keine Rede sein. Der erste, zumindest für den lateinischen Westen, sehr bedeutende römische Bischof war Gregor I., nicht zuletzt durch seine politisch umsichtige und theologisch kluge Rolle beim Wiederaufbau des von Kriegen zerrütteten Italien. Auch

Primatsanspruch Roms

---

[20] *Klaus Schatz*, Art. Papst, Papsttum. I. Begriff und II. Alte Kirche, in: LThK³ 7, Sonderausgabe 2006, 1327–1331, hier 1329.

die Mission der Angelsachsen und im fränkischen Reich führten zu einer Stärkung des römischen Bischofs, so wie überhaupt die Entwicklung des Papstamtes eng an die politischen Konflikte des lateinischen Westens gebunden war.[21] Gregor VII. konstatierte in den „Dictatus Papae", einer Art Thesensammlung, die in seiner Briefsammlung von 1075 enthalten ist, sehr gezielte Geltungsansprüche, die allmählich zum praktisch umgesetzten Recht wurden. Ab ca. 1100 wurden Urkunden des römischen Bischofs mit dem Titel „catholicae ecclesiae episcopus" ergänzt, immer wieder einmal wurde „papatus" für die Institution des Papstes verwendet und ab dem 12. Jh. wurde aus dem „Stellvertreter des Petrus" (*vicarius Petri*) der Stellvertreter Christi (*vicarius Christi*). 1302 veröffentlichte Bonifatius VIII. die Bulle „Unam sanctam", in der er den Anspruch erhob, als Papst das Oberhaupt aller Christinnen und Christen zu sein: „So erklären, sagen, bestimmen und verlautbaren wir, dass jede menschliche Kreatur bei Verlust ihrer ewigen Seligkeit dem römischen Papst Untertan sein muss."[22] Das war ein Anspruch, der an die von Augustin im 4. Jh. vorgetragene Überzeugung erinnerte, dass es außerhalb der Kirche kein Heil gebe (*extra ecclesiam nulla salus est*). Taufe und Glaubensbekenntnis markierten nun nicht nur die Zugehörigkeit zum christlichen Glauben, sondern auch und vor allem die Mitgliedschaft in der institutionalisierten und lehramtlich hierarchisierten katholischen Kirche als Heilsanstalt. Im Umkehrschluss bedeutete dies: Wer sich von dieser Kirche lossagte, galt und gilt bis heute als Häretiker oder Abtrünniger. Bei Bonifatius VIII. klaffte zwischen Anspruch und Wirklichkeit noch ein großer Abstand – er wurde schon 1303 abgesetzt und danach musste sich der Papst auf längere Zeit hin mit dem französischen König arrangieren. Dennoch blieben die Geltungsansprüche im Raum und wurden besonders wirkungsvoll tradiert auf dem Konzil zu Konstanz 1415 (DH 1191).[23] Das Konzil von Ferrara/Florenz, das 1447/49 in Basel zu Ende ging, etablierte schließlich die tatsäch-

Zuspitzung im 15. Jh.

---

[21] Vgl. *Hanns Christof Brennecke*, Art. Papsttum. I. Alte Kirche, in: RGG⁴ 6, 2003, 866–870.

[22] *Volker Leppin*, Geschichte des mittelalterlichen Christentums, Tübingen 2012, 352.

[23] „DH" ist die Abkürzung für das überaus hilfreiche Nachschlagewerk: *Heinrich Denzinger* und *Peter Hünermann*, Enchiridion symbolorum definitionum et declarationum de rebus fidei et morum (= Kompendium der Glaubensbekenntnisse und kirchlichen Lehrentscheidungen), erweitert und ins Dt. übertragen und unter Mitarbeit von Helmut Hoping, hrsg. v. Peter Hünermann, Freiburg i. Br./Basel/Wien 2014.

liche Vormachtstellung des Papstes. Symbolisch anschaulich wurde der damit verbundene Machtanspruch z. B. durch die Tiara mit drei Kronreifen, ebenso durch die groß angelegte Bautätigkeit in Rom, besonders prachtvoll darin: die Peterskirche. Freilich erfreute dieser Machtzuwachs des Papstes nicht jeden Kaiser, weshalb für die mittelalterliche Kirche auch das Verhältnis von Kaiser und Papst zu einem Dauerthema wurde.[24]

Vor diesem Hintergrund sind die *Ereignisse der Reformation* zu verstehen. Freilich beginnt diese Reformation nicht erst mit Martin Luther, sondern hat – maßgeblich mitbestimmt durch die Klöster und Ordensgemeinschaften – seit ca. 1300 eine innerkirchliche Vorgeschichte, in der es kirchenrechtlich nicht nur um die Frage der Vormachtstellung der Päpste ging, sondern auch um deren Verhältnis zu Bischöfen, Konzilien und zu den Ordensgemeinschaften. Dass es in dieser Zeit häufige Papstwechsel, Päpste und Gegenpäpste gab, dass das Verhältnis von Kaiser bzw. Königen und Kurfürsten zu dem jeweiligen Papst hoch konfliktreich war und dass es auch für das kirchliche und weltliche Frömmigkeitsleben allerlei Missstände zu beklagen gab, trug zum Ruf nach einer Kirchenreform nur zusätzlich bei. Als sich Martin Luther 1517 mit den 95 Thesen gegen die damalige Ablasspraxis wandte, trat er also keineswegs als einzelner Held einer geschlossenen Kirche gegenüber. Sondern er brachte in besonders pointierter, konsequent durchdachter Weise und zum exakt richtigen Zeitpunkt zum Ausdruck, was vielerorts schwelte.[25]

Reformbestrebungen seit dem 14. Jh.

Reformation im 16. Jh.

Als *Luther* die Ablasspraxis kritisierte, protestierte er weder gegen das Papsttum noch gegen die Tatsache, dass sich die Gläubigen mit einer Geldsumme von einigen Jahren Fegefeuer freikaufen konnten. Sein Protest richtete sich dagegen, dass dieser Freikauf ohne jede innere Reue und Buße durch die Gläubigen und v. a. bis in den Bereich des Fegefeuers hinein von der Kirche ermöglicht werden könne. Die Kirche verstand sich damals als Hüterin des Kirchenschatzes (*thesaurus ecclesiae*), den Christus und die Heiligen durch ihre Werke angesammelt hätten und den die Kirche, personifiziert im Papst als Stellvertreter Christi, vermittelt durch die geweihten und in der Weihe ontologisch von den übrigen Gläubigen unterschiedenen Priester, zu verwalten habe und die deshalb auch die Gläubigen, ob

---

[24] Vgl. *Harald Zimmermann*, Art. Papsttum. II. Mittelalter und Reformation, in: RGG⁴ 6, 2003, 870–882; vgl. *Bernhard Schimmelpfennig*, Art. Papsttum. III. Mittelalter, in: LThK³ 7, Sonderausgabe 2006, 1331–1333.

[25] Zum Weiterlesen: *Albrecht Beutel (Hg.)*, Luther Handbuch, Tübingen 2005.

mit oder ohne Buße, ob tot oder lebendig, mit eigener Vollmacht von den Sünden befreien könne. Schon 1517, noch mehr in der Ausarbeitung seiner Theologie in den Schriften zwischen 1517 und 1520, hielt Luther dieser Position entgegen, dass das Heil einzig und allein auf Jesus Christus, d.h. auf der gnädigen Zuwendung Gottes zum einzelnen Menschen beruhe, und nur im Glauben an ihn von Gott gegeben werden könne – und zwar „gratis", also umsonst.

Prüfstein kirchlichen Handelns: Schriftgemäßheit

Aus dieser Kontroverse erwuchs im Zusammenhang mit dem Augsburger Verhör 1518 durch Kardinal Cajetan, dem damals bedeutendsten Theologen der Kirche, die entscheidende Frage, inwiefern die päpstliche Ablasspolitik eigentlich auf dem Boden der Schrift agiere oder nicht. Die Brisanz dieser Frage ging weit über den Ablassstreit hinaus. Denn was nun in Frage stand, war das Verhältnis von päpstlicher Lehrautorität und der Autorität der Schrift. Luther drängte sich „die in der Kirchengeschichte des Mittelalters kaum auch nur als Möglichkeit denkbar gewesene Vermutung auf, die Kirche unter dem Papst und die Bibel stünden in Gegensatz zueinander."[26] Aufgrund der tiefen Überzeugung, dass der Papst als Nachfolger Petri zum Stellvertreter Christi eingesetzt worden sei, war es zu Luthers Zeit undenkbar, dass sich der Papst gegen die Schrift stellen könne. Und doch trat ihm genau dieses Undenkbare nun vor Augen, nämlich dass der Papst und die Konzilien aufgrund falscher Schriftauslegung irren konnten – diese These vertrat Luther in der Leipziger Disputation 1519 und wurde daraufhin 1521 mit dem Kirchenbann belegt.[27] Der Kirchenbann wiederum war wegen der nach wie vor engen Verknüpfung von Reich und Kirche für Luther lebensgefährlich, weil die Exkommunikation aus der Kirche der Exkommunikation aus dem gesamten gesellschaftlichen Leben gleichkam. Überlebt hat er, überlebt haben die Protestanten insgesamt diese Situation nur, weil der Kaiser zu sehr mit den kriegerischen Auseinandersetzungen, besonders mit den Türken vor Wien, beschäftigt war, und weil er wegen der militärischen Konflikte auf die Fürsten angewiesen war, die um ihre Machtstellung sehr genau wussten und sich im Religionskonflikt explizit gegen Kaiser und Papst positionierten. So auch Friedrich der Weise, Kurfürst von Sachsen, der Luther auf die Wartburg entführte, so dass er von dort

---

[26] *Bernd Moeller*, Luther und das Papsttum. 1.2 Das Augsburger Verhör 1518, in: *Beutel (Hg.)*, Luther Handbuch (s.o. Anm. 25), 109–111, hier 110; aus katholischer Sicht vgl. *Jared Wicks*, Cajetan und die Anfänge der Reformation (KLK 43), Münster 1983.

[27] Vgl. *Moeller*, Luther und das Papsttum. 1.3 Die Leipziger Disputation 1519 (s.o. Anm. 26), 111–113.

aus wirken konnte, während Melanchthon die Sache der Reformation in Wittenberg weiter ausfocht. Dabei ging es nicht nur um den Zwist mit der katholischen Seite, sondern auch mit den weiteren reformatorischen Strömungen, v. a. mit den Zürcher Anhängern der Reformation rund um Zwingli. Grund für diesen Zwist, ausgetragen beim Marburger Religionsgespräch 1529, war „nur" noch das Abendmahlsverständnis der Reformatoren: Beide, Luther und Zwingli, lehnten die katholische Lehre der Transsubstantiation von Brot und Wein ab. Aber Luther vertrat die These der Realpräsenz Christi in Brot und Wein, Zwingli vertrat die These, dass Brot und Wein zeichenhafte Erinnerung an Christus seien. Eine Einigung in dieser Frage wurde erst in der „Leuenberger Konkordie" 1973 erreicht, mit der die Abendmahlsgemeinschaft immerhin der protestantischen Kirchen hergestellt wurde.

Obwohl die Reformation aus heutiger Sicht häufig als eine Bewegung der Kirchenreform verstanden wird, kam dies Luther selbst eigentlich nicht in den Sinn. Er entwickelte keinen Begriff oder keine ausgefeilte Theorie der Kirche. Sondern ihm ging es um die *Frage der Gnade Gottes und der Rechtfertigung des Menschen*, genauer: des Sünders, der als Sünder im Glauben an Jesus Christus gerechtfertigt werde. Dass dies wiederum nur im Rahmen der Kirche geschehen könne, stand für Luther außer Frage. Er hätte sich eine Gesellschaft ohne die strukturgebende Funktion der Kirche gar nicht vorstellen können. Genau darin sah er freilich auch die Aufgabe der Kirche: Sie sei die Gemeinschaft bzw. Gemeinde all jener, „die das Wort Gottes hören und die dem Evangelium glauben. [...] Als Gemeinde aber ist die Kirche in erster Linie eine Gemeinschaft von Personen, nicht eine Institution. Sie ist an keinen Ort und kein einzelnes Kirchtum gebunden, sondern lebt ‚ynn aller Welt', wie in Wittenberg so auch ‚unter Bapst, Türcken, Tattern und allenthalben' (WA 26; 506,38 f.)."[28] Als solch eine Gemeinschaft ist sie freilich nie von Menschen selbst herzustellen, sondern sie verdankt sich dem Heiligen Geist. „Als Gemeinschaft leibhafter, sichtbarer und hörbarer Menschen ist die Kirche [...] durchaus sichtbar und hörbar. Doch das Eigentliche an ihr, das, was ihr Wesen als Kirche ausmacht, ist den menschlichen Sinnen nicht zugänglich, es ist verborgen. Das gilt deshalb, weil sie als Gemeinschaft der Glaubenden nur Gott offenbar ist – kann doch nur er ins Herz der Menschen sehen (WA 17,2; 501,32–35 [...]) und feststellen, wer zu den Glau-

Gnade und Rechtfertigung

Implikationen für das Kirchenverständnis

---

[28] *Dorothea Wendebourg*, Art. Kirche, in: *Beutel* (Hg.), Luther Handbuch (s. o. Anm. 25), 403–414, hier 405.

^{CA VII} benden (WA 6; 298,2 f) und damit zur Kirche gehört."²⁹ Die wirkungsgeschichtlich bedeutsamste Definition der Kirche findet sich in Art. 7 der „Confessio Augustana" (CA), der von zwei großen Textblöcken gerahmt wird.³⁰ Die Artikel 1–6 thematisieren die Abfolge Trinität – Sünde – Christus – Rechtfertigung, die Artikel 8–13 thematisieren die Sakramente und deren rechten Gebrauch und in deren Mitte steht der Artikel 7 über die Kirche:³¹ „Es wirt auch geleret, das alzeit müsse ein heilige Christlich kirche sein und bleiben, welche ist die versamlung aller gleubigen, bey welchen das Evangelium rein gepredigt und die heiligen Sakrament laut des Evangelii gereicht werden." Dieser Artikel benennt die äußeren Kennzeichen der Kirche, die sie als Kirche erkennbar machen, die sog. „notae ecclesiae": Katholizität/Universalität („alzeit", d.h. zu jeder Zeit), Einheit und Heiligkeit („ein heilige Christlich kirche") sowie christliche Identität, die sich näher bestimmt durch Wort Gottes bzw. Verkündigung des Evangeliums, Taufe und Abendmahl.³² Wo diese Kennzeichen fehlen, gibt es nach Luther auch keine Kirche. Wo diese Kennzeichen gegeben sind, finden sich Menschen zur sichtbaren Kirche zusammen. Ob sie im verborgenen Inneren ihres Herzens dabei vom Geist bewegt sind und der Glaube in ihnen geschaffen wird, das ist eine andere Frage, die wiederum nur von Gott selbst beantwortet werden könnte. In all dem braucht die Kirche auch für Luther eine professionelle Gemeindeleitung, weshalb er an Bischöfen und gut ausgebildeten Pfarrern festhielt. Aber diese bräuchten sich nicht einzubilden, die besseren, gar durch eine Weihe in ihrer ontologischen Struktur veränderte, Christen zu sein; sie seien nur aufgrund ihrer Ausbildung pragmatisch dazu da, auf die Einhaltung der drei Kennzeichen zu achten und das Durcheinander in den Gemeinden zu ordnen. Die CA war für dieses Unterfangen immerhin ein wichtiges Konsensdokument.

1530 versuchte der Kaiser auf dem Augsburger Reichstag dann auch mithilfe Melanchthons zentralem Bekenntnis der Reformatoren, eine Einigung herbeizuführen, doch der Versuch misslang. 1555 kam es beim Augsburger Reichstag immerhin zu einem Kompromiss, nämlich der Zubilligung des Religionsrechts an die jeweiligen Fürsten: Die Fürsten bestimmten, ob ihr Fürstentum katholisch

---

[29] Ebd. 406.
[30] *Notger Slenczka*, Theologie der reformatorischen Bekenntnisschriften. Einheit und Anspruch, Leipzig 2020.
[31] Vgl. ebd., 204 f. und 207.
[32] Vgl. ebd., 209–211.

bleiben oder evangelisch werden sollte. Wer sich als Untertan lieber der anderen Konfession zuordnen wollte, bekam das Recht zum Auswandern. Freilich hat dieser Kompromiss keineswegs zur Befriedung geführt. Eher im Gegenteil, denn nun brachen die (später so genannten) Konfessionskriege aus, die in deutschen Landen erst mit dem *Westfälischen Frieden von 1648* stillgestellt wurden. Erst mit diesem Datum ist daher die Unterscheidung bzw. Trennung der Kirche in die (wie es damals hieß) Religionsparteien – römisch-katholisch, evangelisch-lutherisch und evangelisch-reformiert (d. h. die Zürcher Bewegung um Zwingli und die französische Bewegung um Calvin) – im eigentlichen Sinne besiegelt; auch die beiden evangelischen Konfessionen breiteten sich in der weiteren Folge quer durch Europa aus.[33] Flächendeckend war der Frieden gleichwohl nicht, denn im Habsburgerreich dauerte die u. a. mit militärischer Gewalt durchgesetzte Gegen- bzw. Contrareformation bis zum Toleranzpatent Josefs II. aus dem Jahr 1781. Es hat daher viel Zeit gebraucht, bis sich die Religionsparteien bzw. – wie es heute heißt – die Konfessionen in explizit friedfertiger Absicht an einen Tisch gesetzt haben.

In der *ökumenischen Diskussion bis ins 20. Jh.* hinein wurde weiterhin gerungen um diese unterschiedlichen Akzentuierungen zwischen hierarchischen, lehramtlich orientierten und rechtsförmig verfassten Kirchen einerseits, den alternativen Formen gemeinschaftlicher christlicher Lebenspraxis in spirituellen Kommunitäten, seien es Klöster, Orden oder freie Gemeinschaften andererseits. In beiden Varianten spiegeln sich in ihnen die jeweiligen kulturellen, sozioökonomischen und v. a. die politischen und juristischen Systemlogiken, die geistesgeschichtlichen Signaturen und die zivilgesellschaftlichen Bedürfnisse ihrer Zeit – und zwar sowohl innerhalb der jeweiligen Gemeinschaftsformen wie in deren ökumenischer Verbundenheit und weltweiten Ausprägung.

Anhaltende Diskussion um Gestalt und Verständnis von Kirche

2.2.4 Schritte ökumenischer Verständigung

Ein wichtiger Meilenstein für die Verständigung war sicherlich das Zweite Vatikanische Konzil (1962–1965), einberufen von Johannes XXIII. mit dem Ziel, eine moderne, über die faktische Konzentration auf Europa hinausgehende Öffnung der Kirchen zu erreichen,

Zweites Vatikanisches Konzil

---

[33] Vgl. *Irene Dingel*, Luther und Europa, in: *Beutel (Hg.)*, Luther Handbuch (s. o. Anm. 25), 206–217.

das sog. „aggiornamento"[34]. Im Blick auf die Anerkennung der getrennten Kirchen lässt sich das II. Vatikanische Konzil geradezu revolutionär lesen: „[Die] getrennten Kirchen und (kirchlichen) Gemeinschaften [... sind] nicht ohne Bedeutung und Gewicht im Geheimnis des Heils. Denn der Geist Christi hat sie gewürdigt, sie als Mittel des Heiles (media salutis) zu gebrauchen." (UR 3 Abs. 4). Der katholische Theologe Johannes Brosseder geht so weit zu sagen: „Das II. Vatikanische Konzil schreibt hier jedenfalls ausdrücklich dem Geist Christi zu, was in der Gegenreformation dem Geist Satans zugeschrieben wurde."[35] Ganz unumstritten ist diese Interpretation allerdings nicht, denn Walter Kasper, der ehemalige Präsident des „Päpstlichen Rates zur Förderung der Einheit der Christen", drückte es 2009 so aus: „While Protestants answer this question with the response that the Church is realized in communities in which the Word of God is correctly preached and the sacraments are duly administered (CA vii), Catholics answer that the Church of Christ subsists in *(subsistit in)* the Catholic Church, i. e., the Church is concretely, fully, permanently and effectively realised in communion with the successor of Peter and the bishops in communion with him (LG 8, UR 4)."[36] Kasper setzt dabei weniger auf eine scharfe Abgrenzung bzw. auf die Erwartung, die Protestanten mögen sich doch wieder der einen und einzigen Kirche eingliedern, sondern betont die Kraft des Geistes: „Jesus hat uns keine Anordnung erteilt: ‚Einigt euch und rauft euch zusammen!' Er hat vielmehr ein Gebet an den Vater gerichtet, dass alle eins seien. Wenn wir uns dieses Gebet in seinem Namen, durch ihn und in ihm zu eigen machen, dürfen wir aufgrund seiner Verheißung überzeugt sein, dass es Erfüllung finden wird (Joh 14, 13 f.). Wie, wo und wann liegt nicht in unserer Hand. Das dürfen wir der Führung des Heiligen Geistes überlassen."[37] Noch deutlicher plädiert Friedrich Lurz

---

[34] *Christoph Böttigheimer (Hg.)*, Globalität und Katholizität. Weltkirchlichkeit unter den Bedingungen des 21. Jahrhunderts (QD 276), Freiburg i. Br./Basel/Wien 2016, 7.

[35] *Johannes Brosseder*, Der Heilige Geist und die Kirchen als „Mittel des Heils", in: *Susanne Munzert* und *Peter Munzert (Hg.)*, Quo vadis Kirche? Gestalt und Gestaltung von Kirche in den gegenwärtigen Transformationsprozessen. FS J. Track, Stuttgart 2005, 216–227, hier 217.

[36] Zitiert in De Mey, The Commemoration of the Reformation (s. o. Anm. 3), 34.

[37] *Walter Kasper*, Gesammelte Schriften, hg. v. *George Augustin* und *Klaus Krämer*, Bde. 14 und 15: Schriften zur Ökumene I und II, Freiburg i. Br./Basel/Wien 2012 und 2013, darin: Wege zur Einheit der Christen. Schriften zur Ökumene I, Einleitung 17–34, hier 32.

für eine freundliche gegenseitige Wahrnehmung: „An die Stelle der über lange Zeit von katholischer Seite vertretenen ‚Rückkehr-Ökumene' ist heute ein auf den vom Konzil und der lehramtlichen Entwicklung gelegten Grundlagen beruhendes Konzept getreten, das sich mit ‚Ökumene der Versöhnung' umschreiben lässt. Diese Ökumene wird nicht als juristisch-institutioneller, sondern als geistlicher Prozess des Kennenlernens, der Umkehr, der Aussöhnung, des Gebets und der Zusammenarbeit beschrieben."[38]

In diesem Sinne beschreibt auch die gemeinsame Verlautbarung der Deutschen Bischofskonferenz und der Evangelischen Kirche in Deutschland „Erinnerung heilen" das Zweite Vatikanische Konzil so: „Das Zweite Vatikanische Konzil hält daran fest, dass die römisch-katholische Kirche auf der Ebene der institutionellen Gestalt als einzige unter den Kirchen alle biblisch begründeten Strukturelemente bewahrt hat, zu denen auch das Dienstamt des Bischofs von Rom gehört. Zugleich unterscheidet das 2. Vatikanische Konzil zwischen der äußeren Gestalt der Kirche und ihrem geistlichen, inneren Leben; es gesteht zu, dass die katholische Kirche angesichts der Spaltungen nicht allein die Fülle der Katholizität zum Ausdruck bringen kann (vgl. Zweites Vatikanisches Konzil, *Unitatis redintegratio* 4); es erkennt an, dass wesentliche ‚Elemente' des Kircheseins auch bei den nicht-katholischen Kirchen und Gemeinschaften bestehen und dass sie von Gott als ‚Mittel des Heiles' gebraucht werden (*Unitatis redintegratio* 3) (...). Es bedarf neuer theologischer Vorstöße, die spezifische Art des evangelischen Kircheseins aus katholischer Sicht zu würdigen und positiv zu beschreiben. Die evangelische Kirche sieht sich heute als die durch die Reformation hindurchgegangene katholische Kirche. Damit entwickelt sie ein positives Verständnis zu den 1500 Jahren der gemeinsamen Kirchengeschichte vor der Reformation. Sie konfrontiert die katholische Kirche mit der Frage, wie sie sich zur Reformation stellt, zumal die katholische Kirche inzwischen viele Impulse aufgenommen hat, die auch für die Reformatoren von zentraler Bedeutung waren, z. B. die Volkssprache in der Liturgie, die verstärkte Aufmerksamkeit für die Heilige Schrift und die starke Beteiligung des ganzen Kirchenvolkes am Leben der Kirche. Ihrerseits sieht sich die evan-

> Gemeinsame Erklärung von DBK und EKD 2017

---

[38] *Friedrich Lurz*, Perspektiven einer ökumenischen Liturgiewissenschaft, in: *Kim de Wildt, Benedikt Kranemann* und *Andreas Odenthal* (Hg.), Zwischen-Raum Gottesdienst. Beiträge zu einer multiperspektivischen Liturgiewissenschaft (Praktische Theologie heute 144), Stuttgart 2016, 196–206, hier 199.

gelische Kirche vor der Aufgabe zu klären, wie sie heute die in der Heiligen Schrift begründete Tradition des kirchlichen Dienstamtes (Episkopos, Presbyter und Diakone) und den Dienst des Petrus sieht, der ihm nach dem Neuen Testament übertragen worden ist (Mt 16,18 f.; Lk 22,32; Joh 21,15 ff.)."[39]

Gemeinsame Erklärung zur Rechtfertigungslehre 1999

Es sind auf beiden Seiten solch versöhnende Stimmen, die maßgeblich mit dazu beigetragen haben, dass am 31. Oktober 1999, dem Reformationstag, die „Gemeinsame Erklärung zur Rechtfertigungslehre" unterschrieben werden konnte. Auch sie war keineswegs unumstritten, weshalb sie ergänzt wurde durch die „Gemeinsame offizielle Feststellung", aber immerhin war sie ein Meilenstein in der Geschichte der Annäherung der beiden großen Konfessionen.[40] Über die Erklärung zur Rechtfertigungslehre hinaus ist auch auf die Dokumente „The Apostolicity of the Church" (2006) und „From Conflict to Communion" (2013), das Vorbereitungsdokument für das Reformationsjubiläum 2017, als erfolgreiche Beispiele für ökumenische Zusammenarbeit im neuen Millennium hinzuweisen.[41]

Laut der gemeinsamen Verlautbarung der Deutschen Bischofskonferenz und der Evangelischen Kirche in Deutschland ist auf diesem langen Weg immerhin Folgendes erreicht: Es sind „in den 500 Jahren seit 1517 auf römisch-katholischer wie auf evangelischer Seite wirkungsgeschichtlich bedeutsame Entwicklungen eingetreten, die im 16. Jh. nicht absehbar waren, aber die konfessionellen Profile heute stark bestimmen. Als Beispiele seien auf katholischer Seite die Ausführungen des Ersten und des Zweiten Vatikanischen Konzils über die Vollmacht und Lehrautorität des Papstes genannt, auf evangelischer Seite die Entscheidung für die Ordination von Frauen. Jüngst haben sich auch im Bereich der Ethik stärkere Unterschiede herausgebildet. Im Blick auf die Versöhnung der Kirchen reicht es daher nicht aus, allein die im 16. Jh. formulierten Differenzen gemeinsam zu bedenken und Konvergenzen zu erreichen. Es müssen auch die neuen Herausforderungen erkannt und bestanden werden."[42]

---

[39] Erinnerung heilen (s. o. Anm. 2), 28.

[40] Vgl. *Friedrich Hauschildt (Hg.)*, Die Gemeinsame Erklärung zur Rechtfertigungslehre. Dokumentation des Entstehungs- und Rezeptionsprozesses, Göttingen 2009.

[41] *Peter De Mey*, Lutheran-Roman Catholic Dialogue, in: Encyclopedia of Martin Luther and the Reformation, Volume 2, ed. by Mark A. Lamport (Lanham, MD 2017), 494–495; vgl. *De Mey*, The Commemoration of the Reformation (s. o. Anm. 3), 37–40.

[42] *DBK* und *EKD*, Erinnerung heilen, (s. o. Anm. 2), 25 f.

Die ökumenische Bewegung geht also ungebremst weiter. „Die *Heilung der Erinnerungen* besteht in der Einsicht, dass Einheit nicht Uniformität und Vielfalt nicht Beliebigkeit meint, sondern dass es um Gemeinschaft des Verschiedenen in gelebter Katholizität geht."[43] Die Unterschiede werden nicht ignoriert, sondern ausführlich und auf höchstem Niveau diskutiert. Wo eine Konvergenz möglich ist, wird diese durchgeführt. Wo wesentliche Unterscheidungen notwendig sind, werden diese weiter begründet. Dieser Prozess des sog. „differentiating consensus"[44] ist verletzlich und erfordert viel Fingerspitzengefühl auf beiden Seiten. Dialog und Differenzierung setzen sich jedoch gegenseitig voraus: Ohne Differenzen gibt es keinen Dialog, und ohne Dialog gibt es keine Differenzen.[45]

Gemeinschaft der Verschiedenen

Differentiating Consensus

In religiösen Bildungsprozessen ist diese Wahrheit schon längst angekommen. Sie wird *de facto* im Schulalltag bzw. im Religionsunterricht gelebt, kollegial reflektiert, theoretisch begründet und didaktisch weiterentwickelt. Auch hier werden Unterschiede nicht geleugnet, sondern ausgesprochen in einem ‚differentiating consensus', mit Blick auf einen fruchtbaren Dialog. Das Modell des konfessionell-kooperativen Religionsunterrichts setzt voraus, dass Kinder und Jugendliche und ihre Lehrerinnen und Lehrer auf der Basis ihrer Differenzierungen kooperieren lernen, und so einerseits dialogfähig werden und andererseits lernen, sich innerhalb der eigenen Tradition ‚konfessorisch' zu positionieren.[46] Die Frage ist nur, ob die Kluft zwischen gelebter Ökumene (z. B. in der Schule) und offizieller Ökumene (in kirchlichen Dokumenten) nicht größer zu werden und dabei die Beweislast für das Gelingen einer „Ökumene vor Ort und von unten"[47] auf die Schultern der Religionslehrerinnen

Konfessionell-kooperativer Religionsunterricht

---

[43] Ebd. 53.
[44] Vgl. *De Mey*, The Commemoration of the Reformation (s. o. Anm. 3), 37–38. Der lutherische „éminence grise" in der Theologie, William G. Rusch, hat kürzlich den Versuch unternommen, die tiefgreifenden Übereinstimmungen und Unterscheidungen in der ökumenischen Debatte zwischen Katholiken und Protestanten aufzulisten: vgl. *William G. Rusch*, Towards a Common Future. Ecumenical Reception and a New Consensus, Eugene (OR) 2019, 89–98.
[45] Zum Thema „Didaktik der Differenz", vgl. *Bert Roebben*, Schulen für das Leben. Eine kleine Didaktik der Hoffnung, Stuttgart 2016, 52–61.
[46] Zum konfessorischen Lernen vgl. *Jan Woppowa*, Differenzsensibel und konfessionsbewusst lernen. Multiperspektivität und Perspektivenverschränkung als religionsdidaktische Prinzipien, in: Österreichisches Religionspädagogisches Forum 24 (2016), 41–49.
[47] Vgl. *Norbert Mette*, Praktisch-theologische Erkundungen Bd. 2, Münster/Hamburg/London 2007, 83–93.

und Religionslehrer gelegt zu werden droht. Oder noch einmal anders ausgedrückt: Die Frage bleibt, wie sich die (vierte) symbolische „Begegnungsdimension" von Kirche auf Dauer mit der (dritten) institutionellen „Organisationsdimension" von Kirche auch konfessionell-kooperativ und religionsübergreifend verbinden lässt.[48]

3 Kirche(n) und Ekklesiologie als Themen der weiteren christlichen Ökumene: Pluralität der Konfessionen und Orthodoxe Kirchen

Die Ausbildung der Religionsparteien im 16./17. Jh. bedeutete einen gewaltigen Schub gesellschaftlicher Ausdifferenzierung, denn die einzelnen Konfessionen waren nicht nur durch theologische Differenzen bestimmt, sondern ebenso durch politische, rechtliche und soziokulturelle Prozesse einerseits, durch kulturelle regionaltypische und mentalitätsgeschichtliche Besonderheiten andererseits. Die für den deutschsprachigen Raum besonders wichtigen drei Konfessionen sind die römisch-katholische Kirche, die protestantischen Kirchen und die orthodoxen Kirchen, die sich zum Teil in weitere Konfessionseinheiten aufteilen.

3.1 Die römisch-katholische Kirche

Die *römisch-katholische Kirche* versteht sich als eine dialektische Verbindung zwischen partikularen lokalen Glaubensgemeinschaften und der Einheit der Universalkirche weltweit. In jeder Gemeinschaft vor Ort ist die Fülle der Weltgemeinschaft präsent. Es ist der Diözesanbischof, der diese Verbindung zwischen dem Lokalen und dem Globalen garantiert. Er sorgt dafür, dass die Pfarreien seiner Diözese mit den inhaltlichen Bestimmungen der Weltkirche in Einklang stehen und diese auch rechtlich-formal einhalten. Die Bischöfe eines bestimmten Landes (z. B. Deutschland) oder einer bestimmten Region (z. B. Lateinamerika) können gemeinsam eine Bischofskonferenz bilden und sich darauf einigen, wie diese Bestimmungen konkret aussehen können, angepasst an die lokalen Bedürfnisse des jeweiligen Landes oder der Region. So wurden für die deutsche römisch-katholische Kirche viele der inhaltlichen Themen des Zweiten Vatikanischen Konzils (1962–1965) in der Gemeinsamen Synode der Bistümer in der (damaligen) Bundes-

---
[48] Vgl. ebd. 71–82.

republik Deutschland (1972–1975)[49] vertieft und konkretisiert, und dies geschieht heute wieder im Prozess des sog. „synodalen Weges" (2019–2022).[50]

Die Spannung zwischen damals und heute ist jedoch groß. Während die siebziger Jahre noch von einem innerkirchlichen Aufbruch geprägt waren, getrieben von großer Begeisterung und dem Wunsch nach Veränderung, wird die Zeit heute von Handlungsunsicherheit und mangelndem Vertrauen gekennzeichnet. Viele Gläubige teilen die Wahrnehmung, dass sich ihre oft komplexen Lebens- und Glaubenswege in der Kirche nicht angemessen widerspiegeln, dass die alten klerikalen Machtstrukturen nach wie vor die Inhalte und die Organisation der Kirche entscheidend mitbestimmen und dass zu wenig in die Zukunft investiert wird. Der synodale Weg, der den Erneuerungsprozess in der deutschen katholischen Kirche begleiten sollte, verläuft mühsam. Der Dialog aller Beteiligten, Geweihte und Nicht-Geweihte, Bischöfe, Pfarrer und verantwortliche Laien, scheint ein komplexer Prozess zu sein. Es fehlt bisher an geeigneten Dialogstrukturen und die Gesprächsthemen sind schwierig: Pflichtzölibat, gleichgeschlechtliche Ehe, Frauen im Dienst der Kirche, Umgang mit Machtmissbrauch in der Kirche. Der Strukturwandel, von dem Karl Rahner schon 1972 sprach,[51] und der seit 2010, als die sexuellen Missbrauchsskandalen öffentlich wurden, als dringende Notwendigkeit erlebt wird, stößt auf systemischen Widerstand.[52] Die Struktur wirkt veraltet und wird oft mit einem Tanker verglichen, der Schwierigkeiten hat, zu wenden und definitiv einen anderen Kurs einzuschlagen.

Der Wunsch nach struktureller Beteiligung von allen am Sehen, Urteilen und Handeln der Kirche ist in der offenen Dynamik des Zweiten Vatikanischen Konzils verankert. Damals wurden die Menschen ermutigt, sich gewissenhaft und sprachfähig auf eine persönliche und engagierte Glaubensentwicklung einzulassen. Diese Forderung nach Partizipation ist nicht mehr stillzustellen. In diesem

Spannungen

Aufbrüche

---

[49] *L. Bertsch u.a. (Hg.)*, Gemeinsame Synode der Bistümer in der Bundesrepublik Deutschland. Offizielle Gesamtausgabe, 2 Bde., Freiburg i. Br./ Basel/Wien 1976–1977.
[50] Abrufbar unter: www.synodalerweg.de.
[51] *Karl Rahner*, Strukturwandel der Kirche als Aufgabe und Chance (mit einer Einleitung von Michael Seewald), Freiburg i. Br./Basel/Wien 2019 (1972).
[52] *Jochen Sautermeister* und *Andreas Odenthal (Hg.)*, Ohnmacht. Macht. Missbrauch, Theologische Analysen eines systemischen Problems, Freiburg i. Br./Basel/Wien 2021.

Zusammenhang sind zwei Entwicklungen in der westeuropäischen und insbesondere in der deutschen Kirche zu nennen: *(ad intra)* die Reorganisation der lokalen Glaubensgemeinschaften und *(ad extra)* die zahlreichen missionarisch-pastoralen Initiativen. Wegen des Priestermangels werden neue pastorale Wege gesucht, um die ‚Sorge um die Seele' in den Gemeinden bodenständiger zu organisieren. Laien engagieren sich in neuen demokratischen Initiativen, um diese Seelsorge auch intensiver mit der eucharistischen Gemeinschaft vor Ort zu verknüpfen. Und in ihrem Engagement für die Außenwelt fallen die vielen Initiativen auf, die die katholische Kirche – oft in Zusammenarbeit mit anderen Ortskirchen und Glaubensgemeinschaften – missionarisch-pastoral entwickelt, wie z. B. die Seelsorge für Migranten und Flüchtlinge,[53] Initiativen zum Thema Ökologie und gerechter Welthandel, Aufmerksamkeit für die spirituelle Lebensqualität von jungen Menschen[54] u.v.m. Papst Franziskus ist die Galionsfigur dieser *ad extra*-Bewegung und dynamisiert zahlreiche Gruppen in der Kirche und außerhalb der Kirche, ‚nicht gleichgültig zu bleiben'.[55] Seine jüngsten Enzykliken bieten ein universelles (katholisches) Sprachfeld, in dem viele Begeisterung und Geistesstärke finden können. Aber die Spannung bleibt groß: Die katholischen Gemeinden vor Ort wünschen sich ‚basisnahe' Veränderungen in Kirche und Gesellschaft, der Bischof von Rom bringt diesen Wunsch in seinen Texten und Aktionen zum Ausdruck, aber die systemimmanente Schwerfälligkeit und Undurchdringlichkeit lässt kaum strukturelle Veränderungen zu. Die katholische Kirche steht vor großen inhaltlichen und organisatorischen Herausforderungen. Es ist aber auch wahr, dass sie damit nicht allein ist.

3.2 Die protestantischen Kirchen

Auch innerhalb der *protestantischen Konfessionen* findet man das, was mit „Kirche" gemeint ist, heute auf ganz unterschiedliche

---

[53] *Regina Polak*, Migration als Thema und Aufgabe der (Praktischen) Theologie – eine römisch- katholische Perspektive, in: Theo-Web. Zeitschrift für Religionspädagogik 16 (2017), 26–36.

[54] Hier sollte z. B. die Initiative des zweijährlichen Weltjugendtages erwähnt werden, vgl. *Janieta Bartz*, Jugendpastoral auf neuen Wegen. Der XXVIII. Weltjugendtag in Rio de Janeiro und sein Beitrag für die Kirche vor Ort, Berlin 2017.

[55] *Norbert Mette*, Nicht gleichgültig bleiben! Die soziale Botschaft von Papst Franziskus, Ostfildern 2017.

Weise. Die vielfältige Betrachtung beginnt sogar schon in den unterschiedlichen Formen der *lutherischen Konfession* in Deutschland selbst: (a) die Gemeinde als Gemeinschaft der Gläubigen/ Getauften, (b) deren landeskirchliche, eher synodale oder eher hierarchische Organisation, (c) die institutionalisierten Landeskirchen, (d) deren organisatorische Zusammenführung unter dem Dach der EKD oder (e) die EKD als „Kirche" sui generis – zumindest ist dies immer wieder in der Debatte. Die Frage nach der äußeren wie inneren Praxis der Kirche trägt zu jeder Zeit in Geschichte und Gegenwart der regionalen, traditions- und mentalitätsmäßigen sowie individuell-situativen Bedürfnislage vor Ort Rechnung. Sie erstreckt sich auf die breite Vielfalt der Gestaltungsräume, Kasualpraxen, Kommunikations- und Expressionsformen, die im christlich-kirchlichen Raum im weitesten Sinne möglich sind. Sie wird von ganz unterschiedlichen Menschen gestaltet, die sich in ganz unterschiedlicher Weise der kirchlichen Aufgaben annehmen: haupt-, neben- und ehrenamtliche Repräsentantinnen und Repräsentanten und Beobachterinnen und Beobachter, wobei die Akteursrollen zunehmend verschwimmen. Organisationslogik, Phänomenologie, Symbolkraft und das Potential soziopolitischer Dynamik spielen hierfür eine immense Rolle: In ihr bilden sich gesamtgesellschaftliche Komplexitäten (z. B. Familien-, Rollen- und Berufsbilder, migrationsbedingte Faktoren, sozioökonomische Faktoren, Lebenshaltungen etc.) exemplarisch ab. Besonders deutlich wird diese Komplexität für die Gruppen der sog. „globalen Elite" einerseits, für die Gruppen der politisch und sozioökonomisch Radikalisierten andererseits: Für die sog. „globale Elite" liegt das an der Ortsgemeinde orientierte (*parochiale*) Kirchenprinzip quer zur gelebten dynamischen Flexibilität. Für die politisch und sozioökonomisch Radikalisierten ist die Differenz- und Ambiguitätstoleranz der Kirche häufig zu hoch. All das bildet sich auch in den weiteren protestantischen Konfessionen ab, die für den deutschsprachigen Kontext besonders relevant sind.

Unterschiedliche Formen der Kirchen

Die *reformierten Kirchen* gehören auf evangelischer Seite zu den wichtigsten Gesprächspartnern der lutherischen Kirchen. Der Begriff bezieht sich zunächst primär auf die evangelischen Gemeindebildungen in der deutsch- und französischsprachigen Schweiz, die zwar durch Luthers Reformation initiiert wurden, in der engen Auseinandersetzung mit dem Humanismus (bes. mit Erasmus von Rotterdam) aber eine eigenständige Ausbildung erfuhren. Bereits im 17. Jh. war für diese Linie wichtig, die Kirche nie als statische Größe, sondern als einen stets neuen Reformprozess zu verstehen

Eigenarten reformierter Kirche

(*ecclesia reformata semper reformanda*). Deshalb existieren sie als Gemeinschaft bis heute in vergleichsweise losen, synodal verfassten Gemeindeverbünden, die sich weltweit größter Zuwachsraten erfreuen. In dem auf Ulrich Zwingli zurückgehenden Zweig zeigt sich die Kirche bis heute primär in der Ortsgemeinde, in der sich diejenigen zusammenfinden, die sich explizit zu Christus bekennen und die in ihrem tätigen Handeln das moralisch rechte christliche Leben zu verwirklichen versuchen. Politisches Handeln, ethische Fragen des gesellschaftlichen Lebens, soziale Fürsorge und die öffentlich sichtbare und damit auch kontrollierbare Lebensführung des Einzelnen gehören hier zu den einschlägigen Aufgaben der Gemeinde, allerdings in engster Abstimmung mit den politischen Amtsträgerinnen und Amtsträgern der Stadt, die u. a. für die Kirchenzucht zuständig waren. Die reformierten Gemeinden sind dezidiert antihierarchisch aufgebaut: Jede Gemeinde wird durch Pastor oder Pastorin, Diakon oder Diakonin und Presbyter oder Presbyterin geleitet, die finanziell an die Gemeinden gebunden sind. Die Gemeinde kommt in schlichten, bild- und schmucklosen Kirchenräumen zusammen, in denen sie sich im Halbkreis um den Altar versammeln kann. Nichts soll von der Heiligen Schrift und der Verkündigung des Evangeliums ablenken. Bemerkenswert ist dabei die bekenntnismäßige Vielfalt, denn in den reformierten Kirchen gibt es nicht das eine und einzige, sondern eine Vielzahl möglicher Bekenntnisse. Einen besonders guten Eindruck der theologischen Charakteristik reformierter Kirchen gewinnt man bis heute durch den „Heidelberger Katechismus"[56]. In dem auf Johannes Calvin zurückgehenden Zweig, eng verbunden mit den Hugenotten, kommt die stärkere Betonung des gottgefälligen äußeren Lebens hinzu, d. h. des freien Gehorsams gegenüber der göttlichen Gnade, die sich in der täglichen Lebensführung zum Ausdruck bringt. Seit dem 18. Jh. gibt es in Deutschland zudem die sog. Unierten Kirchen oder die Kirchen der Union, in denen es zu einer Verknüpfung der lutherischen und der reformierten Tradition kam, z. B. in der Evangelischen Kirche im Rheinland. Über den deutschsprachigen Raum hinaus sind reformierte Kirchen v. a. in Österreich, Schottland, Irland, in den Niederlanden, in Italien (Waldenser), Ungarn und Rumänien vertreten; weltweit

---

[56] *Otto Weber (Hg.)*, Der Heidelberger Katechismus, Gütersloh ⁵1996. Eine sehr schöne moderne Auslegung findet sich bei: *Margit Ernst-Habib*, But why are you called a Christian? An introduction to the Heidelberg Cathechism, Göttingen 2013.

gehören dazu die Presbyterian Church in den USA, die großen reformierten Kirchen Lateinamerikas, in Afrika und im asiatischen Raum, bes. in Indonesien und Korea. Große Zusammenschlüsse wie der „Reformierte Weltbund" und das „Reformed Ecumenical Council" halten die regionalen Gemeinden zusammen.

Eine weitere für den evangelischen Religionsunterricht relevante konfessionelle Größe sind die *Freikirchen*, die sich schon namensgebend von jeder kirchlichen Uniformität oder landeskirchlichen Verfasstheit abgrenzen.[57] Diese Gemeinschaften sind häufig aus Protestbewegungen erstanden, kennen kaum institutionalisierte, v. a. kaum rechtsförmig relevante Formen und basieren auf dem Prinzip der Bekenntniskirche: Mitglied ist, wer sich aktiv und bewusst zum christlichen Glauben und einer bestimmten freikirchlichen Gemeinschaft zuordnet. Freikirchliche Gemeinschaften legen daher großen Wert auf das individuelle persönliche Glaubenszeugnis, das häufig an ein konkret datierbares Bekehrungserlebnis gebunden ist, und auf eine, am biblischen Zeugnis eng orientierte, moralische Lebensführung. Das gottesdienstliche Leben findet in Häusern ohne besondere einheitliche Gestaltung statt, weil es ganz auf die persönliche Interaktion der Mitglieder im gemeinsamen Singen und Beten, Lobpreis und Zeugnis, aber auch auf die tatkräftige Nächstenliebe hin konzentriert ist.[58] Die Pfarrer sind aus der Gemeinde bestellte und von ihr bezahlte, besonders begabte Prediger. Zu den klassischen Freikirchen gehören z. B. Mennoniten, Baptisten, der Bund Freier evangelischer Gemeinden, die Evangelisch-methodistische Kirche, die Heilsarmee, die Pfingstbewegung/Pfingstkirchen, die Evangelische Brüder-Unität (Herrnhuter Brüdergemeine), die Gemeinschaft der Siebenten-Tags-Adventisten. Ebenso gibt es Freikirchen, die im Namen noch die Nähe zur lutherischen Konfession tragen, v. a. die „Selbständige Evangelisch-Lutherische Kirche" (SELK) oder die „Evangelisch-altreformierte Kirche in Niedersachsen". Verbünde freikirchlicher Gemeinschaften gibt es in der Evangelischen Allianz oder der Vereinigung Evangelischer Freikirchen (VEF). Während es über viele Generationen hinweg zu einer starken gegenseitigen Abgrenzung zwischen Lutheranern, Reformierten und Freikirchen kam, ist das Verhältnis

Freikirchen

---

[57] Zum Weiterlesen: *Erich Geldbach*, Freikirchen – Erbe, Gestalt und Wirkung (Bensheimer Hefte 70), Göttingen ²2005.
[58] *Tobias Faix* und *Tobias Künkler*, Generation Lobpreis und die Zukunft der Kirche: Das Buch zur empirica Jugendstudie 2018, Neukirchen-Vluyn 2018.

in der jüngeren Zeit eher von einem wechselseitigen Interesse und regionaler Zusammenarbeit geprägt. Das gemeinsame Bemühen um die Aufrechterhaltung christlicher Lebensformen hat dazu beträchtlich beigetragen.

3.3 Die orthodoxen Kirchen

Neben der katholischen und der protestantischen Konfession ist die dritte für den Religionsunterricht in Deutschland relevante Konfession die *Orthodoxie*, v. a. der russisch-, griechisch- und serbisch-orthodoxen Kirchen, die durch die Zuwanderung aus Osteuropa an Bedeutung gewonnen hat. Orthodoxe Kirchen zeichnen sich, das hat der historische Überblick bereits gezeigt, durch eine besondere Konzentration auf den sakramentalen Gottesdienst aus. Die im Begriff der Orthodoxie enthaltene Verknüpfung von rechter Lehre (*ὀρθός/orthos*) und glauben bzw. preisen (δοκέω/*dokeo*) ist bereits Indiz für die hohe Bedeutung der liturgischen bzw. eucharistischen Feier, hinter der die lehrmäßige theologische Ausformung zurücktritt. Die Gemeinde kommt in großen, oftmals hohen, mit sehr viel Gold ausgeschmückten Räumen meist ohne Bänke zusammen, die von wertvollen Ikonen dominiert sind. Ikonen sind nicht einfach nur Bilder von Christus, Maria und anderen Heiligen, sondern Ikonen sind gemalte Offenbarungen, durch die sich Göttliches zeigt – deshalb werden sie nicht nur angeschaut, sondern verehrt und geküsst. Die Gottesdienste dauern mehrere Stunden, sind von gesungenen Hymnen und Gebeten geprägt und haben das Ziel der direkten, körperlich vermittelten Erfahrung des Heiligen. Die Auffassung des Priesteramtes ist eher dem katholischen Amtsverständnis vergleichbar als dem evangelischen, aber auch in der Orthodoxie gibt es keine ontologische Differenz zwischen Priestern und Gemeinde, weil alle Gläubigen gleichermaßen auf dem Weg der Heiligung sind. Dennoch gibt es eine klar definierte geistliche Leitung, die trotz des synodalen Prinzips eine besonders herausgehobene Stellung innehat. Die in Deutschland ansässigen orthodoxen Kirchen haben den Status einer Körperschaft öffentlichen Rechts und sind in dieser Hinsicht der römisch-katholischen und den evangelischen Kirchen, einzelnen jüdischen Gemeinden, den Altkatholiken, Mennoniten und Baptisten gleichgestellt, weshalb sie auch das Recht zur Erteilung von Religionsunterricht an öffentlichen Schulen haben.

Gemeinsame Merkmale orthodoxer Kirchen

4 Anknüpfungspunkte im Blick auf andere Weltreligionen: Judentum und Islam

Unter den großen sog. Weltreligionen sind vor allem Judentum und Islam zu behandeln, weil sie historisch eng mit dem Christentum verbunden sind und weil sie für den schulischen Religionsunterricht in Deutschland von besonderer Bedeutung sind. Auch im *Judentum* gibt es zahlreiche höchst unterschiedliche Strömungen, die von ultraorthodoxen über modern-orthodoxe, sog. konservativen bis hin zu den liberalen Gemeinden, reichen.[59] Der Gemeinschaft des Judentums, das sich als von Gott berufenes Volk Israel versteht, ist man von Geburt an zugehörig (idealerweise sollte v. a. die Mutter Jüdin sein), es ist also keine Mitglieds- oder Bekenntnisgemeinschaft, auch wenn die religiöse Praxis in sehr unterschiedlicher Intensität gelebt werden kann. Seit der Zerstörung des zweiten Jerusalemer Tempels 70 n. Chr. wurden die häuslichen Andachten und das gemeinsame Beten in der Synagoge zunehmend wichtig. Die Synagoge ist bis heute ein oft hoch gebauter und großzügiger Hauptraum, der auf den siebenarmigen Leuchter (*Menora*) und den Toraschrein ausgerichtet ist. In orthodoxen Gemeinden darf dieser Hauptraum nur von den Männern betreten werden, während die Frauen auf der Empore oder in Nebenräumen beten. In gemäßigt konservativen Gemeinden und v. a. in den Reformgemeinden beten Männer und Frauen gemeinsam. Die Gemeinde wird von einem Rabbiner oder einer Rabbinerin geleitet, die für den Gottesdienst und für die Einhaltung der Rechtsordnung innerhalb der Gemeinde zuständig ist. Der Gottesdienst besteht v. a. aus der Toralesung und dem Rezitieren von Segenssprüchen. Über den Gottesdienst hinaus findet in der Synagoge auch das Lernen der Tora statt und sie kann – vor allem in den Diasporagemeinden – zum zentralen Fest- und Versammlungsort werden. Das theologische Zentrum des Judentums liegt im Glauben an den einen Gott, der das Volk Israel erwählt und ihm sein Gesetz, die Tora, gegeben hat. Diese wird von den Rabbinern ausgelegt in der normativen Rechtssammlung der Halacha und der eher erzählenden Tradition der Aggada. Die Tora lernen und ihr gemäß leben, das ist für gläubige Jüdinnen und Juden Lebensinhalt und Lebensaufgabe, so dass die Synagoge häufig zu einem dauerhaft prominenten Ort der individuellen Lebensführung wird. Eine

---

[59] Vgl. *Gilbert S. Rosenthal* und *Walter Homolka*, Das Judentum hat viele Gesichter: Eine Einführung in die religiösen Strömungen der Gegenwart, Berlin 2014.

den verschiedenen Gemeinden einheitlich übergeordnete institutionalisierte Form des Judentums gibt es nicht; die Einheit wird nur durch den gemeinsamen Bezug auf die Tora hergestellt.

Islam Wie im Judentum gibt es auch im *Islam* eine Vielzahl unterschiedlicher Strömungen und Gemeindeformen ohne eine übergeordnete, institutionalisierte Gesamtleitung.[60] Anders als das Judentum bzw. das jüdische Volk Israel versteht sich der Islam als schöpfungsmäßig gegebene Gemeinschaft, auch wenn er sich historisch ebenso wie *Umma und* das Christentum im Gegenüber zum Judentum entwickelt hat. Die *djamāʿa* zwei Leitbegriffe für „Gemeinschaft" sind im Islam „umma" (ein Volk, eine große Gruppe, z. B. eine Religionsgemeinschaft, die u. a. rechtlich geregelt ist) und „djamāʿa" (die rechtlich nicht geregelte Gemeinschaft im Sinne der variablen Zusammenkunft von Menschen). Eine institutionalisierte Form gibt es nicht, auch wenn die Gemeinde von einem Imam geleitet wird, sondern die Gemeinschaft definiert sich über ihre Lebenshaltung und Lebensführung, die am regelmäßigen Gebet ausgerichtet ist. Gebetet wird nicht in einem fest definierten Gebäude, sondern gebetet wird, wer und wo auch immer man gerade ist, egal welcher Hautfarbe, welcher Herkunft oder welchen Status, fünf Mal am Tag, nach einer rituellen Waschung, in arabischer Sprache und gen Mekka, dem Heiligtum der Musliminnen und Muslime, geneigt. Zum Freitagsgebet kommen Musliminnen und Muslime in der Moschee zusammen, die meist aus einer hohen, großzügig angelegten Halle besteht, die mit Teppichen ausgelegt ist, eine Predigtkanzel und eine Gebetsnische hat, die wiederum in Richtung Mekka zeigt. Die Wände sind häufig mit feinster Ornamentik geschmückt, v. a. mit Blumen- und abstrakten Mustern. Ein besonderes Heiligtum ist die Kaaba; sie ist Ziel der Pilgerfahrt nach Mekka, die eine der fünf religiösen Pflichten für Musliminnen und Muslime darstellt und zugleich ein weiterer Beleg für den hohen Wert der individuellen Lebensführung der Gläubigen ist.

5   Lesehinweise

Christian Albrecht (Hg.), Kirche (Themen der Theologie), Stuttgart 2011.
Ludwig Bertsch u. a. (Hg.), Gemeinsame Synode der Bistümer in der Bundesrepublik Deutschland. Offizielle Gesamtausgabe, 2 Bde., Freiburg i. Br./Basel/Wien 1976–1977.

---

[60] Vgl. *Susanne Heine, Ömer Özsoy, Christoph Schwöbel* und *Abdullah Takim (Hg.)*, Christen und Muslime im Gespräch. Eine Verständigung über Kernthemen der Theologie, Gütersloh ²2016.

CIBEDO e.V. (Hg.), Die offiziellen Dokumente der katholischen Kirche zum Dialog mit dem Islam, zusammengestellt von Timo Gützelmansur, mit einer Einleitung von Christian W. Troll, Regensburg 2009.

Heinrich Denzinger und *Peter Hünermann*, Enchiridion symbolorum definitionum et declarationum de rebus fidei et morum (= Kompendium der Glaubensbekenntnisse und kirchlichen Lehrentscheidungen), erweitert und ins Dt. übertragen und unter Mitarbeit von *Helmut Hoping*, hg. von *Peter Hünermann*, Freiburg i. Br./Basel/Wien 2014.

Die Bekenntnisschriften der *Evangelisch-Lutherischen Kirche*, Vollständige Neuedition Göttingen 2014.

Die Bekenntnisschriften der *Evangelisch-Lutherischen Kirche*, Quellen und Materialien, Bd. 1: Von den altkirchlichen Symbolen bis zu den Katechismen Martin Luthers, Göttingen 2014.

Eberhard Hauschildt und *Uta Pohl-Patalong*, Kirche (Lehrbuch Praktische Theologie 4), Gütersloh 2014.

Eberhard Hauschildt und *Uta Pohl-Patalong*, Kirche verstehen, Gütersloh 2016.

Walter Kardinal Kasper, Wege der Einheit. Perspektiven für die Ökumene [That They May All be One. The Call to Unity, New York/London 2004], dt. Ausg. Freiburg i. Br. 2005.

Navid Kermani, Ungläubiges Staunen. Über das Christentum, München 2015.

Rainer Lachmann, Martin Rothgangel und *Bernd Schröder (Hg.)*, Christentum und Religionen elementar. Lebensweltlich – theologisch – didaktisch (Theologie für Lehrerinnen und Lehrer 5), Göttingen 2010.

Jörg Lauster, Die Verzauberung der Welt. Eine Kulturgeschichte des Christentums, München (2014) 2020.

Lutherisches Kirchenamt der VELKD (Hg.), Die gemeinsame Erklärung zur Rechtfertigungslehre. Alle offiziellen Dokumente von Lutherischem Weltbund und Vatikan, Hannover 1999.

Lutherischer Weltbund und der Päpstliche Rat zur Förderung der Einheit der Christen (Hg.), Gemeinsame Erklärung zur Rechtfertigungslehre. Gemeinsame offizielle Feststellung. Anhang, Lembeck 1999.

Harry Noormann, Ulrich Becker und *Bernd Trocholepczy (Hg.)*, Ökumenisches Arbeitsbuch Religionspädagogik, Stuttgart [3]2007.

Joseph Ratzinger, Kirche – Zeichen unter den Völkern. Schriften zur Ekklesiologie und Ökumene, GW 8/1, Freiburg/Basel/Wien 2010.

Matthias Remenyi und *Saskia Wendel (Hg.)*, Die Kirche als Leib Christi. Geltung und Grenze einer umstrittenen Metapher (QD 288), Freiburg/Basel/Wien 2017.

Werner H. Ritter, Kirche, in: *Rainer Lachmann, Gottfried Adam und Werner H. Ritter (Hg.)*, Theologische Schlüsselbegriffe. Biblisch – systematisch – didaktisch (Theologie für Lehrerinnen und Lehrer 1), Göttingen [3]2010, 187–201.

Dorothea Sattler (Hg.), Kirche(n) (Grundwissen Theologie), Paderborn 2013.

Nach der Gemeinschaft der Christinnen und Christen fragen

Religionsdidaktischer Kommentar

Jan Woppowa und Bernd Schröder

1 Lernchancen

Der letzten *Shell-Jugendstudie*[1] zufolge bekennen sich nur noch 60 % der Jugendlichen in Deutschland zu einer der beiden großen Kirchen (2002: ca. 67 %), der Anteil der konfessionslosen Jugendlichen liegt bei 22 % (West: 14 %, Ost: 67 %). Für katholische und evangelische Jugendliche verliert der auch kirchlich tradierte Glaube an (einen personalen) Gott im Laufe der Jahre immer mehr an Bedeutung (er spielt für 50 % der evangelischen und 40 % der katholischen Jugendlichen keine Rolle). Darüber hinaus wird Kirche in ihrer Zukunftsfähigkeit und mangelnden Reformwilligkeit schon seit langem kritisch in den Blick genommen. Zunehmend bekunden Jugendliche allerdings einen persönlichen Vertrauensverlust in die Institution Kirche, die keine Antworten auf ihre Lebensfragen zu geben vermag (jeweils 59 % der Jugendlichen beider Konfessionen). Schon dieser hier nur knapp angedeutete Befund macht deutlich, dass das Erleben von Kirche als Glaubensgemeinschaft und eine konfessionelle Zugehörigkeit zwar für bestimmte christliche Jugendliche nach wie vor bedeutsam ist, für eine wachsende Zahl Jugendlicher allerdings kaum noch eine Rolle spielt. Immerhin bejahen insgesamt 69 % der christlichen und auch 45 % der konfessionslosen Jugendlichen die Institution Kirche in ihrer gesellschaftlichen (Stimme in öffentlichen Debatten, moralische Autorität) und sozial-caritativen Funktion. Damit dürften die im vorliegenden Inhaltsfeld aufgezeigten vier markanten Dimensionen von Kirche aus der Sicht von Jugendlichen ambivalent erscheinen: Kirche wird einerseits anhand ihrer Gebäude, religiösen Praktiken

Wachsende Kirchendistanz wahr- und ernstnehmen

---

[1] Vgl. *Mathias Albert, Klaus Hurrelmann* und *Gudrun Quenzel*, Jugend 2019. Eine Generation meldet sich zu Wort. 18. Shell Jugendstudie, Weinheim-Basel 2019, 151–157.

und ihres gesellschaftlichen Engagements zwar wahrgenommen (vgl. die zweite und vierte Dimension), aber zunehmend weniger als religiöse Gemeinschaft oder als für die eigene Sinnsuche hilfreiche Ideengeberin (vgl. die erste und dritte Dimension) gesehen und geschätzt. Ekklesiologiedidaktische Lernprozesse im Religionsunterricht gleichen damit immer mehr Fremdbegegnungen mit einem Phänomen bzw. einer Institution ohne Anschlussmöglichkeiten an jugendliche Lebenswelten (auch seitens der formal zugehörigen, d. h. getauften Jugendlichen). Gleichwohl kann in dieser Entfremdung auch eine Lernchance des Religionsunterrichts liegen, wenn er selbst in mutiger Offenheit danach fragt, „was ‚Kirche' ist oder sein könnte" und eine Vorstellung davon vermittelt, dass genau das „im Lauf der Geschichte mühsam errungen" (→ *Richter* und *Roebben*, Kap. 1) worden ist und immer noch wird. Das vorurteilsfreie Verstehen(wollen) von Kirche sowohl in ihrer konfessionellen Vielfalt als auch in ihrer Kontextualität wird somit Teil einer ökumenischen Suchbewegung (vgl. dazu die unten vorgestellte Lernform des ökumenischen Lernens), die gerade auch für den konfessionell-kooperativen Religionsunterricht tauglich erscheint.[2]

Fragen, was Kirche ist oder sein könnte

Was „Kirche" heute ist, ist das Ergebnis mitunter traditionsreicher unterschiedlicher Lesarten sowohl der vier oben benannten Dimensionen als auch der drei darin enthaltenen Motive, die insgesamt „immer wieder in unterschiedlichen Akzentuierungen ausgelegt worden sind und teilweise „zu heftigen Konflikten geführt haben" (→ *Richter* und *Roebben*, Kap. 2.2). Ein Kennenlernen und Verstehen der Motive früher Kirchenbildung sowie der Vielfalt christlicher Bekenntnisse zwischen Ost und West in den ersten vier Jahrhunderten und darüber hinaus kann deutlich machen, dass von „Kirche" nur mit historischer Tiefenschärfe zu sprechen ist und dass dogmatische Aussagen und theologische Kirchenbilder immer in ihrem Entstehungs- und Verwendungskontext einzuordnen sind. Daraus folgt auch, dass „Kirche" didaktisch gesehen als multiperspektivischer Lerngegenstand (→ elementare Lernform Nr. 15) zu erschließen ist, wofür die vorliegende fachwissenschaftliche Darstellung vielfältige Grundlagen bereithält.

Für historische Tiefenschärfe sorgen

Besondere Chancen eines phänomenologischen Zugangs zum Lerngegenstand „Kirche begreifen" liegen in der Bearbeitung der ersten beiden Schlüsselbegriffe „Gemeinschaft" und „Gebäude", aber auch des vierten Schlüsselbegriffs der „symbolischen Ord-

---

[2] Vgl. zu einer sog. „Ökumene des dritten Weges" den Vorschlag von Ulrike Link-Wieczorek, Ökumene und Religionsunterricht. Plädoyer für eine Ökumene des dritten Weges, in: Katechetische Blätter 137 (2012), 52–59.

nung": Man kann gemeinsam der Frage nachgehen, wie Jugendliche die Vielfalt der Christinnen und Christen wahrnehmen und was sie für das alle christliche Denominationen verbindende Moment halten. Kirchengebäude können entdeckt, analysiert und hinsichtlich konfessionsspezifischer Merkmale verglichen werden (vgl. dazu die unten vorgestellte Lernform des kirchenraumbezogenen Lernens). Phänomene einer „symbolischen Ordnung" dürften auch für kirchlich distanzierte Jugendliche sichtbar sein, und zwar im gesellschaftlichen Engagement der Kirchen, in ihren öffentlichen religiösrituellen Praktiken, nicht zuletzt *ex negativo* – denn auch das muss im schulischen Religionsunterricht als Ort kritischer Bildung eine Rolle spielen – in den zahlreichen Vorfällen sexueller Gewalt, insbesondere innerhalb der römisch-katholischen Kirche in einem mittlerweile schier unerträglichen Ausmaß.[3]

<small>Vielfalt des Christentums thematisieren</small>

Elementare Lernchancen

Exemplarische Strukturen bzw. Lerngegenstände	Lebensweltliche Zugänge bzw. Erfahrungen
Schwerpunkt: Systematische Darlegung – 1. Schlüsselbegriff „Gemeinschaft": Vielfalt der Christenheit sowie Einheit in verbindlich-verbindenden Überzeugungen – 2. Schlüsselbegriff „Gebäude": verbindende architektonische Merkmale, konfessionsspezifische Ausstattungselemente – 3. Schlüsselbegriff „Institution": Ursprung in der jüdischen Synagogengemeinde, konfessionsspezifische Lesarten von „Kirche" – Motive der Kirchenbildung: Nachfolge und Jüngerschaft, Orientierung am Volk Israel, Reich Gottes-Predigt Jesu – 4. Schlüsselbegriff „symbolische Ordnung": Sichtbarkeit in Bekenntnis, religiöser Praxis und kirchlichen Lebensformen	– Wahrnehmung des Christentums in seiner Vielfalt in der gegenwärtigen Gesellschaft (Kultur, Politik, Öffentlichkeit etc.) – eigene Vorstellungen von christlichen Kernüberzeugungen (Schöpfung, Jesus Christus, Nächstenliebe, Auferstehung und ewiges Leben etc.) – Kenntnis von bestimmten Kirchengebäuden und Kirchenräumen, kirchenraumdidaktische Lernwege – Erfahrungen mit pastoraler, liturgischer sowie sozialcaritativer Praxis aus eigener gemeindlicher Anbindung und Sozialisation – authentische Vertreter/innen aus christlichen Gemeinden

---

[3] Dass eine solche Thematisierung aus Sicht der Lehrkräfte in einem komplexen Spannungsfeld zwischen Unterricht, kirchlicher Lehre und persönlichem Glauben geschieht, mach eindrücklich deutlich: *Stephanie Müller*, Religion unterrichten im Zustand der Empörung, abrufbar unter: https://y-nachten.de/2019/07/religion-unterrichten-im-zustand-der-empoerung/ [Zugriff: 18.02.2021].

Exemplarische Strukturen bzw. Lerngegenstände	Lebensweltliche Zugänge bzw. Erfahrungen
Schwerpunkt: Historische Ausdifferenzierung	
– Konstantinische Wende, Verhältnis von Religion bzw. Kirche und Politik mit Wirkungen bis in die Gegenwart hinein: Stellung der Kirche zur nationalen und internationalen Migrationspolitik – Mönchtum inkl. Ordens- und Klosterleben als alternative Entwürfe zu den institutionalisierten Kirchen: Spiritualität, Armenfürsorge, Kultur und Bildung – konfessionsspezifische Fragen der Kirchenverfassung: Hierarchie, päpstliches Lehramt, sichtbare/unsichtbare Kirche – Schritte ökumenischer Verständigung: Zweites Vatikanisches Konzil (1962–1965), Gemeinsame Erklärung zur Rechtfertigungslehre (1999) u. a.	– individuelle Meinungsbildung zur Haltung der Kirchen in politisch-gesellschaftlichen Themenfeldern und Herausforderungen (z. B. Bioethik, Migration, Nachhaltigkeit und Umweltschutz) – Begegnung mit monastischen Lebensformen – Erfahrungen mit alternativen christlichen Gemeinschaften (z. B. Taizé) – Entwurf und Diskussion eigener Kirchenbilder vor dem Hintergrund historischer Entwicklungen und Kontexte – Vorstellungen von Ökumene
Schwerpunkt: „Erinnerung heilen – Jesus Christus bezeugen. Ein gemeinsames Wort zum Jahr 2017"	
– Textauszüge aus dem Dokument (online abrufbar unter: www.dbk.de bzw. www.ekd.de) zur unterrichtlichen Verwendung, z. B. – Entfaltung des Vorhabens und Pflege einer heilenden Erinnerungskultur (S. 7–17) – Schlaglichter der Ökumene in Vergangenheit und Gegenwart (S. 19–30) – Thesen zur Selbstverpflichtung der Kirchen (S. 59–64) – Bezugnahme auf das Christuskreuz (S. 89)	– eigene Erfahrungen mit Erinnerungskultur in Politik, Religion, Kultur und Gesellschaft – individuelle Praktiken des Erinnerns im persönlichen (familiären, befreundeten) Umkreis – Diskussion der Thesen zur Selbstverpflichtung vor dem Hintergrund eigener Erfahrungen mit Kirche und Ökumene
Schwerpunkt: Gegenwärtige Anfragen und Herausforderungen des jeweiligen Kircheseins	
– römisch-katholisch: intrakonfessioneller Strukturwandel, Laienbeteiligung und klerikale Macht, Aufarbeitung der Fälle sexuellen Missbrauchs, synodaler Prozess – protestantisch: Institutionalisierungsformen der lutherischen Konfession, intrakonfessionelle Gruppendynamiken	– individuelle Meinungsbildung zum Strukturwandel der katholischen Kirche, zum synodalen Prozess sowie zum Umgang der Kirche mit Fällen sexueller Gewalt – Zeugnisse von Teilnehmer/innen am synodalen Prozess – Einbezug authentischer Vertreter der Konfessionen und ihrer individuellen Vorstellung vom Kirchsein

2 Orientierung an didaktischen Leitlinien konfessioneller Kooperation

Die konfessionssensible Erschließung des vorliegenden Inhaltsbereichs stellt eine Bereicherung für religiöse Lernprozesse dar. Denn die Komplexität dessen, was Kirche ist, wie Kirche entstanden ist und wie sich die konfessionellen Kirchen heute verstehen, kann erst dann in Erscheinung treten, wenn der Lerngegenstand differenzsensibel, d.h. aus verschiedenen konfessionsspezifischen Perspektiven erschlossen wird. Nur so finden bspw. die Auslegungsvielfalt der biblischen Leittexte oder die unterschiedlichen inhaltlichen Deutungen des Begriffs „Kirche" überhaupt erst Eingang in den Unterricht. Besonders am Inhaltsfeld „Kirche" kristallisiert sich schließlich heraus, ob ein Religionsunterricht in konfessionell heterogenen Lerngruppen auch entsprechend didaktisch gerahmt ist und den Herausforderungen konstruktiv zu begegnen vermag. Denn es geht insbesondere im Blick auf die Lerngegenstände aus einem notwendig konfessionell geprägten Inhaltsfeld wie diesem darum, anhand der sichtbaren Ausprägungen von Kirche sowie anhand unterschiedlicher Kirchenbilder und Kirchenbegriffe eine konfessionelle Differenzsensibilität aufzubauen (Leitlinie 3). Das geschieht bspw. durch den Erwerb eines relevanten konfessionskundlichen Wissens, durch historische und systematische Herleitungen, durch den Einblick in Geschichte und Gegenwart sog. Konfessionskulturen, durch das exemplarische Kennenlernen personaler Ausprägungen von Konfessionalität und Kirchenzugehörigkeit, nicht zuletzt im Dialog mit ‚authentischen' Sprecherinnen und Sprechern (Leitlinie 4) oder durch Brücken zur gelebten Religion in den Kirchengemeinden vor Ort (Leitlinie 8). Aus einem multiperspektivischen und differenzsensiblen Zugriff auf den Lerngegenstand „Kirche begreifen" resultiert notwendig ein perspektivenverschränkender Unterricht (Leitlinie 5), der auch konfessionelle Binnendifferenzierung (Leitlinie 6) erproben kann, bspw. indem konfessionshomogene Kleingruppen je konfessionsspezifische Kirchenmodelle erarbeiten und anschließend in einen kontroversen Diskurs bringen. Zu berücksichtigen bleibt schließlich angesichts dieses auch ökumenisch-theologisch wohl am stärksten in Erscheinung tretenden Inhaltsfeldes: Bei aller konfessionsspezifischen und differenzsensiblen Erschließung sollte das ökumenische Anliegen einer Suche nach dem elementar Christlichen (Leitlinie 9) – wie bspw. im Blick auf die oben benannten Einheitsmarker Schöpfung,

Leitlinien 3–6, 8 und 9

Jesus Christus, Nächstenliebe etc. – im Fokus des Interesses und unterrichtlicher Zielbestimmungen stehen.

3 Elementare Lernform Nr. 11: Kirchenraumbezogenes Lernen

Dem in der fachwissenschaftlichen Erschließung dieses Inhaltsfelds dargestellten zweiten Schlüsselbegriff „Gebäude" bzw. der zweiten Dimension des systematischen Zugangs korrespondiert auf didaktischer Seite das kirchenraumbezogene Lernen. Darüber hinaus ergibt sich diese Lernform auch aus den oben zitierten didaktischen Leitlinien konfessioneller Kooperation, die auf die Begegnung mit authentischen Zeuginnen und Zeugen bzw. auf den Brückenschlag hin zu gelebter Religion abheben. Im größeren Rahmen der Kirchenraumpädagogik (siehe Infokasten) verfolgt das kirchenraumbezogene Lernen die folgenden drei Hauptziele, die auch und besonders für den konfessionell-kooperativen Religionsunterricht ihre Relevanz behalten und vor der Verkürzung einer rein konfessions- oder baukundlichen Kirchenführung bewahren können:[4] Schülerinnen und Schüler sollen die konfessionell geprägte Symbol- und Formensprache eines Kirchenraums sowie seine Ausstattungsmerkmale im Bezug zu deren liturgischen Funktionen kennen und verstehen lernen (Stichwort „Alphabetisierung"); sie sollen Kirchenbau und Kirchenraum als einen spirituellen Ort entdecken und dabei auch ihre eigenen religiösen Erfahrungen zum Ausdruck bringen (Stichwort „Er-Innerung"); sie sollen schließlich Kirche als Lebens- und Glaubensort einer konkreten Gemeinde und ihrer (konfessionell geprägten) liturgischen Vollzüge oder kulturellen und sozialen Praktiken wahrnehmen (Stichwort „Beheimatung"). Kirchenraumbezogenes Lernen eröffnet daher vielfältige Möglichkeiten, ein oftmals kognitiv verengtes unterrichtliches Lernen zu erweitern um andere Lernformen und Lerndimensionen (→ Lernformen des spirituellen, ästhetischen, performativen und biographischen Lernens). Dabei treten solche Prinzipien in den Vordergrund wie Verlangsamung, Individualisierung, Berücksichtigung

Kirchraumpädagogik

Alphabetisierung

Er-Innerung

Beheimatung

---

[4] Vgl. dazu *Hartmut Rupp*, Handbuch der Kirchenpädagogik. Bd. 1. Kirchenräume wahrnehmen, deuten und erschließen, Stuttgart ³2016, 18 (vgl. auch *Ders.*, Bauwerke wahrnehmen – Zielgruppen beachten – Methoden anwenden (Handbuch der Kirchenpädagogik 2), Stuttgart 2017).

von Leiblichkeit sowie Multidimensionalität des Kirchenraums.⁵
Dem Ansatz des *Contextual Model of Learning* (CMoL)⁶ gemäß
könnte eine dem Anliegen konfessioneller Kooperation folgende
Kirchenraumerschließung in drei Stufen vorbereitet und gestaltet
werden:

Contextual Model of Learning

a) *Sozio-kultureller Kontext*: Zum einen sind die Lernvoraussetzungen der Lerngruppe zu analysieren, insbesondere im Blick auf ihre religiös-weltanschauliche resp. konfessionelle Heterogenität. Gibt es individuelle Vorerfahrungen durch die religiöse Sozialisation in Kirchengemeinden, so dass persönliche konfessionelle Bindungen mit einbezogen werden können oder müssen? Welchen Einfluss hat diese Heterogenität auf Gruppendynamik und Lerngruppenatmosphäre? Zum anderen ist der spezifische Platz des zu besuchenden Lernorts im kulturellen Gedächtnis der Gesellschaft zu eruieren. Haben die zu besuchenden, bestenfalls konfessionsverschiedenen Kirchenräume eine spezifische Bedeutung innerhalb der Gesellschaft (als zentrale Stadtkirche, als Wallfahrtskirche, als Bischofssitz etc.), oder werden bestimmte soziale oder kulturelle Zuschreibungen (als Ort der City-Pastoral, als Jugendkirche, als Kunstobjekt, als Zentrum ökumenischer Begegnungen etc.) vorgenommen?

Sozio-kultureller Kontext

b) *Personaler Kontext*: Wie wird die Lerngruppe zu einer kirchenpädagogischen Exkursion motiviert? Resultiert aus dem Unterricht eine spezifische Anforderungssituation, die in die Erkundung einer Kirche bzw. eines sakralen Raums mündet (bspw. in der Frage nach konfessionsspezifischen Phänomenen in Bau und Raumausstattung oder in der Suche nach spirituellen Ausdrucksformen in Architektur und Raumgestaltung)? Braucht es dafür ein bestimmtes (konfessionsspezifisches) Vorwissen bei den Lernenden, das im Vorfeld aktiviert werden kann, um auch individuelle spirituelle Lernprozesse zu initiieren? Hier ist mit ganz unterschiedlichen Voraussetzungen und elementaren Erfahrungen seitens der Lernenden zu rechnen, von konkreten Erlebnissen (bspw. aus der Firmkatechese oder Konfirmandengruppe) über Neugier bis hin zu Ablehnung gegenüber der Institution Kirche und all ihren Erscheinungsformen insgesamt. Wie hoch ist der Grad der Selbstbestimmung im geplanten Lern-

Personaler Kontext

---

⁵ Vgl. *Ulrich Riegel* und *Dominik Helbling*, Religiöses Lernen an außerschulischen Lernorten, in: *Ulrich Kropač* und *Ulrich Riegel (Hg.)*, Handbuch Religionsdidaktik, Stuttgart 2021, 332–338, hier 334.

⁶ Vgl. zu diesem Forschungs- und Planungsansatz außerschulischen Lernens *Riegel* und *Helbling*, Religiöses Lernen (s. o. Anm. 5), 335–337.

prozess? Spielt das eigene im weitesten Sinne spirituelle Erleben und Wahrnehmen eine Rolle bei der Kirchenraumerkundung?

Physischer Kontext c) *Physischer Kontext*: Schließlich sind alle räumlichen Gegebenheiten des Lernorts im Vorfeld zu klären und in den Blick zu nehmen. Das beginnt bei der architektonischen Anlage (Kirchhof, Eingangsportal, Vorraum, Längs- oder Zentralbau, konfessionsspezifische Ausstattungselemente etc.), die in die Gestaltung einzelner Lernschritte mit einzubeziehen ist. Es reicht über rahmende Bedingungen (wie erläuternde Orientierungshilfen, Gemeindebriefe, Kontaktpersonen vor Ort, Verhaltensregeln etc.) bis hin zur Erschließung einer Kirche als „Möglichkeitsraum"[7]: Kirchen sind sowohl Orte einer den Glauben feiernden (konfessionell gebundenen) Gemeinde als auch Orte der sozialen Begegnung und der Kultur, sie bündeln religiöse, soziale, städtebauliche, kulturelle, historische u. a. Perspektiven. Das heißt jenseits konfessionssensibler und auch berechtigter konfessionskundlicher Zugänge sind Kirchen(räume) darüber hinaus auch im konfessionell-kooperativen Religionsunterricht unbedingt in ihrer Mehrdimensionalität zu erschließen, um sie als Orte einer vielschichtigen physischen Präsenz und konkret gelebter Religion verstehen zu können.

Neben dieser dreifachen Kontextualisierung ist es notwendig für den Lernerfolg, dass kirchenpädagogische Exkursionen in den inhaltlichen Gang des Unterrichts eingebunden, d. h. didaktisch gerahmt werden durch Vor- und Nachbereitung bzw. gezielte Anforderungssituationen mit anschließender Auswertung und Reflexion.[8]

> Die Kirchen(raum)pädagogik ist eine seit einigen Jahrzehnten bestehende spezifisch religionspädagogische Lernortpädagogik und verfolgt das Ziel, Kirchengebäude und Kirchenräume in elementarer Weise zu erschließen und damit pastorales und schulisches Lernen zu ergänzen: in ihrer je spezifischen Symbol- und Formensprache, als Ort individueller spiritueller Möglichkeiten der lernenden Subjekte, als Glaubens- und Lebensraum einer konkreten Gemeinde.

---

[7] Ebd. 336.

[8] Vgl. dazu weiterführend: *Ulrich Riegel* und *Katharina Kindermann*, Field Trips to the Church. Theoretical framework, empirical findings, didactic perspectives, Münster 2017; *Jan Woppowa*, Inter- und intrareligiöses Lernen. Eine fundamentaldidaktische und lernortbezogene Weiterentwicklung des Lernens an Zeugnissen der Religionen, in: *Claudia Gärtner* und *Natascha Bettin (Hg.)*, Interreligiöses Lernen an außerschulischen Lernorten. Empirische Erkundungen zu didaktisch inszenierten Begegnungen mit dem Judentum (Empirische Theologie/Empirical Theology 28), Münster 2016, 27–44.

Zur Orientierung: www.bvkirchenpaedagogik.de (Homepage des Bundesverbands Kirchenpädagogik e.V.); *Katja Boehme*, Art. Kirchenraumpädagogik/ Kirchenpädagogik, in: Das Wissenschaftlich-Religionspädagogische Lexikon 2020, abrufbar unter: https://doi.org/10.23768/wirelex.Kirchenraumpdag ogikKirchenpdagogik.200823; *Thomas Klie*, Pädagogik des Kirchenraums/ heiliger Räume, in: Das Wissenschaftlich-Religionspädagogische Lexikon 2017, abrufbar unter: https://doi.org/10.23768/wirelex.Pdagogik_des_ Kirchenraumsheiliger_Rume.200253; *Hartmut Rupp*, Handbuch der Kirchenpädagogik, Bd. 1: Kirchenräume wahrnehmen, deuten und erschließen, Stuttgart ³2016, Bd. 2: Bauwerke wahrnehmen – Zielgruppen beachten – Methoden anwenden, Stuttgart 2017.

4 Elementare Lernform Nr. 12: Ökumenisches Lernen

Der Semantik des Begriffs Ökumene (griech. *oikumene*, die bewohnte Erde) folgend hat das ökumenische Lernen die Gesamtheit der Christenheit bzw. darüber hinaus – in Überschneidung zum globalen Lernen – die gesamte Menschheit bzw. belebte Erde im Blick. Legt man vor dem Hintergrund des vorliegenden Inhaltsfelds „Kirche" zunächst die sog. „Kleine Ökumene" der christlichen Konfessionen zu Grunde, dann erinnert die Lernform des ökumenischen Lernens kritisch-konstruktiv daran, das Lernen in konfessioneller Differenzsensibilität und Perspektivenverschränkung zugleich auch nach der globalen Zielperspektive christlicher Einheit in Vielfalt auszurichten. Denn die in allen Inhaltsfeldern exemplarisch benannten Lernchancen konfessioneller Kooperation sollen letztendlich einerseits der tiefergehenden Erschließung des elementar Christlichen dienen und andererseits deutlich machen, dass sich die *eine* Christenheit in einer *Vielfalt* sich komplementär zueinander verhaltender konfessioneller Ausprägungen zeigt. Insbesondere verhindert eine kontinuierliche Orientierung an dieser Lernform konfessionskundliche Verkürzungen und konfessionalistische Tendenzen im Umgang mit konfessioneller Heterogenität und Differenz.[9] Vielmehr kann im konstruktiven Umgang mit inter-

Einheit in Vielfalt

---

[9] Vgl. dazu *Jan Woppowa*, Zum prekären Umgang mit Konfessionalität und Heterogenität: Plädoyer für eine ökumenisch inspirierte Lesart des konfessionell-kooperativen Religionsunterrichts, in: *Mirjam Schambeck, Henrik Simojoki* und *Athanasios Stogiannidis (Hg.)*, Auf dem Weg zu einer ökumenischen Religionsdidaktik. Grundlegungen im europäischen Kontext, Freiburg i. Br. 2019, 219–234.

wie intrakonfessionellen Pluralität und Differenz das „Vorgehen und die Haltung in der interkonfessionellen ‚Kleinen Ökumene' [...] zum Lernfeld für das Vorgehen und die Haltung im Bereich der interreligiösen ‚Großen Ökumene' und die ‚Ökumene der dritten Art' mit Konfessionslosen werden."[10]

Im (konfessionell-kooperativen) Religionsunterricht fokussiert ökumenisches Lernen daher „das Verbindende, ohne bestehende Differenzen zu negieren oder auflösen zu wollen"[11]. Es greift dazu ebenso auf dialogische Lernformate zurück wie auf die Prinzipien der Perspektivenverschränkung und des Perspektivenwechsels und schärft auf der Inhaltsebene „den Blick für die Gemeinsamkeiten im Leben in Kirche und Welt, auch den Blick auf gemeinsame Herausforderungen, Aufgaben und Zielsetzungen in Bezug auf ihre Gestaltung"[12]. Ökumenisches Lernen wird damit zum Ausweis eines konfessionsübergreifenden Religionsunterrichts, der sich im Sinne einer „Ökumene des dritten Weges"[13] als gemeinsame, interkonfessionelle Suchbewegung nach dem elementar Christlichen und nach der Relevanz der christlichen Botschaft in der und für die Welt begreift. Das impliziert schließlich auch, dass im Dialog über den Binnenbereich des Christentums hinaus, das heißt in interreligiösen bzw. interweltanschaulichen Kontexten „das ökumenisch bezeugte gemeinsame Christliche höhere Relevanz als konfessionelle Differenzierungen"[14] hat. Ökumenisches Lernen wird daher auch zur treibenden Kraft für den Erwerb einer religiösen Sprachfähigkeit in religiös-weltanschaulicher Pluralität, weil es das Elementare suchen und zur Sprache bringen möchte. In didaktisch-methodischer Konkretisierung kann sich diese Lernform wie folgt zeigen:

- in einer Weitung des engen Blickfelds einer evangelischen und römisch-katholischen Perspektive auf andere christliche Konfessionen, z. B. in der konsequent multiperspektivischen Aufbereitung von Lerngegenständen, im Besuch einer griechisch-orthodoxen Kirche, bei der Einladung des Mitglieds einer Freikirche, durch den Blick auf die Konfessionskultur anderer Länder oder Weltregionen u. a.

---

[10] *Sabine Pemsel-Maier*, Ökumenisches Lernen, in: *Ulrich Kropač* und *Ulrich Riegel (Hg.)*, Handbuch Religionsdidaktik, Stuttgart 2021, 273–279, hier 275.
[11] Ebd. 277.
[12] Ebd.
[13] Vgl. *Link-Wieczorek*, Ökumene und Religionsunterricht (s. o. Anm. 2).
[14] *Pemsel-Maier*, Ökumenisches Lernen (s. o. Anm. 10), 279.

- in der historischen Kontextualisierung konfessionsspezifischer Inhalte und der damit einhergehenden Relativierung konfessioneller Differenzen, z. B. in der historisch-kritischen Sicht auf eine vermeintlich ungebrochene apostolische Sukzession als zentralem römisch-katholischen Identitätsmarker (→ Richter und Roebben, Kap. 2.1) oder im kritischen Freilegen der Verquickungen von Konfessionskirchen, Staat und politischer Macht u. a.
- in der selbstkritischen Prüfung von konfessionsdifferent angelegten Lernprozessen im Blick auf ökumenisch relevante Inhalte und Aussagen sowie im kontinuierlichen Wechseln der Perspektive auf das Gemeinsame und auf die Einheit der Christinnen und Christen, z. B. durch die Interpretation konfessioneller Unterschiede als einer bereichernden Vielfalt des Christlichen, in der voneinander gelernt werden kann u. a.
- in der ausdrücklichen Berücksichtigung von Zeugnissen bzw. Zeuginnen und Zeugen der ökumenischen Bewegung, z. B. durch die Erarbeitung des Dokuments zum Reformationsjubiläum „Erinnerung heilen – Jesus Christus bezeugen: Ein gemeinsames Wort zum Jahr 2017" oder in der Einladung eines lokalen Vertreters der Arbeitsgemeinschaft christlicher Kirchen in Deutschland (AcK)[15] u. a.   *Bezugnahme auf Ökumenische Bewegung*
- in der Ausweitung auf interreligiöse und interweltanschauliche Lernprozesse im weltweiten Kontext einer großen Ökumene, z. B. in der Frage, welche Herausforderungen und Aufgaben allen Religionen, Konfessionen und Weltanschauungen gemeinsam ist (etwa ihr jeweiliger Beitrag zum Weltfrieden, zum Prinzip der Nachhaltigkeit, zur Migrationsproblematik) u. a.   *Globale Horizonte*

> Die Lernform des ökumenischen Lernens zielt über den Kontext konfessioneller Kooperation hinaus sowohl auf das Lernen im Horizont der Einen Welt als auch im Horizont der Einen Kirche und verfolgt damit die sozialethische und ekklesiologische Ausrichtung von Ökumene (Gerechtigkeitsökumene, Konfessionsökumene). Zugleich gibt es eine hohe Affinität zu anderen Lernformen des interreligiösen bzw. interkulturellen, des sozialethischen, ökologischen und globalen Lernens im gemeinsamen Bewusstsein für die Einheit der Menschheit ebenso wie für die Einheit der getrennten Christenheit.
>
> Zur Orientierung: Kirchenamt der EKD (Hg.), Ökumenisches Lernen. Grundlagen und Impulse, Gütersloh 1985; *Sabine Pemsel-Maier*, Ökumenisches Lernen, in: *Ulrich Kropač* und *Ulrich Riegel (Hg.)*, Handbuch Religionsdidaktik,

---

[15] Vgl. dazu die zentrale Homepage der AcK mit Hinweis auf die bestehenden Regionalgruppen: www.oekumene-ack.de

Stuttgart 2021, 273–279; *Dies.*, Ökumenisches Lernen im Religionsunterricht: Entwicklungen – Herausforderungen – Zukunftsperspektiven, in: *Mirjam Schambeck, Henrik Simojoki* und *Athanasios Stogiannidis (Hg.)*, Auf dem Weg zu einer ökumenischen Religionsdidaktik. Grundlegungen im europäischen Kontext, Freiburg i. Br. 2019, 202–218; *Henrik Simojoki*, Ökumenisches Lernen – Neuerschließung eines Programms im Horizont der Globalisierung, in: Zeitschrift für Pädagogik und Theologie 64 (2012), 212–221.

Nach der Geschichte des Christentums fragen

Das unterschiedliche Verständnis von Tradition

Norbert Köster und Heidrun Dierk

1 Einleitung

Der Anspruch der Reformationen in Wittenberg, Zürich, Genf und anderen Orten war es, das Christentum nicht nur zu reformieren, sondern zu seiner ursprünglichen Form zurückzuführen. Ihnen gemeinsam war die Auffassung, dass das Christentum im Mittelalter eine Entwicklung genommen hatte, die von den Intentionen Jesu weit entfernt war. Für sie war nur eine *re-formatio*, eine Wiederherstellung der ursprünglichen Form des Christentums denkbar. Das Papsttum sah demgegenüber die mittelalterliche Entwicklung der Kirche im Kern als legitim an, auch wenn ein Reformbedarf durchaus gesehen und im Konzil von Trient (1545–1563) Reformen auch in Ansätzen auf den Weg gebracht wurden.

Bis heute ist in der theologischen Reflexion wie im ökumenischen Gespräch die Frage, wie die geschichtliche Entwicklung der Kirche und der sie prägenden Theologie im Mittelalter zu bewerten ist, sehr zentral. Der Begriff „Mittelalter" entstand in Kreisen der italienischen Humanisten im 15. Jahrhundert, als man kulturell wieder an die Antike anknüpfen wollte und konnte (Renaissance). Die Zeit zwischen der Antike und der Gegenwart galt den italienischen Humanisten als eine Zwischenzeit (Mittelalter), die von Verfall geprägt war.[1] Die Reformatoren teilten im Wesentlichen diese Einschätzung. Sie sahen ihre Zeit als Endzeit und wollten das Christentum der Antike wiederherstellen.[2] Kern des Problems war, dass mit dem Untergang des Weströmischen Reiches nach der Völkerwanderung auch dessen Hochkultur sukzessive verschwunden war. Die Fähig-

Mittelalter als Streitfall

---

[1] Vgl. *Urs Neddemeyer*, Art. Mittelalter, in: LThK 7 (³1998), 339–341.
[2] Vgl. *Volker Leppin*, Luthers Blick auf das Mittelalter, in: *Günter Frank* und *Volker Leppin (Hg.)*, Die Reformation und ihr Mittelalter, Stuttgart-Bad Cannstatt 2016 (Melanchthon-Schriften der Stadt Bretten 14), 113–133.

keiten in Wissenschaft, Technik und Kunst und die Kenntnis antiker Philosophie und Literatur gingen im 7. Jahrhundert nahezu völlig verloren. War das Christentum ursprünglich Teil der antiken Hochkultur im Mittelmeerraum, wurde es jetzt von Völkerschaften angenommen, die mit dieser Hochkultur nicht oder nur wenig in Berührung gekommen waren.[3] Diese „germanischen" Völkerschaften behielten im Rahmen der Christianisierung alte religiöse Vorstellungen bei und veränderten das Christentum nach ihren Vorstellungen[4], was wir heute mit dem Begriff Akkommodation[5] bezeichnen. Diese Akkommodation des Christentums im Frühmittelalter wurde für die Reformatoren zu einem wesentlichen Grund, das Christentum durch eine *re-formatio* zu seiner antiken Form zurückzuführen.

Tradition In der heutigen theologischen Reflexion wird die Frage nach der Legitimität dieser und weiterer historischer Entwicklungen in den Kirchen unter dem Stichwort Tradition verhandelt. Zwischen den Kirchen war und ist umstritten, was genau Tradition meint, worauf sie sich bezieht und welchen normativen Stellenwert sie hat.[6] Dabei kann man bei den christlichen Kirchen unterschiedliche Akzentsetzungen sehen:

In der Katholischen Kirche wurde Tradition vor allem als von den Bischöfen bewahrte und weitergegebene Glaubens- und Sittenlehre verstanden, zu der auch die Auslegung der Schrift gehörte. Das Konzil von Trient sah Schrift *und* Tradition als Quellen des Glaubens. Hintergrund dieser Überzeugung war, dass es bereits vor der Entstehung der Schrift eine mündliche und eine liturgische Tradition gab, die für die Entstehung der Schrift nicht unerheblich war. Dennoch ist auch im Verständnis der Katholischen Kirche die Heilige Schrift wesentlicher Maßstab für die Legitimität von Tradition. Für eine Fortschreibung der Tradition in sich verändernden Rahmenbedingungen ist eine doppelte Relativität entscheidend: der Bezug zur Schrift und der Bezug zur Situation der Zeit. Nach dem

---

[3] Vgl. *Arnold Angenendt,* Das Frühmittelalter, Stuttgart 1990, 201–203.
[4] Vgl. ebd. 36–42.
[5] Vgl. *Hans Waldenfels,* Art. Akkommodation II systematisch, in: LThK 1 (³1993), 291–292. Hiervon zu unterscheiden ist der moderne Begriff der Inkulturation. Vgl. *Michael Sievernich,* Von der Akkomodation zur Inkulturation. Missionarische Leitideen der Gesellschaft Jesu, in: Zeitschrift für Missionswissenschaft und Religionswissenschaft 86 (2002), 260–276.
[6] Siehe hierzu grundlegend: *Bernd Oberdorfer (Hg.),* Tradition in den Kirchen. Bindung, Kritik, Erneuerung. Im Auftrag des Deutschen Ökumenischen Studienausschusses (DÖSTA) (Beiheft zur Ökumenischen Rundschau 89), Frankfurt a. M. 2010.

Verständnis des Zweiten Vatikanischen Konzils ist neben dem Lehramt der Bischöfe der Glaubenssinn aller Christinnen und Christen für eine Fortschreibung der Tradition entscheidend.[7]

Den Kirchen der Reformation ist eine Traditionskritik gemeinsam. Sie betrachten die Entwicklung der lateinischen Kirche im Mittelalter in vielen Punkten als eine Fehlentwicklung. Tradition ist für sie „Menschensatzung". Demgegenüber kommt nur den in der Bibel bezeugten Glaubens- und Lebensweisen der Kirche ein normativer Anspruch zu. Insofern Tradition schriftgemäß ist, ist sie legitim. Unterschiedlich ist in den Kirchen der Reformation jedoch die Anknüpfung an die altkirchliche Tradition wie z. B. an die Dogmen der Alten Kirche. Während und nach der Reformation haben die protestantischen Kirchen jeweils selbst Traditionen entwickelt, die auf Bekenntnisschriften und Kirchenordnungen beruhen. Sie haben den Anspruch, das ursprüngliche Leben der Kirche abzubilden. In den reformierten Kirchen wird Tradition vor allem als Bewahren des Bekenntnisses verstanden, das sich auf lokaler Ebene konkretisiert.[8]

1.1 Die Reformation als Anfrage an die Tradition

Für den konfessionell-kooperativen Religionsunterricht im deutschen Sprachraum sind vor allem diejenigen Aspekte der Tradition wichtig, die Anlass zur Reformation wurden. Die Reformatoren sahen vor allem in der Stellung des Papstes, im Bußwesen, in der Heiligenverehrung und im Messopfer mittelalterliche Traditionen, die den Kern des Christentums verdunkelten. Im Marburger Religionsgespräch von 1529 fassten sie diese Überzeugungen – auch in Abgrenzung gegen die Täufer – in 15 Artikeln zusammen. Im Zentrum stand der Glaube an Jesu Christus: „Fünftens glauben wir, dass wir von dieser Sünde und von allen anderen Sünden mitsamt dem ewigen Tod erlöst werden, wenn wir an diesen Gottessohn Jesus Christus glauben, der für uns gestorben ist usw., und dass wir ohne diesen Glauben durch keine Werke, Stände oder Orden usw. von der ewigen Sünde frei werden können usw."[9]

Kritik an Papst, Bußwesen, Heiligen und Messopfer

Zentralstellung des Christusglaubens

---

[7] Vgl. ebd. 40–42.
[8] Vgl. ebd. 44–46.
[9] Vgl. *Wolf-Friedrich Schäufele (Hg.)*, Der Text der Marburger Artikel. Faksimile – Transkription – Übertragung, in: *Ders. (Hg.)*, Die Marburger Artikel als Zeugnis der Einheit, Leipzig 2012, 13–29, hier 27.

Dieses Verständnis rüttelte am Kern der mittelalterlichen Entwicklung. Die Erlösung durch Jesus Christus wird nicht durch die Kirche vermittelt, sondern dem Einzelnen allein durch seinen Glauben zuteil. Deshalb zweifelten die Reformatoren an der Möglichkeit, die Kirche zu reformieren. Bestärkt wurden sie durch die wenig erfolgreichen Einigungsversuche auf den Reichstagen der 1530er Jahre, obwohl die protestantische Seite (Melanchthon) hier große Zugeständnisse machte und lediglich auf Laienkelch und Priesterehe insistierte. Nach dem Scheitern der Gespräche brach der Krieg zwischen Kaiser und protestantischen Fürsten aus (Schmalkaldischer Krieg). Kaiser Karl V versuchte nach seinem Sieg im Jahr 1548, die Reformation mit Gewalt zu unterdrücken, womit er scheiterte. Mit dem Augsburger Religionsfrieden von 1555 wurden die lutherischen Territorien reichsrechtlich anerkannt.

1.2 Der katholische Umgang mit der reformatorischen Kritik

Das Papsttum unterschätzte den Reformwillen vieler Gläubiger, Stadträte und Landesfürsten im deutschen Sprachraum völlig. Die intensiven Versuche, auf Reichstagen Annäherungen zu finden, wurden von Rom aus nicht unterstützt. Die Päpste wehrten sich lange gegen die Eröffnung eines Konzils. Kurz nachdem das Konzil von Trient Ende 1545 schließlich seine Arbeit aufgenommen hatte, brach der Schmalkaldische Krieg aus, den Kaiser Karl V. 1548 gewann und strategisch massiv ausnutzte. Als nach dem Fürstenaufstand von 1552 doch noch eine protestantische Delegation auf dem Konzil von Trient erschien, war es zu spät.

Trienter Konzil

Das Konzil von Trient beabsichtigte eine Vergewisserung in der Glaubenslehre und ein umfangreiches Programm der Kirchenreform. Beides ist nur begrenzt gelungen: Die Glaubenslehre wurde stark in Abgrenzung zu den Reformatoren definiert, was das Auseinanderdriften der Konfessionen beförderte. Eine Kirchenreform wurde zwar in Ansätzen auf den Weg gebracht, die Umsetzung geschah aber vor allem in den Teilkirchen nur zögerlich.

Dennoch war das Konzil von Trient für die Entwicklung des katholischen Verständnisses von Tradition sehr wichtig. Gleich zu Beginn beschäftigte sich das Konzil mit der Frage, was als Grundlage des Glaubens normative Geltung beanspruchen kann. Für die Konzilsväter stand genau wie für die Reformatoren die Schrift an erster Stelle. Hinzu kam für sie aber die Tradition, die in gleicher

Weise Geltung beanspruchen konnte. Unklar blieb, was genau mit Tradition gemeint war. In der späteren, auch von einem Anti-Protestantismus geprägten Auslegungsgeschichte des Konzils bekam nicht nur das Lehramt der Päpste eine besondere Rolle, sondern viele Traditionen der römischen Kirche wurden zur Richtschnur der Tradition für die ganze Kirche, was zu einer Romanisierung und Zentralisierung der jetzt *römisch* katholisch heißenden Kirche führte. Das war aber nicht die Intention des Konzils.

1.3 Der historische Blick

Die Reformation lehnte wesentliche Traditionen der mittelalterlichen Kirche ab. Die entsprechenden theologischen Einzelfragen werden heute in der systematischen und ökumenischen Theologie behandelt. Die ökumenischen Diskurse konnten an vielen Stellen die Einseitigkeiten und übertriebenen Abgrenzungen des konfessionellen Zeitalters klären und ein gemeinsames Verständnis entwickeln.

In historischer Perspektive ist relevant, dass es bei diesen theologischen Fragen immer auch um die historische Reaktion auf Tradition und Traditionen geht, die ihrerseits neue Traditionen schuf.

Im Blick auf den konfessionell kooperativen Religionsunterricht ist relevant, dass Schülerinnen und Schüler die theologischen Fragen wie z. B. die der Kirchenstruktur und der Heilsvermittlung durch die Kirche auch als Fragen nach der Legitimität von historischen Entwicklungen und der Legitimität historischer Reaktionen darauf zu sehen, deren Bewertungsmaßstäbe immer einem historischen Wandel unterliegt. Nur wenn der Prozess dieser notwendigen Historisierung der Kirchentrennungen gelingt, kann die Auseinandersetzung mit den theologisch unterschiedlichen Überzeugungen fruchtbar sein.

Fragen nach der Legitimität von Entwicklungen stellen sich auch heute in allen Kirchen und führen nicht nur zu Debatten, sondern auch zu weiteren Kirchentrennungen. Die historische Perspektive zeigt dabei zum einen, dass sich Kulturen immer weiterentwickeln und Konflikte um die Bewertung dieser Entwicklungen nicht zu vermeiden sind. Zum anderen relativiert die historische Perspektive Wahrheitsansprüche. Letzte Urteile über die Legitimität historischer Entwicklungen sind schwierig. Der erste Schritt im Prozess der Historisierung ist es, die Entstehung des Streites um wesentliche Traditionen der mittelalterlichen Kirche im 15. Jahrhundert zu verstehen.

Historische Perspektive

Didaktische Perspektive

2 Die mittelalterliche Entwicklung der Kirche als Thema im evangelisch-katholischen Verhältnis

Die Entwicklung des kirchlichen Selbstverständnisses im westeuropäischen Mittelalter hatte eine Innen- und eine Außenseite.

Außensicht Nach außen hin entwickelte sich die Kirche zu einer von Papst und Bischöfen geleiteten Kirche, die sich, vor allem nach dem Investiturstreit Ende des 11. und Anfang des 12. Jahrhunderts, als selbstständige, von der weltlichen Herrschaft unabhängige Institution sah und sich durch ein beträchtliches Vermögen selbst

Innensicht finanzieren konnte. Nach innen hatte diese Institution die allein ihr zukommende Aufgabe, den Menschen mit Hilfe der Sakramente den Weg zum ewigen Leben zu eröffnen. Der mit dem Schlüssel des Himmels dargestellte Apostel Petrus wurde zum Leitbild dieses Kirchenverständnisses. Der Bischof von Rom verstand sich als Nachfolger des hl. Petrus und beanspruchte ab dem 14. Jahrhundert zunehmend Einfluss auf die Ortskirchen. In der Kuppel des Petersdomes ist deshalb ein Vers aus dem Matthäusevangelium zitiert, dessen Wirkungsgeschichte kaum überschätzt werden kann: „Du bist Petrus und auf diesen Felsen werde ich meine Kirche bauen und die Pforten der Unterwelt werden sie nicht überwältigen

Mittelalterliche Reformbewegungen (Mt 16,18)." Die Entwicklung der Kirche zu einer reichen und mächtigen Institution hatte schon die Armutsbewegung des Hochmittelalters kritisiert, von der ein Teil sich von der Kirche abgewandt hatte wie z. B. die Katharer bzw. Albigenser, Waldenser und Hussiten. Die zur gleichen Bewegung gehörenden Franziskus von Assisi (1181–1226) und Dominikus von Caleruega (1170–1221) und ihre Orden versuchten im 13. Jahrhundert eine Reform der Kirche von innen, die aber im 14. Jahrhundert während des Exils der Päpste in Avignon zum Erliegen gekommen war. Auf dem Konzil von Konstanz (1414–1418) hatten weltliche Mächte im Verbund mit Theologen der Universität Paris eine Reform der Kirche dauerhaft auf den Weg zu bringen versucht, was vor allem im Bereich der Klöster durchaus Erfolg hatte. Ende des 15. Jahrhunderts stellte sich allerdings wieder die Frage der Kirchenreform, diesmal unter ganz neuen und anderen Vorzeichen.

2.1 Die Ausgangslage am Vorabend der Reformation

Im Laufe des 15. Jahrhunderts gab es einem enormen Fortschritt auf allen Gebieten des Wissens und der Technik. In allen Bereichen wurde das Niveau der griechisch-römischen Antike wieder erreicht und sogar übertroffen. Der Bau der Kuppel des Domes von Florenz (1418–1436), die Erfindung des Buchdrucks 1452 und die Entdeckung Amerikas 1492 sind nur wenige Marksteine der kulturellen Entwicklung.[10] In der Kunst konnte man nun nicht nur wieder perspektivisch zeichnen, man wusste wieder exakte Porträts anzufertigen wie z. B. Sandro Botticelli (1445–1510), Pietro Perugino (~1445–1523) oder Domenico Ghirlandaio (1448–1494).[11] Die Renaissance-Humanisten entwickelten auf der Basis antiker Texte ein neues Bild vom Menschen wie z. B. Marsilio Ficino (1433–1499) oder Giovanni Pico della Mirandola (1463–1494).[12] Es entstand eine neue Welt, in der die mittelalterliche Frömmigkeit nicht mehr zu passen schien. Dieses Grundgefühl führte dazu, dass die Frömmigkeitsformen des Mittelalters gegen Ende des 15. Jahrhunderts erst einmal ins Immense gesteigert wurden – ein typisches Krisenphänomen. Der protestantische Kirchenhistoriker Bernd Moeller hat deshalb diese Epoche als „eine der kirchenfrömmsten Zeiten des Mittelalters"[13] bezeichnet.

Entstehung einer neuen Welt

Zeit der Frömmigkeit

Gleichzeitig hatte das neue Selbstbewusstsein der Menschen auch vor der Frömmigkeit nicht Halt gemacht. Das Bewusstsein einer unmittelbaren Beziehung des Menschen zu Gott war gewachsen, was einer Intensivierung der persönlichen Frömmigkeit und zu einer Emanzipation von der Kirche führte.[14] Schon die deutsche Mystik des 14. Jahrhunderts[15] und die aus den Niederlanden stammende „neue Frömmigkeit" (*Devotio moderna*) des 14. und 15. Jahrhun-

Neues Selbstverständnis

---

[10] Vgl. *Bernd Roeck*, Der Morgen der Welt. Geschichte der Renaissance, München 2017, 410–437, 451–471, 577–586.

[11] Vgl. *Joachim Poeschke*, Art. Renaissance (Kunst), in: Lexikon des Mittelalters VII (1995), 710–717.

[12] Vgl. *Volker Reinhardt*, Die Renaissance in Italien. München ⁴2019, 103–113; *Eckhart Kessler*, Art. Renaissance II. Kultur- u. Geistesgeschichte, in: LThK 8 (³1999), 1100–1102.

[13] *Bernd Moeller*, Frömmigkeit in Deutschland um 1500, in: Archiv für Reformationsgeschichte 56 (1965), 5–31, hier 22.

[14] Vgl. *Bernd Moeller*, Deutschland im Zeitalter der Reformation, Göttingen ⁴1999, 36–46.

[15] Vgl. *Peter Dinzelbacher*, Deutsche und niederländische Mystik des Mittelalters. Ein Studienbuch, Berlin/Boston 2012.

derts hatten die innere Beziehung des Menschen zu Gott in den Vordergrund gestellt. Die *Devotio moderna* wollte dabei gerade keine Elitenfrömmigkeit sein. Sie wollte alle Gläubigen durch die Lektüre der Bibel und den Empfang der Sakramente zu einer inneren Frömmigkeit führen. Als Leitfaden für die Frömmigkeit spielte das Buch *Imitatio Christi* des Thomas von Kempen (1380–1471) eine große Rolle und fand eine große Verbreitung.[16]

Angesichts der gestiegenen religiösen Ansprüche wurde die Kritik an den Zuständen in der Kirche lauter und schärfer. Nicht nur die Reformatoren äußerten sie, sondern auch z. B. Erasmus von Rotterdam (~1467–1532).[17]

Reformation – Teil des Mittelalters oder Bruch mit ihm?

Ob die Reformation gerade aus diesen mittelalterlichen Bewegungen heraus entstand oder vor allem einen Bruch mit der mittelalterlichen Kirche darstellte, wird in der Forschung sehr unterschiedlich bewertet.[18] Gut sehen kann man das an der Diskussion über die innere Entwicklung Martin Luthers zum Reformator. In der Forschung ist umstritten, ob die reformatorische Wende bei Martin Luther über den Weg der *Devotio moderna* und der Mystik (Johannes Tauler) in den Jahren 1515 bis 1520 langsam heranreifte[19] oder ob Martin Luther im Zusammenhang der Auslegung des Römerbriefes zu einer revolutionären theologischen Erkenntnis kam, die sich in seinen Thesen von 1517 Bahn brach.[20] Die erste Theorie stellt Luther stärker in den Zusammenhang der mittelalterlichen Reformbewegungen,[21] zu denen er ja über seinen Orden der Augustiner-Eremiten gehörte. Demnach waren weder seine Thesen

Luthers innere Entwicklung als Beispiel

---

[16] Vgl. *Émile Brouette* und *Reinhold Mokrosch*, Art. Devotio moderna, in: TRE 8 (1981), 605–616; *John Van Engen*, Sisters and Brothers of the Common Life. The Devotio Moderna and the world of the Later Middle Ages, Philadelphia 2008.

[17] Vgl. *Volker Leppin*, Humanismus, in: *Thomas Kaufmann u. a. (Hg.)*, Ökumenische Kirchengeschichte. Bd. 2, Darmstadt 2008, 215–228, hier 227–228.

[18] Zum Verhältnis von Reformation und Renaissance siehe: *Ulrich Muhlack*, Die Renaissance als Beginn der Neuzeit. Mit einem Seitenblick auf die Reformation, in: *Günter Frank* und *Volker Leppin (Hg.)*, Die Reformation und ihr Mittelalter (s. o. Anm. 2), 407–440.

[19] Zu diesem Ansatz vgl. *Volker Leppin*, Die fremde Reformation. Luthers mystische Wurzeln, München 2016; *Ders.*, Martin Luther, Darmstadt ²2010, 107–117.

[20] Zu diesem Ansatz vgl. *Thomas Kaufmann*, Geschichte der Reformation, Frankfurt a. M./Leipzig 2009.

[21] Vgl. hierzu auch: *Arno Mentzel-Reuters*, Reformatoren drucken das Mittelalter – Luthers „Theologia deutsch" und Melanchthons Lampert von

zum Ablass von 1517 noch seine Gnadentheologie der Heidelberger Disputation von 1518 außerhalb dessen, was im Rahmen der Theologie der Zeit üblich war. Erst mit der Leipziger Disputation von 1519 geriet Luther in Konflikt mit der Kirche, weil er genötigt wurde, die Beschlüsse des Konzils von Konstanz zu Jan Hus als Irrtum der Kirche anzusehen. Der Bruch mit der Kirche liegt hier ganz wesentlich in der Entwicklung der Ereignisse begründet, an der die Kirche nicht unschuldig war.[22] Die zweite Theorie betont, dass Luthers „Entdeckung" von Röm 1,17 „Der Gerechte lebt allein aus Glauben" in ihm einen Bruch mit der mittelalterlichen Kirche auslösen musste, weil er die Heilsvermittlung durch die Kirche infrage stellte. Luther hätte sich demnach sehr deutlich den Thesen des vom Konstanzer Konzil verurteilten englischen Theologen John Wyclif (~1330–1378) angeschlossen, was nur zu einem völligen Bruch mit der mittelalterlichen Kirche führen konnte. Dieser Bruch trat, so diese Sichtweise, mit den Thesen zum Ablass an die Öffentlichkeit.[23]

Wie auch immer man Luthers Entwicklung versteht, für das Verständnis der Reformation ist es wesentlich, dass die vielfältigen Reformansätze des 15. Jahrhunderts in der Kirche wenig Widerhall fanden. Vor allem in den Städten gärte es. Dort hatte sich die Ratsverfassung durchgesetzt und viele Stadträte wollten eine Reform der Kirche durchsetzen, ebenso wie nicht wenige Landesfürsten, wenn sie auch weitere, politische Absichten damit verbanden.[24] In den Städten und Territorien, in denen die Reformation eingeführt wurde, zeigte sich der Bruch mit der mittelalterlichen Kirche unterschiedlich stark. – Was war die mittelalterliche Kirche?

Die mittelalterliche Entwicklung der Kirche führte u. a. von der Sündenvergebung zur Bußleistung, vom Märtyrergedenken zur Heiligenverehrung und vom Abendmahl zum Messopfer. Diese Entwicklungen liefen in einem Punkt zusammen: Sie sahen die Kirche als Mittlerin des ewigen Heils. Für die mittelalterliche Kirche war deshalb klar, dass außerhalb der Kirche kein Heil möglich war (extra ecclesiam nulla salus).[25] Dieser Anspruch der Kirche und

Kirche als Mittlerin ewigen Heils

Hersfeld, in: *Günter Frank* und *Volker Leppin (Hg.)*, Die Reformation und ihr Mittelalter (s. o. Anm. 2), 79–112.

[22] Vgl. *Volker Leppin*, Martin Luther, Darmstadt ²2010, 107–117.

[23] Vgl. *Thomas Kaufmann*, Geschichte der Reformation (s. o. Anm. 20), 139–151, 182–197.

[24] Vgl. *Peter Blickle*, Die Reformation im Reich, Stuttgart ⁴2015, 87–112.

[25] Vgl. *Malhijs Lamberigts (Hg.)*, „Extra ecclesiam nulla salus"? The past, present and future of a contested maxim (Louvain studies 37,2/3), Leuven 2013, 105–306.

ihre Wirklichkeit wurden am Ende des Mittelalters von vielen als krasser Widerspruch empfunden. Was war da der richtige Weg? Reform oder Reformation? Dass Reformen kaum auf den Weg gekommen waren, stärkte bei den Reformatoren die Überzeugung, dass nur eine *re-formatio* der Kirche in ihre altkirchliche Form die reine Predigt des Evangeliums gewährleiste.[26] Wie stark dafür von der mittelalterlichen Entwicklung der Kirche in Struktur und Theologie Abstand genommen werden musste, wurde von den Kirchen, die aus der Reformation entstanden, allerdings unterschiedlich gesehen. Im Folgenden werden die wesentlichen Entwicklungen der Kirche im Mittelalter, die die Frage der Legitimität der historischen Entwicklung stellten, skizziert.

Welche waren nun die konkreten mittelalterlichen Entwicklungen, die von der Reformation als Tradition abgelehnt wurden?

2.2 Das Entstehen der Papstkirche

Nach der Anerkennung des Christentums im Römischen Reich im frühen vierten Jahrhundert (sog. Konstantinische Wende) entwickelte sich die Struktur der Kirche analog zum römischen Staat, in dem der alleinherrschende Kaiser in Provinzen und Städten durch Beamte repräsentiert wurde. Die Bischöfe der reich werdenden Kirche erhielten einen diesen kaiserlichen Beamten vergleichbaren Status.[27] Sie hatten nicht nur eine Weisungsberechtigung für kirchliche Belange, sondern konnten auch für Christinnen und Christen Recht sprechen.[28] Es war eine Frage der Zeit, bis der Bischof von Rom in diesem System den Anspruch stellte, analog zum Kaiser wenigstens in Glaubensfragen allein weisungsberechtigt und

---

[26] Vgl. CA 7: „Es wird auch geleret, das alzeit müsse ein heilige Christlich kirche sein und bleiben, welche ist die versamlung aller gleubigen, bey welchen das Evangelium rein gepredigt und die heiligen Sacrament laut des Evangelii gereicht werden. Denn dieses ist gnug zu warer einigkeit der Christlichen kirchen, das da eintrechtiglich nach reinem verstand das Evangelium gepredigt und die Sacrament dem Göttlichen wort gemes gereicht werden." Zit. nach: *Irene Dingel (Hg.),* Die Bekenntnisschriften der Evangelisch-Lutherischen Kirche. Vollständige Neuedition, Göttingen 2014, 102.

[27] Siehe hierzu umfassend: *Peter Brown,* Der Schatz im Himmel. Der Aufstieg des Christentums und der Untergang des römischen Reiches, Stuttgart 2017.

[28] Vgl. *Klaus Martin Girardet,* Der Kaiser und sein Gott. Das Christentum im Denken und in der Religionspolitik Konstantins des Großen (Millennium-Studien 27), Berlin u. a. 2010, 124–139.

den anderen Bischöfen übergeordnet zu sein. Papst Leo der Große (~400–461) vertrat diesen Anspruch besonders und übernahm als erster den kaiserlichen Titel des *Pontifex Maximus*, der den Kaiser als obersten Priester kennzeichnete. Seit dieser Zeit kann man den Bischof von Rom als Papst bezeichnen. Der Führungsanspruch der römischen Bischöfe wurde damit legitimiert, dass ihr „Lehrstuhl" (Kathedra) an den Gräbern der Apostelfürsten Petrus und Paulus war.[29] Mit ihrem Führungs- und Weisungsanspruch gerieten die Päpste nicht nur in Auseinandersetzung zu den anderen vier Patriarchen (Konstantinopel, Antiochia, Jerusalem und Alexandria), sondern auch nach innen gegenüber den Bischöfen und Metropoliten der westlichen Kirche. Erst mit der Allianz, die die Päpste im 8. Jahrhundert mit den Karolingern eingingen, konnte das Papsttum seinen Führungsanspruch durchsetzen. Wesentlich für die Entwicklung des Papsttums war, dass sich mit Unterstützung der Franken aus dem päpstlichen Landbesitz (Patrimonium Petri) der Kirchenstaat entwickelte. Die Kaiserkrönung Karls des Großen im Jahr 800 durch Papst Leo III. stand am Beginn einer Entwicklung, die eintausend Jahre später mit der Anwesenheit Pius' VII. bei der Kaiserkrönung Napoleons I. im Jahr 1804 endete. Das Papsttum suchte Schutzmächte, denen es mit der Krönung des Herrschers eine religiöse Legitimation verlieh.[30]

<small>Kirchenstaat</small>

Nach dem Zerfall des Frankenreiches geriet das Papsttum im Mittelalter immer wieder in die Abhängigkeit verschiedener Herrschergeschlechter. Während es im 14. Jahrhundert ganz unter der französischen Krone stand und in Avignon residierte,[31] war es am Vorabend der Reformation in enger Verbindung zur Monarchie der Habsburger.[32] Dass Kaiser Karl V. sich als Sachwalter der Kirche sah, spielte für den Verlauf der Reformation eine große Rolle.[33]

<small>Liaison zwischen Papst und Herrschern</small>

---

[29] Vgl. Die Entstehung des Papsttums, in: *Alfried Wieczorek* und *Stefan Weinfurter (Hg.)*, Die Päpste und die Einheit der lateinischen Welt. Antike – Mittelalter – Renaissance. Katalog zur Ausstellung, Regensburg 2017, 90–158.

[30] Vgl. Das Ausgreifen des Papsttums in die europäische Welt, in: *Wieczorek* und *Weinfurter,* Die Päpste und die Einheit (s. o. Anm. 29), 160–200.

[31] Vgl. Vom „Exil in Avignon" bis zum Konzil von Basel (1305–1449), in: *Wieczorek* und *Weinfurter,* Die Päpste und die Einheit (s. o. Anm. 29), 350–370.

[32] Vgl. Die Restauration des Papsttums in Rom, in: *Wieczorek* und *Weinfurter,* Die Päpste und die Einheit (s. o. Anm. 29), 394–465.

[33] Vgl. *Alfred Kohler,* Karl V. 1500–1558. Eine Biographie, München ³2014, 94–100.

Theologische Kritik am Papsttum

Dass das Papsttum über weite Strecken des Mittelalters und der beginnenden Neuzeit ein trauriges Bild bot, war und ist im ökumenischen Dialog nicht umstritten. Am wenigstens zeitweiligen Zustand des Papsttums entzündete sich jedoch für die Reformatoren eine viel weitergehende theologische Frage, nämlich ob das Papsttum nicht ein Verständnis von der Kirche als Institution widerspiegelt, die mit den biblischen Schriften nicht in Übereinstimmung zu bringen ist. Schon der auf dem Konzil von Konstanz posthum verurteilte Theologe John Wyclif (~1330–1384) hatte die Kirche als heilsvermittelnde Institution in Frage gestellt.[34] Martin Luther schloss sich seit der Leipziger Disputation 1519 diesen Gedanken immer mehr an,[35] weshalb für ihn das Papsttum die Kirche sogar verriet, und er den Papst als Antichrist sah.[36]

Auf diese grundsätzliche Anfrage reagierte die Katholische Kirche mit dem Konzil von Trient (1545–1563). In katholischer Perspektive setzt dieses Konzil die Reformbemühungen des 15. Jahrhunderts fort. Generell ist das Konzil mit Berufung auf Joh 14,26 der Auffassung, dass der Heilige Geist der Kirche „alle Wahrheit täglich eingibt" (DH 1635). Deshalb ist neben der biblischen und apostolischen Überlieferung auch die weitere und in diesem Fall die mittelalterliche Entwicklung der Kirche von Belang.

Im Blick auf das Bischofsamt versuchte das Konzil, eine Erneuerung auf den Weg zu bringen, die auch für den Bischof von Rom und seine Kurie galt.[37] Dazu formulierte es für Bischöfe und Priester hohe Qualitätsansprüche, die sich vor allem in der Ausbildung der Priester zeigen sollten. Dem Papsttum kam nach dem Konzil nun

---

[34] Vgl. *Ulrich Köpf*, Art. Wyclif, John, in: LThK 10 (³2001), 1337–1341.

[35] Vgl. *Jan Hendryk de Boer*, Aus Konflikten lernen – Der Verlauf gelehrter Kontroversen im Spätmittelalter und ihr Nutzen für die Reformation, in: *Frank* und *Leppin (Hg.)*, Die Reformation und ihr Mittelalter (s. o. Anm. 2), 209–250.

[36] „Er solt schier der widderchrist sein, den die schrifft heyssit Antichrist, geht doch alle sein weszen, werck unnd furnehmen widder Christum, nur Christus weszen unnd werck zuvortilgen und vorstoren." WA 6, 434 (An den christlichen Adel deutscher Nation von des christlichen Standes Besserung, 1520).

[37] Die rechtliche Stellung des Papstes gegenüber den Bischöfen wurde allerdings auf dem Konzil nicht thematisiert, da man fürchtete, dass dieser Konflikt des Papsttums mit den mächtigen Bischöfen im Heiligen Römischen Reich und den hegemonialen Ansprüchen der französischen Könige nicht zu lösen war. Erst das erste Vatikanische Konzil definierte in seinem Dekret *Pastor aeternus* 1870 die absolute Vorrangstellung (Jurisdiktionsprimat) des Papstes.

eine wesentliche funktionale Rolle zu, da es die Arbeit der Bischöfe jetzt regelmäßig überprüfte. Auch wenn die vom Konzil beschlossenen Reformen nur sehr zögerlich von den Bischöfen umgesetzt wurden, gelten die theologischen Erklärungen und die Reformbeschlüsse des Trienter Konzils in der katholischen Perspektive doch als ein wesentlicher Schritt der Kirche in die Neuzeit.

In protestantischer Perspektive hat erst die Reformation eine Erneuerung der Katholischen Kirche im Konzil von Trient auf den Weg gebracht. Die spirituellen und institutionellen Grundlagen dieser Erneuerung waren aber andere als die in den Kirchen der Reformation,[38] sie blieben die mittelalterlichen.[39] Die Katholische Kirche hinterfragte nicht ihr Selbstverständnis als das Heil vermittelnde Institution. Die grundlegende Idee *Von der Freiheit eines Christenmenschen*, so der Titel von Luthers wegweisender Schrift aus dem Jahr 1520, der allein durch seinen Glauben von Gott gerechtfertigt wird, ist durch das Trienter Konzil ebenso wenig rezipiert worden wie der Gedanke der Selbständigkeit der Ortskirche.[40]

Für den konfessionell kooperativen Religionsunterricht ist es also wichtig, zwei Aspekte zu trennen. In historischer Perspektive geht es um die Frage, ob die Kirche im Mittelalter mit dem Papsttum eine Tradition herausbildete, die trotz aller Anfälligkeit im Blick auf ihre kirchliche Funktion legitim ist, oder ob das Papsttum als ein Merkmal einer evangeliumswidrigen „falschen Kirche" zu sehen ist.[41] Davon zu trennen ist die bis heute die Konfessionen unterscheidende systematische Frage, ob die „wahre" Kirche die „verborgene" Kirche ist (protestantisches Verständnis), oder ob die wahre Kirche in der hierarchisch verfassten Kirche verwirklicht ist, ohne mit ihr identisch zu sein (katholisches Verständnis).

Themen für den kokoRU

2.3 Kirche und weltliche Herrschaft

Während das Christentum in der Antike vorwiegend in den Städten verankert war und der Bischof der Stadtgemeinde vorstand, ver-

---

[38] Vgl. *Heinz Schilling*, Martin Luther. Rebell in Zeiten des Umbruchs. Eine Biographie, München 2012, 621–624.
[39] Vgl. *Kaufmann*, Geschichte der Reformation (s. o. Anm. 20), 707.
[40] Hierzu grundlegend: *Wim François*, und *Violet Soen (Hg.)*, The council of Trent. Reform and controversy in Europe and beyond (1545–1700) (Between Trent, Rome and Wittenberg 1), Göttingen 2018, 277–240.
[41] Vgl. *Dorothea Wendebourg*, Kirche, in: *Albrecht Beutel (Hg.)*, Luther Handbuch, Tübingen ²2010, 403–414, hier 412–414.

Eigenkirchen

änderte sich im Mittelalter die örtliche Leitung der Kirche erheblich, da sich zunächst vor allem sog. Eigenkirchen entwickelten. Für den Bau einer Kirche und die Anstellung des Pfarrers durften adelige Grundherren den Zehnt eintreiben, wovon sie zwei Drittel für sich einbehalten konnten. Die Gründung einer Kirche konnte somit sehr ertragreich sein. Der Adel leitete oft de facto die örtliche Pfarrei, auf die der Bischof nur wenig Einfluss hatte. Die Kirche des Mittelalters war damit in beträchtlichem Maße unter weltlicher Herrschaft.[42]

Investiturstreit

Der enorme Einfluss der Adelsfamilien auf die Besetzung kirchlicher Ämter[43] führte im 11. und 12. Jahrhundert zu einem scharfen Streit zwischen Päpsten und Königen (Investiturstreit), der die grundsätzliche Trennung der Sphären von Kirche und Staat bewirkte (Wormser Konkordat von 1122).[44] Infolge des Investiturstreites sank zwar die Bedeutung des Adels,[45] blieb aber u. a. in Form von Patronatsrechten über Pfarreien erhalten. In den zahlreichen Hochstiften bzw. Fürstbistümern gelang es dem Adel, die weltliche Herrschaft formal mit dem Bischofsamt zu verbinden.

Bischof – Weihe- und Leitungsamt?

Damit blieb das Verhältnis von geistlichem Amt und Leitung innerhalb der Kirche ungeklärt. Was war, theologisch gesehen, ein Bischof? Selbst Thomas von Aquin ließ diese Frage offen. Für ihn war klar, dass es in der Kirche ein Weiheamt gab, dessen höchste Stufe das Priestertum war. Mehr als Eucharistie zu spenden und Sünden zu vergeben und damit Anteil am Priestertum Jesu Christi zu haben, war in geistlicher Perspektive nicht möglich. Thomas von Aquin sah neben diesem Weiheamt das Leitungsamt als etwas Eigenständiges.[46] Dieses Leitungsamt konnte neben den Bischöfen auch von anderen ausgeübt werden, auch von Frauen, sofern sie als Adelige oder Äbtissinnen Aufsicht über Pfarreien und andere kirchliche Institutionen ausübten. Äbtissinnen großer reichsunmittelbarer Abteien waren in ihrem Bereich de facto Bischöfinnen.[47]

---

[42] Vgl. *Rudolf Schieffer*, Art. Eigenkirche, Eigenkirchenwesen, in: Lexikon des Mittelalters III (1999), 1705–1707.

[43] Vgl. *Arnold Angenendt*, Das Frühmittelalter, Stuttgart u. a. 1990, 262.

[44] Vgl. *Jochen Johrendt*, Der Investiturstreit, Darmstadt 2018, 140–149.

[45] Wesentlich war die Reform des Zehnt, der jetzt zu je einem Viertel für den Bischof, den Pfarrer, den Unterhalt der Kirche und die Armen verwendet wurde.

[46] Vgl. *Walter Kasper*, Steuermann mitten im Sturm. Das Bischofsamt nach Thomas von Aquin, in: ThQ 179 (1999), 1–23.

[47] Vgl. hierzu umfassend: *Teresa Schröder-Stapper*, Fürstäbtissinnen. Frühneuzeitliche Stiftsherrschaften zwischen Verwandtschaft, Lokalgewalten und Reichsverband, Köln/Weimar/Wien 2015.

Diese Unterscheidung von geistlichem Amt und Leitung, die der mittelalterlichen Tradition entsprach, wurde für die Kirchen der Reformation typisch. Martin Luther war zwar ein Befürworter des Bischofsamtes als geistlichem Amt,[48] appellierte aber in seiner Schrift *An den christlichen Adel deutscher Nation* an die weltliche Obrigkeit, die Reformation durchzuführen. In den lutherisch gewordenen Territorien entwickelte sich daraus das Landesherrliche Kirchenregiment, bei dem der Landesherr Aufgaben des Bischofs übernahm (Summepiscopus). Die Kirchenleitung war Teil der Landesverwaltung (Konsistorium, später Kultusministerium). Dies endete in Deutschland erst mit der Weimarer Reichsverfassung von 1919, die bestimmte, dass die Kirchen ihre Angelegenheiten selbst regeln. Die lutherischen Landeskirchen Deutschlands führten daraufhin das Bischofsamt wieder ein. In den skandinavischen Ländern blieben die protestantischen Kirchen bis weit in das 20. Jahrhundert hinein Staatskirchen, in denen die Bischöfe als Staatsbeamte die kirchliche Leitung ausübten. In der anglikanischen Tradition ist die Königin von England bis heute Oberhaupt der Anglikanischen Kirchengemeinschaft. In den reformierten Kirchen standen sich zwei verschiedene Auffassungen gegenüber. Während Zwingli (Zürich) keinen Unterschied zwischen christlicher und weltlicher Gemeinde machte, sah Calvin (Genf) eine von der weltlichen Herrschaft unabhängige Kirchenleitung vor. Dennoch kam es auch in den calvinistisch geprägten reformierten Territorien im Reich zum landesherrlichen Kirchenregiment.[49]

Das Konzil von Trient behandelte Fragen zur Struktur der Kirche kaum. So blieb zum Beispiel die Frage, was die Bischofsweihe eigentlich ist, in der katholischen Kirche ungeklärt. Auch gab es keine Festlegungen zum Verhältnis des Papstes zu den Bischöfen. Nach der Säkularisation von 1803 gab es keine Verflechtungen mehr zwischen Kirche und weltlicher Herrschaft, wodurch das Bischofsamt zunehmend unter die Aufsicht des Papsttums geriet. Die Trennung von Leitungs- und Weiheamt war de facto nicht mehr gegeben. Das Zweite Vatikanische Konzil sah die Leitungsgewalt allein bei den Bischöfen, hielt aber an der Überordnung des Papstes über die Bischöfe fest.[50]

---

[48] Vgl. *Martin Brecht (Hg.)*, Martin Luther und das Bischofsamt, Stuttgart 1990.

[49] Vgl. *Hans Walter Krumwiede*, Art. Kirchenregiment, landesherrliches, in: TRE 19 (1990), 59–68.

[50] Vgl. *Hermann Josef Pottmeyer*, Art. Bischof II. Historisch-theologisch und Bischof III. Systematisch-theologisch, in: LThK 2 (^{3}1994), 482–488.

In historischer Perspektive zeigt sich also, dass die Kirchen der Reformation mit der mittelalterlichen Entwicklung der Unterordnung der Kirche unter die weltliche Herrschaft unterschiedlich umgingen. Gemeinsam ist ihnen, dass sie die Trennung von geistlichem Amt und Leitungsaufgaben (Bischof/Bischöfin bzw. Präses *und* Synode, Pfarrer/in *und* Presbyterium) weiterentwickelten, während die Katholische Kirche in diesem Punkt letztlich wieder auf die Antike zurückgriff und die Leitung allein beim geweihten Bischof bzw. Priester vor Ort sah.

Historisch gesehen ist es also ein sehr komplexes Thema, wer mit welcher Befugnis in der Kirche welche Macht innehatte und ausübte. Die Nähe von Staat und Kirchen schwankte in der Geschichte bei allen Konfessionen erheblich. Für die Frühe Neuzeit war eine völlige Trennung von Kirche und Staat undenkbar. Diese Idee kam erst zu Beginn des 20. Jahrhunderts auf. Ordinierte (Geistliche) Nichtordinierten (Laien) zu unterstellen, ist in allen Konfessionen auf unterschiedliche Weise Praxis gewesen. Immer gab es im Gesamtgefüge der Kirchen Phasen der Zentralisierung wie der Dezentralisierung. Kein Konzept kann historisch als letztgültig betrachtet werden.

Themen für den kokoRU — Die historische Vielfalt der Traditionen bezüglich der Leitung in den Kirchen und ihrer Verflechtung mit weltlicher Herrschaft kann Schülerinnen und Schüler animieren, über heutige Modelle im Verhältnis von Kirche und Staat und über Formen der Leitung innerhalb der Kirchen in das Gespräch zu kommen.

2.4 Von der Sündenvergebung zur Bußleistung

Mehr noch als die Struktur der Kirche und ihr Verhältnis zum Staat wurde das Selbstverständnis der Kirche als Institution, die die Sünden vergeben und Schuld nachlassen kann, zum Ausgangspunkt der Reformation. Auch hierzu ist es wichtig, die historischen Entwicklungen zu kennen.

Buße — Schon für die keltischen Christinnen und Christen war der antike Anspruch, nach der Taufe ein sündenfreies Leben zu führen, undenkbar. Dies hing mit ihrem Gottesbild zusammen: Jede auch noch so kleine Übertretung der Gebote Gottes galt als eine Infragestellung der Hoheit Gottes, für die Buße getan werden musste. Daraus entwickelten sich vor allem in Irland Bußkataloge, die für jede Tat eine entsprechende Buße festsetzte. Es war die Aufgabe des Priesters, die Ableistung der Buße festzustellen und den Gläubigen loszusprechen. Erst als im 12. Jahrhundert der Gedanke der Intentionshaftung aufkam (z. B. bei Abaelard), wurde es notwendig, vor der Festsetzung der Buße die Intention des Gläubigen bei seiner Tat zu eruieren und die Buße entsprechend festzusetzen. Daraus entwickelte sich dann die Beichte.[51]

Dass mit der Ableistung der Buße Schuld gesühnt und Gerechtigkeit vor Gott wiedererlangt wird, führte im Mittelalter dazu, dass gute Werke als Verdienste vor Gott verstanden und unter dieser Perspektive getan wurden. Das ganze mittelalterliche Sozialwesen beruhte auf großen und kleinen Stiftungen, deren Urheber sich davon Gerechtigkeit vor Gott erhofften. Der sehr menschliche Gedanke, dass Gott ein gutes Werk ebenfalls als Wiedergutmachung, also Buße betrachtet, war sehr naheliegend, barg aber auch einige Gefahren in sich, wenn das gute Werk nicht mit einer inneren Umkehr verbunden war und somit „scheinheilig" war. Dagegen wandten sich die Reformatoren vor allem.[52] {Gute Werke}

Der Konflikt in Wittenberg entzündete sich an einem Nebenaspekt dieses mittelalterlichen Bußwesens, nämlich dem Ablass. Schon die frühmittelalterliche Bußpraxis kannte zwei Milderungen im Bußwesen: zum einen konnte der Gläubige Bußen tauschen, wenn er die festgesetzte nicht verrichten konnte. Statt z. B. einer Wallfahrt war deshalb auch eine Geldzahlung für einen guten Zweck denkbar. Die zweite Milderung bestand darin, dass Bußen auch stellvertretend von anderen verrichtet werden konnten. Da es nach frühmittelalterlichem Verständnis darum ging, eine Schuld wieder aus der Welt zu räumen (Tathaftung), war es egal, wer die Buße verrichtete. Aus beiden Milderungen ergab sich bald die Frage, ob die Kirche nicht auch selbst Bußleistungen übernehmen und den Gläubigen erlassen kann (Ablass). Und schließlich: Wenn die Kirche nach theologischem Verständnis sowohl die Gläubigen auf der Erde wie auch die im Himmel und die Verstorbenen, die sich noch in der Läuterung (Fegefeuer) befinden, umfasst, war die Frage, ob nicht auch Lebende für diejenigen Verstorbenen etwas tun können, die zu Lebzeiten ihre Bußleistungen noch nicht verrichtet hatten. Aus diesen Gedanken entwickelte sich im Spätmittelalter der Verkauf von Ablässen. Von Rom wurden z. B. für den Bau der Peterskirche Ablässe ausgegeben. Wer sich an diesem „guten" Werk {Ablass}

---

[51] Vgl. *Arnold Angenendt*, Geschichte der Religiosität im Mittelalter, Darmstadt [4]2009, 626–652.
[52] Vgl. ebd. 585–598.

beteiligte, durfte auf Nachlass der Bußen hoffen, für sich und für die Verstorbenen.⁵³

Fokussierung auf innere Umkehr

Martin Luthers Kritik am Ablass hatte ihren Kern in der Sorge, dass die Fixierung auf die Ableistung von Bußen bzw. deren Nachlass (Ablass) eine innere Umkehr der Menschen letztlich verhinderte. Luther lehnte den Ablass zwar nicht generell ab, wohl aber die Möglichkeit, Ablässe für Verstorbene zu erwirken.⁵⁴ Der Mensch sollte sich in diesem Leben auf das Jüngste Gericht vorbereiten und nicht darauf hoffen, dass im Jenseits noch etwas nachgeholt werden könnte. Martin Luther konzentrierte sich ganz auf das glaubende Vertrauen des einzelnen Menschen auf Gott. Die Amtsträger der Kirche hatten die Aufgabe, dieses glaubende Vertrauen durch die Predigt des Evangeliums zu wecken und zu bewahren.⁵⁵

Rechtfertigung allein aus Glauben

Gegen das Verständnis der Reformatoren, dass Gerechtigkeit allein aus Glauben kommt, hielt das Konzil von Trient an der Auffassung fest, dass durch die von der Kirche gespendeten Sakramente „jede wahre Gerechtigkeit, entweder anfängt oder, wenn sie angefangen hat, vermehrt wird, oder, wenn sie verloren wurde, wiederhergestellt wird" (DH 1600). Seit dem Hochmittelalter gab es die Auffassung, dass unter den vielen Zeichenhandlungen und Segnungen sieben als ein solches Sakrament zu verstehen sind. Jedem Sakrament hat das Konzil einen eigenen Beschluss gewidmet. Im Blick auf die Reformatoren wird jeweils zu Beginn die Einsetzung des Sakramentes durch Jesus Christus biblisch begründet. Das Bußsakrament wird z. B. mit Bezug auf Joh 20,22 („Empfanget den Heiligen Geist; denen ihr die Sünden vergebt, denen werden sie vergeben, und denen ihr sie behaltet, sind sie behalten." (DH 1670)) und das Ehesakrament mit Verweis Eph 5,32 begründet („Dieses Geheimnis [der Ehe] ist groß: ich rede aber im Hinblick auf Christus und im Hinblick auf die Kirche" (DH 1799)).

Sieben Sakramente

In katholischer Perspektive ist die mittelalterliche Praxis des Bußsakramentes, zu der auch der Ablass gehörte, zunächst einmal nichts anderes als ein Ausdruck dafür, dass zur Sündenvergebung, die in der Beichte erlangt wird, immer auch die Buße, die im Kern eine Wiedergutmachung ist, gehört. Ihrem sakramentalen Selbst-

---

⁵³ Vgl. ebd. 652–657.

⁵⁴ Demgegenüber behielt das Totengedächtnis im Protestantismus eine Bedeutung. Vgl. *Tarald Rasmussen*, Die Kontinuität der Memoria – Überlegungen am Beispiel von sächsischen Gedenkmälern, in: *Frank* und *Leppin*, Die Reformation und ihr Mittelalter (s. o. Anm. 2), 283–302.

⁵⁵ Vgl. *Gustav Adolf Benrath*, Art. Ablaß, in: TRE 1 (1977), 347–364, hier 353–354.

verständnis entsprechend konnte die Kirche Bußen festsetzen und von diesen auch befreien.

Der Blick auf das Ablasswesen des Mittelalters ist konfessionell sehr unterschiedlich. Für den protestantischen Blick ist der Verkauf von Ablässen, der Ende des 15. Jahrhunderts sprunghaft anstieg, Ausdruck dafür, dass sich die Kirche etwas anmaßte, das ihr nicht zustand, und eine nicht evangeliumsgemäße Leistungsfrömmigkeit förderte. Sündenvergebung ist in protestantischer Perspektive allein Sache Gottes, der dafür nichts als den Glauben an ihn verlangt. Luthers Thesen zum Ablass sind in dieser Perspektive der Beginn eines neuen Verständnisses von dem, was Kirche ist bzw. nicht ist.[56]

<small>Bleibende Strittigkeit des Ablasses</small>

In katholischer Perspektive ist der Ablassstreit von 1517 eher eine theologische Fachdiskussion über die Notwendigkeit einer Reform des Ablasswesens, das durch seine massenhafte Verbreitung fraglos zu Missbräuchen geführt hatte wie z. B. bei Bischof Albrecht von Brandenburg, der mit dem Verkauf von Ablässen seine Schulden beim Bankhaus Fugger beglich.

In historischer Perspektive ist es wichtig, einerseits die symbolische Bedeutung, die der Ablasshandel für die Begründung der Reformation bekommen hat, wahrzunehmen, und andererseits das katholische Festhalten an der Idee, dass die Kirche Bußen aufgeben und nachlassen kann, zu verstehen. Davon zu trennen ist die Frage, wie in der gegenwärtigen Eschatologie die Frage der Läuterung des Menschen nach seinem Tod gesehen wird.

<small>Historische Einschätzung</small>

2.5 Heiligenverehrung

Im Mittelalter hatte sich der Glaube an die *communio sanctorum*, die Gemeinschaft von Lebenden und Verstorbenen weiterentwickelt.[57] Die mittelalterliche Theologie hatte eine Eschatologie formuliert, deren Kernpunkte die Auferweckung der Seele unmittelbar nach dem Tod, ihre Läuterung im Purgatorium und ihr anschließender Einzug in den Himmel waren. Die Auferweckung des Leibes wurde erst nach dem Jüngsten Gericht am Ende der Zeit erwartet. Luther

<small>Streit um die letzten Dinge</small>

---

[56] In jüngerer Zeit hat allerdings zumindest *Berndt Hamm*, Ablass und Reformation. Erstaunliche Kohärenzen, Tübingen 2016 darauf aufmerksam gemacht, dass man die Ablasskritik Luthers nicht nur als grundlegende Zäsur, sondern auch als Transformationsprozess der mittelalterlichen Ablasstradition verstehen kann, der in einen qualitativen Sprung und damit Bruch mündet.

[57] Vgl. *Angenendt*, Geschichte der Religiosität (s. o. Anm. 51), 303–311.

lehnte theologische Spekulationen über das Jenseits ab und konzentrierte sich auf die biblische Botschaft vom Letzten Gericht am Ende der Zeit. Für die Zeit dazwischen nahm er für die Verstorbenen einen Todesschlaf an, womit die Anrufung von Heiligen im Himmel gegenstandslos war.[58]

Märtyrerverehrung

Die Heiligenverehrung hatte im Mittelalter allerdings eine immense Bedeutung bekommen. Das antike Christentum kannte die Märtyrerverehrung. An den Gräbern von Märtyrern wurde nach dem Vorbild paganer Totenmähler Eucharistie gefeiert. Der Glaube, dass ein Märtyrer nach seinem Tod unmittelbar in den Himmel aufsteigt und seine Überreste (Reliquien) im Grab somit wie eine direkte Verbindung zum Himmel waren, war allgegenwärtig.[59] Nachdem das Christentum im vierten Jahrhundert staatlich anerkannt worden war, waren Märtyrer eine Ausnahmeerscheinung geworden. Dennoch gab es Menschen, die den Gläubigen vor allem aufgrund ihrer Askese als vorbildhafte Gläubige galten und eines natürlichen Todes starben. In der westlichen Kirche tauchte diese Frage zuerst bei Martin von Tours (+397) auf, den man nach seinem Tod alsbald wie einen Märtyrer verehrte, weil seine Askese einem Martyrium gleichgekommen sei. Der asketische Wundertäter bzw. die asketische Wundertäterin wurden im Frühmittelalter

Heilige als Fürsprecher

dann zu einem wesentlichen Aspekt der Frömmigkeit. Wenn sich an einem Grab Wunder ereigneten, galt dies als sicherer Hinweis darauf, dass der Verstorbene im Himmel angekommen war und als Fürsprecher tätig werden konnte. Die Heiligen setzten im Prinzip das fort, was in den vorchristlichen Völkerschaften die Vielfalt der Götter war, in der jede Gottheit eine bestimmte Zuständigkeit hatte. Entsprechende Zuständigkeiten entwickelten sich auch bei den Heiligen.[60]

Die Heiligen bekamen eine solche Bedeutung, dass ihre Verehrung den Lauf des Kirchenjahres stark bestimmte. Heiligenfeste dienten auch für weltliche Vorgänge als terminliche Festsetzungen.[61] Heilige waren Patrone von Kirchen und Kapellen, Spitälern,

---

[58] Vgl. *Friedrich Wintzer*, Art. Auferstehung III. Praktisch-theologisch, in: TRE 4 (1979), 529–547, hier 530–531.

[59] Vgl. *Arnold Angenendt*, Heilige und Reliquien, Hamburg ²2007, 35–38.

[60] Vgl. ebd. 69–88. Für die Ostkirche kann man auf Makrina verweisen, die faktisch auch am Anfang der Ablösung der Märtyrerin durch die asketische Heilige steht. Vgl. *Ruth Albrecht*, Das Leben der heiligen Makrina auf dem Hintergrund der Thekla-Traditionen. Studien zu den Ursprüngen des weiblichen Mönchtums im 4. Jh. in Kleinasien, Göttingen 1986.

[61] Vgl. ebd. 123–132.

Armenhäusern und Bruderschaften.⁶² Die Heiligen waren für die Gläubigen Ansprechpartnerinnen und Ansprechpartner in ihren alltäglichen Sorgen und Nöten. Durch ihre Attribute waren sie auch von Menschen zu erkennen, die nicht lesen konnten.⁶³

Die immense Bedeutung der Heiligenverehrung, bei der die Heilsvermittlung durch Tod und Auferstehung Jesu in den Hintergrund treten konnte, war für die Reformatoren Anlass zu scharfer Kritik. In den protestantisch gewordenen Gebieten wurde die Verehrung nicht biblischer Heiliger radikal abgeschafft. Bildnisse von Heiligen wurden entfernt, zuweilen in einem Bildersturm, oft in einem längeren Prozess. Die protestantische Predigt rückte den Kreuzestod Jesu und das glaubende Vertrauen auf Gott in den Mittelpunkt, was Lukas Cranach eindrucksvoll dargestellt hat.⁶⁴ {Reformatorische Kritik}

Die katholische Kirche hielt im Konzil von Trient daran fest, dass die Gemeinschaft der Gläubigen auch die Verstorbenen umfasst und dass die Verstorbenen, deren Seele bereits bei Gott ist, als Fürsprecher wirken können. Mit Bezug auf die Offenbarung des Johannes hält das Konzil von Trient daran fest, dass die Heiligen im Himmel ihre Gebete für die Menschen Gott darbringen und deshalb an der Tradition der Heiligenverehrung festgehalten wird. Deutlich spricht sich das Konzil gegen Missbräuche in der Bilderverehrung aus (DH 1825).

In historischer Perspektive ist die mittelalterliche Heiligenverehrung zunächst einmal Ausdruck der vielfältigen alltäglichen Sorgen und Nöte der Menschen. Während die Reformation angesichts des Leids den Akzent auf das Annehmen des göttlichen Willens und das Vertrauen auf Gott legte, behielten Katholiken ihre Tradition bei, sich auch mit Hilfe von Fürsprechern an Gott zu wenden, um Leid abzuwenden. Es standen sich also im Kern zwei Kulturen im Umgang mit dem Leid gegenüber: das sich Fügen in Gottes Willen und das „Bestürmen" Gottes. Beide Kulturen sind aber nicht voneinander zu trennen. Für den Religionsunterricht kann die mittelalterliche Heiligenverehrung eine spannende Grundlage für die Frage nach dem konkreten Gottesverhältnis und der dafür zentralen Frage des Gebetes und der Fürbitte sein, ggf. auch in Verbindung mit einem regionalgeschichtlichen Bezug. {Historische Einschätzung}

Grundlage des heutigen ökumenischen Gesprächs über das Gedenken verstorbener Christinnen und Christen sind das Wissen um

---

⁶² Vgl. ebd. 190–206.
⁶³ Vgl. ebd. 183–189.
⁶⁴ Vgl. ebd. 236–238.

die Notwendigkeit von Vorbildern und die Tatsache, dass es heute in allen Konfessionen zahlreiche Märtyrer gibt. Die Frage der Fürsprache der Heiligen, die für die katholischen, orthodoxen und altorientalischen Kirchen selbstverständlich ist, aber von den protestantischen Kirchen abgelehnt wird, bleibt konfessionell trennend.[65]

2.6 Vom Abendmahl zur Messe

Schließlich ist die mittelalterliche Entwicklung in der Feier des Abendmahls eine Tradition, die die Reformatoren ablehnten, wobei hier auch zwischen Lutheranern und Reformierten große Unterschiede waren und sind.

Spiritualisierung des Opfergedankens

Das Christentum hatte in der Spätantike vor allem deshalb einen so großen Erfolg, weil es eine wesentliche Modernisierung von Religion darstellte. Es wurde ein „unbekannter" Gott statt vieler Götter verehrt und auf Tieropfer verzichtet. Der Opfergedanke wurde spiritualisiert: Die Gemeinde brachte im Gottesdienst Gott als Opfer ihr Lob und ihren Dank dar. Eine Schlachtung von Tieren fand nicht mehr statt.[66]

Ein rein geistiges Opfer war für die Völkerschaften, die das Christentum in Spätantike und Frühmittelalter annahmen, undenkbar. Ein Opfer musste mit materiellem Wert verbunden sein, sonst war es kein wirkliches Opfer. Darin spiegelt sich, dass materieller Besitz in archaischen Gesellschaften, die täglich um das Überleben kämpften, absolut notwendig war und nur die Opferung eines solchen Besitzes ein echtes „Opfer" war. Hinzu kam die grundlegende Vorstellung, dass Beziehung immer von Geben und Nehmen gekennzeichnet ist, was sich ebenfalls aus den Lebensumständen dieser Völker erklärt. Dieser Aspekt galt auch für die Beziehung zu Gott: Sie war nur als Geben und Nehmen denkbar (lat. „do ut des"). Ein Gott, der nichts gibt, war schlichtweg wertlos, und ein Gott, der ohne Gegengabe gibt, nicht ernst zu nehmen.[67]

Eucharistie als gegenseitige Gabe

Diese Grundvorstellungen führten zu der Frage, *wer* in der zentralen religiösen Feier, der Eucharistie, *was* gibt. Was gibt Gott? Was gibt der Mensch? Was Gott gibt, kristallisierte sich bald heraus: Gott

---

[65] Vgl. *Peter Gemeinhardt*, Die Heiligen. Von den frühchristlichen Märtyrern bis zur Gegenwart, München 2010, 107–123.
[66] Vgl. grundlegend: *Arnold Angenendt*, Offertorium. Das mittelalterliche Messopfer, Münster ³2014, hier 33–49.
[67] Vgl. ebd. 92–96.

gibt Segen. Er lässt z. B. Kranke gesund werden, Früchte der Erde reifen, er beschützt auf Reisen und lässt Tote zum ewigen Leben auferstehen. Diese Gaben Gottes wurden zum zentralen Inhalt der Eucharistiefeier, die deshalb bald Messe genannt wurde, weil der abschließende Segen mit dem Entlassruf „Ite missa est" eine zentrale Bedeutung bekam.[68]

Notwendig musste sich an diesen Gedanken ein zweiter anschließen: Wenn der einzelne Gläubige etwas in bestimmter Intention gibt, muss er auch den seiner Gabe entsprechenden Segen bekommen.[69] Gegenüber der gemeinsamen Feier der Eucharistie am Sonntag wurde deshalb die Privatmesse zur regulären Form, in der Gläubige aufgrund einer bestimmten Gabe Gott um seinen Segen in einem bestimmten Anliegen baten.[70] Damit lag auch der Gedanke nicht weit, diese Feier täglich zu feiern, denn es gab genügend Anliegen und Gaben dafür. Die Klöster des Frühmittelalters entwickelten die Messfeier zu einer zentralen Tätigkeit und Finanzierungsquelle. Schon der St. Galler Klosterplan (~820) sieht deshalb in der Klosterkirche zahlreiche Altäre vor.[71]

Die Gaben der Gläubigen waren neben Geld Kostbarkeiten wie Wachs oder Nahrungsmittel.[72] Das Bringen der Gaben (offertorium) wurde zu einem zentralen Bestandteil der Messe. Der Priester, der den Gabentausch vollzog, bekam eine zentrale Funktion in diesem Geschehen: Er vermittelte das Heil. Der Gabentausch vollzog sich dabei in mehreren Schritten: Zunächst wurden die Gaben vom Priester geweiht (konsekriert) und dann in einem zweiten Schritt Gott dargebracht. Am Ende spendete der Priester den erbetenen Segen.[73]

Auch wenn jeder Priester pro Tag nur eine Messe feiern durfte, vermehrte sich im Laufe des Mittelalters die Zahl der Messen. Ein großer Teil der Messen wurde für Verstorbene gefeiert. Die Sorge, aufgrund von Sünden und nicht geleisteten Bußen die Gegengabe Gottes, das ewige Leben, nicht zu erhalten, war übergroß.[74] Auch Herrscherfamilien stifteten deshalb nicht unerhebliche Teile ihres Vermögens für die Gründung von Klöstern und die Feier von See-

---

[68] Vgl. ebd. 104–113.
[69] Vgl. ebd. 148–156.
[70] Vgl. ebd. 104–113.
[71] Vgl. ebd. 138–147.
[72] Vgl. ebd. 170–175.
[73] Vgl. ebd. 202–211.
[74] Vgl. ebd. 250–264.

lenmessen.⁷⁵ Die scholastische Theologie tastete diese Entwicklung nicht an.⁷⁶

Schon vor der Reformation gab es zahlreiche Anfragen an die Entwicklung der Eucharistiefeier zur Messe. Über die Frage, in welchem Verhältnis diese Feier zum letzten Abendmahl und zu Tod und Auferstehung Jesu stand, wurde schon im Früh- und Hochmittelalter intensiv gerungen (Erster und Zweiter Abendmahlsstreit). Im Zentrum stand dabei die Frage, ob in der Feier der Messe Jesus Christus leibhaft gegenwärtig ist.⁷⁷

Ablehnung der Messfeier als Gabentausch

Gemeinsam lehnten die Reformatoren die Entwicklung zur Messe, in der ein Gabentausch stattfand, ab. In Artikel 15 der Marburger Übereinkunft von 1529 wird daher betont: „dass die Messe nicht ein Werk ist, mit dem einer für den anderen im Tod oder Leben Gnade erlangt."⁷⁸

In der Feier des Abendmahles, die auf Jesus selbst zurückgeht, empfängt die Gemeinde die am Kreuz erwirkte Erlösung.⁷⁹ Ob sich Christus darüber hinaus leibhaft (Luther) oder geistlich (Calvin) dem Gläubigen mitteilt, blieb bei den Reformatoren umstritten.⁸⁰

Relativ spät beschäftigte sich das Konzil von Trient mit der Frage, ob die Eucharistie als Opfer zu verstehen ist (Sessio 22, 17.9.1562). Mit Blick auf die biblische Überlieferung vor allem des Hebräerbriefes sieht das Konzil Christus als Hohepriester, der sich selbst als lebendiges Opfer dargebracht hat. Beim letzten Abendmahl hat er die Feier dieses Opfers den Gläubigen aufgetragen. In der Feier der Eucharistie wird dieses Opfer vergegenwärtigt. Damit verwarf das Konzil mittelalterliche Fehldeutungen, nach denen Christus neu geopfert wurde, hielt aber daran fest, dass in der Messe unter den Zeichen von Brot und Wein das Opfer dargestellt und vergegenwärtigt wird (DH 1740). Erst das Zweite Vatikanische Konzil hat eine Reform der Liturgie beschlossen, die wieder näher an der

---

⁷⁵ Vgl. ebd. 265–279.
⁷⁶ Vgl. ebd. 297–304.
⁷⁷ Vgl. ebd. 358–374.
⁷⁸ Vgl. *Schäufele*, Der Text der Marburger Artikel (s. o. Anm. 9).
⁷⁹ Vgl. *Wendebourg*, Kirche (s. o. Anm. 41), 417–423.
⁸⁰ „Und obwohl wir uns andererseits dieses Mal nicht geeinigt haben, ob der wahre Leib und das wahre Blut Christi leiblich in Brot und Wein sei, so soll doch jede Partei der anderen, soweit es das Gewissen nur zulässt, christliche Liebe erweisen, und beide Parteien Gott den Allmächtigen fleißig bitten, dass er uns durch seinen Geist das richtige Verständnis bestätigen wolle." Zit. nach *Schäufele*, Der Text der Marburger Artikel (s. o. Anm. 9).

ursprünglichen Form war. Es hielt dabei am Gedanken des Opfers fest, rückte ihn aber mehr in den Hintergrund.[81]

Aus dem sonntäglichen Lob- und Dankopfer der Gemeinde in der Antike hatte sich im Westen die Tradition des täglichen Messopfers entwickelt, das Ende des 15. Jahrhunderts massenhaft gefeiert wurde, vor allem für Verstorbene. Dass die Vermehrung der Messfeiern problematisch war, ist in unumstritten. Die konfessionelle Perspektive unterscheidet sich eher in der Frage, ob das im Mittelalter entstandene „aktive" Tun der Mitfeiernden (Spendung von Gaben) und des Priesters (Konsekration der Gaben) eine legitime Anpassung an das Bedürfnis der Menschen, Gott etwas zu geben, war, oder ob damit die Grunddimension der Feier entstellt wurde. Davon zu unterscheiden ist das heutige theologische Gespräch über das Abendmahl, in dem es eher um Fragen des Amtes und des Abendmahls als Zeichen oder Werkzeug der Einheit geht.

Heutige ökumenische Fragen

3 Tradition als Thema der weiteren christlichen Ökumene

Die Kirchen des Ostens sehen die seit ihrer Entstehung weitgehend ungebrochene Tradition ihres kirchlichen Lebens und ihrer Liturgie als Ausweis der Rechtgläubigkeit (Orthodoxie). Sie trennen nicht zwischen Schrift und Tradition, sondern sehen Tradition als „das dauerhafte Leben in der Wahrheit". Reformen stehen die orthodoxen Kirchen kritisch gegenüber.[82] Auch die orientalischen Kirchen verstehen unter Traditionskritik die „Bewahrung des rechten Bekenntnisses"[83].

Orthodoxe und orientalische Kirchen

Schon in der Antike entwickelten sich in den fünf Patriarchaten Rom, Konstantinopel, Antiochia, Jerusalem und Alexandria sehr unterschiedliche Traditionen. Die Liturgiesprachen waren Latein, Griechisch, Aramäisch und Koptisch und auch die Liturgien entwickelten sich unterschiedlich. Auf Synoden und Konzilien versuchten vor allem die Kirchen Kleinasiens und Nordafrikas, theologische und ethische Fragen zu klären und die Einheit zu wahren. Kaiser Konstantin rief die Bischöfe des Römischen Reiches im Jahr 325 zum ersten ökumenischen Konzil.[84] Während das folgende

Unterschiedliche Traditionen

---

[81] Vgl. *Hans Jorissen*, Art. Messopfer, in: LThK 7 (³1998), 178–184.
[82] Vgl. *Oberdorfer*, Tradition in den Kirchen (s. o. Anm. 6), 39–40.
[83] Vgl. ebd. 38.
[84] Vgl. ebd. 35.

Konzil von Konstantinopel (381) noch von allen Kirchen rezipiert wurde, trennte sich bereits nach dem Konzil von Ephesus (431) die persische Kirche ab. Die Beschlüsse des Konzils von Chalzedon 451 wurden von den Patriarchaten Antiochia (Syrien) und Alexandria (Ägypten) nicht mitgetragen.[85] Die nachfolgenden Konzilen gelten den altorientalischen Kirchen nicht mehr als Teil der Tradition.[86]

Zusammenschau von Rechtgläubigkeit und Tradition

Gemeinsam ist den östlichen Kirchen, dass Rechtgläubigkeit (Orthodoxie) sehr stark mit Tradition verbunden wird. Die Theologen der Alten Kirche sind bis heute maßgeblich. Die Liturgien haben sich über die Jahrhunderte kaum verändert. Das theologische Verständnis der Kirche als heilsvermittelnde Institution ist sehr nah am katholischen Verständnis. Die Heiligen- und Bilderverehrung (Ikonen) spielt eine große Rolle.[87] Im 17. und 18. Jahrhundert trennten sich in vielen östlichen Kirchen Teile ab und gingen eine Kirchengemeinschaft mit der römisch-katholischen Kirche ein. Diese sog. unierten Kirchen behielten ihre Traditionen weitgehend bei.[88]

Anglikanische Kirche

Die anglikanische Kirche nimmt im Blick auf ihr Traditionsverständnis insofern eine Sonderstellung ein, als sie sich als „katholisch und reformatorisch" zugleich versteht. In ihrem Amtsverständnis und ihrer Liturgie hat sie katholische Traditionen beibehalten. In vielen theologischen Fragen ist sie eher lutherisch orientiert.[89]

Lutherische Kirchen

In den bereits genannten lutherischen Kirchen gibt es regionale Unterschiede im Verständnis von Tradition und im Umgang mit mittelalterlichen Traditionen. In Skandinavien z. B., wo es nach der Reformation keine Katholiken mehr gab, ging man mit den mittelalterlichen Traditionen unbefangener um. Die Lutherischen Kirchen waren bis in das 20. Jahrhundert hinein Staatskirchen. Lutherische Kirchengebäude und Gottesdienste haben hier eine große Ähnlichkeit mit katholischen.[90] Demgegenüber sind die sehr kleinen lutherischen Kirchen Südeuropas eher freikirchlich geprägt.[91]

---

[85] Vgl. *Thomas Bremer*, Die orthodoxen und altorientalischen Kirchen, in: *Johann Adam Möhler Institut (Hg.)*, Kleine Konfessionskunde, Paderborn ⁴2005, 82–86.

[86] Vgl. *Oberdorfer*, Tradition in den Kirchen (s. o. Anm. 6), 38–39.

[87] Vgl. *Bremer*, Die orthodoxen und altorientalischen Kirchen (s. o. Anm. 85), 123–126.

[88] Vgl. *Georg Hintzen*, Die katholische Kirche, in: *Johann Adam Möhler Institut*, Konfessionskunde (s. o. Anm. 85), 22–25.

[89] Vgl. *Gilian R. Evans*, Die anglikanischen Kirchen, in: *Johann Adam Möhler Institut*, Konfessionskunde (s. o. Anm. 85), 139–170.

[90] Vgl. *Günther Gaßmann*, Art. Lutherische Kirchen, in: TRE 21 (1991), 599–616, hier 604 f.

[91] Vgl. ebd. 605–607.

Innerhalb der lutherischen Landeskirchen entwickelten sich durch den Pietismus eigene Gemeinden, deren Hauptmerkmal die Hauskreise sind, zu denen alle Mitglieder gehören und in denen sie gemeinsam die Bibel lesen. Die Bekehrung als entscheidendes Lebensereignis hat sich hier zu einer die Gemeinden prägenden Tradition entwickelt. Aus dieser Tradition haben sich auch einige Freikirchen, wie die Methodisten und die Freien evangelischen Gemeinden entwickelt.[92] Die Methodisten sind dabei für die Traditionen anderer Kirchen durchaus offen.[93]

Freikirchen

Einige Kirchen entstanden bereits deutlich früher als die Reformation in Wittenberg wie z. B. die Böhmischen Brüder, die in Deutschland in der pietistisch geprägten Herrnhuter Brüdergemeine fortleben. Sie entwickelten die Tradition gemeinsamer Siedlungen, deren Mitglieder untereinander eng verbunden sind. Die „Losungen" (ausgeloste Bibelworte für Tag, Woche, Monat und Jahr) fanden weite Verbreitung.[94]

Die Täuferbewegungen des 16. Jahrhundert wollten eine viel radikalere Reformation, indem sie jede Nähe zum Staat und zu staatlichen Verpflichtungen (z. B. Wehrdienst) ablehnten. Ihnen gemeinsam ist die Tradition der Erwachsenentaufe als explizite Glaubenstaufe, d. h. Zeichen einer bewussten Entscheidung für den christlichen Glauben wie in der Alten Kirche. Die getauften Mitglieder sind zu einem strengen Leben nach den Geboten des Evangeliums verpflichtet. Viele Täufer leben in eigenen Siedlungen. Die starke Verfolgung, denen die Täufer ausgesetzt waren, führte dazu, dass sie heute vor allem in Russland und in Amerika existieren (z. B. Hutterer, Mennoniten, Amische).[95] In den täuferischen Kirchen gibt es keinen Traditionsbegriff, weil der als Erwachsener Getaufte aus der Heiligen Schrift lebt. Eigene Traditionen werden immer wieder an der Schrift überprüft.[96] Die Baptisten, die ebenfalls die Erwachsenentaufe praktizieren, verzichten auf den Begriff der Tradition, da bei ihnen das schriftgemäße Leben der Ortsgemeinde im Mittelpunkt steht.[97]

Täuferbewegungen und daraus entstandene Kirchen

Zusammenfassend kann gesagt werden, dass sich die stärkste Betonung der ungebrochenen Tradition in den Ostkirchen findet. Die

---

[92] Vgl. *Hans Jörg Urban*, Freikirchen, in: *Johann Adam Möhler Institut, Konfessionskunde* (s. o. Anm. 85), 263–276.
[93] Vgl. *Oberdorfer*, Tradition in den Kirchen (s. o. Anm. 6), 49–51.
[94] Vgl. *Urban*, Freikirchen (s. o. Anm. 92), 284–292.
[95] Vgl. ebd. 251–256.
[96] Vgl. *Oberdorfer*, Tradition in den Kirchen (s. o. Anm. 6), 46 f.
[97] Vgl. ebd. 47–49.

römisch-katholische Kirche hat im Mittelalter sowohl theologisch wie kirchenpolitisch eine große Entwicklung durchgemacht, die sie heute als Teil ihrer Tradition sieht. Die protestantischen Kirchen lehnen diese mittelalterliche Entwicklung der Kirche ab, knüpfen aber unterschiedlich an apostolische und altkirchliche Traditionen an. Die Freikirchen lehnen den Traditionsbegriff in der Regel ab, weil bei ihnen allein die Bibel als Autorität zählt.

Im Blick auf die Ökumene ist wichtig, dass unterschiedliche Traditionen in der Regel Zeichen von Inkulturation und folgender theologischer Reflexion sind. Ein unterschiedliches Gewicht auf der Tradition und unterschiedliche Traditionen müssen nicht kirchentrennend sein. Der ökumenische Dialog sieht die versöhnte Verschiedenheit der christlichen Traditionen als Ziel an.

4 Anknüpfungspunkte im Blick auf andere Religionen

Umgang mit Tradition – Grundfrage aller Religionen

Die Frage der Tradition ist in allen Religionen virulent. Neue Generationen stellen angesichts veränderter Lebensverhältnisse und Weltdeutungen Fragen an überlieferte Glaubenslehren und religiöse Riten. Vor allem, wenn eine Religion eine Gründergestalt und schriftliche Überlieferungen hat, entstehen zwangsläufig Fragen der Legitimität von Überlieferungen. Welche Texte dürfen einen autoritativen Anspruch erheben? Neben der Legitimität normativer Texte gibt es Unterschiede in der Auslegung, die jeweils eigene Traditionen eröffnen können. Hierzu gehört auch sekundäres Schrifttum, das nicht den Status einer kanonisierten heiligen Schrift, aber doch eine wichtige Bedeutung bekommt. Im Judentum und im Islam gibt es unterschiedliche Schulen der Auslegung von Bibel und Koran, die ihrerseits eigene Traditionen entwickelt haben. Wo die Wahrung der Tradition mit amtlichen Funktionen verbunden ist, kann die Frage der Legitimität eines Amtsinhabers bzw. einer Amtsinhaberin zu erheblichen Konflikten führen. So trennten sich die Schiiten von den Sunniten wegen der Frage, wer die Tradition Mohammads zu Recht weiterführen darf. Auch die Ausbreitung einer Religion kann durch kulturelle Adaptionen zu einer Veränderung von Traditionen führen, die ihrerseits zu einer Emanzipation vom Ursprung führen.

In allen Religionen zeigen sich, vor allem in Krisenzeiten, zwei gegensätzliche Bewegungen. Während die einen auf die Bewahrung der Tradition beharren und manche zum Traditionalismus neigen, gibt es auf der anderen Seite Reformbewegungen, die Überlieferungen aktualisieren möchten oder auch ganz verwerfen. Im Judentum gibt es ein Spektrum von Ultraorthodoxen bis zum Reformjudentum, im Islam von den sog. Islamisten bis zu einem liberalen Islam. Gleiches gilt für Hinduismus, Buddhismus und Konfuzianismus.[98]

Auch der Blick auf die Weltreligionen zeigt, dass die Frage des Umgangs mit der Tradition bzw. Traditionen zu allen Zeiten virulent war und bleiben wird.

5 Lesehinweise

ACK Deutschland (Hg.), „Tradition" im ökumenischen Gespräch. Von konfessionellen Klischees und ihrer Durchbrechung, o. O. o. J., abrufbar unter: https://www.oekumene-ack.de/fileadmin/user_upload/Publikationen/Tradition_im_oekumenischen_Gespraech.pdf [Zugriff: 06.04.2020].
Arnold Angenendt, Geschichte der Religiosität im Mittelalter, Darmstadt ⁴2009.
Arnold Angenendt, Heilige und Reliquien, Hamburg ²2007.
Arnold Angenendt, Offertorium. Das mittelalterliche Messopfer, Münster ³2014.
Albrecht Beutel (Hg.), Luther Handbuch, Tübingen ²2010, 36–82.
Günter Frank und *Volker Leppin (Hg.)*, Die Reformation und ihr Mittelalter (Melanchthon-Schriften der Stadt Bretten 14), Stuttgart/Bad Cannstatt 2016.
Thomas Kaufmann, Geschichte der Reformation, Frankfurt a. M./Leipzig 2009.
Bernd Oberdorfer und *Uwe Swarat (Hg.)*, Tradition in den Kirchen. Bindung, Kritik, Erneuerung. Im Auftrag des Deutschen Ökumenischen Studienausschusses (DÖSTA) (Beiheft zur Ökumenischen Rundschau Nr. 89), Frankfurt a. M. 2010.
Hein Retter, Luther und die Reformation: Erwägungen und Kritik im Spiegel aktueller Literatur, in: International Dialogues on Education. Past and Present 4 (2017), 26–47.

---

[98] Vgl. *Horst Bürkle*, Art. Tradition II. Religionswissenschaftlich, in: LThK 10 (³2001), 149 f.

Nach der Geschichte des Christentums fragen

Religionsdidaktischer Kommentar

Jan Woppowa und Bernd Schröder

1 Lernchancen

Zunächst muss man sich dessen bewusst sein, dass aus Sicht der meisten Kinder und Jugendlichen ein konfessionelles Bewusstsein keine oder nur noch sehr geringe Rolle spielt. So werden klassische Konfessionsmarker oder Differenzlinien im Blick auf konfessionelle Traditionen weitgehend unbekannt sein und aus Sicht von Schülerinnen und Schülern auch irrelevant erscheinen. Eine nicht selten eher diffuse Religiosität jenseits konkreter Glaubenstraditionen bildet die Signatur religiöser Individualisierung als wesentlichem Kennzeichen der heutigen Schülerinnen- und Schüler.[1] Wenn mit dem vorliegenden Inhaltsfeld auf konfessionsspezifische Lesarten des Traditionsbegriffs und auf ausgewählte Aspekte der konfessioneller Geschichtsschreibung abgehoben wird, dann soll das weniger einer konfessionellen Bewusstseinsschärfung der Lernenden dienen, als vielmehr einer Erweiterung des Blickfelds auf bestimmte Themen und Fragestellungen, die das religiöse Lernen in einem konfessionell-kooperativen Religionsunterricht bereichern können.

Es sollen hier daher einige elementare Grundeinsichten benannt werden, die bei einer unterrichtlichen Behandlung der vorliegenden Thematik zum Tragen kommen können, denn sie sind auch relevant für viele weitere curriculumsrelevante Themen des Religionsunterrichts. Zu Letzteren zählt selbstredend der Themenkomplex Reformation und Luther, darüber hinaus aber auch die Behandlung der Sakramente, das konfessionell differente Amts- und Schriftverständnis, Vorbilder und Heilige sowie das Inhaltsfeld Kirche und

Kirchengeschichtliche Themen aufnehmen

---

[1] Zu einschlägigen Typologien juveniler Religiosität vgl. als Überblick Ulrich Kropač, Art. Religiosität, Jugendliche, in: Wissenschaftlich-Religionspädagogisches Lexikon 2015, abrufbar unter: https://doi.org/10.23768/wirelex.Religiositt_Jugendliche.100087.

Ökumene. Die Bearbeitung dieser in herausgehobener Weise konfessionsspezifischen bzw. konfessionsdifferenten Themen kann mitunter tiefgehender erfolgen, wenn die in diesem Kapitel benannten Grundeinsichten herangezogen werden – sei es exemplarisch an bestimmten Fragestellungen bzw. Lerngegenständen, sei es als von der Lehrkraft eingespieltes Hintergrundwissen:

Grundeinsichten

– Der genuine Anspruch der Reformation lag in der *re-formatio*, d.h. einer Rückkehr zu den (antiken, biblischen, jesuanischen) Wurzeln und Ursprüngen des Christentums. Ausgangspunkt war eine konfessionell unterschiedliche Bewertung des Mittelalters, in dem sich die Kirche aus reformatorischer Sicht zu weit von der Intention Jesu entfernt hatte.
– Darin liegt eine unterschiedliche Bestimmung des Traditionsbegriffs: Tradition wurde einerseits katholisch in doppelter Bezogenheit auf Schrift und Zeit sowie von der Kirche bewahrte und weitergegebene Glaubens- und Sittenlehre verstanden. Andererseits galt evangelischerseits Tradition als an der Schrift (norma normans) zu prüfendes menschliches Deutungswerk ohne Vermittlung durch die Kirche.
– Daraus resultierten zentrale reformatorische Anfragen an die Traditionslinien mittelalterlicher Prägung, insbesondere an das Papstamt, an das Bußwesen (von der Sündenvergebung zur Bußleistung bzw. zum Ablasshandel), an Heiligenverehrung (statt Märtyrergedenken) sowie die Entwicklung vom Abendmahl zum Messopfer. Insgesamt war damit die Kirche als alleinige Heilsmittlerin angefragt.
– Diese Kritik kann als historische Reaktion auf Tradition und Traditionen verstanden werden, die ihrerseits wiederum neue Tradition(en) geschaffen hat. Als solche sind beispielsweise die reformatorischen Bekenntnisschriften (norma normata) zu nennen, die bis heute maßgeblich sind oder im Blick auf kleinere Konfessionsgemeinschaften die Herrnhuter Traditionen der Siedlungen und biblischen Losungen.
– Eine korrigierende Fortschreibung „identitätsstiftende[r] Traditionen"[2] gilt wohl für alle Konfessionen, wenn auch im jeweiligen Selbstverständnis unterschiedlich gewichtet, je nach eigener Auffassung ihrer Nähe zum Schriftprinzip. Denn „alle Kirchen teilen

---

[2] *Bernd Oberdorfer*, Die Traditionsstudie – Ursprungsidee und wichtigster Ertrag, in: *ACK Deutschland (Hg.)*, „Tradition" im ökumenischen Gespräch. Von konfessionellen Klischees und ihrer Durchbrechung, o. O. o. J., 11, abrufbar unter https://www.oekumene-ack.de [Zugriff: 06.04.2020].

die Überzeugung, dass es für die Authentizität des christlichen Glaubens entscheidend ist, dass er sich auf seine apostolischen Ursprünge gründet"[3]. Dies geschieht allerdings je nach Konfessionskirche in unterschiedlichen Formen der Traditionspflege, was letztlich kirchentrennend sein kann.

– Mit einem historischen Bewusstsein betrachtet sind Traditionen damit „Zeichen von Inkulturation und folgender theologischer Reflexion" (→ *Köster* und *Dierk*, Kap. 3), die eine innerchristliche Mehrdeutigkeit produzieren und darum eine gewisse Ambiguitätstoleranz (→ Lernform Nr. 16: ambiguitätsförderndes Lernen) voraussetzen. Hinsichtlich des ökumenischen Dialogs mündet eine solche Ambiguitätstoleranz im Ziel einer „versöhnte[n] Verschiedenheit der christlichen Traditionen" (→ *Köster* und *Dierk*, Kap. 3).

Ambiguitätstoleranz erwerben

Für das religiöse Lernen im Religionsunterricht bietet diese Historisierung der Reformationszeit und ihrer Folgen die Möglichkeit, religiöses Lernen historisch anzureichern. Historische Tiefenschärfe ermöglichen. Denn es leistet damit einen Beitrag zu einer allgemeinen Kompetenz der Welt- und Wirklichkeitswahrnehmung und entsprechender Deutungen der Wirklichkeit, die immer in ihrer perspektivischen Bedingtheit anzuerkennen sind. Das gilt auf der einen Seite historisch, auf der anderen Seite aber auch für die Beurteilung differenter Perspektiven innerhalb einer pluralistischen Gesellschaft. Eine solche Kompetenz zur Perspektivität von historischen und religiösen Deutungen kann als eine Grundkompetenz religiöser Bildung bezeichnet werden. Die Themen dieses Inhaltsbereichs können exemplarisch auf diesen größeren Sachverhalt hinweisen. Denn auch für die Bearbeitung solcher konfessionsspezifischen Fragestellungen im konfessionell-kooperativen Religionsunterricht gilt die Orientierung an Grundkompetenzen religiöser Bildung, insbesondere auch deshalb, weil sich Kindern und Jugendliche immer weniger als konfessionell gebunden verstehen. Ein konfessionell gemeinsames Lernen ist deshalb differenzhermeneutisch angelegt, ohne sich darin zu erschöpfen.[4] Denn in diesen Differenzen ist es immer auch auf ökumenisches Lernen im Sinne einer ständigen Erneuerung des Christentums hin auszurichten. Für beide Anliegen bietet der vorliegende Inhaltsbereich geeignete Anknüpfungspunkte aus einem historischen Blickwinkel.

Perspektivische Bedingtheit (an)erkennen

---

[3] Ebd.
[4] Vgl. *Hans Mendl*, Religionsdidaktik kompakt. Für Studium, Prüfung und Beruf. Überarbeitete Neuaufl., München [6]2018, 141–149.

Elementare Lernchancen

Exemplarische Strukturen bzw. Lerngegenstände	Lebensweltliche Zugänge bzw. Erfahrungen
Schwerpunkt: Hermeneutische Grundeinsichten – Reformation als re-formatio – unterschiedliche Bewertungen des Mittelalters – Traditionsbegriff – Reformation als Anfrage an Traditionslinien – Neuerfindungen von Traditionen	– Wahrnehmungsübungen zur unterschiedlichen Deutung von Ereignissen, je nach Perspektive des wahrnehmenden Subjekts (siehe dazu auch unten die Ausführungen zum *narrativen Lernen*) – historisches Bewusstsein aufbauen
Schwerpunkt: Aspekte des Traditionsstreits – Papstamt – Verhältnis von Kirche und Staat, Kirche und Herrschaft bzw. geistlichem Amt und Leitungsamt – Sündenvergebung, Buße und Ablass – Heiligenverehrung – Abendmahl und Messfeier	– eigene Vorstellungen vom Verhältnis zwischen Staat und Religion, von Herrschaftsformen etc. – Zugänge zu ethischen Fragen, eigene Erfahrungen im Umgang mit Schuld und Vergebung – individuelle Perspektiven auf das Gott-Mensch-Verhältnis, auf Gebet und religiöse Praxis – individuelle Erfahrungen mit katholischer, evangelischer oder auch orthodoxer Gottesdienstpraxis
Schwerpunkt: Religionsübergreifende Grundfragen nach Tradition/Überlieferung – Legitimität, Autorität heiliger Schriften und anderer Texte bzw. religiöser Schulen – Reaktionen in Krisenzeiten: Bewahrung der Tradition (extreme Ausprägung: Traditionalismus) oder Aktualisierung der Tradition (extreme Ausprägung: Reformbewegungen)	– eigene Wahrnehmung und Deutung von Phänomenen religiöser Reaktionen und Prozessen in Krisenzeiten, bspw. aus tagesaktuellen Medien oder historischen Quellen aus bestimmten Epochen

2 Orientierung an didaktischen Leitlinien konfessioneller Kooperation

Der vorliegende Inhaltsbereich setzt zwingend eine konfessionsbewusste bzw. konfessionell differente Bearbeitung voraus, wie sie der konfessionell-kooperative Religionsunterricht beabsichtigt. Weil das Verständnis von Tradition an sich bereits konfessionell different ist und davon abhängig eben auch Bewertungen historischer und kultureller Phänomene (wie innerhalb der Kirche des Mittelalters), können Unterrichtsthemen wie Martin Luther, Reformation, Kirche und Amt redlicher Weise eigentlich nur konfessionsvergleichend erarbeitet werden. Darin liegt der Mehrwert eines Religionsunterrichts in konfessionsgemischten Lerngruppen, der in bewusster Weise mit konfessioneller Differenz umgeht und Inhalte mindestens von zwei Seiten aus beleuchten sollte. Das gilt auch für die keineswegs triviale Streitfrage, ob die Reformation in Kontinuität oder als Bruch zum Mittelalter bewertet wird. Die Spannung zwischen diesen Antworten sollte bspw. auch bei einer unterrichtlichen Behandlung von Person und Werk Martin Luthers zur Sprache kommen, dessen Entwicklung zum Reformator keineswegs eindeutig beurteilt (siehe dazu oben), im faktischen Unterricht aber nicht selten so dargestellt wird.

Orientiert man sich an den Leitlinien konfessioneller Kooperation heißt das zuallererst, eine konfessionelle Differenzsensibilität aufzubauen und zu pflegen (Leitlinie 3), indem man (primär als unterrichtende Lehrkraft und dort, wo sinnvoll und möglich, auch gemeinsam mit den Lernenden) im Blick auf den vorliegenden Inhaltsbereich konfessionskundliche Wissensbestände aufbaut und möglichst vielfältige Einblicke in die Geschichte und Gegenwart von Konfessionskulturen gewinnt. Letztere können die historischen Einsichten konkret und gegenwärtig werden lassen (bspw. in der vollen Konzentration auf biblisches Wort und Wortverkündigung in den reformierten Kirchen bei gleichzeitiger Nüchternheit, was etwa die Ausgestaltung von Kirchenräumen angeht). Um diesen Aspekt zu verstärken, sollte erstens genügend Raum sein, um einen Dialog zwischen oder mit Vertreterinnen und Vertretern der Konfessionskirchen unterrichtlich zu integrieren, zusätzlich zu einer ohnehin durchgängig vorherrschenden dialogischen Dimension des konfessionell-kooperativen Religionsunterrichts (Leitlinien 4 und 8). Zweitens sollten Lehrkräfte Mut und Bereitschaft entwickeln, um konfessionelle Positivität ins Spiel zu bringen (Leitlinie 7), sei es aus eigener Erfahrung als Mitglied einer Konfessionskirche, sei es als Ausdruck ihrer Wahrnehmung des ökumenischen Dialogs in einigen der oben teilweise immer noch virulenten interkonfessionellen Streitfragen (wie Amtsverständnis oder bischöfliche Sukzession).

Leitlinien 3 und 4, 7 und 8

3 Elementare Lernform Nr. 13: Narratives historisches Lernen

Narrative Kompetenz

Historisches Lernen stellt aus einem spezifisch religiösen Blickwinkel[5] für den konfessionell-kooperativen Religionsunterricht eine elementare Lernform dar, in der in besonderer Weise auch eine „narrative Kompetenz"[6] Bedeutung erlangen kann. So müssen alle religiösen bzw. theologischen Fragen und Inhalte in einen historischen Kontext gestellt werden, wenn man ihrer prinzipiellen Perspektivität[7] gerecht werden will (→ Lernform Nr. 15: multiperspektivisches Lernen), insbesondere aber eine Bearbeitung des kirchengeschichtlichen Themenfelds der Konfessionalisierung. Denn: „Nur wenn der Prozess dieser notwendigen Historisierung der Kirchentrennungen gelingt, kann die Auseinandersetzung mit den theologisch unterschiedlichen Überzeugungen fruchtbar sein." (→ *Köster* und *Dierk*, Kap. 1.3) Genau dann nämlich kann man lernen, unterschiedliche Überzeugungen nicht nur als Faktum der Differenz wahrzunehmen, sondern in ihrer historischen Genese zu verstehen und möglicherweise auch als Perspektiven auf die Wirklichkeit anzuerkennen, die sich einander komplementär ergänzen. Konfessionelle Erzählungen und Narrationen über bestimmte Traditionsbestände sind didaktisch besonders wertvoll, „wenn Bilder und Vorstellungen über Kirchengeschichte im Sinne kirchengeschichtlicher Zusammenhänge bei den Lernenden entstehen sollen. Insofern ist die Lehrererzählung/Narration unverzichtbar, will man Kirchengeschichte lebendig werden lassen."[8]

---

[5] Mit dieser Perspektive blickt auch Harmjan Dam auf historisches Lernen: vgl. *Harmjan Dam*, Art. Historisches Lernen, Historische Bildung, in: Wissenschaftlich-Religionspädagogisches Lexikon 2017, abrufbar unter: https://doi.org/10.23768/wirelex.Historisches_Lernen_Historische_Bildung.100152 (letzter Zugriff: 07.04.2020).

[6] *Heidrun Dierk*, Art. Geschichtserzählung, in: Wissenschaftlich-Religionspädagogisches Lexikon 2015, abrufbar unter: https://doi.org/10.23768/wirelex.Geschichtserzhlung.100051.

[7] Vgl. dazu auch aus historischer Sicht: *Klaus Bergmann*, Multiperspektivität, in: *Ulrich Mayer, Hans-Jürgen Pandel* und *Gerhard Schneider (Hg.)*, Handbuch Methoden im Geschichtsunterricht, Schwalbach a. T. ³2011, 65–77.

[8] *Dierk*, Geschichtserzählung (s. o. Anm. 6).

Ein narratives historisches Lernen im konfessionell-kooperativen Religionsunterricht kann sich prinzipiell an folgenden fünf Merkmalen orientieren:[9]

Es legt erstens Wert auf die Wahrnehmung von historischen Prozessen und zielt darauf ab, das „Geworden-Sein der Wirklichkeit"[10] zu verstehen, so dass auch konfessionelle Ausdrucksformen und Überzeugungen auf diese Weise erkundet werden. Bspw. kann die Heiligenverehrung einschließlich gegenwärtiger Verfahren der Heiligsprechung als Teil einer katholischen Tradition gesehen werden, die aus einer Märtyrerverehrung heraus im Mittelalter ihre Hochform – und durchaus auch einige Auswüchse – entwickelt hatte und durch berechtigte reformatorische Kritik heute in einem aufgeklärten Licht interpretiert werden kann und muss. – Dazu kann mit Narrationen über Heilige, mit Heiligenlegenden, Lexikonartikeln, künstlerischen Darstellungen etc. aus verschiedenen historischen Epochen gearbeitet werden, um deren Perspektivität sowie entsprechende Veränderungsprozesse nachvollziehen zu können.

Gewordensein verstehen

Damit einher geht zweitens das Verstehen einer „Veränderbarkeit der Wirklichkeit"[11], und zwar aus einer linearen Zeitauffassung heraus, in der es historische Epochen und Perioden gibt mit jeweils eigenen Perspektiven auf die Wirklichkeit. Die Besonderheit eines religiös ausgerichteten historischen Lernens liegt darin, eine lineare Zeitauffassung mit einer zyklischen zu verbinden, wie das etwa im Kirchenjahr geschieht. – So erinnert z. B. der Reformationstag jedes Jahr an die Ereignisse des Jahres 1517 (und darüber hinaus), aber (evangelische) Kirchen erinnern sich zu verschiedenen Zeiten in unterschiedlicher Weise. Besonders deutlich wurde dies am Reformationsgedenken im Jahr 2017, an dem auch die katholische Kirche (in Deutschland) teilgenommen hat, so dass beide Konfessionskirchen ein neues ökumenisches Reformationsgedenken entwickelt und Tradition neu geschrieben haben, gleichwohl von völlig unterschiedlichen Standpunkten aus.[12] Dabei spielt natürlich auch erzählte Kirchengeschichte eine Rolle, wenn etwa Stimmen des Reformationsgedenkens aus verschiedenen Jahren und Epochen vergleichend herangezogen werden.

Veränderbarkeit von Wirklichkeit wahrnehmen

---

[9] Vgl. dazu insgesamt *Dam*, Historisches Lernen (s. o. Anm. 5) sowie *Dierk*, Geschichtserzählung (s. o. Anm. 6).
[10] *Dam*, Historisches Lernen (s. o. Anm. 5).
[11] Ebd.
[12] Vgl. dazu *Evangelische Kirche in Deutschland* und *Sekretariat der Deutschen Bischofskonferenz*, Erinnerung heilen – Jesus Christus bezeugen. Ein gemeinsames Wort zum Jahr 2017, Hannover 2017.

Relativität von Urteilen erkennen

Aus diesem historischen Bewusstsein heraus kann drittens auch deutlich werden, warum es relevant ist, „die Zeitbedingtheit von Werturteilen"[13] zu erkennen. Denn: „Wer historisch denkt, kann durch den Umweg über die Vergangenheit zu mehr Ausgewogenheit bei einem moralischen Urteil kommen. Wer gelernt hat historisch zu denken, wird das Andere von früher nicht als fremd und merkwürdig verurteilen, sondern versuchen, es in seiner Andersartigkeit zu verstehen."[14] – So sind bspw. die gegenseitigen Verurteilungen aus der Zeit der Konfessionalisierung aus ihrem damaligen Kontext heraus zu verstehen. Denn aus heutiger Sicht sind zwar nicht alle, aber die meisten damaligen Streitfragen einer ökumenischen Verständigung und Übereinkunft gewichen und nicht mehr als kirchentrennend einzustufen.[15] Und auch die Bewertungen historischer Personen ist zeitbedingt einzuordnen. So wird man etwa zu Person und Werk Martin Luthers völlig verschiedene Einordnungen und Narrationen finden, je nach Zeit ihrer Entstehung sowie je nach Deutungsperspektive des jeweiligen Autors oder Historikers (siehe dazu die oben zwei erwähnten Ansätze in der Lutherforschung). So kann Luther als „Kind seiner Zeit"[16], als „Revolutionär der Kirche"[17] oder auch als „der bessere Katholik"[18] charakterisiert werden – drei ganz verschiedene Narrationen zu einer zentralen Figur der Kirchengeschichte.

Kirchengeschichtliche Narrationen als Konstrukte deuten

Das deutet bereits darauf hin, dass sich jemand mit historischer bzw. narrativer Kompetenz viertens dadurch auszeichnet, dass sie bzw. er den Konstruktionscharakter von kirchengeschichtlichen Narrationen erkennen kann.[19] So wird dasselbe Phänomen oder Erlebnis ganz unterschiedlich erzählt, abhängig vom erzählenden

---

[13] *Dam*, Historisches Lernen (s. o. Anm. 5).

[14] Ebd.

[15] Vgl. dazu bspw. die *Gemeinsame Erklärung zur Rechtfertigungslehre* des Lutherischen Weltbundes und der Katholischen Kirche aus dem Jahr 1999 sowie grundlegender die viel beachtete Studie *Karl Lehmann* und *Wolfhart Pannenberg (Hg.)*, Lehrverurteilungen – kirchentrennend? 3 Bde., Freiburg i. Br./Göttingen 1986 ff.

[16] So der Historiker Heinz Schilling in einem Interview, abrufbar unter: https://www.evangelisch.de/inhalte/40675/31-10-2012/luther-ist-nur-als-kind-seiner-zeit-zu-verstehen [Zugriff: 25.03.2021].

[17] So der deutsche Titel eines Dokumentarfilms von David Batty (USA, 2017), Originaltitel: „Martin Luther – The idea that changed the world".

[18] *Dorothea Reininger*, Martin Luther – der bessere Katholik?!, in: *Jan Woppowa (Hg.)*, Perspektiven wechseln. Lernsequenzen für den konfessionell-kooperativen Religionsunterricht, Paderborn 2015, 60–68.

[19] Vgl. *Dierk*, Geschichtserzählung (s. o. Anm. 6).

Subjekt und dessen Perspektive, Befindlichkeiten, Wahrnehmung und Deutung. Ein solches Bewusstsein kann bereits mit einfachen Wahrnehmungs- und Deutungsübungen gefördert werden – bspw. indem man Lernenden die Aufgabe stellt, ein aktuelles Medienereignis aus ihrer individuellen Sicht zu erzählen, und dann die verschiedenen Erzählversionen miteinander verglichen werden. So kann anschließend „thematisiert werden, dass es nicht ‚*die* Kirchengeschichte (an sich)' gibt, sondern immer nur ‚Kirchengeschichten', deren Darstellungen von den Intentionen der Verfassenden abhängig sind"[20]. Das heißt, man kann im Bereich der (Kirchen-) Geschichtsschreibung nur zu einer *relativen* Objektivität gelangen: „Es wird erzählt, wie es gewesen sein könnte. Diese Einsicht ist grundlegend für die Ausbildung der Fähigkeit, bestehende Erzählungen zu dekonstruieren."[21]

Wenn man mit Dierk davon ausgeht, dass sich Lernende im Sinne einer narrativen Kompetenz „die Denkform ‚Kirchengeschichte' produktiv aneignen und mitgestalten"[22] sollen, dann weist das fünftens auch auf handlungs- und produktorientierte Methoden hin, in denen sie selbst Geschichte deuten und gestalten. Ein solches konstruktives narratives Lernen kann sich zum Beispiel wie folgt realisieren:[23]

<small>Handlungs- und produktorientierte Methoden anwenden</small>

- als *Narrativieren*: In einer narrativen Konstruktion aus vorliegenden Quellen und darstellenden Texten erarbeiten sich die Lernenden ihre eigene kirchengeschichtliche Erzählung, die zugleich eine neue Sinnbildung darstellt;
- als *perspektivisches Umerzählen*: Ausgehend von bestehenden kirchengeschichtlichen Narrationen wird dasselbe Ereignis aus einer anderen Perspektive beleuchtet und wiedergegeben. Ein solcher Perspektivenwechsel oder eine probeweise Perspektivübernahme kann in besonderer Weise „die Standortgebundenheit kirchenhistorischer Erzählungen im Vergleich sichtbar werden"[24] lassen.

---

[20] Ebd.
[21] Ebd.
[22] Ebd.
[23] Vgl. ebd. mit Bezug auf *Hans-Jürgen Pandel*, Historisches Erzählen. Narrativität im Geschichtsunterricht, Methoden historischen Lernens, Schwalbach 2010.
[24] *Dierk*, Geschichtserzählung (s. o. Anm. 6). Dierk zeichnet ein solches Vorgehen sogar als spezifische didaktische Chance des konfessionell-kooperativen bzw. pluralistischen Religionsunterrichts aus.

> Historisches und narratives Lernen sowie darüber hinaus auch ein erinnerungsgeleitetes Lernen sind wesentliche Bausteine der Kirchengeschichtsdidaktik, die ein spezielles Feld der Religionsdidaktik darstellt. Ihr geht es um einen kritisch-erinnernden und aktualisierenden Umgang mit historischen Quellen und Phänomenen, nicht zuletzt auch um die Stärkung kirchenhistorischer Inhalte in ihrer Relevanz für den Religionsunterricht.
>
> Zur Orientierung: *Konstantin Lindner*, Lernen an Kirchengeschichte, in: *Ulrich Kropač* und *Ulrich Riegel (Hg.)*, Handbuch Religionsdidaktik, Stuttgart 2021, 309–316; *Stefan Bork* und *Claudia Gärtner (Hg.)*, Kirchengeschichtsdidaktik. Verortungen zwischen Religionspädagogik, Kirchengeschichte und Geschichtsdidaktik, Stuttgart 2016; *Heidrun Dierk*, Kirchengeschichte elementar. Entwurf einer Theorie des Umgangs mit geschichtlichen Traditionen im Religionsunterricht, Münster 2005.

4 Elementare Lernform Nr. 14: Kulturhermeneutisches Lernen

Konfessionell-kooperatives Lernen stellt auch eine kulturhermeneutische Aufgabe dar, in der nach Präsenz und Relevanz von Konfessionen in und für Kultur, Gesellschaft und ihre Individuen gefragt wird. Kulturhermeneutische Perspektiven auf die Alltagsgeschichte fragen „nach der Praxis von Christlichem, die im Handeln von Einzelnen, Gruppen – z. B. Kirche – und in zivilisatorischen Strukturen sichtbar wird"[25] und können daher insbesondere auch konfessionsspezifische Ausdrucksformen sowie Deutungen der Geschichte freilegen. Eine religiöse Kulturhermeneutik will allerdings nicht nur Religion resp. Konfession in Kultur entdecken, sondern ebenso danach fragen, „ob kulturelle Bestände auch durch Merkmale und Perspektiven der Religion angemessen, hintergründig oder kritisch verstanden werden können"[26].

Kulturhermeneutisches Lernen kann deshalb hier ganz grundlegend verstanden werden als ein Verstehenlernen und kritisches Befragen der umgebenden Alltagskultur auf ihre impliziten oder expliziten religiösen und insbesondere konfessionellen Gehalte hin.

Kulturhermeneutik

Fokus auf Alltagskultur

---

[25] *Klaus König*, Die Vielfalt christlicher Praxis. Kulturhermeneutische Perspektiven für die Fachbeiträge dieses Bandes, in: *Konstantin Lindner, Ulrich Riegel* und *Andreas Hoffmann (Hg.)*, Alltagsgeschichte im Religionsunterricht. Kirchengeschichtliche Studien und religionsdidaktische Perspektiven, Stuttgart 2013, 207–216, hier 207.

[26] *Ulrich Kropač*, Religion – Religiosität – Religionskultur. Ein Grundriss religiöser Bildung in der Schule, Stuttgart 2019, 177.

So können die Kantaten und Oratorien von Johann Sebastian Bach auf den ihnen inhärenten Vorgang evangelischer Verkündigung oder auf ihre reformatorische Konzentration auf das biblische Wort hin analysiert werden. Ebenso kann das noch immer sehenswerte Musikvideo zu Madonnas „Like a prayer" (1989) auf seine Nähe zu einer katholisch geprägten Ikonographie und Symbolik hin untersucht werden, deren Ursprünge auch auf mittelalterliche Frömmigkeitskulturen verweisen können (einschließlich des in der Folge ausgetragenen Streits mit kirchlichen Instanzen).[27] Nicht zuletzt sind evangelische, katholische und orthodoxe Kirchenräume oder spirituelle Orte wie Klöster oder Bergkapellen als Teil der umgebenden Kultur zu erkunden und als konfessionsspezifische (Stichwort: Heiligenverehrung in regionalen Kontexten) oder ausdrücklich ökumenische Ausdrucksformen des Christlichen zu entschlüsseln. Und wenn es insgesamt „eine wichtige Aufgabe von Schule [ist], im Umgang mit der kulturellen Überlieferung, ein Bewusstsein für die historische Bedingtheit und für das historische Gewordensein von Kultur zu entwickeln und zu fördern"[28], dann spielen dazu sicherlich auch die konfessionellen Ausdrucksformen und Überlieferungen eine wichtige Rolle.

Kulturhermeneutisches Lernen in Bezug auf konfessionsspezifische Ausdrucksformen und Geschichte(n) des Christentums kann im Blick auf den konfessionell-kooperativen Religionsunterricht in drei Grundformen stattfinden:[29]

In deduktiven Verfahren werden, ausgehend von einer Bestimmung katholischer oder evangelischer Ausdrucksformen und Deutungsperspektiven, Zeugnisse aus der Kultur (Film, Musik, Videoclip, bildende Kunst, Architektur, Literatur etc.) analysiert und auf konfessionsspezifische Prägungen hin freigelegt (wie etwa die oben benannten Beispiele aus der Musik). *(Deduktive Verfahren)*

Bei einem induktiv-vergleichenden Vorgehen werden Beispiele aus einem oder verschiedenen kulturellen Bereich(en) auf ähnliche religiöse bzw. konfessionelle Traditionen und Formen hin untersucht (bspw. persönliche Zeugnisse von gläubigen Menschen, die *(Induktive Verfahren)*

---

[27] Zu Letzterem vgl. *Andreas Mertin*, ICONOCLASH. Der Skandal um Madonnas „Like a prayer" als Streit um Zeichen und Bilder, abrufbar unter: https://www.amertin.de/aufsatz/2004/madonna.htm [Zugriff: 01.04.2020].
[28] *George Reilly*, Religiöse Kulturhermeneutik und religiös-kulturelle Identität in einer pluralen Schule, in: Theo-Web. Zeitschrift für Religionspädagogik 8 (2009), 203–213, hier 210.
[29] In enger Anlehnung an die Grundformen religiöser Kulturhermeneutik bei *Kropač*, Religion (s. o. Anm. 26), 178.

ihrerseits religiöse Erfahrungen oder auch konfessionelle Prägungen aufweisen können).

Abduktive Verfahren — Im Falle einer abduktiv-phänomenologischen Vorgehensweise werden kulturelle Zeugnisse in eher offener Weise in den Blick genommen und aus einer gemeinsamen Wahrnehmung und Befragung innerhalb einer Interpretationsgemeinschaft heraus mit neuen Hypothesen erst in ihrer religiösen Bedeutung erschlossen, etwa in der Begegnung mit spirituellen Gemeinschaften wie in Taizé und damit einhergehenden Ausdrucksformen, in denen die bekannten konfessionellen Grenzen und Traditionen überschritten werden, oder in gemeinsamen Abendmahlsfeiern zwischen katholischen und evangelischen Christinnen und Christen, die in bewusster Weise konfessionelle Grenzsetzungen und historisch bedingte Konfessionalisierungen außer Acht lassen und sich auf ein verbindend Christliches berufen.

> Die Kulturhermeneutik ist aus religionspädagogischer Sicht relevant, weil sie einen ausgewiesenen Forschungszugang darstellt, der religiöse Deutungsmuster in der (Pop-)Kultur identifiziert und dabei auch Einblicke in die Lebensdeutungen und Einstellungen von Kindern und Jugendlichen geben kann. Darüber hinaus legt auch der Religionsunterricht selbst kulturhermeneutische Perspektiven an, wenn er mit Religionskulturen bzw. Religion als Kultur umgeht.
>
> Zur Orientierung: *Ulrich Kropač*, Religion – Religiosität – Religionskultur. Ein Grundriss religiöser Bildung in der Schule, Stuttgart 2019; *Wilhelm Gräb*, Vom Menschsein und der Religion. Eine praktische Kulturtheologie (PThGG 30), Tübingen 2018.

Nach anderen Religionen fragen

Christentum in Beziehung und Vergleich

Klaus von Stosch und Christiane Tietz

1   Einleitung

Die Frage nach anderen Religionen ist heute im Religionsunterricht unvermeidlich. Das ist zunächst dadurch begründet, dass immer mehr Menschen aus nichtchristlichen Ländern nach Deutschland kommen, sodass schon im Alltag der Schülerinnen und Schüler religionsdialogische Kompetenzen gefragt sind. Hinzu kommt, dass durch das Internet und durch Urlaubsreisen andere Religionen und Kulturen für viele Menschen auch sonst Teil ihrer Lebenswirklichkeit sind. Durch religionsverbindende Freundschaften und Partnerschaften entsteht eine neue Dynamik des interreligiösen Miteinanders, die theologisch begleitet werden muss. Das gegenwärtige Erstarken des Fundamentalismus in allen Religionen erschwert diese theologische Begleitung, die darum sorgfältig reflektiert werden will.

Anlässe der Fragestellung

Offenkundig ist die Begegnung mit anderen Religionen zunächst einmal eine Herausforderung, die Christinnen und Christen aller Konfessionen gleichermaßen betrifft. Denn die Erfahrung, dass andere Menschen anderen Religionen angehören, problematisiert die Selbstverständlichkeit des eigenen Christseins und also die eigene religiöse Identität. Gleichzeitig bietet der Dialog mit anderen Religionen die Möglichkeit, die alle christlichen Konfessionen verbindenden Elemente innerhalb der eigenen Religion intensiver wahrzunehmen. Der interreligiöse Dialog hält von daher eine große Chance für neue Impulse zur ökumenischen Verständigung bereit. Diese sind aufmerksam aufzunehmen. Denn natürlich schadet Unversöhntheit zwischen den Christentümer der Glaubwürdigkeit im interreligiösen Gespräch.

Interreligiöser Dialog als Chance für ökumenische Verständigung

Hinzu kommt, dass eine versöhnte Vielfalt der innerchristlichen Verschiedenheit zusätzliche Anknüpfungsmöglichkeiten für das interreligiöse Gespräch bietet. So könnte sich eine protestantische Christin angesichts der Art, wie Schiitinnen und Schiiten ihre Ima-

Vielfalt der Religionen und Konfessionen

me verehren oder Hindus sich ihren Gottheiten nähern, an die Heiligenverehrung im katholischen Christentum erinnern und dann die schiitische oder auch hinduistische Frömmigkeitspraxis besser verstehen und vielleicht sogar würdigen, wenn sie ein Verständnis und eine Wertschätzung des katholischen Glaubens an dieser Stelle durch das ökumenische Gespräch erlernt hat. Oder ein katholischer Christ könnte die muslimische Ausrichtung aller Theologie auf den Koran leichter wohlwollend betrachten, wenn sie einen verstehenden, wertschätzenden Umgang des reformatorischen *sola scriptura* entwickelt hat. Gleichzeitig wirkt eine ökumenische Öffnung innerhalb des Christentums auch auf ein Verständnis des Christentums insgesamt zurück, das interreligiöse Begegnungen leichter möglich macht: Christinnen und Christen in den westlichen Kirchen ganz allgemein könnten durch intensive ökumenische Gespräche mit den Ostkirchen lernen, dass das Christentum nicht einfach eine westliche Religion ist und dass die spezifischen Emanzipationsprozesse, die das Christentum in Europa vollzogen hat, nicht einfach mit dem Christentum verwechselt werden dürfen. Auch ist eine Form von Religionsausübung, die sich nicht in jeder Hinsicht an dem Programm der Aufklärung orientiert, Realität in nicht wenigen Christentümern der heutigen Zeit – und ja auch im Westen wieder auf dem Vormarsch. Die Einbeziehung dieser Erfahrungen kann für das Gespräch mit anderen Religionen beflügelnd sein und asymmetrische Gesprächssituationen aufbrechen, in denen die christliche Religion einseitig mit den Werten der Moderne und des Fortschritts identifiziert wird.

Nach anderen Religionen zu fragen bringt also nicht nur deren verwirrende Vielfalt ins Bewusstsein, sondern zeigt auch, wie verzweigt das Christentum ist und wie unterschiedlich das interpretiert werden kann, was uns selbstverständlich und vertraut erscheint. Angesichts der damit vielfältig gegebenen Kontingenzerfahrungen ist es wichtig, darüber zu reflektieren, in welcher Haltung Christinnen und Christen sich anderen Religionen nähern sollten und welche Lernerfahrungen hier möglich sind. Wir gehen deswegen im Folgenden so vor, dass wir erst einmal vor dem Hintergrund des evangelisch-katholischen Diskurses westlicher Provenienz untersuchen (2), wie das Verhältnis des Christentums zu anderen Religionen modellhaft bestimmt werden kann und welche Implikationen die jeweiligen Modelle für die Begegnung mit anderen Religionen haben (2.1). Danach überlegen wir, welche Formen des Lernens im interreligiösen Miteinander möglich sind (2.2), um schließlich zu diskutieren, welche Kriterien diese Lernerfahrungen anleiten kön-

Vorgehen

nen (2.3). Auf diesem Dreischritt liegt der Fokus unseres Artikels. Danach deuten wir aber wenigstens skizzenhaft an, wie sich unser Thema verändert, wenn wir auch die Perspektiven christlicher Kirchen (3) und anderer Religionen in den Blick nehmen (4).

2 Christentum und andere Religionen aus evangelisch-katholischer Perspektive

Das Verhältnis der katholischen Kirche zu den anderen Religionen hat durch das Zweite Vatikanische Konzil einen Paradigmenwechsel erfahren. In der dogmatischen Konstitution über die Kirche *Lumen Gentium* (LG) hält das Konzil fest, dass das Heil auch von Menschen erlangt werden kann, „die ohne Schuld noch nicht zur ausdrücklichen Anerkennung Gottes gekommen sind, jedoch, nicht ohne die göttliche Gnade, ein rechtes Leben zu führen sich bemühen" (LG 16). In Anknüpfung an die Weltgerichtsszene in Mt 25 wird so argumentiert, dass Menschen auch dann von Gottes Gnade erfüllt und geleitet sein können, wenn sie nie etwas von der Botschaft des Christentums gehört haben. Damit trägt das Konzil der Tatsache Rechnung, dass es ganz offenkundig auch außerhalb der Kirchen Menschen gibt, die nach den Werten leben, die den christlichen Glauben bestimmen, sodass es zutiefst ungerecht wäre, wenn diese Menschen nicht auch eine Chance auf Gemeinschaft mit Gott erhielten. Dabei lässt das Konzil ausdrücklich offen, ob nichtchristliche Religionen an dieser Stelle eine konstruktive Rolle spielen. Allerdings ermutigt es in seiner Erklärung zum Verhältnis zu den anderen Religionen *Nostra aetate* (NA) dazu, diesen in einer Haltung liebevoller Aufmerksamkeit gegenüberzutreten. Wörtlich heißt es in NA 2: „Die katholische Kirche lehnt nichts von alledem ab, was in diesen Religionen wahr und heilig ist. Mit aufrichtigem Ernst betrachtet sie jene Handlungs- und Lebensweisen, jene Vorschriften und Lehren, die zwar in manchem von dem abweichen, was sie selber für wahr hält und lehrt, doch nicht selten einen Strahl jener Wahrheit erkennen lassen, die alle Menschen erleuchtet. Unablässig aber verkündet sie und muß sie verkündigen Christus, der ist ‚der Weg, die Wahrheit und das Leben' (Joh 14,6), in dem die Menschen die Fülle des religiösen Lebens finden, in dem Gott alles mit sich versöhnt hat (2 Kor 5,18 f.)." Das Konzil beharrt also auf dem reformatorischen *solus Christus* im Blick auf das menschliche Heil und behauptet nicht, dass die anderen Religionen dieses Heil

Paradigmenwechsel durch das Zweite Vatikanische Konzil

vermitteln. Es lädt uns aber ein, auf die Strahlen der Wahrheit zu schauen, die uns in der Welt der Religionen entgegenleuchten. Betrachtet man die Rezeptionsgeschichte des Zweiten Vatikanischen Konzils, kann man sehen, dass die katholische Kirche immer mehr gelernt hat, die nichtchristlichen Religionen mit einer Haltung der Wertschätzung in den Blick zu nehmen und sie als Bündnispartnerinnen im Eintreten für Frieden, Gerechtigkeit und die Bewahrung der Schöpfung anzusehen.

Ähnliche Entwicklung auf evangelischer Seite

An dieser Stelle weiß sie sich mit der evangelischen Kirche einig. In den vergangenen Jahren hat die Evangelische Kirche in Deutschland (EKD) zahlreiche Dokumente veröffentlicht, in denen sie die alltägliche Erfahrung der Vielfalt der Religionen als „Herausforderung und Chance" benennt.[1] Die Chance wird dabei immer mehr nicht nur darin gesehen, sich „im Zusammenleben mit Angehörigen anderer Religionen unserem eigenen Glauben und unseren Traditionen neu stellen [zu] können", sondern auch darin, „in der Begegnung mit anderen bereichert [zu] werden".[2] Und so kann man sagen, dass beide Konfessionen derzeit Wege entwickeln, wie wir die nichtchristlichen Religionen nicht mehr als Gegnerinnen ansehen, sondern in ein produktives und konstruktives Gespräch mit ihnen eintreten, ohne dabei die christliche Glaubensidentität zur Disposition zu stellen.

Theologisch haben sich in der westlichen Theologie unterschiedliche Modelle zur Unterfütterung eines neuen Miteinanders der Religionen entwickelt, die wir im Folgenden kurz vorstellen wollen und die jeweils in beiden Konfessionen vertreten werden.

2.1 Implikationen religionstheologischer Modelle für den Dialog der Religionen

Klassische Position: Heilsexklusivität

Klassisch tendieren die christlichen Kirchen dazu, die Heilsexklusivität Jesu Christi so zu verstehen, dass es außerhalb des Christentums kein Heil geben kann. Allerdings führt diese Position in

---

[1] Christlicher Glaube und religiöse Vielfalt in evangelischer Perspektive. Ein Grundlagentext des Rates der Evangelischen Kirche in Deutschland (EKD), Gütersloh 2015, 13.

[2] Ebd. 13 f. Deutlich zurückhaltender hier noch die Texte: Christlicher Glaube und nichtchristliche Religionen. Theologische Leitlinien. Ein Beitrag der Kammer für Theologie der Evangelischen Kirche in Deutschland, Hannover 2003; Klarheit und gute Nachbarschaft. Christen und Muslime in Deutschland. Eine Handreichung des Rates der EKD, Hannover 2006.

ihrer klassischen Deutung zu der Auffassung, dass Ungetaufte nach dem Tod automatisch in der Hölle landen bzw. in der Gottferne. Diese Position konnte noch in einer Zeit überzeugen, in der man kaum Kontakte zu Menschen außerhalb des Einflussbereichs des Christentums hatte. In einer Zeit, in der andere Religionen nicht mehr dämonisiert werden und Freundschaften über Religionsgrenzen hinweg entstehen, ist diese Position hoffnungslos unzeitgemäß. Angesichts der offenkundigen Ungerechtigkeit einer Bestrafung von Menschen, die nie eine ernsthafte Chance hatten, das Christentum kennenzulernen, wird diese Position heute außerhalb von fundamentalistischen Kreisen kaum mehr vertreten.

Das bedeutet aber nicht, dass die Heilsexklusivität Jesu Christi auf breiter Front aufgegeben würde. In beiden Kirchen gibt es weiterhin einflussreiche Theologinnen und Theologen, die daran festhalten, dass nur in Jesus Christus Heil zu finden ist, und davon ausgehen, dass nichtchristliche Religionen keine heilsvermittelnde Qualität haben.[3] Aber zugleich lassen sie die Möglichkeit offen, dass es auch ohne ausdrücklichen christlichen Glauben zu Lebzeiten eine Heilschance geben könnte – etwa dadurch, dass man im Eschaton Jesus Christus begegne und sich dann noch für ihn entscheiden könne.[4] *Zeitgenössische Lesarten*

Manchmal wird die Frage nach dem Heil der Nichtchristen auch einfach offengelassen. Die Auskunft lautet dann so, dass der christliche Glaube zwar aussage, dass in Jesus Christus das Heil der Welt liege. Zugleich könne man aber festhalten, dass diese Aussage noch nicht entscheide, wie andere Religionen zu bewerten seien. Vielleicht gebe es in ihnen ja allerlei andere gute, hilfreiche Dinge zu entdecken. Und sowieso sei Gott zuzutrauen, dass er auch Wege zu sich finde, die wir gar nicht überblicken können. Aber statt darüber *Partikularismus*

---

[3] Vgl. für die katholische Seite u. a. *Max Seckler*, Theologie der Religionen mit Fragezeichen, in: ThQ 166 (1986), 164–184, hier 177–179; *Gavin D'Costa*, Christianity and world religions. Disputed questions in the theology of religions, Malden/Mass.-Oxford 2009; *Joseph DiNoia*, The diversity of religions. A Christian perspective, Washington 1992. Für die evangelische Seite ist besonders einflussreich *George A. Lindbeck*, Christliche Lehre als Grammatik des Glaubens. Religion und Theologie im postliberalen Zeitalter, Gütersloh 1994. Für die evangelische Seite vgl. auch *Lesslie Newbigin*, The Gospel in a Pluralist Society, Grand Rapids 1989.
[4] Vgl. *Lindbeck*, Christliche Lehre als Grammatik des Glaubens, 91–99; *Ders.*, „Fides ex auditu" und die Erlösung der Nicht-Christen. Wie denken der Katholizismus und der Protestantismus der Gegenwart darüber?, in: *Vilmos Vatja (Hg.)*, Das Evangelium und die Zweideutigkeit der Kirche (Evangelium als Geschichte 3), Göttingen 1973, 122–157.

zu spekulieren, ob und wie Gott die Menschen außerhalb des Christentums für sich gewinnen könne, gelte es das allumfassende Heil in Jesus Christus zu bezeugen. Eine solche Haltung, die – anders als der Exklusivismus – Heilsmöglichkeiten außerhalb des christlichen Glaubens durchaus für möglich hält, aber eben nicht sagen möchte, wie diese ausgestaltet werden können, kann man als *Partikularismus* bezeichnen. Dieser Partikularismus ist in weiten Teilen der konservativeren evangelischen Theologie, aber auch in der römischen Theologie derzeit einigermaßen beliebt und er kann interessante Koalitionen mit postliberalen oder postkolonialen Theorien eingehen, sodass er völlig auf der Höhe der Zeit stark gemacht werden kann.[5]

Im Blick auf den Dialog der Religionen birgt er aber das Risiko, dass man gegenüber den Leistungen anderer Religionen stumm bleibt. Wem es ein Anliegen ist, in einer Haltung der Wertschätzung auf andere Religionen zuzugehen, wird nach einer Hermeneutik suchen müssen, die auch positiv beschreiben kann, an welcher Stelle wir andere Religionen christlicherseits wertschätzen können – so wie das etwa *Nostra Aetate* tut.

Inklusivismus

Viele Theologinnen und Theologen insbesondere in der katholischen Tradition, aber auch in vielen evangelischen Positionierungen empfehlen deshalb gegenwärtig einen inklusiven Umgang mit den Geltungsansprüchen anderer Religionen. Die Grundidee des *Inklusivismus* besteht darin, den Kern des christlichen Glaubens, also vor allem unser Verstehen Jesu Christi, als Kriterium für die Beurteilung anderer Religionen zu verwenden. Wenn andere Religionen in ihren Werten und Glaubensaussagen dem entsprechen, was wir durch, mit und in Jesus Christus erkannt haben, können wir diese Werte und Glaubensaussagen anerkennen. Hierdurch sei eine Inklusion und dadurch dann auch eine echte Wertschätzung anderer Religionen möglich. Wenn allerdings andere Religionen dem Kern des Christentums widersprechen, müsse dieser Widerspruch zurückgewiesen werden. So sei es z. B. möglich, sich über den jüdischen und den muslimischen Glauben an den einen Gott zu freuen. Sobald dann aber ein Widerspruch zum trinitarischen Glauben ausgesagt werde, müsse dieser Widerspruch zurückgewiesen werden.

Neuer (reziproker) Inklusivismus

In verschiedenen Versionen eines sogenannten *neuen Inklusivismus* wird betont, dass das inklusivistische Modell keineswegs dahin führen müsse, die eigene Religion für die beste Religion zu halten.

---

[5] Vgl. *Catherine Cornille*, Meaning and method in comparative theology, Hoboken/New Jersey 2019, Kap. 1.

Vielmehr sei der Inklusivismus rein hermeneutisch zu verstehen und mache eben deutlich, dass wir nicht anders als vom eigenen Standpunkt aus – und damit eben auch von der eigenen Religion aus – andere Religionen beurteilen können. Dieses Recht sei dann auch anderen Menschen zuzugestehen; ein solcher Inklusivismus ist immer auf Gegenseitigkeit angelegt.[6] Vom eigenen Glauben aus zu denken bedeute ja keineswegs, blind zu sein für die Stärken anderer Traditionen. So wiesen schon Dietrich Bonhoeffer und Karl Rahner darauf hin, dass das Christentum von Nichtchristen oft viel authentischer gelebt wird als von Christinnen und Christen.[7] Und Reinhold Bernhardt macht darauf aufmerksam, dass die entscheidenden christlichen Werte – Freiheit und Liebe – auch in anderen Religionen von größter Wichtigkeit sind, sodass hier weite Räume wechselseitiger Würdigung entstehen, wenn wir diese Werte zur Grundlage religionstheologischer Urteile machen.[8]

Allerdings steht auch ein nur hermeneutisch verstandener Inklusivismus in der Gefahr, Menschen anderer religiöser Traditionen zu vereinnahmen. Man mag eine solche Vereinnahmung bei Verstehensprozessen insgesamt für unverzichtbar halten. Aber selbst wenn es durchaus sein kann, dass ich nur aus meiner Perspektive auf andere Religionen schauen kann, ist es nicht zwingend, die eigenen Glaubensaussagen auch bei der Bewertung anderer Religionen als Kriterium zu verwenden. Wenn man dies dennoch macht, besteht das Risiko, gerade das nicht positiv in den Blick bekommen zu können, was vom eigenen Glauben abweicht. Der Inklusivismus hat also den Vorteil gegenüber dem Partikularismus, dass er versucht, wertschätzend auf Phänomene außerhalb des Christentums

---

[6] Vgl. zum mutualen Inklusivismus als evangelisches Beispiel *Reinhold Bernhardt*, Ende des Dialogs? Die Begegnung der Religionen und ihre theologische Reflexion (Beiträge zu einer Theologie der Religionen 2), Zürich 2005. Für die katholische Seite vgl. *Michael Bongardt*, Die Fraglichkeit der Offenbarung. Ernst Cassirers Philosophie als Orientierung im Dialog der Religionen (ratio fidei 2), Regensburg 2000; *Ders.*, Aufs Ganze sehen. Der Inklusivismus eines glaubenden Blicks auf die Welt, in: SaThZ 4 (2000), 142–154.

[7] Vgl. *Dietrich Bonhoeffer*, Widerstand und Ergebung. Briefe und Aufzeichnungen aus der Haft (Dietrich Bonhoeffer Werke 8), Gütersloh 1998, 545, 547 und 558; *Karl Rahner*, Schriften zur Theologie, Bd. V, Einsiedeln/Zürich/Köln 1962, 17.

[8] Vgl. *Reinhold Bernhardt*, Die Polarität von Freiheit und Liebe. Überlegungen zur interreligiösen Urteilsbildung aus dogmatischer Perspektive, in: *Ders.* und *Perry Schmidt-Leukel* (Hg.), Kriterien interreligiöser Urteilsbildung (Beiträge zu einer Theologie der Religionen 1), Zürich 2005, 71–101.

zuzugehen. Zugleich bezieht er auch die Rede vom Heil in diese wertschätzende Rede ein, was ihn im Blick auf den genauen Wortlaut des Zweiten Vatikanischen Konzils angreifbar macht. Gleichzeitig verwendet er eine Kriteriologie, die es a priori unmöglich macht, auch Phänomene hochzuachten, die in keiner verständlichen Relation zum eigenen Glauben stehen. Letztlich läuft der Inklusivismus darauf hinaus, alles als negativ bewerten zu müssen, was dem eigenen Glauben widerspricht.

Pluralismus Entsprechend gibt es gerade im evangelischen Raum eine starke Fraktion, die dazu aufruft, mit der positiven Würdigung anderer Religionen ernst zu machen und eine pluralistische Theologie der Religionen zu vertreten.[9] Auch wenn diese Position katholischerseits lehramtlich nicht als akzeptabel eingestuft wird,[10] gibt es auch katholische Stimmen, die zum Pluralismus einladen.[11] In den pluralistischen Entwürfen ist nicht mehr Jesus Christus der Maßstab für die Beurteilung anderer Religionen, sondern eine abstraktere Kategorie wie die des Heils[12] oder der Wirklichkeitszentrierung.[13] Da Heil und Wirklichkeit aber nur dann zu handhabaren Kriterien werden, wenn sie in einer bestimmten religiösen Tradition ausgedeutet werden, und da unübersehbar ist, dass führende Vertreter des Pluralismus ihre Kriterien aus ihrem christlichen Glauben entwickeln, steht auch der sogenannte Pluralismus im Verdacht, hermeneutisch inklusivistisch vorzugehen und also wirkliche Andersheit in der Welt der Religionen nicht würdigen zu können.[14]

Die einzige Möglichkeit, wie der Pluralismus angesichts seiner inklusivistischen Tiefenstruktur einen offenkundigen Superiorismus vermeiden kann, besteht darin, die Kernbestände des christlichen Glaubens so zu reinterpretieren, dass daraus alles für den

---

[9] Vgl. insbesondere *Perry Schmidt-Leukel*, Gott ohne Grenzen. Eine christliche und pluralistische Theologie der Religionen, Gütersloh 2005.

[10] Der wesentliche Hintergrund der Enzyklika *Dominus Iesus* von Papst Johannes Paul II. war ja die Zurückweisung jeder pluralistischen Theologie der Religionen.

[11] Vgl. als prominentestes Beispiel *Paul F. Knitter*, Ein Gott – viele Religionen. Gegen den Absolutheitsanspruch des Christentums, dt. v. *Josef Wimmer*, München 1988.

[12] Vgl. *Paul F. Knitter*, Religion und Befreiung. Soteriozentrismus als Antwort an die Kritiker, in: *Reinhold Bernhardt (Hg.)*, Horizontüberschreitung. Die Pluralistische Theologie der Religionen, Gütersloh 1991, 203–219.

[13] Vgl. *John Hick*, Religion. Die menschlichen Antworten auf die Frage nach Leben und Tod, München 1996, 31.

[14] Vgl. die entsprechende Kritik bei *S. Mark Heim*, Salvations. Truth and difference in religion, Maryknoll/New York ²1997, 129.

interreligiösen Dialog Anstößige verschwindet. Insbesondere alle Einzigkeitsattribute im Blick auf Jesus Christus werden deshalb von Pluralisten zurückgewiesen. Damit stellt sich aber für katholische wie evangelische Christinnen und Christen die Frage, wie eine pluralistische Theologie noch mit dem christlichen Glauben vereinbart werden kann. Denn dieser besteht zentral darin, das reformatorische *solus Christus* ernst zu nehmen und also nur in ihm Heil, Wahrheit und Leben zu suchen (Joh 14,6). Wenn Christus nicht mehr als die eine und alles entscheidende Selbstmitteilung Gottes verstanden wird, sondern nur noch als eine Manifestation Gottes neben anderen, ist dem christlichen Glauben unserer Einschätzung nach die Grundlage entzogen.

Selbst wenn man den christlichen Glauben hier anders interpretiert, hat der Pluralismus in Bezug auf den interreligiösen Dialog die Schwierigkeit, genauso wie der hermeneutische Inklusivismus zu sehr auf Inklusion und Gleichheit zu setzen und blind für echte und bleibende Verschiedenheit zu sein. Radikale Alterität wird offenkundig bei den bisher vorgestellten Modellen nur vom Partikularismus zugestanden. Wie gesehen, fehlt hier aber eine theologische Konzeption, um mit dieser Alterität produktiv umzugehen.

Eben einen solchen produktiven Umgang mit Differenz verspricht die sogenannte *Komparative Theologie*, die die Wahrheitsmomente der genannten theologischen Momente aufnimmt, aber beansprucht, ohne religionstheologische Vorentscheidung betrieben werden zu können. Mit dem Partikularismus teilt sie die Einsicht, dass uns das Bekenntnis zur Heilsexklusivität Jesu Christi zögern lassen sollte, Heilsmomente auch in anderen Religionen zu suchen. Denn eine solche Suche wird einerseits zu viel und andererseits zu wenig leisten: zu viel, weil sie voraussetzt, dass es Heil außerhalb von Jesus Christus gibt, – was aber in ein differenziertes Verhältnis zum *solus Christus* gesetzt werden müsste; zu wenig, weil sie bei jeder Würdigung von Heil außerhalb des Christentums doch immer vom Christentum her denkt und so zu asymmetrischen Urteilen im Miteinander der Religionen tendiert.

Komparative Theologie

Mit dem Inklusivismus teilt sie die Einsicht, dass es durchaus möglich ist, auch positive Elemente anderer Religionen zu würdigen und dabei Elemente des eigenen Glaubens als kriteriale Grundlage zu verwenden. Gegen den Inklusivismus sucht sie aber nach Wegen, andere Religionen nicht pauschal durch das Raster eigener religiöser Überzeugungen zu bewerten, und weist jede hierarchische Verhältnisbestimmung des Miteinanders der Religionen zurück. Damit ist der Punkt genannt, bei dem die Komparative Theologie mit einem zentralen Anliegen des Pluralismus sympathisiert. Zugleich lehnt sie aber eine umfassende Depotenzierung der Christologie ab und sieht auch beim Pluralismus keine ausreichende Kompetenz zur Würdigung von Alterität. Sie wirbt deswegen vor allem für möglichst breit angelegte Formen des Lernens bei der Begegnung mit anderen Religionen und lädt dazu ein, diesen Lernerfahrungen mehr Raum zu geben als der abstrakt bleibenden Debatte um die Modellbildung in der Theologie der Religionen.

2.2 Lernformen bei der interreligiösen Begegnung

Leistungen des Dialogs

Bei allem Gewicht, das inzwischen sowohl in der Ökumene als auch in der Komparativen Theologie auf dem Respekt vor der Verschiedenheit der Religionen und Konfessionen liegt, fallen im interreligiösen genauso wie im ökumenischen Gespräch doch auch immer wieder Gemeinsamkeiten ins Auge. Es scheint uns zunächst einmal wichtig zu sein, diese zu sehen und dabei wahrzunehmen, welche bestärkende Kraft in ihnen liegt.

Intensivierung des eigenen Glaubens

Um dies deutlich zu machen, wollen wir als erste mögliche Frucht der interreligiösen Begegnung eine dadurch entstehende *Intensivierung* des eigenen Glaubens in den Blick nehmen.[15] So bedeutet nach Cornille die Tatsache, dass Jüdinnen und Juden, Christinnen und Christen und Musliminnen und Muslimen der Glaube an einen Gott gemeinsam ist, eine wichtige wechselseitige Bestärkung in den europäischen Gesellschaften, in denen der Glaube immer mehr an den Rand gedrängt wird. Musliminnen und Muslime beispielsweise glauben ganz selbstverständlich an den einen Gott und verweisen auf zahlreiche biblische Figuren und biblische Geschichten, um diesen Glauben zu stärken. Sie können uns so die Sorge nehmen, als Monotheisten zu einer aussterbenden Spezies zu gehören. Und sie tragen in ihrer Weise das biblische Erbe weiter und führen uns viele Details der eigenen Tradition vor Augen. Ihre Fortschreibungen

---

[15] In diesem Unterabschnitt folgen wir der Skizzierung der Lernformen in dem neuen Buch von *Cornille*, Meaning and method in comparative theology 4 (s. o. Anm. 5). Einige dieser Lernfelder werden bereits diskutiert in: *Catherine Cornille*, The problem of choice in comparative theology, in: *Francis X. Clooney* und *Klaus von Stosch (Hg.)*, How to do Comparative Theology, New York 2018, 19–36. Im Folgenden übernehmen wir an einigen Stellen Formulierungen aus *Klaus von Stosch*, Komparative Theologie und Ökumene. Zur Kartographierung von Lernmöglichkeiten im Anschluss an Catherine Cornille, in: Cath(M) 73 (2019), 53–65.

unserer christlichen Tradition können als Herausforderung verstanden werden, das Eigene genauer kennenzulernen und besser als bisher zu verstehen.[16]

Als eine weitere Lernmöglichkeit innerhalb der Komparativen Theologie verweist Cornille auf die Möglichkeit durch das Kennenlernen der anderen Religion eigene vergessene Traditionen wiederzubeleben.[17] Bei einer solchen *Wiedergewinnung* des Eigenen geht es darum, beim anderen etwas zu entdecken, das es auch in der eigenen Tradition gab, aber vergessen wurde. So kann etwa die Betonung der Schönheit der Koranrezitation Christinnen und Christen ermutigen, den ästhetischen Seiten ihres Glaubens wieder mehr Gewicht zu geben. In den orientalischen Christentümern können wir noch bis heute erleben, wie stark die ästhetische Dimension der Liturgie durch Schriftrezitation geprägt ist und wie wichtig der Kult für die Identität einer Glaubensgemeinschaft sein kann. Hier ist in den westlichen Kirchen etwas verloren gegangen, das uns in Deutschland gegenwärtig besonders durch die Auseinandersetzung mit dem Islam bewusstwerden kann. Im Grunde kann ein ästhetischer Zugang auch helfen, mit mehr Gelassenheit auf den Zustand des Christentums in unserer Zeit zu blicken. Wir klagen ja nicht selten darüber, dass die Kirchen mittlerweile bei Konzerten besser besucht sind als bei Gottesdiensten. Die islamische Fokussierung auf das Hören Gottes in der kunstvollen Rezitation kann uns ermutigen, in Musik und Kunst selbst einen Zugang zu Gott zu entdecken und die Konzerte in Kirchen nicht als Konkurrenz zum Gottesdienst zu sehen, sondern als andere Ausdrucksform dafür, wie Dienst Gottes an uns und menschliche Hingabe an seine Wirklichkeit heute gelingen können.

Wiedergewinnung des Eigenen

Ein anderes Beispiel für eine Wiedergewinnung christlicher Traditionsbestände durch die interreligiöse Begegnung bietet die Wiederentdeckung der Mystik und ihrer Meditationsformen in östlichen Religionen. Kontemplative Formen können so als spirituelle Ressourcen wiederentdeckt werden.

Eine dritte von Cornille beleuchtete Lernmöglichkeit Komparativer Theologie besteht darin, im Licht der anderen religiösen Tradition die eigene neu zu interpretieren. Eine solche *Neuinterpretation* kann man bei vielen Protagonisten des muslimisch-christlichen und

Neuinterpretation der eigenen Tradition

---

[16] Vgl. zur Begründung dieser grundsätzlich positiven Wahrnehmung des Islams *Klaus von Stosch*, Herausforderung Islam. Christliche Annäherungen, Paderborn ³2019.

[17] Vgl. *Cornille*, The problem of choice (s. o. Anm. 15), 29 f.

auch des jüdisch-christlichen Dialogs im Blick auf die Trinitätslehre diagnostizieren. Wird unabhängig von diesen Diskurskontexten mitunter in einer gewissen Sorglosigkeit eine soziale Trinitätstheologie vertreten, in der die drei innertrinitarischen Personen mit je einer eigenen Freiheit und eigenem Selbstbewusstsein gedacht werden, merken gerade stark im abrahamischen Dialog engagierte Theologinnen und Theologen an, wie deutlich eine solche vom biblischen Erbe wegführen kann.[18] Klassische Texte werden von ihnen neu gelesen und ihre monosubjektive Grundausrichtung, d.h. ihre Ausrichtung auf den einen Gott ohne Multiplizierung des Subjektbegriffs, wird dabei deutlicher gesehen. Die Trinitätslehre wird so als Versuch verständlich, den Glauben an den einen Gott angesichts der Vielfältigkeit seiner Erfahrungsmöglichkeiten zu schützen. Die jüdische und islamische Philosophie kann hier helfen, diese monotheistische Grundierung in ihrer Bedeutsamkeit wieder klarer vor Augen zu haben.

Die bisher skizzierten Lernmöglichkeiten dürften weitgehend unkontrovers und allgemein nachvollziehbar sein, d.h. sie sind mit jedem religionstheologischen Grundmodell akzeptabel. Wieso sollte man sich auch nicht über Gemeinsamkeiten über Religionsgrenzen hinweg freuen, und welche Schwierigkeit könnte darin liegen, dass die andere Religion zum Anlass wird, verschüttete Stränge der eigenen Tradition neu wahrzunehmen? Auch Neuinterpretationen im Eigenen dürften angesichts von Entwicklungen und Interaktionen von Religionen im Laufe der Geschichte eigentlich leicht denkbar sein. In der Komparativen Theologie werden diese Prozesse wechselseitiger Beeinflussung lediglich auf eine bewusste Ebene gehoben. Dagegen sind die nun folgenden drei Lernmöglichkeiten jeweils in ihrer Weise herausfordernd.

Neuaneignung von Inhalten

Cornille macht deutlich, dass es im Kontext Komparativer Theologie auch immer wieder zu *Neuaneignungen von Inhalten* kommt. Hier geht es also darum, dass eine bisher in der eigenen Religion nicht vorhandene Seite durch die Begegnung mit der anderen Religion neu eingeführt wird. Es geht um neue Einsichten, Lehren und Praktiken, die z.B. im Zuge von Inkulturationsprozessen aufgenommen bzw. in Besitz genommen werden.

Dieser Gedanke der Neuaneignung ist gerade für das Christentum heikel, weil es davon ausgeht, dass in Jesus Christus alles gesagt

---

[18] Vgl. zur Debatte um soziale Trinitätstheologien *Klaus von Stosch*, Trinität, Paderborn 2017 (Grundwissen Theologie), 112–136.

ist, worauf es ankommt.[19] Jesus Christus kann in diesem Verständnis nicht als unvollständig und erfüllungsbedürftig angesehen werden. Allerdings impliziert der Glaube daran, dass in Jesus Christus Gott vollständig ausgesagt ist oder sich in ihm ganz als der, der er ist, gezeigt hat, nicht, dass diese Aussage auch vom Menschen bzw. von der Kirche in all ihren Facetten verstanden wird. Die katholische Kirche, so drückt es der des Relativismus sicherlich unverdächtige amerikanische Theologe Paul J. Griffiths aus, „hat nicht den Anspruch, bereits alle religiöse Wahrheit zu lehren; sie hat nicht, um es noch etwas theologischer auszudrücken, bereits alle in der Offenbarung enthaltenen bedeutsamen Wahrheiten explizit formuliert, die sie bewahrt und überliefert."[20] Auch die evangelische Kirche und Theologie behauptet von sich nicht, alle religiöse Wahrheit zu lehren. Sie unterscheidet zwischen Gottes Selbstoffenbarung in Jesus Christus und ihrem Verständnis derselben. Das, was es gegebenenfalls von ihr expliziter zu formulieren gilt, ist aber nicht allgemein das von ihr Bewahrte und Überlieferte, sondern sind die Auslegungen der Texte der Bibel als Zeugnis von Gottes Selbstoffenbarung.

Von daher kann man durch die Begegnung mit anderen Religionen Vieles über Gott und seine Offenbarung in Christus lernen. Gerade weil sich die Kirche der Wahrheit verpflichtet fühlt, kann sie sich nicht damit beruhigen, die Wahrheit bereits zu besitzen. Denn – so völlig zu Recht Karl-Heinz Menke –: „Wer sich der Wahrheit verpflichtet fühlt, wird niemals behaupten, die Wahrheit zu ‚haben'. Wer sich der Wahrheit verpflichtet fühlt, ist nie am Ziel, sondern stets unterwegs; nie fertig, sondern stets im Aufbruch."[21] Von daher kann auch ein dem Lehramt in allem treuer Theologe bzw. eine entsprechende Theologin von anderen Religionen lernen wollen und neue Wege des Verstehens der einen Wahrheit Jesu Christi auch außerhalb der christlichen Tradition suchen, selbst dann wenn diese bisher kein Analogon im Christentum haben.

---

[19] Zur Diskussion um die Frage, ob die in Dominus Iesus bemühte Rede von der Vollständigkeit der Offenbarung wirklich hilfreich ist, vgl. *Jürgen Werbick*, Vergewisserungen im interreligiösen Feld (Religion – Geschichte – Gesellschaft 49), Münster 2011, 177.

[20] *Paul J. Griffiths*, Problems of religious diversity, Maldan/Oxford 2001, 62: „The Church, however, does not think of herself as already explicitly teaching all religious truth; she has not, to put it a bit more theologically, given explicit formulation to all the religiously significant truths implied by the revelation she preserves and transmits."

[21] *Karl-Heinz Menke*, Jesus ist Gott der Sohn. Denkformen und Brennpunkte der Christologie, Regensburg 2008, 24.

Aus evangelischer Sicht könnte man mit (dem ebenfalls des Relativismus unverdächtigen) Karl Barth und seiner sogenannten Lichterlehre zu einer Offenheit für die Wahrheit in anderen Religionen kommen. Barth hat immer wieder eingeschärft, dass Gott sich in Jesus Christus *ganz* ausgesprochen hat; er ist „das eine Wort Gottes" (Barmer Theologische Erklärung; These 1). Deshalb „liegt es nicht [an ihm], wenn wir von Gott und von uns selbst so wenig erkennen und wissen"[22]. Aber es kann in der Welt jenseits der Kirche „*andere*, in ihrer Weise auch bemerkenswerte Worte – andere, in ihrer Weise auch helle Lichter – andere, in ihrer Weise auch reale Offenbarungen gebe[n]"[23]. Als Vollzug seines prophetischen Amtes kann Jesus Christus auch in jenen anderen Lichtern leuchten. Evangelischerseits wird eine vorbehaltlose Offenheit für das Faktum des religiösen Pluralismus auch mit den Konstitutionsbedingungen des christlichen Glaubens begründet. Weil aus evangelischer Sicht der Glaube an Gott unverfügbar ist und sich Glaubensgewissheit nur passiv einstellt, wird eine solche Konstitutionsweise und Gewissheit auch anderen Religionen prinzipiell zugestanden.[24]

Beispiel Sucht man zur Illustration dieses Gedankens nach Beispielen, so werden meistens Beispiele aus der Frömmigkeitspraxis genommen, um auf diese Weise den harten Themen der Dogmatik aus dem Weg zu gehen. Heikler wird die Suche nach Aneignungen im Kontext dogmatischer Gehalte gerade dann, wenn Religionen einander direkt zu widersprechen scheinen. Dass Komparative Theologie sich aber auch auf dieses verminte Terrain wagen sollte, wollen wir wenigstens an einem aktuellen Paderborner Forschungsprojekt veranschaulichen, das in den Kinderschuhen steckt und deswegen nur angedeutet werden soll. Der Koran entwickelt spätestens in seinen medinensischen Suren eine eigene Prophetologie, die offenkundig den Versuch enthält, die Propheten des Alten und des Neuen Testaments in einen konstruktiven Zusammenhang mit der eigenen Geschichte zu bringen und in ihren jeweiligen Besonderheiten zu profilieren.[25]

---

[22] *Karl Barth*, Die Kirchliche Dogmatik, Bd. IV/3, Zürich 1987, 110.
[23] Ebd. 107.
[24] Vgl. z. B. *Eilert Herms*, Pluralismus aus Prinzip, in: *Ders.*, Kirche für die Welt, Tübingen 1995, 467–485; *Christoph Schwöbel*, Toleranz aus Glauben. Identität und Toleranz im Horizont religiöser Wahrheitsgewissheiten, in: *Ders.* und *Dorothee von Tippelskirch (Hg.)*, Die religiösen Wurzeln der Toleranz, Freiburg i. Br. 2002, 11–37.
[25] Vgl. als erste skizzenhafte Überlegungen zur koranischen Prophetologie: *Zishan Ghaffar*, Einordnung in die koranische Prophetologie, in:

Der prophetologische Diskurs ist dabei wohl als Gegendiskurs zur christologischen Deutung der alttestamentlichen Propheten in der alten Kirche zu verstehen und wurde christlich deswegen von Anfang an apologetisch zurückgewiesen. Durch die neue Sensibilität nach der Schoa für das Eigengewicht des Alten und Ersten Testaments[26] hat sich das Klima in der christlichen Theologie der Gegenwart aber konfessionsübergreifend so verändert, dass die koranischen Interventionen neu gehört werden und zu neuen Transformations- und Neuaneignungsprozessen führen können. In diesem Zusammenhang wäre dann auch neu zu überlegen, wie das Phänomen der Prophetie auch außerhalb der biblischen Geschichte dogmatisch gewürdigt werden kann. Und es wäre zu überprüfen, ob es klug ist, dieses Phänomen wirklich gänzlich in seiner Verweisfunktion auf Jesus Christus aufgehoben zu sehen.

Damit wollen wir zum wahrscheinlich heikelsten Punkt komparativer Denkbewegungen kommen: der Korrektur bzw. *Richtigstellung*. Cornille denkt an dieser Stelle an die traditionellen Missverständnisse des religiös anderen, wie sie bspw. den jüdisch-christlichen Dialog so lange vergiftet haben. Ihr geht es bei der Einführung dieser Kategorie also darum, dass eine nichtchristliche Religion wie das Judentum falsche Bilder von sich selbst richtig stellen darf. Wenn Christinnen und Christen Jüdinnen und Juden etwa pauschal als Gottesmörder diffamieren oder wenn Musliminnen und Muslimen und Jüdinnen und Juden unterstellt wird, einen gewalttätigen und launischen Gott anzubeten, muss es den Angehörigen der so bewerteten Religion erlaubt sein, diese Fehlwahrnehmungen ihrer selbst zu korrigieren. Gerade im Blick auf den jüdisch-christlichen Dialog in Deutschland sind hier in den letzten Jahrzehnten erhebliche Anstrengungen unternommen worden, die auch zu einer neuen Grundlage der christlich-jüdischen Beziehungen geführt haben.[27] Natürlich sind bereits solche Korrekturen alles andere als trivial und sie bedürfen der gründlichen theologischen

Korrektur

Mouhanad Khorchide und *Klaus von Stosch*, Der andere Prophet. Jesus im Koran, Freiburg i. Br./Basel/Wien 2018, 176–226.

[26] Vgl. programmatisch *Erich Zenger*, Das Erste Testament. Die jüdische Bibel und die Christen, Düsseldorf ²1992.

[27] Vgl. zur Neuausrichtung des jüdisch-christlichen Dialogs nach dem Zweiten Weltkrieg die umfangreiche Materialsammlung *Rolf Rendtorff u. a. (Hg.)*, Die Kirchen und das Judentum. Gemeinsame Veröffentlichung der Studienkommission Kirche und Judentum der Evangelischen Kirche in Deutschland und der Arbeitsgruppe für Fragen des Judentums der Ökumene-Kommission der Deutschen Bischofskonferenz, 2 Bde., 1988 und 2001.

Reflexion. Eine solche Richtigstellung hat aber Rückwirkungen auf das Selbstverständnis der wertenden Religion und kann ein wichtiger Lernerfolg komparativ theologischer Denkbemühungen sein. Will man die Kategorie der Richtigstellung aber auf Kerngebiete christlicher Dogmatik beziehen, braucht es umfangreichere hermeneutische Operationen, als sie im Rahmen dieser knappen Übersicht möglich sind.[28]

Erneute Affirmation des Eigenen

Genauso heikel und begründungsbedürftig wie die Bereitschaft, sich vom anderen korrigieren zu lassen, ist die umgekehrte Reaktion, trotz der Einwände der anderen auf der eigenen Position zu beharren bzw. sie neu stark zu machen. Aber auch eine solche erneute Aneignung der eigenen Position, also eine *erneute Affirmation des Eigenen*, kann Ergebnis der Komparativen Theologie sein. Hier ist die Differenz gegenüber der klassischen Apologetik gering, wie auch Cornille in ihren Beschreibungen dieser sechsten Lernmöglichkeit deutlich macht. Es geht ihr bei dieser Lernmöglichkeit aber gerade nicht um das einfache Beharren auf der eigenen Position, sondern um eine erneute Affirmation in dem Sinne, dass bestimmte Aspekte des eigenen Glaubens wieder wichtig werden, die man vorher nicht so im Blick hatte oder nicht für wichtig hielt. In ihren Beispielen wird deutlich, dass auch ein Element der Reinigung in dieser erneuten Affirmation enthalten sein kann. Entsprechend kann man vielleicht die Betonung der „Schwäche Gottes für den Menschen", die man im Anschluss an Schelling als Kernelement christlichen Glaubens kennzeichnen kann[29], als Kategorie ansehen, die gerade im Gespräch mit Musliminnen und Muslimen immer wieder Irritationen hervorruft, aber dadurch doch umso mehr an Wichtigkeit gewinnt und genauer als christliche Eigenart expliziert zu werden vermag.

Die Begegnung mit anderen Religionen kann also zu sehr unterschiedlichen Lernerfahrungen führen, die sich nicht durch irgendein Modell steuern oder vorhersagen lassen. Grundsätzlich sind sicher alle aufgeführten Lernerfahrungen mit jedem der vorher explizierten Modelle vereinbar. Allerdings sind gerade die besonders spannenden Lernformen der Neuaneignung und der Richtig-

---

[28] Vgl. als Beispiel, wie eine Richtigstellung auf christologischer Ebene funktionieren könnte, *Stosch*, Komparative Theologie und Ökumene (s.o. Anm. 15); zur Kartographierung von Lernmöglichkeiten im Anschluss an *Cornille* (s.o. Anm. 15), 53–65.

[29] Vgl. *Friedrich Wilhelm Joseph Schelling*, Philosophie der Offenbarung. Ausgewählte Werke, Bd. 2, Darmstadt 1974, 26. Jürgen Werbick wäre ein Beispiel eines christlichen Theologen, der die Rede von Gottes Schwäche für den Menschen in seiner Christologie systematisch zu Grunde legt.

stellung im Rahmen der oben explizierten religionstheologischen Modelle nicht so leicht begründbar, obwohl sie für das interreligiöse Miteinander besonders wichtig sind. Sie sind dies deshalb, weil sie gerade die Andersheit der anderen Religion als Wert erkennen *und* diesen Wert verwenden, um die eigene Religion bereichern oder sogar verändern zu lassen. Diese Veränderungen sind durch eine inklusive Hermeneutik, wie sie in Inklusivismus und Pluralismus leitend ist, kaum zu begründen. Aber auch der Partikularismus steht in der Gefahr, sich nicht tief genug auf nichtchristliche Religionen einzulassen, um zu solchen Lernformen zu finden. Von daher ist es naheliegend, die traditionellen Modellbildungen in der Theologie der Religionen hinter sich zu lassen und stattdessen in komparativen und dialogischen Suchbewegungen auf andere Religionen zuzugehen. Dabei stellt sich allerdings die Frage, mit welcher Kriteriologie diese Suchbewegungen angeleitet werden sollen.

2.3 Die Frage nach den Kriterien interreligiöser Urteilsbildung

Die Frage nach der Kriteriologie interreligiöser Urteilsbildung ist deswegen unausweichlich, weil es im interreligiösen Dialog regelmäßig dazu kommt, dass zentrale Gehalte des eigenen Glaubens in Frage gestellt werden.[30] Wie wir gesehen hatten, gibt es bei der Begegnung der Religionen immer wieder Momente, in denen wir problemlos voneinander lernen können, wenn sich Inhalte der Religionen wechselseitig ergänzen oder einfach verschiedene Schwerpunkte gesetzt werden. In diesen Fällen ist es leicht, Erfahrungen der Intensivierung, Wiedergewinnung und Neuinterpretation zu machen. Die andere Religion hilft dann dabei, die eigene Tradition in einer größeren Fülle zu sehen. Der interreligiöse Dialog wirkt bereichernd und bestärkend. Und es ist sicher richtig, dass eine solche Lernerfahrung nicht selten in Fällen gemacht werden kann, die zunächst so wirken, als ob ein Konflikt unausweichlich ist. Zum Beispiel deutet eine genauere Analyse der Textstellen zu Jesus im Koran darauf hin, dass dort gemachte Abgrenzungen ganz anders zu bewerten ist, als man normalerweise glaubt.[31]

---

[30] Vgl. zur Debatte um Kriterien interreligiöser Urteilsbildung *Klaus von Stosch*, Komparative Theologie als Wegweiser in der Welt der Religionen (Beiträge zur Komparativen Theologie 6), Paderborn u. a. 2012, 301–316.

[31] Vgl. *Mouhanad Khorchide* und *Klaus von Stosch*, Der andere Prophet. Jesus im Koran, Freiburg i. Br./Basel/Wien 2018.

Umgang mit Infragestellung

Doch das interreligiöse Gespräch führt oft genug auch zu einer echten Infragestellung dessen, was uns wahr und heilig zu sein scheint. Natürlich kann man diese Herausforderung partikularistisch entschärfen, indem man davon ausgeht, dass wir in den verschiedenen religiösen Traditionen so weit voneinander entfernt sind, dass es sowieso zu keinem echten Streitfall kommen könne. Auch inklusivistisch wäre das Problem dann leicht vom Tisch zu wischen, wenn man einfach die Kernelemente des eigenen Glaubens in ihrer mir plausibel erscheinenden Bedeutung als unverhandelbar kriterial voraussetzt und eben das zurückweist, was dem eigenen Glauben widerspricht. Schließlich wäre die genannte Herausforderung auch pluralistisch leicht zu lösen, weil dann immer die Möglichkeit besteht, die Widersprüche dadurch abzumildern, dass sie auf Komplementaritäten verweisen, die wir eben nur noch nicht verstehen.

Aber wenn man keinen dieser Auswege gehen will und also einen Widerspruch im interreligiösen Gespräch als Herausforderung ansieht, der zu der Entscheidung führen muss, ob ich mich korrigieren lasse oder aber meine Sicht gegen die der anderen verteidige – beides ist komparativ theologisch ja möglich –, braucht es Kriterien, die unsere Entscheidung jeweils anleiten.

Katholische Überlegungen

Katholischerseits verweist man an dieser Stelle gerne auf die Instanz der Vernunft. Dabei ist der modernen katholischen Theologie natürlich klar, dass es die Vernunft nicht in einer zeitenthobenen Metaform gibt, die für alle Menschen aller Zeiten problemlos definierbar ist. Auch in der katholischen Theologie wird heftig darum gerungen, wie Vernunft ihre kriteriale Funktion entwickeln kann. Modelle, die im Sinne der Universalpragmatik an Jürgen Habermas anknüpfen und die Rolle der Vernunft vor allem hermeneutisch profilieren, stehen in der gegenwärtigen Debatte neben solchen, die sich an einer erstphilosophischen Orientierung der Hermeneutik versuchen und dabei an unterschiedliche Stränge der Transzendentalphilosophie und Metaphysik anknüpfen.[32] D. h. es besteht ein heftiger Streit darüber, wie Vernunft ihre kriteriale Rolle ausüben soll. Aber dass Vernunft eine solche Rolle hat und dass Theologie nicht anders funktionieren kann als in Selbstverpflichtung auf die

---

[32] Vgl. z. B. *Hansjürgen Verweyen*, Gottes letztes Wort. Grundriss der Fundamentaltheologie, Düsseldorf ²1991, 77–103. Mit einer erstphilosophischen Orientierung der Hermeneutik meint Verweyen, dass er – im Sinne einer Reflexion der ersten Philosophie bei Aristoteles – einen unhintergehbaren Begriff letztgültigen Sinns konzipiert, der dann als Kriterium aller Hermeneutik fungiert.

Kraft der Vernunft, dürfte katholisch unstrittig sein. Nicht umsonst heißt es im Werbetext zur vielleicht einflussreichsten fundamentaltheologischen Reihe katholischer Theologie in der Gegenwart: „Als G. K. Chestertons ‚Father Brown' seinen ersten Fall löste und einen Straftäter überführte, der sich als Priester verkleidet hatte, da fragte ihn dieser, wodurch er ihm denn auf die Schliche gekommen sei. ‚Sie haben die Vernunft angegriffen', sagte Father Brown. ‚Das ist schlechte Theologie.'"[33] Überhaupt steht die Fundamentaltheologie ja als Disziplin für den Willen der katholischen Theologie, alles im Glauben *sola ratione* zu begründen.

Entsprechend gibt es aus katholischer Perspektive im interreligiösen Gespräch immer die Möglichkeit, Streitfragen mit den Mitteln der Vernunft zu klären. Wenn also interreligiös ein Dissens vorliegt, kann mit Mitteln der Vernunft geklärt werden, ob es zu einer Korrektur des eigenen Glaubens oder seiner Verteidigung kommen sollte. Natürlich ist auch Katholikinnen und Katholiken bewusst, dass das Urteil der Vernunft nicht immer eindeutig ist und an dieser Stelle häufig mit Grautönen zu rechnen ist. Sicher gibt es auch sich widersprechende Positionen, die gleichermaßen rational erscheinen. Und sicher kommt Vernunft gerade *in religiosis per definitionem* an ihre Grenzen, sodass sehr sorgfältig überlegt werden muss, wie eine solche kriteriale Inanspruchnahme gerechtfertigt werden kann.[34] Aber die Behauptung einer grundsätzlichen Unfähigkeit zur Lösung interreligiöser Streitigkeiten dürfte katholisch nur schwer nachzuvollziehen sein. Eben deshalb war ja auch das Pontifikat Benedikts XVI. durch kaum etwas so sehr geprägt wie durch die Abwehr des Relativismus.

Auch aus evangelischer Perspektive ist die Vernunft das geeignete Verfahrensinstrument, um religiöse und theologische Positionen plausibel zu machen und Argumentationen oder die innere Konsistenz einer Überzeugung zu prüfen. Zu schnell die Kategorie des Geheimnisses aufzurufen, weil Gott oder das Leben eben ein solches sei, ist darum auch in interreligiösen Dialogen nicht hilfreich. Gleichwohl ist das letzte Kriterium für die Richtigkeit einer Sicht aus evangelischer Perspektive nicht die Vernunft. Denn zentrale Überzeugungen evangelischer Theologie – z. B. die Rechtfertigung

Evangelische Überlegungen

---

[33] Vgl. z. B. *Klaus von Stosch*, Glaubensverantwortung in doppelter Kontingenz. Untersuchungen zur Verortung fundamentaler Theologie nach Wittgenstein (ratio fidei 7), Regensburg 2001, 392.

[34] Vgl. als exemplarische transzendentalphilosophische Legitimierungsstrategie *Klaus von Stosch*, Offenbarung (Grundwissen Theologie), Paderborn 2010, 75–81.

des Gottlosen oder Gottes Gegenwart im Gekreuzigten (*theologia crucis*) – sind eigentlich widervernünftig. Dies bedeutet nicht, dass sie nicht unter bestimmten Voraussetzungen argumentativ nachvollzogen werden können. Aber die Vernunft hier als kriteriale Instanz anzusetzen, wäre aus evangelischer Sicht töricht.

So wird sich evangelische Theologie, wenn sie nicht einen pluralistischen Ansatz vertritt, auch nicht auf die Suche nach der Selbstkundgabe des Unbedingten in anderen Religionen machen, sondern auf die Suche nach Elementen, die Gottes Selbsterschließung in Jesus Christus entsprechen oder zumindest nicht widersprechen. Diese Suche muss freilich nicht so geschehen, dass nach dem expliziten Vorkommen der Person Jesu in anderen Religionen gefragt wird.[35] Möglich ist auch der Ansatz bei einer repräsentativen Christologie wie der Paul Tillichs, die davon ausgeht, dass sich in Jesus Christus ein Heil zeigt, das auch anderswo realisiert sein kann. Eine solche Christologie orientiert sich dann am „Inhalt' dessen, was Christus repräsentiert"[36]. Nur das, was in Jesus Christus als Erlösung, Gnade, wahres Selbstsein zu finden ist, ist Kriterium dafür, was auch in anderen Religionen als solches gelten kann. Ein schwächeres Kriterium wäre, dass das andere dem, was in Jesus Christus zu finden ist, wenigstens nicht widerspricht. In dieser Weise lässt sich auch von Karl Barths Ansatz einer konstitutiven Christologie verstehen. Konstitutiv ist seine Christologie, insofern hier durch Jesus Christus das Heil konstituiert wird. Weil dieses Konstituieren von Heil durch Jesus Christus aber durchaus auch in anderen Religionen denkbar ist, selbst wenn dort von ihm nicht die Rede ist, können Elemente anderer Religionen dann wahr sein, wenn sie Jesus Christus als das *eine* Licht nicht „Lügen strafen"[37].

Ökumenische Perspektiven

Komparative Theologie wird sich als ökumenisches Unternehmen an dieser Stelle nicht vorschnell festlegen. Außerdem ist in Rechnung zu stellen, dass angesichts der auch katholischerseits zu registrierenden Beliebtheit postmoderner und postkolonialer Denktraditionen das Thema Rationalität in einer neuen Ambivalenz sichtbar wird, die gut an einige der evangelischen Bedenken anknüpfen kann. Komparative Theologie wird auf unterschiedlichen Wegen darauf drängen, dass auch Lernerfahrungen im interreligiösen Gespräch möglich bleiben, die bleibende Dissense zwischen

---

[35] Vgl. *Reinhold Bernhardt*, Ende des Dialogs? Die Begegnung der Religionen und ihre theologische Reflexion, Zürich 2005, 259.
[36] Vgl. ebd. 259 f.
[37] *Barth*, Die Kirchliche Dogmatik (s. o. Anm. 22), 111.

den Theologien unterschiedlicher Religionen benennen oder die umgekehrt begründet zeigen, wie man sich hier durch nichtchristliche Traditionen bereichern und sogar korrigieren lassen kann.

3 Das Verhältnis des Christentums zu anderen Religionen als Thema der weiteren christlichen Ökumene: Orientalische und fernöstliche Kirchen

Bei aller Ähnlichkeit evangelischer und katholischer Modelle zur Theologie der Religionen wurde am Ende deutlich, dass es bei der Einschätzung autonomer philosophischer Vernunft und der Unverfügbarkeit des Glaubens doch konfessionsspezifische Unterschiede gibt. Diese mögen mit dafür verantwortlich sein, dass es katholischerseits eher zu einer Präferenz inklusivistischer Modelle kommt, während evangelischerseits Partikularismus und Pluralismus mehr Raum haben – jedenfalls mehr als ein superioristisch auftretender Inklusivismus. Doch diese unterschiedlichen Akzentuierungen ändern nichts daran, dass beide Traditionen derzeit in dieser Frage gut zusammenfinden können. Das Modell Komparativer Theologie entwickelt sich dabei mehr und mehr zu einer konfessionsübergreifenden Möglichkeit des Theologietreibens, auch wenn es in seinen konfessionell gebundenen Formen ursprünglich in einem katholischen Kontext entstanden ist.[38] Ebenso finden sich im Rahmen des neuen Inklusivismus und in den anderen oben aufgeführten religionstheologischen Modellen ökumenische Allianzen. Offenbar wird die Problemlage der Begegnung mit anderen Religionen in beiden Konfessionen ähnlich wahrgenommen und die jeweiligen Lösungsperspektiven teilen ähnliche Grundwerte. So scheint es uns im deutschsprachigen Kontext evangelischer und katholischer Theologie weitgehend unstrittig zu sein, dass man sich nicht a priori negativ und rein apologetisch auf andere religiöse Traditionen beziehen sollte.

Insbesondere im Blick auf den Umgang mit dem Judentum hat sich eine eigene Israeltheologie ausgebildet, die konfessions- und lagerübergreifend versucht, eine positive Haltung zum Judentum zu

Konfessionelle Differenzen im interreligiösen Dialog

Komparative Theologie als Bindeglied

Israeltheologie

---

[38] Vgl. zur Entstehung Komparativer Theologie *Stosch*, Komparative Theologie, 134–148. Es gibt derzeit allerdings auch eine einflussreiche metakonfessionelle Strömung innerhalb der Komparativen Theologie, die vor allem von evangelischen Theologinnen und Theologen betrieben wird und die der pluralistischen Theologie der Religionen nahesteht.

begründen. Superioristische Positionsbestimmungen, die die christliche Tradition über Jahrhunderte dominierten, werden von beiden großen Kirchen in Deutschland mittlerweile zurückgewiesen. Die traditionelle Vorstellung der überbietenden Erfüllung des Judentums durch das Christentum wird ebenso abgelehnt wie die Rede von den Jüdinnen und Juden als Gottesmördern oder als von Gott verworfenem Volk. Das Judentum wird auf Augenhöhe mit dem Christentum gesehen und auf Mission von Jüdinnen und Juden wird verzichtet.[39] Angesichts der Bandbreite reformatorischer Kirchen wird das Bild dann ambivalenter, wenn man evangelikale Gruppierungen in den Blick nimmt oder wenn man den deutschsprachigen Kontext verlässt. Aber zumindest katholisch ist mittlerweile auch weltkirchlich klar, dass die Kirche zur Rede vom ungekündigten Bund Gottes mit Israel steht, jede Substitutionstheorie ablehnt und keine institutionelle Judenmission mehr betreibt.[40] Und die Evangelische Kirche in Deutschland betont, dass Gott die Erwählung seines Volkes Israel nicht aufgehoben hat, und lehnt Judenmission ab.[41] Sie hat sich im Zusammenhang des Reformationsjubiläums 2017 nachdrücklich von antisemitischen Aussagen Martin Luthers distanziert.

An dieser Stelle wird deutlich, dass das Verhältnis evangelischer und katholischer Christinnen und Christen in Deutschland in zwei Hinsichten sehr ähnlich ist. Zum einen haben beide Konfessionen eine Geschichte von Schuld und Mitverantwortung angesichts der Schoa aufzuarbeiten, die sie lagerübergreifend als Auftrag verstehen, die antijudaistischen Elemente ihrer Tradition zu reinterpretieren und eine positive Sicht des Judentums zu begründen. Dabei ist offensichtlich, dass die auf diese Weise neu entwickelte Israeltheologie auch Implikationen für die Theologie der Religionen hat. Denn wenn es möglich ist, eine Religion positiv zu betrachten, die das Bekenntnis zu Jesus als dem Christus unmissverständlich zurückweist, wird es theologisch schwierig, die Abweichung anderer Religionen von eben diesem Glauben als Argument gegen diese zu verwenden. Zwar folgt aus der Israeltheologie natürlich kein bestimmtes re-

---

[39] Vgl. *Hubert Frankemölle* und *Josef Wohlmuth (Hg.)*, Das Heil der Anderen. Problemfeld „Judenmission" (QD 238), Freiburg i. Br./Basel/Wien 2010; evangelischerseits grundlegend der Rheinische Synodalbeschluss „Zur Erneuerung des Verhältnisses von Christen und Juden" von 1980.
[40] Vgl. zu dieser Diagnose im Rückblick auf die jüngsten Einlassungen des Papstes Emeritus Benedikt XVI. *Klaus von Stosch*, Wechselseitig aufgehoben? Zum jüdisch-katholischen Verhältnis, in: IkaZ 48 (2019), 202–215.
[41] Vgl. die EKD-Studien Christen und Juden I–III 1975, 1991 und 2000.

ligionstheologisches Modell. Aber sie macht erkennbar Mut, mit Offenheit auch auf andere Religionen zuzugehen.

Zum anderen ist für die evangelische und katholische Kirche in Deutschland das Thema des Umgangs mit anderen Religionen erst seit dem 20. Jh. theologisch drängend. Zwar gab es immer schon Jüdinnen und Juden in Deutschland. Aber deren Würdigung wurde bis zur Schoa nur selten als theologische Aufgabe wahrgenommen. Und auch die Existenz des Islams und der östlichen Religionen war natürlich auch schon vor dem 20. Jh. bekannt. Aber sie war in der Regel nur Anlass für eine polemische Auseinandersetzung. So bildete sich keine ernsthafte Theologie dieser Religionen aus und christliche Theologie wurde nicht in ihren Grundelementen im Dialog mit diesen Religionen entwickelt. Im Mittelpunkt theologischer Aufmerksamkeit standen weniger die nichtchristlichen Religionen als vielmehr die jeweils andere Konfession und dann seit der Neuzeit der Atheismus. Hier wurden die theologischen Ressourcen eingesetzt und hier wurden Erfahrungen mit der Würdigung von Alterität gemacht. Dagegen erschienen andere Religionen weithin als leicht zu entkräftende Verirrung.

Diese Situation war für viele Ostkirchen anders. Die orientalischen Kirchen sind ja in den Gebieten verortet, in denen der Islam schon bald nach seiner Entstehung zur dominierenden Religion wurde. Entsprechend entwickelten die orientalischen Kirchen eine intensive Kultur der Auseinandersetzung mit dem Islam aus der eigenen Minderheitensituation. Für sie war es oft schon um des eigenen Überlebens willen notwendig, eine Kultur der Anerkennung der fremden Religion zu entwickeln und doch zugleich Unterschiede zu betonen. Bis heute ist es so, dass orientalische Christinnen und Christen in muslimischen Ländern sehr stark die Unterschiede zum Islam betonen und dabei erst gar nicht den Versuch unternehmen, Trinität oder Christologie rational zu explizieren.[42] Denn eine Rationalisierung solcher Glaubensaussagen würde zu kontroverstheologischen Reaktionen von Musliminnen und Muslimen führen und ein polemisches Klima hervorrufen, das für das Zusammenleben nicht gerade hilfreich ist. Die neueren Versuche, im Anschluss an

Haltung der orientalischen Kirchen

---

[42] Vgl. als klassisches Beispiel für diese Tendenz den Ansatz von Abu Qurrha, der es geradezu als Argument für den christlichen Glauben wertet, dass die Glaubensinhalte wie die Christologie so paradox sind und dennoch geglaubt werden. Vgl. Mark N. *Swanson*, Apology, or its Evasion? Some Ninth-Century Arabic Christian Texts on Discerning the True Religion, in: *Michael Root* und *James Buckley* (Hg.), Christian theology and Islam, Cambridge 2014, 45–63.

Hegel die Trinitätstheologie zum Paradestück christlicher Theologie weiterzuentwickeln, die in evangelischer wie in katholischer Theologie gleichermaßen prägend geworden sind[43], werden in den östlichen Kirchen nicht rezipiert. Sicher hat das auch mit den spezifischen Unterschieden zwischen lateinischer und östlicher Trinitätslehre zu tun. Denn mit dem filioque lässt sich die Symmetrie der innertrinitarischen Beziehungen leichter so zuspitzen, dass daraus ein Argument für den trinitarischen Monotheismus wird.[44] Aber jenseits solcher theologischen Traditionen ist auffällig, dass östliche Theologien den Islam viel seltener als irrational herausfordern und eher darum bemüht sind, die muslimischen Vorwürfe gegen die Trinität als angeblichen Polytheismus zu entkräften. Es ist sicher kein Zufall, dass Modelle der sozialen Trinitätstheologie, die ja auch bei wohlwollender Interpretation die Grenzen des Monotheismus ausreizen[45], im westlichen Diskurskontext entstanden sind und im Osten überhaupt nicht rezipiert werden.

Die östlichen Theologien sind zwar sehr darauf bedacht, Unterschiede zum Islam zu markieren und die christliche Eigenständigkeit zu verteidigen. Aber sie bilden nur selten theologische Modelle heraus, die dem Islam jede Rationalität absprechen. Umgekehrt gibt es aber auch keine Versuche, sich vom Islam bereichern oder gar korrigieren zu lassen und solche Entwicklungen theologisch zu reflektieren. Von daher haben die östlichen Theologien zwar einen großen Erfahrungsschatz im Umgang mit dem Islam, aber sie bieten deswegen noch kein Anschauungsmaterial für die spezifisch komparativ theologischen Denkbewegungen der Gegenwart.

Theologien im Gespräch mit Buddhismus und Hinduismus

Ähnliche Phänomene lassen sich in christlichen Theologien in Asien beobachten, die sich aus einer Minderheitensituation heraus mit dem Buddhismus und Hinduismus auseinandersetzen. Die gängigen Vorwürfe dieser Religionen gegen den Theismus werden einerseits klar und gut begründet zurückgewiesen. Andererseits wird das Christentum dann aber auch so reinterpretiert, dass die Vor-

---

[43] *Stosch*, Trinität (s. o. Anm. 18), 83–89. Zur kritischen Auseinandersetzung mit Hegel vgl. *Christiane Tietz*, Systematisch-theologische Perspektiven zur Trinitätslehre, in: *Volker Henning Drecoll (Hg.)*, Trinität, Tübingen 2011 (Themen der Theologie 2), 163–194, hier 164 f.

[44] Vgl. *Stosch*, Trinität (s. o. Anm. 18), 52–59.

[45] *Jürgen Moltmann*, Trinität und Reich Gottes. Zur Gotteslehre, Gütersloh ³1994, 182, der die Rede von der sozialen Trinitätstheologie geprägt hat, gibt offen zu, dass die Trinität von ihm nicht als Ausbuchstabierung des Monotheismus gedacht ist, sondern als Vermittlungsmodell zwischen Monotheismus und Polytheismus. Eine solche Aussage wäre in einer ostkirchlichen Theologie völlig undenkbar.

würfe noch leichter zu entkräften sind. Insbesondere die indischen Theologien der letzten Jahrzehnte sind hier in der Reinterpretation der christlichen Glaubenslehre sehr weit gegangen und sahen sich immer wieder Interventionen des römischen Lehramts ausgesetzt. Es ist spannend zu beobachten, wie sich christliche Theologien je nach Diskurskontext verändern. Ganz offensichtlich prägen auch diejenigen Systeme christliches Denken, gegen die es sich zur Wehr setzt. Aus dieser Einsicht kann man vielleicht für den bundesdeutschen Kontext lernen, dass es sich lohnt, auch theologisch stärker auf Judentum und Islam zu reagieren und sich nicht mehr ausschließlich von der Auseinandersetzung mit dem Atheismus leiten zu lassen, wie das in den letzten Jahrzehnten der Fall war. Jedenfalls wird es interessant sein zu beobachten, wie sich die gerade offensiv vom Bund betriebene Förderung islamischer und jüdischer Theologien in Deutschland auf den innerchristlichen Gesprächskontext auswirken wird.

4 Anknüpfungspunkte im Blick auf andere Religionen: Islam

Wir hatten bisher gesehen, dass sich im bundesdeutschen Kontext eine spezifische theologische Lernsituation herausgebildet hat, die es katholischen und evangelischen Theologien erlaubt, in einer ganz neuen Offenheit auf andere Religionen zuzugehen. Gerade die oben unter 2.2 beschriebenen Formen des Lernens, aber auch die genannten religionstheologischen Modelle sind keine universalen Phänomene des Christentums, sondern durch eine spezifische gesellschaftliche Situation und bestimmte historische Erfahrungen hervorgerufen. Derartige Erfahrungen sind sicher auch auf andere Länder des westlichen Kulturkreises zu übertragen, aber nicht einfach in allen Kulturkreisen dieser Erde zu diagnostizieren. Von daher kann es nicht erstaunen, dass die anderen Weltreligionen gerade im westlichen Kontext anfangen, theologische Systeme auszubilden, die durchaus mit den in diesem Kapitel beschriebenen Entwicklungen zu vergleichen sind. So zeigt etwa Perry Schmidt-Leukel, dass seine pluralistischen Ideen auch in den anderen Weltreligionen auf dem Vormarsch sind.[46] Be-

---

[46] Vgl. *Perry Schmidt-Leukel,* Religious Pluralism and Interreligious Theology. The Gifford Lectures – An Extended Edition, Maryknoll/New York 2017.

trachtet man seine Beispiele genauer, merkt man allerdings, dass er recht großzügig inklusivistische Positionen ins Boot nimmt.[47] Vor allem fällt auf, wie viele seiner Beispiele durch Diskurskonstellationen hervorgerufen sind, bei denen Einflüsse des Westens offensichtlich sind. Auch die Komparative Theologie ist in ihren Lernformen und Rationalitätsstandards deutlich westlich geprägt und immer in der Gefahr, die Alterität anderer Religionen unterzubestimmen. Nicht zuletzt deswegen warnen nicht wenige Denker in der Tradition postkolonialer Studien generell vor religionsübergreifenden Vergleichen oder stellen das Konzept von Religion als solches in Frage.[48]

Monita aus postkolonialer Perspektive

Doch unabhängig davon, wie man zu diesen postkolonialen und postliberalen Diskursen genau steht, ist es ermutigend wahrzunehmen, dass in der bundesdeutschen Wirklichkeit auch die anderen großen Religionen in ihrer Glaubensreflexion lernen, wertschätzend auf das Christentum und die säkulare Gesellschaft zuzugehen. Gerade das Judentum zeigt, dass eigene Identität nicht unbedingt an geteilten Glaubensaussagen hängt und säkulares Denken durchaus auch theistisch interpretiert werden kann.[49]

Komparative Theologie aus islamischer Perspektive

Die spezifischen Lernerfahrungen Komparativer Theologie lassen sich inzwischen auch außerhalb des Christentums feststellen. Wir wollen hier zum Abschluss mit einem Blick auf die neu entstehende islamische Theologie in Deutschland zeigen, wie hier die verschiedenen Formen des Lernens über Religionsgrenzen hinweg sichtbar werden, auch wenn dies noch nicht von allen Beteiligten methodisch kontrolliert und reflektiert wird. Wenig überraschend ist natürlich, dass auch Musliminnen und Muslime es immer wieder als *Intensivierung* der eigenen Gottesbeziehung erfahren, wenn sie erleben, dass es in unserer Gesellschaft noch Menschen gibt, denen etwas heilig ist und die dem Gedanken einer letztgültigen Verbindlichkeit etwas abgewinnen können. Intensivierung muslimischen Glaubens durch die Begegnung mit Christinnen und Christen ist in Deutschland eine Selbstverständlichkeit und führt bspw. dazu,

---

[47] Mahmoud Ayoubs Position zur Christologie ist bspw. deutlich inklusivistisch, wie bspw. bei seiner Behandlung Jesu im Koran deutlich wird. Vgl. *Mahmoud Ayoub*, A Muslim view of Christianity. Essays on dialogue, hg. v. *Irfan A. Omar*, Maryknoll/New York 2007, 111–183.

[48] Zu Einflüssen postkolonialer Studien auf die Komparative Theologie vgl. *Cornille*, Meaning and method in comparative theology (s. o. Anm. 5), 65–69.

[49] Vgl. *Elisa Klapheck* und *Ruth Calderon*, Säkulares Judentum aus religiöser Quelle (Machloket/Streitschriften 1), Berlin 2015.

dass nicht wenige Musliminnen und Muslime ihre Kinder lieber in einen christlichen Kindergarten bringen als in einen städtischen.

Auch die Tatsache, dass Musliminnen und Muslime durch das Gespräch mit Christinnen und Christen eigene Glaubenstraditionen wiederentdecken, lässt sich vielfältig belegen. So versucht etwa die Ankaraner Schule zu zeigen, dass historisch-kritische Mittel der Koranexegese auf der *Wiedergewinnung* klassischer exegetischer Traditionen im Islam beruhen.[50] Denn immer schon sei im Islam nach den Offenbarungsanlässen gesucht und entsprechend die historische Rückfrage gestellt worden. Dass es bei einer solchen Betrachtungsweise der klassischen Exegesetradition zugleich um eine Reinterpretation der eigenen Tradition geht, ist augenfällig, weil die spezifischen Instrumente heutiger historischer Kritik natürlich nicht in identischer Form in der Tradition zu finden sind.

Ein noch eindrucksvolleres Beispiel für eine *Reinterpretation* klassischer Bestände der Tradition stellt die derzeitige Diskussion um die Grundprinzipien der Scharia im islamischen Recht dar. Die *Maqāṣid aš-Šarīʿa*, also die Ziele bzw. Zwecke der Scharia, wurden erstmalig durch den mittelalterlichen Theologen *al-Ǧuwainī* im elften Jh. herausgearbeitet. Im Einzelnen handelt es sich bei diesen Grundprinzipien um den Schutz der Religion bzw. der Religionsfreiheit, der Ehre bzw. Würde des Menschen, der Vernunft, der Familie und des Eigentums. Diese Werte werden heute vielfach so modern reinterpretiert, dass sie als Garanten der Menschenrechte verstanden werden können und dafür sorgen, dass die Scharia grundgesetzkonform ausgelegt wird. Um zu diesem Ergebnis zu kommen, muss die klassische mittelalterliche Diskussion neu verstanden und mit Kategorien der Gegenwart angereichert werden. Die moderne Debatte um die Grundprinzipien der Scharia ist von daher fast schon als Neuaneignung zu werten.

Noch offensichtlicher ist dieser Aspekt der *Neuaneignung* in der Theologie der Barmherzigkeit, die in den letzten Jahren von Mouhanad Khorchide vorangetrieben wird.[51] Khorchide arbeitet dabei mit einem kommunikationstheoretischen Offenbarungsmodell, das er ausdrücklich aus der christlichen Tradition entlehnt.[52] Auch seine freiheitstheoretische Bestimmung des Gottesgedankens wird

---

[50] Vgl. als erste Einführung zur Ankaraner Schule *Felix Körner (Hg.)*, Alter Text – neuer Kontext. Koranhermeneutik in der Türkei heute, Freiburg i. Br./Basel/Wien 2006.

[51] Vgl. *Mouhanad Khorchide*, Islam ist Barmherzigkeit. Grundzüge einer modernen Religion, Freiburg i. Br./Basel/Wien 2012.

[52] Vgl. ebd. 109.

deutlich von westlichen philosophischen Traditionen bestimmt und sein Versuch, Gott als leidensfähig zu beschreiben, geht erkennbar auf Anliegen der Kreuzestheologie ein.[53] Immer wieder überschreitet Khorchide somit bewusst die Rhetorik der Reinterpretation hin zur Appropriation neuer Gehalte. Gelegentlich kann man sogar den Eindruck gewinnen, dass er Korrekturen an der eigenen Tradition anbringen will – insbesondere dann, wenn er für eine humanistische Interpretation des islamischen Rechts wirbt.[54] Allerdings betont Khorchide an dieser Stelle immer, dass diese humanistische Interpretation im Wesen des islamischen Rechts selbst begründet ist, sodass er streng genommen auch hier noch im Bereich der Appropriation oder zumindest der Reinterpretation bleibt.

Neuinterpretation des Verhältnisses von Koran und Bibel

Noch eindrucksvoller scheinen uns allerdings die in der modernen islamischen Theologie überall spürbaren Bemühungen um eine Neuinterpretation des Verhältnisses zwischen Koran und Bibel. Wenn jetzt muslimische Exegetinnen und Exegeten Griechisch, Hebräisch und Aramäisch lernen, um auf Augenhöhe mit den anderen Heiligen Schriften ins Gespräch zu kommen, korrigieren sie eine unselige Tradition der muslimischen Schultheologie, die die Bibel als verfälscht und korrekturbedürftig meinte ansehen zu müssen. Heute entsteht eine neue Basis, um in den abrahamischen Religionen gemeinsam um eine adäquate Schrifthermeneutik zu ringen.[55]

Abschließend wollen wir auch noch die Reaffirmation des Eigenen als Lernerfahrung Komparativer Theologie in den Blick nehmen. Sehr eindrucksvoll begegnet uns das im Werk von Milad Karimi. Durch seine intensiven Studien von Hegel und Heidegger sind ihm moderne christliche Adaptionen der Trinitätstheologie sehr gut bekannt und er kennt die Attraktivität eines dialogisch-responsiven Gottesbildes. Dennoch hält er dieses für unvereinbar mit der muslimischen Tradition und beharrt auf der beziehungs- und referenzlosen Einheit Gottes.[56] Zugleich pflegt er in einer großen Offenheit den Dialog der Religionen und ist immer wieder bereit, auch die anderen Lernformen Komparativer Theologie prägend werden zu lassen. Aber im Blick auf die Reflexion des Gottesgedankens versucht er den Islam radikal abgrenzend von der modernen

---

[53] *Khorchide* und *von Stosch*, Der andere Prophet, 241–288.

[54] *Mouhanad Khorchide*, Scharia – der missverstandene Gott. Der Weg zu einer modernen islamischen Ethik, Freiburg i. Br./Basel/Wien 2016.

[55] Vgl. hierzu *Klaus von Stosch* und *Christiane Tietz (Hg.)*, Normativität Heiliger Schriften in Judentum, Christentum und Islam, Tübingen 2021.

[56] Vgl. *Ahmad Milad Karimi*, Hingabe. Grundfragen der systematisch-islamischen Theologie, Freiburg i. Br./Berlin/Wien ²2015, 108–126.

christlichen Tradition zu profilieren und so an die maturidische Tradition anzuknüpfen.

Es wird also deutlich, dass in der Begegnung der Religionen im deutschen Sprachraum wechselseitig neue Formen des Lernens Wirklichkeit werden, die durchaus das Potenzial haben, ein produktives und kreatives theologisches Miteinander über Religionsgrenzen hinweg anzuleiten. Von daher bieten sich immer mehr Anknüpfungspunkte, die dazu genutzt werden könnten, das konfessionell-kooperative Lernen im Religionsunterricht auch um interreligiöse Lernerfahrungen zu erweitern. Zugleich ist klar, dass eine solche Weitung nur in Frage kommt, wenn sie katholisch und evangelisch gemeinsam getragen wird und nicht auf eine Einebnung der konfessionellen und religiösen Unterschiede abzielt. Angesichts des Rückgangs von christlicher Bildung und Erziehung von Kindern und Jugendlichen in Deutschland wird, gerade um des interreligiösen Dialogs willen, bei einem solchen Unterricht genügend Raum für das Kennenlernen der eigenen christlichen Religion unerlässlich sein.

<aside>Erweiterung konfessionell-kooperativen Lernens um interreligiöses Lernen</aside>

5 Lesehinweise

Reinhold Bernhardt, Inter-Religio. Das Christentum in Beziehung zu anderen Religionen, Zürich 2019.
Francis X. Clooney, Komparative Theologie. Eingehendes Lernen über religiöse Grenzen hinweg (Beiträge zur Komparativen Theologie 15), hg. v. *Ulrich Winkler*, übers. v. *Michael Sonntag*, Paderborn u. a. 2013.
Catherine Cornille, Meaning and method in comparative theology, Hoboken/New Jersey 2019.
Gavin D'Costa, Christianity and world religions. Disputed questions in the theology of religions, Malden/Mass.-Oxford 2009.
Friedrich-Wilhelm Marquardt, Das christliche Bekenntnis zu Jesus, dem Juden. Eine Christologie. Bd. 1 und 2. Studienausgabe, hg. von *Hartmut Spenner*, München (1991) 2013.
Volker Meißner u. a. (Hg.), Handbuch christlich-islamischer Dialog. Grundlagen – Themen – Praxis – Akteure (Schriftenreihe der Georges-Anawati-Stiftung 12), Freiburg i. Br./Basel/Wien 2014.
Rolf Rendtorff u. a. (Hg.), Die Kirchen und das Judentum. Gemeinsame Veröffentlichung der Studienkommission Kirche und Judentum der Evangelischen Kirche in Deutschland und der Arbeitsgruppe für Fragen des Judentums der Ökumene-Kommission der Deutschen Bischofskonferenz, 2 Bde., 1988 und 2001.
Perry Schmidt-Leukel, Gott ohne Grenzen. Eine christliche und pluralistische Theologie der Religionen, Gütersloh 2005.

Klaus von Stosch, Komparative Theologie als Wegweiser in der Welt der Religionen (Beiträge zur Komparativen Theologie 6), Paderborn u. a. 2012.
Josef Wohlmuth, Im Geheimnis einander nahe. Theologische Aufsätze zum Verhältnis von Judentum und Christentum, Paderborn u. a. 1996.

Nach anderen Religionen fragen

Religionsdidaktischer Kommentar

Jan Woppowa und Bernd Schröder

1 Lernchancen

Phänomene religiöser Pluralität zählen zur Alltagserfahrung von Kindern und Jugendlichen, sowohl in ihren individuellen Lebenswelten, in der Schule, als auch und besonders durch eine vielfältige mediale Präsenz. Die Erfahrung von Pluralität kann allerdings auch zur Überforderung werden, wenn das Verlangen nach Orientierung, Sicherheit, Eindeutigkeit etc. nicht erfüllt oder unmöglich wird. Weil Religionen aus sich selbst heraus Mehrdeutigkeit transportieren, ja religiöse Weltdeutung insgesamt nicht auf Mehrdeutigkeit verzichten kann, kann eine Überforderung durch religiöse Pluralität zum einen zu religiöser Gleichgültigkeit führen und zum anderen eine Tendenz zum Fundamentalismus verstärken. Denn beide Extreme versuchen, den Kontakt mit Mehrdeutigkeit zu vermeiden bzw. zu verhindern.[1] Diese polaren Ausprägungen bzw. Gefahren sind schließlich relevant für religiöse Lernprozesse in der Schule (siehe dazu unten die zugehörige Lernform des ambiguitätsfördernden Lernens), insbesondere in einem Religionsunterricht, der es sich zum Programm gemacht hat, Pluralität und Heterogenität als Lernchancen und bildsame Differenz zu begreifen.

Eine Bearbeitung des Inhaltsfelds von Religionen und religiöser Pluralität trifft auf ein immer wieder in religionssoziologischen Studien bestätigtes Interesse von Jugendlichen an fremden Religionen,[2] so dass man dessen tiefere Durchdringung gerade auch in einem Religionsunterricht mit konfessionell bzw. religiös heterogenen Lerngruppen zentral verankern sollte. Religionen und religiöse Pluralität können dabei als ein exemplarisches Lernfeld

Interesse Jugendlicher aufgreifen

---

[1] Vgl. dazu insgesamt die Analysen von *Thomas Bauer*, Die Vereindeutigung der Welt. Über den Verlust an Mehrdeutigkeit und Vielfalt, Stuttgart ¹¹2018.

[2] Vgl. zuletzt bspw. *Mathias Albert u.a.*, Jugend 2019. Eine Generation meldet sich zu Wort. 18. Shell Jugendstudie, Weinheim 2019, 343.

gelten, um die Perspektivität religiöser Weltdeutungen bewusst zu machen (einschließlich konfessioneller Perspektiven), um Welt und Wirklichkeit in ihrer globalen und pluralen Reichweite zu verstehen und nicht zuletzt um erkennen zu können, dass individuelle und kollektive Lernprozesse der Toleranz, des Dialogs und der Konvivenz in einer pluralisierten Gesellschaft notwendig für ein friedliches Zusammenleben sind.

Dialog lernen

So können auch die oben aufgezeigten Lernprozesse der evangelischen und katholischen Kirche zu theologischer Dialogfähigkeit – in ihrer jeweiligen historisch gewachsenen Verhältnisbestimmung zu den nichtchristlichen Religionen und an Hand der offiziellen Dokumente (→ *Von Stosch* und *Tietz*, Kap. 2.1) – exemplarisch aufzeigen, welche Gestalt solche Lernprozesse auf institutioneller Ebene haben können. Im konfessionell-kooperativen Religionsunterricht kann dabei insbesondere aufmerksam wahrgenommen werden, dass durch die gemeinsame, überkonfessionelle Begegnung mit anderen Religionen insofern eine besondere Chance zur Ökumene besteht, als sie eine intensivierte Selbstreflexion auf eine innerchristliche Pluralität auslösen kann (auch im Sinne der komparativ-theologischen Lernform der *Neuinterpretation der eigenen Religion*).

Im Dialog sich selbst verstehen lernen

Wendet man diese Erkenntnis auf die Identitäten von Schülerinnen und Schülern an, kann eine (auch mediale und nicht nur personale) Begegnung mit anderen Religionen solche Selbstreflexionsprozesse initiieren, in denen sich Individuen ihrer eigenen religiösen resp. konfessionellen oder auch nichtreligiösen Prägungen bewusst werden. Solche Lernprozesse sind insbesondere durch entsprechende didaktisch-methodische Interventionen auszulösen, die auf die Perspektivität religiösen Lernens abheben und Lernaufgaben einsetzen, die auf Perspektivenverschränkung und Perspektivenwechsel abheben.[3]

---

[3] Vgl. zum Hintergrund: *David Käbisch* und *Jan Woppowa*, Perspektiven verschränken und Lernaufgaben konstruieren. Eine religionsdidaktische Annäherung, in: Religion unterrichten 1 (2020), 10–17, abrufbar unter: https://www.vandenhoeck-ruprecht-verlage.com/zeitschriften-und-kapitel/55274/religion-unterrichten-2020-jg-1-heft-1 [Zugriff: 17.03.2021].

Elementare Lernchancen

Exemplarische Strukturen bzw. Lerngegenstände	Lebensweltliche Zugänge bzw. Erfahrungen
Schwerpunkt: Religionstheologische Verhältnisbestimmungen	
– klassische religionstheologische Modelle – konfessionelle Prioritätensetzungen (katholische Tendenz zum Inklusivismus, evangelisch zum Pluralismus) – ökumenische Wege (bspw. komparative Theologie, neue Verhältnisbestimmung zum Judentum nach der Shoa)	– Erfahrungen mit religiöser Pluralität in Alltagskultur und Lebenswelt – interreligiöse Begegnungen in der Schule – mediale Begegnung mit religiös motivierten Konflikten in einer globalisierten Welt
Schwerpunkt: Lernformen und konkrete Lernprozesse der komparativen Theologie	
– Intensivierung des eigenen Glaubens – Wiedergewinnung des Eigenen – Neuinterpretation der eigenen Religion – Neuaneignung von Inhalten – Richtigstellung/Korrekturen des eigenen Glaubens – erneute Affirmation des Eigenen – exemplarische Lernprozesse eines europäischen Islams in der komparativen Auseinandersetzung mit christlicher Theologie – Wiederentdeckung der ästhetischen und mystischen Dimension von Religion durch Begegnung mit dem Islam	– interreligiöse Begegnungen und Freundschaften – jugendliches Interesse an fremden Religionen – Suche nach Sinn und Orientierung, auch jenseits von Religion – individuelle Prozesse der Identitätsentwicklung von Jugendlichen in der Auseinandersetzung mit Anderem und Fremdem – hermeneutische Denkformen in der Begegnung: die Andersheit des Anderen als Wert anerkennen, mit diesem Wert das Eigene bereichern oder verändern lassen
Schwerpunkt: Kriterien interreligiöser Urteilsbildung	
– Beispiele für Irritationen, Infragestellungen und Widersprüche im interreligiösen Gespräch (etwa in der Frage nach dem Verhältnis von Offenbarung und menschlicher Erfahrung, nach der Bedeutung Jesu in Islam und Judentum etc.) – Vernunftorientierung als katholische Priorität – christologische Orientierung als evangelische Priorität – Argumentationsmuster in Minderheitensituationen (bspw. der orientalisch oder asiatisch verorteten Theologien)	– Erfahrungen mit religiöser Pluralität reflektieren – pluralitätsfähig werden durch eine Strukturierung und Beurteilung religiöser Pluralität – Bearbeitung von Anforderungssituationen und sog. „critical incidents" bzw. religiösen Überschneidungssituationen[4]

---

[4] Vgl. Joachim Willems, Lernen an interreligiösen Überschneidungssituationen – Überlegungen zu Ausgangspunkten einer lebensweltlich ori-

2 Orientierung an didaktischen Leitlinien konfessioneller Kooperation

Das Inhaltsfeld Religionen und religiöse Pluralität kann insgesamt in Erinnerung rufen, dass das Lernen in heterogenen Lerngruppen mit dem Differenzmarker der Konfession (wie im konfessionell-kooperativen Religionsunterricht) offen gehalten werden muss für eine größere religiös-weltanschauliche Pluralität. Die Lernchance für den konfessionell-kooperativen Religionsunterricht liegt also in der Weitung des eigenen Blickfelds von konfessioneller Pluralität und Differenz auf religiöse Pluralität und Differenz.[5] Dabei kommt es zu einer Komplexitätssteigerung in der Bearbeitung von Differenz, die allerdings als lernförderlich angesehen werden kann, weil sie didaktische Prinzipien der Perspektivenverschränkung oder des Perspektivenwechsels durch breiter angelegte Inhalte und Lerngegenstände noch intensiver umsetzen kann (und muss). Darüber hinaus können religionstheologische Denkansätze und Modelle, wie sie im Ansatz der komparativen Theologie verfolgt werden, auf überkonfessionelle, ökumenische Wege interreligiöser Verständigung aufmerksam machen. Ebenfalls dienen die oben angeführten theologischen Auseinandersetzungen eines orientalisch bzw. asiatisch verorteten Christentums, in dem oftmals aus einer Minderheitensituation gegenüber Islam, Hinduismus oder Buddhismus argumentiert wird, einer Weitung des Blicks auf die globale Ausdehnung des Christentums.

Leitlinien 1,3,5 und 10 Im Blick auf das vorliegende Inhaltsfeld rücken daher Leitlinien konfessioneller Kooperation ins Zentrum, die insbesondere auf eine größere Pluralität und Heterogenität abheben: So ist die in der Lerngruppe möglicherweise auch sichtbar bestehende religiös-weltanschauliche Pluralität produktiv aufzugreifen und als bildsame Differenz zu begreifen (Leitlinie 1), allerdings ohne der Gefahr einer Repräsentationslogik zu erliegen, nach der Lernende zu Repräsentanten einer Religion oder Konfession gemacht werden. Genau dazu braucht es eben eine nicht nur konfessionelle, sondern vielmehr religiöse Differenzsensibilität (Leitlinie 3), die zwischen

---

entierten interreligiösen Didaktik, in: Theo-Web. Zeitschrift für Religionspädagogik 10 (2011), 202–219.

[5] Konzeptionell bedeutet das, an der Weiterentwicklung des konfessionell-kooperativen Religionsunterrichts hin zu Formen eines religionskooperativen Religionsunterrichts zu arbeiten. Vgl. hierzu exemplarisch *Jan Woppowa u.a.* (Hg.), Kooperativer Religionsunterricht. Fragen – Optionen – Wege, Stuttgart 2017.

den subjektiven Überzeugungen der Lernenden und objektiven Charakteristika der religiösen bzw. konfessionellen Traditionen unterscheiden kann. Schließlich sind Formen des perspektivenverschränkenden Unterrichts zu verfolgen (Leitlinie 5), um der Pluralität von religiösen Perspektiven inhaltlich gerecht werden sowie auf dieser Grundlage das pluralitätsbefähigende Lernen der Schülerinnen und Schüler fördern zu können. Das schließt selbstredend mit ein, dort, wo möglich, den eigenen Unterricht für eine Kooperation mit dem Religionsunterricht anderer Bekenntnisse zu öffnen (Leitlinie 10).

3 Elementare Lernform Nr. 15: Multiperspektivisches Lernen

Multiperspektivisches Lernen verfolgt zwei Anliegen:[6] Zum einen sollen Inhalte und Lerngegenstände so erarbeitet werden, dass dies auf der Basis multiperspektivischer Quellen erfolgt. Das bedeutet für religiöse Lernprozesse, dass dazu mehrere konfessionelle Perspektiven sowie darüber hinaus auch unterschiedliche religiöse Perspektiven gehören. Bspw. hieße das für den Lerngegenstand „Heilige Schriften", dass hier katholische, evangelische und orthodoxe Perspektiven auf die Bibel zur Sprache kommen (→ *Kollmann* und *Weidemann*), aber eben auch jüdische Perspektiven auf den Tanach, insbesondere rabbinische Kommentare sowie islamische Perspektiven auf den Koran und auch auf die Bibel etc. Dabei gibt es Ähnlichkeiten, Unterschiede wie Besonderheiten zu entdecken, aber auch Widerständiges und Widersprüchliches, was schließlich zu kontroversen Lernprozessen führen kann und soll. Damit ist bereits ein zweites Anliegen eines multiperspektivischen Lernens angezeigt, nämlich die Befähigung der Lernenden, durch Perspektivenerweiterung einen eigenen Standpunkt in religiösen Fragen zu finden. Diesen Standpunkt gilt es durch die Konfrontation mit anderen Standpunkten (der Mitschülerinnen und Mitschüler, institutioneller oder fachlicher Positionen) zu reflektieren, um ein Bewusstsein für die Perspektivität von Wahrnehmungen, Beschreibungen und Deutungen der Wirklichkeit zu gewinnen. Multiperspektivisches Lernen fördert daher auch die Fähigkeit zum Perspektivenwechsel, welche die eigene Perspektive auf die Wirklichkeit und sich daraus

Multiperspektivische Quellen

Standpunktfindung

---

[6] Vgl. vertiefend dazu *Jan Woppowa*, Religionsdidaktik, Paderborn 2018, 185–191.

ergebende Wahrheitsansprüche relativieren und kritisch hinterfragen kann.

Exemplarische Lernaufgabe

Dazu zählen insbesondere gezielt gestaltete Lernaufgaben wie bspw. die folgende: „Du beobachtest einen Streit zwischen einer Muslima, die ein Kopftuch trägt, und einer Frau, die offensichtlich die Meinung vertritt, dass religiöse Symbole in der Öffentlichkeit nichts zu suchen haben. – a) Reflektiere deinen eigenen Standpunkt in der Frage: Gehören religiöse Symbole in die Öffentlichkeit? Ja oder Nein. – b) Nimm die Perspektive der muslimischen Frau ein und versuche, aus ihrer Sicht zu argumentieren, warum es für sie relevant sein könnte, ein Kopftuch zu tragen und das auch öffentlich zu tun. – c) Sammle anschließend mögliche Argumente von beiden Seiten (Zustimmung oder Ablehnung) und prüfe anschließend deinen anfangs eingenommenen Standpunkt."[7]

Für religiöses Lernen in der Schule bedeutet der Blick auf das Inhaltsfeld religiöser Pluralität schließlich auch, dass der Umgang mit einem perspektivischen Wahrheitsbegriff zu lernen ist, was wiederum ein multiperspektivisches Lernen voraussetzt. Denn sofern „unter den Bedingungen der Spätmoderne Wahrheit nur noch perspektivisch Gestalt finden und bezeugt werden kann, bedeutet das eben auch Theologie und Religionsunterricht, dass sie Räume für unterschiedliche Perspektiven eröffnen und zugleich die hermeneutischen Fähigkeiten vermitteln müssen, um die je anderen Perspektiven in adäquater Weise zu würdigen."[8]

> Multiperspektivität bzw. Mehrperspektivität ist ein Prinzip, das religionsdidaktisch in vielfacher Hinsicht in Erscheinung tritt. Das gilt insbesondere dort, wo mit der Herausforderung religiös-weltanschaulich heterogener Lerngruppen umgegangen werden muss und wo ein differenzbewusstes Lernen verfolgt wird, was wiederum gegenwärtig und zukünftig eine der größten Herausforderungen des Religionsunterrichts darstellt.
>
> Zur Orientierung: *Uta Pohl-Patalong*, Mehrperspektivischer Religionsunterricht – eine Modellidee aus Schleswig-Holstein, in: *Konstantin Lindner u. a. (Hg.)*, Zukunftsfähiger Religionsunterricht. Konfessionell – kooperativ – kontextuell, Freiburg i. Br./Basel/Wien 2017, 213–237; *Jan Woppowa*, Differenzsensibel und konfessionsbewusst lernen. Multiperspektivität und Perspektivenverschränkung als religionsdidaktische Prinzipien, in: Österreichisches Religionspädagogisches Forum 24 (2016), 41–49.

---

[7] Das Beispiel kann als eine Überschneidungssituation im Sinne der Definition von *Willems*, Lernen gelten (s. o. Anm. 4).

[8] *Klaus von Stosch*, Konfessionalität und Komparative Theologie, in: *Jan Woppowa u. a. (Hg.)*, Kooperativer Religionsunterricht. Fragen – Optionen – Wege, Stuttgart 2017, 59–78, hier 75.

4 Elementare Lernform Nr. 16: Ambiguitätsförderndes Lernen

Aus einem multiperspektivischen Lernen resultiert schließlich ein konstruktiver Umgang mit Mehrdeutigkeit durch unterschiedliche Perspektiven auf eine Sache und entsprechende Deutungen, insbesondere in religiösen Dingen, für die oftmals keine letzten Antworten bereitstehen. Das heißt, es braucht die Haltung der Ambiguitätstoleranz im Umgang mit religiöser Pluralität und entsprechende Lernprozesse. Über das Tolerieren von Mehrdeutigkeit hinaus ist daher ein Lernen zu verfolgen, dass Mehrdeutigkeit zunächst einmal ins Spiel bringt, also fördert, um dann entsprechende Haltungen aufbauen zu können. Konfessionell-kooperatives Lernen, das mit Differenz, Multiperspektivität und Mehrdeutigkeit bewusst arbeitet, ist daher auch als ambiguitätsförderndes Lernen zu gestalten. Denn wenn Individuen in einer religiös pluralen Gesellschaft lernen, mit Mehrdeutigkeiten zu leben, sind sie vermutlich weniger anfällig für fundamentalistische Tendenzen. Darüber hinaus wird damit eine wichtige Grundlage für das Verstehen von Religion und religiös motivierten Lebensentwürfen geschaffen, wo Mehrdeutigkeit eine wesentliche Rolle spielt. Denn Religion fußt auf einer ausgeprägten Ambiguitätstoleranz, sei es im Umgang mit Transzendenz und dem nicht bis ins Letzte Aussagbaren, sei es im Umgang mit der Vermittlung des Nicht-Vermittelbaren, sei es im Blick auf religiöse Kommunikation und die Mehrdeutigkeit bspw. im Umgang mit überlieferten Schriften.[9]

Mehrdeutigkeit

Ein ambiguitätsförderndes Lernen kann sich im Unterricht inhaltlich bspw. wie folgt zeigen:

Beispiele

- in konfessioneller Hinsicht als innerchristliche Mehrdeutigkeit durch das gezielte Bearbeiten unterschiedlicher konfessioneller Deutungen eines Sachverhalts: bspw. bei der Frage, ob die Bibel als alleiniger Ursprung oder als ein Teil theologischer Erkenntnis gilt (→ *Kollmann* und *Weidemann*);
- in interreligiöser Hinsicht als Mehrdeutigkeit im Vergleich zentraler religiöser Vorstellungen: bspw. im Blick auf den Glauben der monotheistischen Religionen an den einen Gott Abrahams bei gleichzeitig verschiedenen Gottesvorstellungen, insbesondere zwischen christlicher Trinitätslehre und islamischer Lehre von der Einheit Gottes (Tauhid);

---

[9] Vgl. *Bauer*, Vereindeutigung (s. o. Anm. 1), 34 f.

– in lebensweltbezogener Hinsicht als Mehrdeutigkeit durch die individuellen religiösen und nichtreligiösen Perspektiven der Lernenden selbst, bspw. im Streit um die Frage, was eigentlich „Glück" bedeutet oder ob „Gott" bloß ein Hirngespinst, eine menschliche Projektion ist. In solche Streitfragen können als weitere *Öffnung* leicht die Perspektiven religiöser Traditionen eingespielt werden, die Mehrdeutigkeit und Komplexität erhöhen. Das erfordert allerdings eine gute Systematisierung und auch eine didaktisch-methodische *Schließung*, um Lernprozesse nicht zu überfrachten und Lernende nicht zu überfordern.

Methoden Aus methodischer Sicht eignen sich für ein ambiguitätsförderndes Lernen insbesondere kooperative Lernformen, in denen individuelle Positionierung, Dialog und Argumentation eine besondere Rolle spielen, aber auch Methoden, die der Lernform des kontroversen Lernens nahestehen, wie Schreib- und Streitgespräche, strukturierte Kontroversen, Debatten etc.

Konfliktfähigkeit als Lernziel Über den engeren Rahmen des schulischen Religionsunterrichts hinaus dienen die Lernformen des multiperspektivischen und des ambiguitätsfördernden Lernens schließlich dem Erlernen von Konfliktfähigkeit bzw. einer Fähigkeit zum „Konfliktmanagement"[10]. Diese nämlich setzt Interaktions- und Dialogfähigkeit, die Fähigkeit zum Perspektivenwechsel sowie Ambiguitätstoleranz und Selbstreflexivität voraus, um „Differenzbewusstsein zu schaffen und die wahrgenommene Differenz[, die eben nicht selten auch zu massiven Konflikten führen kann; J. W.] bearbeiten zu können"[11]. Die Fähigkeit zum Konfliktmanagement kann daher insbesondere in einem konfessionell-kooperativen Religionsunterricht in heterogenen Lerngruppen als eine Teilkompetenz interreligiösen sowie interkonfessionellen Lernens gelten.

> Ambiguitätstoleranz stellt ein altes, gegenwärtig aber wieder neu entdecktes psychologisches Konstrukt zum Umgang mit Vielfalt und Mehrdeutigkeit dar. Es kann darüber hinaus auch für zahlreiche Ansätze der Religionsdidaktik seine Relevanz entfalten, insbesondere angesichts diverser Herausforderungen durch die religiös-weltanschauliche Pluralisierung der Gesellschaft sowie damit einhergehende multiperspektivische Formen des Religionsunterrichts.

---

[10] *Jürgen Kiechle* und *Hans-Georg Ziebertz*, Konfliktmanagement als Kompetenz interreligiösen Lernens, in: *Peter Schreiner, Ursula Sieg* und *Volker Elsenbast (Hg.)*, Handbuch Interreligiöses Lernen, Gütersloh 2005, 282–293.

[11] Ebd. 288.

Zur Orientierung: *Jan Woppowa*, „Nothing is ever lost!" Überlegungen zu einer ambiguitätsfördernden Religionspädagogik von morgen, in: Religionspädagogische Beiträge 83 (2020), 70–78; *Thomas Bauer*, Die Vereindeutigung der Welt. Über den Verlust an Mehrdeutigkeit und Vielfalt, Stuttgart [11]2018.

Nach tragfähigen Deutungen des Lebens fragen

Identität und Sinn im Streit der Weltanschauungen

Michael Roth und Frank Ewerszumrode

1 Einleitung: Die Sinnfrage – Gottes- oder Götzenfrage?

Der Begriff „Sinn" kommt vornehmlich in zwei Zusammenhängen vor: als Sinn von Texten in der Hermeneutik und als Rede vom „Sinn des Lebens" in den Fragen der Lebensdeutung. Um letztere Redeweise geht es: Viktor E. Frankl, der Begründer der Logotherapie, misst der Frage nach dem Sinn des Lebens eine Zentralstellung im menschlichen Leben bei. Im Unterschied zu Sigmund Freud, der formulierte: „Im Moment, da man nach Sinn und Wert des Lebens fragt, ist man krank [...]"[1], sieht Frankl in der Frage nach dem Sinn des Lebens die eigentlich menschliche Frage.[2] „[W]ovon der Mensch zutiefst und zuletzt durchdrungen ist, ist weder der Wille zur Macht, noch der Wille zur Lust, sondern der Wille zum Sinn"[3]. Das In-Frage-Stellen des Lebenssinnes ist daher nach Frankl nicht als etwas Krankhaftes zu bezeichnen, vielmehr ist es „eigentlicher Ausdruck des Menschseins schlechthin". „Ausdruck [...] des Menschlichsten im Menschen"[4]: Wir „können uns recht wohl hochentwickelte Tiere vorstellen, die – etwa wie die Bienen oder Ameisen – in so mancher Beziehung sozialer Organisationen, in ihren den menschlichen Staatsgebilden ähnelnden Apparatu-

Viktor E. Frankl

Sinnfrage als eigentlich menschliche Frage

---

[1] *Sigmund Freud*, Briefe 1873–1939, Frankfurt a. M. 1960, 429.
[2] Vgl. *Viktor E. Frankl*, Aus dem Grenzgebiet zwischen Psychotherapie und Philosophie, in: Ders., Der Mensch vor der Frage nach dem Sinn. Eine Auswahl aus dem Gesamtwerk. Mit einem Vorwort von Konrad Lorenz, München/Zürich [10]1995, 82–85, hier 83; Ders., Ärztliche Seelsorge. Grundlagen der Logotherapie und Existenzanalyse, Frankfurt a. M. 1987, 40 ff.
[3] *Viktor E. Frankl*, Der Mensch auf der Suche nach dem Sinn, in: Ders., Mensch (s. o. Anm. 2), 100–102, hier 101.
[4] *Frankl*, Ärztliche Seelsorge (s. o. Anm. 2), 56.

ren, der menschlichen Gesellschaft sogar überlegen sind; nie und nimmer jedoch können wir uns vorstellen, dass irgendein Tier die Frage nach dem Sinn seiner eigenen Existenz aufzuwerfen und damit dieses sein eigenes Dasein in Frage zu stellen vermöchte. Ausschließlich dem Menschen als solchem ist es vorbehalten, seine eigene Existenz als fragwürdig zu erleben, die ganze Fragwürdigkeit des Seins zu erfahren"[5]. Gerade die Erfahrung der Sinnlosigkeit „verlangt nach neuen (logo)therapeutischen Ansätzen"[6]. Da nach Frankl 20 Prozent aller Neurosen durch ein Sinnlosigkeitsgefühl verursacht sind, macht er es der therapeutischen Intervention zur Aufgabe, gemeinsam mit der Klientin bzw. dem Klienten diejenigen Werte zu entdecken, die zu realisieren dem Leben Sinn verleihen können.

Sinnfrage als religiöse Frage

Frankls Zentrierung auf die Sinnfrage wurde von einigen Theologinnen und Theologen als genuin theologisches Anliegen wahrgenommen und ihm eine „religiöse Offenheit"[7] attestiert. So hat bereits Helmut Thielicke die Frage nach dem Sinn als Erweiterung der Psychoanalyse Freuds und Öffnung für genuin religiöse Anliegen begriffen,[8] aber auch andere betonen, dass gerade mit der Frage nach dem Sinn des Lebens ein existentielles und religiöses Anliegen zur Sprache gebracht werde.[9] Gerade für die Seelsorge scheint Frankl fruchtbar gemacht werden zu können.[10] Frankl selbst hatte auf die Offenheit seiner Theorie für Religion und die Gottes-

---

[5] Ebd.
[6] Ebd. 20.
[7] *Cornelia Richter*, „Trotzdem". Ja zum Leben und Mut zum Sein. Viktor E. Frankl und Paul Tillich im Gespräch, in: *Dietrich Korsch (Hg.)*, Die heilende Kraft des Sinns. Viktor E. Frankl in philosophischer, theologischer und therapeutischer Betrachtung (Religion und Gesundheit 2), Stuttgart 2018, 59–81, hier 64.
[8] Vgl. *Helmut Thielicke*, Mensch sein – Mensch werden. Entwurf einer christlichen Anthropologie, München 1976, 357 ff.
[9] Vgl. *Uwe Böschemeyer*, Die Sinnfrage in der Psychotherapie und Theologie. Die Existentialanalyse und Logotherapie Viktor E. Frankls aus theologischer Sicht, Berlin/New York 1976, 66 f; *Wolfram K. Kurz*, Suche nach Sinn. Seelsorgerliche, logotherapeutische, pädagogische Perspektiven (Studien zur Theologie 5), Würzburg 1991, 10 f.
[10] Vgl. *Karl-Heinz Röhlin*, Sinnorientierte Seelsorge. Die Existenzanalyse und Logotherapie V. E. Frankls im Vergleich mit neueren evangelischen Seelsorgekonzeptionen und als Impuls für die kirchliche Seelsorge, München 1986; *Michael Klessmann*, Seelsorge. Begleitung, Begegnung, Lebensdeutung im Horizont christlichen Glaubens. Ein Lehrbuch, Neukirchen-Vluyn 2008, 260 f.

frage hingewiesen, insofern er als Gegenstand der Religion den „letzten Sinn"[11] bzw. den „Über-Sinn"[12] zur Sprache brachte.

Auch bei Paul Tillich ist die Gottesfrage und die Frage nach Sinn verknüpft, ja sogar als eigentlich protestantisches Thema in den Blick genommen, insofern er die Frage nach dem gnädigen Gott als Frage nach dem Sinn reformuliert: „Die Frage des Paulus: Wie werde ich vom Gesetz befreit? oder die Frage von Luther: Wie finde ich einen gnädigen Gott? werden in unserer Zeit durch die Frage ersetzt: Wie kann ich einen Sinn in dieser sinnlosen Welt finden?"[13] Dem Zweifel an allem ausgesetzt, frage der moderne Mensch nach dem Sinn des Seins.[14] Daher ist nach Tillich die Rechtfertigung als Rechtfertigung der Zweiflerin bzw. des Zweiflers zu entfalten.[15] *Paul Tillich*

Weil die Sinnfrage als die entscheidend religiöse Frage angesehen wird, erfährt die Frage nach dem Sinn des Lebens gerade in der Praktischen Theologie große Aufmerksamkeit: So sind nach Jutta Siemann Praktische Theologie und Religionspädagogik gehalten, die Frage nach dem Sinn des Lebens religiös zu begleiten.[16] Die Frage nach dem Sinn des Lebens wird besonders im Religionsunterricht laut, ja, kann geradezu als das „Schwerpunktthema des RU"[17] verstanden werden. Der evangelische Religionsunterricht wird von hier aus verstanden als der Raum, in dem die Sinnfrage gestellt werden kann: Titel wie „Warum Wohin? Mit Jugendlichen auf die Sinnsuche gehen"[18] oder „Woher, wohin, was ist der Sinn? *RU und Sinnfrage*

---

[11] *Frankl*, Ärztliche Seelsorge (s. o. Anm. 2), 71.
[12] *Viktor E. Frankl*, Psychotherapie und Religion, in: *Ders.*, Mensch (s. o. Anm. 2), 73–76, hier 75.
[13] *Paul Tillich*, Systematische Theologie, Bd. III., Berlin/New York ⁴1987, 262.
[14] Vgl. *Paul Tillich*, Das christliche Menschenbild im 20. Jahrhundert, in: *Ders.*, Gesammelte Werke, Bd. 3. Hg. v. R. Albrecht, Stuttgart 1965, 181–184, hier 182 f.
[15] Vgl. u. a. *Paul Tillich*, Die protestantische Ära, in: *Ders.*, Gesammelte Werke, Bd. 7. Hg. v. R. Albrecht, Stuttgart 1962, 11–28, hier 14.
[16] *Jutta Siemann*, Sinn V. Praktisch-theologisch, in: RGG VII (⁴2004), 1339–1340.
[17] *Michael Landgraf*, Welchen Sinn hat's zwischendrin? Didaktische Zugänge zur Frage nach dem Sinn, in: Entwurf. Konzepte, Ideen und Materialien für den Religionsunterricht 2 (2018), 10–12, hier 11.
[18] *Annette Haußmann* und *Dorin Dömland*, Warum Wohin? Mit Jugendlichen auf die Sinnsuche gehen. 6 Lebensthemen methodisch aufgearbeitet, Stuttgart 2017.

Die großen Fragen des Lebens"[19] verdeutlichen dieses Verständnis der Sinnfrage als genuin religiöser Frage. Offenkundig wird die Sinnfrage auch als Tor zur Gottesfrage verstanden, als das Gebiet, wo Religion ihre Leistungskraft erweisen kann. Und umgekehrt: Weil man glaubt, dass Religion auf dem Gebiet der Sinnfrage ihrer Leistungskraft entfalten kann, muss die Sinnfrage als entscheidend menschliche Frage verstanden werden. So formuliert Stefan Herrmann: „Traditionell wird die Sinnfrage als menschliche Grundfrage verstanden. Jeder Mensch, so die Annahme, fragt sich, woher er kommt, wohin er geht und weshalb er überhaupt am Leben ist. Die Sinnfrage ist Ausdruck der Frage nach Herkunft und Zukunft, nach Grund und Ziel und Zweck des Lebens. Sinn ist demnach eine Frage der Orientierung, ein Versuch, das Gegenwärtige, Situative und Bruchstückhafte in ein Gesamtes einzuordnen und sich dabei seines Standpunktes zu vergewissern."[20]

Einspruch Ist es aber angemessen, Sinnfrage und Religionsfrage so aufeinander zu beziehen? In den 80er Jahren des letzten Jahrhunderts hat der Systematiker Gerhard Sauter in seinem vielbeachteten Buch „Was heißt: nach Sinn fragen?" dieses Junktim entschieden verneint. So schreibt er in dem Vorwort: „[J]e länger desto mehr bin ich überzeugt, daß die Sinnfrage weit davon entfernt ist, die Frage nach Gott neu zu wecken, wie es seit Jahren hingestellt wird. Ich habe sie eher als eine Götzenfrage verstehen lernen müssen."[21] Sauter fragt, ob die Sinnfrage eventuell nichts anderes als eine „verbale Seifenblase"[22] ist. Die Rede von dem Sinn des Lebens ist nach Sauter eine dem christlichen Glauben unangemessene Redeweise, der Versuch, den christlichen Glauben in dieser Begrifflichkeit zu konstruieren, verzerre ihn. Jüngst hat die Praktische Theologin Maike Schult das „Bild von Theologie und Kirche als Antwortgeber, Sinnhersteller und Vergewisserungsinstrument"[23] kritisch hinterfragt.

---

[19] *Albert Biesinger* und *Helga Kohler-Spiegel (Hg.)*, Woher, wohin, was ist der Sinn? Die großen Fragen des Lebens. Kinder fragen – Forscherinnen und Forscher antworten, München 2017.

[20] *Stefan Hermann*, Die Frage(n) nach Sinn – eine sinnvolle Frage? Überlegungen zur Einführung ins Thema des Heftes, in: Entwurf. Konzepte, Ideen und Materialien für den Religionsunterricht 2 (2018), 4f., hier 4.

[21] *Gerhard Sauter*, Was heißt: nach Sinn fragen? Eine theologisch-philosophische Orientierung, München 1982, 7.

[22] Ebd. 11.

[23] *Meike Schult*, Sinnfrage in der Seelsorge: Viktor E. Frankl als Impulsgeber der Poimenik, in: *Korsch*, Kraft des Sinns (s. o. Anm. 7), 83–101, hier 85f.

Nun kann man von verschiedenen Seiten her fragen: Ist die Sinnfrage tatsächlich die menschliche Grundfrage oder wird sie zu einer solchen stilisiert, etwa weil man meint, darauf eine Antwort zu haben? Ist die Sinnfrage eine solche, die dem menschlichen Leben angemessen ist? Lässt sich das Situative und Bruchstückhafte tatsächlich in ein Gesamtes einordnen oder handelt es sich um eine gewalttätige Frage? Und schließlich: Gibt die christliche Religion eine Antwort auf die Frage nach dem Sinn? Welches Verständnis von Religion und Glaube setzt das voraus?

<small>Christliche Religion als Antwort auf die Sinnfrage?</small>

2 Identität und Sinn als Themen im evangelisch-katholischen Verhältnis

2.1 Problematisierung der Sinnfrage

2.1.1 Biblische Annäherung: Kohelet

Aristoteles will den Sinn menschlichen Daseins im Rahmen eines geordneten Kosmos erkunden. Für Aristoteles bildet die Welt einen sinnvoll geordneten Kosmos, in dem jedem Ding und jedem Wesen eine bestimmte Rolle zugewiesen wird. Daher hat auch jedes spezifische Ding seine spezifische Tätigkeit. Für den Schuster ist es das Schuhemachen, für den Zitherspieler das Zitherspielen, für das Pferd der schnelle Lauf. Und so muss es auch für den Menschen als solchen eine spezifische Tätigkeit geben. In der Körperlichkeit nun kann sie nicht liegen, denn diese haben wir mit allen, selbst mit den nicht-organischen Dingen gemein. In der Lebendigkeit allgemein kann sie ebenfalls nicht liegen, weil wir sie mit den Tieren teilen. Also kann sie nur in einem bestimmten Teil der Seele liegen, nämlich in der Vernunft, denn diese ist es, die uns gegenüber allen anderen vergänglichen Wesen auszeichnet. Vernünftiges Denken ist also die wesenhafte Rolle des Menschen, sein eigentlicher Zweck in der Welt. Somit verwirklicht der Mensch seine Bestimmung, wenn er ganz seiner Vernunft gemäß lebt.

<small>Aristoteles</small>

Die wohl bedeutendste Bestreitung aller Sinnsuche und der wohl radikalste Widerspruch zu Aristoteles liegen in der alttestamentlichen Schrift Kohelet vor. Kohelet steht am Ende der weisheitlichen Tradition, die versucht, der Wirklichkeit durch das Beobachten von Lebensvorgängen Regeln, Strukturen und Ordnung abzulauschen. Kohelet ist weisheitlichem Denken insofern verpflichtet, als auch er Lebenserfahrungen reflektiert und nach einer Erkenntnis der Ord-

<small>Kohelet/Prediger Salomos</small>

nung des Lebensganzen fragt. Allerdings widerspricht Kohelet der Weisheit entschieden, da er zu der Einsicht gelangt, dass es selbst für einen Weisen auf die Frage nach einer Ordnung des Lebensganzen keine überzeugende Antwort gibt: „Ich richtete mein Herz darauf, zu erkennen die Weisheit und zu schauen die Mühe, die auf Erden geschieht, dass einer weder Tag noch Nacht Schlaf bekommt in seinen Augen. Und ich sah alles Tun Gottes, daß ein Mensch das Tun nicht ergründen kann, das unter der Sonne geschieht. Und je mehr der Mensch sich müht zu suchen, desto weniger findet er. Und auch wenn der Weise meint: ‚Ich weiß es‘, so kann er's doch nicht finden" (Koh 8,16 f.). Der Weise hat letztlich keinen „Vorzug" (vgl. Koh 6,8), sondern stirbt wie der Tor. Es gibt Fromme, denen es wie den Gottlosen ergeht, Gottlose, denen es wie den Frommen ergeht; der Tun-Ergehen-Zusammenhang vermag nach Kohelet das Leben nicht zu erklären: „Wiederum sah ich, wie es unter der Sonne zugeht: Zum Laufen hilft nicht schnell zu sein, zum Kampf hilft nicht stark sein, zur Nahrung hilft nicht geschickt sein, zum Reichtum hilft nicht klug sein; daß einer angenehm sei, dazu hilft nicht, daß er etwas gut kann, sondern alles liegt an Zeit und Geschick (Koh 9,11; vgl. auch 8,14; 7,15). Dass es eine Antwort auf die Frage nach einer Ordnung des Lebensganzen nicht gibt, verbittert Kohelet zutiefst: „Da dachte ich in meinem Herzen: Wenn es denn mir geht wie dem Toren, warum habe ich dann nach Weisheit getrachtet? Da sprach ich in meinem Herzen: Auch das ist eitel. Denn man gedenkt des Weisen nicht für immer, ebenso wenig wie des Toren, und in künftigen Tagen ist alles vergessen. Wie stirbt doch der Weise samt dem Toren! Darum verdross es mich zu leben, denn es war mir zuwider, was unter der Sonne geschieht, daß alles eitel ist und Haschen nach Wind" (Koh, 2,15–17). Selbst den Tag seiner Geburt kann Kohelet verfluchen: „Wiederum sah ich alle, die Unrecht leiden unter der Sonne, und siehe, da waren Tränen derer, die Unrecht litten und keinen Tröster hatten. Und die ihnen Gewalt antaten, waren so mächtig, dass sie keinen Tröster hatten. Da pries ich die Toten, die schon gestorben waren, mehr als die Lebendigen, die noch das Leben haben. Und besser dran als beide ist, wer noch nicht geboren ist und des Bösen nicht innewird, das unter der Sonne geschieht" (Koh 4,1–3).

„Es ist alles eitel" Nach Kohelet ist es nicht möglich, die Strukturen der Erfahrungswelt zu durchschauen. Und daher können wir unser Leben auch nicht absichern, indem wir im Durchschauen der Zusammenhänge des Ganzen und unseres eigenen Teilseins die angemessene Rolle innerhalb der Erfahrungswelt einnehmen. Jeder Versuch einer (selbstmächtigen) Kontrolle ist bei Kohelet abgewiesen; denn jeder Versuch, den einzelnen Widerfahrnissen im Leben einen übergeordneten Sinn abzugewinnen, erscheint ihm als unmöglich (vgl. Koh 9,11). So kommt Kohelet zu der programmatischen Aussage, die den Anfang und das Ende des Buches zusammenhält: „Es ist alles eitel" (Koh 1,2; 12,8).

Nun darf allerdings die Aussage, dass alles eitel ist, nicht falsch verstanden werden. Falsch verstanden würde sie, wenn man denkt, die Abweisung eines erkennbaren Sinnes im Leben führe Kohelet dazu, die Güter, die das Dasein bietet, zu verachten oder gering zu schätzen. Die Aussage „Alles ist eitel!" behauptet daher auch nicht, dass im Leben kein Glück zu finden sei, sondern sie trifft das „Unendlichkeitsgelüste des Menschen, seine Begierde, das Endliche unendlich zu sichern und festzuhalten oder in unendlichem Fortschritt vollkommen zu machen"[24]. Die Skepsis des Kohelet sorgt „für die Ausnüchterung solcher Totalansprüche"[25] und gerade diese Ausnüchterung scheint nüchtern zu machen für die Gegenwart. Kohelets Skepsis führt so zu einer Hinwendung zur Gegenwart: „Es ist eitel, was auf Erden geschieht: Es gibt Gerechte, denen geht es, als hätten sie Werke der Gottlosen getan, und es gibt Gottlose, denen geht es, als hätten sie Werke der Gerechten getan. Ich sprach: Das ist auch eitel. Darum pries ich die Freude, dass der Mensch nichts Besseres hat unter der Sonne, als zu essen und zu trinken und fröhlich zu sein. Das bleibt ihm bei seinem Mühen sein Leben lang, das Gott ihm gibt unter der Sonne" (Koh 8,14 f.). Die Skepsis gegenüber jeder Möglichkeit, das Leben abzusichern und gegenüber jedem Versuch, in einem ordo der Güter alles auf ein Höheres hin zu bestimmen und einem übergeordneten Zweck, wie dem übergreifenden Sinn, dienstbar zu machen, lässt uns die Dinge in ihrer Eigentlichkeit wahrnehmen.

2.1.2 Gefallene Schöpfung: Brüchigkeit der Welt oder sinnvoller Kosmos?

Die grundsätzlichste Frage an die Sinn-Kategorie lautet: Ist es überhaupt möglich, hinsichtlich des menschlichen Lebens von einem „Sinn" zu sprechen?[26] Zu Recht formuliert Wilhelm Schmid: „Da-

Sinn – was heißt das?

---

[24] *Oswald Bayer*, Schöpfung als Anrede. Zu einer Hermeneutik der Schöpfung, Tübingen ²1990, 157 f.
[25] Ebd. 158.
[26] Zu Recht kritisch: *Sauter*, Was heißt: nach Sinn fragen (s. o. Anm. 21).

von, dass etwas ‚Sinn macht', ist immer dann die Rede, wenn Zusammenhänge erkennbar werden, wenn also einzelne Dinge, Menschen, Begebenheiten, Erfahrungen nicht isoliert für sich stehen, sondern in irgendeiner Weise aufeinander bezogen sind. So lässt sich auch sagen: *Sinn, das ist Zusammenhang*, Sinnlosigkeit ist demgegenüber *Zusammenhanglosigkeit.*"[27] Wenn wir nach dem Sinn von etwas fragen, dann fragen wir nach seiner Bedeutung und seinem Zweck im Horizont eines größeren Ganzen. Ob es „Sinn macht", in einem Fußballspiel den Ball vor das Tor zu flanken, entscheidet die jeweilige Spielkonstellation (Steht vor dem Tor überhaupt ein Mitspieler?), ob es „Sinn macht", eine hohe Versicherung gegen Hochwasserschäden abzuschließen, entscheidet die Lage des Hauses (Ist überhaupt ein Gewässer in der Nähe?). Erst wenn wir uns ein Bild über die jeweilige Spielkonstellation gemacht haben, können wir darüber urteilen, ob die Flanke sinnvoll war, ebenso können wir über das Abschließen einer Versicherung gegen Hochwasserschäden erst dann ein Urteil treffen, wenn wir uns mit der geographischen Lage des Hauses vertraut gemacht haben. Wenn wir von einem Sinn sprechen, dann deuten wir, und wir beanspruchen, deuten zu können. Wir deuten, welche Bedeutung etwas hat in einem größeren Ganzen. Wir fragen nach dem logischen und notwendigen Ort von etwas im Blick auf eine Bezugsgröße. In dieser Weise wird man aber kaum von dem „Sinn" eines menschlichen Lebens sprechen können. Es ist nämlich zu bezweifeln, dass das menschliche Leben als ein in sich geschlossenes und stimmiges System verstanden werden kann, in dem jedes einzelne Erlebnis und Widerfahrnis seinen logischen und notwendigen Ort hat, sodass ein einheitlicher Sinn alle Erlebnisse und Begebenheiten zu integrieren und zu deuten vermag. Gegen die beliebte Rede von der „Ganzheitlichkeit" des Lebens ist menschliches Leben immer auch als ein „beschädigtes Leben"[28] ernst zu nehmen. Es ist beschädigt durch Scheitern und Versagen, Enttäuschungen, Leid, Krankheit – und den Tod. Gerade die Faktizität des Todes macht die Rede von der Ganzheitlichkeit des Lebens fraglich. Wird im frühen naturwissenschaftlich aufgeklärten Denken eines Francis Bacon der Tod als „ebenso natürlich wie Geborenwerden"[29] erklärt, so ist doch zu bezweifeln, dass dies

---

[27] *Wilhelm Schmid*, Glück. Alles, was Sie darüber wissen müssen, und warum es nicht das Wichtigste im Leben ist, Frankfurt a. M./Leipzig 2007, 45 f.
[28] *Theodor W. Adorno*, Minima Moralis. Reflexionen aus dem beschädigten Leben, Frankfurt a. M. 1986.
[29] *Francis Bacon*, Essays, Bremen 1916, 9.

tatsächlich unserem Erleben entspricht. Es fragt sich nämlich, ob der Tod tatsächlich als die Einheit von Ende und Vollendung erlebt wird. Diese Frage stellt sich nicht nur hinsichtlich des eigenen Todes, sondern auch hinsichtlich des Todes anderer, der Beziehungen abbrechen, gemeinsame Geschichten nicht zu einem Abschluss kommen lässt, sondern unerbittlich unterbricht. Ist menschliches Leben immer auch geprägt von Erfahrungen des Scheiterns und des Verlustes, so „vollendet der Tod nicht das unvollständig gebliebene Leben, sondern verendgültigt dessen Unvollkommenheit"[30].
Das menschliche Leben als ein harmonisches Ganzes zu sehen, scheint doch eher eine Illusion zu sein angesichts der Zerrissenheit und Unvollständigkeit menschlichen Daseins. Weil menschliches Leben in sich die Momente des Misslingens und Scheiterns, des Versagens birgt, hat es keineswegs ganzheitlichen, sondern wesentlich fragmentarischen Charakter. So formuliert Henning Luther eindrücklich: „Wir sind immer zugleich auch Ruinen unserer Vergangenheit, Fragmente zerbrochener Hoffnungen, verronnener Lebenswünsche, verworfener Möglichkeiten, vertaner und verspielter Chancen. Wir sind Ruinen aufgrund unseres Versagens und unserer Schuld ebenso wie aufgrund zugefügter Verletzungen und erlittener und widerfahrener Verluste und Niederlagen. Dies ist der Schmerz des Fragments."[31] Und im Anschluss an Henning Luther gibt Ulrich H. J. Körtner zu bedenken: „Menschliches Leben ist wesenhaft fragmentarisch, weil selbst dann, wenn der Mensch nach einem langen und erfüllten Leben stirbt, Möglichkeiten ungenutzt, Schuld ungesühnt geblieben ist. Jedes Leben, ob kurz oder lang, ist nicht nur möglicherweise reich an Erfahrungen des Gelingens, sondern auch an solchen des Scheiterns und des Verlustes."[32]

Fragmentarischer Charakter

Menschliches Leben ist durch Spannungen und Brüche gekennzeichnet, in denen sich durchaus nicht alles so umstandslos reimt, dass es als notwendig im Blick auf das Ganze des Lebens gedeutet werden könnte. Die Irreduzibilitäten und Spannungen des menschlichen Lebens können nicht ohne Weiteres in einer höheren Sinnebene aufgelöst und zur friedvollen und in sich stimmigen Einheit gebracht werden. Widriges kann nicht als letztlich sinnvoll betrachtet werden, als notwendig im Blick auf das Lebensganze. Angesichts

Sinn und Widriges

---

[30] *Ulrich H. J. Körtner*, Wie lange noch, wie lange? Über das Böse, Leid und Tod, Neukirchen-Vluyn 1998, 100.
[31] *Henning Luther*, Religion und Alltag. Bausteine zu einer Praktischen Theologie des Subjekts, Stuttgart 1992, 169.
[32] *Körtner*, Wie lange noch (s. o. Anm. 30), 101f.

eines Lebens, in dem sich durchaus nicht alles umstandslos reimt und als sinnvoll betrachtet werden kann, sind sowohl die Frage wie auch die Sehnsucht nach einem Sinn des Lebens, der uns unser Leben zu deuten hilft, verständlich, sie sind aber auch in ihrer Gefahr nicht zu unterschätzen. Die Rede von einem Sinn des Lebens droht zynisch zu werden, denn sie muss das Widrige als letztlich sinnvoll deuten und in ein harmonisches Ganzes einpassen. Sie belässt das Widrige und Fremde nicht in seiner Widrigkeit und Fremdheit, sondern verharmlost es, indem sie es in eine höhere Einheit aufhebt. Gerade weil sich das Erleben des Widrigen gegen seine Verharmlosung und sein Aufgehen in eine höhere Einheit sträubt, werden solche Sinndeutungen nicht gerne für das eigene Leben akzeptiert, sondern lieber großzügig im Blick auf das Schicksal und Ergehen anderer entworfen.

2.1.3 Sinnstiftung als Entfremdung

Sinngebung als Instrumentalisierung

Ist der Versuch, Dinge, Ereignisse und Erlebnisse einem höheren Sinn dienstbar zu machen und nach dem „Wozu?" zu fragen, nicht dazu verurteilt, immer schon über die Dinge hinaus zu blicken? In der Sinngebung liegt eine Instrumentalisierung durch die Indienstnahme zu einem externen Zweck vor. Dies verdeutlichen die Überlegungen von Wilhelm Schmid. Das Wort „Sinn" kann nach Schmid geradezu mit dem Wort „Zweck" verschmelzen. Die Frage nach dem Sinn ist somit auf das gerichtet, „[w]ozu etwas gut ist, welchem Zweck es dient", die Frage nach dem Sinn des Lebens entsprechend auf die Frage, welchen Zweck das Leben hat und wie die einzelnen Elemente des Lebens diesem Zwecke zustattenkommen. Wozu dient das eigene Leben, was ist Lebenssinn-stiftend? In der Philosophie wurde im Nachdenken darüber immer wieder das Glück bzw. das Glücklichsein als mögliche Antwort vorgebracht, denn glücklich sein zu wollen, scheint eine unbestreitbare Selbstverständlichkeit des Menschseins. Dass Menschen glücklich sein wollen, bedarf keiner weiteren Begründung. Aber wie das Glück grundsätzlich jede Indienstnahme durch einen externen Zweck nicht verträgt, so verträgt das Glück auch im Speziellen die Indienstnahme durch den Zweck „Sinn" nicht, denn Glück scheint sich doch gerade dort einzustellen, wo wir nicht den Sinn unseres Tuns im Blick haben, sondern in unserem Handeln sinnfrei – oder zumindest „sinnblind" – aufgehen. Aber indem die Dinge in eine Sinndimension eingespannt und dienstbar gemacht werden, werden sie von ihrer Eigentlichkeit entfremdet.

Glück

Dies verdeutlicht auch ein von Schmid angeführtes Beispiel für eine höhere Sinnstiftung, das sicherlich humorvoll gemeint ist, das aber zu falsch ist, um humorig zu sein: „Wenn es aber um den größten Wunsch geht, den viele hegen, nämlich das Leben zu verlängern, dann ist, abseits aller wissenschaftlich-technischer Anstrengung hierzu, bereits das einfache Lesen eines Buches eine goldrichtige Idee: Lesen ist Lebensverlängerung, denn es macht intelligenter, und intelligente Menschen leben länger, wie eine englische Langzeitstudie von 1932–2002 mit mehr als zweitausend Teilnehmern zweifelsfrei ergeben hat [...]".[33] Es geht nicht darum zu bestreiten, dass das Lesen eines Buches eine Lebensverlängerungsmaßnahme ist. Sie ist es sicherlich schon deshalb, weil derjenige, der ein Buch liest, nicht gleichzeitig mit 180 km/h durch eine geschlossene Ortschaft fahren kann. Problematisch ist, dass Schmid nicht erkennt, dass man ein Buch nicht aus dem Grund lesen kann, sein Leben zu verlängern. Die Lektüre eines Buches ist nur dann gewinnbringend, wenn man das Buch liest, weil es eben so ist, wie es ist, dieses Buch zu lesen, nicht, weil man sein Leben verlängern will. Wer ein Buch liest, um sein Leben zu verlängern, ist nicht von der Anmutungsqualität des Buches ergriffen, sondern von der Anmutungsqualität der Vorstellung eines möglichst langen Lebens. Er ist nicht bei dem Buch selbst und daher wird das Lesen des Buches gerade das nicht erzielen, was damit intendiert wird, sei es nun Glück oder Lebensverlängerung; denn dies beides verlangt, dass man bei dem Buch selbst ist und nicht mittels der Sinnfrage über das Buch hinausschielt. Dass das Lesen eines Buches lebensverlängernd wirkt, kann man gewissermaßen nur „hinter dem Rücken des Lesenden" sagen, keinesfalls kann man ihm die Lebensverlängerung als Sinn anempfehlen, dem er die Lektüre eines Buches dienstbar zu machen hat.

Ein gutes Beispiel für eine Entfremdung von den Dingen durch ihre Indienstnahme für einen Sinn bzw. ein Lebensthema gibt Mihály Csikszentmihályi: „Bei der Zeremonie zur Enthüllung der riesigen Picasso-Skulptur auf dem Platz vor Chicagos Stadtverwaltung stand ich zufällig neben einem mir bekannten Anwalt. Während die Festreden vor sich hin dröhnten, bemerkte ich auf seinem Gesicht einen Ausdruck äußerster Konzentration und wie seine Lippen sich bewegten. Auf meine Frage, was er denke, antwortete er, er versuche die Summe zu schätzen, was die Stadt als Entschädigung an die Eltern der Kinder zahlen müsse, die sich beim Klettern auf dieser

Entfremdung

---
[33] *Schmid*, Glück (s. o. Anm. 27), 62 f.

Skulptur verletzen würden."³⁴ Nun dürfte ebenso unstrittig sein, dass man eine Picasso-Skulptur unter einer solchen Frage betrachten *kann*, wie es unstrittig sein dürfte, dass diese Fragerichtung die Perspektiven, die eine Picasso-Skulptur eröffnet, stark einschränkt. Ganz offensichtlich führt ein solches Lebensthema nicht dazu, die Dinge in ihrer je eigenen Anmutungsqualität ergreifen zu können. Eine weitere Problematik wird aber deutlich: Nehmen wir an, der Anwalt verliert sein Interesse an seiner anwaltlichen Tätigkeit. Welche Bedeutung kann er dann noch der Picasso-Skulptur beimessen, die ausschließlich von diesem Interesse her ihren Wert bekommen hatte? Ganz offensichtlich ist mit dem Verlust am Interesse an der anwaltlichen Tätigkeit dann auch die Picasso-Skulptur verloren.

2.1.4 Sinn als Überforderung

Die Rede von einem Sinn des Lebens droht zu einer Überforderung des Lebens zu werden: Jedes Einzelne muss als sinnvoll gedeutet werden, jede einzelne Handlung steht vor der Aufgabe, einen übergreifenden Sinn zu erfüllen, es kann nicht in seiner reinen Negativität ernst genommen werden. Ein gutes Beispiel für eine solche Überforderung des Lebens bietet Viktor E. Frankl, der ja die Frage nach dem Sinn des Lebens als die eigentlich menschliche Frage sieht (s.o.). Für Frankl ist entscheidend, dass das Leben *immer* vor der Aufgabe steht, einen Wert zu realisieren, um sinnhaft gelebt werden zu können, und dass daher *jede* menschliche Situation – wie aussichtslos sie auch ist – die Möglichkeit bietet, Werte zu realisieren und so als sinnhaft erlebt werden zu können. Frankl versucht diese Sicht an einem Beispiel zu verdeutlichen, das jedoch auf Grund seiner Radikalität skeptisch macht: „Die Möglichkeit alle […] Wertkategorien in einheitlicher Abfolge nahezu dramatisch verwirklicht zu haben, kann man einem Kranken nachsagen, dessen Lebensgeschichte in ihren letzten Kapiteln im folgenden skizziert werden soll. Es handelt sich um einen jüngeren Mann, der wegen eines inoperablen, hochsitzenden Rückenmarkstumors im Spital lag. Beruflich tätig zu sein, war ihm längst versagt: Lähmungserscheinungen hatten ihn in seiner Arbeitsfähigkeit gehandikapt. So hatte er keinen Zugang mehr zur Verwirklichung von schöpferischen Werten. Aber noch stand ihm das Reich der Erlebniswerte offen: Er unterhielt sich in geistig anregenden Gesprächen mit anderen Patienten (nicht

---

³⁴ *Mihalyi Csikszentmihalyi*, Flow. Das Geheimnis des Glücks. Aus dem Amerikanischen übersetzt von *Annette Charpentier*, Stuttgart ¹²2005, 278.

ohne damit gleichzeitig auch sie zu unterhalten und ihnen Mut und Trost zu geben), er befaßte sich mit der Lektüre guter Bücher, vor allem aber mit dem Hören guter Musik im Rundfunk. Bis er eines Tages die Kopfhörer nicht mehr vertrug und seine zunehmend gelähmten Hände kein Buch mehr halten konnten. Jetzt gab er seinem Leben die zweite Wendung; nachdem er sich bereits vorher von den schöpferischen Werten auf die Erlebniswerte hatte zurückziehen müssen, war er nunmehr gezwungen, sich den Einstellungswerten zuzuwenden. Oder können wir sein Verhalten anders deuten, wenn er sich nun darauf verlegte, seinen Spitalsgenossen ein Berater und ein Vorbild zu sein? Denn tapfer ertrug er sein Leiden. Am Tage vor seinem Tode – den er voraussah – wußte er, daß der diensthabende Arzt beauftragt worden war, ihm zeitgerecht eine Morphiuminjektion zu geben. Was tat nun unser Kranker? Als dieser Arzt zur Nachtvisite erschien, bat ihn der Kranke, ihm die Injektion schon am Abend zu geben – damit der Arzt nicht eigens seinetwegen in der Nacht geweckt werden müßte."[35] Erschreckend an diesem Beispiel ist nicht, dass jemand Haltung im Sterben zeigt, und auch nicht, dass jemand im Sterben von sich selbst absieht. Erschreckend ist das von Frankl suggerierte „Worumwillen" der Bitte der Patientin bzw. des Patienten um die verfrühte Injektion: Das letzte – schmerzvolle – Unterfangen, einen Wert zu realisieren, nicht um des Wertes willen, sondern um des Realisierens willen.

2.1.5 Glaube als Lebensbewegung

Die vorausgegangenen Punkte verdeutlichen, dass es doch schwierig ist, von einem Sinn im Leben zu sprechen. Treffend formuliert Wolfgang Künne: „Auch wenn wir den intentionalen Sinn jeder Handlung im Leben eines Menschen erkannt hätten, wüßten wir nicht, ob dieses Leben als ganzes Sinn hat, geschweige denn, welchen. Wenn alle Menschen lebenslänglich von einem transhumanen Akteur als Instrumente zur Erreichung seiner Ziele gebraucht werden, gibt es zumindest aus der Perspektive dieses Akteurs eine klare Antwort auf jene Frage. Weist man diese Option zurück, so ist nicht einmal klar, was Sinn in der Frage nach dem Sinn des Lebens heißt."[36] Ist also der religiöse Mensch über dieses Dilemma erhoben, weil er von einer Akteurin bzw. einem Akteur weiß, der

---

[35] *Frankl*, Ärztliche Seelsorge (s. o. Anm. 2), 83 f.
[36] *Wolfgang Künne*, Sinn I. Philosophisch, in: RGG VII (^{4}2004), 1335 f., hier 1336.

<small>Sinn ≠ Zweck</small> den Menschen zur Erreichung seiner Ziele gebraucht? Zumindest biblischem Denken ist diese Vorstellung fremd: Im Unterschied zur altorientalischen Umwelt wird der Mensch nach Gen 1,1–2,4a nicht geschaffen, um den Göttern zu dienen oder sie zu unterhalten. Zu Recht formuliert Gerhard Sauter: „[W]enn die Welt den ‚Sinn' haben soll, Gott zu verherrlichen, dann dient sie gerade nicht mehr ihrem Schöpfer als Schöpfung. Sondern sie dient einem Zweck, den er sich mit der Erschaffung der Welt gesetzt hat – aber mit einer solchen Zwecksetzung würde, so müssen wir theologisch einwenden, ihr Charakter als Schöpfung gerade preisgegeben. Die Schöpfung darf nicht ein Zweck werden, für den sie geschaffen ist, denn dann würde sie als Mittel zum Zweck degradiert. Sie ist vielmehr nach dem Willen und in den Augen Gottes Selbstzweck, sie ist gut im Urteil Gottes (1 Mos 1, 31)."[37] Gott hat den Menschen nämlich nicht aus Notwendigkeit geschaffen, sondern in Freiheit und damit aus Liebe.[38] Damit ist der Mensch der mögliche Partner Gottes, der für Gottes Zuwendung ansprechbar ist und sie in Freiheit erwidern kann.[39] Dass der Mensch aber „als Gottes freies, ansprechbares und antwortfähiges Gegenüber sein möglicher Partner" ist, macht seine unverlierbare Wesensbestimmung aus.[40]

<small>Glauben ≠ Für-wahr-Halten</small> Das entscheidende Problem jedoch, den Glauben als Antwort auf die Sinnfrage zu verstehen, liegt im christlichen Verständnis des Glaubens. Der Glaube ist etwas anderes als das Für-wahr-Halten von bestimmten Aussagen, weder von Aussagen über Einzelsachverhalte der Erfahrungswelt noch von Aussagen über die Erfahrungswelt als Ganze, aber auch nicht das Für-wahr-Halten eines bestimmten Verständnisses der Wirklichkeit, aus dem heraus systematisch gefolgert Einzelsachverhalte der Erfahrungswelt deduziert werden könnten. Gerade daher unterscheidet sich der Glauben von der Esoterik. Die Esoterik ist in erster Linie eine Gewissheit um ein bestimmtes Verständnis der Wirklichkeit, das sich einem vorgängigen Erschlossensein dieses Wissens (in einer Erschließungserfahrung o.Ä.) verdankt. Sie besitzt ein in sich stimmiges System von Welt, Gott und Mensch, von dem aus die bzw. der Einzelne das

---

[37] *Sauter*, Was heißt: nach Sinn fragen? (s. o. Anm. 21), 163.
[38] Vgl. *Guido Bausenhart*, „Der neue Mensch". Perspektiven Josef Kentenichs, in: *Joachim Söder* und *Hubertus Schönemann (Hg.)*, Wohin ist Gott? Gott erfahren im säkularen Zeitalter, Freiburg i. Br. 2013, 86–120, hier 116.
[39] Vgl. *Thomas Pröpper*, Theologische Anthropologie, Freiburg i. Br. u. a. ²2012, 179.
[40] Ebd. 189.

eigene Leben verstehen und der Einsicht in den eigenen Ort in der Welt entsprechend leben kann.[41] Aufgrund ihres vorgängigen Erschlossenseins *der* Wirklichkeit intendiert die Esoterik eine umfassende Weltdeutung zu leisten. Lebensprozesse werden von hier ausgedeutet, Sinn zur Sprache gebracht. Christliche Theologie versteht den Glauben aber nicht als das Für-wahr-Halten eines bestimmten Verständnisses der Wirklichkeit, sondern versteht den Glauben von der ihn hervorrufenden Zusage Gottes in Christus her[42] und damit als Beziehung, die von Gott initiiert worden ist.[43] Als Bewegung auf diese Zusage wird der Glaube nicht als das „Für-wahr-Halten" einer Aussage im Sinne von „Ich glaube, dass XY", sondern im Sinne von Vertrauen („ich glaube dir") verstanden.

Glaube als Bewegung auf Gottes Zusage hin

Christinnen und Christen sind nicht dadurch ausgezeichnet, dass sie bestimmte Aussagesätze für wahr halten, die andere bestreiten, sondern dadurch, dass sie in einer bestimmten Bewegung und Beziehung stehen. Glaube ist daher kein Besitz eines theoretischen Wissens, sondern eine bestimmte Lebensbewegung. Dieser als „Glaube" bezeichnete „Lebensvollzug"[44] wird in den verschiedenen Dimensionen menschlichen Lebens, dem Fühlen und Erleben, dem Wollen und Handeln und dem Denken und Reflektieren aktuell. Der Glaubende als über sich selbst nachdenkender und sprechender Mensch bringt diese Bewegung auch in Gesagtem und Gedachtem zum Ausdruck und kommt damit zu konstatierender Sprache („ich glaube, dass"), die die Bewegung auf die Wahrheit hin sprachlich zu erfassen sucht.[45] Entscheidend ist aber, dass das Gesagte und Gedachte nicht mit dem Glauben selbst verwechselt wird, sondern als

---

[41] Vgl. etwa bspw. *Thorwald Detlefsen*, Schicksal als Chance. Das Urwissen zur Vollkommenheit des Menschen, München 1979. Freilich ist zwischen „Esoterikern" (Personen mit einem esoterischen Weltbild) und „Esoterik-Usern" (Personen, die selektiv esoterische Angebote wahrnehmen) zu unterscheiden.

[42] So lokalisiert Oswald Bayer die „reformatorische Wende" Luthers in einer in sprachlichem Zusammenhang zu greifenden Entdeckung: dem mündlichen Loßspruch und Zuspruch im Namen Jesu Christi, in einer promissio, die den kraft ihrer Eindeutigkeit gewissen Glauben schafft (vgl. hierzu *Oswald Bayer*, Promissio. Geschichte der reformatorischen Wende in Luthers Theologie, Darmstadt ²1989).

[43] Vgl. *Pröpper*, Anthropologie (s. o. Anm. 39), 61.

[44] *Notger Slenczka*, Der Tod Gottes und das Leben des Menschen. Glaubensbekenntnis und Lebensvollzug, Göttingen 2003, 9 passim.

[45] Vgl. *Matthias Petzoldt*, Wahrheit als Begegnung. Dialogisches Wahrheitsverständnis im Licht der Analyse performativer Sprache, in: *Ders.*, Christsein angefragt, 25–40, hier 39 f.

Ausdruck des Glaubens ernst genommen wird, als Versuch seiner Darstellungsweise.

Wenn sich der Glaube artikuliert, indem er Glaubensinhalte zur Sprache bringt, dann beansprucht er damit keineswegs ein theoretisches Wissen über die Welt zu produzieren. Dieses hervorzubringen ist nämlich die Aufgabe der anderen Wissenschaften. Er informiert nicht über einzelne Sachverhalte der Erfahrungswelt oder die Erfahrungswelt als Ganze, sondern betrachtet die Welt *sub ratione Dei*.[46] Im Glauben geht es um die Frage: „Wer bin ich?"[47] In der Bewegung des Glaubens ist der Mensch in der Welt in einer bestimmten Weise loziert und zu einem bestimmten Verhalten zur Welt und in der Welt befähigt. Die christlich-religiöse Rede versucht diese Lozierung in unterschiedlicher Weise zum Ausdruck zu bringen und bedient sich dazu auch konstatierender Sprache.

Glauben als Lozierung des Menschen

Die unterschiedlichen zur Sprache gebrachten Aspekte des Glaubens verdeutlichen, dass der Glaube, der eben vor allem *fiducia*, also Vertrauen ist, eine Bewegung auf Gottes Zusage hin ist. Er ist kein Für-wahr-Halten eines bestimmten Verständnisses der Wirklichkeit, aus dem heraus gedeutet und gefolgert wird und das sich nur allzu leicht zur Ideologie verkehrt, die Fremdes immer schon in einen geschlossenen Horizont einfängt und damit Andersheit und Fremdheit reduktionistisch stillstellt und die unterschiedlichen einander widerstrebenden Verstehenszusammenhänge, in denen uns die Phänomene gegeben sind, verachtet. Im Glauben ist kein „höheres Wissen" erschlossen, sondern eine Lebensbewegung ermöglicht, die in, mit und unter unseren Verstehensbewegungen aktuell wird und erst so im Verstehen an immer neuen Orten, in Bezug auf neue Fragen, in immer anderen Sprachgebilden ergriffen wird.

Weil Sinn mit dem Erstellen von Zusammenhängen zu tun hat, ist Sinngebung dem Glauben von Hause aus fremd. Operationen von Zuordnung können von hier aus nicht unternommen werden, verborgene Zusammenhänge lassen sich im Glauben nicht entdecken – das wusste bereits Kohelet.

---

[46] Vgl. *Thomas von Aquin*, Sth. I q. 1 a. 7. Thomas bezieht das Betrachten der Welt *sub ratione Dei* auf die theologische Wissenschaft. Aber damit trifft er eben auch den epistemologischen Mehrwert des Glaubens, der eben die Welt und das Leben von der Beziehung zu Gott ausdeutet.

[47] Vgl. hierzu: *Oswald Bayer*, Gott als Autor. Zu einer poietologischen Theologie, Tübingen 1999, 21 ff.

2.2 Hermeneutische Fundamentalunterscheidungen der protestantischen Theologie

Michael Klessmann formuliert: „Menschen brauchen Sinn, sie haben das Bedürfnis, die Widerfahrnisse des Lebens in einen Zusammenhang zu bringen, sie nachvollziehbar zu ordnen, sie verstehbar zu machen und damit Ordnung und Kohärenz in ihr Leben zu bringen."[48] Ob tatsächlich alle Menschen das Bedürfnis haben, einen Zusammenhang in die Widerfahrnisse ihres Lebens zu bringen, oder ob dies nur das Bedürfnis einiger Menschen darstellt, ist zu diskutieren. Es ist sicherlich eine Möglichkeit, das Leben zu bewältigen, indem man versucht, Zusammenhänge zu erstellen oder durch irgendwelches „Wissen" Ordnung und Kohärenz zu erreichen. Diese Weltbewältigung durch Deutungshoheit ist allerdings nicht die Antwort, die der christliche Glaube bietet; denn er eröffnet – wie wir gesehen haben – kein Wissen um höhere Zusammenhänge, sondern eine Lebensbewegung: das Vertrauen auf Gottes Zusage, inmitten der Widersprüchlichkeiten des Daseins leben zu dürfen.[49] Mit Liturgie, Bibel, Glaubensbekenntnis und Gebet sind Orte gegeben, in denen die Zusage immer wieder als Horizont aufgespannt wird. Und dieser Horizont ermöglicht ein Leben, das darauf verzichten kann, über alles, Gott, Welt und Mensch, qua Deutung Macht zu gewinnen. Wer daher nach einem „höheren Wissen" um die Gesetzmäßigkeiten der Welt und nach einem in sich stimmigen System von Welt, Gott und Mensch sucht, von dem aus er sein Leben verstehen und durchschauen und entsprechend dieser Einsicht an seinem Ort in der Welt leben kann, wird von dem christlichen Glauben enttäuscht werden. Der Glaube vermag nämlich ein solches „höheres Wissen" (anders als etwa die Esoterik) nicht zu geben und beurteilt daher das Bedürfnis, Deutungshoheit über die Wirklichkeit zu erlangen, eher kritisch.

Nicht die Rede vom Sinn des Lebens, sondern die Fundamentalunterscheidungen von Gesetz und Evangelium, offenbarem und verborgenem Gott und sündigem und gerechtfertigtem Menschen, eröffnen die Möglichkeit, dem Glauben gemäß über das Leben zu

Fundamentalunterscheidungen

---

[48] *Michael Klessmann*, Seelsorge (s. o. Anm. 10), 207.
[49] Daher ist Sybille Rolf zuzustimmen, wenn sie die Auffassung kritisiert, dass der christliche Glaube eine Hilfe zur Sinnorientierung bietet und vorschlägt, Sinn in Trost zu überführen (vgl. *Sybille Rolf*, Vom Sinn zum Trost. Überlegungen zur Seelsorge im Horizont einer relationalen Ontologie, Münster/Hamburg/London 2003).

sprechen. Sie leiten nicht dazu an, wie am jeweiligen Praxisort des Glaubens ein System zu erstellen ist, in dem sich alles umstandslos reimt, sie sind keine Gebrauchsanweisung dafür, die Spannungen und Irreduzibilitäten der Lebenserfahrung in eine höhere Einheit wie den Sinn des Lebens aufzuheben, sondern leiten an, wie angesichts bleibender Spannungen von der Zusage Gottes und ihrer Lebensmacht zu reden ist. Kurz: Sie sind kein Versuch, Spannungen durch die Etablierung einer höheren Sinneinheit stillzustellen, sondern zeigen, wie mit den Spannungen des Daseins gelebt werden kann. Hier sind sie dem Glauben angemessen, der kein Wissen ist, sondern ein Vertrauen auf die göttliche Zusage.

2.2.1 Die Lehre der Unterscheidung von Gesetz und Evangelium

Wenn Luther den entscheidenden Durchbruch seines Denkens darin erblickt, dass sich ihm das Verständnis des Begriffs „Gerechtigkeit Gottes" als unverdiente Gabe an den Menschen erschließt, dann überrascht es nicht, dass er in einem anderen Zusammenhang auf die Unterscheidung von Gesetz und Evangelium als den entscheidenden Durchbruch seines Denkens verweist. Damit verdeutlicht er, dass seine Entdeckung der „Gerechtigkeit Gottes" mit seiner Entdeckung des Unterschieds von Gesetz und Evangelium zusammenfällt: „Zuvor mangelt mir nichts, außer dass ich keinen Unterschied zwischen Gesetz und Evangelium machte, beides für eines hielt und meinte, Christus unterscheide sich von Mose nur dem Grad der Vollkommenheit nach. Aber als ich die Unterscheidung fand, dass eines das Gesetz, ein anderes das Evangelium ist, da brach ich hindurch."[50] Luther differenziert mit der Unterscheidung von Gesetz und Evangelium zwischen der (in Christus gegebenen) Verheißung und Zusage (Evangelium), die den Menschen voraussetzungslos – als Geschenk – zuteilwird, und den Geboten, die durch Mose gegeben sind (Gesetz). Die Unterscheidung ist notwendig, damit die Gabe Gottes und Gottes Forderung an den Menschen auseinandergehalten werden: Gott schenkt seine Gerechtigkeit, indem er den Sünder gerecht macht, nicht, indem er denjenigen gerecht spricht, der die Gebote seines Gesetzes befolgt hat. Die Einsicht in die Unterscheidung von Gesetz („Du sollst") und Evangelium („Dir ist gegeben") ist deshalb zentral, weil Luther mit dieser Unterscheidung zum Ausdruck bringt, dass Gottes Annahme des Menschen

Verheißung und Gebot

Annahme ohne Vorleistung

---

[50] Weimarer Ausgabe (WA) Tischreden (TR) 5, 210, 12–16.

eben an keinerlei Forderungen und Voraussetzungen gebunden ist, die der Mensch im Vorfeld zu leisten hat. Die Gabe der Annahme durch Gott und die Forderung an den Menschen dürfen nicht miteinander vermischt werden, indem die Gabe mit der Forderung verknüpft und in diese hineingezogen wird: „Ich will die zwei Wort ungemengt, [...] ein jedes an seinen Ort gewiesen haben."[51]

Luthers Unterscheidung zwischen Gesetz und Evangelium will verdeutlichen, dass die Annahme durch Gott keine solche ist, die auf den Menschen blickt und hier irgendetwas vorfindet, das die Annahme erforderlich macht, kurz: Die Annahme ist nicht in der (moralischen) Qualität des Menschen begründet. Der Mensch „findet nichts in sich, wodurch er gerecht werden könnte". Gott nimmt den auf sich selbst gerichteten Menschen nicht an, weil es einen Teil in ihm gibt, der von der sündigen Selbstsucht nicht betroffen ist. Gott nimmt den Menschen auch nicht aufgrund der Tatsache an, dass dieser sich ändern will oder sogar sich ändern wird (sozusagen als eine Annahme auf Vorschuss). Für Luther lässt sich die Bedingungslosigkeit der Annahme daher nur dann recht verstehen, wenn man das Evangelium in seiner Unterschiedenheit vom Gesetz und seinen Forderungen bedenkt: Die Zusage („Dir ist gegeben") ist unabhängig von jedem „Du sollst" des Gesetzes. Um es in Bezug auf den Begriff der Gerechtigkeit Gottes auszudrücken: In seiner im Evangelium gegebenen Zusage *macht* Gott den Menschen gerecht, der von sich aus nicht *gerecht werden* kann. Die Lehre von Gesetz und Evangelium ist so die strikteste Absage an Selbsterlösung durch ethische Anstrengungen.

Gerecht-machen Gottes – Zueignung einer iustitia aliena

2.2.2 Sünder und Gerechter

Nach reformatorischem Verständnis ist der Mensch gerecht und Sünder zugleich („simul iustus et peccator"). Auch der Christ bleibt Sünder, die Christin Sünderin, also jemand, der bzw. die Gottes Zusage nicht vertraut und in allem nur auf sich selbst gerichtet ist. Angenommen bleiben wir ausschließlich in Christus, nicht aufgrund unseres eigenen Lebensvollzugs. Daher hängt die Formel „simul iustus et peccator" unauflöslich mit der Lehre von der iustitia aliena zusammen. Bei Luther kann die Formel „simul iustus et peccator" sogar als formelhafter Ausdruck für die Lehre von der iustitia aliena fungieren. Nicht im Blick auf mich, sondern im Blick auf Christus erkenne ich, wie Gott mich ansieht. „Das bist du für mich!" Dem

simul iustus et peccator

---

[51] WA 36, 41, 30–32.

auf sich selbst gerichteten Menschen, der sich selbst in allem zu sichern sucht, gibt Gott in seiner Zusage, was er so unaufhörlich sucht: Blicke auf Christus, das bist du für mich. Für Luther ist entscheidend, dass unsere Gerechtigkeit die „fremde Gerechtigkeit" (iustitia aliena) Christi bleibt: Nicht aufgrund *unserer* Qualität, sondern im Blick auf Christus werden wir von Gott „gerecht" gesprochen. Gerechtigkeit ist somit keine Qualität des Menschen, sondern im Sehen Gottes begründet.

Mit dem fortwährenden Sündersein des Menschen ist in der reformatorischen Tradition keinesfalls bestritten, dass die Rechtfertigung auch eine verändernde Kraft besitzt. Gleichwohl ist festzuhalten, dass die Rechtfertigung nicht ihren Grund in diesem neuen Leben des Christen hat. Luther geht es darum, mit aller Entschiedenheit festzustellen, dass der Grund der Rechtfertigung ausschließlich in der Gerechtigkeit Christi liegt. Nur hierin ist die Heilsgewissheit des Glaubens begründet. „Niemand steigt auf in den Himmel als allein der, der herabgestiegen ist, Christus. In dessen Haut und auf seinem Rücken müssen wir hinaufsteigen."[52]

Fröhlicher Wechsel

Die Formel „gerecht und Sünder zugleich" macht darauf aufmerksam, dass die Rede von der Sünde nur die Negativfolie einer positiven Aussage ist: der fröhliche Wechsel, die bedingungslose Zusage, die keiner Vorleistungen bedarf. Hier wird die Welt als für mich bedingungslos gegeben in den Blick genommen. Luthers Auslegung des 1. Artikels im Kleinen Katechismus betont, dass der Schöpfer mir die Dinge des Daseins gibt „ohn all mein Verdienst und Würdigkeit". Bereits die Gaben der Schöpfung sind Geschenk und von jeder Leistung unabhängig. Nimm hin und iss – für Dich gegeben. Sünden- und Gnadenerkenntnis liegen hier eng zusammen: Die Radikalität des menschlichen Unvermögens, das in der Sündenlehre thematisiert wird, entspricht sozusagen der Radikalität der göttlichen Gnade. Daher können beide nur ineinander erkannt werden. Die entscheidende Voraussetzung für eine Selbstreflexion, in der ein Mensch von sich selbst spricht, indem er über die Sünde spricht, besteht in dem Vermögen, in aller Radikalität auf sich schauen zu können und jede Illusion über sich fahren lassen zu können, weil man dieser Illusion nicht bedarf. Von daher hat der häufig geäußerte dogmatische Satz seine Richtigkeit, dass es das Vertrauen auf die Vergebung der Sünde ist, die den Menschen befähigt, sich der Realität der Sünde zu stellen. Die Zusage der unbedingten Annahme befähigt den Menschen, ohne Illusionen auf sich

---
[52] WA 2, 84.

selbst blicken zu können, weil er durch seine Taten seine Annahme nicht erwerben muss.

Die Rede von der Sünde hat aber auch Bedeutung für die Wahrnehmung anderer. Die Taten der anderen beruhen auf derselben Grundbestimmung des Willens, von denen unser tagtägliches Handeln geleitet ist. Ist diese Tendenz in uns erahnt, dann erahnen wir, dass die Frage, worin sich diese Tendenz artikuliert und worin sie sich auswirkt, sicherlich alles andere als unwichtig ist, uns aber auch nicht qualitativ von anderen Menschen und ihren Taten unterscheidet oder uns gar über sie erhebt. Vielmehr scheinen wir durch die Tat eines anderen mit dem konfrontiert zu werden, wer wir selbst sind. Das Vergehen anderer kann so zu einem Anlass werden, über *sich selbst* nachzudenken und sich über sich selbst klar zu werden und so zu erspüren, dass die Vergehen der anderen auf denselben Ängsten, derselben Blindheit und derselben Verschlossenheit gegenüber den Bedürfnissen der Mitmenschen beruhen, von denen unser tagtägliches Handeln geleitet ist. Statt uns im Modus des Urteilens von den Taten der anderen zu distanzieren als etwas, was uns völlig fremd und daher „unverständlich" ist, können wir ihre Taten als etwas verstehen, von denen wir nur durch glückliche Umstände bewahrt worden sind. Die Rede von der Sünde ist keine Anleitung zum moralischen Urteilen, sondern ein Versuch, Verstehen zu initiieren. Die Rede von der Sünde befähigt uns, den anderen (empathisch) zu verstehen, statt uns im Modus des Urteils von ihm zu distanzieren. Ich bin wie der andere und der andere ist wie ich – angewiesen auf Gottes Zusage: „Blicke auf Christus, das bist du für mich!"

Veränderte Wahrnehmung anderer

2.2.3 Offenbarer und verborgener Gott

Die Rede von Gottes Heilszusage übersieht nicht die Not der Welt, sie täuscht sich nicht über die Situation der Anfechtung hinweg. In Bezug auf Erfahrungen der Negativität, von denen die Erfahrung der Unfähigkeit, den Glauben ergreifen zu können, die schmerzvollste ist, spricht die protestantische Tradition von dem verborgenen Gott (deus absconditus) und von Gottes verborgener Gegenwart. Dabei hält Luther fest, dass dieser Gott „nicht gepredigt, nicht offenbart, nicht dargeboten und von uns nicht verehrt wird. Insofern sich Gott also verbirgt [sese abscondit] und von uns nicht gekannt werden will, geht er uns nichts an. Hier nämlich gilt wahrhaft jener Spruch: Was über uns ist, geht uns nichts an."[53] Die Rede vom ver-

deus absconditus

Quae supra nos nihil ad nos

---

[53] WA 18, 685.

borgenen Gott ist bei Luther nicht veranlasst durch das Bedürfnis, von weiteren Seiten Gottes zu reden. Aber es gibt Erfahrungen, die Gottes Zusage widersprechen und die ernst zu nehmen sind. Die Rede von der Verborgenheit Gottes ist kein Baustein in einem spekulativen System, sondern Ausdruck eines menschlichen Selbstverständnisses, das auf Gottes Zusage auch angesichts von Erfahrungen, die dieser Zusage widersprechen, vertraut. Mit dem Begriff von seiner Verborgenheit hält er am Symbol von Gottes Allmacht fest. Er negiert nicht, dass es Gott ist, der auch die schmerz- und leidvollen Erfahrungen wirkt. Aber er verrechnet diese Erfahrungen nicht mit Gottes Zusage, sondern gibt mit diesem Begriff menschlicher Empörung, Enttäuschung und einem Unverständnis Ausdruck. Insofern hat die Rede vom verborgenen Gott ihren Ort in der Klage. So gilt es nach Luther, „gegen Gott zu Gott zu dringen und zu rufen"[54], von dem in seinem Willen und Wirken verborgenen Gott zu Gottes eindeutiger Zusage in Jesus Christus.

<small>Klage</small>

Somit dient die Rede vom verborgenen Gott bei Luther letztlich dem Verweis auf Gottes eindeutiges Wort: seiner Zusage in dem Leben und Sterben des Menschen Jesus von Nazareth. „Niemand wird die Gottheit anders schmecken, als wie sie geschmeckt sein will. Sie will in der Menschheit Christi betrachtet werden, und wenn du die Gottheit nicht auf diese Weise findest, wirst du nimmermehr Ruhe haben. Darum lass die anderen nur spekulieren und von der Beschaulichkeit reden, wie alles mit Gott buhle und einen Vorgeschmack des ewigen Lebens gebe, und wie die geistlichen Seelen ein beschauliches Leben anfangen. Aber du lerne mir Gott nicht auf diese Weise kennen. Lass ihn sein, wie groß und mächtig er sein mag – beginne du hier und rühre ihn an und sag' zuallererst: ‚Ich weiß von keinem anderen Gott als dem, der in Christus für mich gegeben ist.'"[55]

2.2.4 Fazit

<small>Keine höhere Sinnebene</small>

Christlich-religiöses Denken versucht nicht, die Spannungen und Widersprüche des Lebens reduktionistisch stillzustellen, indem es alles in einer höheren Sinnebene aufhebt und damit zu einer rationalen Einheit bringt, sondern es geht der Frage nach, wie mit den Spannungen gelebt werden kann. Gerade hierin liegt die Stärke des christlichen Glaubens und eines von ihm inaugurierten Den-

---

[54] WA 19, 223, 15 f. (zu Jona 2,3).
[55] WA 16, 308 f.

kens: Es ist so konfliktreich wie das Leben selbst. Für die Sinnfrage bedeutet es, dass kein Sinn des Lebens erschlossen, sondern eine Lebensbewegung ermöglicht wird, die in, mit und unter unseren Verstehensbewegungen aktuell wird und erst so im Verstehen an immer neuen Orten, in Bezug auf neue Fragen, in immer anderen Sprachgebilden und Vorstellungshorizonten ergriffen werden kann. Der Glaube initiiert spannungsreiche Verstehensbewegungen.

Glaube initiiert Verstehens-bewegungen

Anstatt das Leben linear von einem Fixpunkt her in eine sinnvolle Ordnung bringen zu wollen, eröffnet der christliche Glaube in einem durch Dialektik (Gesetz/Evangelium, offenbarer/verborgener Gott, simul iustus et peccator) aufgespannten Horizont die Räume, in die der Glaubende hineingestellt ist und in denen er sich aufgehoben wissen darf. Gegen den Versuch, den Sinn schlechthin zu ergründen und ihn zur Lebensaufgabe zu machen, verhält sich ein vom christlichen Glauben inauguriertes Denken daher höchst skeptisch. Zu Recht nennt Gerhard Sauter eine Sinnfrage, die auf den Gesamtsinn des Seienden aus ist, „maßlos und vermessen"[56]. Im Religionsunterricht wird es auch darum gehen müssen, auf die Problematik der Sinnfrage aufmerksam zu machen, indem ihr totalitärer Anspruch auf unser Leben entlarvt wird. Und es gilt gemeinsam mit den Schülerinnen und Schülern – nicht zuletzt auch in Dokumenten des Glaubens, etwa in Katechismustexten oder in Liedern von Paul Gerhardt – eine Existenz kennenzulernen, die das Dasein als von Gott „ohn alle mein Verdienst und Wirdigkeit"[57] gegeben wahrnimmt und gerade dadurch auf eine Deutungshoheit verzichten kann. Damit wird die Sinnfrage zu dem Horizont, vor

Keine Linearität, sondern Dialektik

Problematik der Sinnfrage

---

[56] *Sauter*, Was heißt: nach Sinn fragen? (s. o. Anm. 21), 167.

[57] *Martin Luther*, Kleiner Katechismus, in: Die Bekenntnisschriften der evangelisch-lutherischen Kirche, hg. im Gedenkjahr der Augsburgischen Konfession 1930. Göttingen [10]1986, 511. Luther verwendet die Formulierung „ohn alle mein Verdienst und Wirdigkeit" im Kontext seiner Auslegung des 1. Artikels des Glaubensbekenntnisses im Kleinen Katechismus. Diese Formulierung überrascht im Kontext der Rede von der Welt als Schöpfung, sie hat ihren Ort in der Rechtfertigungslehre, in dem die Annahme des Menschen ohne seine eigenen Leistungen, Fähigkeiten und Qualitäten thematisiert wird. Es besagt Entscheidendes für ein Schöpfungsverständnis, wenn es zu seiner Artikulation ausdrücklich zur Sprache der Rechtfertigung greift: Meine Herkunft und die Gewährung der Gegenwart ist ungeschuldet. Auch die Gabe der Schöpfung ist nach Luther allein Gottes Werk, insofern auch die Gewährung von Leben von menschlichem Verhalten unabhängig gemacht wird. Vgl. hierzu: *Michael Roth*, Zum Glück. Glaube und gelingendes Leben, Gütersloh 2011, 204 ff.

dem das Evangelium verstanden werden kann: als Zusage, ein Leben führen zu dürfen, das sich nicht erst als sinnvoll erweisen muss.

2.3 Fundamente – Römisch-katholische Anmerkungen

Sinnfrage – false friend der Theologie

Die Sinnfrage erweist sich, wie bereits gezeigt worden ist, als ein *false friend* der Theologie, da sie sich auf den ersten Blick zur Herausarbeitung der anthropologischen Relevanz theologischer Fragen anbietet. Beim näheren Hinsehen jedoch scheitert dieser Versuch. Sinn will nämlich dort Zusammenhänge konstruieren, wo verschiedene Dinge und Ereignisse vielleicht gar nicht zusammenpassen. Tragisch kann solch eine Deutung in leidvollen Situationen werden. So wurde zum Beispiel jahrhundertelang Leid als Strafe Gottes für begangene Sünden oder als Bewährungsprobe für den Glauben verstanden. Doch solch eine Sinngebung des Leidens verschärft letztendlich die Theodizeefrage, anstatt sie zu mildern, weil auf diese Weise Gott nicht mehr wirklich als menschenfreundlich gedacht werden kann.[58] Der christliche Glaube bekennt dagegen „Jesus Christus, und zwar als den Gekreuzigten" (1 Kor 2,2), den Gott von den Toten auferweckt hat. Damit wird deutlich, dass es nicht um die Sinngebung des Leidens geht, sondern darum, darauf zu hoffen, dass Gott selbst das Fragmentarische, Zerbrochene und Verfehlte heilen und erlösen kann, dass er trotz aller Gebrochenheit durch Jesus Christus Leben „in Fülle" (Joh 10,10) zu schenken vermag.

Selbstoffenbarung Gottes

Der Grund für eine solche Hoffnung besteht in der Selbstoffenbarung Gottes in Jesus Christus und dem Heiligen Geist, die beiden Hände Gottes.[59] Offenbarung meint keine Sätze über Gott, die zu glauben wären. Solch ein instruktionstheoretisches Offenbarungsmodell wurde mit der Dogmatischen Konstitution über die göttliche Offenbarung *Dei Verbum* des Zweiten Vatikanischen Konzils durch ein dialogisches Verständnis abgelöst (vgl. DV 2). Gott teilt demnach nicht etwas über sich mit, sondern sich selbst. Damit ist „das Mitgeteilte wirklich Gott in seinem eigenen Sein und gerade so die Mitteilung zum Erfassen und Haben Gottes in unmittelbarer Anschauung und Liebe"[60]. Die Begriffe „Anschauung" und „Liebe"

---

[58] Vgl. *Armin Kreimer*, Gottes Güte und das Leid in der Welt, in: *Georg Gasser u.a.*, Handbuch für Analytische Theologie (= STEP 11), Münster 2017, 429–452, hier 435–438.

[59] Vgl. *Irenäus von Lyon*, Haer. IV 7,4; 20,1.

[60] Vgl. *Karl Rahner*, Grundkurs des Glaubens. Einführung in den Begriff des Christentums, Freiburg i. Br. u. a. 1984, 124.

drücken dabei die Nähe des Menschen zu Gott aus, wobei diese Nähe eben als Liebe zu verstehen ist.

Mit dieser Bestimmung der Selbstmitteilung Gottes nach Karl Rahner bildet die göttliche Selbstmitteilung das Fundament des gegenwärtigen und des zukünftigen Lebens. Durch das Wirken Jesu Christi und des Heiligen Geistes werden die Menschen in die Gemeinschaft mit Gott dem Vater aufgenommen, in der letztlich das Heil der Menschen besteht.[61] Auf diese Weise erhalten die Menschen Anteil am innertrinitarischen Leben Gottes, das Gott selbst ist. Darin besteht das Ziel von Gottes Offenbarung.[62]

<small>Anteilnahme am innertrinitarischen Sein Gottes</small>

Das göttliche Leben, das die Menschen im Glauben durch Jesus Christus und den Heiligen Geist und dann in weiterer Vermittlung durch das Wort Gottes, die Sakramente und die Gemeinschaft der Kirche empfangen, kann für den Menschen zu einer Perspektive werden, aus der heraus er sein Leben zu gestalten vermag. Hier gilt allerdings, dass der Mensch der *freie* Partner Gottes bleibt. Das hat zur Folge, dass der Mensch dieses Angebot sowohl anzunehmen als auch auszuschlagen vermag.

Die Annahme dieser von Gott ermöglichten Perspektive erweist sich bereits vor dem Tod als Heil und anfanghafte Erlösung. Durch das Wirken Jesu Christi wird den Menschen eine bedingungslose, göttliche Liebe offenbart, die das Leben der Menschen nicht nur erst nach dem Tod vollenden wird, sondern jetzt schon neue Lebensperspektiven bietet. Wie diese Liebe durch Jesus Christus und den Heiligen Geist offenbart wird, soll im Folgenden kurz erläutert werden.

<small>Bedingungslose, göttliche Liebe</small>

Zunächst ist festzuhalten, dass das *ganze* Leben Jesu Christi Gottes erlösende Liebe zu den Menschen offenbart. Nicht nur in bestimmten Ereignissen, wie z. B. im Tod Jesu am Kreuz, sondern „*in all diesen Ereignissen* (des Lebens Jesu, F. E.) *geschah ja unsere Erlösung*, erreichte Gottes Heilshandeln seine Endgültigkeit: kam er selber uns nahe und erwies seine Treue"[63]. Dementsprechend kann die Selbstoffenbarung Gottes als Liebe als die wesentliche Bestimmung für das ganze Leben Jesu bestimmt werden.[64] So teilt Jesus Christus das den Menschen mit, was er selbst vom Vater emp-

---

[61] Vgl. *Emmanuel Durand*, Le Père. Alpha et Oméga de la Vie Trinitaire (= Cogitatio Fidei 267), Paris 2008,

[62] Vgl. ebd. 276, 296.

[63] Vgl. *Thomas Pröpper*, Erlösungsglaube und Freiheitsgeschichte. Eine Skizze zur Soteriologie (ErFr 39), München ³1991, Hervorhebung im Original.

[64] Vgl. *Pröpper*, Erlösungsglaube (s. o. Anm. 63), 92.

fangen hat. Zugleich ist damit das Heil, das eben in der liebevollen Gemeinschaft mit Gott besteht, geschichtlich vermittelt.

Verkündigung des Reiches Gottes – Hinwendung zu Sündern

Als Beleg für diese These können die Verkündigung des Reiches Gottes durch Jesus und dessen Verhalten gerade gegenüber Randgruppen und sündigen Menschen gelten. Beides lässt sich „inhaltlich als die zuvorkommende und bedingungslos gütige Menschenzuwendung Gottes"[65] bestimmen, die in der Gegenwart schon wirkt und die Jesus für sein Handeln in Anspruch nimmt.[66] Auf diese Weise hat Jesus Gottes Liebe und Vergebung realsymbolisch realisiert.[67] Dadurch, dass Gott diesen Weg der Offenbarung gewählt hat, begegnen die Menschen der göttlichen Liebe in der Geschichte. Die Menschwerdung des göttlichen Logos bewirkt damit, dass Gottes Liebe einen Ausdruck bekommt, den die Menschen verstehen können und zu dem sie sich in Freiheit verhalten können. In der Inkarnation hat damit *Gott* gesagt, was doch nur er sagen konnte; zugleich hat dieses Wort auf menschliche Weise gesagt werden müssen, um von Menschen verstanden werden zu können.[68] Durch das Leben, Sterben und Auferstehen Jesu ist den Menschen damit eine Eindeutigkeit und Entschiedenheit dieser Liebe offenbart worden, die allein durch innere Erfahrungen nicht hätte erreicht werden können:[69] Ohne die Menschwerdung „bliebe Gottes Selbstgegenwart durch den Geist [...] für uns anonym, die Nähe seiner Liebe vieldeutig, ihre Intention dunkel"[70].

Gottes Liebe in Person am Ort der Sünde

Gerade durch den Tod Jesu am Kreuz gewinnt Gottes Liebe eine Stärke an Ausdruck, die nicht übertroffen werden kann. Der Tod Jesu ist die Konsequenz von dessen Leben. Seine Verkündigung und sein Anspruch, in Einheit mit Gott zu handeln, brachten Jesus in einen tödlichen Konflikt. Anstatt dem drohenden Tod auszuweichen, blieb Jesus seiner göttlichen Sendung treu, weil er die Seinen bis zur Vollendung liebte (vgl. Joh 13,1). Jesus Christus als wahrer Gott ist damit auch Gottes Liebe in Person. Diese Liebe gerät am Kreuz unter die Umstände der Sünde, die sich im Mord am Sohn Gottes in radikaler Weise zeigt. Jesus jedoch bleibt am Ort der Sünde. Damit wird Gottes bedingungslose Liebe auch am Ort der Sünde realisiert.[71] So hat der fleischgewordene göttliche Logos den

---

[65] *Pröpper*, Anthropologie (s.o. Anm. 39), 1299.
[66] Vgl. ebd. 1300; *Pröpper*, Erlösungsglaube (s.o. Anm. 63), 228.
[67] Vgl. *Pröpper*, Erlösungsglaube (s.o. Anm. 63), 40 und 80.
[68] Vgl. ebd. 195.
[69] Vgl. ebd. 96; *Pröpper*, Anthropologie (s.o. Anm. 39), 1342 f.
[70] Ebd. 1344.
[71] Vgl. *Pröpper*, Erlösungsglaube (s.o. Anm. 63), 67.

Menschen bis zur allerletzten Konsequenz damit gedient, ihnen den unbedingt liebenden Gott zu offenbaren, aller menschlichen Ablehnung zum Trotz.[72] Auf diese Weise zeigen sich die Radikalität und der Ernst von Gottes Menschenliebe, die durch keine Sünde ausgelöscht werden kann. So lässt sich mit Thomas Pröpper zusammenfassen: „Ohne Jesu bestimmtes Menschsein wäre Gott nicht schon als gegenwärtige und zuvorkommende Liebe, ohne seine Bereitschaft zum Tod nicht der unbedingt entschiedene Ernst dieser Liebe und ohne seine Auferweckung nicht ihre verläßliche Macht, also Gott als ihr wahrer Ursprung offenbar geworden."[73]

Der Heilige Geist bewirkt, dass das, was Jesus Christus gelehrt und bewirkt hat, die Menschen an allen Orten und zu allen Zeiten erreicht. In ihm ist die gleiche göttliche Liebe wirksam, die Jesus Christus in seinem Leben, Sterben und Auferstehen offenbart hat. Damit ist der Heilige Geist „*gleichsam die Ekstasis Gottes;* [...] *Gott als Überströmen von Liebe und Gnade*"[74]. Durch den Geist werden die Menschen dementsprechend in diese Liebe integriert. Davon zeugen die Geisterfahrungen im Kontext der frühchristlichen Mission. Als Petrus sieht, dass der Geist auch auf Nichtjüdinnen und Nichtjuden herabkam, kam er zu der Erkenntnis, dass auch Unbeschnittene zu Gottes Volk gehören und ihnen daher die Taufe nicht verweigert werden dürfe (vgl. Apg 10,34–38). Der Heilige Geist „ersparte" ihnen den „Umweg" über die Beschneidung, um zum Gott Israels zu gehören,[75] und verband sie selbst mit diesem Gott. Auch der Apostel Paulus weist darauf hin, dass der Empfang des Heiligen Geistes die Grundlage des Heils ist (vgl. Gal 3,1). Damit ist nämlich der Eintritt in die göttliche Sphäre offenbar geworden.[76] Der Geist bezeugt damit die neue Beziehung zu Gott, die durch den Glauben an Jesus Christus entstanden ist.

Damit also der transzendente Gott der Welt immanent sein kann, teilt er sich selbst also auf zweifache Weise mit: sowohl sichtbar als Mensch in der Inkarnation des Logos, an einem bestimmten Ort

Wirkungen des Heiligen Geistes

---

[72] Vgl. *Georg Essen,* Die Freiheit Jesu. Der neuchalkedonische Enhypostasiebegriff im Horizont neuzeitlicher Subjekt- und Personphilosophie (= ratio fidei 5), Regensburg 2001, 309.
[73] *Pröpper,* Erlösungsglaube (s. o. Anm. 63), 228.
[74] *Walter Kasper,* Der Gott Jesu Christi (= WKGS 4), Freiburg i. Br./Basel/Wien 2008, 354; Hervorhebung im Original.
[75] Vgl. *Klaus Wengst,* „Freut euch, ihr Völker, mit Gottes Volk!" Israel und die Völker als Thema des Paulus – ein Gang durch den Römerbrief, Stuttgart 2008, 107 und 132.
[76] Vgl. *Udo Schnelle,* Paulus: Leben und Denken, Berlin ²2014, 530.

und zu einer bestimmten Zeit, als auch unsichtbar in der Sendung des Geistes, an allen Orten und zu allen Zeiten, allerdings ohne sichtbare Gestalt. In beiden Fällen ist es die göttliche Fülle des Vaters qua Liebe, die in den Sendungen von Sohn und Geist realpräsent wird.

Diese Liebe kann den Menschen Erfüllung schenken, wie es nur interpersonalen Beziehungen eigen ist. Zudem vermag sie ein Leben zu verändern. Wie nämlich eine Beziehung zwischen zwei Menschen einen Menschen verändern kann, so gilt das auch für die Beziehung zu Gott: „Die Glaubenden ziehen Kraft und Motivation aus ihrer neuen Identität, der Intimität und der Gemeinschaftsdimension der geistgeformten Vater-Kind-Beziehung mit Gott, was sich in dem geistinspirierten Gebet ‚Abba, liebster Vater' beispielhaft zeigt."[77]

Freie Partner Gottes

Diese Liebe können die freien Partner Gottes nun annehmen. Wer sich von Gott unbedingt geliebt weiß, ist befreit von der Angst um sich selbst, weil sie oder er umsonst gelebt haben könnte,[78] und von dem Druck, sich selbst rechtfertigen zu müssen, da um Gottes Anerkennung nicht gekämpft oder sie gar verdient werden muss. Auf diese Weise wirkt sich Gottes Liebe im Leben positiv aus. Menschen können durch die Erfahrung unbedingten Geliebtseins zu sich selbst finden und Selbstvertrauen entwickeln, um so zu einer reifen Persönlichkeit zu werden. Außerdem kann derjenige, der sich selbst als gewollt und geliebt versteht, auch andere leichter anerkennen und lieben.[79]

Die Liebe Gottes vermag vielleicht nicht allen Ereignissen einen tieferen Sinn zu verleihen, da es auch bei gläubigen Menschen unvollendetes, verletztes, nicht gelebtes Leben gibt. Aber sie kann ein Fundament vermitteln, das die Hoffnung trotz allem hochhält, dass Gott keinen Menschen aufgibt und dass er Leben in Fülle auch über

---

[77] *Volker Rabens,* The Holy Spirit and Ethics in Paul (= WUNT II 283), Tübingen 2010, 237: „[B]elievers draw strength and motivation from the new identity, the intimacy and the corporate dimension of the Spirit-shaped filial relationship with God, epitomized in the Spirit-inspired prayer ‚Abba, dearest Father'."
[78] Vgl. *Paul Platzbecker,* Radikale Autonomie vor Gott denken. Transzendentalphilosophische Glaubensverantwortung in der Auseinandersetzung zwischen Hansjürgen Verweyen und Thomas Pröpper (= ratio fidei 19), Regensburg 2003, 119.
[79] Vgl. *Christoph Böttigheimer,* Bedingungslos anerkannt. Der Beitrag des Glaubens zur Persönlichkeitsbildung, Freiburg i. Br./Basel/Wien 2018, 90, 92 und 113.

den Tod hinaus zu schenken vermag. In seiner bedingungslosen Liebe wird Gott den Menschen, wie auch seinen eigenen Sohn, aus dem Tod erretten und das Heil vollenden, das in diesem Leben schon begonnen hat. Dann wird die Anschauung Gottes vollendet werden und alle Wunden der Menschen – hoffentlich – geheilt werden. Gottes Liebe wirkt und erfüllt nämlich nicht anders als eine zwischenmenschliche Liebe, nur mit dem Unterschied, dass Gott die Existenz des Geliebten auch über den Tod hinaus erhalten kann.

2.4 Fazit im Blick auf konfessionelle Differenzen

Die Frage nach dem Sinn ist kein genuines Streitthema zwischen der römisch-katholischen und der protestantischen Theologie. Die unterschiedlichen Ansätze zur Beantwortung der Frage lassen sich daher auch nicht den beiden Konfessionen zuordnen, vielmehr stehen sie quer zu diesen. Allerdings lässt sich schon erkennen, dass die Auseinandersetzung mit der Sinnfrage anhand ganz unterschiedlicher Traditionen geschieht.

3 Identität und Sinn als Themen der weiteren christlichen Ökumene: Ostkirchliche Theologie

In der Theologie der Ostkirche wird der Sinn der menschlichen Geschichte in der Vergöttlichung der Menschen gesehen, die ihren Grund im Wirken Jesu Christi hat: Der göttliche Logos nämlich „wurde Mensch, damit wir vergöttlicht (θεοποιηθῶμεν) würden"[80]. Mit diesem Satz fasst Athanasius von Alexandrien (gest. 373) zusammen, warum der göttliche Logos Mensch geworden ist. In der Inkarnation hat sich demnach der Logos mit dem menschlichen Fleisch verbunden, „damit es mit der göttlichen Natur den natürlichen Menschen in Verbindung brächte und dessen Heil und Vergöttlichung gesichert wäre"[81]. Nach der Lehre der Ostkirchen besteht somit die Bestimmung des Menschen in der Vergöttlichung des Menschen.[82] In dieser Begrifflichkeit wird auch das Heil des

Vergöttlichung

---

[80] *Athanasius von Alexandrien*, De incarnatione verbi 54.
[81] *Athanasius von Alexandrien*, Historia Arianorum II 70.
[82] Vgl. *Jean Meyendorff*, Initiation à la Théologie Byzantine. L'histoire et la doctrine, Paris 2010, 220.

Menschen zur Sprache gebracht. Das Heilbringende der Vergöttlichung besteht darin, dass die menschliche Natur in Verbindung mit Gott gebracht wird, in der nämlich das Heil besteht.

Von diesem Denken her kommt der Inkarnation des göttlichen Logos und der Zwei-Naturen-Lehre des Konzils von Chalcedon (451) eine große Bedeutung zu. Die Ostkirche versteht nämlich die Einheit von Gottheit und Menschheit in Jesus Christus, in gut alexandrinischer Tradition, als vom Logos ausgehende Bewegung, in der sich dessen Hypostase mit einer menschlichen Natur vereint.[83]

Erlösung der Schöpfung

Diese Verbindung hat Bedeutung für die ganze Schöpfung. Der Mensch war von Gott geschaffen worden als Herr der Schöpfung, um auf diese Weise alles Geschaffene zu Gott zu führen. Im Sündenfall jedoch weist der Mensch diese Aufgabe zurück und schadet damit dem ganzen Kosmos, da so Tod und Vergänglichkeit über die ganze Schöpfung kommen, worin das eigentliche Problem der durch den Menschen ins Verderben gestürzten Schöpfung besteht. „So durfte er (sc. Gott; F.E.) also die Menschen nicht dem Verderben (φθορᾷ) überlassen, weil das absurd und der Güte Gottes unwürdig gewesen wäre."[84] Diesen Schaden muss der Schöpfer nun selbst reparieren, was durch die Inkarnation des Logos geschieht. Auf diese Weise wird der Mensch zu seiner ursprünglichen Ehre zurückgeführt, die eben darin bestand, Ebenbild Gottes zu sein, und findet auch zu seiner ursprünglichen, guten Beziehung zu Gott zurück. Dadurch, dass in Jesus Christus Gott und Mensch eins geworden sind, findet der Mensch in seinem Eigensten, nämlich der menschlichen Natur, wieder einen Zugang zu Gott. In Jesus Christus zeigt sich dementsprechend die authentischste Form von Menschsein. Zugleich wird in ihm auch die ganze Schöpfung erlöst. Einen Vorgeschmack dieser Erlösung bietet die Liturgie vor allem in der Feier der Eucharistie, die in den Ostkirchen vor allem „Göttliche Liturgie" genannt wird.[85]

Gnadenhafte Teilhabe an Gott

Vor diesem Hintergrund wird deutlich, was Vergöttlichung meint und was eben auch nicht. Durch die Vergöttlichung wird der Mensch niemals zum wahren Gott, wie Athanasius deutlich hervorhebt. Auch wenn die vergöttlichten Menschen zu Töchtern und Söhnen werden, so sind sie dies nur durch Gottes Gnade und durch ihre geistgewirkte Teilhabe an Gott, wohingegen der Logos

---

[83] Vgl. ebd. 207; DH 250 (*Kyrill von Alexandrien*, Zweiter Brief an Nestorius).

[84] *Athanasius von Alexandrien*, De incarnatione verbi 6.

[85] Vgl. *Meyendorff*, Initiation (s. o. Anm. 82), 204 f. und 216.

von Natur aus Gottes Sohn ist.[86] Was nämlich Christus von Natur aus besitzt, erlangen die Menschen durch den Logos nur aufgrund ihrer Anteilhabe am Geist.[87] Daher können die Menschen aufgrund ihrer Natur nicht göttlichen Ursprungs sein. Sie werden vielmehr Gottes Kinder genannt wegen ihrer Verbindung mit dem Sohn im Heiligen Geist.[88] So sichert der alexandrinische Bischof die für die Schöpfung konstitutive Differenz zwischen Schöpfer und Geschöpf. Vergöttlichung muss dementsprechend als gnadenhafte Teilhabe an Gott verstanden werden. Deutlich wird hier aber, dass Vergöttlichung Gemeinschaft mit Gott ist, ja sogar „göttliche Intimität, mit der der Mensch verbunden wird"[89]. So kann Vergöttlichung auch ganz einfach als Vereinigung oder Verbindung mit Gott verstanden werden.[90] Das Leben der vergöttlichten Menschen ist daher als Leben in Christus zu beschreiben. Die Berufung jedes Christenmenschen besteht daher nicht so sehr in der *imitatio Christi*, sondern in der Teilhabe an ihm. Diese wird vor allem durch die Sakramente der Taufe, der Myronsalbung und der Eucharistie vermittelt.[91]

Die Auswirkungen der Vergöttlichung bestehen nach ostkirchlicher Lehre vor allem in der Verbindung mit Gott und der daraus resultierenden Befreiung vom Tod. Auch hier kommt dem Wirken Christi, insbesondere dessen Tod, entscheidende Bedeutung zu. Der Tod Christi wird entgegen der klassischen Satisfaktionstheorie von Anselm von Canterbury nicht so sehr als Satisfaktion für die Sünden der Menschen verstanden. Erlösung wird dementsprechend vor allem als Sieg über den Tod und nicht so sehr als Rechtfertigung des Sünders verstanden.[92] Dementsprechend versteht Athanasius die von Gott verliehene Unsterblichkeit der Menschen als eine der wichtigsten Konsequenzen der Vergöttlichung. Der Sieg über den Tod wird durch Jesus Christus errungen. Dadurch, dass er, einer aus

Befreiung vom Tod

---

[86] *Athanasius von Alexandrien*, Historia Arianorum III 19.
[87] Vgl. *Adolf Laminski*, Der Heilige Geist als Geist Christi und Geist der Gläubigen. Der Beitrag des Athanasios von Alexandrien zur Formulierung des trinitarischen Dogmas im vierten Jahrhundert (= EThSt 23), Leipzig 1965, 40 f.49; *George Dragas*, The Relation of Nature to Grace in the Writings of St. Athanasius, in: *Ders.*, Saint Athanasius of Alexandria. Original Research and New Perspectives, Rollinsford 2005, 25–78, hier 47 f.
[88] Vgl. *Dragas*, Relation (s. o. Anm. 87), 45.
[89] *Lucas F. Mateo-Seco*, Salvación y Divinización, in: Scripta Theologica 31 (1999), 453–469, hier 453: „intimidad divina con la que el hombre se relaciona".
[90] Vgl. *Meyendorff*, Initiation (s. o. Anm. 82), 214.
[91] Vgl. ebd. 220.
[92] Vgl. ebd. 215 und 217.

der göttlichen Trinität, im menschlichen Fleisch den Tod erlitten hat, hat Gott selbst den Tod geschmeckt. Die Auferstehung Christi hat dem Tod die dominierende Kraft über den Menschen genommen, da er nicht mehr deren letztes Schicksal darstellt. Auch wenn die Menschen noch immer den physischen Tod sterben müssen, so sind sie doch von der Angst davor befreit, weil die endgültige Macht des Todes durchbrochen worden ist.[93] Durch die Vergöttlichung, also durch ihre Vereinigung mit Gott, erlangen die Menschen ewiges Leben und damit ihr höchstes Ziel. Durch Gottes zuvorkommende Liebe ist in Jesus Christus dasjenige schon realisiert, was zugleich den Sinn der ganzen menschlichen Geschichte darstellt.[94]

4 Anknüpfungspunkte im Blick auf andere Religionen: Buddhismus

Erleuchtung

Buddhisten streben danach, zu erwachen bzw. Erleuchtung zu erlangen, um die Dinge so sehen zu können, wie sie in Wirklichkeit sind. Das Erlangen dieser Erleuchtung ist gleichbedeutend damit, selbst ein Buddha zu werden.[95]

Siddhārtha Gautama

In dieser Zielbestimmung spiegelt sich in gewisser Weise der spirituelle Weg des Siddhārtha Gautama wider, der als historische Figur am Beginn des Buddhismus steht. Siddhārtha Gautama lebte und wirkte im 5. oder in der ersten Hälfte des 4. Jahrhunderts vor Christus im nördlichen Indien als Sohn des Oberhauptes der Shākya-Republik in Nordindien, wo er im Palast seines Vaters wohlbehütet aufwuchs. Nach der Legende wurde er auf vier Ausfahrten in die Welt mit dem Phänomen der Vergänglichkeit konfrontiert in Form von Alter, Krankheit und Tod. Um Erlösung vom Leiden an der Vergänglichkeit zu finden, unterzog er sich zunächst strengster Askese. Da er dabei jedoch großen Schaden nahm, entschied er sich für den mittleren Weg – zwischen dem märchenhaften Luxus seiner Kindheit und Jugend und der strengen Askese – und gelangte so im Alter von 35 Jahren durch tiefe Meditation zur Erleuchtung. Die von

---

[93] Vgl. ebd. 218.
[94] Vgl. ebd. 221.
[95] Vgl. *Hans-Jürgen Greschat*, Buddhismus, in: *Johann Figl (Hg.)*, Handbuch Religionswissenschaft. Religionen und ihre zentralen Themen, Innsbruck u. a. 2003, 348–367, hier 348 und 354.

ihm dabei gemachten Erfahrungen gab er darauf durch die Lehre (*dharma*) an seine Jünger weiter.[96]

Der Inhalt von Siddhārthas Erleuchtung besteht in einem dreifachen Wissen: das Wissen um (1.) die der aktuellen vorangegangenen Daseinsformen im Kreislauf der Wiedergeburten (*saṃsāra*), (2.) um das Entstehen und Vergehen aller Lebewesen und (3.) darüber, die Unwissenheit und die Leidenschaft endgültig besiegt zu haben, was bedeutet, aus dem Kreislauf der Wiedergeburten ausgestiegen zu sein und ins Nirvāṇa einzugehen.[97] Der so Erleuchtete ist damit ans andere Ufer gelangt, das jenseits der Welt des Wandelbaren und Vergänglichen liegt.[98] Dem entspricht, dass Erlösung im Buddhismus als die Befreiung vom Leiden an der Vergänglichkeit aller Dinge verstanden wird.[99]

Dreifaches Wissen

Dahinter steckt der buddhistische Glaube, dass nichts ewig existiere. Auch die Menschen haben nach buddhistischer Lehre keinen über alle Zeiten hinweg beständigen Personenkern (Nicht-Ātman-Lehre). Alles vergeht wieder, was dazu führt, dass die vergänglichen Menschen, Götter und Dinge nicht zufrieden stellen können. Deswegen werden sie als leidvoll verstanden.

Vergänglichkeit von allem

Erst die Einsicht in die Vergänglichkeit und Unbeständigkeit der Welt bewirkt die Befreiung vom Leiden[100] und das Gelangen an das andere Ufer. Als „vier edle Wahrheiten" gelten daher, dass (1.) alles Leid sei, (2.) Leid aus Gier entstehe, (3.) durch die Aufhebung der Gier, durch das Nichthaften am Vergänglichen das Leid aufgehoben werde und (4.) durch den Achtgliedrigen Weg, der über verschiedene Etappen die Menschen von ihren verschiedenen Fesseln befreit, die Aufhebung des Leidens erreicht werden könne.[101] Buddhisten sehen es daher als Verfehlung an, an irgendeiner Wirklichkeit der Welt zu haften.

Vier edle Wahrheiten

Der Zustand der Aufhebung des Leidens ist dann erreicht, wenn jemand ins Nirvāṇa gelangt. Dieses „wird als ein Zustand von Seligkeit, Erlösung und völliger Selbstvernichtung mit dem Erlöschen von Daseinsfaktoren, Gier und Hass sowie der Aufhebung der

---

[96] Vgl. *Axel Michaels*, Buddha, in: *Christoph Auffarth, Hans G. Kippenberg* und *Ders.*, Wörterbuch der Religionen, Stuttgart 2006, 82 ff., hier 82.
[97] Vgl. *W. K. Müller*, Buddhismus, in: *Hans Waldenfels (Hg.)*, Lexikon der Religionen, Freiburg i. Br. u. a. 1987, 74–83, hier 77.
[98] Vgl. ebd. 75.
[99] Vgl. *Michaels*, Buddha (s. o. Anm. 96), 84.
[100] Vgl. *Greschat*, Buddhismus (s. o. Anm. 95), 356.
[101] Vgl. *Michaels*, Buddha (s. o. Anm. 96), 83; *Greschat*, Buddhismus (s. o. Anm. 95), 358.

Dualität beschrieben."[102] Keine irdische Vorstellung kann diesem Zustand entsprechen. Auf dem Weg dorthin hilft der Buddha mit seiner Lehre, die er den Menschen als Weg zur Erlösung hinterlassen hat, nachdem er selbst endgültig und damit nicht mehr anrufbar ins Nirvāna eingegangen ist.

5 Lesehinweise

Oswald Bayer, Gott als Autor. Zu einer poietologischen Theologie, Tübingen 1999.
Jörg Lauster, Religion als Lebensdeutung. Theologische Hermeneutik heute, Darmstadt 2005.
Michael Roth, Zum Glück. Glaube und gelingendes Leben, Gütersloh 2011.

---

[102] *Michaels*, Buddha (s. o. Anm. 96), 84.

Nach tragfähigen Deutungen des Lebens fragen

Religionsdidaktischer Kommentar

Jan Woppowa und Bernd Schröder

1 Lernchancen

Zweifelsohne war es seit den 1970er Jahren breiter Konsens in der Religionsdidaktik, dass Fragen nach Glück und Sinn alltägliche „Jedermannsfragen"[1] sind, als anthropologische Konstante zu verstehen und als Ausgangspunkt religiöser Lernprozesse zu nutzen sind. Religion wurde als Antwort auf diese Fragen nach dem Sinn des Lebens buchstabiert (etwa bei Paul Tillich oder Karl Rahner). Alltägliche Sinnfragen stellten deshalb eine niederschwellige und lebensweltorientierte Möglichkeit dar, religiöse Weltdeutungen oder den Anspruch von Glaubenstraditionen ins Spiel zu bringen. Diese bislang weitgehend unhinterfragte Annahme wird hier gründlich dekonstruiert, wenn letztlich die Sinnfrage als „verbale Seifenblase" (G. Sauter) charakterisiert wird.

Daraus ergeben sich bereits unterrichtlich relevante Fragestellungen, mit denen in die weitere Erarbeitung der Inhalte eingestiegen werden kann: *Ist die Sinnfrage eine Grundfrage des Menschen? Wann lässt sich sagen, dass etwas „Sinn macht" oder „Sinn ergibt"? Was kann überhaupt sinnvoll genannt werden? Stellt die Frage nach dem Sinn des Lebens eine Überforderung dar? Ist es angesichts der Brüchigkeit des Lebens sogar zynisch, von einem umfassenden Sinn zusprechen? Etc.* Vor dem Hintergrund lebensweltlicher Erfahrungen mit Antworten auf Sinnfragen aus den verschiedenen Bereichen gesellschaftlichen Lebens (bspw. auch Popkultur, religiöse Sondergemeinschaften, Konsumangebote u.v.m.) und ihren nicht selten einfachen Antworten auf komplexe Fragen sollten Schülerinnen und Schüler für eine solche Problematisierung der Sinnfrage ins-

Sinnfrage problematisieren

---

[1] *Gottfried Bitter*, Glück – Sinn – Heil, in: Ders. u. a. (Hg.), Neues Handbuch religionspädagogischer Grundbegriffe, München 2002, 102–106, hier 102.

besondere auch aus ideologie- und gesellschaftskritischer Sicht sensibilisiert werden.

Der bei Jugendlichen festzustellende Verlust einer personalen Gottesvorstellung[2] bei gleichzeitiger Präsenz und Relevanz einer allgemeinen Sinnfrage bzw. Sinnsuche sollte im Kontext einer religiösen Bildung, die genau diese Gottesfrage nicht aussparen möchte, mit dem hier skizzierten Glaubensbegriff konfrontiert werden.

Glaubensverständnis erschließen

Denn wenn Menschen nicht im Sinne eines Für-wahr-haltens („Ich glaube, dass") glauben, sondern Glaube bzw. Glauben als eine Lebensbewegung des Im-Vertrauen-auf („Ich glaube dir") verstehen, dann kann eine abstrakte, nichtpersonale Gottesvorstellung durch das persönliche Glaubenszeugnis von Menschen, die ihr Leben in diese geglaubte Gott-Mensch-Beziehung stellen, Gestalt gewinnen. Unterrichtlich wären zur Erschießung des oben skizzierten Glaubensbegriffs als Lebensbewegung oder Lebensakt (evangelisch *fiducia*; katholisch: *fides qua*) solche plastischen Glaubenszeugnisse heranzuziehen, um Glauben als lebensrelevanten und praxisbezogenen Akt des Vertrauens anschaulich und nachvollziehbar werden zu lassen.[3]

Spätestens dann wird deutlich, dass die Fragilität des Lebens und die Fragmentarität konkreter Biographien zum Menschsein dazu gehören und eine Frage nach dem Sinn dieses konkreten Lebens mitunter nur schwer oder gar zynisch zu beantworten wäre. Das Aufgehobensein seiner Fragen und Fragmente in der gläubigen Lebensbewegung eines Menschen auf eine konkrete Hoffnung hin, die dem eigenen ganz alltäglichen Leben Gestalt zu geben vermag, kann noch einmal mehr deutlich werden lassen, was den bzw. das Glauben jenseits umfassender Sinndeutungen der Wirklichkeit ausmacht. Theologisch gesprochen geht es dabei um die Rede vom Heil bzw. Heilwerden,[4] was aus Sicht von Kindern und Jugendlichen mit Fragen nach Ganzheit und Ganzwerden, nach Glück und Hoffnung etc. korrelieren kann.[5] Dass Glauben die Fragmentarität und

Fragen nach Ganzheit und Glück aufnehmen

---

[2] Vgl. aktuell bspw. *Mathias Albert, Klaus Hurrelmann* und *Gudrun Quenzel*, Jugend 2019. Eine Generation meldet sich zu Wort. 18. Shell Jugendstudie, Weinheim/Basel 2019, 152–154.

[3] Vgl. *Hans Mendl*, Modelle – Vorbilder – Leitfiguren. Lernen an außergewöhnlichen Biografien, Stuttgart 2015 sowie die Datenbank, abrufbar unter: https://www.uni-passau.de/local-heroes [Zugriff: 31.03.2020].

[4] Vgl. *Bitter*, Glück (s. o. Anm. 1), 105 f.

[5] Vgl. *Bernd Schröder*, Religionspädagogik, Tübingen (2012) 2., erw. und überarb. A. 2021, § 32: „Identität stärken – Didaktik von Sinnfragen und Lebensdeutungen".

Unabgeschlossenheit des Lebens nicht auflöst,[6] sondern vielmehr im dialektischen Sinne in eine größere Hoffnung hinein aufhebt, kann dabei eine zentrale Erkenntnis im religiösen Lernprozess sein. Darüber hinaus kann hiermit auch die zumeist im Jugendalter aufbrechende Theodizeefrage wachgehalten werden, die in ihrer Radikalität eine Nivellierung von Leiden durch einen abstrakten Sinnhorizont geradezu vermeiden möchte.

Auch wenn die kritische Auseinandersetzung mit der Sinnfrage weniger konfessionell trennt als eint, können konfessionsspezifische hermeneutische bzw. fundamentaltheologische Unterscheidungen hilfreich sein. Die oben aufgezeigte in der protestantischen Theologie auftretende dreifache Dialektik (Gesetz und Evangelium, Sünder und Gerechter, offenbarer und verborgener Gott) kann Schülerinnen und Schülern exemplarisch deutlich machen, wie sehr sich die Deutungsangebote des Glaubens auf die Realitäten des Lebens mit all seinen Fraglichkeiten und Unfertigkeiten beziehen. Das korrespondiert mit der – hier aus katholischer Sicht skizzierten – zentralen Lehre von der Selbstoffenbarung bzw. Selbstmitteilung Gottes in dem Menschen Jesus von Nazareth und seinem konkreten Leben, das die Evangelien erzählen. Denn mitten in den Alltagserfahrungen von Menschen will sich dieser trinitarisch verstandene Gott zeigen und ihnen aus ihrem eigenen Leben heraus neue Perspektiven eröffnen. Dass von einem solchen – für Jugendliche fremden und einem spezifischen jugendlichen Deismus[7] widersprechenden – personalen und geschichtsmächtigen Gott nur zu sprechen ist, wenn man zugleich auch auf den Menschen und seine Erfahrungen schaut, könnte eine hermeneutische Brückenfunktion bei der Unterscheidung zwischen Sinnfrage und Glaubensbegriff haben. Die Komplementarität der konfessionsspezifischen Perspektiven – dialektische Grundbewegung hier, inkarnatorische Grundbewegung dort – wäre dafür als hilfreiche Lernchance aufzugreifen.

Theologische Denkfiguren auf Alltagserfahrungen beziehen

---

[6] Dazu grundlegend *Henning Luther*, Identität und Fragment. Praktisch-theologische Überlegungen zur Unabschließbarkeit von Bildungsprozessen, in: *Ders.*, Religion und Alltag. Bausteine zu einer Praktischen Theologie des Subjekts, Stuttgart 1992, 160–182.
[7] Vgl. *Gerhard Büttner* und *Veit-Jakobus Dieterich*, Entwicklungspsychologie in der Religionspädagogik, Göttingen 2013 (2. durchges. Aufl. 2016), 167–170.

Elementare Lernchancen

Exemplarische Strukturen bzw. Lerngegenstände	Lebensweltliche Zugänge bzw. Erfahrungen
Schwerpunkt: Die Unmöglichkeit der Sinnfrage	
– Ist die Sinnfrage eine Grundfrage des Menschen? – Begründungen durch V. Frankl – Religionsbegriff nach P. Tillich – die Sinnfrage als „verbale Seifenblase" (G. Sauter) – die Unmöglichkeit universalen Sinns und die Vermeidung von sinnkonstituierenden Totalansprüchen: Textauszüge aus dem Buch Kohelet	– existenzielles Suchen und Fragen: Was gibt meinem Leben Sinn? – Offenheit von Jugendlichen für die Sinnfrage – Wahrnehmungen und Erfahrungen des Scheiterns und der Fragmentarität menschlichen Lebens
Schwerpunkt: Glauben als Lebensbewegung	
– Unterscheidung zwischen Glauben als Für-wahr-halten („Ich glaube, dass") und Glauben als Lebensbewegung des Vertrauens („Ich glaube dir") – Glauben als Beziehungsaussage zwischen dem Menschen und einem geglaubten Gott – Christliches Glauben „ist so konfliktreich wie das Leben selbst" (→ *Goertz* und *Ewerszumrode*, Kap. 2.2.4).	– Reflexion auf den eigenen Sprachgebrauch – Fremdheit eines personalen Gottesbildes im Jugendalter – Begegnungen und Erfahrungen mit gläubigen Menschen in der eigenen Lebenswelt (Familie, Schule, Gemeinde und Gesellschaft) – konkrete Glaubenszeugnisse von Menschen (bspw. Local Heroes)
Schwerpunkt: Konfessionsspezifische und religiöse Antworten auf die Sinnfrage	
– lebensnahe und weltbezogene Dialektik in der protestantischen Theologie (Gesetz und Evangelium, Sünder und Gerechter, offenbarer und verborgener Gott) – inkarnatorischer Grundzug in der katholischen Theologie: Selbstmitteilung des trinitarischen Gottes der Beziehung im Menschen Jesus von Nazareth, Offenbarungsqualität menschlicher (Glaubens-)Erfahrungen im Alltag – orthodoxe Vorstellung von der Vergöttlichung des Menschen – buddhistische Idee von Erlösung als Befreiung vom Leiden an der Vergänglichkeit aller Dinge, als Überwindung eines weltlichen Dualismus	– jugendliches Streben nach Freiheit und Selbstbestimmung – individuelle Suche nach Glück, Heil und Erlösung – Nähe zu fernöstlichen, insbesondere buddhistischen Denkbewegungen und Lebensentwürfen – Mut und Entwürfe zu einem Leben, das nicht von vornherein sinnvoll und ‚ganz' sein muss – Deutung des eigenen Lebens und eigener Alltagserfahrungen vor einem gläubigen Horizont zum Erwerb religiöser Sprachfähigkeit

2 Orientierung an didaktischen Leitlinien konfessioneller Kooperation

Der Mehrwert eines konfessionsübergreifenden Zugangs zu der vorliegenden Thematik liegt darin, die Erkenntnis zu fördern, dass religiöse Antworten auf die Sinnfrage bzw. praktische Glaubenszeugnisse durchaus konfessionsspezifisch gegeben werden (wie insbesondere der letzte oben benannte Schwerpunkt deutlich werden lässt). In einer konfessionell-kooperativen, d. h. konfessionell differenzbewussten Erschließung liegt daher die spezifische Lernchance, der Vielfalt von individuellen Suchbewegungen von Jugendlichen mit einer Vielfalt konfessioneller (aber auch religiöser) Antworten zu begegnen. Dabei spielen nicht zuletzt auch Lebens- und Glaubensbiografien von Menschen eine Rolle, die in besonderer Weise von der Auseinandersetzung mit Sinnfragen, von einer gläubigen Praxis oder von einem kirchlich-konfessionell geprägten Engagement Zeugnis geben können. Für das Unterrichtsgeschehen kann sich daraus eine fruchtbare und durchaus kontroverse Multiperspektivität entwickeln, die durch einen monokonfessionellen bzw. monoreligiösen Blick nur schwerlich möglich wäre. Das impliziert die Notwendigkeit, vorhandene religiös-weltanschauliche Ligaturen bei den Lernenden wahrzunehmen und explizieren zu helfen (Leitlinie 2), und zwar in Bezug auf deren potenzielle Verortung als konfessionell gebundene Christinnen und Christen, aber auch als Glaubende oder Nicht-Glaubende, als weltanschaulich Ungebundene, als Sinnsucherinnen und Sinnsucher etc. Alle Orientierungen sind in der Absicht eines perspektivenverschränkenden Arbeitens mit den individuellen Deutungsmustern der Lernenden relevant und deren Einholen muss zentrales Einstiegselement einer entsprechenden Unterrichtsgestaltung sein. Nicht zuletzt können bereits auf diese Weise und durch die Lernenden selbst konfessionelle Positivität und transparente Positionalität (Leitlinie 7) ins Spiel gebracht und Brücken zur gelebten Religion (Leitlinie 8) geschlagen werden. Darüber hinaus können diese Leitlinien aber auch in der Positionierung der Lehrkraft zum Umgang mit Sinnfragen und Glaubensformen sowie nicht zuletzt durch entsprechende Zeugnisse glaubender Menschen zur Realisierung gelangen. Dass es einer christlichen Glaubenspraxis um eine bestimmte Lebensbewegung angesichts alltäglicher Herausforderungen geht, können zudem zahlreiche Beispiele aus der konkreten Praxis lokaler religiös bzw. konfessionell verorteter Gemeinschaften, Institutionen

Leitlinien 2 und 7–10

und Einrichtungen deutlich werden lassen. In der kritischen Bearbeitung der Sinnfrage und der damit gegebenen Antwort auf Totalitätsansprüche, die wie oben dargestellt ein konfessionsverbindendes Anliegen darstellt, kann exemplarisch deutlich werden, was es heißt, aus einem ökumenischen Geist heraus eine kritische Prüfung der Geister (Leitlinie 9) vorzunehmen – und zwar auch im Sinne einer Selbstkritik gegenüber den Konfessionsgemeinschaften und ihren eigenen und nicht selten mit Totalitätsansprüchen auftretenden Sinnofferten. Dass dabei eine Öffnung für Glaubensvorstellungen aus anderen Religionen und deren Umgang mit der Frage nach dem Lebenssinn bereichern kann, macht das Beispiel eines buddhistischen Umgangs mit dem Phänomen und der Erfahrung des Leids deutlich (Leitlinie 10).

3 Elementare Lernform Nr. 17: Konfessorisches Lernen bzw. Sich-positionieren-Lernen

Standpunktbildung

Multiperspektivisches Lernen (→ Lernform Nr. 15) zielt auf eine Perspektivenerweiterung durch Standpunktreflexion und fördert damit die Fähigkeit zur eigenen Standpunktbildung. Diese Fähigkeit, sich in religiösen und ethischen Fragen – hier insbesondere zur Sinnfrage und ihrer Relevanz im Gegenüber zu Glauben – positionieren zu können, kann konfessorisches Lernen genannt werden.[8]

Konfessorisches Prinzip

Das konfessorische Prinzip des (konfessionell-kooperativen) Religionsunterrichts nimmt die Religiosität des Individuums in den Blick und hebt auf dessen Bereitschaft und Fähigkeit ab, sich seines eigenen (geistigen) Lebensgrundes bewusst zu werden. Es geht ihm nicht um den Mitvollzug eines institutionell-konfessionellen Bekenntnisses, sondern um die grundlegende Fähigkeit des Subjekts, sich gegenüber dem Gegenstand Religion und damit zusammenhängenden Fragen (nach Sinn, nach dem Leben, nach dem Menschen etc.) verhalten zu können und einen eigenen Standpunkt in religiös-weltanschaulicher Pluralität zu gewinnen. Das konfessorische Prinzip fordert jede und jeden Einzelnen heraus, auf die Relevanzfrage von Religion(en) und Konfession(en) zu antworten, die dabei nicht nur als kognitiv zu erfassende Denksysteme in Er-

---

[8] Die folgenden Überlegungen sind leicht verändert entnommen aus: *Jan Woppowa*, Konfessionell-kooperativer Religionsunterricht, in: *Ulrich Kropač* und *Ulrich Riegel* (Hg.), Handbuch Religionsdidaktik, Stuttgart 2021, 198–204.

scheinung treten sollen, sondern – wie im obigen Glaubensbegriff begründet – vielmehr auch als alltagsrelevante und fragmentarisch bleibende Überzeugungen und Lebensstile religiöser Menschen. Konfessorisches Lernen im Blick auf die hier behandelten Inhalte zielt auf die Fähigkeit der Lernenden, einen eigenen Standpunkt zur Sinnfrage und ihrer Kritik einzunehmen und dabei zugleich die Perspektivität des eigenen Standpunktes und anderer Standpunkte zu reflektieren. Es kann hier aber auch bedeuten, Sinnofferten zu beurteilen und sich kritisch zu ihnen zu positionieren, möglicherweise auch in der Auseinandersetzung mit konkreten religiösen bzw. konfessionellen Traditionen in deren Relevanz für die eigene Lebensgestaltung und Suche nach Glück, Sinn und Heil.

Methodisch lässt sich konfessorisches Lernen in vielfältiger Weise realisieren, bspw.:

Methodische Zugänge

- im Stellen einer Meinungslinie[9] zur körperbezogenen Inszenierung und argumentativen Begründung des eigenen Standpunkts zwischen Zustimmung und Ablehnung („Es ist richtig, nach dem Sinn des Lebens zu fragen.") oder sogar zwischen konfessionellen Positionen,
- in individuellen schriftlich verfassten Stellungnahmen zu einer bestimmten Fragestellung oder These („Christlich Glauben ist so konfliktreich wie das Leben selbst."),
- im angeleiteten Rollenspiel[10] mit verschiedenen Positionen und Perspektiven zur Sinnfrage (bspw. aus der Sicht eines gläubigen Menschen, eines Nihilisten, einer Sozialarbeiterin etc.) mit anschließender Reflexion der eigenen Position.

> Positionalität und Perspektivität spielen in einem gegenwärtigen und zukünftigen bekenntnisorientierten Religionsunterricht, der immer stärker durch eine religiös-weltanschauliche Pluralität und Heterogenität geprägt sein wird, eine zunehmend bedeutende Rolle. Daher ist gerade die gegenwärtige Theoriebildung zum Religionsunterricht von der Frage geprägt, ob, warum und wie religiöse Bildung solche Prozesse des Bekenntnishaften, des Konfessorischen oder des Sich-Positionierens zu initiieren hat.
> Zur Orientierung: *Stefanie Lorenzen*, Art. Positionierung im Religionsunterricht, interrreligiös, in: Wissenschaftlich-Religionspädagogisches Lexikon

---

[9] Vgl. zur näheren Beschreibung die an der Universität Oldenburg entwickelte Methodenkartei, abrufbar unter: https://www.methodenkartei.uni-oldenburg.de/uni_methode/meinungslinie/ [Zugriff: 17.03.21].
[10] Vgl. ebd., abrufbar unter: https://www.methodenkartei.uni-oldenburg.de/uni_methode/rollenspiele/ [letzter Zugriff: 17.03.21].

2021, abrufbar unter: https://www.bibelwissenschaft.de/stichwort/200876/; *Mirjam Schambeck*, Religiöse Welterschließung – mehr als ein mäanderndes Phänomen. Plädoyer für eine positionelle Auseinandersetzung mit Religion, in: Religionspädagogische Beiträge 69 (2013), 53–64; *Forschungsprojekt der Universitäten Frankfurt und Gießen:* „Religiöse Positionierung: Modalitäten und Konstellationen in jüdischen, christlichen und islamischen Kontexten (RELPOS)" (abrufbar unter: https://relpos.de).

4 Elementare Lernform Nr. 18: Biografisches Lernen

In einem engen Zusammenhang mit der ersten hier präsentierten Lernform kann man das biografische Lernen sehen. Denn die Ausbildung eines individuellen Standpunkts geschieht nicht kontextlos und nicht ohne vorausgehende biografische Erfahrungen. Biografisches Lernen wird indirekt wirksam, wenn Schülerinnen und Schüler in einem Rollenspiel oder in der probeweisen Übernahme einer anderen Perspektive sich aus dieser Rolle bzw. Perspektive heraus ausdrücken. Denn die individuellen Erlebnisse und Erfahrungen werden auch hier mehr oder weniger bewusst einfließen.

Im Blick auf Fragen nach dem Sinn, nach einem geglückten Leben oder nach der Alltagsrelevanz des Glaubens spielt die eigene Biografie selbstredend eine herausgehobene Rolle. Es bietet sich daher an, das vorliegende Inhaltsfeld auch für diese personale Dimension religiösen Lernens zu öffnen und Formen des biografischen Lernens mit einzubeziehen.

Lernen an der eigenen Biografie
Lernen an Biografien anderer
Modell-Lernen diskursethisch

Dabei sind zwei konzeptionelle Grundausrichtungen des biografischen Lernens zu beachten:[11] *erstens* ein Lernen an der eigenen Biografie, d. h. die Entwicklung eigener Wert- und Lebenshaltungen und *zweitens* ein Lernen in der kritischen Auseinandersetzung mit den Biografien anderer Menschen. Beide Ausrichtungen können didaktisch allerdings in eine kritisch-konstruktive Pendelbewegung gebracht werden, so dass in Unterrichtsprozessen ein „Biografisches Lernen durch Lernen an Biografien"[12] entstehen kann. Wichtig ist dabei, das Lernen an fremden Biografien (vgl. das sog. Modell-

---

[11] Vgl. *Hans Mendl*, Religionsdidaktik kompakt. Für Studium, Prüfung und Beruf. Überarbeite Neuauflage, München ⁶2018, 132; vgl. auch *Clauß Peter Sajak* und *Miriam Sophia von Eiff*, Art. Biografisches Lernen, in: Wissenschaftlich-Religionspädagogisches Lexikon 2017, abrufbar unter: https://doi.org/10.23768/wirelex.Biografisches_Lernen.100230.

[12] *Mendl*, Religionsdidaktik (s. o. Anm. 11), 132.

Lernen nach neuerem Verständnis) in diskursethischer Weise zu gestalten, das heißt auf unmittelbare Übertragungsmuster auf das eigene zu verzichten, sondern vielmehr die Schülerinnen und Schüler zu Empathie und Perspektivenwechsel zu befähigen und in ihrer eigenen Urteilsfähigkeit zu stärken.[13]

In methodischer Hinsicht und im Blick auf den vorliegenden Inhaltsbereich kann biografisches Lernen auf verschiedenen Wegen stattfinden, bspw.: *Methodische Anregungen*

- im Erstellen einer *persönlichen Lebenslinie*[14] mit der Aufgabenstellung: „Skizziere deinen Lebensweg als Lebenslinie mit Höhen und Tiefen, Auf und Ab, Sackgassen und Auswegen, Verwicklungen und Lösungen etc. Achte dabei besonders auf Ereignisse, in denen du nach deren *Sinn* fragst, in denen dein Glauben-Können oder auch -Nichtkönnen eine Rolle gespielt haben oder die konfessionell geprägt gewesen sind (wie bspw. Konfirmation oder Firmung)."
- im *Vorstellen von konkreten Lebenssituationen*, in denen (gläubige, kirchlich oder sozial engagierte, konfessionslose etc.) Menschen eine bestimmte *sinnvolle* Entscheidung in ihrem Leben getroffen haben – oder auch in der konkreten *Begegnung* mit solchen Menschen im Unterricht (zur Anregung und methodischen Vorbereitung vgl. das Projekt *local heroes*[15]).
- in *diskursethisch angelegten Lernaufgaben*,[16] in denen es darum geht, in der Auseinandersetzung mit anderen Positionen und Wertoptionen den Perspektivenwechsel einzuüben und eigene Werturteile zu fällen (bspw. entlang von konfessionsspezifischen Lebens- und Glaubensbiografien mit markanten Standpunkten, wiederum zu entdecken unter: www.uni-passau.de/local-heroes [Zugriff: 31.03.2020], Datenbankstichwort: Glaubenszeugnis).

> Im Kontext eines biografischen Ansatzes in der Religionsdidaktik gehört das biografische Lernen zum Grundrepertoire des Religionsunterrichts, denn es verfolgt in konzeptioneller Hinsicht zwei für das religiöse Lernen relevante Ausrichtungen: sowohl ein Lernen an der eigenen Lebens- und Glaubensbiografie als auch ein Lernen an und mit den Biografien von Personen aus der Bibel, Geschichte und Gegenwart.

---

[13] Vgl. ebd. 134.
[14] Vgl. bspw. *Alois Müller*, Interaktions- und Körperübungen, in: *Ludwig Rendle*, Ganzheitliche Methoden im Religionsunterricht. Neuausg., München ²2008, 89–115, hier 98 f.
[15] Abrufbar unter: www.uni-passau.de/local-heroes [Zugriff: 31.03.2020].
[16] Vgl. *Mendl*, Modelle – Vorbilder – Leitfiguren (s. o. Anm. 3), 245–274.

Zur Orientierung: *Hans Mendl*, Religionsdidaktik kompakt. Für Studium, Prüfung und Beruf. Überarbeite Neuauflage, München ⁶2018, 132–140; *Ders.*, Modelle – Vorbilder – Leitfiguren. Lernen an außergewöhnlichen Biografien, Stuttgart 2015; *Bernd Schröder*, Religiöse Bildung in biografischer Perspektive, in: Theo-Web. Zeitschrift für Religionspädagogik 17 (2018), H. 2, 7–25.

Autorinnen und Autoren

Dr. *Heidrun Dierk*, Jg. 1963, ist Professorin für Evangelische Theologie und Religionspädagogik an der Pädagogischen Hochschule Heidelberg.

Dr. *Erwin Dirscherl*, Jg. 1960, ist Professor für Dogmatik und Dogmengeschichte an der Fakultät für Katholische Theologie der Universität Regensburg.

Dr. *Cornelia Dockter*, Jg. 1987, ist Wissenschaftliche Mitarbeiterin an der Katholisch-Theologischen Fakultät der Universität Bonn.

Dr. *Frank Ewerszumrode*, Jg. 1981, ist Privatdozent und wissenschaftlicher Mitarbeiter am Seminar für Dogmatik und Ökumenische Theologie Sozialethik an der Katholisch-Theologischen Fakultät der Johannes-Gutenberg-Universität Mainz.

Dr. *Stephan Goertz*, Jg. 1964, ist Professor für Moraltheologie an der Katholisch-Theologischen Fakultät der Johannes Gutenberg-Universität Mainz.

Dr. *Martin Hailer*, Jg. 1965, ist Professor für Evangelische Theologie und ihre Didaktik mit Schwerpunkt Systematische Theologie am Institut für Philosophie und Theologie der Pädagogischen Hochschule Heidelberg.

Dr. *Bernd Kollmann*, Jg. 1959, ist Professor für Neues Testament am Seminar für Evangelische Theologie in der Philosophischen Fakultät der Universität Siegen.

Dr. *Norbert Köster*, Jg. 1967, ist Professor für Historische Theologie und ihre Didaktik an der Katholisch-Theologischen Fakultät der Westfälischen Wilhelms-Universität Münster.

Dr. *Katharina Opalka*, Jg. 1985, ist Postdoktorandin in der Systematischen Theologie an der Evangelisch-Theologischen Fakultät der Rheinischen Friedrich-Wilhelms-Universität Bonn.

Dr. *Cornelia Richter*, Jg. 1970, ist Professorin für Systematische Theologie an der Evangelisch-Theologischen Fakultät der Rheinischen Friedrich-Wilhelms-Universität Bonn.

Dr. *Bert Roebben*, Jg. 1962, ist Professor für Religionspädagogik an der Katholisch-Theologischen Fakultät der Rheinischen Friedrich-Wilhelms-Universität Bonn.

Dr. *Michael Roth*, Jg. 1968, ist Professor für Systematische Theologie und Sozialethik an der Evangelisch-Theologischen Fakultät der Johannes Gutenberg-Universität Mainz.

Dr. *Karlheinz Ruhstorfer*, Jg. 1963, ist Professor für Dogmatik an der Katholisch-Theologischen Fakultät der Universität Freiburg i. Br.

Dr. *Dorothee Schlenke*, Jg. 1961, ist Professorin für Evangelische Theologie/Religionspädagogik (Schwerpunkt: Systematische Theologie) an der Pädagogischen Hochschule Freiburg i. Br.

Dr. *Bernd Schröder*, Jg. 1965, ist Professor für Praktische Theologie mit den Schwerpunkten Religionspädagogik und Bildungsforschung an der (Evangelisch-)Theologischen Fakultät der Georg-August-Universität Göttingen.

Dr. *Klaus von Stosch*, Jg. 1971, ist Schlegel-Professor für „Systematische Theologie unter besonderer Berücksichtigung gesellschaftlicher Herausforderungen" an der Katholisch-Theologischen Fakultät der Universität Bonn und Vorsitzender des International Center for Comparative Theology and Social Issues.

Dr. *Christiane Tietz*, Jg. 1967, ist Professorin für Systematische Theologie am Institut für Hermeneutik und Religionsphilosophie der Theologischen Fakultät der Universität Zürich.

Dr. *Hans-Ulrich Weidemann*, Jg. 1969, ist Professor für Neues Testament am Seminar für Katholische Theologie in der Philosophischen Fakultät der Universität Siegen.

Dr. *Jan Woppowa*, Jg. 1974, ist Professor für Religionsdidaktik am Institut für Katholische Theologie in der Kulturwissenschaftlichen Fakultät der Universität Paderborn.

Sachregister

Abraham/abrahamisch 93 f., 134, 220, 222, 225, 396, 412, 421
Abendmahl 55, 74, 112, 239, 241, 250, 266, 301, 314, 351, 364, 366 f., 374, 376, 384
AcK (Arbeitsgemeinschaft christlicher Kirchen) 54, 59, 341, 371, 374
Akteurskonzept/Agency Concept 231, 233, 281, 283
Ambiguität/Ambiguitätstoleranz 323, 375, 421 f.
Amt 27 f., 59, 118, 201, 232, 287, 356–358, 367, 377, 398
Analogie 79, 109 f., 127, 141, 148, 186, 221, 224, 237
Anforderungssituation, didaktische 337 f., 417
Anglikanisch/anglikanische Kirche 27, 56, 87–90, 264, 266, 270, 272, 282 f., 285, 357, 368
Artefakte, religiöse 45 f., 146, 148 f., 239
Aufklärung 77, 113, 178, 242, 252, 307, 309, 386
Authentizität/authentisch 39, 72, 78, 102, 143, 168 f., 219, 225, 277 f., 333 f., 375, 391, 454
Autonomie 161, 164–167, 169, 177 f., 183 f., 307, 452
Anthropologie/anthropologisch 141, 144 f., 151, 154 f., 157, 168, 176, 178, 181 f., 185, 191, 235, 259, 426, 438 f., 448, 450, 459

Bekenntnis 53, 55–57, 59, 76, 83, 117 f., 121, 141, 161, 164, 166 f., 191, 201, 204, 208, 213, 215, 221, 224, 226, 229, 233, 236, 243–248, 274, 276, 280, 282 f., 300, 303 f., 314, 324, 332, 345, 367, 393, 413, 419, 465

Beutelsbacher Konsens 47, 186
Bibel/Bibelübersetzungen 50, 55, 63–90, 93, 95, 107, 110–114, 119 f., 129, 134, 139, 146, 148, 159, 161 f., 165–167, 170–172, 184, 192, 194, 203, 215, 255, 277, 296, 303, 312, 345, 350, 369 f., 397, 399, 412, 419, 421, 441, 467
Bibeldidaktik/biblisches Lernen 45, 63, 86 f., 96–106
Bild/Bildtheologie 103, 105, 120, 124 f., 131, 135, 140 f., 145, 159, 212, 227, 235, 251, 262, 266–270, 295, 297, 326, 349, 354, 378, 383, 399, 406, 428, 432
Bildsam/Bildsamkeit 3 f., 37, 143, 185, 415, 418
Binnendifferenzierung 36, 40, 335
Biografie 35, 231, 283, 288, 353, 460, 463, 466, 468
Buddhismus 220, 227, 371, 408, 418, 456 f.

Charismatisch/charismatische Bewegung 61, 108, 130, 132–134, 216 f., 233, 236
Christologie/christologisch 51, 70, 74, 78, 112, 117, 126, 135, 168, 194 f., 199, 206, 218 f., 229, 241–273, 278–283, 291, 305, 394, 397, 399 f., 404, 407, 410, 413, 417
Christsein (als Lebensvollzug) 33, 107 f., 117, 131, 139, 385
Conceptual Change 285–287
Concept Map 286
Contextual Model of Learning (CMoL) 337

Dekalog 155, 193
Denkschrift 5, 25, 47, 160
Dialog, ökumenischer 122, 129, 142, 191, 247, 294, 354, 370, 375, 377

472 Sachregister

Dialog, interreligiöser 40, 122, 142, 192, 264, 385, 393, 401, 403, 405, 413
Dialogfähigkeit 416, 422
Differenzsensibilität, konfessionelle 4, 38, 45, 101, 143, 185, 284, 335, 339, 377, 418
Dogma/Dogmatik 29, 36, 52, 75, 84, 94, 98, 100, 116 f., 128, 136 f., 141, 174, 192, 195, 200, 205, 207, 209, 211, 216–219, 226 f., 232 f., 248–252, 254, 256 f., 263, 265, 268, 274, 278, 281, 285 f., 307, 332, 387, 391, 398–400, 404, 444, 448, 455, 469 f.

Ehe/Lebensgemeinschaften 84, 154 f., 158 f., 176, 179 f., 183, 188 f., 307, 321, 360
Ekklesiologie 112, 137, 293, 295, 320
Elementarisierung/elementar 1, 38, 42 f., 92, 99, 101, 104, 141, 143, 146, 181, 183, 185, 187, 208, 210, 230, 233, 235, 238, 279–282, 287, 294, 329, 332 f., 335 ff., 373, 376, 378, 382, 417, 419, 421, 462, 464, 466
Empirie/empirisch 1, 3, 5, 15, 22, 128, 134, 147, 152, 164, 212, 229 f., 338
Entwicklungspsychologie/entwicklungspsychologisch 31, 134, 182, 229–232, 238, 240, 280 f., 461
Erinnerung 28, 36, 127, 212, 251, 282, 313, 319, 418
Erinnerung heilen (Healing of Memories) 28, 36, 294, 317 f., 334, 341, 379
Eschatologie/eschatologisch 56, 131 f., 165, 194, 209, 215, 231, 298, 301, 361, 389
Ethik, christliche/theologische 43 f., 123, 151 f., 157–159, 163–165, 167–176, 178, 180–183, 185, 249, 318, 334, 412
Eucharistie 27 f., 55, 119, 124, 127, 239, 356, 362, 364–367, 454 f.

Evangelium 28, 30, 43, 47, 50, 56, 75, 81 f., 112, 122, 143, 169, 188, 195, 198, 243, 265, 273, 275, 295, 298, 313 f., 324, 348, 352, 355, 360 f., 389, 441–443, 447 f., 462

Filioque 191, 206, 218 f., 234, 305 f., 408
Fragment/Fragmentarität/fragmentarisch 66, 209, 433, 448, 460 f., 465
Freiheit 43, 47, 60, 75, 102, 110, 116, 122, 133, 153 f., 159, 162, 170 f., 180, 193, 197 f., 207, 214, 231, 236 f., 246, 261, 263 f., 307, 355, 391, 396, 438, 339, 450 f., 462
Freikirchen 215 f., 325, 369 f.
Fundamentalismus/fundamentalistisch 79, 99, 123, 127, 234, 385, 415, 421

Gebet/Beten 42, 89, 93, 102, 105, 109 f., 119 f., 126 f., 130 f., 135, 141, 166 f., 205, 221, 223, 233, 242, 257, 266 f., 279, 288 f., 316 f., 326, 328, 363, 376, 441, 452
Gemeinde/Kirchengemeinde 27, 32, 35, 42, 55, 61, 70, 105, 111, 114 f., 126 f., 135, 244, 250, 253, 276, 286, 297–301, 303–307, 309 f., 313 f., 322–326, 333, 335 f., 355, 357, 364, 366 f., 369, 462
Gemeinsame Erklärung 28, 56, 59, 129, 247, 294, 317 f., 329, 334, 380
Gemeinschaft der Christen 293, 295 f., 297, 299, 300–303, 307, 331
Glück/geglücktes Leben 81, 135, 152, 175, 235, 279, 283, 422, 431 f., 434 f., 447, 459 f., 462, 465 f.
Gottesbeweis 203 f., 216, 223
Gottesdienst 26, 28, 35, 55, 65, 68 f., 91, 101, 107, 111 f., 114 f., 119, 121, 125, 130 f., 135, 139, 141, 145, 256, 265 f., 270, 303, 317, 325 f., 364, 368, 376, 395
Gottesvorstellung 192, 194, 230 f., 233 f., 236, 255, 421, 460
Grundgesetz (GG) 16, 19

Sachregister

Healing of Memories 36
Heilige/Heiligenverehrung 115, 126, 283, 297, 308, 311, 326, 345, 351, 361–364, 368, 371, 373 f., 376, 379, 383
Heiliger Geist 75 f., 80, 90, 113, 126 f., 129, 132 f., 196, 198 f., 201, 204–206, 208, 211 f., 216 f., 227, 236, 267, 294, 299, 305, 313 f., 316, 354, 360, 448 f., 451, 455
Hermeneutik/hermeneutisch 35 f., 38, 58 f., 63, 73, 76, 78 f., 81 f., 86, 89 f., 95, 123, 166, 191, 194, 206, 225, 251, 265, 279, 281, 294, 376, 388–394, 400–405, 417, 425, 431, 441, 458, 461, 470
Heterogenität der Lernenden/ Lerngruppen 3 f., 37, 143 f., 185
Hinduismus 220, 227, 371, 408, 418

Identität, konfessionelle 25 f.
Identität, religiöse 107, 144, 383, 385
Ikone/Ikonenverehrung 88 f., 105, 125, 130 f., 135, 146, 148, 217, 234, 266–270, 283, 289, 297, 305, 326, 368
Inklusion 23, 302, 393
Interreligiös 4, 17, 43 f., 123, 225 f., 232, 340 f., 385 f., 391, 394 f., 397, 401–405, 417 f., 421
Islam 90, 92–95, 123, 135 f., 142, 220, 222–224, 234, 237, 274–278, 293, 328, 370 f., 395, 407, 417
Israel 75, 90, 129, 134, 153, 168, 179, 193–195, 199, 220, 224, 243, 273, 297 f., 300, 327 f., 333, 405 f., 451

Judentum 41, 64 f., 90–92, 100, 122 f., 134 f., 147, 178 f., 194, 220 f., 224–226, 234, 237, 273, 278, 293, 301, 327 f., 338, 370 f., 399, 405 f., 409 f., 412 f., 417

Katechismus 71, 85, 117, 155–159, 182, 189, 197, 201, 219, 324, 444, 447
Kirche, Dimensionen von/notae ecclesiae 293, 295–303, 314, 331 f.

Kirchengebäude/Kirchenraum 46, 130, 239, 296, 304, 333, 336–339, 368
Kirchenväter 79, 89, 196, 244 f., 267, 286, 304
Kirchen(raum)pädagogik 336, 339
Klassenverband 7, 22 f.
Kloster/Kloster- und Ordensleben 125, 308, 311, 315, 334, 348, 365, 383
Kompetenz, konfessorische 25
Kompetenz 46, 103 f., 375, 378, 380 f., 385, 394, 422
Komplementarität 155, 238–240, 402, 461
Konfessionelle Kooperation
– Begründung 20–31
– Definition 6 f.
– Didaktische Leitlinien V, 1, 3, 36–44, 100 f., 142 f., 184 f., 234 f., 284, 335 f., 376 f., 418 f., 463
– Lernformen V, 11, 44–46, 101–106, 143–149, 185–189, 235–240, 284–291, 336–342, 378–384, 419–423, 464–468
– Rechtslage 8–19
– Ziele 3, 32 f.
Konfessionskunde/konfessionskundlich 38, 43, 52, 60, 130, 133, 137, 162, 185, 284, 338 f., 368 f., 377
Konfessionslos 2, 19, 30, 61, 331, 340, 467
Konstantinische Wende 300, 334, 352
Kontroversität 181, 185–187
Kontroverse, strukturierte 186
Konzil/Konzilien 50 f., 53, 65, 71 f., 78, 84, 119, 123, 126–129, 131, 141, 178, 180, 205, 237, 242, 245–248, 267, 276, 284, 288, 305, 309–318, 343 f., 346–348, 351, 354 f., 357, 360, 363, 366–368, 454
Konzil, Zweites Vatikanisches 29, 36, 71, 78, 82, 86, 119 f., 159, 170, 177, 182 f., 200 f., 225, 274, 277, 279, 315–318, 320 f., 334, 345, 357, 387 f., 392, 448

Koran 92-95, 136, 146, 222-224, 237, 274-276, 370, 386, 398 f., 401, 410-412, 419
Kreuz/Kreuzestheologie 81 f., 94, 194, 207, 212, 214 f., 219, 231, 242, 244, 248-251, 254-258, 262, 265, 279, 282 f., 288, 296, 305, 334, 366, 412, 449 f.
Krise 49, 188, 257, 262, 283
Kunst, bildende 115, 142, 234, 383

Lernausgangslage 23, 30, 38, 99, 185
Lernchance(n) 45, 97, 99 f., 139, 141 f., 181, 183, 229 f., 233 f., 279-283, 331-334, 339, 373, 376, 415, 417 f., 459-462
Lernformen s. Konfessionelle Kooperation, Lernformen
Lernen
- ambiguitätsförderndes 46, 375, 415, 421 f.
- an religiösen Artefakten/Zeugnissen 46, 146, 148 f., 338
- ästhetisches 46, 235-237
- begriffsorientiertes 46, 284, 287
- biografisches 46, 466 f.
- ethisches 46, 187-189
- interreligiöses 7, 19, 40, 146 f., 149, 338, 413, 422
- kirchenraumbezogenes 46, 336
- komplementäres 46, 238, 240, 279
- konfessorisches 46, 319, 464 f.
- kontroverses 46, 185-187, 422
- kulturhermeneutisches 46, 382 f.
- multiperspektivisches 46, 419 f., 464
- narratives [historisches] 46, 378 f., 382
- ökumenisches 12, 33-36, 46, 339-342, 375
- performatives 45, 104
- spirituelles 46, 143-146
- symbolisches 46, 287-291
Leuenberger Konkordie 56, 313
Liturgie 28, 67, 89 f., 105, 115, 119 f., 124 f., 127, 130 f., 133 f., 141, 146, 167, 208, 239, 241, 317, 366 f., 395, 441, 454
Locus theologicus 49

Magdeburger Erklärung 27
Mehrperspektivität/ Multiperspektivität 15, 40, 181, 185 f., 231, 234, 239, 319, 420 f., 463
Methode 4, 34, 39 f., 47, 50, 74, 77, 87, 89 f., 103, 115, 123, 145, 186, 253, 336, 339, 378, 381, 422, 467
Methodismus/methodistisch 27, 59, 325, 369
Minderheit/Mehrheit, konfessionelle 22, 219
Moral/Morallehre 80, 151-153, 157-159, 168-170, 180, 182-184, 186, 189, 264
Musik 105, 114 f., 125, 130, 136, 140, 142, 144, 288, 303, 383, 395, 437

Narration 378-381

Offenbarung/Offenbarungstheologie 71 f., 76, 79, 88, 92 f., 128 f., 169, 191 f., 198-204, 206, 209, 215, 217, 220-224, 232, 239, 257, 259, 261, 264, 274, 276-278, 326, 363, 391, 397 f., 400, 403, 417, 448-453
Ökumene des dritten Weges 57, 332, 340
Ökumene der Gaben 56 f.
Ökumenische Bewegung 52 f., 60, 319, 341
Ökumenische Konzilien 50, 205, 247 f., 268, 285, 304
Ökumenischer Rat der Kirchen (ÖRK) 17, 34, 53-57, 218
Orientalisch/altorientalische (nonchalcedonensische) Kirchen 6, 51 f., 61, 89, 130, 247 f., 266 f., 280, 284, 364, 367 f., 395, 405, 407, 417 f.
Orthodox/orthodoxe (chalcedonensische) Kirchen 16 f., 27, 51, 59 f., 87 f., 130 f., 176-178, 183, 188, 191, 215, 218, 247, 266-270, 283,

285, 289, 293, 297, 320, 326, 364, 367 f., 383
Ostkirche/ostkirchliche Theologie 59, 125, 130 f., 205, 218, 266, 362, 369, 386, 407, 453 f.

Papst/päpstliches Lehramt 59, 71 f., 78, 120, 123, 126, 129, 157, 159, 182 f., 294, 298 f., 307–310, 312, 318, 322, 334, 345, 348, 353 f., 357, 374, 376, 392, 406
Perspektivität (s. a. Multiperspektivität) 39, 375, 378 f., 416, 465
Perspektivenverschränkung 39 f., 101, 186, 339 f., 416, 418
Perspektivenwechsel 39, 185, 188, 240, 340, 381, 416, 418 f., 422, 467
Pluralität 5, 17, 19, 26, 33 f., 44, 57, 61, 143, 153, 176–178, 181, 183, 185, 197 f., 221, 234, 236, 238, 280, 283, 320, 340, 415–417, 464 f.
Pluralitätsfähigkeit 4 f., 17, 24, 256, 417, 419
Positionalität 4, 40 f., 46–48, 106, 463, 465
Professionalität von Religionslehrkräften 36 f.
Prozess, synodaler 334

Rechtfertigung/Rechtfertigungslehre 27 f., 59, 70, 75, 81, 113, 116, 118, 129, 133 f., 158, 197 f., 213, 231, 267, 280, 313 f., 318, 329, 334, 360, 380, 403, 427, 444, 447, 455
Reformation 27 f., 40, 51, 58 f., 65, 71, 76, 87, 111–116, 242, 249, 309, 311, 313, 317, 319, 323, 343, 345–347, 349–352, 357 f., 360 f., 363, 366, 368 f., 371, 373–376
Religion, gelebte 41, 143, 335 f., 338, 463
Religionslehrkräfte/Religionslehrende 1, 9–19, 23, 32, 38 f., 41, 46 f., 49 f., 60, 145

Sakrament/sakramental 27, 43, 55–57, 59, 74, 111–113, 116, 119, 123 f., 133, 136, 139, 141, 148, 201, 241, 249 f., 277, 287, 298, 306, 314, 326, 348, 350, 360, 373, 449, 455
Schöpfung/Schöpfungstheologie 35, 56, 94, 119, 121, 123, 125, 156, 204 f., 209–213, 216 f., 222 f., 226, 231 f., 238, 256, 271 f., 295, 333, 335, 388, 431, 438, 444, 447, 454 f.
Schrift, heilige 64 f., 69, 71 f., 78 f., 89 f., 92, 96, 105, 119, 128 f., 134, 153, 156, 170 f., 201, 242, 317 f., 344, 369 f., 376, 412
Schriftprinzip 73–76, 85, 374
Schulkultur 23
Sexualität und Geschlecht/Sexualmoral/Sexualethik 109, 154–167, 176, 178–180, 182–184, 186 f., 296
Sinnfrage 259 f., 425–440, 435, 438, 447 f., 453, 459–462
Sola-Prinzipien 63, 73, 75, 95, 98 f., 198, 386, 403
Soteriologie/soteriologisch 193–196, 204, 207, 209, 215, 218 f., 226, 232, 241, 244, 248–251, 256 f., 265, 279 f., 282 f., 286 f., 289, 291, 449
Sozialethik 163 f., 172, 174
Spiritualität/Frömmigkeit/Mystik 33, 40, 52, 83, 89, 92, 99, 107, 110, 112, 116, 124, 130–134, 137, 139, 141 f., 143–146, 151, 167, 208, 233, 249, 266 f., 269, 282, 289, 295, 308, 311, 334, 349 f., 361 f., 386, 395, 398
Sprachfähigkeit, religiöse 97, 141, 287, 289, 291, 340
Sprachformen 119, 121, 124, 141, 209
Sprechen 109 f., 114, 119 f., 125, 134, 215, 231
Standpunkt/Standpunktbildung/Standpunktfähigkeit 33, 82, 184, 186 f., 237, 379, 391, 419 f., 428, 464–466
Sünde/Sünder 70, 72, 121, 177, 213, 223, 242, 244, 246, 248–251, 257 f., 302, 345, 356, 360, 365, 442–445, 448, 450 f., 455, 461 f.

Symbol 36, 67, 86 f., 209, 214, 244, 258 f., 264, 272, 282, 287–289, 291, 305, 420, 446

Theodizee 213–215, 230 f., 233, 236, 448, 461
Theologie, komparative 25, 223, 277, 393 f., 398, 400 f., 404 f., 410, 412 f., 417 f., 420
Theologie, natürliche 203, 207, 212, 216, 223
Theologie der Religionen/religionstheologische Modelle 388 f., 391 f., 394, 396, 401, 405–409, 413, 417 f.
Traditionskritik 77, 345, 367
Trinität/Trinitätslehre 94, 126 f., 135, 191, 195, 204–208, 211 f., 214, 218 f., 222–224, 233 f., 271, 274, 305, 314, 396, 407 f., 412, 421, 456

Überwältigungsverbot 21
Urteilsbildung 153, 165, 182 f., 185, 188 f., 391, 401, 417
Urteilsfähigkeit 24, 30, 106, 236, 467

Vernunft/Glaube und Vernunft 25, 89 f., 123, 153, 157, 159, 172–176, 191, 196–198, 216, 239, 252, 402–405, 411, 429
Vielfalt, konfessionelle 4, 17, 33, 98, 101, 130, 142, 238, 332, 339, 463
Vorbilder 102, 115, 125, 170, 283, 362, 364, 373, 437, 460, 467 f.

Wahrheit/Hierarchie der Wahrheiten 36, 47, 72, 103, 111, 118, 122, 124, 128 f., 142 f., 173, 177, 202, 216, 225, 263, 274, 279–284, 289, 319, 354, 367, 387 f., 393, 397 f., 420, 439, 457
Wirklichkeit 23, 39, 98, 106, 120, 123, 134, 152, 165, 169, 175 f., 178, 197, 201, 209–213, 232, 236, 246 f., 249, 259, 261, 288, 300, 310, 352, 375, 378 f., 392, 410, 413, 416, 419, 429, 438 f., 441, 456 f., 460

Zeugnis/Glaubenszeugnis/Christuszeugnis 11 f., 27, 60, 70, 73 f., 77, 86, 88, 99, 101, 105, 113, 119, 121, 136 f., 146–149, 169, 233 f., 236, 242 f., 246, 257, 273, 276, 288 f., 325, 334, 338, 345, 383 f., 397, 460, 462 f., 467